国家社会科学基金重大招标项目

云南省哲学社会科学学术著作出版资助项目

本书贡献者

本书是由杨先明教授、吕昭河教授共同主持完成的国家社会科学重大招标项目"中国西部少数民族地区发展失衡、预警机制与社会稳定"课题基础上形成的一项集体研究成果。课题完成以后，对研究报告进行较大的调整和修改，最终形成本书。本书的主要贡献者如下：

由杨先明教授和吕昭河教授提出全书的写作思路和基本框架，各章的分工具体如下：代序言，吕昭河；第一章，杨先明、刘志坚；第二章，罗淳；第三章，赵果庆、陈瑛；第四章，伏润民、缪小林；第五章，晏月平、杨洋；第六章，袁帆，刘岩；第七章，吕昭河；第八章，李娅、余静；第九章，李娅、刘恒星；第十章，张国胜；第十一章，黄宁；第十二章，梁双陆；第十三章，罗美娟、黄宁；第十四章，张正华；第十五章，伏润民、缪小林；第十六章，杨先明、杨怡爽；调研报告之一，王赞信；调研报告之二，罗淳、晏月平。最后根据课题评审建议，由黄宁副教授进行统稿和修订，由杨先明教授负责全书的总纂和定稿。英文书名和英文摘要由王赞信完成。

在统稿过程中，王赞信、孙健灵、杨海滨、戴波的部分或全部研究报告没有被纳入本书，但他们的投入对课题的完成仍然具有价值。在研究和写作过程中，还有一些学者和研究生以不同的方式对课题研究和本书出版做出了重要贡献，他们是方铁、张建民、李晨阳、秦开强、桂崇、梅莹、孙福玉、陈晖、牛海燕等。

Transcend early warning :
the Development and Stablization of
Less-developed areas in Western China

超越预警：

中国西部欠发达
地区的发展与稳定

杨先明 吕昭河 黄 宁 梁双陆 等著

人民出版社

组稿编辑:陈光耀
责任编辑:李椒元
装帧设计:卓　墨
责任校对:吕　飞

图书在版编目(CIP)数据

超越预警:中国西部欠发达地区的发展与稳定 / 杨先明等著.
　-北京:人民出版社,2013.10
ISBN 978 - 7 - 01 - 011118 - 6

Ⅰ.①超… Ⅱ.①杨… Ⅲ.①少数民族经济-区域经济发展
　-研究-中国②少数民族-民族地区-社会发展-研究-中国
　Ⅳ.①F127.8

中国版本图书馆 CIP 数据核字(2012)第 179159 号

超越预警:中国西部欠发达地区的发展与稳定
CHAOYUE YUJING ZHONGGUO XIBU QIANFADA DIQU DE FAZHAN YU WENDING

杨先明　吕昭河　黄　宁　梁双陆　等著

人民出版社 出版发行
(100706　北京市东城区隆福寺街 99 号)

北京世纪雨田印刷有限公司印刷　新华书店经销

2013 年 10 月第 1 版　2013 年 10 月北京第 1 次印刷
开本:710 毫米×1000 毫米 1/16　印张:45.5
字数:720 千字　印数:0,001 - 3,000 册

ISBN 978 - 7 - 01 - 011118 - 6　定价:88.00 元

邮购地址 100706　北京市东城区隆福寺街 99 号
人民东方图书销售中心　电话 (010)65250042　65289539

目　　录

代序言
西部欠发达地区发展失衡与失衡纠正的思考

区域发展失衡成为我国快速推进现代化过程中的一个备受关注的重大问题：一是我国的区域发展失衡，特别是西部欠发达民族地区的发展严重滞后于内地、滞后于东部地区的问题已经成为社会系统中的常态，或者说已经成为在国家体制内经济社会系统的"中心—外围"空间结构的边缘部分，甚至游离于中心地区的主流发展路径之外；二是我国的区域发展失衡正在由单项失衡转化为到全面失衡，即主要由区域间经济系统运行效率差异所引起的经济发展失衡，演变为社会系统多方面的发展失衡；三是区域发展失衡正在由单纯的数量增长与规模积累的级数差异，转化为系统性结构差异与失衡，并且深入到了社会心理、精神与文化形态，演化为社会阶层、利益集团与身份地位的冲突性矛盾。上述三个方面发展失衡的演化，预示着失衡纠正不能仅仅限于非常态事件的预警管理，而是要转化为国家发展战略的常态目标，欠发达地区的发展与边疆治理必须超越预警，通过建构内生发展动力机制、自我制衡与失衡纠正系统，来防范社会危机，实现社会稳定与发展。

现代化背景下的我国区域发展失衡问题

发展失衡是我国历史进程中经常性发生的一种区域状态，它并非只与现代化历史阶段相关。但是，相对于前现代中国所处的相对均质的社会结构而言，现代化背景下中国社会所发生的区域发展失衡问题，交织着更为复杂的社会背景，失衡演化的程度更深更广，特别是改革开放以来，国家战略重点在区域性外向型战略引导下，区域非均衡发展成为战略预设，转化为体制内的常态。

中国的现代化受本土因素和外来因素的影响。与世界上大多数发展中国家一样,中国的现代化是在外部世界的生存挑战和现代化示范效应的挤压与诱发下启动的,既是一种被动性的历史选择,也具有积极的回应与追求。但是中国的现代化也被认为具有"特殊的中国背景",是一种"具有中国特色"的本土模式,这一本土模式的最重要特征是:一方面继承了有助于现代化启动、比较优势突出的前现代遗产;另一方面又因累累在应对外部挑战中错过机遇,社会基础与能力受到挤压和退化导致现代化推力不足①。但是无论是前现代中国历史,还是在现代化进程之中,欠发达地区发展失衡始终是国家治理中的重大问题。由传统危机与外部挑战叠加形成了中国现代化,从来都不是整体均衡的反应类型,而是区域发展的差序格局。

新中国建立以来,中央政府积极推动现代化战略以实现强国富民的目标。但是,与后发国家的现代化遭遇类似,中国的现代化推进并非是一个一帆风顺的过程,在其间经历着"现代化陷阱",此中既包括国家决策者在权衡利弊与抵抗外部压力所产生的"焦虑"②,也包括基于新的利益冲突下原有均衡的失衡。在打破传统均衡,催生现代因素的社会转型过程中,发展与稳定是一对既相融相生,又对立冲突的复杂关系。在历史转变的比较上,"现代化是人类历

---

① 研究中国现代化的学者认为,"……中国的国际体系和世界观就其本身的强度和耐力来说是无与伦比的,但其内部并不存在能使中国应付得了现代世纪挑战的重大力量源泉。"在19世纪,阻碍中国成功应对现代化挑战的因素是中国内部的环境,清政府下的中国社会政治衰败、人口增长、社会动荡及经济变化都迫使一个摇摇欲坠的政治制度选择了一种它无法接受的变革和无法应对的外部挑战,发生危机是必然的。但是,这已经不是原来意义上的传统危机,中国的在19世纪下半叶的社会危机是在外力影响下的"变化了的回应方式",源于内部的传统危机与外部挑战叠加形成了中国现代化的反应类型。关于中国现代化的历史遗产与阻力的分析,参见[美]吉尔伯特·罗兹曼主编:《中国的现代化》,国家社会科学基金"比较现代化"课题组译,江苏人民出版社1995年版,第5页。

② 蓝普顿认为中国领导层谋求实施大战略之际有两大忧虑,其一是:"变化来临时,如何控制不断提升的物质和政治期待,而在变化不可否认之际,社会稳定还能否维系?"其二是:"中国变得更加强大,但北京怎样才能减少占统治力量的大国阻扰或是逆转中国获得力量的可能性呢? 国际体系能够保持相对温和,从而允许中国集中精力于国内发展和稳定吗?"参见[美]戴维·蓝普顿:《中国力量的三面——军力、财力和智力》,姚芸竹译,新华出版社2009年版,第6页。显然,中国发展战略的选择,已经开始从被动接受外部挑战转变为主动参与国际竞争,国家战略所要面对的已经是怎样排除对中国崛起的国际干扰。但是。此时的"焦虑"已经不是产生于1840年在列强"炮舰"攻势下的国家处境,也不是新中国时期面临资本主义世界封锁时的国家战略选择。

史上最剧烈、最深远并且显然是无可避免的一场社会变革"①。在这一变革过程中它必然导致现存社会模式一无例外地遭到破坏,并与传统势力形成对抗矛盾,形成涉及广泛的利益冲突和社会分化。但是现代化是历史发展的趋势,与其遭遇的"任何一个民族无论如何也不会再退回到其与现代化相遇之前的状态"②。中国现代化引起的社会动荡打破了被昭示为以维护社会稳定著称的、"中国文明的一大突出成就"的传统均衡。自19世纪中叶开始,我国的国家管理致力于恢复被外来干预所扰乱的传统均衡,这种努力"在20世纪一直在不断试图恢复平衡,试图建立可行的有利于现代化的利益平衡,但结果却常常适得其反"③。以至于,区域发展的非均衡状态(以东西部比较,沿海与内陆、内地与边疆比较之间为重)成为一种与中国现代化长期伴随的常态。由于这种区域失衡常常会演化为各种显性或隐性的、甚至激烈的社会冲突,而且会泛化为全局性国家稳定与安全问题,所以,国家安全预警,隐患防范,危机处置等应急事务一直是进入现代社会的我国国家治理的重要任务。但是由于国家宏观调控手段难以转化为区域均衡发展的内在机制,结果导致区域发展失衡,形成"中心—外围"二元格局,外围区域发展滞后、边缘化,特别是西部欠发达地区社会问题"积重难返",边疆治理难以获得长效,根治社会隐患、实现社会长治久安目标的发展要务就难以驶入正轨。

从预警到超越预警

发展不平衡是世界性问题,也是中国历史上长期遗存、并当今社会加速演化的社会问题。与大多数后发国家的历史条件不同,中国现代化进程中衍生的区域不平衡在形成原因与演化阶段上具有特殊性,特别是改革开放以来,中国的社会转型属于"双向"转型并存,即从传统均衡到现代均衡,从计划均衡

---

① [美]吉尔伯特·罗兹曼主编:《中国的现代化》,国家社会科学基金"比较现代化"课题组译,江苏人民出版社1995年版,第5页。

② [美]吉尔伯特·罗兹曼主编:《中国的现代化》,国家社会科学基金"比较现代化"课题组译,江苏人民出版社1995年版,第5页。

③ [美]吉尔伯特·罗兹曼主编:《中国的现代化》,国家社会科学基金"比较现代化"课题组译,江苏人民出版社1995年版,第652页。

到市场均衡的过程，而中国社会目前所处在的状态属于旧均衡被打破，新均衡没有形成的阶段。在转型的阶段上，我国社会转型处于区域发展差异的快速分化期，区域之间发展水平的基尼系数仍在继续扩大，具有深厚历史渊源的传统因素与强势的计划经济对现代社会与市场体制的建构仍然具有很强的钳制作用，引发着区域转型冲突，利益争夺，空间分割与阶层分化都体现出超常激烈的特性。

中国区域发展不平衡，特别是西部欠发达地区发展滞后存在着三个方面的原因：

一是历史积累。在前现代社会，黄河与长江中下游是中国经济社会发展的"中心"地区，西部欠发达地区发展滞后，国家边疆治理政策的实施效率低下，"从晚清一直到民国时代，旨在实现新的目标的地方基层管理始终是政府最头疼的一项任务"①。事实上，中央集权对欠发达地区特别是西部欠发达地区的国家管理的有效性更为低下，区域发展失衡问题以及边疆治理问题作为历史遗留问题常常被搁置在应急处理等短期行为上。

二是差异性政策。新中国建立后，国家经济发展政策向东部倾斜，非均衡发展战略主导着区域发展的差序格局。在产业布局上推行"重内地轻边疆"的国家战略，在国家财税政策具有显著的"东低西高"效应，国家投融资政策实行事实上的"东高西低"梯度推进政策，以及国家改革开放政策上的"东先西随"渐进式推进格局，都进一步加大了东中西区域之间、边疆与内陆地区之间的发展差距②。

三是内生动力。西部欠发达地区内生发展动力不足问题。在历史积累、区位条件、人力资源、产业与市场基础，乃至于国民意识与社会价值观等等方面，欠发达地区全面缺乏内生发展的动力机制。

上述三个方面归纳了欠发达地区发展失衡的历史、政策与内生动力的原

---

① ［美］吉尔伯特·罗兹曼主编：《中国的现代化》，国家社会科学基金"比较现代化"课题组译，江苏人民出版社1995年版，第115页。

② 90年代中期实施的西部大开发政策，虽然对推动西部的经济社会发展起到了重要作用，但是，由于西部大开发的战略重点集中在已经有较好产业基础和基础设施条件的大城市特别是省会中心城市，西部大开发政策的边疆联动效应是较为微弱的，由于城市经济的集聚效应和极化作用，事实上导致了西部欠发达地区发展要素的进一步流失。

因,提示我们预警体制本身并不能真正解决区域发展失衡问题,而是必须基于
"超越预警"思路从根源上纠正失衡。随着计划经济向市场经济,传统社会向
现代社会的"双向"转型的加快推进,受市场配置资源效率、要素聚集效应与
产业极化作用的驱使,将继续引导西部欠发达民族地区发展失衡的事态,加重
失衡事态继续向深度与广度演化的趋势。一方面,计划经济淡出国民经济领
域导致国家直接的宏观调控能力减弱①,国家主导的对外开放战略的区域分
布集中在东部沿海一线,推动区域均衡发展的社会公共资源缺乏积累;另一方
面,边疆民族地区远离由外向型经济推动经济发展的"中心"区域,而自身的
原生商品经济发育先天不足,市场成长的内生条件缺乏,产业与"中心"地区
难以有机链接,要素市场在"中心"与"外围"之间成新的分化格局,某些方面
的分割态势趋于严重,西部欠发达地区在社会转型过程中形成了内外"双向"
的钳制作用。而东部地区依赖经济快速发展以及与外部世界的紧密联系,
"中心"区域加快了其由市场经济主导的现代化步伐,现代因素成长性显著。
相反,西部欠发达地区地区现代因素成长缓慢,推动社会转型的现代动力不
足,不能形成对传统因素强大的替代效应。

　　因此,推动西部少数民族地区发展的"两种动力"(现代性与市场化动
力②)不足。与发达地区相比较,西部少数民族地区的发展严重失衡。一方面
传统均衡(传统社会下的均衡与传统计划体制下均衡)解体;另一方面,在社
会转型中形成动荡式失衡③,新型的均衡模式没有形成。在社会动荡期,社会
冲突以及涉及国家安全的社会矛盾、社会问题呈多发与频发,泛化与激化状
态,预警与危机管理必然成为国家管理与社会治理的基本手段。

　　预警是现代社会国家管理的一种操作性体制,更是转型社会实现社会稳

---

　　①　战后,经济计划是发展经济学学者极力推崇的经济发展模式,也是多数新兴民族国家的
发展战略的主要选择,但随着"国家主导型发展战略的效率递减,……改进长期经济运行的唯一
途径是从计划向市场转轨"(〔美〕詹姆斯·A.道等:《发展经济学的革命》,黄祖辉、蒋文华主译,
上海三联书店、上海人民出版社2000年版,第13页)。大量经验证实,国家干预越多,市场效率
越低,因此中国的长期经济增长依赖于基于国家主导型战略退出与市场快速推进的体制转型。

　　②　现代化在国家体制上存在着两种模式,一为社会主义的现代化道路,二为资本主义的现
代化道路,支持两种发展选择的经济制度分别是计划经济与市场经济,在后冷战时期世界经济
制度的选择逐步统一到市场经济制度上,其发展效率得到普遍的承认。

　　③　有理论认为,在人均国民收入处于1000美元至3000美元的经济发展阶段,社会阶层分
化,利益集团大量形成,导致社会各阶层与利益集团之间的利益冲突,社会处于动荡期。

定、防范社会冲突,化解社会矛盾的必备手段,它的主要功能与效用是通过社会问题、安全隐患的识别与即时应对的一整套防治策略,达到化解矛盾、稳定社会的目的。在策略选择上,预警机制多以微观和区域性危机治理即期手段为主。社会稳定的预警机制可以及时评价现实的社会状态,但缺乏指示长期社会环境变化的功能,难以提供长期发展选择与目标调适的价值判断。虽然,预警机制的设立既反映出社会转型导致区域发展失衡,引发涉及广泛的社会冲突与动荡等事态的严重性,又体现了现代社会在国家体制在社会治理上的成熟程度。但是,预警机制在目标设置上并不能"标、本"兼治,在应对策略上它重于防范与当下事态处置,而非除之于本源。

　　基于长治久安的目标模式,国家边疆治理必须"超越预警",在发展中形成和实现可持续依赖的动力机制。边疆稳定战略的选择既从属于国家整体战略,又要充分体现地方积极性与利益,通过内生均衡系统有效纠正失衡,依赖内在动力机制积累发展资源,以内生发展来实现"长治久安"。基于"两种动力"不足、内外"双向"发展约束的判断,西部欠发达地区的发展选择既需要构造内生性现代因素的快速成长机制,以市场效率纠正失衡,以地方积极性弥补中央在调控边疆稳定与发展关系上的空位与缺位,又需要在整体均衡的国家发展战略框架中构架"超越预警"的边疆发展战略,扶持西部欠发达地区,并激发其内在稳定因素的发育,在全国区域一体化进程中实现西部欠发达地区的均衡发展。并且,现代社会稳定与发展局面的形成是一个全面涉及社会各个领域与关系的巨系统,因而基于"治本"目标的西部欠发达地区长期社会稳定的发展选择,不是单项策略,而是一种优化的战略与策略组合,它需要在"整体推进战略"的基础上实现国家体制内社会资源的整合效率。

超越预警的路径选择

一、内生性发展是边疆民族社会的长期稳定剂

　　现代化必然经历社会动荡,边疆地区往往被动性地发生"脱中心化",成为社会问题衍生的多发区域,国家管理也常常局限于应急治理,但危机管理效率低下。因此,边疆地区的失衡纠正需要转变战略思路,改变路径选择。要实现边疆地区的长期稳定,必须从治标策略转变到"标本兼治,以本为主"的内

生性发展战略。

在经典的现代化理论中,发展中国家现代化发展有三种路径选择:一是跟随策略,即"工业较发达的国家向工业较不发达的国家所显示的,只是后者未来的景象"①。即先发西方国家的现代化经验是后发国家的效仿的范式,但在发展实践中这种路径选择往往会陷入"邯郸学步"的困境。其二,格尔申克隆借用凡勃伦的"借用技术"概念,提出了"后进国家并不是步先进国家后尘的命题",认为后进国家具备"赶超效应",可以在西方范式的基础上借力发展,实现赶超。其三,沃勒斯坦与弗兰克均基于世界体系的认知框架,提出"现代资本主义并不是作为以国民经济为单位的自主经济形成的,而是以最初的贸易和国际分工为前提形成的"②,西方的现代化是借助于这一世界体系而得以推进的。但现实的世界体系形成了"中心与外围"的二元格局,在"中心—外围"这一世界体系中,发展中国家受困于被剥夺的依附性发展模式中。三种现代化路径概括出的发达国家与发展中国家的三种关系模式(即"连续模式"、"隔断模式"与"关联模式")③。上述发展的路径选择是人类社会现代化历史经验的理论总结,但并不能很好地解释中国现代化进程中的波动与曲折,以及区域发展失衡演化历史与现实的原因。在现代化的动力因素上,中国的现代化是由外生压力驱动的,但不同区域受到外部影响的程度,自身回应挑战的反应能力,现代性的成长基础和条件差异性较大,形成了多层次的发展格

---

①　[德]马克思:《资本论》第一版序言。马克思进一步解释到,"我明确地把这一运动的'历史必然性'限于西欧各国",并非"一切民族,不管他们所处的历史环境如何,都注定要走这条道路"。参见《马克思恩格斯全集》第19卷,人民出版社1972年版,第430、130页。显然,以资本主义为开端的现代化与非西方国家的历史进程不具连贯性,因此历史发展的阶段论很难用以解释当代边缘地区的社会发展。参见[美]塞缪尔·亨廷顿:《现代化理论与历史经验的再探讨》,罗荣渠译,上海译文出版社1993年版,第164页。

②　[美]塞缪尔·亨廷顿:《现代化理论与历史经验的再探讨》,罗荣渠译,上海译文出版社1993年版,第117页。

③　日本学者菽野佑三归纳了两种关系模式,没有对世界体系理论框架下的发达国家与发展中国家的"关系模式"作出归纳,"连续模式"指将现代化看作是类似于生物体自我增殖和组织分化,是生命过程和组织演化的连续过程,它将传统社会与现代社会放置在一条连续线上;"隔断模式"指两种类型的国家处于彼此隔断的关系。参见[美]塞缪尔·亨廷顿:《现代化理论与历史经验的再探讨》,罗荣渠译,上海译文出版社1993年版,第117—126页。本文基于他的归纳总结的基础上加入"关联模式"概念,既指以在一个统一的世界体系来认识两个类型国家在现代化发展上的关联性,也指国家内部的发达地区与欠发达地区的发展关联性。

局。归纳起来，我国现代化进程中的区域发展失衡存在着以下理论解释：

第一，在中国现代化过程中，形成了"中心—边缘"二元结构。东部地区，特别是沿海地带，成为中国现代性成长最快速的区域，而内陆地区特别是西部欠发达地区成为远离现代化中心区域的边缘地带，难以获得现代化带来的福祉，甚至可能被现代化中心区域长久地"遗弃"。按照依附理论，在世界体系中，"发达社会的发展是它们剥削殖民地的结果，……它们与发展中国家之间交流越多，其剥削就越重，而这不是发展"，因为就现代化资源配置而言，"资本有一种向中心地区集中的倾向，因此可以说，中心与边缘双方之间的经济差距将随着经济的发展而扩大"①。现代化过程中由区域发展失衡到区域一体化进而均衡目标的实现，服从于库兹涅茨倒 U 理论，即在现代化开始及快速发展的阶段，"中心—边缘"之间的马太效应显著，只有跨越倒 U 形顶点后，"中心"区域的发展才具有一体化效应，"中心与边缘"的关系才能收敛到共同的发展目标模式上。因此，区域发展失衡应是现代化的一种阶段性特征，失衡的纠正依赖于继续推进现代化进程，并采取国家制衡手段抑制"中心—边缘"的马太效应，以发展来调控失衡、纠正失衡、回归均衡。

第二，非均衡发展是我国现代化路径的战略选择，因此区域发展失衡不是国家战略的意外结果，而是有意之举。依据发展中国家深陷发展困境的事实，发展经济学学者提出了"增长极"理论，认为发展中国家经济增长因生产要素约束，不可能采取"均衡发展"战略，只能在已经具备生产要素集聚的区域点上率先启动经济增长。而这种增长战略选择的前提条件必须打破传统经济的均衡态势，形成由国家主导生产资源向"增长极"的集中转移。在以"面"向"点"的要素转移过程中，国家必然在财税、投融资、基础设施等方面给予政策优惠与支持。"增长极"理论得到很多处于贫困状态的发展中国家决策者的支持，中国改革开放的实践也充分证实了这种选择的效率，"增长极"（如深圳、珠海等经济特区）成为中国改革开放实践的示范区，带动了中国经济的发展，形成了由"增长极"（特区）到"增长带"（沿海）再到"增长域"（东部地区）的"扇面"式经济增长的空间扩散格局。但是"增长极"是一种非均衡发展选

---

① ［美］塞缪尔·亨廷顿：《现代化理论与历史经验的再探讨》，罗荣渠译，上海译文出版社1993 年版，第 132 页。

择,它的较大负面作用是导致落后地区特别是西部欠发达地区发展要素的流失(包括政策性和市场性引导的要素流失),加重了这些区域发展要素的匮乏,不能有效形成具有规模效应的域内生产要素集聚,内生增长所需的生产要素积累严重短缺,成长性不足。

　　第三,中国的现代化专注于资本要素的集聚与投入,忽视了非资本因素对改变区域失衡困境的作用,导致制衡手段单一,甚至严重偏离发展因素的根本性选择。20世纪80年代后期,针对传统经济增长理论不能合理解释现代经济增长的原因,催生了新经济增长理论。该理论以罗默的研发模型、卢卡斯的人力资本模型、贝克尔以及墨菲等人的分工与专业化模型为代表,将人力资本、研究与开发,以及专业化和分工变量内生于经济增长模型中,用以解释这些因素对经济增长的作用,由此将现代经济引入新的增长引擎之中。新经济增长理论既提供了欠发达地区实现赶超效应可资依赖的新的路径,也提供了我国区域发展失衡原因的新的解释,印证了西部欠发达地区发展滞后的影响因素的多样性与复杂性。与传统经济理论的解释不同,新经济增长理论认为区域发展失衡的原因甚至不主要源于物质资本匮乏,更重要的原因还在于与东部地区相比,西部特别是西部欠发达地区在人力资本积累、研究与开发投入与效率、专业化发展以及社会分工发育程度等等方面存在着较大的差异性,而且这些因素的积累更受西部欠发达地区历史条件与人文环境的约束,更难以从外部移植和输入,"原始积累"的过程更为漫长和艰难,它对西部欠发达地区经济社会发展的内部钳制作用更难以解除。在世界范围内,发展中国家发展的经验证实了"对经济增长决定性因素的研究,现在不是着眼于实物资本和外国援助方面,而是着眼于人力资本和市场化"[①]。因此,内生经济增长理论为我们提供了内涵更广泛的认知框架,对发展失衡现象的解释具有更可信的历史深度[②],提供了基于内生发展的全要素战略选择的依据,这是"超越预

　　① 　[美]詹姆斯·A.道等:《发展经济学的革命》,黄祖辉、蒋文华主译,上海三联书店、上海人民出版社2000年版,第3页。
　　② 　尽管新经济增长理论打破了传统的生产要素理论,但是,社会现实仍然赋予物资资本以极大的魔力,资本创造经济奇迹的光环并未真正解除,在国家政策与区域战略选择上对资本的追崇仍然十分强烈,人们有必要将视线转移到体现为无形资本的经济增长引擎上来辨识发展失衡的原因,选择发展路径,弥合区域发展的差异。

警"所依赖的内生于边疆社会的基础性、根本性发展资源。

综合以上理论，我们认为纠正失衡的路径选择应该是内生的，支持和形成持久发展能力的因素应该在欠发达地区的社会内部形成，内生性经济发展体系的形成应该依赖自我组织系统的成长性，应该基于西部欠发达地区深层的社会结构挖掘内生发展源泉，激发现代性成长的内生动力机制。内生发展是西部欠发达地区实现社会稳定与发展的根本性策略与最终选择。

在以市场为导向、融入国际竞争的社会转型过程中，西部欠发达地区内生性发展方式的形成还依赖于不断提升的对国际国内市场竞争环境的适应能力，因为"'发展绝不是一种永久状态，相反，它是一个不断适应新环境的过程"①。因此，西部欠发达的社会发展又是一个基于新环境变化的调适过程，发展失衡的纠正，应是自主路径选择的结果，必须具备应对国内国际竞争挑战，适应发展条件变化，把握发展机遇等外部环境变化的内生调适机制，而不主要依赖于外部干预、国家管理与调控等被动施于的失衡纠正。在既依赖国家战略支持，又必须主动融入市场环境的双向选择中，西部欠发达地区发展战略的取舍必须坚持由外生依赖型转变为内生动力型。

二、由文化冲突到文化融合

民族文化与世界文明一样是一种多样性的差异结构②。西部欠发达地区发展失衡问题的深层根源是文化冲突的区域性表现和特征。亨廷顿在探析充满矛盾与冲突的当今世界的秩序格局时，强调了文化、文明冲突的重要性，即"在这个新的世界里，最普遍的、重要的和危险的冲突……属于不同文化实体的人民之间的冲突"③。如果把西部欠发达地区社会发展失衡状态的文化原因归结为文化冲突，那么这种文化冲突更多的属于传统文化与现代文化之间

①　[美]戴维·蓝普顿：《中国力量的三面——军力、财力和智力》，姚芸竹译，新华出版社2009年版，第6页。

②　亨廷顿认为："哲学假定、基本价值、社会关系、习俗以及全面的生活观在各文明之间有重大的差异。"这是导致世界冲突的根源（参见[美]塞缪尔·亨廷顿：《文明的冲突与世界秩序的重建》，罗荣渠译，新华出版社1998年版，第8页）。民族之间也会因为文化导向下利益差异而发生排斥、矛盾和冲突，但是这与亨廷顿定义的世界文明体之间的冲突有质的根本不同，本文研究的我国民族地区非均衡发展原因，多数是属于"民族团结，共同繁荣"共同体内部中的问题。

③　[美]塞缪尔·亨廷顿：《文明的冲突与世界秩序的重建》，罗荣渠译，新华出版社1998年版，第7页。

的冲突类型,或者说是不同的"文明"类型所代表的社会发展阶段的历史纵向式冲突。由于西部欠发达地区与发达地区,以及各民族之间在社会发展阶段上与历史遗存的纵向差异性,在其社会关系中仍然以隐性或外显文化样式体现出来,因而又形成因民族文化差异性而导致的非协调关系。社会转型过程中,传统与现代文化之间的冲突凸现。源于差异性民族文化,各民族在社会转型过程中的反应模式、反应能力、外部环境以及政策效应上分化严重,形成动因复杂的文化冲突与文化变迁模式,影响了西部欠发达地区社会的稳定与均衡。

总体上,文化冲突已经从同质传统文化的内部冲突模式,转变为异质的现代强势文化引发的文化冲突。历史上形成的冲突状态的原生性文化诱因、旧有文化调适通道和衍生条件在社会转型过程中已经逐渐弱化,基于西部欠发达地区历史条件与社会环境而铸就的传统文化均衡已经开始崩塌倾斜,但由于现代文化属于外部嵌入式输入,传统文化在衰退中仍具有防御性对抗本能。基于现代因素构造的文化根基不稳,将引发社会失衡在较长时期、较广社会领域仍然以文化冲突的方式表现出来,或者说发展失衡在更深层次上仍然会以文化对抗方式显示出来,使现代化进程中的地方利益博弈衍生为文化冲突。

从国际发展的经验上判断,人为阻止现代文化的进入是无效的,也是有害的。但是文化相融的方式应是多样的,人类在文化自觉上是可以有所作为的,存在着理性选择与趋利避害的文化相融路径。在推进现代化的过程中,化解文化冲突的途径除了必须在国家发展战略中充分包容地方文化、传统文化的调适通道,合理维护其生境与传承需要等文化政策外,还应为非主流人群提供多样性文化选择的平等机会,预留选择的空间,以及充足的转变期间与调试周期,以防止文化政策上的短视行为和功利取向。

三、从规模力到结构力转变

在国民经济处于较低水平,但是经济体已经置于起飞阶段的快速增长时期的条件下,区域间的经济发展会被导入库兹涅茨倒 U 曲线的路径中,随着经济快速增长而引导区域之间、阶层之间以及民族之间在财富创造、积累与分享上的差异性分化。在这一阶段,社会发展成效与效率主要以规模效应来推动,规模力主导着区域之间的竞争优势与效率,也在更大的社会范围内规定着社会权力的分配,以及影响着社会资源的配置规则。正由于西部欠发达地区在经济增长过程中经济规模力成长缓慢，要素规模积累不足，导致在现代发展资源分配上的被动地位。

现代经济是以规模效应为主要经济增长动力的增长体制，特别在现代经济启动时期，需要以经济资源、生产要素集聚的规模效应来形成竞争优势，以期支持经济快速增长；另一方面现代经济增长也需要现代性非经济因素的积累水平达到足够的厚度，社会资源的规模当量集聚至一个临界水平。但无论经济资源还是社会资源的规模力，西部欠发达地区现代性经济资源与非经济资源的"原始积累"远远没有完成，要素集聚的规模效应很低，没有形成足以推动西部欠发达均衡发展的规模力。

规模力转变为结构力的意义在于：物质要素的规模增长要积累到引致结构变动的临界值才具备原有社会结构的解构力，但打破原有社会结构的解构力并不必然成为现代结构的建构力，它需要现代性的充分积累与系统建构的完整性。因而西部欠发达地区失衡纠正依赖于经济资源和生产要素集聚所形成的规模效应顺利地转化为现代经济社会结构转型的推动力。我国现代化中产生的边疆社会发展失衡问题的深层因素是边疆传统经济结构、社会结构在现代经济的冲击下已经全面性解构，但满足于发展需求的现代社会结构没有相应地形成，结构失衡成为边疆社会稳定的主要侵蚀力，也成为西部欠发达地区社会发展系统内生制衡机制的短板因素。因此，作为具有前瞻远见的国家边疆安全管理战略的主导方向是要将旨在仅限于推动经济增长的规模力转化为构架长期稳定均衡的结构力，才能获得由西部欠发达地区社会系统内部结构支持的长期稳定态。

四、稳定是发展方向一致的权力博弈均衡

中国是一个高度集权的国家，在发展资源的配置上国家权力结构的效率对实现西部欠发达地区的发展具有重要影响。"一个单一而又权威的中央政府的建立是 1949 年以来获得经济增长与社会整合的首要因素"①。新中国 60 年的前 30 年，具备高度社会资源整合与动员权威的中央集权，实现了在现代化建设上的"强劲的冲刺"，但是直到快要进入 20 世纪 80 年代，中国的现代

---

① ［美］吉尔伯特·罗兹曼主编：《中国的现代化》，国家社会科学基金"比较现代化"课题组译，江苏人民出版社 1995 年版，第 599 页。

化路线问题还没有得到根本解决,一些重要的现代化指标的增长甚至处于停滞状态。在计划经济条件下,发展目标高度一致的中央集权体制对资源的配置效率受到质疑。在改革开放推动的社会转型过程中,权力结构重新调整一直是引导现代因素增长的动力。在现代化进程中社会权力将发生重大的结构转型,原有的主导资源配置的权力结构包括计划经济下的集权式权力结构,以及传统均质社会条件下分散性权力结构对资源配置的影响力均在减弱,而基于现代利益关系与更高的资源配置效率的需要,必须建构起新型的权力结构。在市场经济取向并逐步主导资源配置条件下,现代化的推进要求社会管理的权力结构的重心下移,国家应对地方分权式权力结构应予强有力的支持,由地方政府根据差异化的区域性发展机会与需求,在充分政治权限基础上自主规划发展、配置资源与实现发展。

市场经济结构下,利益主体多元化与发展选择的多样化都衍生了较之于传统计划经济体制下的复杂社会关系,而"在一个复杂社会里"维系共同体所需要的……是建立起能包容并能反映道德和谐性和互惠互利原则的政治机构①。一方面,在实现国家重大战略决策的事务上,必须保障中央集权的权威,特别是对国家安全利益有极大影响的边疆社会的安全与稳定,必须在国家战略构架下实施与推动;另一方面,要赋予西部欠发达地区充分有效的政治资源,充分发挥一些地区民族区域自治政治资源的作用,提高地方政府管理能力,在整合与调动中央与地方两个积极性基础上,确保西部欠发达地区政治资源最大限度地运用于支持其持久稳定的发展。

要充分认识现代化必将打破传统均衡的必然性,以及传统政治利益与权力结构所面临的解构风险,以及在新的利益关系下社会权力重构的必要性。"现代化导致缺乏共识"②,并必然带来社会的分殊化,由此引发地方发展诉求的多元性表达。而这种发展诉求明显受到"中心—外围"关系模式的压抑,使区域之间发展资源的分配呈不均衡状态,形成发展失衡的持续演化态势。同时,因发展失衡而引起的中央与地方利益的深度分化,必然导致地方政府、区

---

① 政治共同体的前两个因素是道德与互惠互利,参见[美]塞缪尔·亨廷顿:《变化社会中的政治秩序》,李盛平等译,三联书店1989年版,第8—11页。

② [美]戴维·蓝普顿:《中国力量的三面——军力、财力和智力》,姚芸竹译,新华出版社2009年版,第27页。

域性社会组织对发展目标的选择、价值追求、发展条件环境等进一步的差异性需求与变化,引发强烈的保障地方利益、合理配置资源、地方分权的发展诉求。由于主导这一过程的因素很多已经成为市场体制运行的结果,国家政策主导下的区域失衡纠正与均衡发展调控能力将会减弱。因此,在差异化的利益结构中,西部欠发达地区要依托自身能力、自主的调控手段和资源配置权力来适应千变万化的市场,灵活地配置资源与把握机会,高效率开发地方资源,最终实现边疆社会治理与持续发展。

五、从"风险规避整合①"到发展资源整合

1. 体制外风险与隐患的规避与防范

每一个国家,特别是存在着复杂的历史、文化与社会结构差异性的大国,在其社会、经济和政治体系中都不可避免地存在一些不确定的因素,使国家战略对发展预期的通盘考虑难以周全、信息通道阻塞,很难把握不确定因素演化为区域不稳定事态的发生和演化过程,因此"风险规避"路径的选择必然存在认识与实践的"盲点",利用各种社会资源进行"风险规避整合"的策略选择受限。另外"风险规避整合"存在着体制障碍。由于国家战略选择重点与区域协调的局限性,形成我国发展格局中的"中心"与"外围"二元区域结构,国家发展战略形成事实上的分割状态,并形成内外有别的发展体制与格局,特别是处于远端"外围"的西部欠发达地区的发展需求更容易滞留在国家体制外,无法整体进入国家发展战略系统,更因为改革开放以来中国发展战略的根本取向是一个市场化的推进过程,区域在进入这一过程的能力、条件差异很大,市场体制内外的区域分界仍然十分明显,国家边疆治理目标难以与市场体制在发展的价值取向上实现有机统一;另外,在国家战略体系中,经济发展战略具有压倒的地位,其他因素包括涉及西部欠发达发展的很多关系和问题被忽视、边缘化,没有形成国家发展战略在空间上的整体包容和全面推进格局,在民族之间、区域之间以及经济社会、政治及文化等领域的多重整合格局没有形成,没有形成国家体制对发展资源在区域上的整合,在国家发展规划中没有真正体现均等化原则,更无法体现发展战略选择中对西部欠发达地区重点扶持,导

---

① "风险规避整合"取之于蓝普顿对国际政治竞争关系的归纳,本书借用于此表达边疆民族地区防范非稳定因素的一种组合策略的选择。

致国家主导的发展格局中存在着体制内外的事实上的区域分割。因此,如果这些不确定因素存在于国家发展体制的外部,国家体制对这些不确定因素可能演化为非稳定事态与问题的预警、防范、调控,以及将其纳入体制内化解并转化为发展动力的可能性都很微弱。

因此,实现风险规避整合的先决条件是必须把体制外的风险与隐患纳入国家整体发展规划,纳入国家宏观管理与调控的大系统,在体制内推进发展资源的统筹配置,实现体制内的"风险规避整合",最大限度克服由事实上的"中心"与"外围"二元结构导致的体制性分割,基于国家战略的高度整合西部欠发达地区发展的内外资源,在文化差异性中推动均衡发展,在发展中实现区域利益的均衡,在区域均衡发展中规避风险、实现稳定。

在西部欠发达地区存在着外源性特别是由境外国际关系引发社会问题,但是规避边疆社会安全风险的根本策略在于内源性发展动力的形成、长久的应对措施是在持续发展中化解社会矛盾和冲突,在发展中实现现代均衡。

2. 西部欠发达地区发展资源的整合

基于长期稳定目标的设置,纠正失衡的"风险规避整合"首选战略是最大限度实现内部外部发展资源的整合,以整合效率克服发展的瓶颈,形成内生动力。西部欠发达地区是一个文化、宗教信仰、生活方式与民间习俗、社会发育水平等多样性极其丰富地区,市场发育,产业成长,生产力以及人力资源等生产要素都处于低度发展水平,经济社会发展的内源性阻力很大,其中既包括传统经济与生产要素的制约,更包括长期历史过程中形成的非经济因素。在社会转型过程中,一方面传统对现代化的抗拒远较东部发达地区强烈,迟迟难以被融入到现代化进程中;另一方面西部欠发达地区的传统均衡又是十分脆弱的,在外来的现代化压力普遍出现传统的崩裂,但是建构现代均衡的现代性因素较难由系统内部发育,导致西部欠发达地区社会处于严重的失衡状态;更为重要的是传统均衡是由具有较高稳定性的传统文化支撑的,在以外来现代物质文化为强冲击力的文化冲突中,传统的物质文化的脆弱性与观念文化和制度文化持久抗拒力形成鲜明的反差,它导致传统文化根基分化,引发传统文化系统的整体性被撕裂所产生西部欠发达社会文化生态系统的失衡。

因此,羁绊于其现代化内源性阻力的复杂性,西部欠发达地区的现代化驱动需要更强的推力,过程缓慢并伴随着影响广泛而深刻的社会问题,发展失衡的纠正需要更大的投入以及社会公共资源的支持。任何单一的、短期的"风险规避"手段都不具已有发展经验的支持,而且带有主观选择的应急策略,不仅难以解决现实问题,而且将因时间、资源的浪费而错失发展机会。因此,边疆社会发展失衡的纠正,需要将现代要素广泛纳入经济、社会、文化与宗教等各个系统,动员全社会成员参与,包容社会各阶层和利益集团,吸收和引入外部现代资源的发展资源整合。

内 容 摘 要

　　我国的西部少数民族地区的发展失衡是一客观存在。在开放条件下,由于我国西部少数民族地区与大多与周边国家接壤,与其他国家有漫长的共同边界,具有边境的开放性、民族宗教的多样性、社会发展的多层性和经济发展的滞后性的地域特征,这些特征决定了我国西部少数民族地区对发展失衡容易形成不同于内地、发达地区的效应和反应机制。同时,随着沿边开放的推进,传统的边界效应进一步弱化,生产要素的跨境流动加快,以及由此产生的国家认同与民族认同方面的差异,对我国西部少数民族地区社会经济发展、国家安全以及传统的区域管理模式形成了挑战。因此,在全球化进程中,西部少数民族地区的社会稳定是多民族国家至关重要的问题。

　　中国西部少数民族地区的区域特征、全球经济社会发展趋势和周边国家的状况需要我们从新的角度对我国的西部少数民族地区的长期发展与社会稳定问题进行深入研究。本书研究内容如下:1.以我国西部少数民族地区为特定的目标区域,研究了西部少数民族地区在边疆开放性、经济发展滞后性、生态环境脆弱性、民族文化多样性等区域特殊性的影响下,其发展失衡的反应机制和扩散机制及发展失衡对社会稳定的影响与冲击程度不同于其它区域的差异性。2.在我国西部少数民族地区特殊的环境下,不同领域的发展失衡对区域社会稳定产生的效应与传导机制。其中主要分析了西部少数民族地区发展失衡在经济、社会、生态、政治等主要领域的失衡和特点,评估了经济差距扩大、社会公正与腐败、基层政权失信、生态环境破坏、毒品与艾滋病扩散等对社会稳定的影响程度。3.关于建立社会失衡预警机制与降低社会冲突问题的研究。在充分深入把握国内外预警理论基础上,本项目研究了西部少数民族地区以社会稳定为目标的区域性社会预警机制的建设,其中包括社会预警机制的作用与目标、社会预警机制的结构、社会预警指标的选择、社会预警系统的构造及社会预警体系的运作机制。4、研究了政治、经济、社会、生态、人口等长期政策选择与西部少数民族地区社会稳定的关系。本书研究了如何通过资源型经济转型、东西部之间产业转移、区域经济合作、政府执政能力的提升、财政转移支付等有效的纠正失衡手段，支持西部少数民族地区的稳定发展，缩小其与内地、发达地区的差距，为从根本上促进西部少数民族地区的社会稳定与社会和谐奠定基础。5、研究了发展失衡预警机制与中长期区域发展战略与政策的构成、效应、支持条件以及失衡预警机制与区域长期发展政策对西部民族地区社会稳定的合力作用。

本书通过对我国西部少数民族地区的区域特殊性、发展失衡、社会预警机制以及区域中长期发展政策的相关研究，深化了关于发展理论的讨论，拓展了关于"问题地区"社会稳定的研究，为解决世界广泛存在的社会冲突与社会危机提供了新的见解和思路；并为少数民族地区传统文化、宗教信仰与社会稳定的兼容性问题提供了一个新的理论视角，研究也进一步拓展了不发达地区政治参与、基层政治文明、区域自治与区域治理的关系研究，为区域社会协调发展研究提供了新的素材。

Abstract

The issue of unbalanced development in the minority regions of western China is a fact that can never be neglected. Bordering many neighboring countries with common boundary lines, the minority regions are characterized with openness in border areas, diversity in nationality and religions, multiple strata in social development, and lagged economic development, all of which result in effects of unbalanced development in the areas different from those in inland and developed regions, and thus requires different reaction mechanism. In the meantime, as the policy of opening the border areas is carried out, the situation of weakened traditional border effect, fastened cross-border flows of production factors and differences in nationality and national Identities pose a challenge for socio-economic development, national security and traditional regional governance models in the minority regions of western China.

Considering the regional characteristics in the minority regions of western China, the global socio-economic development trend, and the status quos of neighboring countries, we need to study the issues of long-run development and social stability in the regions from new perspectives.

The book is composed of five parts. The first part is on the studies of reaction mechanism and dispersion mechanism of unbalanced development, as well as the differences of impacts and shock levels from other regions by targeting at the minority regions of western China, while the regional characteristics of openness in border areas, lags in economic growth, fragile ecological condition, and diversified nationality cultures are recognized. The second part is on the study of the impacts of unbalanced development in different fields on regional social stability and of its transmission mechanism in the minority regions of western China. Especially, it also covers the analysis of the status quo and characteristics in the economic, social, ecological and political fields, and the assessment of the impacts of enlarging economic gap, social injustice and corruption, credit erosion of governments at the grass-root level, ecological degradation, and drug and AIDS expansion on social stability. The third part is on the establishment of early-warning mechanism for dealing with social unbalance and social conflicts. Based on a thorough study of the early warning theories from home and abroad, a regional social early-warning mechanism was established to achieve the goal of social stability in the minority regions of western China, including its roles, objectives, structure, indicators, framework, as well as operation mechanism. The fourth part is on the study of the relations between long-run political, economic, social, ecological and demographic policy options, and the social stability in the minority regions of western China. In details, it analyzed the issue of redressing unbalanced development by means of resource-based economic transition, east-to-west industrial transfer, regional economic cooperation, administration competence upgrading of governmental agencies, and fiscal benefit transfer, so as to support the stable development of minority regions, minimize the economic gaps between the regions and the inland and developed regions, and essentially to lay a solid foundation for realizing the social stability and harmony in the minority regions of western China. The last part is on the study of the composition, effect, and supporting conditions of the early-warning mechanism and the long-and-medium term regional development strategy and policy, and the study of the coordinated impacts of the early-warning mechanism and long-run development strategy on the social stability of the minority regions of western China.

The book carried out a deepened exploration of development theories, expanded the research of the social stability of minority regions by studying the regional particularity, unbalanced development, social early-earning mechanism, and development policies in long and medium terms. It provides a new perspective on the compatibility of traditional culture, religious beliefs and social stability in the minority regions, and a further explanation of the relations between political participation, local political civilization, regional autonomy and regional governance, which in all can serve as new evidences for regional social development in a harmonious way.

第一章 导　　论

　　针对我国西部欠发达地区发展失衡,从预警机制构建与完善和区域协调发展两方面入手,是实现西部地区社会稳定的重要基础。这是涉及众多因素的一个研究课题,关系到经济与社会发展、人口、资源与环境、文化与民族关系、国际关系和政府的区域治理能力等方面;同时历史的沉积与现实对区域的冲击和反应,也是必须正视的基本因素,因此,必须构建一个分析框架和定义重要的基本概念。本章作为导论,对课题研究的现实意义进行定位,对基本概念及其相互关系进行阐释,并对研究的基本思路、方法与范围作一规定。

一、课题意义

　　在全面推进小康社会的进程中,"推动区域协调发展,构建和谐社会"已经成为历史赋予我们的时代使命。中国经济社会发展的地区发展失衡,以东部地区和西部地区之间的差距日益扩大最为突出,这是我们确立本研究课题的一个基本出发点,并促使我们将研究视角聚焦于西部欠发达地区。通过揭示西部欠发达地区的发展失衡问题,研究构建一个以加快发展促和谐、以科学预警保稳定的机制,实现西部欠发达地区社会长期稳定,是课题研究的基本目标。

　　众所周知,在中国55个少数民族中,除了满族、朝鲜族、黎族、畲族、赫哲族、高山族等几个少数民族外,有49个少数民族分布在西部,尤其是西部欠发达地区。由此形成了少数民族人口多、自治区面积大、地处边远、交通比较闭塞、经济发展相对落后、多元文化并存的社会背景及复杂的地理和周边环境等显著特点。西部欠发达地区社会的长期稳定与进步,不仅对于本地区社会经济发展至关重要,而且对于维系民族团结、保障国家安全、促进中国社会经济的全面发展更具重大而深远的意义。事实上,西部欠发达地区社会安定、经济繁荣和地方政权稳固,是挫败各种分裂势力的阴谋,保证国家统一和领土完整,从而增强我国西部欠发达地区的向心力、凝聚力和抵御外部势力渗透能力的必要条件;西部欠发达地区的社会稳定与发展,民族之间的友好往来、互相学习、互相交流、共同发展,是形成互相依赖、互相促进的关系,使一体多元的和谐民族格局得以巩固的前提;西部欠发达地区社会经济文化发展的协调与稳定,不仅是西部各民族自身的发展需要,而且也是保证向东部发展提供广阔市场和大量资源,并保持长江、黄河源头良好的生态环境,降低东部地区的灾害发生频率,减轻就业大军东移对东部地区造成的就业、教育、社会保障和社会治安等压力的基础;西部民族地区社会的稳定发展,是我国改革开放进入关键时期,缓和快速分化的利益群体之间的利益矛盾和利益冲突,避免引发大规模的社会矛盾,抑制社会动乱的传染和扩散,维护整个国家政治稳定的保证。总之,维护西部欠发达地区的稳定,加快西部欠发达地区的社会经济的全面发展,促进各民族的共同繁荣,是我国社会主义建设的一项长期而艰巨的任务。

改革开放以来,西部欠发达地区的社会经济文化事业取得了举世瞩目的成就,但由于历史和现实的双重原因,与我国整体水平相比较,其发展仍然大大滞后,并表现出不断加剧的发展失衡态势。西部欠发达地区发展失衡这一客观现象,突出表现为西部欠发达地区与东部沿海地区和广大内地的差距不断扩大。令人堪忧的是,西部欠发达地区除了与发达地区之间的经济发展失衡外,生态环境、社会发展等多个方面也存在失衡现象。近年来,随着国家战略发展重心的西移,处在转型期的西部欠发达地区面临着剧烈的社会重构,由经济发展差距所导致的社会不稳定因素进一步加剧了这种发展失衡的态势。由此导致的价值观念的摩擦、社会秩序的失效、社会冲突和民族矛盾的激化等问题,都在考验着政府的执政能力,影响着社会的安定团结,如不及时采取措施加以有效应对,势必引发地区性风险或社会危机,进而影响到我国社会经济发展的全局。

同时,西部欠发达地区的社会稳定,不仅关系到本地的社会经济发展,也关系到国家的安全和周边地区的安定。我国西部欠发达地区大多与周边国家接壤,与其他国家有漫长的共同边界,这种边境区位的地缘特征,使得西部欠发达地区具有边境的外向性、民族宗教的多样性、社会发展的多层性和经济发展的滞后性等多重特征,而这些特征在西部欠发达地区表现出不同于内地相对单一因素的特殊性,这个特殊性决定了中国西部欠发达地区发展中对失衡的灵敏度高,发展失衡容易形成不同于内地、发达地区的效应和反应机制。因此,在全球一体化与世界多级化并存的大格局下,必须高度重视区域一体化对我国西部陆地边疆产生的多元效应和对国家安全的深刻影响。随着与周边国家的区域合作组织建立与合作机制的推进,单纯的边界地缘效应趋于弱化,而民族一体化、宗教一体化、生产要素的跨境流动的加快,以及由此产生的国家认同与民族认同方面的差异,都对我国西部地区传统的区域管理模式提出了严峻挑战,亦对社会经济稳定发展、乃至国家安全构成不可小视的威胁。这些已经为许多案例所证明。

基于上述西部欠发达地区区域发展失衡的现状、边疆开放与区域特征,我们认为,需要从新的角度对我国西部欠发达地区的社会稳定问题进行深入研究。国内外对社会安全、社会政策方面有较长的研究历史,有关研究逐步与发展研究和发展管理相结合,对我国发展失衡与社会稳定的理论研究与实践有一定的借鉴意义。但当前开放条件下社会经济急剧转型、我国西部欠发达地区多民族"大杂居、小聚居"的特殊性以及当前的国际政治经济秩序背景,需要我们从实际情况出发,从经济学、社会学、民族学、政治学等多学科角度对我国西部欠发达地区的发展失衡与社会稳定关系进行研究,提出可供借鉴的对策,并建立有关西部欠发达地区社会危机预警和防范机制,凸显社会预警在整个危机机制管理体制中的重要作用。鉴于此,开展本课题的研究将对我国社会经济发展具有重大的理论和现实意义。

二、基本概念及相互关系

基于本课题的研究主题,分析中主要涉及发展失衡、问题地区、社会冲突、社会危机、危机机制、社会预警等基本概念。在此有必要首先对这些基本概念进行阐释。

(一)基本概念阐释

1. 发展失衡

失衡作为一种普遍的现象,在现实世界中无处不在,无论是公众认识层面还是学术研究领域,都对失衡有着各自的观点和看法,但这个看似不辩自明的现象,从学术研究的角度来讲却是一个需要严格界定的理论问题。"失衡"一词来源于物理学领域,其与"均衡"是一对相对的概念,二者相互转化、相辅相成。非均衡即为失衡,从而研究什么是均衡就可以引出失衡。在物理学中,所谓"均衡",指的是当作用于某一系统运行的诸种对立力量处于均势时,其作用力正好相互抵消,其净作用力为零,于是系统运行的既定状态便没有改变的力量和倾向这样一种运行状态。"失衡"即是对这种运行状态的背离。

在"失衡"引入社会科学领域后,常被用来形容本应该却又没能协调发展的特定的变量状态,对于"发展"这一人类走向理想目标的必然途径而言,其过程有时却会出现偏离甚至违背人类理想目标的现象,从而陷入困境,这就叫"发展失衡"。因此,把协调作为与失衡相对应的概念,在本研究中更为贴切。本书所提出的发展失衡,主要包括两种状态:一是不同区域间社会经济的发展失衡;二是同一区域内,社会发展水平和经济发展水平的失衡,即相对经济的快速持续增长而言,社会发展的相对缓慢和滞后(如图 1-1 所示)。区域间社会经济的发展失衡是本课题关注的重点,失衡的长期化及其效应,将导致一系列影响社会稳定的后果;第二种发展失衡反映了在经济持续增长、政府财政能力不断提升的同时,公共服务提供水平的提高却相对滞后,公共服务领域供求矛盾的日趋激化这一当今社会的突出矛盾。这一矛盾具体表现在在经济总量持续增长和政府财政能力的不断提高的情况下,发展的成果未能惠及普通百姓,基本的社会保障未能普及或覆盖不全。有学者对此已经进行深刻的分析①。事实上,两种发展失衡在西部欠发达地区都普遍存在,并交织在一起,产生了对西部地区发展的制约或冲击。

2. 问题地区

本书认为"问题地区"是指:患有一种或多种区域病,而且若无中央政府

---

① 吕炜、王伟同:《发展失衡、公共服务与政府责任》,《中国社会科学》2008 年第 4 期。

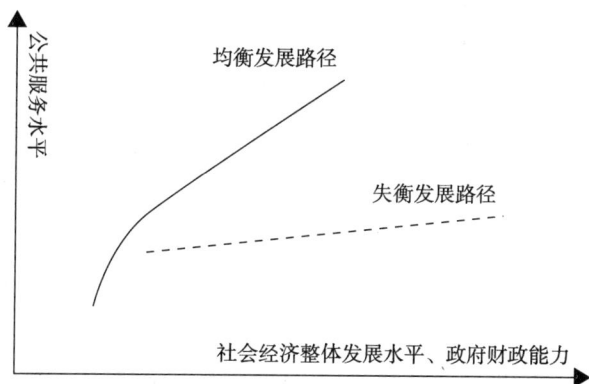

图 1-1 区域内发展均衡与发展失衡

数据来源:吕炜、王伟同:《发展失衡、公共服务与政府责任》,《中国社会科学》2008 年第 4 期,略有改动。

援助则很难靠自身力量医治这些病症,必须由中央政府区域管理机构依据一定的规则和程序确定并加以援助的区域。问题区域既是区域社会经济问题突出的地域空间,也是一种"政策空间",具有区域政策作用对象的属性①。西方学者一般基于区域病理学诊断而将区域内部的社会经济问题归结为膨胀病、萧条病和落后病三类,与此相对应,问题区域也有三种基本类型,即膨胀区域、萧条区域和落后区域②。

理解"问题区域"这一概念的内涵,必须对"问题区域的识别"有一个充分的认识。问题区域作为一种特殊的地理空间,非"自然实体"的本质属性使其界限并非一目了然,而需依据一定的目的、标准和规则由主观识别并加以确认。由问题区域的定义可知,问题区域识别的直接目的是明确区域政策的空间作用对象,增强区域政策的空间针对性,而问题区域识别的最终目的则是为了充分发挥区域政策在扶持、改善问题区域发展等方面的积极的空间效应③。一般而言,问题区域识别具有以下两个突出的特点:一是以"自上而下"为主导,这是指其更多地体现了国家意志、国家总体发展目标与战略部署由"上"

① 彭澎:《中国问题区域识别的意义及其构想》,《经济问题探索》2009 年第 4 期。
② 张可云:《区域经济政策》,商务印书馆 2005 年版,第 12—15、328—333 页。
③ 彭澎:《论问题区域识别的基本前提与制度保障》,《江淮论坛》2009 年第 4 期。

发动,并且其决策权一般由中央政府或国家立法机构掌握,其识别具有较强的刚性;二是问题区域识别为应用型区划而非认识型区划,问题区域识别是由中央政府区域管理机构在分析区域发展现状的基础上展开的,其过程和结果通常需要立法机构的参与和认可,该种区划对一国政府具有现实的操作意义,需要为实际部门所采纳,并服务于实践目的①。世界各国在识别问题区域时所采取的具体做法迥然不同,但无论问题区域识别工作如何进行,现有的实践经验都充分表明,要确定合理的、具有操作性的、可行性的问题区域框架,必须首先具备一些前提条件和制度保障因素,概括而言主要包括四个方面:职能机构的设置、标准区域的划分、问题区域识别程序的确立和相应法律法规的制定与完善②。

3. 社会冲突

关于"社会冲突",不同学者有着不同的定义。在国外学术界,比较有代表性的观点主要有四个:一是"价值冲突说",认为社会冲突就是价值观念的冲突,是"价值观念的较量";二是"心理对立说",认为社会冲突就是心理对立的形式;三是"资源争夺说",认为社会冲突是对各种稀有资源如权力、财富、地位等的争夺;四是"环境互动说",认为社会冲突是有机体与环境之间的互动③。在国内学术界,对社会冲突的界定更多的是从社会学、社会心理学的角度进行的,其中有代表性的观点如:"冲突是指不同行动者之间互相反对或阻止对方意图的自觉的行动"④;"所谓冲突,指的是人与人、群体与群体之间直接的和公开的争斗,彼此之间表现出敌对态度或行为"⑤;"冲突是指人与人或群体与群体之间为了某种目标或价值观念而互相斗争、压制、破坏以至消灭对方的方式与过程"⑥。无论是国内还是国外的观点,都将社会冲突视为一种社会互动方式,并揭示了社会冲突的互动性和对立性等特征,这在一定程度上抓住了社会冲突的根源,但是它们都没有从社会经济关系及其决定意义出发去

---

① 彭澎:《论问题区域识别的基本前提与制度保障》,《江淮论坛》2009 年第 4 期。
② 彭澎:《论问题区域识别的基本前提与制度保障》,《江淮论坛》2009 年第 4 期。
③ 毕天云:《论社会冲突》,云南师范大学 2006 年硕士学位论文。
④ 陆学艺主编:《社会学》,知识出版社 1996 年版,第 69 页。
⑤ 风笑天主编:《社会学导论》,华中理工大学出版社 1997 年版,第 194 页。
⑥ 周晓虹:《现代社会心理学》,上海人民出版社 1997 年版,第 317 页。

分析社会冲突,因而存在本质上的缺陷。

本书认为,所谓"社会冲突",是指社会主体之间由于需要、利益、价值观念的差别和对立而引起的相互反对的社会互动行为。这一界定主要有四层含义:一是社会冲突是人类社会领域内的互动行为,而不是动物世界的"冲突",也不是人类与动物之间的"冲突";二是社会冲突是社会主体之间的一种互动行为,个人、群体、国家和人类四个社会主体层次之间的相互交往和相互作用方式是多种多样的,包括社会合作、社会竞争、社会冲突和社会调适等,而社会冲突只是其中一种重要方式;三是社会冲突是社会主体之间根源于需要、利益、价值观念的差别、分歧和对立的互动行为,各种社会主体在互动过程中,只要存在着需要、利益和价值观念的差别、分歧和对立,或迟或早都会产生冲突;四是社会冲突是社会主体之间相互反对的互动行为,社会冲突中各个社会主体的作用力方向以相反或互相排斥的方式直接、公开表现出来,相互反对性是社会冲突最鲜明的外部特点,没有相互反对就无所谓冲突①。

4. 社会危机

关于"危机"的定义,我国学术界讨论的并不多,大多是借用了外国学者对"危机"的定义,其中普遍倾向于采用荷兰莱登大学危机研究专家乌里尔·罗森塔尔的观点,他在《处理危机:灾难、暴乱和恐怖主义的管理》一书中指出,所谓"危机"即是指"对一个社会系统的基本价值和行为准则架构产生严重威胁,并在时间压力和不确定性极高的情况下必须对其做出关键决策的事件"。该定义描述了危机事件的主要特征:突发性、危害性、时间的紧迫性、事态发展的不确定性、信息的不对称性②。而对于"社会危机"的概念,国外学者詹姆斯·鲁宾逊和查尔斯·赫尔曼比较早地进行了界定,他们认为社会危机包含三个要素,即决策单位的高度优先目标受到威胁、做出反应的时间有限、意外性③。此后,又有许多学者从不同的特定角度对社会危机的实质进行了探索,有的将其与一定的系统遇到的特殊压力联系起来,有的将其与紧急时刻联系起来,还有的将其与人民的生命财产损失联系起来。

---

① 毕天云:《论社会冲突》,云南师范大学 2006 年硕士学位论文。

② 李玉昭:《转型期我国政府社会危机管理的现状及对策研究》,西安建筑科技大学 2006 年硕士学位论文。

③ 王忠武、吴焕文:《试析社会危机的类型与成因》,《河南社会科学》2003 年第 5 期。

　　综合以上"危机"和"社会危机"的观点，本课题认为社会危机可概括为：由于社会系统中的某个构成部分突发剧烈失调和畸变，导致社会生活秩序偏离正常轨道，政策失效从而严重威胁国家和公众安全，要求政府快速应对，以避免人类生命和社会财富遭受更大损失的紧急状态与过程。社会危机一般具有时间上的突发性、空间上的广阔性、危害上的严重性以及解决上的急迫性等方面的基本特征，其所危及的对象主要是社会的正常秩序、公众的生命与财产安全以及政府的行政权威①。社会危机的定义包含了四层意思：一是出现突发性紧急事件；二是危急事件迅速蔓延、扩大，以至社会均衡与正常秩序暂时中断；三是危及人民的生命、财产安全；四是政府机构面临强大压力，需要进行非常态处理。社会危机可以以引发原因为标准分为三类：第一类是自然灾害性社会危机，他们通常给人民的生命财产带来巨大危害，如地震、瘟疫等；第二类是人为事故型社会危机，这种危机通常是由人为因素造成的，如毒气泄漏、矿难等重大恶性事故等都可能引发相应的社会危机；第三类是对立冲突型社会危机，这是最常见的一类危机，是由于不同社会群体在利益、权力、观念等方面的巨大差异和失调而带来的思想和行动上的严重对立冲突②。本书所要讨论的危机也主要是第三类危机，即发生在社会领域，需要政府组织应对的危机。

　　5. 危机机制

　　所谓"危机机制"，即是危机管理机制。对于什么是危机管理，不同学者从不同的角度进行了概括。格林（Gerne）认为危机管理的特征是：一旦发生危机，事态已发展到无法控制的程度，时间因素非常关键，需要决策者尽可能地控制事态、减少损失；我国学者苏伟伦则认为危机管理是指组织或个人通过危机监测、危机预控、危机决策和危机处理，达到避免或减少危机产生的危害，甚至将危机转化为机会的目的③。两位学者都从两方面概括了危机管理内涵，即危机管理的目标和危机管理的过程。根据上述对于危机管理的认识，危机机制可界定为：组织为避免危机或减少危机所造成的损失而采取的危机预

---

　　①　王忠武、吴焕文：《试析社会危机的类型与成因》，《河南社会科学》2003 年第 5 期。

　　②　李玉昭：《转型期我国政府社会危机管理的现状及对策研究》，西安建筑科技大学 2006年硕士学位论文。

　　③　苏伟伦：《危机管理—现代企业实务管理手册》，中国纺织出版社 2000 年版，第 8 页。

防、危机识别、危机反应、危机决策、危机处理和危机评价的管理机制①。

本书主要从危机机制的主体——政府层面,探讨西部欠发达地区政府针对社会公共领域危机事件的预防和处理,目的是通过提高欠发达地区政府对危机发生前的预见能力和危机发生后的救治能力,及时有效地解决欠发达地区的危机问题,恢复欠发达地区的社会稳定和公众对政府的公信力。

6. 社会预警

对社会的稳定性进行监测预警,历来为有远见的统治者和政治家们所高度重视。所谓"预",就是在时间上进行的超前性活动,提前判断事态的发展趋势,以便尽早做出反应,《尚书·大禹谟》中有言"预则立,不预则废",所谓"警",一般是提醒、告诫的意思,含有防范、规避的意味,综合"预"和"警","预警"就是在危机发生之前对之进行预测、预报②。具体而言,预警是在对风险状态下各系统运行中的不良状态进行监测、评估的基础上,就风险可能导致的各种危害所做出的早期预报,是对风险的可能趋势与未来状况所作的观念判断③。一旦我们将整个社会作为一个大系统,并以这个系统中的某一个或几个特定对象为认识客体时,我们所进行的活动也就可称为"社会预警"。

作为社会预测的一种特殊表现形态,社会预警具有如下本质内涵:第一,社会预警是在社会顺境状态下对社会逆境出现的可能性的预先估计,其研究对象主要是社会良性运行或者中性运行中的不良因子的活动规律和发展动向,目的是识警防乱,通过提前示警,促使社会预先采取必要的社会控制行为,以消除或缓解警情,维护社会的良性运行状态;第二,社会预警是在对社会负变量的量变监测的基础上,适时对其向负面质变临界值发展的状况进行测度和评估,并适时向社会发出评估性预报;第三,社会预警是对社会运行中不良事态爆发条件的评估和不确定的早期预报,在危机处于萌芽或者酝酿阶段、不良因子或负面因素刚刚起作用时,社会预警就应发布预报、提出警示④。综合上述分析,本书将社会预警定义为:在社会处于顺境的状态下,通过社会负变

---

① 李玉昭:《转型期我国政府社会危机管理的现状及对策研究》,西安建筑科技大学 2006 年硕士学位论文。

② 潘斌:《社会预警的功能与运行机制研究》,华中科技大学 2004 年硕士学位论文。

③ 鲍宗豪、李振:《社会预警与社会稳定关系的深化》,《社会学》2001 年第 10 期。

④ 阎耀军:《论社会预警的概念及概念体系》,《理论与现代化》2002 年第 5 期。

量的监测和评估,对社会运行接近负向质变的临界值的程度所作出的不确定性的早期预报,其实质是对社会安全运行的稳定性程度的评判,其目的和作用是识警防患,超前预控①。

(二)相互关系解构

1. 发展失衡与问题地区

如前所述,发展失衡作为一种普遍存在的社会现象,已经广泛地存在于我们的社会经济生活之中。而从不同区域间社会经济的发展失衡这一角度来看,区域之间的发展失衡如果达到了一定严重的程度,突破了一定量的限度,那么发展落后区域就会同先进区域的发展差距越拉越大,陷入一种恶性的"循环累计因果关系",进而演化为"问题区域"。据此而论,发展失衡地区必然是问题地区,但问题地区未必就已经发展失衡。这其中,就要看如何设定失衡的标准。

2. 问题地区与社会冲突及危机

一般讲,问题地区总是存在这样或那样社会冲突的地区。由于问题地区自身患有一种或多种"区域病",且若无中央政府或外界的援助,很难靠自身力量做出诊断,更难以进行治愈。在问题区域中,由于存在发展失衡的倾向,易于造成社会主体之间在需要、利益、价值观念等方面的巨大差别和失调,社会经济生活中将必然产生各种思想和行动上的严重对立冲突。当这种对立冲突行为从个人层面和小区域范围演变到群体、国家层面和大区域范围,就将产生严重的社会危机,这种严重的社会危机如若得不到有效的预报、监测、评估、控制和化解,社会危机就会从一种潜在的隐性状态转变成显性的社会冲突,造成社会动荡。

3. 发展失衡与危机机制及预警

社会冲突与社会危机对一个区域社会经济稳定发展的影响危害显著,但这种危害致因如何,危害程度怎样,以及如何加以防范等一系列问题都值得探究。我们认为,一个成熟的政府必然是一个能够及时察觉不安全隐患,并有能力消除隐患,化解问题的政府。由此通过建立危机管理机制对社会危机进行预报、监测、评估和控制,达到降低及化解危机的目的。其中,社会预警就是政

---

① 潘斌:《社会预警的功能与运行机制研究》,华中科技大学 2004 年硕士学位论文。

府危机管理机制中的一个重要组成部分,它通过社会危机的监测和评估,对社会危机和社会冲突作出早期的预报,有利于政府进行超前控制。

可见,社会预警在社会危机事件中的作用无疑至关重要,特别是在西部欠发达地区,预警机制更是地方政府危机管理的关键环节。由于这些地区的特殊性,增加了对该区域有可能发生的社会危机和冲突进行及时预警和有效防范的难度。因此,能否准确抓住突发公共事件来临的征兆,并从这些征兆中做出及时的预测,从而采取有效的措施,成为揭示西部欠发达地区社会冲突事件所具有的隐蔽性和复杂性,并把可能造成的危害减少到最低限度的关键所在。

三、研究的基本思路、方法与范围

本书将从国家安全战略的高度,研究中国西部欠发达地区纠正发展失衡、实现和谐社会目标的路径问题。研究的基本思路如下:从西部欠发达地区的区域性特征出发,研究西部欠发达地区发展失衡所特有的反应机制、扩散效应及不同领域的发展失衡对区域社会稳定产生的传导机制,分析并评估经济差距扩大、社会公正与腐败、基层政权失信、生态环境破坏、毒品与艾滋病扩散等突出问题对民族地区社会稳定的影响程度。在此基础上,提出缓解西部地区发展失衡、防范冲突、推进西部欠发达地区社会稳定的对策与思路。即从短期来看,需要建立关于西部欠发达地区基于社会稳定为目标的区域性社会预警机制,避免和防范民族地区社会冲突与社会风险的大规模发生;从长期来看,则需要采取诸如资源型经济转型、东西部之间产业转移、区域经济合作、政府执政能力提升、财政转移支付等长期的政治、经济、社会、生态、人口等发展政策来维护西部欠发达地区社会稳定团结。社会预警主要作用于社会稳定处于临界状态下防范社会冲突问题,而长期的区域发展政策则从根本上为促使西部欠发达地区的社会稳定与社会和谐奠定基础。

根据以上的逻辑思路,本书的结构图示如下:

恰当、合理的方法是完成研究的基本保障,本项目将综合采用多种方法对涉及内容进行详尽的分析。包括:文献综述和研究,重点放在国际国内关于发展失衡与社会预警的重点文献和前沿研究,以实在的理论基础支撑本项目;在理论研究的基础上,建立相关的指标体系,比较研究西部欠发达地区与东部、

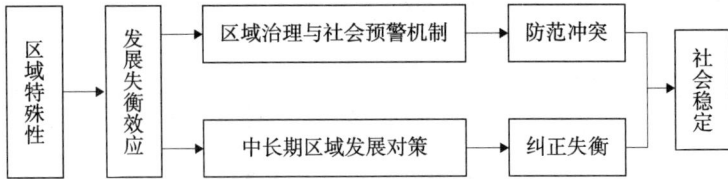

图 1-2   研究的结构示意图

中部地区结构性差异与显性价值指标的差异，并对西部欠发达地区发展失衡做出计量分析，进而提出了纠正发展失衡、缩小区域差距、减少社会冲突的理论思路；选取包括资源型经济转型、东西部产业转移、区域经济合作、政府执政能力提升、财政转移支付改进等具体手段作为西部欠发达地区纠正发展失衡的措施，并利用了指标体系、统计分析、计量经济分析等实证分析方法，评估、预测其作用，深化项目的研究内容；以专题调研的形式，从点和面的角度对西部欠发达地区进行调查研究，比较分析不同民族的社会稳定状态，研究西部"问题地区"的分布与特征，深化对典型问题区域发展失衡、社会危机和社会冲突的认识。

由于本项目以建立中国西部欠发达地区的和谐社会为目标，主要分析开放条件下西部欠发达地区发展失衡、社会稳定、预警机制与长期发展问题，因此，就研究范围而言，本项目选择地理环境沿边、少数民族众多的西部欠发达地区作为特定的研究区域，即主要以云南省、广西壮族自治区、新疆维吾尔自治区、西藏自治区和内蒙古自治区五省区作为研究对象。此外，在对西部欠发达地区社会发展失衡的评估以及通过改进转移支付制度推进民族地区社会经济生态均衡发展的相关论述中，由于考虑到宁夏回族自治区、青海省和贵州省的社会发展失衡问题及转移支付制度在西部欠发达中所具有的典型性和代表性，本项目在专题4、专题17中也将这三省区纳入到考察范围；但是总体上不影响研究范围的地域指向性。

四、研究的主要内容

本书首先从现代化进程、发展阶段、二元经济社会结构等特征出发，研究中国西部欠发达地区社会经济发展失衡的历史背景,并在此基础上,通过横向比较角度,分析西部地区在社会、经济、公共服务发展等方面与全国平均和东部、中部地区的结构性差异与显性价值指标的差异,对中国西部欠发达地区社会经济发展失衡进行全面的背景评估,深化对发展失衡的认识。进而进行西部欠发达地区的社会稳定状况评估,比较分析我国西部不同欠发达地区社会稳定状态,发现西部"问题地区"分布与特征,并将之于发展失衡的特征相对照,研究发展失衡对于社会稳定的影响机制。

在对西部欠发达地区的发展失衡、社会稳定进行详细考察的基础上,进一步研究西部欠发达地区的区域特殊性对发展失衡的影响。其中主要包括:从理论与实证的角度研究中国西部的生态环境脆弱性、特殊的人地关系及资源开发遭遇资源诅咒等问题;在区分西部开放与沿边开放基础上,研究中国西部沿边开放特殊性、开放效应对西部欠发达地区社会稳定的影响;从理论与实证的角度研究西部欠发达地区文化与宗教因素对发展失衡产生的不同于内地、发达地区的效应。在此基础上,总结在西部欠发达地区区域特殊性的影响下,其发展失衡的反应机制和扩散机制及发展失衡对社会稳定的影响与冲击程度不同于其他区域的差异性。

根据上述对西部欠发达地区发展失衡的评估、西部欠发达地区的区域特殊性研究及西部欠发达地区不同于其他区域的发展失衡反应机制,本书进一步提出缓解西部地区发展失衡、防范冲突、推进社会稳定的思路。其主要包括两个方面:短期内构建科学有效的社会预警机制,防范社会冲突扩大化;中长期内构建区域发展战略与政策,以发展来降低区域失衡效应。接下来的研究即围绕这两个方面展开。在关于西部欠发达地区发展失衡预警机制构建的研究中,主要从欠发达地区构建发展失衡预警机制的必要性和目标、发展失衡的预警结构、预警指标与体系的构建、发展失衡预警的内在机制等方面进行探讨。在建立纠正西部欠发达地区发展失衡的中长期区域发展战略与政策的研究方面,则主要包括以下内容:区域发展政策对于西部欠发达地区实现社会经济的均衡发展的基础作用;西部欠发达地区资源经济转型对于经济自生能力的提升作用;沿边产业合作带、边缘增长中心与边境地区外向型经济发展对于边境地区贫困的缓解作用;产业转移、区域合作对于西部欠发达地区产业发展的壮大作用;西部地区政府应急处理能力、执政能力的提高以及正常的决策与参与机制的形成对于社会稳定的维护作用。

最后,在专题(包括案例)研究的基础上,课题进行结论性的分析,并对理论界提出的加快西部发展、防止失衡加剧的战略构想进行梳理,对西部欠发达五省区的发展诉求举行概括性的分析,最后提出旨在构建中国西部欠发达地区和谐社会的体制、环境的政策要点。

第二章　中国西部欠发达地区
发展失衡的历史背景

中国的西部集边(边疆)、山(山区)、穷(贫穷)、少(少数民族)于一体,由于自然生态、地理区位、民族文化和政治经济诸方面的原因,西部成为"欠发达地区"的代名词。尤其是广大西部欠发达地区与发达的东部及沿海地区比较,更显现出明显的发展差距,由此给西部欠发达地区带来一系列发展隐患和劣势制约。令人堪忧的是,在全面推进小康社会建设的新世纪,东西部发展的这种不均衡状态似呈更加凸显之势,这与构建和谐社会,统筹区域发展,全面实现小康社会的时代主题背道而驰。为了有效抑制并逐步消除东西部发展失衡的难题,我们有必要首先认识这种失衡形成的历史轨迹及其背景条件。

一、西部欠发达地区现代化进程的初始条件

"现代化"(Modernization)是一个令人振奋而又不好界定的概念,粗略讲,现代化作为人类社会的深刻变迁或跨越式发展过程,可笼统地定义为传统(农业)社会的现代转型过程。一个代表性的西方观点认为:"现代化就是传统社会像西方先进国家那样向经济富裕、政治稳定社会形态的总体过渡。"①历史经验表明,不同国家和地区的发展不太可能齐步走,世界现代化过程必然伴随发达与不发达现象。据此而论,鉴于国家或地区之间发展的时空差异造

---

① ［美］塞缪尔·亨廷顿等著,罗荣渠主编:《现代化:理论与历史经验的再探讨》,上海译文出版社 1993 年版,第 112 页。

成的不均衡与不同步,现代化亦是后进地区追赶先进地区,低级社会迈向高级社会的演进过程与发展诉求。

在国家层面上,中国的现代化起步较晚,即使把 1898 年的戊戌维新和 1911 年的辛亥革命视为中国追求现代化的起点,那么中国的现代化道路也不过刚跨越百年历程,但在新中国成立以前,中国社会深陷半封建半殖民地的泥潭中,呈现典型的小农社会形态,社会经济发展与历经了工业革命洗礼的西方国家呈现出巨大差距。在当时,中国的现代化不过是一批仁人志士的追求与梦想。一直到 1949 年新中国成立,现代化才真正成为亿万中国人民的伟大实践,根据中国科学院中国现代化研究中心发布的《中国现代化报告》①,1950年欧美发达国家的(第一次)现代化实现程度大多超越 80%,同期中国才达到 26%。在世纪之交的 2000 年,所有西方发达国家都已经完成了现代化(现代化实现程度为 100%),同期中国现代化实现程度虽然提升了 50 个百分点,达到 76%,但仍然不及同期世界 89% 的平均值,更明显低于西方发达国家早已达到的 100% 的高水平。

在省区层面,中国的现代化则存在显著的区域差异,以上海和北京为代表的东部和沿海省区已经积累了较为厚实的经济基础和发展实力,而广大西部地区始终处在现代化的末端,与东部和沿海发达省区比较形成较大差距。在1970 年,中国现代化实现程度平均值为 40%,高于同期全国平均值的有上海、北京、天津、辽宁、江苏、黑龙江、广东、吉林、福建等省区,而西部除了宁夏、内蒙古和青海三省区外,现代化实现程度全都低于 40% 的全国平均值,最低的甘肃不到 30%;进入 21 世纪,全国各省区的现代化实现程度都有了长足进展,但快速发展的东部与缓慢发展的西部之间的发展差距也进一步凸显。2002年全国整体的现代化实现程度达到 79%,但地区差异依然明显,高于全国平均值的 14 个省区全都集中在东中部及沿海省区,而西部所有省区的现代化实现程度都落在全国平均线以下,最低的云南、西藏和贵州的现代化仅实现了62%(参见图 2-1)。这意味着,东西部之间的发展差距呈不断拉大之势,西部省区普遍面临着现代化追赶的艰巨任务。

①　参见中国现代化战略研究课题组,中国科学院中国现代化研究中心主编:《中国现代化报告 2004》,北京大学出版社 2004 年版,第 284 页。

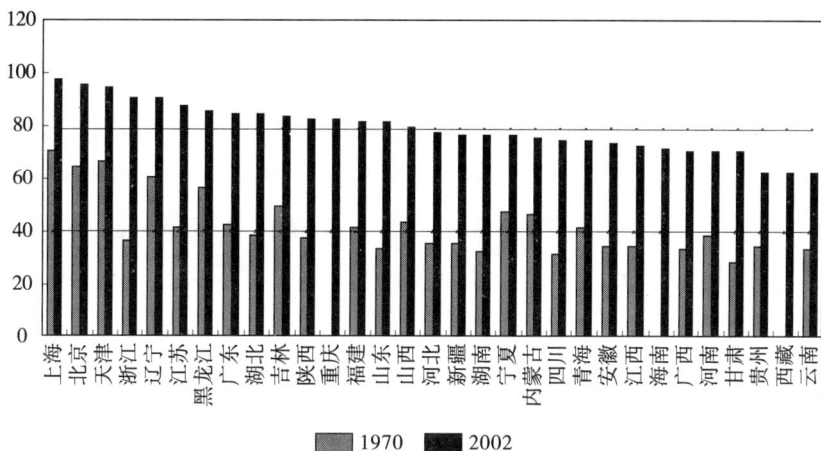

图 2-1　1970 年和 2002 年全国分省区现代化实现程度比较

数据来源：中国现代化战略研究课题组；中国科学院中国现代化研究中心主编《中国现代化报告 2004》，北京大学出版社，2004 年，第 330 页附表 4-2-1。

　　鉴于已有的研究成果大多是将西部 12 个省区作为一个整体进行的，这虽然有利于揭示西部发展的整体状况，便于东西部之间发展差距的比较，但两大区域的整体观测尚不足以深入透视西部欠发达地区的发展态势。鉴此，本研究试图结合"沿边"及"少数民族聚居"的省区特征，将位处边疆的内蒙古、广西、云南、西藏和新疆五省区从西部省区中单列出来，视为西部欠发达地区的一种典型代表，通过实证观察和比较分析，从经济基础和社会层次两方面做出阐述，旨在具体阐释改革开放之前西部欠发达地区现代化进程具备的初始条件。

（一）经济发展基础

　　诚如前述，由于自然环境和社会经济诸多条件的限制，西部欠发达地区长期处在中国现代化格局的边缘或末端，总体发展水平滞后，核心经济指标较低，严重制约着区域的经济发展。具体表现在如下几方面：

　　1. 经济总量小，财政赤字大

　　在新中国成立初期的 1952 年，西部五省区地区生产总值（GRP）共计 45.98 亿元，仅占同期全国 GDP 的 6.77%，而同期东部江苏省一个省的生产

总值就超过48亿元,另如山东、辽宁、河北甚至四川等省的生产总值都在40
亿元以上。可见西部少数民族省区的经济总量很小。10年后的1962年,西
部五省区地区生产总值合计上升至93.57亿元,占同期全国GDP的比重有所
提高,为8.12%,但与同期江苏省(69.2亿元)和山东省(64.38亿元)比较,仍
是小巫见大巫。在随后的1972年和1982年,尽管西部五省区的地区生产总
值都有成倍的增长,但占全国同期值的比重却呈回落或徘徊态势(参见表
2-1)。这表明,自新中国成立以来到改革开放初期,西部五省区的GDP增长
幅度低于全国同期水平,占全国GDP的份额不仅难以提高,而且还有所下降,
因此,西部五省区的经济总量在全国GDP增长中总是徘徊在一个很小的份
额内。

表2-1　1952~1982年西部欠发达地区生产总值(亿元)

	内蒙古	广西	云南	西藏	新疆	五省区合计	占全国的%
1952年	12.16	12.81	11.78	1.32	7.91	45.98	6.77
1962年	21.27	21.57	22.53	1.56	14.67	93.57	8.12
1972年	39.36	53.47	49.5	4.25	24.39	170.97	6.76
1982年	93.2	129.15	110.12	10.21	65.24	407.94	7.66

数据来源:国家统计局编:《新中国60年》,中国统计出版社2009年版。

　　观察人均GRP指标变化,西部欠发达地区的人均GRP[①]差异非常悬殊,
在1952~1962年间,内蒙古和新疆的人均GDP显著高于全国平均水平,西藏
与全国同期值大体相当,只有广西和云南两省区的人均GDP明显低于全国平
均同期值。但在随后的发展进程中,西部欠发达地区五省区的人均GDP都相
继落后于全国平均同期值(参见表2-2)。由此而论,西部欠发达地区人均
GDP增长速度与全国差距的拉大是进入20世纪60年代以后才开始凸现出
来的(参见图2-2)。

---

　　①　GDP:地区生产总值,按市场价格计算的一个地区所有常住单位在一定时期内生产活动
的最终成果。

表 2-2　1952~1982 年西部欠发达地区人均地区生产总值(元)

	内蒙古	广西	云南	西藏	新疆	全国平均
1952 年	173	67	70	115	166	119
1962 年	215	109	127	188	249	173
1972 年	247	182	188	270	232	294
1982 年	480	354	339	544	488	528

数据来源:国家统计局编:《新中国 60 年》,中国统计出版社 2009 年版。

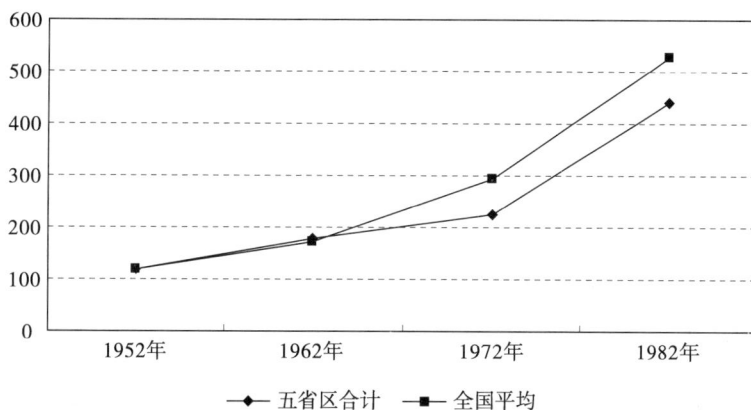

图 2-2　1952~1982 年西部欠发达地区五省区人均 GDP 变化与全国比较

数据来源:国家统计局编:《新中国 60 年》,中国统计出版社 2009 年版。

　　上述西部欠发达地区生产总值规模及其增长状况,直接影响到地方的财政收入状况。观察西部五省区的财政收支指标可见,自新中国成立以来,西部欠发达五省区的财政收支基本上都处在入不敷出状态。在 1951~1981 年间,全国平均的财政状况基本上保持了"收支平衡,略有节余"的状况。但西部除云南省以外,其余四省区全都处在财政赤字境地,尤其新疆和内蒙古两个西部省区的财政赤字最为突出,而且随着时间推移,财政赤字状况日益加剧(参见表 2-3)。西藏的财政收支状况更为特殊,建国初期基本上就没有财政收入,20 世纪 60 年代起财政状况就纯粹有支无收。由此可见,西部欠发达五省区经济底子很薄,只能靠国家财政支持才能发展。

表 2-3　1951~1981 年西部欠发达五省区财政收支差额(亿元)

	内蒙古	广西	云南	西藏	新疆	全国平均
1951 年	-0.06	0.81	1.14	-0.07	-0.14	2.89
1961 年	-0.7	-2.06	1.12	-0.51	-0.49	-0.03
1971 年	-5.44	-2.47	-1.64	-1.86	-2.45	12.56
1981 年	-12.19	-3.31	3.04	-4.92	-13.17	37.38

数据来源:国家统计局编:《新中国 60 年》,中国统计出版社 2009 年版。

2. 产业结构以农牧业为主

经济发展绩效不仅反映在经济总量的变化方面,而且还取决于经济结构的状态。按照三个产业的划分准则,一般把农业部门称为第一产业;工业和建筑业称为第二产业;商业、服务性行业即为第三产业。国内外发达国家或地区的实践表明,经济增长的过程总是伴随着产业结构的转型而演进的,现代化追求的一个重要表征就是经济总量扩张伴随产业结构升级的发生过程。即如此,要想实现现代化,就必须把以传统农业为宽底边的产业结构正三角形倒转,不断缩减农业在国民经济发展中的比重,大幅度提高非农产业和就业比重。这虽然是极为艰辛的转变,但却是必不可少的过程。

从地区生产总值结构看,1952 年西部欠发达五省区的产值构成是,第一产业产值占 GDP 的比重多在 2/3 以上,最高的西藏几乎属于纯粹的农牧产业,最低的云南省(61.7%)也比同期全国平均值(50.5%)高 11 个百分点。第二产业构成参差不齐,广西和新疆的二产比重略高于全国平均值,云南和内蒙古比全国低,西藏的第二产业则基本空缺。第三产业比重都明显低于全国平均值。在 1962 年,西部五省区第一产业产值占 GDP 的比重普遍下降,但除了新疆以外,其余四省区的第一产业比重仍然高于 50%,同期全国平均值已经下降到 40% 以下。二三产业的比重都有较大幅度的提高,但只有新疆的第二产业产值比重超过同期全国平均值,其他省区都低于全国平均水平。这表明在建国初期的 50 年代,西部欠发达五省区的 GDP 主要来自第一产业,即还处在以农牧产业为主的发展阶段(参见表 2-4)。

表 2-4　1952 年和 1962 年西部欠发达五省区产业结构(%)

		内蒙古	广西	云南	西藏	新疆	全国平均
第一产业	1952 年	71.05	65.11	61.71	97.73	64.73	50.96
	1962 年	50.76	52.23	55.67	73.44	46.61	39.72
第二产业	1952 年	11.3	23.0	15.4	0.1	22.0	20.9
	1962 年	22.13	25.52	26.73	4.98	34.48	31.21
第三产业	1952 年	17.7	11.9	22.8	2.2	13.3	28.6
	1962 年	23.13	22.25	17.59	21.58	18.91	29.08

数据来源:国家统计局编:《新中国 60 年》,中国统计出版社 2009 年版。

　　如果说,欠发达地区的现代化可从农业社会向工业社会的演进中体现出来,那么,在 20 世纪 50 年代以前,西部欠发达省区总体上还处在传统的农业经济社会,部分西部欠发达地区甚至还保留着"刀耕火种"的原始农业痕迹。由于缺乏现代化的工业基础,西部欠发达省区普遍处在现代工业的空白地带。统计数据显示,1952 年西部欠发达省区工业增加值占本省生产总值的比重分别为,内蒙古 8.2%、广西 19.53%、云南 13.5%、新疆 13.78%,除广西外,都显著低于全国 17.64%的平均水平。

　　即便是进入改革开放时期,与发达的沿海省区比较,西部地区发展滞后的状态依然如故。依照生产力发展水平或 GDP 构成,可以看出,西部五省区处在农业发展阶段,而且农村产业结构仍然以资源密集型的农业和牧业为主,工业结构也偏重于采掘工业、原材料工业及农畜矿产品加工业等资源密集型产业,因此经济结构呈现典型的初级性特征。无论农业还是工业,对资源的依赖都非常强。

　　3. 资本形成不足,自我积累能力弱

　　资本积累作为扩大再生产的前提条件,在经济发展中具有不可替代的作用。西部欠发达地区传统农业经济特征,决定了西部欠发达地区生产率水平低,人均劳动剩余少,储蓄率低,资本积累十分有限,固定资产形成普遍低于全国平均水平。观察表 2-5 可见,在 1952~1957 年间,在年度 GDP 支出中,能够作为资本积累下来的比例,新疆和广西在多数年份高于全国平均水平,但波动较大,内蒙古和云南两省区均低于全国平均水平。尤其是在建国初期的 1952 年,内蒙古和云南两省区的资本形成占 GDP 支出的比例只及全国同期值的一半。这表明，西部欠发达省区的经济发展成果大部分都用于消费，只可能有较少比例的资本转化为积累。

表 2-5　1952~1957 年西部欠发达省区资本形成占 GDP 支出的比例（%）

	内蒙古	广西	云南	新疆	全国
1952 年	13.65	17.17	12.65	27.69	24.43
1953 年	17.21	23.67	19.25	22.77	23.77
1954 年	20.62	29.86	25.78	23.72	25.65
1955 年	15.44	28.11	20.07	29.81	23.69
1956 年	20.89	29.22	24.66	28.39	24.90
1957 年	24.73	21.33	22.95	27.95	25.41

数据来源：国家统计局国民经济统计综合统计司编：《新中国 50 年统计资料汇编》，中国统计出版社
　　　　1999 年版。
注：西藏数据因缺失而无法列出。后同。

4. 人民生活水平低，贫困状况依然严峻

社会经济发展的宗旨在于造福人类，提高人民的生活水平。长期贫弱的经济状况、落后的产业结构和缓慢的资本积累，使得西部欠发达地区人民生活改善非常有限，缺衣少粮的情况较为普遍。但直到改革开放时为止，西部广大欠发达地区的贫困状况与全国的差距并不很突出。根据相关统计资料，在1978 年，西部欠发达省区城乡人均纯收入都在全国平均水平之下，最低的广西城市和新疆农村与全国的差距分别相差 54 元和 14 元，换言之，广西城市和新疆农村人民的生活水平仅及全国平均水平的 84.2% 和 89.2%，西藏的情况比较特殊，虽然城乡收入均高于全国平均值，但从前述表 2-3 可以断定，西藏城乡的这种高收入主要来自于国家财政转移支付（参见表 2-6）。

表 2-6　1978 年西部欠发达省区城乡人民生活基本情况（元）

	内蒙古	广西	云南	西藏	新疆	全国
城市居民人均可支配收入	301.01	289.2	327.7	565	319	343.4
农村农民人均纯收入	131.0	120.0	130.6	175	119.1	133.6

数据来源：国家统计局国民经济统计综合统计司编：《新中国 50 年统计资料汇编》，中国统计出版社
　　　　1999 年版。

西部欠发达省区贫困状况与全国差距显著拉大的现象,主要是自改革开放以来,譬如在1986年国家划定的全国18个贫困片区中,就有三分之一直接分布在西部欠发达省区①,其中绝大多数县的农民人均纯收入都低于150元,属国家级特困县。

据相关材料反映,在1994年制定的《国家八七扶贫攻坚计划》所列592个国家重点扶持的贫困县中,共有257个欠发达地区县和非民族地区少数民族自治县,占国家重点扶持的贫困县的43.4%;西部欠发达地区共有316个,占53.38%。《国家八七扶贫攻坚计划》实施结束后,进入21世纪,西部地区的贫困状况依然严峻。根据2002年颁布的《中国农村扶贫开发纲要》,把中西部21个省(区、市)的欠发达地区、革命老区、地区和特困地区的592个县确定为新阶段国家扶贫开发工作重点县,其中除西藏外,分布于民族自治地方贫困县有267个,占45.1%,分布于西部欠发达地区的有325个,占54.90%。此外,西藏原列有5个国家级贫困县,《国家八七扶贫攻坚计划》实施结束后,国务院将西藏的74个县整体纳入扶贫计划进行区域整体扶持,不再列入国家扶贫重点县名单。这些都表明西部欠发达地区是我国最主要的贫困地区,而且贫困面广,贫困程度深,脱贫难度大。

进入21世纪以来,西部欠发达省区的贫困状况依然十分严峻。2004年,全国农村贫困人口共计2610万人,其中西部欠发达省区的云南省就拥有778万贫困人口,占同期全国贫困人口的29.8%。广西有443万贫困人口,占17%,新疆224万,占8.6%,内蒙古120万,占4.6%,西藏自治区虽然没有具体的数据显示,但整个西藏都被整体纳入国家扶贫计划,其贫困状况不言而喻。另外,2004年全国贫困发生率只有2.8%,同期西部欠发达省区均远远高于全国平均值,由高到低的排列,云南为24.5%,新疆为17.6%,广西为13.2%,内蒙古为9.3%②。

2006年全国农村贫困标准线修定为人均年收入693元。按此标准,2006

---

① 即西藏贫困区(西藏全境),桂西北贫困区(广西境内),九万大山贫困区(黔桂接壤地区),滇东南贫困区(云南境内),乌蒙山贫困区(川滇黔接壤区),横断山贫困区(川滇接壤区)。参见郭来喜主编:《贫困——人类面临的难题》,中国科学技术出版社1992年版,第8~9页。

② 数据来源:国家统计局国民经济综合统计司编:《新中国成立五十五年统计资料汇编》,中国统计出版社2005年版。

年国家扶贫重点县绝对贫困人口为 1266 万人,贫困发生率为 6.3%。在分布上,国家扶贫重点县农村绝对贫困人口数量在 100 万以上的省主要分布在西部民族地区,包括云南、贵州、甘肃。从贫困人口的分布看,贫困人口继续向山区、边区、少数民族聚居区集中。2006 年少数民族县的贫困人口占全部贫困人口的 59.7%,比 2005 年的 54.3%提高了 5.4 个百分点,陆地边境县的贫困人口占全部贫困人口的 11.7%,比 2005 年提高了 2.4 个百分点。从贫困发生率看,西部欠发达地区贫困发生率相对较高,例如,2006 年青海贫困发生率为 10.9%,内蒙古、贵州、云南、甘肃等省区都在 5%以上,比同年全国平均的贫困发生率(2.3%)高出一倍以上[1]。由此可见,在全面推进小康社会建设的大格局下,西部欠发达省区仍然面临着艰巨的脱贫任务。

(二)社会发展层次

人类社会发展相继经历了原始社会、奴隶社会、封建社会、资本主义社会和社会主义社会五种生产方式。各种生产方式的存在与变革取决于既定的生产力水平与生产关系的互动结果。每一次生产方式的变革都带来社会层次的提升,推动社会的稳定发展。

1949 年新中国的成立,结束了半封建半殖民地的社会形态,全国进入建设社会主义的新时期。伴随社会主义制度的建立,促进了生产力的快速发展,社会经济面貌焕然一新。相对而言,西部欠发达地区的社会变革较为滞后,尤其是一些偏远的少数民族聚居区还处在奴隶制生产方式中,甚至还存在原始公社残余。

譬如,在 20 世纪中叶以前,西藏长期处在封建农奴制度统制下,现代工商业和科教文卫事业几乎没有,生产力水平极其低下,整个社会发展极为缓慢。从 20 世纪 50 年代起,西藏才相继经历了三次具有深远历史意义的社会变革。第一次是 1951 年,西藏与中央人民政府签署了《关于和平解放西藏办法的协议》,实现了藏族同胞与全国各族人民的平等发展,由此揭开了西藏社会经济发展的新篇章。第二次发生在 1959 年,西藏实施民主改革,彻底废除了"政教合一"的封建农奴制度,开创了西藏人民掌握自己命运,实现当家做主的新时代。第三次变革是 1965 年,西藏自治区成立,实行民族区域自制制度,进一步

---

[1]　数据来源:国务院扶贫开发办,http://www.cpad.gov.cn。

推动了西藏经济社会的发展。三次制度变革深刻改变了西藏的前途命运,促进了西藏社会的跨越式发展,也为西藏的改革开放奠定了基础。

另如西南边陲的云南省,作为一个典型的西部欠发达省区,少数民族人口众多,分布广泛,社会形态多样性特征突出。在新中国成立以前,云南欠发达地区多种社会制度并存,呈现出一部"活的社会发展史"图像。有关文献将其归纳为四类①:一是封建地主制。主要分布在云南内地的白族、纳西族、回族、彝族、壮族、傣族、蒙古族、布依族、苗族等聚居地区,生产力水平与汉族相近,除边远山区的苗族、彝族外,农耕较为发达,手工业已经从农业中分离出来。二是封建领主制。主要集中于傣族、藏族、哈尼族、拉祜族、阿昌族、普米族等欠发达地区。以西双版纳州为代表的封建领主经济,已经存在了700多年,直到20世纪中叶尚保留着较为完整的土司制度,境内一切土地、山林、江河等皆属"召片领"(意为"广大土地之主")所有。农户耕种的"份地"约占全部耕地的86%,耕种收益的30%要交归领主。三是奴隶制。以宁蒗彝族自治县境内的小凉山及其相邻的永胜县、华坪县的彝族聚居区为代表。这种奴隶制度将人划分为四个等级,从最高等的世袭贵族"诺伙"(即黑彝,也是奴隶主阶层)到"曲诺"(即白彝或百姓)、"阿加"(因贫困而沦为奴隶的白彝),再到最低等的"呷西"(即家奴或称"锅庄娃子")。在奴隶制的长期统制下,广大劳苦大众深受其害,严重制约了当地生产力的发展。四是原始社会向阶级社会过渡。主要是分布在云南边境一线山区的少数民族中,尤其是西双版纳州、红河州的拉祜族(含苦聪人)、布朗族、基诺族和怒江州的独龙族,建国前土地绝大部分还是村社共有或氏族所有,属于私人占有的土地很少,盛行伙耕伙种,按人头分配食物的原始公有制度,生产力水平极其低下。在德宏州及思茅地区的傈僳族、佤族、景颇族、德昂族等少数民族中,原始公社已基本解体,开始出现阶级分化,但土地占有不集中,还保留着较浓厚的原始公社残余。

相比较而言,广西、内蒙古和新疆的社会发展层次在总体上大致与全国水平接近。但在部分偏远地区,同样存在一些较低社会层次的民族。例如内蒙古呼伦贝尔大草原的鄂温克族、鄂伦春族等少数民族,直到20世纪50年代,仍然保留着许多带有氏族血缘关系的互助式生产单位——尼莫尔。这种家族

---

① 参见中共云南省委政策研究室主编:《新编云南省情》第七章,云南人民出版社1996年版。

式生产单位由几户贫困牧民户与一家富裕牧户组成,共同占有和使用牧场,一起放牧,带有较浓厚的原始游牧社会性质①。

(三)社会事业发展

自新中国成立以来,在国家政策的大力扶持与地方政府的不懈努力下,西部欠发达地区的各项社会事业确实处在持续发展状态,但由于经济社会发展的落后,与全国水平比较显然起点低、起步晚,在基础教育、公共卫生和城乡基本建设等方面仍然处在较为落后的层次上,社会发展差距依然明显。

1. 基础教育薄弱

教育直接关系到人才培养或人力资本积累,亦是一个国家国力强盛的重要保障。为此,发展基础教育必不可少。新中国成立以来,国家在教育事业上给予西部欠发达地区大力扶持,切实加强基础教育,积极改善办学条件。但由于发展起点低、文化差异大,与全国比较,西部欠发达省区的基础教育发展非常滞后。

据表2-7可见,在建国初期的1950~1960年,地方财政用于科教文卫的经费投入所占比重十分有限,最高的内蒙古也不过8.7%,而新疆的科教文卫的经费投入占自治区当年财政支出的比例不足3%,相比较而言,全国仅预算内教育经费投入一项,就占当年财政支出的7%左右。尽管在50年代中期西部欠发达省区的科教文卫的经费投入占地方财政支出的比例都有显著的提高,但到了50年代末期,这一比例又明显回落下来,而且云南、西藏和新疆三省区用于科教文卫的经费投入占地方财政支出的比例,仅相当于、甚至低于同期全国预算内教育经费投入一项的占比(7.18%)。

表2-7　1950~1960年西部欠发达五省区科教文卫事业经费占地方财政支出的比例(%)

	内蒙古	广西	云南	西藏	新疆
1950 年	8.70	7.40	7.69	—	2.99
1952 年	14.56	16.51	13.13	—	16.95
1954 年	17.78	22.29	21.29	—	20.98
1956 年	15.17	19.87	18.14	—	17.65

①　参见孚·吉尔格勒、罗淳、谭昕主编:《鄂温克族》,云南大学出版社2004年版。

续表

	内蒙古	广西	云南	西藏	新疆
1958 年	9.63	12.67	7.52	8.49	13.13
1960 年	8.43	11.35	7.41	5.61	7.83

数据来源:国家统计局国民经济统计综合统计司编《新中国 50 年统计资料汇编》,中国统计出版社 1999 年出版。

　　除了投入教育的财政经费不足以外,师资缺乏则是西部欠发达省区面临的普遍困境。1950 年全国平均的每名小学教师对应的学生数为 32 人,而西部欠发达地区则普遍高于全国平均值。尤其是在许多边区、山区、贫困地区和少数民族聚居区,由于教师稀缺,不得不采取"复式班级"(通常指不同年级的学生集中在一个教室、由一名教师交替授课)的教学方式,而"一师一校"的教学点更是遍布西部欠发达地区,成为当地农村主要的办学形式。

　　由于教育经费投入不足,师资缺乏严重,客观上限制了办学规模。因此在建国初期,西部欠发达省区各类在校生人数都比较低,虽然小学阶段的差距相对较小,但随着学历层次的上升,每万人中的中学和大学在校生人数低于全国同期值的差距随之扩大(参见表 2-8)。

表 2-8　1952~1957 年西部民族五省区每万人在校学生人数(人)

	1952 年			1957 年		
	小学	中学	大学	小学	中学	大学
全国	889	55	3.3	994	110	6.8
内蒙古	956	22	0.3	933	76	2.7
广西	1030	48	0.6	1164	92	1.8
云南	678	32	1.9	788	59	3.7
新疆	718	44	3.4	882	130	7.0

数据来源:国家统计局国民经济统计综合统计司编:《新中国 50 年统计资料汇编》,中国统计出版社 1999 年版。

　　直到世纪之交的 2000 年,在全国尚未普及九年义务教育的 490 个县级单位中,西部欠发达地区占了大部分。西部欠发达地区成人文盲率(15 岁及以上总人口中,文盲、半文盲人口所占比例)仍然较高,新疆为 12.8%,云南为

25.4%,西藏更高达44.4%。①。同期全国平均已下降到10%以下,西部欠发达地区基础教育发展的长期滞后状况可见一斑。

2. 公共卫生与医疗条件落后

新中国建立初期,为了发展社会主义事业,虽然当时国家百废待兴,但政府在医疗卫生和基础教育方面还是给予广大西部欠发达地区尽可能多的支持,几乎所有的城乡人口都享有一定形式的医疗保障,初级卫生保健和妇幼保健工作迅速开展,在全国城乡形成了一个低水平、广覆盖的公共医疗服务体系,使中国人口健康指标大幅度改善,平均预期寿命从新中国成立前的35岁增加到1980年的68岁,同期婴儿死亡率也从250‰下降到50‰以下。这种健康方面低成本、广覆盖的公共服务模式及其成效受到联合国妇女儿童基金会、世界卫生组织和世界银行的高度赞誉。广大西部欠发达地区的公共卫生与医疗服务从无到有,开始建立起来,缺医少药的状况在一定程度上有所缓解。但西部欠发达地区公共卫生与医疗条件的改善程度与当地广大群众对健康需求之间的矛盾依然较为突出。

从表2-9可见,在1952~1957年间,西部欠发达五省区每万人口中拥有的医生数和床位数均有显著提高,但与全国同期平均水平比较,差距仍然明显,尤其是西藏、云南和广西三省区。

表2-9　1952~1957年西部欠发达五省区每万人拥有医生数和床位数

		内蒙古	广西	云南	西藏	新疆	全国
1952年	医生数(人)	1.78	0.7	0.4	—	0.74	7.39
	床位数(张)	9	0.25	2.1	—	1.95	4.02
1957年	医生数(人)	6.09	7.3	3.6	3.65	5.56	8.46
	床位数(张)	11	3.9	4.1	3.94	14.36	7.15

数据来源:国家统计局国民经济统计综合统计司编:《新中国50年统计资料汇编》,中国统计出版社1999年版。

3. 基本建设投资与基础设施改善脱节

据表2-10显示,在建国初期的1952年,西部欠发达省区的基本建设投资

---

① 参见北京国际城市研究所编:《中国决策白皮书丛书——数字中国》,光明日报出版社2002年版,第86页。

较少,用于基本建设的投资占各省区生产总值(GRP)的支出比例,除新疆外,都非常低。在随后的几年中,这些欠发达省区的基本建设投资比例迅速提高起来,并在1960年普遍超过全国平均值。这主要是因为国家工业化战略及其向西部地区的扩散。譬如,从1953年起,依托苏联援建的156项重点工程,国家开始了以重工业为主的大规模工业建设。其中就包括内蒙古包头的大型钢铁企业、新疆塔里木盆地的石油资源勘探与开采业。另外,国家还投巨资在西部相继开建了青铜峡、刘家峡等大型水电工程,由此拉动了西部基本建设投资的快速增加。

表 2-10　1952~1960 年西部欠发达省区基本建设投资占 GRP 支出的比例

	全国	内蒙古	广西	云南	新疆
1952 年	13. 07	2. 14	1. 95	4. 92	28. 95
1954 年	10. 26	10. 38	5. 43	10. 16	18. 12
1956 年	13. 08	13. 13	8. 30	12. 28	31. 30
1958 年	20. 83	32. 95	14. 15	31. 88	40. 00
1960 年	25. 78	34. 60	25. 99	41. 25	42. 02

数据来源:国家统计局国民经济统计综合统计司编:《新中国 50 年统计资料汇编》,中国统计出版社 1999 年版。

然而,基本建设投资的迅速增长,并未带来西部地区基础设施的相应改善,尤其是在事关民生的基础设施方面,改善力度非常有限。广大西部欠发达地区在诸如道路条件、水利工程、通邮通信通电等城乡基础设施方面,与全国平均水平比较,差距始终较大。直到改革开放之前,一些西部欠发达省区仍然面临着道路不畅、用电不足、广播电视覆盖率低、安全饮用水缺乏等困境。这些基础设施供给不足,严重制约西部欠发达地区的现代化进程,亦不利于边疆稳定、民族团结与社会发展。

二、西部欠发达地区发展阶段的历史回溯

广大西部欠发达地区的社会经济发展与内地和沿海省区比较存在显著的发展差距,西部地区在国民经济社会发展大格局中成为典型的“欠发达地

区"。这种政策目标与发展现实的对立,有其多方面的复杂致因。本节通过对西部欠发达省区历史发展的分阶段回顾,根据各阶段所依循的发展背景,力图阐释发展历程中所显现出来的阶段性特征及其成效。

(一)扶持发展时期(1949~1957 年)

1949 年新中国的成立,标志着中华民族从此结束被压迫、被奴役的历史。社会主义制度的建立,更加促进了人们的劳动积极性和生产效率。政府也可以在宏观层面上整体谋划新中国的发展蓝图。为了尽快改变中国历史形成的东西部发展差距,帮助欠发达地区摆脱落后,国家在以下几方面做了努力。

一是帮助西部欠发达地区进行社会改造。即改变束缚广大西部欠发达地区发展的落后社会制度,为西部欠发达地区发展提供制度保障。在这方面,国家根据各民族的发展所处的不同阶段和发展需要,采取了分类指导和"慎重稳进"的工作方针,对不同民族实行不同的社会改革办法。譬如,对当时社会经济结构与汉族相同或相近的欠发达地区,采取与汉族相同的改革办法,废除封建制度,进行土地改革,逐步推行社会主义农业合作化;对于社会经济结构处于封建农奴制的藏族、傣族地区,和处于奴隶制的彝族地区,采取了和平协商改革的办法,通过对少数民族上层的赎买来逐步推进社会改革,消灭剥削制度;对于还处在原始社会向剥削制度过渡的、保留着浓厚原始公社残余的西部少数民族(主要是景颇族、傈僳族、怒族、布朗族、佤族、拉祜族、基诺族等十余个边远山区的少数民族),采取了帮助发展生产和实行互助合作的民主改革,使这些民族摆脱原始落后面貌,尽快过渡到社会主义。在这些制度改革的推动下,西部欠发达地区的社会生产力得到了前所未有的发展,为西部欠发达地区实现跨越式发展奠定了制度基础。

二是扶持西部欠发达地区恢复生产。即为消除旧社会遗留下来的凋敝状况,国家在财政、贸易、文教、卫生等多个领域给予有力的支持。在财政上,国家向民族自治地区拨付巨额的财政补助,发放各种专项贷款、救济款,从 1955年起国家财政专门设立了"民族地区补助费"。在一些生产工具特别缺乏和经济严重落后的地区,无偿地发给农具、耕牛、种籽、粮食等,让他们恢复生产,且在税收上给予一定时期的减免和照顾。鉴于西部欠发达地区商品交换困难,为促进其发展贸易,国家还在这些地区建立国营贸易机构和供销社,收购欠发达地区的土特产品,供应各种生产资料和生活用品。另外,中央政府还在基本建设方面加大了对民族自治地区的资金投入,1953~1957年累计达到40.78亿元①。通过上述一系列的帮扶措施,西部欠发达地区的生产得以恢复起来,人民群众的生活得到改善,经济发展呈现良好态势。

三是工业化向西部欠发达地区推进。新中国成立后,国家在工业化战略实施上,开始有计划地将一些工业企业从东部及沿海地区迁到接近原材料、燃料产地。在此期间,从1953年起依托以苏联援建的156项重点工程,开始了以重工业为主的大规模工业建设。其中就包括内蒙古包头的大型钢铁企业、新疆塔里木盆地、准格尔盆地的油气资源勘探与开采业。另外,国家还投巨资在水电工程、交通运输等方面大力支持西部欠发达地区发展,构建现代工业体系,相继开建了青铜峡、刘家峡水电站,修筑了宝成铁路、兰新铁路等。这些项目的实施客观上助推了西部欠发达地区工业化进程。西部欠发达省区工业企业单位数量在短短几年间显著增加起来,工业总产值增加幅度更高于全国平均水平(参见表2-11)。

表2-11　1952~1957年工业企业单位数和工业总产值

		内蒙古	广西	云南	新疆	全国
工业企业单位数(个)	1952年	1353	—	2161	711	—
	1957年	2110	3690	3866	1396	—
工业总产值(亿)	1952年	1.6	4.1	3.8	2.2	349
	1957年	6.3	9.2	11.2	4.8	704

数据来源:国家统计局国民经济统计综合统计司编:《新中国50年统计资料汇编》,中国统计出版社1999年版。

(二)徘徊发展时期(1958~1977年)

这一时期中国经济发展出现大起大落的徘徊局面。尽管国家扶持西部欠发达省区发展的方针政策并未改变,但仍然难以摆脱国际国内大环境的影响。

1958年开始的"大跃进"运动打乱了原定的国民经济发展计划,加上中苏关系恶化,全国陷入了三年困难时期,粮食减产、企业停产、国力衰退,刚得到

---

① 国家民族事务委员会:《中国共产党关于民族问题的基本观点和政策》,民族出版社2002年版,第133页。

改善的人民生活水平急剧下降。1963～1965年国民经济进入调整时期，国家关停并转了一批布局不当的中小企业，同时加大对西部投资。1963年，在民族贸易和民族用品生产方面，开始实行利润留成照顾、自有资金照顾、价格补贴照顾三项照顾政策，扶持民族特殊用品生产，建设专门生产基地，在资金、原材料方面积极支持。国家增加了对西部欠发达地区的贷款、救济，还调拨大量的粮食棉布保证少数民族群众的温饱，形成了西部欠发达地区"吃粮靠国家，生产靠贷款，生活靠救济"的发展模式。上述这些政策扶持对当时的西部欠发达地区发展起到了较好的促进作用，改善了西部欠发达地区人民的生产生活条件，也带来了民族发展和边疆稳定的大好局面。

20世纪60年代中期，国家开始大规模的"三线"建设，这被称为中国工业化的一次"西进"运动，是对我国工业东密西疏、资源重心与生产力布局空间错位格局的一种调整。在三线建设中，国家累计投资2000多亿元，从沿海和内陆相继转移一批大中型工业企业到西部欠发达地区，同时国家将相当一部分重点建设项目安排到西部欠发达省区。由此在较短的时间内在西部欠发达地区形成了一大批新兴工业基地，极大地推动了西部欠发达地区的工业化进程，为西部发展现代工业奠定了基础，如今西部地区的许多大型工业企业多是三线建设时期打下的基础。

但当时的三线建设主观上是从国防安全战略考虑，出于"战备"的需要，客观上并不是直接针对西部经济建设，因此突出的是"靠山、分散、进洞"的工业战略和以重化工企业、军工企业为主的工业布局。尽管一批重化工、冶炼基地、航天工业和军工企业在崇山峻岭、大漠戈壁相继"安家落户"，但由于战线过长且急于求成，严重制约了企业效益。而且，这种飞地型的工业企业是强行嵌入西部民族地区的，其封闭式的运转体制更隔绝了与地方的经济联系，因此对地方经济并未产生应有的带动作用。

进入20世纪60年代后期，"十年动乱"带来全国各地经济大幅度下滑，生产生活水平下降，国家实力深受重创。但相比东部发达地区，西部欠发达地区所受影响相对较小。在70年代国家引进的47个成套项目中，直接放到西部欠发达省区的就有11个，其中就包括内蒙古火电站、云南昭通和新疆乌鲁木齐的化肥厂。

总体看，这一时期中国政府继续把促进各民族平等、团结和共同繁荣作为

维护祖国统一增进各民族团结合作的基本方针,根据各西部欠发达地区的实
际状况,努力加快西部欠发达地区的社会经济发展,缩小广大西部欠发达地区
与全国的发展差距,基本实现了西部欠发达经济与全国的同步发展。以 GDP
增长指数为例,在 1952~1978 年的 26 年间,西部欠发达省区与全国一样不断
增长,而且在 70 年代以前,新疆和内蒙古两省区的增长速度都明显高于全国
平均值,进入 70 年代,则是广西的增长速度超越全国平均值(参见图 2-3)。
表明新中国成立以来国家实施的一系列西部发展政策对于缩小东西部发展差
距起到了较好的作用。

GDP增长指数（%）

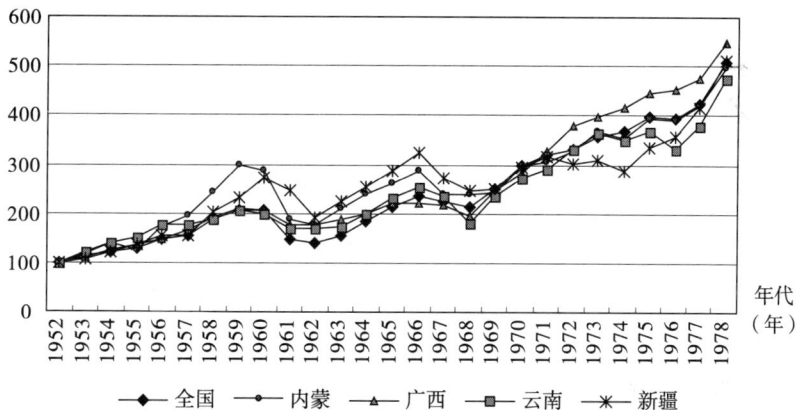

图 2-3　1952~1978 年西部少数民族省区 GDP 增长指数与全国比较

数据来源:国家统计局国民经济统计综合统计司编:《新中国 50 年统计资料汇编》,中国统计出版社
1999 年版。

(三)非均衡发展时期(1978~1998 年)

1978 年的十一届三中全会开启了中国改革开放历史征程。西部欠发达
地区与全国一样迎来了经济社会加速发展的新时期,鉴于当时国家刚结束
"十年动乱",面对生产力与生产方式之间存在的现实矛盾及区域条件,国家
采取了非均衡发展战略,率先开放了东部沿海 14 个城市,在政策上也向东部
地区倾斜,由此极大地促进了东南沿海省区的大发展。在此需要强调指出,在
当时,广西壮族自治区的北海市虽然也被列入 14 个沿海开放城市,但在 20 世
纪 90 年代初邓小平南行之前,北海市的发展成效一直没有显现出来,与其他

13 个沿海开放城市比较,发展差距非常明显。

在这一时期,国家对西部地区的扶持与帮助力度并没有削弱。尤其对于西部欠发达地区的扶持,国家给予了如下的关注:

一是不断加大财政和税收支持:20 世纪 70 年代末,国家对西部欠发达地区实行税收减免和优惠税率的照顾政策,对边境县和自治县乡镇企业免除工商所得税 5 年;对实行民族贸易三照顾地区的供销社减征所得税,对其民族用品手工业企业所得税实行定期减征。20 世纪 80 年代又规定对西部欠发达地区的乡镇企业减免所得税;对民族贸易三照顾县的商业企业自筹商业设施建设投资免征建设税 3 年;对民族用品定点企业生产销售的民族用品,给予减免产品税、增值税及减半征收所得税;1980 年,中央财政对内蒙古、新疆、西藏、广西、宁夏等 5 个自治区和云南、贵州、青海 3 个多民族聚居省的补贴资金以 1979 年为基数,实现定额补助,在一定时期内按每年 10% 递增。此外,还设立了"支援不发达地区发展基金"、"边境事业补助费"、"边疆建设专项补助投资"等专项补助基金。1994 年实行分税制时,继续保留对西部欠发达地区的补助和专项拨款政策,并从 1995 年开始实行主要针对西部欠发达地区的过渡期转移支付办法,进一步加大对西部欠发达地区财政转移支付的力度①。

二是加大西部欠发达地区的开放力度:20 世纪 80 年代以来,国家采取了多种形式来推动西部欠发达地区的对外开放,利用西部欠发达地区的地缘优势,发展边境贸易。1984 年广西的北海市首批开放,1992 年实行沿边开放政策,内蒙古的满洲里、二连浩特,云南的瑞丽、河口,广西的凭祥、东兴等边境城市对外开放。随后,各自治区首府和少数民族集中的省会城市也被国家列入内陆开放城市。这为西部欠发达地区构建全方位、多层次、宽领域的开放格局创造了条件。

尽管非均衡发展战略的实施,使西部地区的发展速率难以赶上全国和东部省区的平均水平,但西部欠发达五省区中,新疆、内蒙古、云南的发展速率则快于全国,由此缩小了与全国的发展差距。以国内生产总值(GDP)指

---

① 国家民族事务委员会:《中国共产党关于民族问题的基本观点和政策》,民族出版社 2002 年版,第 134—137 页。

标为据,1978~1998 年的 20 年间,全国按可比价格计算的国内生产总值年平均增长率为 9.6%,沿海地区为 11.3%,同期西部地区为 8.94%,而西部五省区分别为:内蒙古 9.9%、广西 9.3%、云南 9.8%、西藏 8.8%、新疆 10.6%,可见除了西藏以外,其他四省区的 GDP 年平均增长率都高于西部地区,其中内蒙古、云南和新疆还高于全国平均值。这实际上提示我们,发展失衡不仅表现在东西部两大区域之间,而且也从西部欠发达省区内部凸现出来。

值得注意的是,西部地区经济的加速发展,也带来了一些负面效应,诸如环境污染、生态恶化、资源依赖等问题。发展经济学的观点认为,区域发展成效不只是经济总量的增长,还需要看经济增长的质量及其所带来的人类发展效应。根据人类发展指数(HDI)计算,1990 年西部欠发达五省区的人类发展指数在全国 30 个省区中的排位都比较靠后,尤其西藏和云南两省区分别位列倒数第一和第三位(参见表 2-12)。由此带给我们启示是:西部欠发达省区与全国发展的差距,不仅仅只是经济增长的规模差距,而且更是经济增长的结构和质量差距。

表 2-12　1990 年西部欠发达五省区人类发展指数比较

	内蒙古	广西	云南	西藏	新疆
人口预期寿命(岁)	65.68	68.72	63.49	59.64	62.59
成人识字率(%)	78.85	84.34	64.40	31.74	81.59
综合入学率(%)	51.80	47.00	45.50	33.50	51.90
真实人均 GDP(美元)	1595	1150	1321	1377	1941
人类发展指数	0.560	0.554	0.490	0.387	0.578
在中国的位次	17	19	28	30	15

数据来源:UNDP,China Human Development Report,New York,1996。

(四)协调发展时期(进入 21 世纪以来)

新中国成立以来,党和政府就把加快西部欠发达地区的经济和社会事业的发展作为一项基本政策,全力帮助西部欠发达地区发展生产,改善生活。但由于历史、自然和社会多方面的原因,西部欠发达地区经济发展水平仍然相对滞后,各民族群众的生活水平依然较为落后,与东部快速发展的社会经济态势形成越来越大的反差，东西部之间的发展差距呈进一步扩大态势。针对此状况，在世纪交替的 1999 年，党中央及时做出了西部大开发的战略部署①。

伴随西部大开发战略的实施，国家对西部地区基础设施建设、生态环境保护和各项社会事业发展给予了尽可能的项目支持与财力倾斜，"西气东输"、"西电东送"、"南水北调"、青藏铁路等一系列标志性的重大投资项目相继开工建设，有力地促进着广大西部地区的经济社会发展。截至 2004 年底，中央财政性建设资金累计投入 4600 亿元，中央财政转移支付和专项补助资金累计安排 5000 亿元。这种国家投入推动了社会投入，使得西部欠发达地区固定资产投资年均增长近 20%。这无疑加快了西部欠发达地区追赶东部发达地区的步伐，为缩小地区差距，协调区域发展做出了切实贡献。

总体而言，西部地区基础设施得到显著改善，生态建设和环境保护取得可喜成效，重点城市和特色优势产业发展呈现良好势头，社会事业薄弱环节得到加强，民族地区和边远贫困地区脱贫致富步伐加快。"十五"（2001～2005 年）与"九五"（1996～2000 年）比较，西部欠发达五省区的主要社会经济发展指标有较为明显的改善。地区生产总值持续提高，产业结构不断优化，地方财政收入成倍增长，城乡居民收入大幅度提高，农村贫困人口规模进一步缩减。

除了经济帮扶，在政治方面国家对《民族区域自治法》做了修改，并切实加以贯彻，为民族地区加快发展提供了法律保障。另外，国家提出的"兴边富民"行动和"人口较少民族的整体帮扶"计划，把民族地区作为新一轮扶贫开发的重点，以及在全国深入开展对口支援协作等举措，都有力地促进着民族地区的发展。

综上所述，西部地区发展滞后状态由来已久，与全国和东部地区之间的发

---

① 1999 年 6 月，江泽民同志在陕西考察时就明确指出："必须不失时机地加快中西部地区的发展，特别是抓紧研究西部地区的大开发"，同年 9 月，党的十五届四中全会通过的《中共中央关于国有企业改革和发展若干重大问题的决定》正式提出"国家要实施西部大开发战略"。按照国家计委和国务院西部地区开发领导小组办公室颁布的《"十五"西部开发总体规划》，实施西部大开发的总体战略目标是：经过几代人的艰苦奋斗，到 21 世纪中叶全国基本实现现代化时，从根本上改变西部地区的贫困落后面貌，显著地缩小发展差距，努力建成一个经济繁荣、社会进步、社会安定、民族团结、山川秀美、人民富裕的新的西部地区。

展差距在波动中呈不断拉大的态势。

三、西部欠发达地区发展特征的基本状态

不同的发展过程蕴含着不同的发展特征,并表现出与之相对应的发展状态。科学理解并客观辨析这些发展特征及其状态,有助于我们深入理解地区差异,正确把握区域发展导向,对于统筹区域发展,构建和谐社会也是别有深义。为此,我们尝试将西部欠发达五省区的发展特征及其状态归纳如下:

(一)封闭性与边缘化

全球化已成为影响世界各国发展的重要因素。过去30年中,中国经济能够突飞猛进,崛起于世界民族之林,其中一个关键原因就得益于对外开放政策的大力实施。中国东部及沿海省区的快速发展同样是得益于改革开放的先机。相比较之下,西部欠发达地区的发展之所以长期滞后,一个重要原因就在于其开放程度相对较低,参与经济全球化进程过于迟缓。根据各地利用国内外资金、技术、资源和市场程度的指标统计,1999年广西对外开放程度在民族五省区中最高,为45.29%,其余四省区都很低,新疆为20.54%,云南19.64%,西藏19.16%,内蒙古17.79%。由此看来,打破封闭发展的格局,加快民族地区的对外开放,是促进各民族参与和分享全球化经济成果的重要条件。

广大西部欠发达地区长期处在中国发展的边缘地带,远离政治经济发达的中心区域,交通不畅,信息闭塞,文教卫生科技落后等因素密切相关。以东部和沿海为中心的区域格局主导着中国社会经济发展走向,亦成为带动中国社会经济长期增长的引擎。西部欠发达省区在全国发展进程中被边缘化了,难以获得来自发达地区的"极化"效应,更不可能与发达地区在同一个平台上实现平等发展。

正是由于西部欠发达地区发展过程中形成的"封闭性"格局与"边缘化"状态,使得西部欠发达五省区的市场化发育程度都很低。有关研究显示,1999年市场化发育指数:广西为5.28,内蒙古为3.45,云南为3.39,新疆为2.90,西藏为1.00。比较来看,广西壮族自治区市场化发育指数相对较高,在全国

列居第 18 位,其余四省区全都位列全国最末位①。

(二)多层次与复杂化

总体看,西部并非全为落后地区,其内部同样存在发展层次的显著差异,甚至在同一个省区内,也存在多层次的发展格局。因此,与东部和沿海地区相对单一的发展模式比较,西部欠发达地区的发展类型显得复杂多样。

新中国成立前期,以汉族聚居为主的东部沿海地区,资本主义工商业发展已经初具规模,而广大西部欠发达地区都还处在以农牧业为主的生产方式中。但各民族之间发展差距同样非常巨大,同一时期内存在各种类型的社会形态或发展层次。譬如,在全国 55 个少数民族中,有傈僳族、佤族、景颇族、独龙族、怒族、布朗族、基诺族、拉祜族、鄂温克族等十几个少数民族,约 60 万人口还处在原始社会末期,其生产生活方式都带有浓厚的原始公社制度残余。居住在川滇交界的大小凉山地区的上百万彝族,尚处在家长奴隶制向奴隶占有制过渡的阶段,生产生活都十分简陋。另如傣族、藏族以及一部分蒙古族、维吾尔族则已经进入封建奴隶制或封建领主制社会层次,再有就是已经进入封建地主制阶段的白族、回族、壮族、苗族、布依族等西部少数民族,虽然已经带有封建制度生产方式特征,生产力水平较前两种社会发展形态已经有了显著提高,但与汉族地区比较还是低一个层次。

西部欠发达地区社会发展的多层次与复杂性还反映在同一个行政辖区内,存在不同的社会发展层次,云南许多民族杂居地区都有类似现象,例如在西双版纳州,同居一地的不同民族,其生产生活方式和社会发展层次大相径庭,聚居在坝区的傣族已经进入封建领主制社会,"召片领"既是当地政治上的最高统治者,也是土地的最高所有者;而居住在山区的基诺族,则处在原始社会末期,实行"刀耕火种"的生产方式和"村社共有"的分配制度②。

另外,在全国现代工业体系构建与布局中,落后的西部欠发达省区在经济结构上存在两种截然不同的经济部门,一个是技术水平落后、生产效率低下、依靠自我雇佣的传统农业部门;一个是由国家工业化战略安排的技术较为先进、生产效率较高的现代大工业经济,但这两个部门在西部欠发达地区是相互

---

① 参见樊刚、王小鲁主编:《中国市场化指数——各地区市场化相对进度报告(2000 年)》,经济科学出版社 2001 年版,第 29 页。

② 参见云南省历史研究所编著:《云南少数民族》,云南人民出版社 1983 年版。

隔绝的,长期按各自的运行模式存在着,没有经济交往和人员交流,由此形成一种典型的"二元"经济结构,所谓"卫星已上天,老牛仍耕地"就是这种二元结构的形象写照,也更加使得西部欠发达地区的发展层次相形见绌。

（三）丰富性与脆弱性

西部欠发达地区资源丰富,但生态环境十分脆弱。这其中隐含着难以协调的矛盾冲突,亦构成广大西部地区经济发展与生态保护不得不面临的两难抉择。

一方面,西部欠发达地区是全国自然资源最为丰富的地区。具体表现在四个方面:一是林木资源。我国现有森林资源主要分布为东北林区、西南林区和南方林区三大片。资料查询表明,在2004年西部欠发达五省区中,云南、广西的森林覆盖率都在40%以上,显著超过全国18.2%的平均水平;五省区林木蓄积量合计高达57亿多立方米,占全国的森林蓄积量的45%,在国家森林资源中占有举足轻重的分量。二是水利资源。西部欠发达地区的青藏高原和云贵高原,为我国主要大江大河的发源地和中上游流域区,水资源十分丰富。据统计,2004年西部欠发达地区水资源总量为14441.6亿立方米/平方公里,占全国水资源总量的59.85%。当然,西部五省区水资源分布不均的状况也非常突出,尤其新疆的戈壁和沙漠地区,年降雨量极少(一般不足200毫米),年蒸发量巨大(一般都在1500~2000毫米),是典型的干旱缺水地区。三是能源资源。在我国陆地能源资源中,无论常规化石能源(煤炭、石油、天然气)、水能、地热能,还是可更新的风能、太阳能,多集中分布在西部欠发达地区。西部欠发达地区石油储量占全国的21%,天然气占全国的45.9%。可开发的水能资源装机容量达2.74亿千瓦,占全国可装机容量的72.5%。此外,由于独特的自然条件,太阳能、风能、地热能等新能源储量都十分可观。四是矿产资源。西部欠发达地区的矿产资源类型多,储量大,品位高。各种黑色金属、有色金属、非金属等矿产都集中在西部,储量都占到全国的三分之一至四分之一。总之,西部欠发达地区资源的丰富性可谓得天独厚,大力开发和利用这些资源正在成为实现国家发展战略的重要支撑。

另一方面,由于特定的地理区位和特殊的地质地貌条件,构造了西部欠发达地区形态迥异的自然地理条件。在地形地貌特征上,西部欠发达地区以山地、高原和盆地为主体。在我国大陆的三大自然阶梯中,西部欠发达地区占据了第一阶梯的全部和第二阶梯的一半左右,著名的青藏高原、云贵高原、黄土高原和内蒙古高原四大高原就生成于其中。这里有世界海拔最高的山峰(珠穆朗玛)与中国最低的湖泊(艾丁湖),有无边的大漠戈壁与盆地(塔里木、准格尔和柴达木),有辽阔的大草原,还有大江大河的发源地及三江并流的地貌奇观。如此丰富多样的地貌类型和地质条件,决定了西部地区较为脆弱的生态环境,尤其是西藏和新疆两省区及云南西北部地区,要么是山峦迭起、峡谷深切;要么就是大漠荒原、沙漠戈壁,这种地质地貌决定了生态环境十分脆弱,经不起人类活动的过多干预。这种生态环境的脆弱性,对于以掠夺式资源开发加工和高耗能、高污染模式为导向的西部经济构成直接的威胁。

(四)跳跃性与跨越式

既定的社会发展阶段总是与其相应的经济特征相伴随,同时决定了其经济增长方式。一般讲,社会经济发展大都遵循着循序渐进的路径,即"渐进式"发展,超越发展阶段的增长方式可称之为"跨越式"发展。在这方面,国内外都有一些成功的实例。"亚洲四小龙"曾经都是殖民地,自然资源贫瘠,且都遭受过战争重创。在这种背景条件下,它们仅仅用了 30 年时间,就进入工业化时代,创造了举世瞩目的"东方奇迹"。我国东部沿海地区的深圳,在短短 20 年时间里,就以令世人惊叹的"深圳速度",将往昔偏僻落后的小渔村建设成为现代化的大城市,经济发展水平远远超过了许多老工业城市。

鉴于西部欠发达地区生产方式普遍落后与东部和沿海地区的状况,在 20世纪 50 年代新中国成立以来,国家积极扶持西部欠发达地区发展生产,改善生活,促成这些少数民族传统生产方式的现代转型。一些还处在发展末端的少数民族,在得到国家扶持或外界援助的情形下,相继实现了经济社会发展的"蛙跳"。即跨过封建社会发展阶段,从原始社会末期或奴隶生产方式直接进入社会主义社会。最典型的个案莫过于云南省的基诺族。该民族直到 20 世纪 50 年代中期,仍然处在原始社会末期,直到 1957 年,政府在基诺山建立起第一个农业生产合作社,1958 年顺利实现人民公社化,基诺族开始告别原始社会末期的农村公社形态,直接跨入社会主义。

对于"跨越式发展",有关学者曾提出这样几点认识:第一,经济发展关键是经济增长,没有经济的增长不可能实现经济的跨越式发展。但不应把跨越式发展仅仅局限于经济增长,还应考虑社会发展。第二,跨越式发展是指发达地区用较长时间走过的阶段,欠发达地区有可能只需用较短的时间就可以达到。第三,跨越式发展的核心是科学技术的跨越,经济的跨越需要建立在科学技术的跨越基础之上。第四,跨越式发展主要适合于欠发达国家或地区①。鉴于上述,西部民族地区若要想与全国一道,在21世纪20年代同步进入小康社会,就必须加快现代化追赶的脚步,走跨越式发展的道路。

四、西部欠发达地区的现代化追赶的
历史任务和战略思考

中国的西部欠发达地区在国民经济长远发展的宏观格局中,面临着现代化追赶的历史重任,长期落后的西部省区由于其丰富的资源禀赋责无旁贷地成为未来中国现代化发展的后备支撑,同时又由于其脆弱的生态条件,发展进程中很可能陷入"资源诅咒"的困境。因此,西部民族地区发展状态如何,直接关系到全国可持续发展的成效。

如前所述,一方面,整个西部地区拥有全国90%以上的牧草地面积;40%以上的耕地面积;60%以上的森林储积量;80%以上的水能资源;70%以上的天然气储量;60%的煤炭储量②。另一方面,西部地区的生态环境十分脆弱,高山峡谷、戈壁荒漠多集中于此,拥有世界最高的山峰(珠穆朗玛峰),全国最大的沙漠(塔克拉玛干沙漠)。这种特定的地理地貌条件使得西部地区生态环境问题十分突出:一是气候干燥,降雨量少,大部分地区年均降雨量在200毫米以下,而年均蒸发量则超过1200毫米;二是沙漠戈壁分布广,面积不断扩大。新疆的沙漠化土地面积已接近10万平方公里,风沙化面积也超过2万平方公里。内蒙古虽有广袤的草原,但由于传统生产方式和长期过度放牧,面临着天然草场加速退化的威胁。另如,云南的东川市和怒江州,都面临着严重的生态退化、移民搬迁和产业重构等问题,若不认清形势,及时调整战略思路,西部民族地区很可能遭遇发展的"现代化陷阱"。

我们认为,在以往中国发展大格局中,西部欠发达地区与全国发展差距的

---

① 牟本理:《论我国民族地区跨越式发展》,《民族研究》2003年第6期。

② 数据取自北京国际城市研究所编:《中国决策白皮书丛书——数字中国》,光明日报出版社2002年版,第126—131页。

必然性早就隐含其中，只是由于当时强制性国家制度安排对西部欠发达地区的倾斜使有可能显现的差距隐性化了。此其一。其二，在改革开放以前，全国发展都受制于国家计划经济的宏观调控，这种政策刚性，使东部难以获得自主发展的决策权，严重束缚了东部地区的加速发展。随着改革开放政策的实施，东西部之间的发展差距就逐渐显现出来了，东部得改革开放政策之先气，得以加速发展，在中国版图上迅速崛起，西部则在失去国家制度支持的情形下，成为发展的"洼地"，面临着以地方为主体的工业化建设诉求与要素流动双向通道的实现。

党的十七大报告指出："加快转变经济发展方式，推动产业结构优化升级。这是关系国民经济全局紧迫而重大的战略任务。"面对长期累积形成的发展失衡现实，西部欠发达地区要想走出"洼地"上台阶，缩小与全国和东部发达地区的发展差距，摆脱落后面貌，实现对发达地区现代化追赶的历史使命，必须以科学发展观为指导，谋求创新的发展思路，努力探索切合自身的发展模式。鉴此，本课题研究试图从如下几方面提出我们的战略思考。

（一）稳定与发展

稳定是发展的基础性环境条件，发展又为稳定提供物质保障。对于西部欠发达地区的发展，其希望尽快摆脱落后，实现现代化追赶的迫切心愿固然可以理解。然而，只有把"保证民族生存与持续繁荣"作为最基本的发展目标，将以追求 GDP 增长为核心的"增长优先战略"转变为在"以人为本"理念指导下的"社会优先发展战略"，才有可能实现西部欠发达地区社会经济的长治久安与持续繁荣。

在以往的发展历程中，西部欠发达地区为了尽快摆脱贫穷落后面貌，急于求成地加快现代化追赶的步伐，一味追求 GDP 增长，不惜以生态环境恶化为代价，导致资源消耗快、能源需求大、环境污染重的许多工业企业纷纷涌入西部，这种严重的资源依赖型产业选择与发展模式，实在是一种发展的误区，到头来势必将西部推入"资源诅咒"的困境。

党的十七大报告中明确提出了"促进国民经济又快又好发展"的指导思想，并将建立"两型"（即资源节约型和环境友好型）作为构建和谐社会的基本要求。我们认为，一方面，从统筹区域发展的宏观战略考虑，国家需要制定全国一盘棋的区域协调发展战略,建立稳定而持效的东西部利益共享和生态补偿机制;另一方面,西部欠发达地区要以科学发展观为指导,重新定位自身的现代化发展战略,在稳定中谋求发展,在发展中降低及至消除不稳定因素。据此,应当加快西部欠发达地区经济增长方式的转变,推动区域产业结构的优化升级,追求经济效益与生态效益的双赢。

(二)依附与自主

西部欠发达地区能否实现自主发展?这在理论与实践两方面都极具挑战性。我们认为,先进与后进、优势与劣势都是相对而言的,没有永远的先进,也没有绝对的优势。其中一个关键恐怕就在于如何历史而辩证地看待自身及其所处的时代环境,抓住机遇,善于变通,就完全有可能变被动为主动,化劣势为优势。事实上,在当今经济全球化、世界多极化的态势下,世界政治经济秩序正在经历着前所未有的重组,一些强势国家衰落下来,一些弱势国家异军突起,次区域经济合作(Subregional Economic Cooperation)在许多边缘地区悄然建立并形成"一体化"的市场运作模式,以往被认为是沉寂偏僻的沿边沿海地区,现在随着国际合作和开放力度的加大骤然变成热闹的前沿。西部欠发达聚居区多处于边境沿线,伴随改革开放政策的深入实施,完全有可能成为经济繁荣的前沿地带。

发展经济学关于"后发优势"的观点认为①,一方面,欠发达地区可以从发达地区直接引进并吸收先进技术为我所用,从而快速缩小区域间的技术差距;另一方面,欠发达地区可以充分效仿和借鉴发达地区的各种生产模式和管理制度,并经过本土化改进而受用于自身,由此推动经济社会的跨越式发展,加速现代化进程。因此,欠发达地区若要摆脱对发达地区的依附,实现自主发展,关键就在于能否在引进和效仿先进技术和管理模式的过程中,避免"路径依赖"的形成,而是充分发挥自身的主观能动性,根据自身情况善加学习、吸纳和借鉴,进而通过创新实现本土化发展战略。

(三)劣势与优势

早在两个世纪前,资产阶级古典经济学的完成者大卫·李嘉图(David Ri-

---

① 参见郭熙保:《发展经济学研究——后发优势研究专题》,经济科学出版社 2005 版,第13—22 页。

cardo)就提出了著名的"比较利益"学说①。李嘉图在《论对外贸易》中具体分析了国际贸易中的比较利益原则。根据这一原则,李嘉图证明如果两国都专门生产其具有比较优势的商品,那么就都能够彼此获利。

发展战略的选择都应该遵从扬长避短、趋利避害的比较利益原则。在市场经济条件下,不同地区间的经济发展优势总是由各自具有的区位条件、产业能力等条件所决定的,而地区优势产业的形成则取决于地区比较优势的大小及市场(产业)竞争能力的强弱。现实中可以看到,一些具备区位优势的地区,却受制于资源劣势的限制,相反,拥有丰富资源的地区,则因为位处偏僻而处于区位劣势。将区位条件和市场(产业)竞争能力两者交叉,可形成四种优劣不同的组合效应:一是区位条件差,同时竞争能力弱的组合(即 C 组合),这是最不利的一种组合条件。云南省的昭通地区、西藏的阿里地区都属于此类型。二是区位条件差,但具备一定的市场潜力和产业竞争能力的组合(即 D组合),这种组合的发展条件相对有利,若能通过交通条件的改善而降低区位劣势,就完全有可能获得新的发展空间。这种发展类型在西部欠发达地区普遍存在。三是区位条件好,却不具备产业竞争能力的组合(即 B 组合),此组合的发展条件类似于 C 组合,但优势略好于 C 组合。因为良好的区位条件是凝聚市场竞争力的"天赋"优势,广西的北海市就属于这种发展类型。四是同时具备良好的区位条件和较强的市场竞争能力组合(即 A 组合),这种组合无疑具有最有利的发展条件,遗憾的是在西部欠发达地区,我们找不出一个具备这样组合发展条件的实例。

值得强调的是,对 C 组合优劣势的改变似乎非常困难,有时付出巨大的成本仍然收益微弱,因此移民搬迁往往成为最便捷的发展战略选择。相对来看,西部欠发达五省区更多地集中于 D 组合,虽都属于边远省区,但由于资源规模的市场潜力巨大,竞争优势突出,因此,只要随着改革开放的深入实施,就有可能变区位劣势为优势,加快地区社会经济发展。

(四)共性与差异

与东部发达省区比较,西部欠发达地区资源丰富,但产业结构单一,经济

---

① 参见王亚南主编:《资产阶级古典政治经济学选辑》,商务印书馆 1979 年版,第 527—539 页。

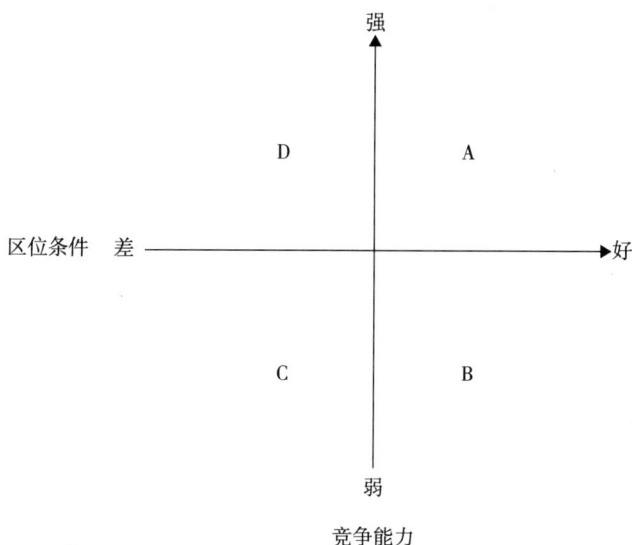

图 2-4　区位条件与竞争能力格局下的四种组合效应图示

增速缓慢,生产效益低下,这些都是西部欠发达省区共有的特点或带有普遍性的问题,也是需要统筹解决的历史任务。与此同时,西部欠发达五省区之间又存在明显的发展差异,因而各省区现代化追赶的战略选择与实施路径也不可能一概而论,必须根据省情区情,有所侧重,紧贴自身发展的实际,寻求差异化的区域发展战略。

1. 内蒙古自治区是五个欠发达省区中典型的畜牧业经济省区,同时又拥有丰富的煤炭资源。在地理区位上,内蒙古北面和西面分别与蒙古国和俄罗斯接壤,是欧亚大陆桥进入中国的第一站。因此,内蒙古的发展战略选择具有不同于其他省区的特征和要求。当地政府根据煤炭资源和牛羊乳业制定的"黑白"资源发展战略,就充分体现了内蒙古自身的资源优势及发展特色。另外,内蒙古在发展过程中与相邻的蒙古国和俄罗斯形成了诸多互惠合作关系,这是其他四省区所不具备的。

2. 广西壮族自治区由于地理条件和区位优势,东北面紧邻广东发达省区、南面濒临北部湾,是西部少数民族五省区中唯一拥有出海口的省区,同时由于北回归线横贯全境,广西也是热区资源优势较为突出的省区,另外历史悠久的柳州工业基地也是广西迈向现代工业振兴之路的强大动力。既如此,在发展战略选择上，应充分利用这一地缘优势，发挥上接湘粤、中连滇黔、下通东南亚诸国的通道或桥梁作用，以2008年1月国家批准实施的《广西北部湾经济发展规划》为契机，进一步深化对外开放，将广西发展成为中国—东盟开放合作的物流基地、商贸基地、加工制造基地和信息交流中心，成为开放度高、辐射力强、经济繁荣、社会和谐、生态良好的重要国际区域经济合作区。

3. 地处西南边陲的云南省虽然不是少数民族自治区，但少数民族人口规模庞大，族种众多，是典型的少数民族人口大省和多民族聚居省区①。由此形成的是异彩纷呈的民族文化模式与参差不齐的社会发展阶段。在自然条件方面，云南处在云贵高原，是一个以山区为主的省区，山地面积占94%。由于山高谷深，沟壑纵横，形成了多样性的聚居小环境，具有"一山分四季，十里不同天"生态感受。同时云南资源储量丰富，不仅动植物资源极为丰富；而且矿产资源之丰富堪称"有色金属王国"，铅、锌、锡、铜等有色金属矿石储量都列居全国首位。如此丰厚的资源无疑是云南发展可资利用的优势所在。从区位条件讲，云南省与越南、老挝、缅甸三国接壤，与东南亚诸国交往密切，是大湄公河次区域合作（GMS）中，中国方面的主要参与者。随着昆曼公路国际大通道的全线贯通和泛亚太铁路中线的开工建设，云南完全应该充分利用这种区位优势，加快实施"走出去"战略，以开放的姿态融入东南亚经济圈。但在产业选择与市场培育方面应注意与广西形成互补，避免产业同构和盲目竞争带来的损失。

4. 处在"世界屋脊"的西藏自治区，具有全然不同于另外四个西部欠发达省区的自然生态环境与藏族文化底蕴。其一，西藏平均海拔在4000米以上，气候高寒、长冬无夏、空气稀薄但日照充分，这种自然条件客观上限制了西藏的发展；其二，西藏虽然其动植物资源的丰富程度不亚于云南，但作为多条大江大河的源头和上游区域，西藏负有生态保护的"天然"使命；其三，藏北的阿里地区，虽然面积广阔，约占西藏土地面积的三分之一，但属高寒荒漠无人区，每年有半年的封冻期，因此不具备开发条件；其四，西藏与印度、尼泊尔、不丹、

---

① 2000年普查资料显示：云南省少数民族人口总数达到1415.3万，占同期全国少数民族人口的13.30%，是全国仅次于广西的第二个少数民族人口大省。同时云南又是一个多民族聚居的边疆省份，人口规模超过5000人、并形成一定聚居区的民族，云南共有26个，占全国民族族种的46.43%。

巴基斯坦等国为邻,随着青藏铁路的修通,方便了藏区各族人民与外界的交往,也给西藏带来了新发展机会,但其发展战略的定位,必须把生态保护放在首要位置;其五,西藏全民信教,独特的藏传佛教文化与浓郁的藏区民族风情,是区域发展战略选择时必须充分考虑的人文特色,一方面要始终维护广大藏族人民的利益;另一方面又必须坚决抵制"藏独"势力的分裂国家行为。

5. 新疆维吾尔自治区是全国疆域面积最大的省区,但一望无际的沙漠戈壁并不适宜于人类定居,因此,尽管新疆地广人稀,但只有有水源的区域才有植物生长,有植物才形成绿洲,而有绿洲形成才有人口聚居。因此新疆经济带有非常鲜明的"绿洲"色彩。这是与其他四省区不同的一大区别。另外,新疆拥有储量丰富的石油和天然气资源,著名的玉门油田曾经在20世纪60年代为中国经济复苏做出了至关重要的贡献。如今,新疆已经拥有了新疆油田、塔里木油田、土哈油田、西北石油四大油田公司,形成了以石油化工为主导的工业产业。在西部大开发进程中,随着"西气东输"国家重点工程在2011年的全线贯通,新疆的能源战略地位将更加重要。再者,从历史来看,新疆的开发与建设在很大程度上是国家"屯垦戍边"战略实施的结果,因此新疆经济带有强烈的"兵团"特色。如今这些"国字号"的生产建设兵团面临着一系列的制度性难题,如何改革创新,发挥这些生产建设兵团的"主力军"作用,并使它们融入新疆发展战略的整体框架中,同样是我们应该考虑的。最后需要强调指出,新疆与俄罗斯、哈萨克斯坦、吉尔吉斯斯坦等国交界,其中一些边境地区由于"疆独"分子的活动,存在较为突出的不安定隐患,在发展战略制定中特别需要审慎对待。

第三章　对中国西部欠发达地区
经济发展失衡的评估

改革开放以来,我国地区发展失衡,西部欠发达地区发展相对缓慢,特别是与沿海五省发展失衡日益拉大,这已经成为中国现代化进程中存在的严峻问题,严重影响着我国社会、经济、政治和文化生活的发展。同时,失衡逐渐拉大也不利于消除民族间不平等,进而成为阻碍各民族共同发展、共同繁荣的不利因素。世界经济发展史表明,任何一个地区的经济发展过程,既表现为国民生产总值的增长,又表现为产业结构的演变。而在不同的经济发展阶段中,三次产业 GDP 结构和就业结构失衡程度不同,不同发展阶段的主导产业也有明显的差距。因此,西部欠发达地区经济发展表现出总量失衡与结构失衡是两个不可分割的两个部分。通过多方位、多指标体系分析西部欠发达地区经济发展的总量失衡和结构失衡,并探索西部欠发达地区经济发展失衡原因和结果,面对西部欠发达地区经济发展困难,提出纠正西部欠发达地区经济失衡的政策。

一、理论与指标

(一)大国发展的区域经济失衡

1. 经济发展的失衡

关于地区经济发展失衡,还没有确切的定义。有一点是可以肯定的,那就是,失衡源于物理学。如果一个力学体系失去平衡,而且超过一定的限度,那么体系就会不稳定,甚至于崩溃。世界上任何事物的发展都是有先有后,都是失衡的。经济发展也一样,也存在着失衡性。失衡性作为地区经济发展过程中的普遍现象,它包括了两个方面的含义:一是经济发展的静态失衡,这是指经济发展水平的差异;二是经济发展的动态失衡,这是指经济发展速度的差异。经济发展的失衡性还可以从量和质两个方面来考察,它一方面表现为经济发展上的量的差异,这包括上述经济发展水平的差异和经济发展速度的差异;另一方面表现经济发展上的质的差异,这包括劳动生产率、科技水平、经济效益、劳动者素质等方面的高低。

2. 区域经济失衡的规律性

区域经济发展失衡,不仅是全世界,而且也是一个国家、一个地区长期、普遍存在的经济现象。这是不容否认的客观事实。所谓区域经济发展失衡规律,是指在区域经济发展中存在着失衡发展的客观必然性。均衡是暂时的、相对的,失衡是长期的、绝对的。经济发展总是由旧的失衡不断地向新的失衡演变,呈现波浪式演化过程。这一规律具体包含了以下三个方面的内容:一是经济发达区域与经济不发达区域长期并存。但并不是说,发达区域永远发达,落后区域永远落后,恰恰相反,两者可以相互转化,发达区域如果停滞不前就可能转变为落后区域,而落后区域经过跨越式发展可能会超过原来的发达区域,后来居上,进而出现新的经济发达区域和经济不发达区域,产生新的失衡。二是经济发达区域和经济不发达区域各自内部都还存在发达和不发达的小区域。经济发达区域内有经济不发达的小区域,经济不发达区域内有经济相对发达的小区域,其各自内部也存在着失衡发展现象。三是区域经济发展过程存在着失衡现象,同一区域在不同的发展阶段,存在着不同的发展速度,有时发展快,有时发展慢。因此,区域经济发展不可能是均衡的,都是在失衡中进行的。

(二)区域经济非均衡发展的理论

1. 国外的区域失衡发展理论

面对区域经济发展失衡,或有意识地加大区域经济发展的失衡,产生了关于区域经济均衡与非均衡发展的多种理论,主要包括:(1)法国经济学家朗索瓦·佩鲁"增长极"理论。该理论的主要观点是,区域经济的发展主要依靠条件较好的少数地区和少数产业带动,应把少数区位条件好的地区和少数条件好的产业培育成经济增长极。(2)缪尔达尔—赫希曼模式。该理论认为,经济进步的巨大推动力将使经济增长点集中,任何一个具有较高收入水平的经济都是由一个或几个区域实力中心首先发展，并在经济区要选择战略产业和地区进行重点投资，以带动其他产业和地区的发展。（3）美国的跨国公司专家弗农等人的"梯度推移"理论。该理论认为，工业各部门及各种工业产品，都处于生命周期的不同发展阶段，即创新阶段→发展阶段→成熟阶段→衰退阶段。区域经济学家将这一理论引入到区域经济学中，便产生了区域经济发展梯度转移理论。（4）弗里德曼的中心—外围论。该理论在考虑区际不变趋势基础上，将经济系统空间结构划分为核心和外围构成一个完整的二元空间结构。在经济发展初始阶段，二元结构为一种单核结构；随着经济进入起飞阶段，单核结构替代；当经济进入持续增长阶段，随着政府政策干预会逐渐消失，经济在全国范围内实现一体化，各区域经济获得全面发展。（5）威廉姆逊的倒"U"曲线理论。该理论认为，在国家经济发展的早期阶段，区域间发展的失衡将会扩大，则倾向非均衡增长；之后，随着经济成长，区域间失衡程度将趋于稳定；当到达发展成熟阶段，区域间成长差异将渐趋缩小，则倾向均衡成长。

"增长极"理论主张通过政府的作用来集中投资，加快若干条件较好的区域或产业的发展，进而带动周边地区或其他产业发展。这一理论的实际操作性较强。但忽略了在注重培育区域或产业增长极的过程中，也可能加大区域增长极与周边地区的贫富差距和产业增长极与其他产业的不配套，影响周边地区和其他产业的发展。中心—外围模型主要强调区域发展的社会和政治形势，显而易见，其超越了纯经济的考察方式。倒"U"模型，是对区域发展过程进行经验研究所获得的理论成果，它揭示了经济增长与区域发展失衡之间的依存关系，为制定区域发展战略提供了理论依据。然而，区域发展最终能否实现长期动态均衡，到目前为止还没有得到证实。缪尔达尔—赫希曼的理论动摇了市场机制能自动缩小区域经济差异的传统观念，并引起关于经济发展趋同或趋异的大论战。梯度转移理论主要是总结客观存在的现象与趋势，并没有特殊的政策倾向，只指明了产业与技术空间转移的基本规律以及产业和技术转移对不同类型地区的影响与作用，并未提出重视何类地区的行动方案。

2. 国内非均衡发展理论的评价

20世纪80年代中期，中国实际经济工作者和经济理论学界就地区差距问题进行了一次"梯度推移"与"反梯度推移"的争论。"梯度推移"论者主张中国的区域经济发展应按东部—中部—西部的时空顺序渐次推进，东部地区应作为中国经济发展的战略重点,其重要理由之一是国家投入到中、西部会产生投资沉淀。"反梯度推移"论者则认为中、西部存在着后来居上的条件和可能,存在成为优先发展的产业和地区;其之所以投资沉淀是因为价格的剪刀差所致。这次争论对以后中国区域经济的关系产生了较大影响,"梯度论"思想被国家实施非均衡发展战略所吸收,"反梯度论"思想也在国家 20 世纪 80 年代后期和 90 年代中期国家产业政策中得到一定程度的体现。"反梯度论"和"梯度论"主张的实质仍是区域经济发展的均衡与非均衡。

　　非均衡协调发展是以邓小平发展战略的基本构思为理论指南。因为非均衡协调发展的一个前提是:承认地区发展失衡是发展中国家实现现代化进程中的普遍现象,是除去城市国家外的一般大、中国家普遍存在的客观事实,也是我国的一个基本国情;否则协调发展就无从谈起。而且,从根本上说,有条件的地方发展得快一些,有利于增强国家实力,增强经济总体发展活力。正是在这个意义上讲,早在 1978 年邓小平提出了允许一部分地区先富起来的大政策。10 年之后,邓小平又进一步指出"沿海地区要加快对外开放,使这个拥有两亿人口的广大地带较快地发展起来,这是一个事关大局的问题,内地要顾全这个大局"。80 年代中国区域发展战略的选择正是邓小平关于"允许一部分地区先富起来"论断的具体体现。这一宏观政策取向引导下,东部以更快速度发展起来了。

　　改革开放 30 年的实践已经证明非均衡协调发展的实现顺序。1978 年以后,为了打破国内区域间低水平均衡发展格局,我国政府开始实行非均衡区域发展政策,沿海五省经济出现迅速发展。1990 年,中央政府提出通过上海带动整个沿海五省经济发展的区域战略,经过不到 10 年的发展,东中西区域间差距在整体、结构和效率等方面都呈现出逐步扩大的趋势,效率与公平的协调迫在眉睫。为此,区域政策根据区域失衡的变化也发生了一系列调整。1999年,中央政府提出"西部大开发"的区域发展战略;2003 年,中央政府提出"振兴东北老工业基地"的区域发展战略;2005 年,中央政府提出"东中西区域优势互补、相互促进、共同发展"的整体区域发展战略。经过多年努力探索,中央把我国区域分为东部、中部、西部、东北"四大板块",以此为基础"继续推进西部大开发,振兴东北地区等老工业基地,促进中部地区崛起,鼓励东部地区率先发展",这为我国区域经济协调发展绘就了蓝图。其指导思想在本质上是"沿海发展","沿海带动内地",以实现相互促进、共同发展。

　　改革开放30年的实践已经证明,我国经济发展主动利用了不平衡为主导的发展战略。这体现在区域经济从非均衡走向均衡发展,实现协调发展过程。首先非均衡发展,拉开差距,促进效率提高,以增加社会财富总量,等到差距达到或接近其极限,同时社会财富增加到一定的基础后,再谋求缩小发展差距,达到协调发展。这也充分体现了均衡与非均衡对立统一和相互转化,以此推动区域经济的发展。

(三)我国西部欠发达地区经济发展的失衡

　　西部欠发达地区经济发展的失衡是一种历史性的老问题。改革开放以来,我国的经济建设取得举世瞩目的成就,各地区经济都有了长足的发展。但是地区经济发展的不平衡状态也日益凸现出来,东部与中西部之间的经济差距又有再度扩大的趋势。1978年以前,我国实行的是以追求高增长、计划化、工业化、内向化为特征的、典型的结构主义经济发展模式。虽然取得了较大的成绩,如建立了比较完整的工业体系,但由此所带来的问题同样引人注目:经济低增长、产业结构扭曲、微观经济效率低下等(林毅夫、蔡昉、李周,1999)。由于特殊的战略地位,我国西部欠发达地区的产业结构在一定程度上是内生于中央政府意志的(孙早,2001),而由中央政府催生出来的产业结构多半与当地的技术结构和要素禀赋结构所决定的比较优势相悖(林毅夫、谭国富,2000)。这样,西部欠发达地区的产业结构扭曲更为严重。1978年以后,我国逐渐放弃了重工业优先发展战略和计划经济体制,开始了以比较优势战略为原则、"渐进式"的市场化改革,并创造了令人瞩目的经济增长"奇迹"。产业结构和所有制结构也逐渐趋于合理,但相对于东部而言,西部欠发达地区发展仍比较缓慢,西部与东部之间经济发展的失衡也扩大到了一个危险的地步。

　　西部是我国的少数民族主要聚集地,少数民族人口占到全国少数民族总人口的72.32%,主要分布在广西、贵州、青海、西藏、云南、内蒙古、新疆、宁夏等8个省区。由于地理、历史等方面的原因,西部欠发达地区发展尤其落后,且发展速度长期跟不上全国的步伐,与沿海地区的经济发展失衡呈扩大的趋势。欠发达地区经济发展失衡过大导致一种经济地位上的不平等。第一,失衡过大,会挫伤西部欠发达地区发展的积极性,从而导致这些地区综合经济实力下降,引起少数民族群众对政府不满,过大的收入失衡,可能造成社会冲击;

农村人口无序流动的加剧和城市帮扶面的扩大,将会给社会稳定构成威胁,贫困地区特别是西部欠发达地区的贫困农牧民的不满情绪会滋生蔓延。这些都会影响民族团结和社会稳定,任其发展下去,国家的长治久安和政治稳定就会失去基础。第二,失衡过大,会影响三步走战略部署的实现。第三,失衡过大,不利于国内市场的开拓。西部欠发达地区人民收入水平很低,东部的最终产品就难以实现其价值,不仅市场疲软,扩大再生产也难以进行。第四,失衡过大,会造成全国经济发展缺乏后劲。因为我国经济的进一步发展,毕竟离不开对中、西部的资源开发。第五,失衡过大,会造成贫富两极分化,造成不稳定因素。

(四)区域经济发展失衡的度量指标

改革以来中国地区间收入失衡持续扩大,至20世纪末我国已经成为世界上少数几个地区差距最为悬殊的国家之一。我国广西、西藏、云南、内蒙古、新疆5个省区为西部欠发达地区,不仅具有跨境民族分布,是我国大江源头,而且国际民族分裂势力的长期活动,对国家安全具有特殊的战略地位。为了全面贯彻落实科学发展观,推进社会主义和谐社会建设,维护国家安定团结的大好局面,加快西部欠发达地区经济社会的发展已成为当务之急。对西部欠发达地区经济社会发展的现状、趋势和问题进行监测,深刻地认识西部欠发达地区经济发展失衡,并找到构成失衡的原因,为建立西部欠发达地区经济社会失衡预警机制打下基础。

对区域发展不平衡性进行测度研究,国际上始于20世纪60年代中期,我国则始于20世纪80年代初期。截至目前,有关不平衡性测度研究的进展表现在:一是测度指标由单一指标向多指标方向发展;二是测度的空间单位向多层次方向发展;三是测度的技术手段向先进化方向发展;四是随着越来越多的可利用数据的开发,不仅测度总体发展的不平衡性,而且尝试对这种不平衡性的构成和来源进行分解。

西部欠发达地区经济发展失衡的结果,即产生了区域收入水平的差距,特别是区域之间收入水平的差距的扩大化。根据经济发展理论,西部欠发达地区经济发展失衡表现为四个方面:一是产业结构失衡,二是经济总量(实力)失衡,三是发展水平的失衡,四是发展阶段失衡。总体是可分为两类,一是绝对失衡,另一是相对失衡。测量绝对失衡指标是极差、标准差和工业极差等;

测量相对失衡指标为极值比率、泰尔指数、变异系数、结构偏差度、专业化指数等。除单一指标分析外，还采用包括结构失衡指标和发展失衡指标的综合指标对工业化阶段实现程度进行评价，以测度工业化发展阶段的失衡度。同时，根据工业部门对地区工业增量的贡献和规模贡献，建立识别主导工业、支柱工业、先导工业和劣势工业的指标体系，根据主导产业群的高度评价西部五省区与沿海五省工业失衡程度。

二、西部欠发达地区经济结构失衡比较
分析（Ⅰ）——三次产业结构视角

三次产业结构的升级表示经济发展阶段的上升。在工业化进程中，区域三次产业 GDP 结构与就业结构并不总是表现出均衡性。一般而言，发展阶段越低，三次产业就业结构就会越滞后于三次产业 GDP 结构。三次产业就业结构与三次产业 GDP 结构偏离程度也成为衡量地区发展水平的重要性志。

（一）三次产业 GDP 结构比较

改革开放以来，沿海地区特别是长三角与珠三角凭借其得天独厚的地理自然条件及我国的沿海优先发展的倾向政策，成为我国经济集聚的中心，产业结构转换与升级快于西部欠发达地区，沿海与沿边地区的差距逐步拉大。1999 年西部大开发以来，西部欠发达地区获得了发展契机，历经 10 年时间西部欠发达地区的产业结构也发生了很大的变化，工业化进程也稳步推进。

表3-1 所列为1999 年和2007 年西部五省区和沿海五省的三次产业 GDP 结构。通过比较西部大开发前后两个时段沿边沿海十省区的三次产业 GDP 结构看出：

1. 沿海五省区三次产业 GDP 结构领先于全国平均水平，西部五省区三次产业 GDP 结构相对落后。2007 年，沿海五省的第一产业比重平均为7.68%，低于全国平均水平，第二产业比重平均为53.4%，高于全国平均值，而西部五省区第一产业比重平均16.96%，高于全国平均水平，第二产业比重平均为42.28%，低于全国平均值，其中只有内蒙古第二产业比重高于全国水

平,西藏第二产业比重最低,仅为28.8%。相比于全国平均水平,西部五省区农业份额比较大,第二产业比重比较低,工业相对不发达,西部五省区除内蒙古外其余四省区第二产业比重均低于全国平均值。

2. 西部五省区与沿海五省GDP结构差异大。比较2007年西部五省区和沿海五省的三次GDP结构发现,沿海五省的GDP结构类型比较一致,但西部五省区由于其各自优势和发展程度不同,结构差异较大。具体表现在,沿海五省的第一产业比重已不足10%,而西部五省区第一产业比重平均15%以上,第二产业比重沿海五省平均为53.48%,西部五省区仅为42.28%。相对于沿海五省区,西部五省区的三次产业GDP结构水平还是比较低。

3. 西部五省区三次产业GDP结构的转换幅度超于沿海五省。从1999~2007年,西部五省区第一产业占GDP比重下降幅度平均为9.64个百分点,而沿海五省只下降了6.42个百分点;西部五省区第二产业GDP比重上升幅度平均为5.72个百分点,而沿海五省上长幅度平均为4.14个百分点。这说明,西部五省区GDP结构的转换均快于沿海五省就业结构的转换,只是西部五省区起始的三次GDP结构比较落后。

表3-1　1999、2007年西部五省区、沿海五省和全国三次产业GDP结构

		第一产业占GDP比重(%)		第二产业占GDP比重(%)		第三产业占GDP比重(%)	
		1999	2007	1999	2007	1999	2007
	全国	17.1	11.3	49.3	48.6	33.0	40.1
西部五省区	内蒙古	27.0	12.5	40.6	51.8	32.3	35.7
	广西	28.4	20.8	35.6	40.7	36.0	38.4
	云南	22.2	17.7	44.5	43.3	33.3	39.1
	西藏	32.4	16.0	22.7	28.8	44.9	55.2
	新疆	23.0	17.8	39.4	46.8	37.6	35.4
沿海五省	江苏	13.0	7.1	50.9	55.6	36.1	37.5
	浙江	11.8	5.3	54.1	54.0	34.1	40.7
	福建	17.7	10.8	42.5	49.2	39.8	40.0
	广东	12.1	5.5	50.4	51.3	37.6	43.3
	山东	15.9	9.7	48.4	56.9	35.7	33.4

数据来源:《中国统计年鉴2000年》,中国统计出版社2000年版;《中国统计年鉴2008年》,中国统计出版社2008年版。

（二）三次产业就业结构

随着市场化改革的推进和西部大开发的不断深化,传统的劳动力就业制度被打破,传统体制掩盖下的劳动力就业矛盾日益凸显;同时,随着经济增长方式的转变、经济结构调整加快和信息技术等先进技术的广泛采用,深刻地影响着西部省份和沿海省份的三次产业就业结构失衡。表 3-2 显示了从 1999年、2007 年西部五省区和沿海五省三次产业就业结构水平:

1. 西部五省区三次产业就业结构的水平低于全国水平,沿海五省三次产业就业结构高于全国水平。从第一产业看,2007 年沿海五省的第一产业结构全部小于全国水平,其中浙江已不足 20%,而第二产业就业又全部高于全国水平,其中浙江和江苏已超过 45%,除山东外,其他四省的第三产业就业结构都普遍地高于全国水平。西部五省区的第一产业就业比重全高于全国平均水平,其中云南高出 24 个百分点,而第二产业就业全部低于全国水平,其中云南、新疆和西藏不足 15%,除新疆外,其他四省区的第三产业比重都低于全国水平。

2. 西部五省区三次产业就业结构更低于沿海五省三次产业就业结构水平。以沿海五省为参照系,西部五省区三次就业结构与沿海五省三次就业结构的失衡就更大。从 2007 年看,西部五省区第一产业就业比重平均为 56.42%,而沿海五省平均仅为 28.14%,仅为西部五省区一半;西部五省区第二产业比重平均为 14.6%,而沿海五省平均仅为 38.6%,仅为西部五省区两倍以上;西部五省区第三产业比重平均为 28.98%,也低于沿海五省 33.66%水平。很明显,西部五省区第一就业比重高,而第二产业就业比重低,这是西部五省区三次产业就业结构更低于沿海五省的重要标志。

3. 西部五省区就业结构的转换滞后于沿海五省。从 1999~2007 年,西部五省区第一产业就业比重下降幅度平均为 9.02 个百分点,而沿海五省下降了 16.98 个百分点;西部五省区第二产业就业比重上升幅度平均为 3.36 个百分点,而沿海五省上升幅度平均为 11.98 个百分点;西部五省区和沿海五省第三产业比重上升幅度相当。这说明,西部五省区就业结构的转换速度均慢于沿海五省就业结构的转换速度,也滞后于全国平均水平。

表 3-2　1999、2007 年西部五省区、沿海五省和全国的三次产业就业结构

		第一产业(%)		第二产业(%)		第三产业(%)	
		1999	2007	1999	2007	1999	2007
	全国	50.1	40.8	23.0	26.8	26.9	32.4
西部五省区	内蒙古	54.6	52.6	17.0	17.0	28.4	30.4
	广西	65.4	55.1	10.3	20.2	24.3	24.7
	云南	73.8	64.8	9.3	11.6	16.9	23.6
	西藏	75.9	57.6	4.9	10.6	19.2	31.9
	新疆	57.5	52.0	14.8	13.7	27.7	34.3
沿海五省	江苏	42.5	22.7	29.9	45.7	29.7	33.7
	浙江	40.6	19.2	29.7	45.7	29.7	35.1
	福建	48.4	32.4	23.9	35.3	27.6	32.3
	广东	41.2	29.2	26.2	33.6	32.6	37.2
	山东	52.9	37.2	23.4	32.7	23.7	30.0

数据来源:《中国统计年鉴 2000 年》,中国统计出版社 2000 年版;《中国统计年鉴 2008 年》,中国统计出版社 2008 年版。

总体上,西部大开发以来,西部五省区农业从业人口还未降到半数以下,工业发展不能吸纳相应的农业劳动力转移。比较 1999 和 2007 年第二产业就业比率,西部五省区中内蒙古没有变化,广西增加 10%,云南增加 2.3%,西藏增加 5.7%,新疆减少 1.1%;而沿海五省中江苏增加 13.8%,浙江增加 16%,福建增加 11.4%,广东增加 6.6%,山东增加 9.3%。这说明,沿海五省向第二产业转移的就业人口显著大于西部五省区。这意味着,西部五省区第二产业发展没有更有效地带动农业人口转移,城市化进程比较缓慢。

（三）三次产业 GDP 结构与三次产业结构偏差性比较

一国经济发展的过程,就是产业结构转变的过程,即三次产业结构在经济发展过程中的演化。库兹涅茨的研究表明,随着工业化的推进,第一产业的相对国民收入比重和相对劳动力比重同时下降,第二、三产业的相对国民收入比重和相对劳动力比重不断上升;到工业化的实现和经济高速增长阶段,第三产业随着经济的发展,其劳动力比重上升速度快于国民收入比重上升速度。这说明,随着工业化推进,农业劳动力也随之工业化,也就是说,三次产业的国民收入结构和三次产业就业结构变化具有同步性,两者应具有内在均衡性。

然而,处在不同的工业阶段地区的三次产业 GDP 结构和三次产业就业结构会发生一定的偏离,产生失衡现象。工业化阶段水平越低的地区,三次产业就业结构往往越滞后于三次产业 GDP 结构。偏差度越小说明第二第三产业的就业效益越高,偏差度越大说明失衡较严重,大量劳动力仍滞留在农村,第二第三产业没有相应地带动城市化发展。虽然,西部五省区与沿海五省的三次产业 GDP 结构为"二三一"型,三次产业就业结构为"一二三",但西部五省区和沿海五省三次产业 GDP 结构与就业结构存在较大的差异,失衡程度有较大差别。

1. 偏离度

三次产业结构偏离度是指三次产业 GDP 结构与就业结构之间的一种不对称状态。劳动力结构与产值结构越不对称,两者的偏离程度越高,产业结构效益越低下。三次产业产业结构偏离度:

$$P = \sum_{i=1}^{3} \left| Y_i - X_i \right| \tag{1}$$

(1)式中, P 为三次产业结构偏离度; Y_i 为第 i 次产业劳动力比重; X_i 为相同产业 GDP 比重。

表3-3 展示的是依据(1)式以表3-1和表3-2中数据计算的三次产业 GDP 结构与就业结构的偏离度。从表3-3明显地看出,西部五省区的三次产业结构偏离程度大于全国,沿海五省较全国的三次产业结构偏离程度要小,这说明了西部五省区的三产业 GDP 结构的就业效益低于沿海五省,也低于全国平均水平。对沿海五省而言,江苏、浙江的产业结构明显优于福建、广东和山东,且山东省的产业结构效益最低。对西部五省区而言,新疆、广西的产业结构较好,内蒙古、西藏次之,云南的产业结构效益最低。

表3-3　2007 年十省区产业结构偏离度

地区	全国	西部五省区					沿海五省				
		内蒙古	广西	云南	西藏	新疆	江苏	浙江	福建	广东	山东
第一产业	29.5	40.1	34.3	47.1	41.6	34.2	15.6	13.9	21.6	23.7	27.5
第二产业	21.8	34.8	20.5	31.7	18.2	33.1	11.9	8.3	13.9	17.7	24.2
第三产业	7.7	5.3	13.7	15.5	23.3	1.1	3.7	5.6	7.7	6.1	3.4

续表

地区	全国	西部五省区					沿海五省				
		内蒙古	广西	云南	西藏	新疆	江苏	浙江	福建	广东	山东
P	59	80.2	68.5	94.3	83.1	68.4	31.2	27.8	43.2	47.5	55.1

数据来源:根据《中国统计年鉴2008年》整理计算。

2. 偏差系数

三次产业就业结构偏差是指三次就业结构与其相对应的 GDP 结构的偏离程度,计算公式:

$$D_i = V_i/E_i - 1 \qquad (2)$$

(2)式中,D_i 为表示第 i 产业就业结构偏差系数,V_i 表示第 i 产业的 GDP 比重;E_i 表示第 i 产业的就业比重。

根据(2)式,以表 3-1 和表 3-2 中 2007 年数据差计算的结果显示:西部五省区一、二、三次产业结构偏差绝对值都比较大,平均绝对值最小的是广西 0.73,最大的是云南 1.37;沿海五省的三次产业结构偏差绝对值相对较小,平均绝对值最大的是山东 0.53,最小的是浙江 0.36;全国的结构偏差平均绝对值为 0.59(见图 3-1)。这说明,比起沿海五省,西部五省区的产业结构非常不合理,失衡状态比重严重。进一步比较各产业的结构偏差值,发现第一产业沿海和西部五省区相差不大,虽然西部五省区第一产业吸纳的就业人口非常多,但是它的产值也占了地区 GDP 的较大比例。从第三产业看,西部五省区结构偏差都略大于沿海五省,其中广西、云南、西藏的偏差比较显著。而西部五省区的第二产业结构偏差值明显大于沿海五省,全部都在 1 以上,内蒙古、云南和新疆的偏差值甚至超过 2。这说明,西部五省区第二产业吸纳的就业人口远没有达到产业所能容纳的就业人数。

不难看出,欠发达地区三次产业结构失衡是比较严重的。这表现为较先进的三次产业 GDP 结构和比较落后的三次产业就业结构之间的严重偏离性。主要是由于欠发达地区工业为资源导向型工业,对劳动力比较节约,工业发展没有同步吸纳农村劳动力就业,实现农村劳动力向第二产业转移,带动城市化发展。这是欠发达地区发展落后的重要原因。

西部五省区之所以第二产业相对不发达,主要是由于国家在推动西部欠

偏差值

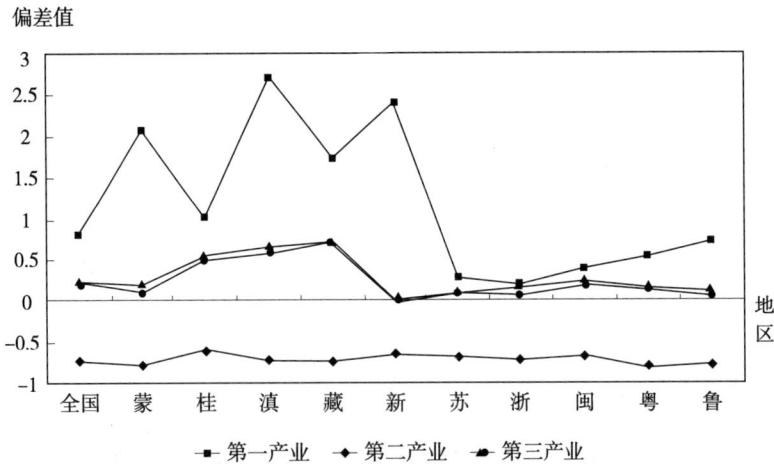

图 3-1　2007 年十省区就业结构偏差系数

数据来源:根据《中国统计年鉴 2008 年》整理。

发达地区工业化的过程中,往往过分强调东西优势互补,强调西部欠发达地区资源优势的极端重要性,以至于一谈到加快西部欠发达地区开发,就是要加快其资源尤其是自然资源的开发,进行"西电东输"、"西气东送"等项目建设。而其结果,西部一些资源丰富的落后地区,虽然国家在此投入了大量的资金,建立了一大批采掘和原材料工业企业,工业结构没有即时得到升级,也没有更多地带动当地产业发展,转移农村富余劳动力,当地居民并没有从这种资源开发中得到多大的好处。我国很多学者对这方面做了理论和实证的检验,认为我国西部存在"资源诅咒"效应(胡援成、肖德勇,2007;邵帅、齐中英,2008)。

三、西部欠发达地区经济结构失衡比较分析(Ⅱ)——工业结构视角

从已有的相关研究可以看出,地区间失衡的持续扩大是与第二产业在空间上向沿海集中分不开的(范剑勇、朱国林,2002)。在工业化进程中探讨西部欠发达地区工业结构的失衡也就成为西部发展失衡的重要方面,而主导产业集群体系的差距则是西部欠发达地区产业结构失衡的重要因素。

（一）基于主导产业群的经济发展阶段与结构水平

众所周知,影响一国或区域经济发展的主要因素之一,是该国或区域的工业结构及其调整,而工业结构及其调整,对一个发展相对落后的区域来讲,则主要取决于该国或区域的主导产业选择。因此,主导工业类型与集聚状态对经济落后地区,实现经济快速发展,具有重要的现实意义。

主导产业来自罗斯托的主导产业理论。所谓主导产业,它是指一个国家或地区在一定时期内产业结构中对经济发展和其他产业发展起主导作用的核心产业。这样的产业在产业结构中占有较大的比重,具有较高的生产效率和创新能力,且关联度较强,对相关产业发展能产生强烈的前向拉动和后向推动作用。在区域经济中,它能够在较大程度上主导整个区域产业结构的运行和发展,是区域产业结构的核心和区域经济增长的"龙头"。主导产业对落后地区的经济"起飞"和经济增长起着非常重要的作用,因此,对落后地区来说,首先要科学、正确地选择主导产业。

世界各国的工业化进程经验表明,虽然世界各国具体国情不同,但在工业化不同历史时期具有不同的主导工业群,主导工业的替代存在严格的演变顺序。自近代第一次工业革命以来,世界经济发展经历了五次主导工业更替(苏东水,2005)。表3-4所表示的是主导产业发展的五个历史阶段,其说明在经济发展的历史长河中,工业结构的高度化及主导产业及其群体不断更替、转换的一个历史演进过程,是一个工业结构由低级到高级,由简单到复杂的渐进过程。罗斯托指出,经济的发展,就是通过主导产业的更替,不断地从一个阶段迈向另一个新的阶段。前期主导产业群为后期主导产业群的发展打下基础,主导产业群和每一次交替都带动了产业结构的升级,促进了国民经济的发展。

表3-4　主导产业及其产业群更替

	主导产业	主导产业群
第一主导产业群	纺织业	纺织产业、冶铁产业、采煤产业
第二主导产业群	钢铁产业	早期制造业、交通运输产业、钢铁产业、采煤产业、造船产业、铁路修建产业、纺织产业、机器制造、铁路运输、轮船运输业等

续表

	主导产业	主导产业群
第三主导产业群	电力产业、汽车产业、化学产业、钢铁产业	电力产业、电器产业、机械制造产业、汽车产业、化学产业+第二主导产业群
第四主导产业群	汽车产业、石油产业、钢铁产业、耐用消费业	耐用消费品产业、宇航产业、计算机产业、原子能产业、合成材料产业+第三主导产业群
第五主导产业群	信息产业	新材料产业、新能源产业、生物工程产业、宇航产业等+第四主导产业群

数据来源:根据简新华等:《新编产业经济学》,高等教育出版社 2009 年版和克里斯托夫·弗里曼:《技术政策与经济绩效》,张宇轩译,东南大学出版社 2008 年版整理。

(二)工业结构划分指标

日本经济学家筱原三代平于 1957 年发表的《产业结构与投资分配》一文中提出需求收入弹性作为主导产业的选择标准。对于产业的发展动力,以产业增长率与 GDP 的增长的对比关系,用公式表示:

$$E_i = \frac{GDP_{it} - GDP_{i0}}{(GDP_{it} + GDP_{i0})/2} \Big/ \frac{GDP_t - GDP_0}{(GDP_t + GDP_0)/2} \tag{3}$$

(3)式中 E_i 为 i 产业增长弹性, GDP_{i0}、GDP_{it} 分别为 i 产业期初和期末增加值, GDP_0、GDP_t 分别为全部产业期初和期末 GDP。如果弹性系数大于 1,该产业的 GDP 增长弹性就大;反之,弹性就小。在国民经济中,增长弹性大的产业,其产出的增加能创造更大的需求。这类产业能够获得更大的发展,不仅其发展机遇好,而且发展效益也好,发展速度会更快,在国民经济增长中所占份额也会更大。这种具有较强带动能力的产业就能成为主导产业。因此,对(3)式进行适当变形,用所有产业占 GDP 的平均比重与 GDP 增长率弹性作为参照系,来综合识别处在生命周期中不同阶段的先导产业、主导产业、支柱产业和劣势产业。

1. 边际贡献率

$$MC_i = \frac{GDP_{it} - GDP_{i0}}{GDP_t - GDP_0} \times 100\% \tag{4}$$

(4)式中, MC_i 为 i 产业对 GDP 增量的贡献份额。

2. 平均贡献率

$$AC_i = \frac{(GDP_{it} + GDP_{i0})/2}{(GDP_t + GDP_0)/2} \times 100\% \tag{5}$$

（5）式中，AC_i 该指标实际上是 i 产业对 GDP 总量平均贡献的份额。

3. 比较增长优势指标

$$CDA_i = MC_i - AC_i \tag{6}$$

（6）式中，CDA_i 为 i 产业的比较增长优势指标，是（3）式的等价表示。当 $CDA_i > 0$ 时，对应于 $E_i > 1$，表示 i 产业增长率高于 GDP 增长率，具有比较增长优势。反之 $CDA_i < 0$，对应于 $E_i < 1$，表示 i 产业运行效率较低，不具有比较发展优势，平均贡献率是下降的。

4. 比较规模优势指标

$$CSA_i = AC_i - 100/n \tag{7}$$

（7）式中，CSA_i 为 i 产业的比较规模优势指标，n 为产业数。如果，$CSA_i > 0$，则表示 i 产业对 GDP 的贡献超过各产业的平均水平，产业具有比较规模优势。反之，若 $CSA_i < 0$，则表示产业不具有比较规模优势。从纵向看，产业在比较优势周期的不同阶段具有不同的行为特征，而从横向看，处在相同比较优势周期阶段的众多部门却有相同比较优势特征。因此，根据这个特点，把位于坐标系的四个象限中同类集合起来，就形成了四个产业群（见表3-5）。表3-5就是以工业部门的平均状态为参照系的坐标圆点，把位于坐标系的四个象限中同类集合起来所形成了四分法工业群（赵果庆，2006）。

表3-5 工业群的4个类型

	比较规模优势	
比较增长优势	II （$CDA_i > 0$，$CSA_i < 0$） 先导工业群	I （$CDA_i > 0$，$CSA_i > 0$） 主导工业群
	III 0 （$CDA_i < 0$，$CSA_i < 0$） 劣势工业群	IV （$CDA_i < 0$，$CSA_i > 0$） 支柱工业群

数据来源：作者整理。

（三）沿海五省及全国工业群结构

1995年沿海五省和全国34个规模以上工业部门现价工业总值为全国全

部乡及乡以上独立核算工业企业数据,来源于《中华人民共和国1995年第三次全国工业普查资料汇编》;2004年区现价工业总值数据则为全国全部规模以上工业企业数据,来源于《中国经济普查年鉴2004》。

根据(4)~(7)式计算,再以表3-5中指标进一步统计后得到近期东部五省及全国的四象限工业群(见表3-6)。

表3-6　沿海五省及全国工业群*

地区	主导工业群	先导工业群	劣势工业群	支柱工业群
江苏	C26、C32、C40、D44	B08、C16、C20、C22、C25、C33、C41	B06、B07、B09、B10、C13、C14、C15、C19、C21、C23、C24、C27、C28、C29、C30	C17、C18、C31、C34、C35、C36、C37、C39
浙江	C19、C26、C28、C34、C35、C37、C39、C40、D44	B08、C16、C20、C21、C22、C23、C24、C25、C32、C33	B06、B07、B09、B10、C13、C14、C15、C27、C29、C36、C41	C17、C18、C30、C31
福建	C17、C26、C31、C32、C37、C39、C40、D44	B08、B09、C21、C25、C33、C41	B06、B07、B10、C14、C15、C16、C20、C22、C23、C24、C27、C28、C29、C34、C35	C13、C18、C19、C30
山东	C13、C22、C25、C26、C32、C35、C37、C39、C40、D44	B08、C20、C24、C33	B09、B10、C14、C15、C16、C18、C19、C21、C23、C27、C28、C29、C30、C34、C41	B06、B07、C17、C31、C36
广东	C26、C37、C39、C40、D44	C21、C22、C25、C32、C33、C36、C41	B06、B07、B08、B09、B10、C13、C14、C15、C16、C19、C20、C23、C24、C27、C28、C29、C35	C17、C18、C30、C31、C34
全国	C26、C31、C32、C34、C35、C37、C39、C40、D44	C14、C16、C18、C19、C20、C21、C22、C23、C24、C27、C28、C29、C30、C33、C36、C41	B06、B07、B08、B09、B10、C15	C13、C17、C25

*产业代码见附录1(载本章末)。

数据来源:根据《中华人民共和国1995年第三次全国工业普查资料汇编》、《中国经济普查年鉴2004》整理计算。

从表3-6可以看出,我国工业由化学制品制造业、非金属矿物制品业、黑色金属工业、金属制品工业、通用设备制造业、交通运输设备制造业、电气机械制造业、电子设备制造业、电力供应业所组成的体系起主导作用,一方面是电力、化工、非金属矿和黑色金属工业为主的基础工业,另一方面是通用设备制造业、电子、电气、汽车为主体的加工制造业,B 类矿业已不起主导作用。农副食品加工业、纺织工业和石油加工炼焦工业构成支柱工业群,以采矿业(B06、B07、B08、B09、B10)为主。

沿海五省在相近的地理区域,但因历史原因和发展战略不同,其主导工业也存在较大的差别。广东和江苏两省的主导工业相对比较集中,广东工业除以化学制品制造业和电力外,还以交通设备、电气、电子为主导,江苏以化学制品制造业、电力、黑色金属工业外和电子设备制造业为主导,只有 4~5 个部门。而浙江、福建和山东主导工业相对比较分散,产业跨度较大,如,山东有10 个主导工业部门,从农副食品加工业(C13)、造纸工业(C22)到电子设备制造业(C40),福建主导工业部门也有 8 个主导工业部门,有传统的纺织工业和黑色金属工业等,也有现代电子设备制造业等。

(四)西部五省区工业群结构

1995 年西部五省区规模以上工业总产值数据分别来自现价工业总值为全国全部乡及乡以上独立核算工业企业数据,来源于《1995 年第三次全国工业普查资料汇编》;2004 年区现价工业总值数据则为全国全部规模以上工业企业数据,来源于《中国经济普查年鉴 2004》。

同样的,根据(4)~(7)式计算,得到近期西部五省区的四象限工业群(见表 3-7)。

表 3-7　西部五省区工业群

地区	主导工业群	先导工业群	劣势工业群	支柱工业群
内蒙古	C13、C14、C32、C33、C36、D44	C25、C27、C37、C40	B07、B08、B09、B10、C15、C16、C18、C19、C20、C21、C22、C23、C24、C28、C29、C30、C34、C35、C39、C41	B06、C17、C26、C31
广西	C13、C32、C33、C36、C37、D44	C20、C25、C27	B06、B07、B08、B09、B10、C14、C15、C16、C17、C18、C19、C21、C22、C23、C24、C28、C29、C30、C34、C35、C39、C40、C41	C26、C31

续表

地区	主导工业群	先导工业群	劣势工业群	支柱工业群
云南	C16、C32、C33、D44	B08、C25、C27	B06、B07、B09、B10、C14、C15、C17、C18、C19、C20、C21、C22、C23、C24、C26、C28、C29、C30、C34、C35、C36、C37、C39、C40、C41	C13、C31
新疆	C25、C31、C32、D44	B08、B09、C14、C20、C21、C28、C30、C39、C40	B06、B10、C15、C16、C18、C19、C22、C23、C24、C26、C27、C29、C33、C34、C35、C36、C37、C41	B07、C13、C17
西藏	B09、C13、C16、C26、C32、C33	B06、B07、B10、C17、C18、C19、C21、C22、C24、C25、C28、C29、C30、C34、C35、C36、C37、C39、C40、C41	B08、C14、C15、C20、C23、C27	C31、D44

数据来源:根据《中华人民共和国1995年第三次全国工业普查资料汇编》、《中国经济普查年鉴2004》整理计算。

从表3-7中的主导工业群看,西部五省区主导工业中除西藏的有色金属矿采选业(B09)外,大多数 C 类产业,电力燃气供应业(D44)也是西部五省区主导工业。同时,从表3-7看出,除广西有 C36 和 C37、内蒙古以 C36 作为主导产业,其他省区的 C 类主导工业都在 C36 以下,也就是机械制造、电子等加工制造业未能在西部五省区工业发展中起主导作用,而黑色金属工业(C32)、有色金属工业(C33)是较普遍的主导工业,加上电力工业,冶金和电力融合的特点比较突出。从工业数看,西藏的先导工业数较多,较多的工业处在高速发展之中,新疆也表现出这个特点,而内蒙古、广西和云南先导工业只有 3~4个;西部五省区支柱工业的数量也在 2~4 个,而西部五省区的较多工业没有优势,处在严重的衰退之中。这说明,西部五省区工业结构在发生重组,产业交替比较强烈。

(五)西部五省区工业结构失衡比较

1. 主导工业阶段

我国的主导产业群中有黑色金属工业、电力燃气供应业、化学制品制造业等传统工业,也有通用设备制造业、交通运输设备制造业、电气机械制造业和电子设备制造业较现代制造业,以表3-4划分看,我国基本上处在第三主导产业群。沿海五省的主导工业上榜次数 C13、C17、C19、C22、C25、C28、C31 和 C34 为各 1 次，C35 为 2 次，C32 为 3 次，C37 和 C39 分别为 4 次，C40 和 D44 分别为 5 次。显然，沿海五省的工业以 C37、C39、C40 和 D44 为主的主导类型。虽然没有明显的主导产业阶段特征，但基本属于第三主导产业群。西部五省区的主导工业上榜次数，B09、C14、C25、C26、C31、C37 各为 1 次，C13 为 3 次，C16 为 2 次，C32 为 5 次，C33 为 4 次，C36 为 2 次，D44 为 4 次。西部五省区主导工业群属第二、第三主导产业群，与先进的主导工业群相比，还差两个阶段，还低于全国水平。

主导工业群具有较高生产率和先进技术，其对工业改造提供技术支持，因而它是一个以工业结构转换促进工业结构竞争力提升的有力的而且是必不可少的发动机。一个地区的主导工业群的技术进步能力与关联强度的差异决定该地区主导工业的发展差异，决定该地区经济增长率、增长方式和增长质量的差异，最终决定该地区的竞争力差异。西部五省区以电力、烟草、原材料这些低端产业为主导，这不仅决定了产业链短，附加值低，还决定了工业结构水平低，结构竞争力低。

2. 结构相似性

地区主导工业具有较强的比较优势、市场份额优势和外部化资源，其对其他产业具有较强的带动效应，其标志着产业结构的高度和先进性。主导产业转换标志着结构升级能力，因此，工业结构转换与主导产业选择和培育有很大的关系。如果两个地区的主导工业群的重合度越高，那么工业结构相似程度也越高，相反，如果两个地区的主导工业群的差异越大，那么工业结构相似程度也越低。工业结构失衡是指在产业结构变动过程中地区间不断出现和增强的结构高度相背离趋势。产业结构相似系数也是测度产业失衡程度最常用的方法之一。

假定地区 i 的工业结构向量为 X，即 $X = (x_1、x_2、\cdots、x_n)$，地区 j 的工业结构向量为 $Y = (y_1、y_2、\cdots、y_n)$，则两地区工业的结构相似性系数：

$$S(x,y) = \frac{\sum_{i=1,j=1}^{n} x_i y_j}{\sqrt{\sum_{i=1}^{n} x_i^2 \sum_{j=1}^{n} y_i^2}} \tag{8}$$

(8)式中，$S(x,y)$ 为相似性系数值，数值在 0 和 1 之间，系数值越大，表明两地区工业结构越相似。以(8)式分别以《1995 年第三次全国工业普查资料汇编》和 2004 年《中国经济普查年鉴》中的沿海五省、西部五省区和全国 34 个工业部门现价工业总值数据计算，分别得到工业结构相似性系数表 3-8 和表 3-9。

表 3-8　1995 年沿海五省、西部五省区和全国的工业结构相似性系数(%)

地区	江苏	浙江	福建	山东	广东	内蒙古	广西	云南	西藏	新疆	全国
江苏	100	96.95	72.37	84.6	74.13	67.41	68.86	34.65	33.80	26.80	91.47
浙江		100	69.67	78.89	69.03	63.81	60.14	29.49	34.53	27.18	84.30
福建			100	77.81	89.68	62.93	74.63	40.48	46.68	20.81	83.68
山东				100	70.04	77.53	85.32	46.13	42.11	52.24	93.98
广东					100	53.15	61.53	32.4	37.51	21.26	83.23
内蒙古						100	70.94	49.36	53.9	38.32	80.29
广西							100	57.33	50.07	23.22	83.22
云南								100	25.64	18.13	49.48
西藏									100	15.08	45.79
新疆										100	40.78
全国											100

数据来源：根据《1995 年第三次全国工业普查资料汇编》、《中国经济普查年鉴》整理计算。

表 3-9　2004 年 FDI 与东部省份以及西部五省区的工业结构相似性系数(%)

地区	江苏	浙江	福建	山东	广东	内蒙古	广西	云南	西藏	新疆	全国
江苏	100	83.13	89.34	76.78	85.38	55.74	54.25	37.10	21.21	23.40	96.75
浙江		100	75.02	80.57	61.45	51.50	55.57	36.55	31.36	26.49	86.03
福建			100	72.06	91.87	53.30	54.77	35.11	37.44	22.30	94.55
山东				100	54.92	70.26	78.25	44.39	39.18	45.96	83.82
广东					100	34.34	36.26	22.99	21.53	19.10	89.10
内蒙古						100	72.96	55.82	40.53	37.37	59.62
广西							100	58.38	43.87	26.51	61.96
云南								100	28.33	18.64	41.22
西藏									100	15.37	31.89
新疆										100	32.41
全国											100

数据来源：根据《1995 年第三次全国工业普查资料汇编》、《中国经济普查年鉴》整理计算。

从静态看,沿海五省、西部五省区和全国在1994年和2004年的工业结构相似性表现出类似的特点。(1)沿海五省的工业结构相似度较高。1995年,江苏、浙江、福建、山东、广东的工业结构相似度在69%以上,广东和福建工业结构相似度高达91%。2004年,山东和广东的工业结构相似度最低,为54.92%,其次是浙江和广东的结构相似度较低,为61.45,其他的都在70%以上。(2)西部五省区的工业结构相似度比较低。1995年,广西和内蒙古的工业结构相似度最高,为70.94%,云南、西藏和广西三省区工业结构相似度在50%~58%之间,其他的都在50%以下,新疆和西藏的相似度仅为15.08%。1995年,广西和内蒙古的工业结构相似度仍保持在70%以上,云南与内蒙古、广西三省区工业结构相似度在50%~58%之间,其他的都在45%以下,新疆和西藏的相似度仅为15.37%。(3)沿海五省与西部五省区的工业结构相似度较低。1995年,广西和内蒙古与沿海五省的工业结构相似度仍保持50%以上,其他的绝大多数在50%以下。2004年广西和内蒙古与江苏、浙江、福建、山东的工业结构相似度仍保持在50%以上,其他的都大多数在50%以下;云南与内蒙古、广西三省区工业结构相似度在50%~58%之间,其他的都在45%以下。(4)沿海五省与全国工业结构相似度较高,西部五省区与全国工业结构相似度较低。1995年、2004年,沿海五省与全国工业结构相似度在83%以上,而1995年内蒙古、广西与全国工业结构相似度在80%以上,其他在50%以下,2004年西部五省区与全国工业结构相似度在62%以下。

从动态看,从1995年到2004年,沿海五省和西部五省区之间工业结构相似度有增有减,没有明显的特点,但沿海五省和西部五省区的内部工业结构相似度均有下降,同时,沿海五省与全国的工业结构相似度有不同程度上升,西部五省区与全国工业结构相似度均有下降。这表明,以全国工业结构为参照系沿海五省区的工业结构水平在上升,而西部五省区的工业结构水平在下降,西部五省区与沿海五省的工业结构失衡程度明显加剧。

四、西部欠发达地区经济总量失衡与发展水平失衡

西部欠发达地区的失衡,不仅是结构失衡,而且重要还在于总量失衡,这主要是GDP份额下降和人均GDP上升幅度较慢。西部欠发达地区结构与发

展水平失衡主要体现在发展阶段的相对落后方面。对西部五省区和沿海五省的工业化发展阶段的综合评价与比较就可以更全面、客观地反映西部五省区的经济发展失衡。

（一）GDP 失衡分析

一个地区的 GDP 总量指标是这个地区总体经济实力的具体表现，是衡量地区之间经济活动总量的关键指标，对西部省区 GDP 总量和沿海省区 GDP 总量的比较，可以从宏观层面上把握西部五省区和沿海五省之间总体经济实力的失衡以及西部和沿海各省区之间的总体经济实力失衡。

新中国成立以来，西部五省区 GDP 占全国的比重变化不大，一直在以 5% 的水平为中心，在 10% 的范围内波动，但其中也有一些明显的变化，主要体现为相对全国 GDP 量，西部五省区的实力在 1952～1965 年有所上升，1965～1980 又有所下降，1981～1990 有所上升，而 1990 年后又有所下降。沿海五省除 1955～1965 有大的波动外，基本保持在 25% 的水平，然而从 1980 年开始却一路攀升，2007 年占到全国 GDP 的 40%。可以清晰看出，1978 改革开放以来，西部五省区与沿海五省 GDP 总量失衡迅速扩大，沿海五省的经济地位大幅上升，而西部五省区却相对下降（见图 3-2）。

从 1978 年改革开放以来，我国经济快速发展，人均收入水平提高，人民生活水平有了显著改善，与此同时，地区间经济实力的失衡在逐步拉大，尤其是，西部五省区与沿海五省之间的差距因开放而大幅扩大。1978 年，西部五省区的 GDP 总量为 248.7 亿元，占全国 GDP 总量的 6.8%，沿海五省 GDP 总量为 850.4 亿元，占全国 GDP 总量的 23.3%，前者与后者对比，是后者 GDP 总量的 29.2%。2005 年，西部五省区的 GDP 总量为 14299.6 亿元，占全国 GDP 总量的 6.4%，沿海五省 GDP 总量为 83282.4 亿元，占全国 GDP 总量的 33.4%，前者对后者来说，GDP 总量仅是后者 GDP 总量的 17.2%，这就说明，从 GDP 总量来讲，从 1978 年到 2007 年，西部五省区与沿海五省的失衡逐步拉大。

1. 比值分析

通过图 3-3 可以看出：第一阶段（1978～1988），西部五省区 GDP 总量与沿海五省 GDP 总量之比是下降的，此时对外开放的重点是沿海开放，沿海省区的发展相对迅速。第二阶段（1989～1990），这个比重有所上升，这是由于通货膨胀政府采取了较紧的政策，导致沿海五省经济的快速发展出现

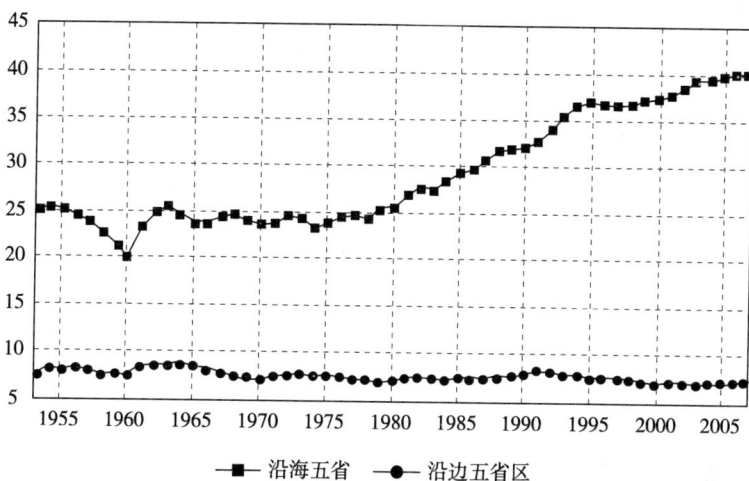

图 3-2　1952~2007 年西部五省区和沿海五省占全国 GDP 比重

数据来源:根据《新中国六十年》整理计算。

了短暂减速,而相对而言西部五省区影响较小。第三阶段(1990~2003),这一阶段对外开放的重点依然是沿海开放,沿边开放的力度很小,所以整体上西部五省区和沿海五省 GDP 总量之比仍然是拉大的。第四阶段(2003~2007),随着 1999 年"西部大开发"战略的部署和实施,沿边开放的力度有所加强,倾向于西部五省区的政策的推行,促进西部五省区的经济发展,所以此时西部五省区 GDP 总量增长加快,对应的与沿海五省 GDP 总量比开始有所上升。

2. 极值比分析

极差是样本中的极大值(max)和极小值(min)之间的差额,极差亦称全距。极值比率就是极大值与极小值之比,它是极差的一种表示。极值比率计算公式:

$$d = \text{max}/\text{min} \tag{9}$$

(9)式中, d 为表示西部与沿海十省区 GDP 的极值比率,max 表示西部与沿海十省区中的最大 GDP 值; min 表示西部与沿海十省区中的最小的GDP 值。

1978~2007 年,西部与沿海十省区极值比总体上不断上升,由 1978 年的

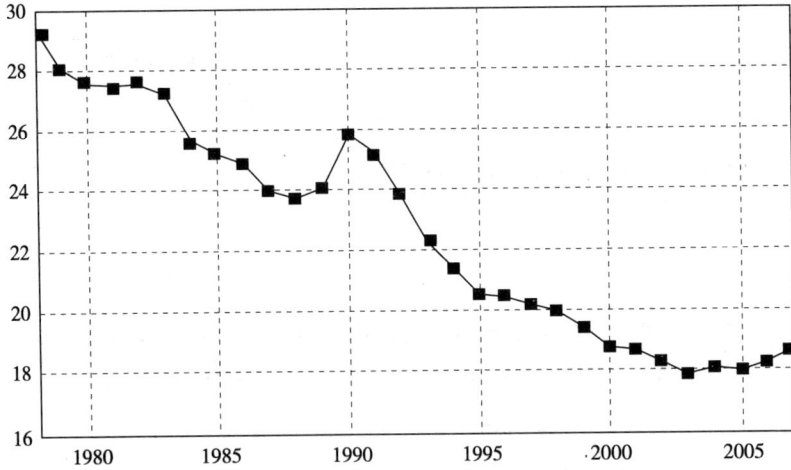

图 3-3　1978~2007 年西部五省区 GDP/沿海五省 GDP

数据来源:根据《新中国 60 年》整理计算。

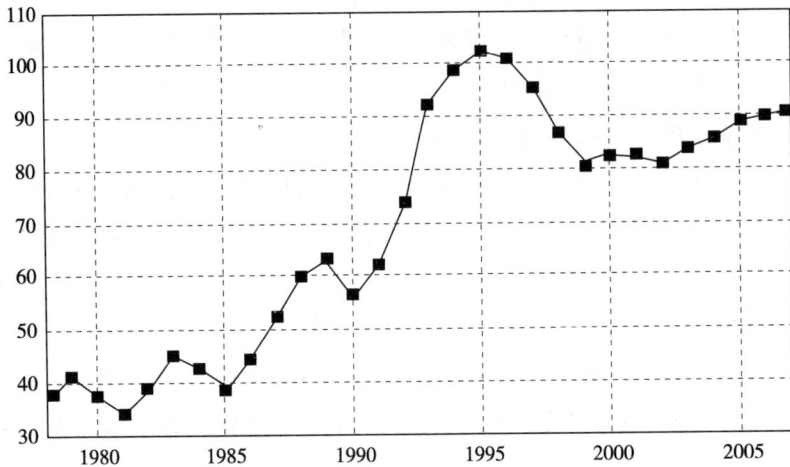

图 3-4　1978~2007 年沿海五省和西部五省区 GDP 的极值比

数据来源:根据《新中国 60 年》整理计算。

近 40 倍上升到 2007 年的 90 多倍(见图 3-4)。1978~1995 年,极值比震荡上行,1996 年达 100 以上,说明该段时间内十省区经济实力的失衡逐步拉大。

当极值比达到最大值后,1996 年出现下调,逐步回落到 2000 年的 82. 3 的水平,然而走出了一个倒 U 型曲线,说明西部五省区 GDP 最低的省份和沿海五省最高省份的经济实力失衡又重新缓慢拉大。总体上,十省区 GDP 最高地区和最低地区之间的失衡并没有显著拉大。

3. 标准差系数

标准差系数是变异系数最常用的一个指标,它反映的是单位均值上的离散程度。标准差系数计算公式

$$V = \sqrt{\frac{\sum\limits_i (Y_i - \bar{Y})^2}{N}} / \bar{Y} , \quad \bar{Y} = \sum\limits_i Y_i / N \tag{10}$$

(10)式中,V 为变异系数; Y_i 为 i 省区 GDP,$j = 1, 2 \cdots\cdots 10$; $\bar{Y}$ 为各省区 GDP 的平均值。变异系数越大,西部及沿海十省区 GDP 相对差异越大。

通过(10)式计算西部和沿海十省区 GDP 标准差系数后,可以明显看出,改革开放以来,十省区 GDP 标准差系数总体上是呈上升趋势。改革开放初期,沿海开放刚刚开始,沿海五省经济发展刚刚起步,地区间发展失衡拉大不明显,呈现上下波动的趋势,这段时间内,变异指数最高点出现在 1984 年的 0. 78,最低点出现在 1982 年的 0. 75;20 世纪 80 年代后期,随着沿海开放的力度加大,沿海五省的经济高速发展,与西部五省区的差异开始拉大;1990 ~ 2005 年,随着改革开放的深化,沿海五省的经济出现新一轮的快速增长,使得同西部五省区的失衡再次被拉大,标准差系数上升,这是由于此时的开放和发展主要还是围绕沿海五省展开,逐步向沿边地区推进;2005 年后标准差系数回落,西部五省区和沿海五省 GDP 失衡有所减小(见图 3-5),说明"西部大开发"战略已见成效,西部欠发达地区的开放力度加大,鼓励在西部投资,增开贸易口岸,扩大边境贸易,为西部欠发达地区的经济发展提供了条件,西部欠发达地区的经济追赶沿海地区的势头正在形成。当然,西部与沿海十省区之间的经济实力扩大仍是主方面,收敛才仅仅开始。

(二)西部五省区和沿海五省人均 GDP 失衡

1. 人均 GDP 失衡

欠发达地区发展失衡的演变是一个长期的历史进程。新中国成立以来,我国一直实行均衡发展战略,沿海五省、西部五省区的人均 GDP 与全国 GDP

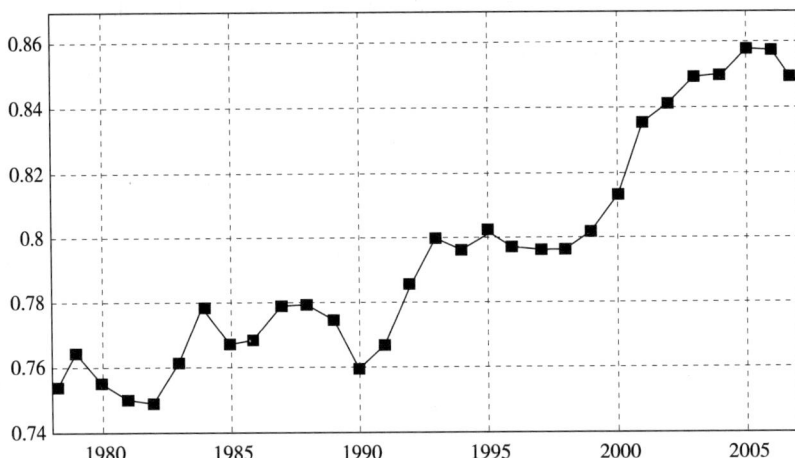

图 3-5　1978~2007 年西部五省区和沿海五省 GDP 标准差系数

数据来源:根据《新中国 60 年》整理计算。

水平失衡不大,三者一直到 1985 年还处在交织状态(见图 3-6)。其原因,一方面是建国初期,我国一穷二白,人均 GDP 水平相近,另一方面我国进行了三线建设,西部欠发达地区的工业有了较大发展。1978 年以后,为了打破国内区域间低水平均衡发展格局,我国政府开始实行非均衡区域发展政策,沿海五省经济出现迅速发展。

改革开放以来,在追求整体发展速度和效益的方针指导下,我国实行了非均衡区域经济发展战略,国家投资大幅度地向东部倾斜,总体生产布局的重点转向东部地带,以此推动了东部地带经济的高速增长。“七五”计划确立了“加速东部沿海地带发展”的方针给予沿海地区一些优惠政策。由于国家在财政、税收、信贷、对外开放等方面给予了沿海地区以较多的优惠政策和自主权,使得沿海地区的自我积累和自我发展能力大大增强,投资渠道多元化。1988 年上半年,我国实施了“沿海地区经济发展战略”,对东部沿海开放地区进一步提供优惠,正式确立了以东部沿海为重点的经济发展战略,这使得东部沿海经济得到迅速发展,成为经济增长最为迅速的地带。

西部五省区投资的硬环境远远差于东部沿海地带。西部五省区投资交通、邮电通讯条件等基础设施比较落后;公路、铁路较少且等级较低,交通运输能力差,并且通讯、供水等方面的能力也较差。此外,西部五省区科技、文化、教育比较落后,竞争和开放意识淡薄,多数企业缺乏开拓精神和适应市场的灵活性,并且整体劳动力素质比东部差;思想观念比较落后。此外,由于一个时期来,国家对东部地带实施经济优惠,在沿海区位条件、优惠政策和市场力量的综合作用下,西部欠发达地区的资金、技术、人才等经济要素东流,这使得西部欠发达地区的资金、技术、人才短缺问题更加突出,严重影响了西部欠发达地区的经济发展。而沿海地带在人才和劳动力方面占据了很大优势,同时拥有雄厚的资金和技术基础,这大大推动了东部沿海经济的迅速发展。西部五省区与沿海五省的人均 GDP 失衡越来越大。沿海五省的人均 GDP 超过了全国 GDP 水平,而西部五省区的人均 GDP 却低于全国 GDP 水平(见图 3-6)。

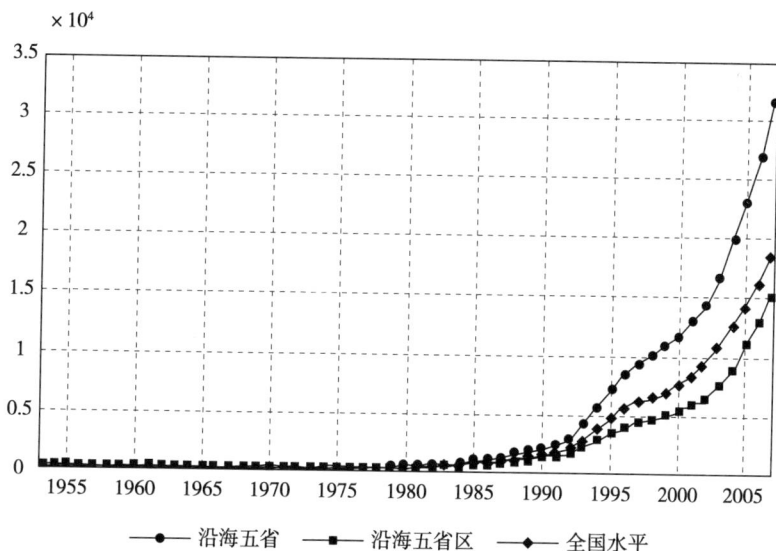

图 3-6　沿海五省、西部五省区和全国人均 GDP

数据来源:根据《新中国 60 年》整理计算。

　　从另一个角度看,西部五省区与沿海五省的发展失衡扩大从 20 世纪 60 年代后期就开始形成,而随改革开放的非均衡战略实施,对西部与沿海的发展失衡起到加速作用。如果以全国平均人均 GDP 的参照系,以西部五省区与沿海五省的相对全国人均 GDP 水平为指标(西部五省区、沿海五省人均 GDP/全国人均 GDP),那么,1953 年~1968 年,西部五省区人均 GDP 高于全国水平,沿海五省人均 GDP 却低于全国水平,1968 年以后西部五省区人均

GDP 低于全国水平,沿海五省人均 GDP 却高于全国水平,两者的发展失衡度越来越大。同时,进入 21 世纪以后,我国的市场经济体制初步建立,较合理的资源配置机制开始发挥作用,中国政府也开始实施区域经济协调发展的政策。经济高速增长的浪潮从沿海地区向沿边波及和推进。西部五省区与沿海五省的发展失衡扩大的趋势得到了一定的控制并进入了持平的局面。不仅如此,在最近几年里,区域经济的失衡甚至出现了下降的征兆(见图 3-7)。

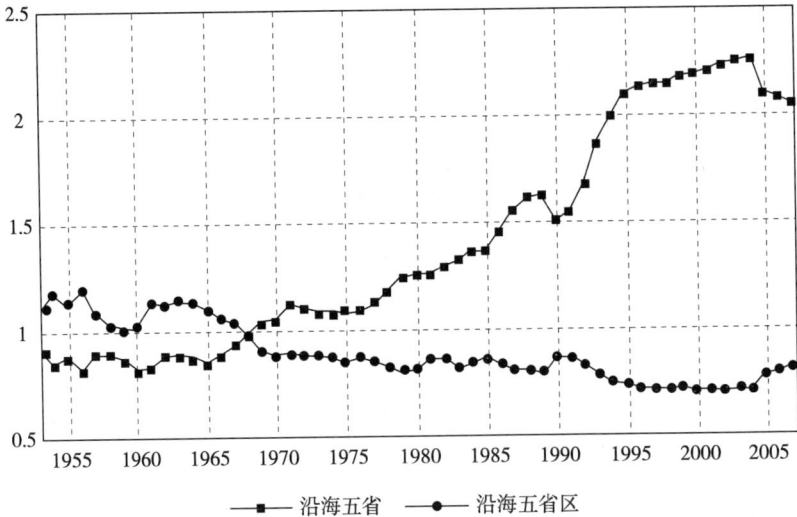

图 3-7　以全国水平基准的沿海五省、西部五省区人均 GDP 变化

数据来源:根据《新中国 60 年》整理计算。

　　通过回顾新中国成立以来的西部欠发达地区与沿海地区经济差距的变化,可以看到,不同经济体制下的区域经济失衡的变化规律是不同的。在改革开放前的计划经济体制之下,国民经济的发展可以促使区域经济差距的减小,而国民经济的衰退势必造成区域经济差距的急剧扩大。然而,在改革开放以后,特别是 20 世纪 90 年代以后,国民经济的高速增长会带来西部欠发达地区与沿海地区经济失衡的增加。但是,随着市场经济体制的逐步健全和国民经济的持续增长,西部欠发达地区与沿海地区经济失衡扩大的趋势会得到一定的控制,两者的失衡程度甚至有可能缩小。当然,西部欠发达地区与沿海地区经济发展失衡度已很大,缩小西部欠发达地区与沿海地区收入失衡将是一个漫长的过程。

2. 人均 GDP 泰尔指数及其分解

除了应用简单统计指标之外,还使用更有说服力的指标——泰尔指数及其分解来进一步刻画西部欠发达地区与沿海地区经济发展失衡的程度,以及进一步判断失衡出现的主要因素是来自内部还是外部,从而进一步说明西部五省区和沿海五省人均 GDP 的失衡,对发展失衡的结论进行再检验。

泰尔指数(Theil index)是一个经常作为衡量个人之间或者地区之间收入不平等程度的一个指标,该指标是由泰尔在 1967 年利用信息理论中的熵概念来计算而得名的。其计算公式为:

$$T = \sum_{i=1}^{n} w_i \ln(\frac{y_i}{\overline{y}}) \quad \text{其中} \ w_i = \frac{y_i}{\sum_{i=1}^{n} y_i} \tag{11}$$

(11)式中,T 是西部五省区和沿海五省总的泰尔指数;w_i 是省区 i 占十省区人均 GDP 总量的份额;$\overline{y}$ 是这十个省区人均 GDP 的平均值。为了分解泰尔指数,把十省区按照沿边和沿海划分成两组,即 $T = \sum_{k=1}^{2} s_k T_k + \sum_{k=1}^{2} s_k \ln(\overline{y_k}/\overline{y})$,这里 s_k 和 T_k 分别是组 k 占全国的比重和组 k 的泰尔指数。泰尔指数越大,就意味着失衡越大,反之,泰尔指数越小,失衡就越小。

将泰尔指数进行分解,分解为组内失衡和组间失衡,组内失衡也可以称之为区域内泰尔指数,组间失衡也可以称为区域间泰尔指数,通过分解也可以计算组内失衡对总体失衡的贡献度,以及组间失衡对总体失衡的贡献度。

从图 3-8 可以看到,西部五省区和沿海五省失衡的变化趋势,依据泰尔指数曲线运动趋势的拐点,大致可以将其分为五阶段:第一阶段(1978~1982),改革开放刚刚起步,西部五省区和沿海五省的失衡保持在一个较低的水平上,改革开放的效果尚未体现;第二阶段(1982~1988)泰尔指数曲线出现了较大幅度的上升,说明最先对外开放的沿海五省经济有了明显的增长;第三阶段(1988~1990),1988 年之后,由于通货膨胀,政府相应政策收缩过紧,沿海省区经济出现了一定的增长减缓,而沿边五省相对影响较小,从而导致了失衡的短暂缩小;第四阶段(1990~2004)泰尔指数在 1990~1995 年上升幅度很大,失衡拉大显著,1995 年之后,西部开放力度的加大,有利于西部欠发达地区发展的政策的实施,西部五省区和沿海省份的失衡的进一步拉大才有所抑

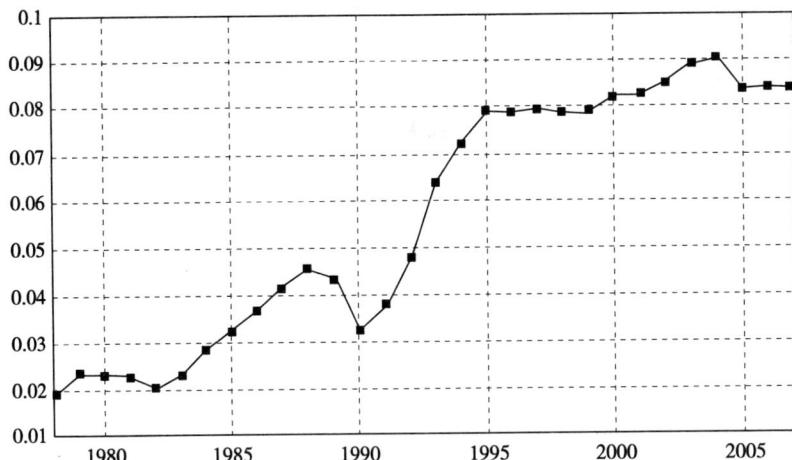

图 3-8　1978~2007 年西部五省区和沿海五省人均 GDP 泰尔指数

数据来源:根据《新中国 60 年》整理计算。

制,但是仍处在一个高位水平阶段;第五阶段(2005~2007 年),泰尔指数略有下行的趋势,说明西部五省区的人均 GDP 对沿海五省人均 GDP 的增长的失衡有所缩小,但不够明显,不过追赶之势正在形成。

　　通过对泰尔指数的分解,不难发现:第一,内部泰尔指数在整个观察区间内一直处在一个相对稳定的区间内,大约是 0.01—0.03 的范围内,其对总体泰尔指数的贡献度也随着时间的推移而逐步减少;第二,区域间泰尔指数在整个观察区间内总体上呈现出一个不断向上的趋势,其贡献度也同样随着时间越来越大。由此说明,西部五省区与沿海五省的失衡已经由改革开放初期的以区域内部失衡为主的格局,转变成为 20 世纪 80 年代末的以区域间失衡为主的失衡格局(见图 3-9、图 3-10)。为了进一步证明泰尔指数分析的可靠性,我们可结合西部五省区和沿海五省人均 GDP 总量的比较进行验证。西部五省区人均 GDP 是远不及沿海五省,它们之间的失衡是越来越大的。泰尔指数分解之后,外部泰尔指数有明显的上升趋势,同时,外部泰尔指数的贡献度也越来越大,这也说明,泰尔指数的上升,主要是外部泰尔指数的上升,也就是说,西部和沿海地区之间的失衡拉大是决定整个失衡拉大的主要原因。通过两种计算可以得到一致的结果,说明西部欠发达地区发展失衡的主要原因是西部区域和沿海区域之间失衡的拉大。

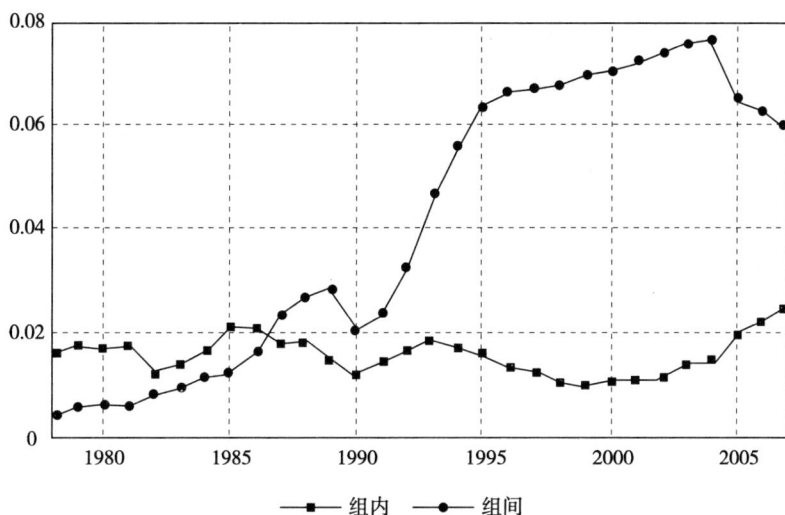

图 3-9　1978~2007 年十省区组内和组间泰尔指数

数据来源：根据《新中国 60 年》整理计算。

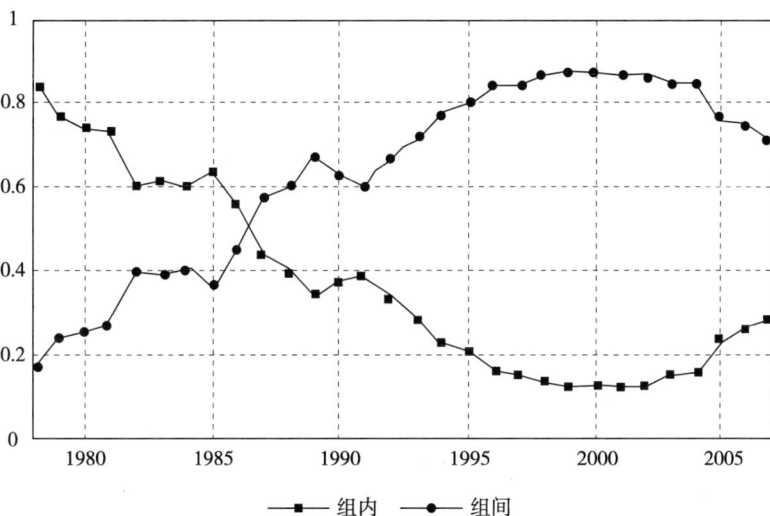

图 3-10　1978~2007 年十省区组内和组间泰尔指数贡献度

数据来源：根据《新中国 60 年》整理计算。

(三)发展阶段评价分析

国际经验表明,工业化是不可逾越的发展阶段。经济发展的历史阶段可以根据不同的标准,从不同的角度进行划分。美国经济学家西蒙·库兹涅茨等人的研究认为,三次产业的 GDP 构成中,在工业化的初期,工业化的演进使第一产业比重逐步下降,第二产业比重较快上升,并拉动第三产业比重的提高;随着工业化的推进,当第二产业的比重超过第一产业时,工业化进入中期(中期的第一阶段);当第一产业比重下降到 20% 以下,第二产业的比重超过第三产业而在 GDP 结构中占最大份额时,工业化进入中期的第二阶段;当第一产业比重下降到 10% 以下,第二产业比重上升到最高水平并保持稳定或有所下降时,工业化到了后期结束阶段。表 3-10 所列为西蒙·库兹涅茨等人工业化发展阶段的评价标准,其中人均 GDP 为经过修正的数值,括号内为1958 年数值。

表 3-10　S.库兹涅茨工业发展阶段的统计分析标准

工业化发展阶段		人均 GDP (美元/人)	三次产业 GDP 结构			三次产业就业结构			城市化率 (%)
			第一产业 (%)	第二产业 (%)	第三产业 (%)	第一产业 (%)	第二产业 (%)	第三产业 (%)	
工业化前的准备阶段		219 以下 (100 以下)	49.8	22.8	27.4	80.5	9.6	9.9	22.9
		219—417 (100—199)	32.7	28.6	38.7	63.3	17	19.7	32.0
工业化的实现和经济高速增长阶段	工业化初期	417—554 (200—349)	33.7	29.0	37.7	46.1	26.8	27.1	36.0
	工业化中期	554—1476 (350—574)	15.1	39.4	45.5	31.4	36.0	32.6	49.9
	工业化成熟期	1476—4536 (575—999)	14.0	50.9	35.1	24.2	40.8	35.0	65.8
工业化后期的稳定增长阶段		5373 以上 (1000 以上)	<14	<50	>36	<17	<45.6	>37.4	68.2

注:表中的人均 GDP 是修正值,参见赵果庆:《中国西部国际直接投资吸引能力研究》,中国社会科学
　　出版社 2004 年版,第 119—120 页。

西部五省区与沿海五省的失衡表现为相对量的失衡和绝对量的失衡,有的指标失衡度大,有的指标失衡度小,需要在分指标评价的基础上进行综合评价(见表3-11):

1. 从人均GDP看,2007年西部五省区就人均GDP平均2052.85美元,已超1000元大关,进入快速发展期,已达到工业成熟期的下限水平,也还低于全国平均水平,而沿海五省人均GDP为4207.58美元,达到全面建设小康社会的标准,接近工业成熟期上限水平。

2. 从产业结构上看,西部五省区的三次产业GDP结构为16.96:42.28:40.76也达到工业中期的水平,而三次产业就业结构56.42:14.6:28.97,还外在工业化前的准备阶段;而西部五省区的三次产业GDP结构为7.68:53.4:38.96也达到工业化成熟期的水平,而三次产业就业结构为28.15:38.19:33.65,才达到工业化初期的水平。

3. 从城市化水平来看,西部五省区发展水平明显低于沿海五省的发展水平。西部五省区的城市化率37.08%,处在工业化初期向工业化中期的过渡阶段,除了西藏自治区(28.3%)、云南省(31.6%)尚在工业化前期准备阶段之外,其他地区均跨过了工业化初期的城市化36%的水平门槛。沿海五省城市化率为53.79%,工业化中期向工业化成熟期的过渡阶段。这说明西部五省区尚未享受到工业化带来的经济快速增长的成果,工业化带动城市化的成效也是不显著的。

4. 从综合水平看,西部五省区与沿海五省的发展水平失衡较大。西部五省区对工业化中期的实现度105.31%,低于全国137.50%的平均水平,其中内蒙古111.01%已达到进入工业化中期,而广西、云南、西藏还处在工业化中期初期,西部五省区工业化成熟期的实现程度仅为58.83%,低于全国78.91%的水平。沿海五省对工业化中期的实现度207.630%,对工业化成熟期的实现程度仅为115.386%,除福建和山东外,江苏、浙江和广东已进入工业化后期的稳定增长阶段。可见,广西、云南、西藏还处在工业化初期阶段,而江苏、浙江和广东已进入工业化后期的稳定增长阶段,两者相差两个发展阶段,其他相差一个发展阶段。

表3-11　2007年西部五省区和沿海五省以及全国平均水平的新型工业化标准对比

| 地区 | 人均GDP（美元） | 三次产业GDP结构 | | | 三次产业就业结构 | | | 城市化水平（%） | 工业化中期实现度（%） | 工业化成熟期实现度（%） |
		第一产业（%）	第二产业（%）	第三产业（%）	第一产业（%）	第二产业（%）	第三产业（%）			
全国	2531.01	11.30	48.60	40.10	40.80	26.80	32.40	44.94	137.50	78.91
内蒙古	3367.94	12.50	51.80	35.70	52.64	16.98	30.38	50.15	153.19	82.47
广西	1661.02	20.80	40.70	38.40	55.12	20.20	24.68	36.24	91.46	51.64
云南	1396.75	17.70	43.30	39.10	64.78	11.59	23.63	31.60	83.68	49.53
西藏	1602.25	16.00	28.80	55.20	57.58	10.56	31.86	28.30	90.87	52.96
新疆	2236.30	17.80	46.80	35.40	51.98	13.67	34.34	39.15	111.01	60.79
江苏	4511.70	7.10	55.60	37.40	22.66	43.65	33.69	53.20	225.59	125.08
浙江	4974.87	5.30	54.00	40.70	19.18	45.73	35.09	57.20	263.35	150.54
福建	3445.21	10.80	49.20	40.00	32.43	35.31	32.25	48.70	168.42	92.02
广东	4408.38	5.50	51.30	43.30	29.22	33.57	37.21	63.14	235.72	137.99
山东	3697.74	9.70	56.90	33.40	37.25	32.72	30.03	46.75	174.49	95.38

注：①人均GDP标准，工业化中期为1015美元（（554+1746）/2），工业化成熟期为GDP3006美元（（1476+4536）/2）。

　　②2007年人均GDP以美元人民币汇率为1∶7.52计算；

　　③城市化水平用的指标是城镇居民在总人口中的比重来表示。

数据来源：根据《中国统计年鉴2008年》整理计算。

五、经济发展失衡效应

西部欠发达地区经济发展失衡的直接结果就是，农村和城市收入水平较低，而间接的结果则是增长方式粗放，增长结构效应差和增长质量不高。就其原因除西部欠发达地区初始发展水平、区位劣势以外，改革开放滞后，效果不足毋庸置疑也是一个重要影响因素，尤其FDI集聚东部高端制造业，扩大了西部欠发达地区与沿海地区的产业极差，使西部欠发达地区发展的增长路径更难改变。

（一）失衡的后果

1. 收入差距扩大

收入水平是衡量一个国家或地区人民生活水平的一个重要指标，人民生活条件的改善和水平的提高是每一个国家或地区发展经济的根本目的之一。西部欠发达地区与沿海发达地区经济失衡的直接结果就是体现在收入差距的扩大上。收入差距的扩大会给我国社会稳定和地缘政治经济安全带来威胁。

（1）城镇居民可支配收入比较

城镇居民人均纯收入是一个地区城镇人民生活水平的衡量标准之一，也是地区富裕程度的体现。从表3-12看出：(1)西部五省区和沿海五省城镇人均可支配最高收入的是最低收入的2倍左右。(2)城镇人均可支配收入增长较快，通过考察平均值可以看出，城镇居民可支配收入基本上每年保持着10%左右的增长速度。(3)标准差系数在0.23，极值比也大约处在2上下波动，这说明西部五省区和沿海五省城镇居民人均可支配收入之间的差距并没有明显地被拉大，表明近期，基本上维持在一个相对稳定的水平上。

表3-12 2003~2007年西部五省区和沿海五省城镇居民人均可支配收入描述性统计指标

	最大值	最小值	平均值	标准差	标准差系数	极值比
					CV	MAX/MIN
2003	13179.53	7012.90	9160.24	2127.14	0.23	1.88
2004	14546.38	7503.42	10156.25	2334.79	0.23	1.94
2005	16293.77	7990.15	11155.91	2717.79	0.24	2.04
2006	18265.10	8871.27	12244.94	3200.94	0.26	2.06
2007	20573.82	10313.44	14194.06	3307.87	0.23	1.99

注：除标准差系数和极值比之外，其余指标单位均是"元"。

数据来源：根据《新中国60年》整理计算。

（2）农民人均纯收入比较

农民人均纯收入是衡量地区内农民生活水平的一个直观指标，不同地区农民纯收入的差距是反映不同地区农民生活的富裕程度，同时也不同程度地反映出不同地区农业经济发展水平。根据表3-13看出：(1)西部五省区和沿海五省的农民人均纯收入差距还是很明显的，基本上农民人均纯收入最高的地区是最低地区人均纯收入的三倍以上；(2)农民人均纯收入总体上的增长趋势还是明显的，基本上以10%或更高的速率增长；(3)尽管差距上是明显的，但是根据近五年极值比和标准差系数的变化，地区之间的差距还是在逐步缩小。

表 3-13　2003~2007 年西部五省区和沿海五省农民人均纯收入描述性统计指标

	最大值	最小值	平均值	标准差	标准差系数	极值比
					CV	MAX/MIN
2003	5389.04	1690.76	3042.35	1267.78	0.42	3.19
2004	5944.06	1861.31	3354.26	1398.12	0.42	3.19
2005	6659.95	2041.79	3709.30	1551.52	0.42	3.26
2006	7334.81	2250.46	4096.60	1678.73	0.41	3.26
2007	8265.15	2634.09	4668.50	1845.36	0.40	3.14

注:除标准差系数和极值比之外,其余指标单位均是"元"。

数据来源:根据《新中国 60 年》整理计算。

(3)城乡收入泰尔指数及其分解

采用泰尔指数对西部五省区和沿海五省城乡收入失衡进行测算,并对城乡泰尔指数进行分解,探讨西部五省区和沿海五省之间的城乡失衡变化趋势,以及产生失衡的主要原因是在城乡之间还是在城乡内部。这时,组间失衡和贡献度指的是城乡之间的失衡及其对泰尔指数的影响度;组内失衡和贡献度分为城镇内部失衡及其影响度,以及农村内部失衡及其影响度。这里的城镇收入份额和乡村收入份额的依据是城镇人口比重和乡村人口比重得到的。由于缺乏十省区具体的城乡人口比重数据,所以只能选择用全国城乡人口比重作为替代变量。

从图 3-11 可以看出,2003~2007 年,西部五省区和沿海五省城乡收入泰尔指数是逐年下降的,说明城乡之间收入失衡是越来越小,可见近些年来,我国政府下大力度解决"三农"问题,很多方面都是卓有成效的,比如彻底废止"农业税",新农村合作医疗保险制度的出台,在经济上对农民购买商品进行补贴等惠农措施的实施,目的是切实增加农民收入,提高农民的待遇,以不断提高农民生活水平。

通过进一步对泰尔指数的分解,不难发现:(1)城乡收入泰尔指数在2003~2007 的时间区间内是不断下降的,说明城乡收入失衡在这五年中是呈逐步缩小的趋势的(见图 3-12)。(2)组内差距变化很小,其贡献度也不大,

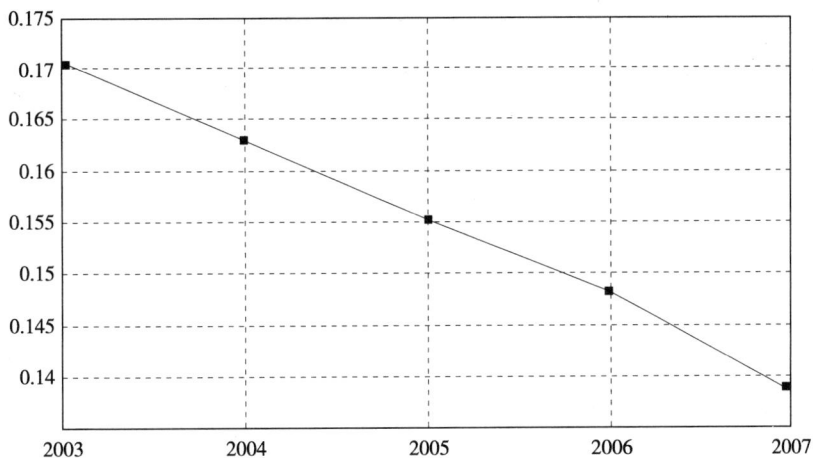

图 3-11　西部五省区和沿海五省城乡收入泰尔指数

数据来源:根据《新中国 60 年》整理计算。

组间差距随着时间推移是呈逐步下降趋势的,而且其贡献度相对比较高(见图 3-12,图 3-13),这就说明 2003 年到 2007 年,西部五省区和沿海五省城乡

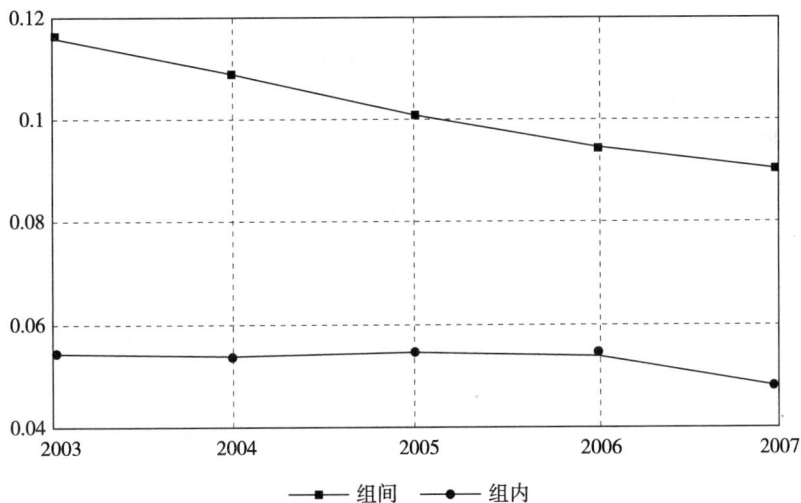

——■—— 组间　　——●—— 组内

图 3-12　2003~2007 年城乡收入的组间和组内失衡

数据来源:根据《新中国 60 年》整理计算。

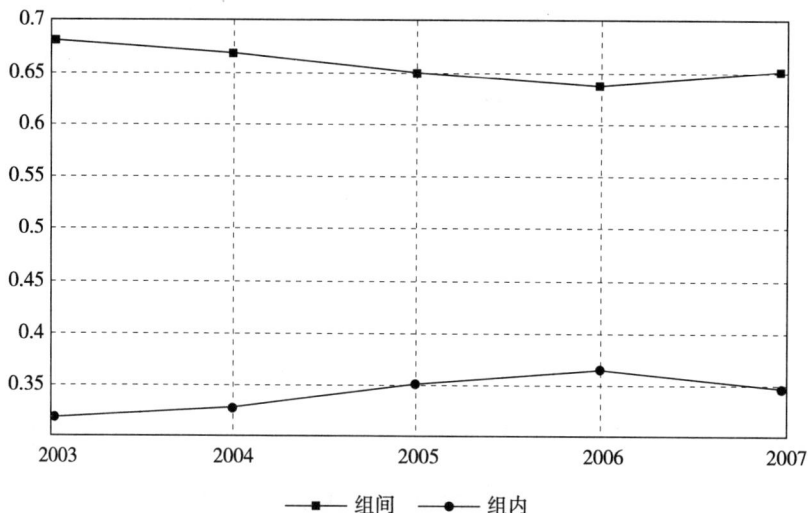

图 3-13　2003~2007 年城乡收入的组内和组间贡献度

数据来源：根据《新中国 60 年》整理计算。

收入失衡是逐步缩小的，缩小的主要原因是城乡收入失衡的逐步缩小。泰尔指数及其分解说明，城乡收入泰尔指数是下降的，主要原因是组间失衡的下降，即城乡之间失衡的缩小。对比城乡收入比，就不难发现，出现明显城乡收入比下降的地区是西部五省区中的云南省、西藏自治区和新疆维吾尔自治区。这也意味着，随着"西部大开发"战略的实施，西部开放力度的加强，西部五省区人民生活水平有了明显的改善，特别是西部五省区的农民生活水平总体有了显著提高，缩小了与城镇居民之间的收入失衡，西部五省区发展失衡程度有所抑制。

2. 增长方式失衡

经济发展失衡的后果不仅会导致西部欠发达地区收入失衡扩大，还导致西部欠发达地区经济增长的路径依赖和经济增长方式难转变。

经济增长方式，指推动经济增长的各种生产要素投入及其组合和作用的方式。从要素配置状况出发，经济增长可以衍生出两种不同的方式，一是以增加投入和扩大规模为基础、强调增长速度的粗放型经济增长方式，二是以提高效率为基础、强调增长质量的集约型经济增长方式。不同时期、不同产业的发展中，两种增长途径往往是以不同的组合方式并存，而主导地位会有所不同。从粗放型增长向集约型增长的转变，是经济增长的一般趋势，这个内在的规律性可以通过经济增长方式的阶段性演变反映出来,并展现出不同的特征(波特,2002)。

由于西部欠发达地区底子薄、科技落后等,同时西部欠发达地区长期作为东部地区原料和能源供应基地,采取的是高投入、内向式的粗放式增长方式。这种粗放式增长导致的资源、环境、国内市场需求、主导产业失衡等问题,已直接影响到西部欠发达地区可持续增长和发展阶段的提升。西部欠发达地区由我国发展失衡导致的增长方式失衡表现为三个方面:

(1)粗放增长。西部欠发达地区经济增长方式主要特征之一是,高投入、低产出。经济产出的能源消耗这是经济投入产出重要指标,我国已把单位GDP能源消耗作为宏观经济重要运行指标和控制指标。从2007年看,沿海五省中只有山东的单位GDP能耗超过1,其他四省区都在较低水平,单位工业增加值能耗也是山东最高接近2,再从西部沿边五省区看,单位GDP能耗超过1,内蒙古高达2,单位工业增加值能耗超过2,内蒙古高达4以上(见表3-14)。总体上看,沿海五省能耗低于全国平均水平,西部沿边五省区的能耗高于全国平均水平。这说明,西部五省区的经济增长方式比沿海省区更粗放,能源消耗大,集约程度低,这与西部欠发达地区高耗能主导工业有密切关系。

表3-14　沿海五省、西部四省区和全国能耗差距

地区	单位地区GDP能耗 (吨标准煤/万元)	单位工业增加值能耗 (吨标准煤/万元)	单位GDP值电耗 (千瓦小时/万元)
江苏	0.853	1.41	1221.4
浙江	0.828	1.30	1247.0
福建	0.875	1.32	1156.2
山东	1.175	1.89	1068.4
广东	0.747	0.98	1156.9
内蒙古	2.305	4.88	2101.7
广西	1.152	2.61	1278.7
云南	1.641	3.16	1704.7
新疆	2.027	2.78	1273.9
沿海五省	0.896	1.380	1169.967
沿边五省区	1.781	3.357	1589.753
全国	1.555	2.828	1589.504

数据来源:根据《新中国60年》整理计算。

(2)污染排放密集。西部欠发达地区经济增长方式粗放的另一方面是污染排放物密集。污染排放与经济增长方式有较大关系,如果一个经济体系排放出污染物的污染排放密集度高,说明经济运行方式是低水平的粗加工,要消耗大量的水和固体原料。从 2007 年看,沿海五省的单位 GDP 工业废气排放低于全国水平,而除西藏外,其他四省区的单位 GDP 工业废气排放密集度高于全国平均水平,内蒙古接近 3 标立方米/元;沿海五省的单位 GDP 工业固体废物产生量低于全国水平,而除西藏外的其他四省区单位 GDP 工业固体废物产生量高于全国水平,而东部江苏、浙江和福建单位 GDP 工业废水排放高于全国平均水平,西部只有广西超过全国水平(见表 3-15)。这表明,西部欠发达地区经济中矿藏的开采、冶炼占一定比重,除广西外耗水产业占主导。总体上看,西部欠发达地区生产污染排放密集度高于东部省区,也高于全国的平均水平。显然,西部欠发达地区生产的外部成本十分高昂,环境的成本、生态的成本非常高。西部欠发达地区是我国大江、大河的源头,生态十分脆弱,西部欠发达地区粗放经济增长方式给我国生态安全带来严峻的挑战。这是西部欠发达地区经济失衡的一个恶果。

表 3-15　2007 年沿海五省、西部五省区和全国污染物排放密度

地区	单位 GDP 工业废气排放（标立方米/元）	单位 GDP 工业废水排放（万吨/亿元）	单位 GDP 工业固体废物产生量（万吨/亿元）
江苏	0.916	10.441	0.286
浙江	0.930	10.714	0.192
福建	0.990	14.748	0.521
山东	1.207	6.415	0.460
广东	0.545	7.925	0.124
内蒙古	2.988	4.108	1.801
广西	2.136	30.892	0.763
云南	1.705	7.456	1.497
西藏	0.037	2.503	0.016
新疆	1.645	5.949	0.606
全国	1.408	8.949	0.637

数据来源:根据《新中国 60 年》整理计算。

（3）增长的内向性。改革开放以来，东部地区把内向型经济转为外向型经济，利用两种资源，两种市场，面向国际市场发展外向型经济。这种东部率先开放，先富起来的非平衡战略导致西部欠发达地区发展路径依赖。也就是说西部欠发达地区失去利用国际产业转移而进行产业升级，参与国际分工的机会。这主要表现在西部欠发达地区经济体系的开放度较低。

从2007年看，西部欠发达地区GDP进出口依存度不足30%，西藏和内蒙古不足10%，尤其是进口依存度低，西藏的进口依存度不足1%，而沿海五省中山东出口依存度最低，但超过30%，广东则高达149%，充分发挥了出海区位优势（见表3-16）。很明显地看出，西部欠发达地区GDP进出口依存度、出口依存度和进口依存度都分别低于全国平均水平，远低于沿海五省的水平。这不仅充分表现西部欠发达地区经济方式严重失衡，在开放度低，不能利用国际先进资源的情况下，西部欠发达地区经济对自然资源更加依赖，依然沿用传统的、高投入的、高污染的增长方式。其后果与东部出口导向型的增长方式的失衡日益扩大。

表3-16　2007年沿海五省、西部五省区和全国的外贸易依存度

	进出口	出口	进口
江苏	99	58	41
浙江	69	50	19
福建	59	39	19
山东	34	21	13
广东	149	87	62
内蒙古	9	4	6
广西	11	6	5
云南	14	7	6
西藏	8	7	1
新疆	28	24	5
全国	58	32	25
沿海五省	89	54	35
西部五省区	14	9	5

数据来源：根据《新中国60年》整理计算。

3. 产业极差扩大

假设从 B06 到 C41 是一个由低到高的产业链,随产业链由低到高,可分性提高,产业集聚的效应越强。电力燃气供应业(D44)由于产品不可分,也属产业链低端。这样,就可以把产业划分为低端产业和高端产业,低端产业包括 D44 和 B06~B10,共 6 个,高端产业包括 C35~C41 的 6 个制造业。以此,产业极差就是高端产业份额与低端产业份额之差。

1995~2004 年沿海五省和西部五省区的工业结构发生了较大的变化。从结构系数看,在低端产业中,电力产业的结构系数有不同程度提升,西部五省区上升幅度高于全国水平,而沿海五省上升幅度低于全国水平;对于 B 类工业,沿海五省比重较小,2004 年除 B07 外其他已不足 1%,而西部五省区的比重还比较高,各项都高于全国水平。在高端产业中,沿海五省除交通运输设备制造业的比重低于西部五省区外,其他高端产业比重都高于西部五省区和全国水平,而西部五省区高端产业比重都低于全国水平,但交通运输设备制造业比重提升较快,在西部五省区工业结构中的比重已超过 5%。从低端份额和高端份额比较看,沿海五省的高端产业份额大于低端产业份额,并且高端产业份额的上升幅度较大,低端产业份额仅略有上升,而西部五省区的高端产业份额小于低端产业份额,并且低端产业份额的仅有所下降,高端产业份额的下降幅度较大,这与全国变化明显不同。从产业极差看,沿海五省的产业极差为正值,且极差在扩大,而西部五省区的产业极差为负值,极差也在扩大,以全国看西部五省区的产业极差是一种相反的类型(见表 3-17)。

总体上,我国西部与沿海区域经济发展失衡的结果导致西部欠发达地区的工业极差扩大,而这种工业极差扩大不是一种积极的工业结构升级,而且与东部和全国变化呈现出相反的状态。东部地区的高端产业集聚越来越明显,而西部欠发达地区高端产业却处在衰退之中。这意味西部欠发达地区的工业结构水平在下降,工业结构升级和增长方式转换的难度更大,也表明西部欠发达地区的工业发展对自然资源的依赖更加紧密。

表 3-17 1995 年、2004 年沿海五省与西部五省区工业结构系数及变化趋势

产业	沿海五省			西部五省区			全国		
	1995 年	2004 年	增量	1995 年	2004 年	增速	1995 年	2004 年	增量
B06	1.100	0.904	-0.196	3.450	3.325	-0.125	2.571	2.035	-0.536
B07	1.481	1.060	-0.421	9.650	6.864	-2.786	3.330	2.302	-1.028
B08	0.096	0.122	0.026	0.566	0.888	0.322	0.250	0.363	0.113
B09	0.340	0.238	-0.102	2.841	1.096	-1.745	0.709	0.401	-0.308
B10	0.714	0.289	-0.425	1.307	0.478	-0.829	0.821	0.294	-0.527
D44	4.856	6.394	1.538	7.206	11.97	4.764	5.547	7.830	2.283
C35	4.618	4.738	0.120	3.087	0.991	-2.096	4.535	4.265	-0.270
C36	3.387	2.547	-0.840	2.320	2.281	-0.039	3.369	2.535	-0.834
C37	4.439	4.525	0.086	3.783	5.159	1.376	6.269	6.902	0.633
C39	7.210	7.657	0.447	2.143	1.255	-0.888	5.543	5.620	0.077
C40	8.256	14.917	6.661	1.331	1.077	-0.254	6.390	11.137	4.747
C41	1.086	1.444	0.358	0.507	0.148	-0.359	0.968	1.097	0.129
低端份额	8.587	9.008	0.421	25.021	24.621	-0.400	13.229	13.225	-0.004
高端份额	32.843	39.070	6.227	14.915	11.439	-3.476	30.342	34.138	3.796
产业极差	24.256	30.062	5.806	-10.105	-13.183	-3.078	17.113	20.912	3.799

数据来源:根据《中华人民共和国 1995 年第三次全国工业普查资料汇编》、《中国经济普查年鉴 2004》整理计算。

(二)原因分析

我国西部欠发达地区与东部沿海地区间经济发展差距的产生有其复杂的历史和现实原因。在经济快速发展过程中出现的区域差距较大,是世界上几乎所有的国家特别是发展中大国所具有的普遍现象。中国作为世界上经纬跨度最大,且又实行过 30 多年高度集权计划经济体制的国家,其改革开放以来西部欠发达地区与沿海地区失衡扩大且加速扩大的成因,也就更为复杂和特殊。

1. 初始发展水平的影响

我国是一个人口众多,地域广袤,总体生产力发展水平相对落后,且历史上就存在地区发展严重失衡的大国。

旧中国留下来的经济图景是畸形的。解放初期,当时中国 70% 以上的工

业集中于面积不到12%的沿海五省,而沿海地区的工业绝大部分又集中在东北和东南沿海的上海、天津、广州等少数大城市中。广大内地,除了沿江的武汉、重庆等几个工业城市外,几乎没有什么近代工业。占我国国土面积68%的西南、西北和内蒙古的工业产值仅占我国工业产值的9%,运输网的分布也极不均衡,偏于沿海地带。占我国国土面积3/5的西南、西北地区交通闭塞。西藏还是政教合一的封建农奴社会,云南的一些少数民族远居高山峻岭之间,饥寒交迫,甚至只有传统语言,尚未形成文字。

建国初期至20世纪50年代末,与旧中国遗留下来的生产力区域格局相联系,基于当时地区经济发展水平的特点和差距,我国国土被划分为沿海与内地两大地带(当时的沿海地带是指辽宁、河北、天津、北京、山东、安徽、江苏、上海、浙江、福建、广东、广西等12个省、市、自治区和河南东部地区,内陆地区是指除沿海地区以外的其他省和自治区(《毛泽东选集》,第五卷,北京,人民出版社,1977)。根据两大地带的划分,以协调沿海与内地关系为主线,我国掀起了第一轮大规模建设内陆地区的高潮。

20世纪60年代初,出于备战的需要,国家决定将集中在大城市和沿海地区的工厂转移,加快三线建设,建立战略后方,同时,从新中国成立以来,我国地区经济发展就失衡,大部分的工业集中在东部沿海地带,生产力分布存在地区非均衡性,所以,客观的经济形势也提出区域经济平衡发展战略。这一战略的集中体现就是三线建设,按照设想的军事地理区划,中国沿海为第一线,中部为第二线,后方为第三线。云南成为西南三线之一。根据这一精神,"三五"计划明确提出,把国防建设放在第一位,加快三线建设,逐步改变工业布局。

经过20多年的投资建设,西部少数民族边疆地带许多过去工业薄弱的城市,都逐步建成为新兴工业城市,同时,为满足国防工业建设及生产的需要,建成钢铁基地,开辟了若干工业新基地。随着我国工业布局和三线建设向内陆地区倾斜,东部地带的大量工人及工程技术人员、知识分子不断向西部地带迁移,因而使得东、西部人口的受教育程度、知识分子的比例及技术人员的构成等出现逐步平均化趋势。

三线建设是一次大规模的区域性集中大开发,主要集中于大三线的三线建设。三线建设缓解了建国初期区域经济分布失衡的状况,而且为西部的进一步发展打下了初步的基础。从空间均衡布局的角度衡量,三线建设有其正面的意义。这是三线建设所带来的一次大的区域经济格局调整,在随后的年份里,随着战略重点的转移,三线建设的中止,排名出现了变化。

新中国成立至 1978 年的 30 年间,我国地区经济发展战略的重心,虽然出现多次波动与反推,地区经济发展也相应地出现不寻常变动,但总体实施的是以重工业为产业发展重点,国家投资向内陆地区倾斜的"均衡布局"模式。从 1953~1972 年,西部五省区与沿海五省失衡由 1953 年的 2.8 振荡下行到 1972 年 1.6,这说明西部五省区与沿海五省的发展失衡出现收敛的态势。1972 年后出现反弹,但到 1980 年才达到 2 的水平。纵观改革开放前 30 年,西部五省区与沿海五省的发展失衡是缩小的(见图 3-14)。

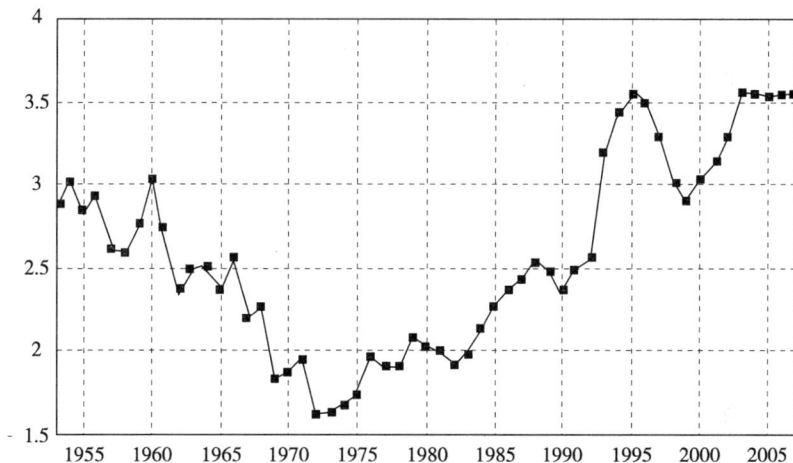

图 3-14　沿海五省、西部五省区人均 GDP 极值比率

数据来源:根据《新中国 60 年》整理计算。

改革开放前,西部五省区与沿海五省发展失衡的缩小还可从"变异系数"演变中得到进一步验证。以(10)式计算,在 20 世纪 50 年代,西部五省区与沿海五省发展失衡呈扩大趋势,并在 1959 年达到一个高峰。进入 60 年代后,区域经济失衡开始缩小,到文化大革命开始之前一度呈现下降态势。文化大革命一直持续到 70 年代中期,西部五省区与沿海五省发展失衡呈扩大趋势的失衡也继续缩小。70 年代末至开始改革开放初期,西部五省区与沿海五省发展失衡呈扩大趋势的失衡又有所回升(见图 3-15)。

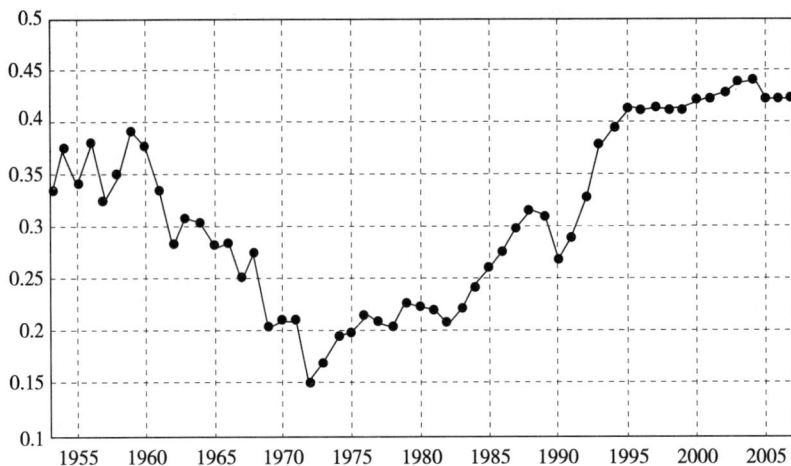

图 3-15　沿海五省和西部五省区的变异系数

数据来源:根据《新中国 60 年》整理计算。

2. 改革开放政策

1978 年以后,为了打破国内区域间低水平均衡发展格局,我国政府按照区域非均衡发展思路开始实行区域倾斜性质的经济体制改革和对外开放政策,沿海五省凭借良好的区位优势和国家区域政策的大力支持,经济得到了迅速发展,起到了明显示范作用。中央采取了"东部优先"的发展战略,从政策、资金、技术等各方面给予东部发展的先机。经济特区、经济技术开发区、沿海开放城市等,大部分集中在沿海地区。此时,邓小平提出中西部欠发达地区要顾全大局的问题,他说:"沿海地区要加快对外开放,使这个拥有两亿人口的广大地带较快地先发展起来,从而带动内地更好地发展,这是一个事关大局的问题。内地要顾全这个大局。"对外开放给我国的经济发展注入了新的活力,东西部欠发达地区的失衡也逐渐显现出来。1988 年,邓小平又指出:"发展到一定的时候又要求沿海拿出更多力量来帮助内地发展,这也是一个大局,那时沿海也要服从这个大局。"

1990 年,中央政府提出开发和开放上海浦东新区的区域发展战略,按照以点带线,以线带面的点轴式区域经济发展思路来带动整个东南沿海地区经济发展。市场经济体制的建设给中国经济带来了前所未有的高速增长,但是同时也使区域经济的失衡再次扩大和增加。经过不到 10 年的发展,东西区域间失衡在整体、结构和效率等方面都呈现出逐步扩大的趋势,东西部两大区域的分化日益明显,效率与公平的协调已经迫在眉睫。为此,1999年,中央政府提出了"西部大开发"的区域发展战略。

纵观改革开放30年的地区经济发展过程,西部欠发达地区不例外地受国家区域发展战略的影响。我国西部五省区与沿海五省发展失衡从1953~1972年有明显缩小的趋势,而20世纪70年代中期到改革开放初期又呈现持续扩大的趋势。改革开放后的30多年中,西部五省区与沿海五省发展失衡则又不断上升,失衡度不断扩大,超过了历史最高水平,成为西部欠发达地区与沿海发达地区的发展失衡最显重时期。这可以从图3-15和图3-16反映出来,这是西部欠发达地区与沿海发达省发展非均衡加速的历史长期积累和惯性作用的结果,但更是与我国实施沿海率先开放,沿边开放滞后的非平衡发展战略有直接的关系。

在不同经济体制下的西部五省区与沿海五省发展失衡变化是否为两种不同模式,这需要进行计量检验。设D_m为模拟变量(哑变量),1950~1978年$D_m = 0$,1978~2007年,$D_m = 1$。以图3-15、图3-16数据分别建立计算模型:

$$y_d = 2.3195 + 0.4983D_m \tag{12}$$
$$(21.961) \quad (3.4262)$$

Adj.$R^2 = 0.1658$,F $= 11.7389$

$$y_V = 0.2751 + 0.0674D_m \tag{13}$$
$$(21.961) \quad (3.4262)$$

Adj.$R^2 = 0.1440$,F $= 10.084$

(12)式中,括号内的数值为t统计量值,D_m的t统计量值在5%水平上显著,表示沿边与沿海10省区的极值比率变化中改革开放前与改革开放后是两种不同模式(见图3-16)。同样的,(13)式中,D_m的t统计量值在5%水平上显著,表示西部与沿海10省区的变异系数变化在改革开放前与改革开放后是两种不同模式(见图3-17)。(12)与(13)式验证了,改革开放前与改革开放后,西部五省区与沿海五省发展失衡变化是两不同模式。这也表明改革开放政策对西部欠发达地区发展失衡起到显著的影响。当然,改革开放政策也不是沿边少数地区发展失衡唯一因素,扣除改革开放政策因素,西部五省区与沿海五省发展失衡变化呈现出"U"变化(见图3-16和图3-17)。这与威廉姆逊倒"U"曲线构成强烈的反差,目前,西部五省区与沿海五省发展失衡扩大的时期,也存在收敛的可能性,即使如此,也只可能出现"M"型的变化。

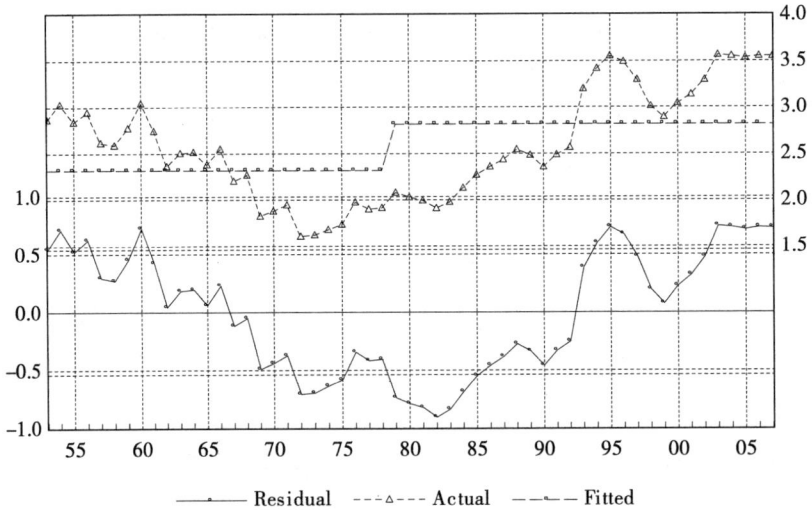

图 3-16　极值比率变化模式

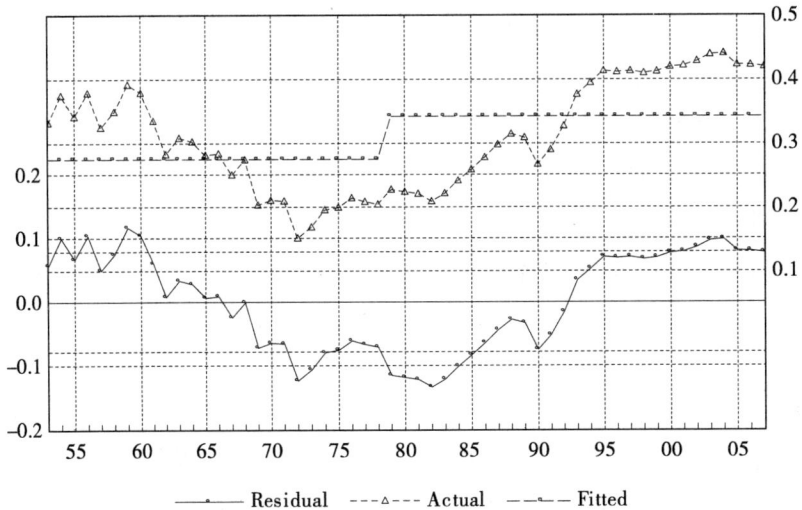

图 3-17　变异系数变化模式

通过回顾新中国成立以来的西部五省区与沿海五省发展失衡的变化,可以看到,不同经济体制下的西部五省区与沿海五省发展失衡的变化规律是不同的。在改革开放前的计划经济体制之下,国民经济的发展可以促使西部五省区与沿海五省发展失衡的减小,而国民经济的衰退势必造成西部五省区与沿海五省发展失衡的急剧扩大。然而,在改革开放以后,特别是20世纪90年代以后,国民经济的高速增长会先带来西部五省区与沿海五省发展失衡的扩大。但是,随着市场经济体制的逐步健全,国民经济的持续增长,以及随着西部大开发向纵深推进,西部五省区与沿海五省发展失衡扩大的趋势会得到一定的抑制,区域经济的失衡有可能减小。

3. 所有制改革滞后

所有制同计划和市场一样,都是一种资源的配置方式。所有制这一制度决定着资源配置效率的高低,而不同所有制形式之间不存在绝对效率的高低,而是在不同经济发展阶段、不同产业领域呈现出不同的效率,即所有制结构应该是由不同所有制对资源配置效率的高低来决定。不同所有制对资源配置效率的高低还取决于配置资源的规模,即随着一种所有制形式配置资源规模的增加,其配置的效率趋于减少,边际收益递减。单一的所有制结构必然造成资源配置的低效率和资源配置中的机会成本。改革开放以前单一的所有制结构所形成的资源配置的低效益被实践检验。所以,在我国从计划经济体制向市场经济体制转轨时期,改革的一个核心问题就是所有制改革,从单一的所有制结构向多元的所有制结构转变。但是相对于沿海五省,西部五省区的所有制改革明显滞后。

改革初期以来的很长时期内,东部的制度创新一直都走在西部和全国的前面。国企产权制度改革、按要素分配制度、奖励制度、职工安置等方面的制度都是先在东部地区为试点,然后逐步向中部和西部推广。东部市场化改革之所以进行得比较顺利,很大程度上得益于宽松的制度环境。东南沿海地区一个成功经验就是大力支持、鼓励和引导非公有制经济发展,可以说,非公有制经济支撑了东南沿海地区经济的高增长率。同时,非公有制经济的发展还为国企改革创造了条件:非公有制经济创造的收入可以用来补贴国企改革;非公有制经济的发展创造市场环境,使国企的垄断利润下降,市场会使垄断产业消失;非公有制经济的发展造就大企业收购国有企业;非公有制经济还可以吸纳国有企业下岗职工。

在西部跨越式发展中,大量的资金投入是西部跨越式发展的必不可少的动力。国家投资重点只能放在基础设施领域,西部大量建设资金主要还应依靠民间资本。因此,发展非公有制经济对西部跨越式发展意义重大。然而,与沿海省相比,西部欠发达地区所有制结构最大的弊端就是所有制结构单一,公有制比重过大,而非公有制比重过小。(1)从国有贡献看,2007年,东部五省中山东的国有工业企业贡献最高,为43.00%,而江苏和浙江不足20%,西部五省区中,广西国有工业比重最低,也在60%以上,新疆高达90%,总体上,西部五省区国有工业比重高达73.51%,为沿海五省的3倍,也高于全国水平。(2)就私有看,东部五省区私有工业贡献已高达25.77%,而西部五省区仅14.01%,浙江的私营工业贡献高达45.59%,而新疆仅为6.42%。(3)从三资(港澳台和外商)工业看,东部五省区三资工业贡献已超过50%,而西部五省区三资工业贡献仅12.48%,其中广西为23.11%,西藏和新疆不足3%。

表3-18　2007年沿海五省与西部五省区工业产值的所有制来源结构

(单位:%)

地区	国有	私有	港澳台	外商
江苏	18.67	30.66	15.79	34.89
浙江	19.77	45.59	15.44	19.19
福建	20.79	16.05	34.80	28.36
山东	43.00	30.38	5.13	21.49
广东	21.33	12.06	33.75	32.87
内蒙古	67.79	17.28	4.27	10.65
广西	61.44	15.45	5.24	17.87
云南	77.16	15.40	2.77	4.67
西藏	86.08	12.39	0.00	1.52
新疆	90.85	6.42	0.90	1.83
沿海五省	24.01	25.77	21.41	28.81
西部五省区	73.51	14.01	3.40	9.07
全国	40.98	20.51	13.86	24.65

数据来源:根据《2008年工业经济统计年鉴》整理计算。

可见,现阶段西部欠发达地区还是以落后的国有工业为主导,而沿海地区已由非国有工业为主导,这也使西部欠发达地区与沿海地区发展失衡进一步扩大。这是因为,国有工业比重越高,市场化程度越低,市场优化配置资源的能力越弱,工业效率也越低。尤其是,三资工业表示了国际产业转移,沿海省份由于独特的区位、较强的配套能力和优惠政策,吸引了 FDI 大量集聚,不仅改变了工业结构,提升了技术水平,而且有效地参与了国际分工,改变了工业增长方式,而西部欠发达地区的 FDI 工业贡献很有限,未能成规模地承接国际产业转移,工业技术升级较慢,仍离不开自然资源密集型工业的主导作用,与沿海省份的产业极差不断扩大。这种状况的形成,显然是西部欠发达地区所有制改革滞后,未能给非国有工业,尤其是三资工业提供发展空间有较大关系。非国有经济运行机制灵活,其效率一般高于国有经济。非国有经济已成为支撑东部沿海省份工业经济高速发展的重要组成部分,而在西部欠发达地区,国有经济在经济发展中一直占据主导地位,这也是同东部沿海省份地区差距扩大的重要原因之一。

4. FDI 分布失衡

随着改革开放深入,中国区域发展失衡日益突现出来,而 FDI 是导致改革开放以来东部和西部欠发达地区之间经济增长失衡和收入失衡的重要因素(Sunetal,1998)。也就是说,FDI 的区位选择与集聚较大程度地加速了西部欠发达地区发展的失衡性。这主要表现在以下三方面:

(1)FDI 加速了开放失衡

进出口总额比重、外贸依存度是衡量区域经济外向化程度的两项指标。先从 FDI 企业对进出口贡献看,沿海五省中,江苏进出口的 80% 来自 FDI 企业贡献,浙江仅有 40%,除浙江外的沿海四省的 FDI 企业对进出口贡献都高于全国水平,而西部五省区中,广西 FDI 企业对进出口贡献最大,但还低于全国水平,五省区平均只有 11%,不足全国水平的五分之一,更低于沿海五省区平均水平(见表3-19)。显然,这表明西部五省区 FDI 企业对区域经济的外向化程度贡献比较低。

再从 GDP 对 FDI 企业的贸易(进出口)依存度看,沿海五省中,广东 GDP 对 FDI 企业的贸易(进出口)依存度高达 96%,而山东仅为 19%,沿海五省 GDP 对 FDI 企业的贸易(进出口)依存度平均值高于全国水平,而西部五省区 GDP 对 FDI 企业进出口依存度不足 5%,西藏是零。可以看出,即使沿海五省

GDP 对 FDI 企业的贸易(进出口)依存度存在较大差距,但是沿海五省 GDP 对 FDI 企业的贸易依存度远远高于西部五省区,相差 28 倍(见表 3-19)。这意味,FDI 企业对西部五省区外向化程度没有做出较多的贡献,FDI 企业没有改变欠发达地区内向型经济的性质,也没有提升欠发达地区的国际竞争力。

表 3-19　2007 年沿海五省与西部五省区进出口与 GDP 对 FDI 企业的依存度*

(单位:%)

沿海五省	进出口依存度	西部五省区	进出口依存度	沿海五省	GDP依存度	西部五省区	GDP依存度
江苏	80.136	内蒙古	10.230	江苏	79	内蒙古	1
浙江	40.189	广西	31.213	浙江	28	广西	4
福建	62.115	云南	6.341	福建	36	云南	1
山东	54.344	西藏	0.351	山东	19	西藏	0
广东	64.369	新疆	2.050	广东	96	新疆	1
沿海五省	64.250	西部五省区	11.333	沿海五省	57	西部五省区	2
全国	57.743			全国	33		

* 以 2007 年美元对人民币汇率为 7.3 计算

数据来源:根据《中国统计年鉴 2008 年》整理计算。

(2)FDI 集聚加大了西部欠发达地区工业失衡度

FDI 作为制造业产出函数的一个投入要素,其分布不但对制造业集聚产生重要影响,而且还对地区产出函数性质产生深刻影响。表 3-20 显示,沿海五省中,广东的 FDI 工业企业贡献最高,广东工业总产值的 61%和增加值的 58.54%来自 FDI 企业,福建工业产出的半数以上也来自 FDI 企业的贡献,相对而言,浙江和山东工业的 FDI 企业成分又低一些,而西部五省区中,广西 FDI 企业贡献的最高,甚至高于山东,但仍低于全国水平,新疆工业的 FDI 贡献率还不足 2%。再以表 3-20 数据计算产值增加率,沿海五省的产值增加率为 96.18%,高于全国 87.14%的水平,西部五省区仅为 77.15%,远低于沿海五省的水平,显然,进入欠发达地区的 FDI,不仅数量少,而且质量低。总体上讲,西部五省区的近 90%的工业产值和 90%以上的工业增加值来自内资企业,这意味着 FDI 集聚对西部欠发达地区制造业贡献还比较小,西部欠发达地区主要依靠内资企业发展工业。显然,FDI 企业加大了西部欠发达地区的工业发展失衡。

表 3-20　沿海五省与西部五省区 FDI 工业产值和增加值占工业总产值和增加值比重

沿海五省	总产值	增加值	西部五省区	总产值	增加值
江苏	41.8249	40.6658	内蒙古	11.6765	7.6402
浙江	26.6395	26.3345	广西	22.0563	20.3794
福建	54.7062	51.9625	云南	6.4968	5.5309
山东	19.4404	19.2932	西藏	7.5677	9.2498
广东	61.0574	58.5446	新疆	1.8756	1.4850
沿海五省	39.6983	38.1831	西部五省区	11.2813	8.7045
全国	31.4996	27.4499			

数据来源:根据《中国统计年鉴 2008 年》整理计算。

（3）FDI 加速工业结构失衡

中国的对外开放是率先从沿海五省开始的,沿海五省因区位条件、基础设施和经济技术基础较好,已经吸引了进入中国的绝大部分 FDI。FDI 的大规模进入,将通过增加资本形成、扩大出口和创造就业等途径,推动沿海五省经济的快速发展,同时也提升了沿海地区工业结构,使制造业为代表的高端产业集聚在沿海地区。反过来,沿海五省经济的快速增长,又将提高地区居民的收入水平,扩大市场的容量,并有利于改善外部条件和产业配套能力形成,产生集聚经济效益,从而进一步扩大 FDI 外资的进入,形成良性循环。这样,就在 FDI 和沿海地区经济增长之间形成一种因果循环的累积效应。这种由出口和外资共同作用所形成的循环累积因果效应,不同于传统的那种单纯由出口导向型增长所产生的循环累积因果效应。而西部欠发达地区,由于没有区位优势,产业结构水平低,配套能力低,吸收 FDI 十分有限,以制造业为代表的高端产业集聚普遍衰退,形成了与 FDI 产业失衡较大的工业结构,使欠发达地区与沿海省区的工业两极分化的现象更严重。

进入我国的 FDI 中有 70% 的进入工业部分,而 FDI 在工业中分布也不是均匀的,其没有形成一个完整的工业结构。在这个结构中,FDI 主要是集聚在高端制造业,以采矿业和电力工业构成的低端工业分布较少。以 2004 年经济普查数据计算,6 个低端工业的产值份额仅为 2.544%,6 个高端制造业的产值份额高达 55.19%,其中通信设备和计算机制造业就占了 28.47%。如果,一个地区的工业结构与 FDI 工业结构相似,那么这个地区工业结构符合 FDI 进入偏好和秩序,就可以吸纳更多的 FDI。从表 3-21 中看出,沿海五省工业产值结构与 FDI 工业产值结构有较高的相似度,广东高达 96.37%,山东也达到 55.98%,沿海五省结构相似度都高于全国水平,而西部五省区中,广西工业产值结构与 FDI 工业产值结构的相似度最高,为 40.73%,西藏仅为 13.85%,西部五省区结构相似度都低于全国水平。这表明,西部五省区更多的没有 FDI 目标产业,也说明西部五省区工业 FDI 的主体是缺位的。

表 3-21　2004 年沿海五省与西部五省区工业产值与 FDI 工业产值结构相似性系数

(单位:%)

沿海五省	结构相似性系数	西部五省区	结构相似性系数
江苏	87.226	内蒙古	31.486
浙江	59.770	广西	40.738
福建	90.343	云南	18.843
山东	55.988	西藏	13.856
广东	96.370	新疆	14.131
沿海五省	71.659	西部五省区	37.732
全国	69.621		

数据来源:根据《中国统计年鉴 2008 年》整理计算。

　　中国自改革开放以来,顺应国际产业转移的趋势,凭借廉价的劳动力和土地资源,在各项优惠政策的引导和各级政府部门的努力下,吸引了世界各地的外商前来投资,现已成为 FDI 最为集中的区域之一,但是沿海地区一直是中国吸收 FDI 的重地。这既与中国实施非均衡的地区发展战略有关,又得益于东部地区原有的良好社会经济基础,加之 FDI 本身具有聚集效应和空间溢出效应,这样,在利用 FDI 方面,沿海五省走在了西部五省区的前面,加速西部五省区工业结构失衡。

六、西部欠发达地区经济发展面临的问题

　　西部欠发达地区经济面临较多的发展障碍,与沿海相比主要是高级资源

要素稀缺和流失。高级资源要素难以向西部欠发达地区集聚,这给产业极差缩小,产业结构升级,增长方式转变,东部和国际产业转移的承接都带来困难。同时,基础设施相对落后也给西部欠发达地区经济面临较多的发展产生不利的影响。中央政策对西部欠发达地区经济发展支持不足也是不可忽视的问题。

（一）高级资源相对稀缺

1. 人力资本

人力资本是经济增长的一个决定因素,具有知识和技能的人力资源是最重要的高级资源。具有较高的文化素质、基本技能,符合企业所需的各类人才储备目前已经成为经济增长的重要依据。人力资本越高,对经济增长的作用就越显著。西部五省区劳动力资源数量型过剩与质量型短缺并存,庞大的人口基数并没有形成高质量的劳动力资源,人力资本相当匮乏。

（1）西部人力资源结构

我国西部五省区,由于受地理条件、教育等因素的影响,人力资源结构偏低。以 2007 年抽样统计数据计算,全国初中、高中、大专以上的人口结构是,初中占 66.8%、高中占 22.27%、大专以上占 10.9%,西部沿边初中、高中、大专以上人口比例分别为 70.27%、19.6% 和 10.13%。（见表 3-22）比较明显说明,西部五省区初中人口比例、高中人口比例高于全国平均水平,大专以上人口比例低于全国水平。沿海五省初中、高中、大专以上人口比例分别为 65.73%、23.21% 和 11.06%,与西部五省区相反,沿海五省初中人口比例低于全国平均水平,高中人口比例、大专以上人口比例高于全国水平。这说明,西部的人力资源结构水平较低,质量不高,不仅低于全国平均水平,更是低于沿海五省的水平。西部欠发达地区拥有丰富的低劳动力成本这一优势与其他影响投资回报率的因素相比,其重要性会随着产品结构优化和升级,技术水平需要不断提高的长期发展要求而下降。然而,西部欠发达地区人力资源结构水平差距比较大,并非西部所有地区的人力资源结构都比较低,西部局部地区人力资源结构水平高于全国水平,与某些东部地区也不分上下,它们均分布在西北地区。从 2007 年抽样统计数据看,内蒙古、新疆的人力资源结构高于全国平均水平,新疆的大专以上人口比例为 14.9%,高于沿海五省水平。西部五省区中广西与西藏的人力资源结构水平是全国最低的两个地区,其初中人口比例还在75%以上，大专以上比例不足8%，广西比例还低于西藏地区。

表3-22　2007年东部沿海、西部五省区人力资源结构比较

地区	总计	比重(%)	初中	结构比重(%)	高中	结构比重(%)	大专及以上	结构比重(%)
沿海五省	186954	100	122886	65.73	43386	23.21	20682	11.06
西部五省区	62195	100	43705	70.27	12188	19.60	6302	10.13

数据来源：根据《2008年中国统计年鉴》相关数据计算。

另一方面，西部五省区高素质（大专以上）人力资源规模较小，难以产生人才聚集效应。以2007年数据计算，西部五省区大专以上人力资源占全国份额为23.50%，不到东部地区的一半，仅占沿海五省、西部五省区总人力资源份额的23.35%，接近沿海五省份额三分之一。西部五省区中，内蒙古、广西和新疆、云南的份额在2%~3.5%之间，人才规模聚集效应较小；西藏份额小于1%，仅为0.034%，这些地区几乎没有人才聚集效应产生（见表3-23）。·

表3-23　2007年东部沿海、西部五省区人力资源结构比较

地区	初中	结构比重(%)	高中	结构比重(%)	大专及以上	结构比重(%)
十省区	166591	100	55574	100	26984	100
沿海五省	122886	73.77	43386	78.07	20682	76.65
西部五省区	43705	26.23	12188	21.93	6302	23.35

数据来源：根据《2008年中国统计年鉴》相关数据计算。

（2）西部五省区的研发人员

工程技术人员和科学研究人员是构成经济增长的中坚力量。以2007年数据计算，与全国研发人员的分布结构比较，我国工程技术人员的21.89%，科学研究人员的34.84%都分布在沿海五省，西部五省区所占较小份额，科学研究人员所占份额为19.6%，工程技术人员所占份额为12.21%。说明沿海五省所占全国份额较大，而西部五省区的研发人员总数较少，所占的全国份额较小（见表3-24）。而东部沿海、西部五省区研发人员结构相比较，西部五省区的工程技术人员、科学研究人员所占地区比重相差不大，仅为沿海五省的一

半。而根据经验观察,西部五省区的科研实力是远落后于沿海五省的,这是因为在西部五省区中工程技术人员和科学研究人员的分布是均衡的。其中,除了西藏地区的工程技术和科学研究人员占西部五省区总数的1%,处于末位,其他地区(省份)工程技术和科学研究人员占西部五省区总数20%至30%之间,均衡分布,其中云南和广西的份额居高一些。

表3-24　2007年东部沿海、西部五省区研发人员比较

地区	工程技术人员(人)	地区比重(%)	占全国比重(%)	科学研究人员(人)	地区比重(%)	占全国比重(%)
全国	19202247			637037		
十省区	6549236	100.00	34.11	346713	100.00	54.44
沿海五省	4204108	64.19	21.89	221927	64.01	34.84
西部五省区	2345128	35.81	12.21	124786	35.99	19.60

数据来源:根据《2008年中国统计年鉴》相关数据计算。

西部五省区在文化、教育基础设施软件建设方面明显落后于东部地区,这不仅直接影响到西部五省区的发展水平,而且还影响到西部五省区的可持续发展。在教育方面,从各地区教育基础设施情况来看,2007年,全国拥有普通高校1908所,其中沿海五省拥有482所,占全国比重的25.26%,西部五省区拥有182所普通高校,占全国比重的9.53%。在教育经费方面,2007年,全国教育经费总额为86533523万元,其中沿海五省30057612万元,占全国比重的34.73%,西部五省区教育经费7736071万元,占全国比重的9.53%(见表3-25)。这说明,西部五省区的教育基础设施和教育投入远远落后于沿海五省,这不利于西部五省区人才的培养与人力资源结构优化。

表3-25　2007年东部沿海、西部五省区教育基础设施对比

地区	普通高校数(所)	占全国比重(%)	教育经费合计(万元)	占全国比重(%)
全国	1908		86533523	
沿海五省	482	25.26	30057612	34.73
西部五省区	182	9.53	7736071	8.94

数据来源:根据《2008年中国统计年鉴》相关数据计算。

2. 资金

西部开发以来,由于国债资金、财政预算内建设资金向西部投资倾斜、地方配套增加以及东部资金介入等因素,西部欠发达地区的投资得以快速增长。在投资增长因素中,政府投入尤其中央政府投入是主要带动力量。与沿海五省相比较,西部五省区国家投资比重大,自筹资金能力弱,可利用的资金不足。西部五省区的投资主要是依靠预算内投资和国内贷款,自筹资金、可利用的外资和其他资金不足,未形成良性的投资基金运行机制。西部五省区的投资结构对国家的依赖性较大,而由于一定时期国家的财力有限,直接制约了投资规模的扩张。

西部五省区财政资金供需紧张,包括四个地区、一省的财政收入均小于财政支出,财政赤字严重。与全国财政收支比较,2007 年沿海五省和西部五省区地方财政收入、财政支出占全国财政收入、财政支出的 50%,沿海五省财政收入占全国财政收入的 44.1%,财政支出占全国财政支出的 35.72%,财政收入大于财政支出,财政盈余。西部五省区地方财政收入仅占全国同期地方财政收入的 5.9%,财政支出占全国财政支出的 14.28%,财政支出远远大于财政收入,财政赤字较大(见表 3-26)。西部五省区中,西藏地区的财政赤字最大,财政支出是财政收入的 13.67 倍,财政赤字高达 1267%,其他地区(省份)的财政赤字占财政收入比重均在 100% 左右。

表 3-26　2007 年东部沿海、西部五省区财政收支情况

	一般预算收入 (万元)	地区比重 (%)	占全国比重 (%)	一般预算支出 (万元)	地区比重 (%)	占全国比重 (%)
沿海五省	90478821	88.19%	44.10%	1.07×10^8	71.44%	35.72%
西部五省区	12115423	11.81%	5.90%	42739884	28.56%	14.28%

数据来源:根据《2008 年中国统计年鉴》相关数据计算。

3. 技术

(1)R&D 投入

R&D 活动是技术进步的源泉。在以知识的生产、分配使用和转移为基本内容的知识经济中 R&D 已决定技术创业和技术发展的决定因素。R&D 对经济增长产生巨大影响,原因在于一个 R&D 密集产业的技术溢出到其他产业,

带动国民经济的技术进步,并以此推进国民经济增长。但是,由于我国地区之间发展失衡,技术水平差距很大。西部五省区的收入水平较低,劳动力素质低,二元经济特点比较突出,所采用的技术以劳动密集型技术、资源密集型为主。由于 R&D 投入较少,R&D 人员比较缺乏,自主创新能力较弱,技术进步作用不显著。

与沿海五省相比较,西部五省区的 R&D 经费支出能力不足。西部五省区仍处在技术最不发达阶段。2007 年,全国 R&D 经费支出 3710.2 亿元,其中沿海五省 R&D 经费支出 1510.6 亿元,占全国总 R&D 经费支出的 40.71%,就江苏和广东两省的 R&D 经费支出占全国份额分别高达 10% 以上。西部五省区的 R&D 投入 82.8 亿元,仅占我国 R&D 投入的 2.38%,沿海五省 R&D 经费支出是西部五省区的 R&D 经费支出 20 倍(见表 3-27)。西部五省区的 R&D 经费支出为东部沿海省份中最少的省份福建的 R&D 经费支出,而仅为江苏、广东的五分之一,是山东的四分之一。西部五省区中,内蒙古、广西、云南R&D 经费支出份额在 0.5%~0.6% 之间,新疆 R&D 经费支出份额 0.2%,其中西藏 R&D 经费支出份额最低,仅为 0.01%。另外,从 R&D 投入与 GDP 的关系来看,越是处于技术阶段低的国家或是地区,其 R&D 投入在国民生产总值中所占比例越低。就全国来看,R&D 经费支出占 GDP 比重的 1.34%,沿海五省 R&D 强度为 1.36%,高于全国平均水平,其中江苏省最高,为 1.7%。西部五省区 R&D 经费支出占 GDP 比重 0.40%,每个地区的 R&D 强度都很低,其中云南的 R&D 强度略高一些,为 0.50%。

表 3-27　2007 年东部沿海、西部五省区 R&D 经费支出情况

地区	地区生产总值 (亿元)	R&D 经费支出 (亿元)	占全国比重 (%)	R&D 强度 (%)
全国合计	275624.6	3710.2		1.34%
沿海五省	110821	1510.6	40.71%	1.36%
西部五省区	20653.43	82.8	2.23%	0.40%

数据来源:根据中国科学技术部《2008 年中国科技统计数据》相关数据计算。

(2)专利

专利的数量是科技成果研究开发与应用的综合表现,它反映了各地区的

综合科技开发能力,它是标志各地区科技成果研究开发能力的重要指标。以2007年数据为例,全国三种专利申请批准量283704项,沿海五省和西部五省区分别为160872项和6961项,分别占全国总数的56.70%和2.45%;其中,沿海五省发明专利、实用新型专利和外观设计申请批准量占全国的35.19%、50.66%和68.79%,而西部五省区的三种专利申请批准量占全国的比重都不足3%(见表3-28)。很明显,与沿海五省相比,西部五省区专利批准量总数远远落后于沿海五省。这意味着,西部五省区的科技水平与沿海五省的差距很大,西部五省区的科技综合开发及应用能力远远落后于沿海五省,这是西部五省区经济增长中技术贡献不足,增长质量低的重要原因之一。

表3-28　2007年东部沿海、西部五省区三种专利申请批准量情况

(单位:项)

地区	授权数合计	比重(%)	发明	比重(%)	实用新型	比重(%)	外观设计	比重(%)
全国	283704	100.00	28181	100.00	136919	100.00	118604	100.00
沿海五省	160872	56.70	9918	35.19	69367	50.66	81587	68.79
西部五省区	6961	2.45	770	2.73	4081	2.98	2110	1.78

数据来源:根据《2008年中国统计年鉴》相关数据计算。

(3)技术市场成交量

沿海五省在技术创新和成果转化方面明显优于西部五省区,广东省在2007年成交额达到占全国比重达到6%,而同期内蒙古为0.5%、云南0.4%、新疆0.3%、广西0.04%。纵向比较各省区的成交额情况,沿海省区在一路上扬的趋势下,2006、2007年除广东省外均略有回落,这从某种程度上也说明沿海省区技术成果转化能力的提升遇到了一个瓶颈。而西部四省区(西藏自治区无此项统计数据)均有回落趋势,其中云南一直呈下降趋势。这说明在科技发明转化为生产力的指标上,沿海五省显然也是遥遥领先于西部五省区,而西部五省区内部以往云南做得比较好,但近年各地区的差距相差不大。

(4)技术进步贡献(TFP)

经济增长的核心就是全要素生产率(TFP)的增长,它是技术进步率的反映。一般来说,产出的增长扣除投入增长之外就是全要素生产率的增长。全

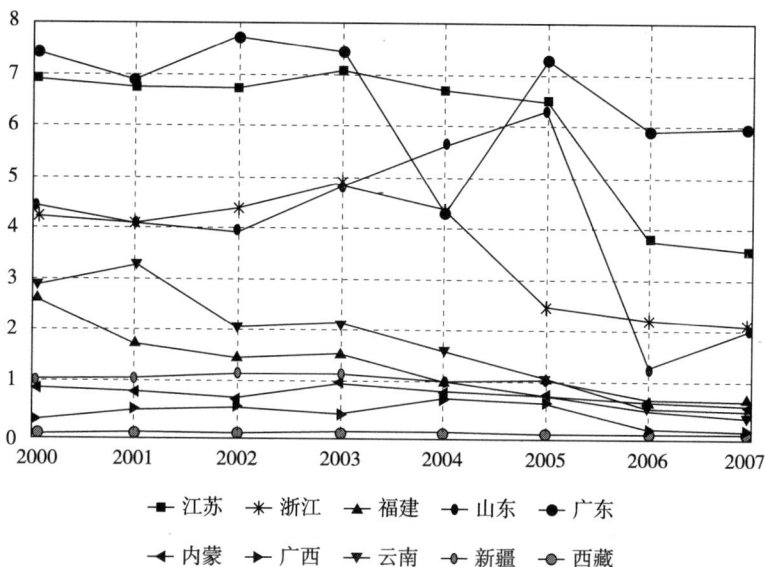

图 3-18　2000~2007 年十省区技术市场成交额占全国成交额的比重

数据来源:根据《2008 年中国统计年鉴》相关数据计算。

要素生产率的增长体现的技术进步以及和其他不可观测的因素如产业结构升级和制度改革等的贡献,在不同的假设下生产函数和经济增长方程对经济增长因素分析的结论是不同的。采用 Hicks 型中性技术进步生产函数来导出各省区的经济增长方程:一是数据相对可得性,二是其假设不存在规模经济,使增长速度方程推导相对简单。为了增加西部五省区与沿海五省的可比性,这里所采用最常用 CD 生产函数,应用面板数据线性回归的方法估算西部、沿海省区的经济增长速度方程:

$$\ln y_{it} = \ln A_{it} + \alpha \cdot \ln k_{it} + \beta \cdot \ln l_{it} \tag{14}$$

(14)式中,i 表示省区,t 表示时间;y 为 GDP,k 为固定资本投资,均用当年价计;l 为劳动力。由于 1999 年开始国家进行西部大开发,政策和财政上都对沿边地区进行了倾斜,因此为了考察西部大开发的影响,在对面板数据进行回归的时候,把时间分为两段:1995~1999 年和 2003~2007 年。分别以西部五省区和沿海五省数据,用 stata 软件进行面板计量分析,得到回归结果如下:

表 3-29　西部五省区与沿海五省 C-D 生产函数估计结果

	西部五省区				沿海五省			
	1995~1999 年		2003~2007 年		1995~1999 年		2003~2007 年	
	Fe	Re	Fe	Re	Fe	Re	Fe	Re
lnk	0.822 *** (10.60)	0.840 *** (12.15)	0.843 *** (16.99)	0.808 *** (19.62)	0.533 *** (7.32)	0.723 *** (7.89)	0.244 (1.47)	0.570 *** (4.83)
lnl	0.323 *** (4.61)	0.308 *** (4.87)	0.316 *** (7.55)	0.340 *** (9.23)	0.397 *** (5.85)	0.250 ** (2.79)	0.839 ** (3.83)	0.466 ** (2.59)
C	1.464 (2.02)	1.299 * (2.00)	0.998 (1.72)	1.394 ** (2.87)	5.697 *** (6.93)	3.707 *** (3.50)	7.583 *** (5.12)	4.784 *** (4.31)
选择	No	Ok	Ok	No	Ok	No	No	Ok

　　表 3-29 中，括号内为 t 统计量值。对各组固定效应和随机效应的回归结果进行 hausman 检验，结果表明：西部五省区 1995~1999 年和沿海地区 2003~2007 年的方程选择随机效应模型，西部五省区 2003~2007 年和沿海地区 1995~1999 年的方程选择固定效应模型，且所选择的估计方程都通过了 t 检验和 F 检验。考虑以规模报酬不变为标准，对西部和沿海地区的资本和劳动的产出弹性系数进行归一化处理，结果分别为：

表 3-30　西部五省区与沿海五省劳动与资本的产出弹性

参数 时间段	西部五省区		沿海五省	
	α	β	α	β
1995~1999 年	0.72	0.28	0.55	0.44
2003~2007 年	0.73	0.27	0.55	0.44

　　由表 3-30 看出，沿海地区的资本产出弹性值小于沿边地区，且西部五省区资本的产出弹性远大于劳动的产出弹性，表明西部五省区为资本驱动型的经济增长，经济发展主要还依靠加大资本投入量来实现。而沿海地区的劳动产出弹性值大于沿边地区，资本的产出弹性略大于劳动的产出弹性，表明沿海地区人力资本对经济增长的推动作用大于沿边地区。同时，西部大开发对沿海五省资本和劳动的产出弹性值没有影响，对西部五省区的影响也不明显。

利用表 3-30 资本产出弹性与劳动产出弹性所构成的生产函数计算,可以得到十省区 TFP 值,以 1995 年为基期指数化后如表 3-31 所示。

表 3-31　西部五省区与沿海五省历年 TFP 指数(1995 年=100)

	西部五省区					沿海五省				
	内蒙古	广西	云南	西藏	新疆	江苏	浙江	福建	广东	山东
1995	100	100	100	100	100	100	100	100	100	100
1996	117.17	112.75	109.39	132.42	97.45	107.36	114.76	109.39	112.41	110.05
1997	117.23	106.43	104.84	142.49	102.86	111.53	122.56	117.71	126.09	113.52
1998	119.01	112.51	97.52	144.88	98.91	110.86	132.76	118.16	124.50	133.85
1999	128.25	112.98	101.40	135.93	102.19	122.38	136.19	124.97	126.58	132.25
2000	113.20	108.53	96.27	123.47	97.83	133.29	137.69	135.02	137.51	137.69
2001	122.16	110.64	101.34	126.90	95.68	139.35	140.26	135.59	160.06	140.38
2002	107.99	110.70	99.71	120.52	93.82	141.04	143.98	142.15	169.84	137.75
2003	91.94	106.18	94.78	114.18	94.40	129.84	144.36	142.14	173.32	127.16
2004	85.83	103.74	94.38	114.38	97.42	136.45	152.37	142.26	196.59	135.13
2005	82.17	98.73	83.57	114.80	101.65	144.83	161.94	143.29	187.93	139.92
2006	84.54	95.26	81.82	117.01	105.47	148.47	167.66	142.70	199.05	150.39
2007	88.06	94.58	109.14	121.04	107.23	157.17	186.19	139.50	211.51	164.38

从表 3-31 看出,西部五省区与沿海五省区 TFP 的差距较大。以 1999 年为基准,从 2007 年看,沿边地区的内蒙古、广西的 TFP 指数是下降的;云南、西藏和新疆是上升的。西部五省区的 TFP 指数虽然也略有波动,但是整体上呈上升趋势,西部五省区 2007 年的 TFP 是 1999 年 TFP 的 1.39 倍,广东则高达 2.1 倍。显然,西部五省区技术进步贡献幅度远远小于沿海五省。

同样的,以西部五省区与沿海五省区测算,西部五省区与沿海五省区平均 TFP 指数变化呈现出较大的差异(见图 3-19)。从图 3-19 可以看出,西部五省区的 TFP 指数呈现震荡下行的趋势,而沿海五省 TFP 指数呈现震荡上行的趋势,两者之间的差距越来越大。这说明西部五省区和沿海五省的技术水平失衡在不断扩大。相较于沿海五省,西部五省区的经济增长方式仍然是粗放型的,技术进步和科技创新对经济增长的贡献比较弱。显然,在资本稀缺和技术创新能力不足的情况下，沿边地区要缩小与沿海地区的发展差异关键在于加大开放，通过技术引进，以外置式技术输入，再模仿创新，通过外部技术溢出，当地学习提高整体技术进步对经济增长贡献，这可能是比较适合的方式。

TFP指数

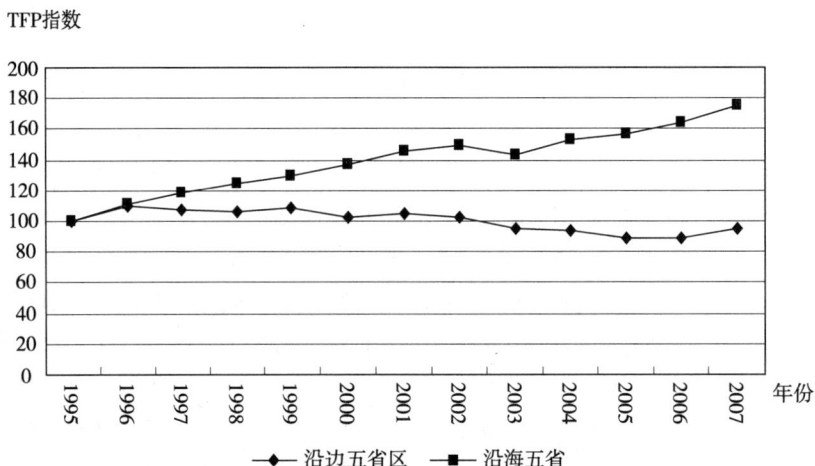

图3-19　1995~2007年西部五省区与沿海五省 TFP

数据来源：根据表3-31整理。

（二）国际直接投资效应缺失

改革与开放是两个既相对独立，又相互联系、相互促进的两个方面。欠发达地区不仅是改革滞后于东部沿海省份，而且开放也滞后于东部沿海省份。一个地区的开放程度决定了该地区的经济管理水平是否接近国际的管理水平，也决定了在该地区生产的产品是否有可靠、有效的渠道销售到国外市场，决定了当地居民和政府对外资的接受程度，决定了是否能较快地、有效地引进外国的先进技术和设备。这些因素都从不同程度上影响着外商是否向这一地区投资的抉择。FDI 的区位选择与集聚较大程度地加速了欠发达地区发展的失衡性。

中国 FDI 数量分布明显存在"东高西低"的非均衡性特征。20 世纪 70 年代末尤其是 90 年代以来，FDI 大量流入我国。到 2003 年我国吸纳的 FDI 超过 500 亿美元，超越美国成为世界上一大 FDI 东道国。直到 2006 年，中国仍保持着 FDI 的最大发展中东道国的地位。但是，我国 FDI 的区位分布却极不均衡。截至 2007 年,中国实际利用 FDI 总量为 7867.09 亿美元,其中有 86.85% 的 FDI 聚集在东部地区,中部仅占 8.79%,西部仅占 4.37% 左右。在东部五省中,广东高达 23%,浙江最低,为 6.17%,西部五省区中,广西最高,也仅为 1.19%,西藏的 FDI 比重几乎为 0,西部五省区合计还不足浙江的三分之一(见表 3-32)。FDI 的严重不足,欠发达地区失去了参与国际分工,利用国际产业转移提升工业结构,加快城市化进程的机会。由于,FDI 在东部具有空间集聚效应,同时西部政策具有溢出效应,东部仍是 FDI 集聚的理想地,西部 FDI 还有边缘化倾向(赵果庆,2004)。西部大开发以来,西部五省区的 FDI 份额没有明显的变化,仍只在 2% 的水平,FDI 这种包括技术、管理、资本的一揽子资源的不足,将会加剧西部欠发达地区经济发展失衡。

表 3-32　截至 2007 年沿海五省与西部五省区 FDI 占全国比重

(单位:%)

沿海五省	比重	西部五省区	比重
江苏	16.0670	内蒙古	0.4693
浙江	6.1712	广西	1.1934
福建	6.8882	云南	0.3101
山东	8.9258	西藏	0.0001
广东	23.0764	新疆	0.0787
合计	61.1286	合计	2.0516

数据来源:根据《2008 年中国统计年鉴》相关数据计算。

(三)优势工业产业升级难度大

改革开放以来,东部地区以其优越的区位和优惠的政策承接了国际产业转移,优化了产业链,提升了产业结构。由于 FDI 作用,促进了沿海五省向高端产业集聚,低端产业向外转移,以高端产业的主导体系作为推动经济增长和增长方式转变的发动机,而西部欠发达地区的开放滞后,周边国家落后,没有大规模的 FDI,高端产业衰退,低端产业的比较优势加强,导致与沿海地区的产业极差扩大。这是西部欠发达地区产业失衡的结果,也是西部欠发达地区增长方式难转变的根本原因。

地区比较优势是产业集聚基础。传统的比较优势理论强调外生的技术差异和外生的要素禀赋差异对地区专业化分工的决定作用,认为一个国家或地区应该专业化生产其具有比较优势的产品。进一步隐含的推论是,一个地区的专业化分工优势越明显,越具有集聚倾向。在地区制造业比较优势分析中,显示比较优势指数定义为:

$$RCA_{ij} = (x_j^i/x_j)/(X_N^i/X_N) \tag{14}$$

(14)式中,x_j^i 为 j 地区 i 工业产值,x_j 为 j 地区全部工业产值 x ,X_N^i 为全国 i 工业产值,X_N 为全部地区工业产值。RAC_{ij} 越大,表明 j 地区 i 工业越有比较优势,地区工业越向 i 工业集中,形成集聚。

以 1995 年、2004 年数据计算显示,沿海五省和西部五省区的比较优势存在较大的失衡。主要表现在,(1)沿海五省 B 类工业即采矿业,以农产品加工业如 C13、C14、C15 和 C16 的比较优势指数小于 1,没有比较优势,而这正好是西部欠发达地区的比较优势工业,尤其是烟草加工制造业较为突出。(2)西部欠发达地区的高耗能类工业包括非金属矿物制品业(C31)、黑色金属工业(C32)、有色金属工业(C33)和电力燃气供应业(D44)有比较优势,且比较优势还在增强,而这类产业已在沿海五省没有比较优势了。(3)对于 C34~C41 加工制造业都不是西部欠发达地区的优势产业,且大部分比较优势还在衰退,而为这些产业除交通运输设备制造业(C37)外都是沿海五省的比较优势产业,而且电气机械制造业、电子设备制造业和仪器仪表制造业的比较优势还在增加(见表 3-33)。很显然,一般而言,沿海五省比较优势产业,在西部五省区都没有比较优势。这也说明沿海五省和西部五省区具有不同类型比较优势。从根本上说,西部欠发达地区经济发展失衡是区域产业分工调整的必然产物。

表 3-33　1995、2004 年沿海五省与西部五省区比较优势指数及变化趋势

工业产业	沿海五省			西部五省区		
	1995 年	2004 年	增量	1995 年	2004 年	增量
B06	0.4279	0.4443	0.0164	1.3421	1.6342	0.2920
B07	0.4448	0.4606	0.0159	2.8985	2.9815	0.0830
B08	0.3839	0.3355	-0.0485	2.2623	2.4470	0.1847
B09	0.4786	0.5946	0.1160	4.0041	2.7324	-1.2717
B10	0.8691	0.9824	0.1133	1.5907	1.6253	0.0346

续表

工业产业	沿海五省			西部五省区		
	1995 年	2004 年	增量	1995 年	2004 年	增量
C13	0.9204	0.9758	0.0554	1.8086	1.8043	−0.0043
C14	1.0662	0.8239	−0.2424	1.3164	2.2266	0.9101
C15	0.9394	0.7975	−0.1419	1.0284	1.0537	0.0253
C16	0.4142	0.5056	0.0914	5.2097	6.1478	0.9381
C17	1.4193	1.4904	0.0711	0.6710	0.5109	−0.1601
C18	1.4303	1.5142	0.0838	0.2772	0.0678	−0.2094
C19	1.5231	1.4868	−0.0363	0.3593	0.2115	−0.1478
C20	0.9502	1.1187	0.1686	1.1101	1.0618	−0.0483
C21	1.1220	1.2934	0.1714	0.6187	0.2590	−0.3598
C22	1.0061	1.3035	0.2974	1.1704	0.7483	−0.4220
C23	0.9572	1.0420	0.0849	1.4307	1.0582	−0.3725
C24	1.5879	1.5907	0.0027	0.1089	0.0061	−0.1028
C25	0.7473	0.6022	−0.1451	0.6603	1.3312	0.6709
C26	0.9258	1.0413	0.1155	0.9953	0.9805	−0.0148
C27	0.8505	0.7791	−0.0714	0.8408	1.1121	0.2713
C28	1.2753	1.5022	0.2269	0.2914	0.1238	−0.1676
C29	1.0163	1.2547	0.2384	0.8043	0.1533	−0.6510
C30	1.4280	1.3419	−0.0861	0.5217	0.3821	−0.1396
C31	0.9981	0.9993	0.0012	1.0897	1.0022	−0.0875
C32	0.4419	0.5720	0.1300	1.0283	1.4091	0.3809
C33	0.7609	0.7330	−0.0279	1.9550	2.3997	0.4447
C34	1.1776	1.2561	0.0785	0.5339	0.2038	−0.3301
C35	1.0184	1.1110	0.0926	0.6808	0.2325	−0.4483
C36	1.0054	1.0047	−0.0007	0.6886	0.8999	0.2114
C37	0.7080	0.6556	−0.0524	0.6034	0.7475	0.1441
C39	1.3007	1.3624	0.0618	0.3865	0.2234	−0.1632
C40	1.2920	1.3394	0.0474	0.2084	0.0967	−0.1117
C41	1.1221	1.3160	0.1939	0.5239	0.1353	−0.3886
D44	0.8754	0.8166	−0.0588	1.2990	1.5287	0.2297

数据来源：根据《中华人民共和国1995年第三次全国工业普查资料汇编》、《中国经济普查年鉴2004》整理计算。

　　比较优势产业具有集聚的倾向，比较优势越强的产业越易产生集聚现象。然而从严格意义上讲并非具有比较优势的产业就能集聚。斯特恩（2002）认为，一个产业能发展成为产业集群需要具有一些必要条件和充分条件。必要条件包括：（1）生产过程的可分性；（2）产品可运输性。充分条件包括：（1）产品具有较长的产业链；（2）产品具有多个组成部件；（3）具有网络创新；（4）市场是易变动的。显然易见，这些条件中，可分性包括生产过程的可分性和产品可分性对集聚是至关重要的。制造业集聚的具体形态就是以产品的生产链为核心的产业集群。根据可分性可以将产业集聚划分为低端集聚和高端集聚。高端产业集聚是指产品可分性集聚，其特点是产品可以集成化生产，产业链长，技术创新能力较强，带动和关联效应强，附加值高；低端产业集聚为不可分性集聚，其特点是，对农产品和自然资源有较高的依赖，可分性差，产业链短，附加值低。

　　西部五省区工业化进程缓慢，工业增长乏力，西部五省区工业在全国的相对份额趋于下降，同沿海地区的差距进一步加大。与我国沿海五省的优势产业相比较，沿海五省与西部五省区在产业分工中的地位和角色截然不同，西部五省区工业更多的是从事原料生产和初级品加工，沿海工业主要从事的是深加工和精密加工，进行高附加值创造和技术创新活动。西部五省区优势产业的关联效应弱，产业链短，创新能力弱，附加值低，其外部化资源也比较弱。西部五省区的工业在采掘业，以及以建立在采掘业之上的金属冶炼和非金属矿物制品业等工业，电力、烟草加工业等初级品加工业具有的比较优势，机械制造业中除交通运输设备制造业略有比较优势外，其他制造业没有比较优势。西部五省区具有比较优势产业发展缓慢，是因为西部五省区比较优势产业体系是以自然资源开发利用为导向的。对发达国家而言，这些产业早已转移到发展中国家，它的优势产业已不在这些方面。对于新兴工业化国家，自然资源导向型产业也不是其优势产业。总体上而言，工业中电力业、有色金属冶炼及压延加工业、烟草加工业和石油等产业在西部五省区工业体系中起主导作用，是西部五省区的优势产业，这些都是创新能力较弱、FDI 进入很少的产业。西部五省区工业升级面临严峻的挑战。

　　（四）基础设施建设制约投资环境

　　1. 交通运输

　　交通是基础设施中最为基础的设施，它不但是西部欠发达地区内部之间要素进行有效配置的前提,而且还是西部加快和外部沟通的重要桥梁。交通运输设施的发达与否,是地区经济发展的先决条件,也是地区经济发达程度的重要标志。目前西部五省区交通设施存在"两低、两差、两不足"的突出问题。"两低":一是路网密度低,二是通达水平低;"两差":一是道路等级、质量差,二是出海条件差;"两不足":一是建设资金不足,二是自身发展能力不足。具体表现在交通运输路网密度低、道路通达水平低、道路等级低、建设资金不足和自身发展能力不足。从各地区运输线路的分布数量和质量来看,目前西部五省区的运输基础设施明显落后于沿海五省,因而影响着西部五省区的经济发展速度。从我国各地区的铁路、公路的分布就可以清楚地反映这一点。

从2007年数据可知,全国共有铁路营业里程为77965.9公里,其中沿海五省拥有10031.33公里,而西部五省区仅有15047.27公里,分别占全国铁路营业总里程的12.9%和19.2%。从绝对数看,西部五省区铁路营业里程高于沿海五省。但是如果按各地区单位国土面积拥有的铁路线路(即铁路的密度)比较,则占全国国土面积70%以上西部五省区拥有的铁路线路就明显少于沿海五省。从公路的数量分布来看,2007年全国共有公里3583715公里,其中沿海五省有714712公里,西部五省区有626975公里,分别占全国的19.94%和17.40%。与各地区铁路里程来看,总量上看西部五省区公路总长度低于沿海五省,西部五省区公路的密度就更是落后于沿海五省(见表3-34)。

表3-34　2007年东部沿海、西部五省区铁路、公路运输线路长度

地区	铁路营业里程 (公里)	所占比重 (%)	公路里程 (公里)	所占比重 (%)
全国合计	77965.9		3583715	
沿海五省	10031.33	12.90	714712	19.94
西部五省区	15047.27	19.20	626975	17.40

数据来源:根据《2008年中国统计年鉴》相关数据计算。

从公路的质量上看,西部五省区则更落后,这从高等级公路的数量分布上可以看出:2007年全国共有等级公路380416公里,从地区分布来看,其中沿

海五省和西部五省区分别有117229公里和10385公里,分别占全国等级公路总量的30.8%和2.72%。西部五省区的等级公路与沿海五省等级公路的差距很大,另外西藏地区没有高速公路和一级公路,二级公路仅有952公里里程。从高等级公路的分布上看,2007年全国共有高速公路53911公里,其中沿海五省有15126公里,占全国的28.05%,而西部欠发达地区只有高速公路15011公里,仅占全国的1%(见表3-35)。东部地区高速公路的拥有量为西部的28倍。从一级公路分布上看,2007年全国共有一级公路50092公里,其中西部五省区只有1400公里,仅占全国一级公里的2.7%,而东部地区一级公路长度多达25834公里,占全国一级公路总量的51.6%,为西部一级公路18倍之多;2007年全国有二级公路276413公里,西部五省区有二级公路8444公里,占全国的3.05%;东部地区有二级公路76269公里,占全国的27.6%,东部地区二级公路的拥有量为西部的7倍(见表3-35)。比较可知,西部五省地区不仅在公路总量、公路密度上落后于东部地区,而且公路的质量与东部的差距更大、更明显。其突出标志就是在代表现代运输的先进设施——高速公路及高等级公路数量方面,西部五省区远远落后于沿海五省。

表3-35　2007年东部沿海、西部五省区公路运输线路长度

地区	等级公路(公里)	占全国比重(%)	#高速(公里)	占全国比重(%)	#一级(公里)	占全国比重(%)	#二级	占全国比重(%)
全国合计	380416		53911		50092		276413	
沿海五省	117229	30.80	15126	28.05	25834	51.60	76269	27.60
西部五省区	10385	2.72	541	1	1400	2.70	8444	3.05

数据来源:根据《2008年中国统计年鉴》相关数据计算。

2. 通信基础设施及设备

通讯产业是目前成长最快的高技术产业,是我国经济构成中最活跃、最具发展潜力的产业,通讯产业的发展影响着一个国家或一个地区经济增长的速度。从现实来看,西部五省区的通讯基础设施大大地落后于沿海地区,这将大大地影响西部五省区在新世纪的发展速度。

2007年我国邮电业务总收入为19751.86亿元,其中包括邮政业务总量1213.727亿元和电信业务总量18538.13亿元。从地区分布来看,沿海

五省拥有邮电业务总收入为 7890.339 亿元,占全国总量的 39.95%,其中包括邮政业务总量 495.0508 亿元和电信业务总量 10580.45 亿元,分别各占全国总量的 40.80% 和 39.9%,西部五省区拥有邮电业务总收入为 1651.094 亿元,占全国总量的 8.35%,其中包括邮政业务总量 50.29543 亿元和电信业务总量 1600.798 亿元,分别各占全国总量的 4.41% 和 8.63%。通过比较,西部五省区在邮政业务和电信业务上都远远落后于沿海五省(见表 3-36)。

表 3-36　2007 年东部沿海、西部五省区通讯基础设施比较

地区	邮电业务量（亿元）	占全国比重（%）	邮政业务总量（亿元）	占全国比重（%）	电信业务量（亿元）	占全国比重（%）
全国总计	19751.86	100	1213.727	100	18538.13	100
沿海五省	7890.339	39.95	495.0508	40.8	7395.288	39.9
西部五省区	1651.094	8.35	50.29543	4.14	1600.798	8.63

数据来源:根据《2008 年中国统计年鉴》相关数据计算。

在西部的邮政通讯基础设施方面,与东部沿海相比,落后的差距就更大。2007 年,全国邮政局的营业网点数为 70655 处,东部地区邮政局的营业网点数为 28672 处,占全国比重的 40.60%,中部地区邮政局的营业网点数为 20756 处,占全国比重的 29.40%,西部五省区邮政局的营业网点数为 21227 处,占全国比重的 30%。2007 年,全国邮路总长度为 3532980 公里,东部地区邮路总长度为 1915676 公里,占全国比重的 54.20%,中部地区邮路总长度为 640590 公里,占全国比重的 18.10%,西部五省区邮路总长度为 976714 公里,占全国比重的 27.6%(见表 3-37)。如果按各地区单位国土面积拥有的邮路总长度(即邮路总长度的密度)比较,则占全国国土面积 70% 以上西部五省区拥有的邮路总长度就更加明显少于沿海地区。从农村投递路线来看,东、西部五省区相比较,农村投递路线公里数相差不大,但是相对于西部五省区广大的农村而言,西部五省区的农村投递路线覆盖密度是远低于沿海地区。

表 3-37　2007 年东部沿海、西部五省区邮政局所数和邮电线路

地区	营业网点（处）	占全国比重（%）	邮路总长度（公里）	占全国比重（%）	农村投递路线（公里）	占全国比重（%）
全国总计	70655	100	3532980	100	3637553	100%
沿海五省	17213	24.36	1078169	30.51	973883	26.77
西部五省区	7243	10.25	438752	12.41	576356	15.84

数据来源：根据《2008 年中国统计年鉴》相关数据计算。

　　从各地区的通信设备拥有量来看，西部五省区远落后于沿海五省。2007年全国有长途电话交换机容量 15683408 路端，沿海五省有 595654 路端，占全国总数的 37.97%，西部五省区为 3538411 路端，占全国总数的 10.10%。2007年全国有移动电话交换机容量 83239.3 万户，沿海五省拥有 33872.8 万户，占全国总数的 40.69%，西部五省区拥有 7607.5 万户，占全国总数的 9.13%。相比之下，西部五省区的电话容量也明显落后东部地区。2007 年，全国拥有互联网宽带接入端口 8094.5 万个，沿海五省拥有 3406.5 万个，占全国互联网宽带接入端口总数的 42.08%，与沿海五省相比，西部五省区的互联网宽带接入端口相对较少，有 580.8 万个，仅占全国互联网宽带接入端口总数的 7.17%。广西的互联网宽带接入端口不足 100 万个，仅是广东省互联网宽带接入端口总数的十分之一，西藏拥有量更是落后，仅有 8 万个，仅是广西互联网宽带接入端口总数的十分之一（见表 3-38）。比较可知，西部的通信电路基础设施与东部相比差距很大。

表 3-38　2007 年东部沿海、西部五省区通信设备拥有量

地区	长途电话交换机容量（路端）	占全国比重（%）	移动电话交换机容量（万户）	占全国比重（%）	互联网宽带接入端口（万个）	占全国比重（%）
全国总计	15683408	100	83239.3	100	8094.5	100
沿海五省	5956542	37.97	33872.8	40.69	3406.5	42.08
西部五省区	1584616	10.10	7607.5	9.13	580.8	7.17

数据来源：根据《2008 年中国统计年鉴》相关数据计算。

　　基础设施是区域经济发展的物质基础和支撑条件，是实现经济效益、社会

效益和环境效益相统一的必要条件,对一地区经济发展起着重要作用。在国民经济发展和城市建设现代化的进程中,随着城市规模的不断扩大,城市各项功能的不断演变和不断强化以及城市居民对生活质量和环境质量要求的不断提高,作为社会经济活动的载体的基础设施建设是至关重要的。提高西部五省区经济发展水平,基础设施建设要先行。西部五省区明显滞后的基础设施显然难以为其经济发展提供有力的支持。

(五)政策支持力度不足

优惠政策是吸引国内外资金、技术、人才等生产要素的一个重要条件。实施西部大开发以来,为促进西部欠发达地区加快发展,国家出台了若干有关政策措施。但是,这些措施优惠力度不大、政策效应不强,西部五省区和沿海五省相比并没有政策优势。而随着西部大开发工作的不断深入,一些深层次问题逐渐暴露出来,其中政策支持是首先要解决的重大问题。

1. 与西部欠发达地区实际情况结合不够,各项政策有待进一步细化

西部欠发达地区在高耗能产品具有成本上的优势,这些产业的发展,无疑对促进西部地方经济的发展起到积极作用。而实际上,这些产品的发展刚好受到国家产业政策的严格限制。这就将西部推到了优势资源无法充分发挥效益的局面。显然,西部产业政策还没有充分考虑到西部欠发达地区的实际情况。在不违背国家总体发展的前提下,对具有西部比较优势的产业,国家产业政策应适当放宽,加以大力支持。目前,国家针对西部出台的各项政策、措施等,基本上已覆盖了西部大开发所涉及的各个方面,但总体上看,提出的各项政策措施原则性的较多,具体的措施较少,因而政策的可操作性不高,这种现象在已出台的各项政策、措施中普遍存在。因此,国家各相关职能管理部门应对西部大开发已出台的各项政策、措施进行细化和明确,更符合西部欠发达地区的实际情况。

2. 政策未体现西部欠发达地区的内部差异

西部五省区地域广大,区域内自然环境和经济发展水平差异很大,国家的政策只有和地区的实际相结合才能产生最大的效果。目前,国家针对西部的政策主要是针对西部的总体情况制定的,而较少针对西部欠发达地区。目前仅有《"十五"期间西北地区工业结构调整指导意见》、《西部地区水利发展规划纲要》、《关于加快西部地区特色农业发展的意见》等少数文件,针对西部欠

发达地区内的区域差异提出了相应的政策和发展方向，而大部分文件则缺乏西部欠发达地区的特色。

3. 在外资税收优惠政策上只是向东部地区"看齐"

改革开放以后，为利用外资、扩大对外开放，我国在东部地区设立了经济特区、经济技术开发区、沿海开放城市等特殊经济区域，并分别实行了优惠政策。在所得税上，特区、开发区对生产性外商投资企业均执行15%的税率，沿海开放城市执行24%，其余为30%。若进行跨时空的比较，东部地区的外资在20世纪八九十年代享受这些政策时，其他地区由于没有或很少有特殊经济区域则基本享受不到。也就是说，东部外资所得税率分别比其他地方低15和6个百分点。而西部欠发达地区外资在享受这一政策时，只是向东部"看齐"。如果考虑沿海地区的先行优势，那么西部欠发达地区在外资政策上已经处于劣势，更何况沿边开放的周边国家大多数是不发达国家，其对外直接投资能力很低。

4. 西部欠发达地区享受的优惠政策由于各种原因政策效应大打折扣

国家对《外商投资中西部欠发达地区优势产业目录》中的产业按15%税率征收企业所得税；对设在西部欠发达地区国家鼓励类的企业按15%征收企业所得税；在西部欠发达地区新办交通、电力、水利、邮政、广播电视等企业，给予减免企业所得税的优惠政策等。这些政策看起来很优惠，但实际上则不尽然。一是国家鼓励的这些产业往往是高风险、高投入、低回报的项目，准入门槛高，很难享受。二是这些政策主要是产业倾斜，地区效应有限。三是1994年分税制改革和2002年所得税分享改革后，所得税优惠在很大程度上减少了地方财政收入，地方的积极性并不高，政策效应远不如以前。四是西部大开发的有些政策还停留在文件上，如扩大服务贸易领域对外开放和一些领域的对外开放如人民币自由兑换等在西部欠发达地区先行试点的政策，至今未出台具体办法、难以操作。

另外，东部一些地方实际采取了比西部更优惠的政策。目前在招商引资方面的一个重要因素是地价，在这方面西部欠发达地区更是处于劣势。据了解，东部一些地区开发区企业的用地价格在每亩5万元左右，而西部一些开发区土地成本价格一般不低于每亩18万元。东部地区由于财力雄厚，在用地上往往进行补贴，所以有的地方地价很低，有的地方零地价。另外，在实际操作中,东部地区由于财力强,有的采取变通措施给企业以税收返还,西部欠发达地区由于财力较弱,导致在西部投资享受的政策实际上不如在沿海五省优惠。

七、结论与对策思路

西部欠发达地区经济发展无论是结构方面,还是总量与发展方面的失衡是比较严重的。尽管有的指标显示有失衡减小的迹象,但如果没有强有力的政策促进西部欠发达地区的发展,这种失衡减小的过程将不可能持久,反而失衡还有进一步反弹的可能性。在目前失衡状态下,只有采取一种系统的、一揽子的西部欠发达地区经济发展政策,才能从根本上转变失衡状态,促进沿边与沿海发展失衡的逐步收敛,实现协同发展。

(一)结论

1. 从发展和结构两方面的失衡看,西部欠发达地区失衡已到了比较严重状态

建国后相当长一段时期内我国实施均衡布局战略,使得西部欠发达地区在非常落后的基础上得以迅速发展,作用十分显著,西部欠发达地区与沿海五省呈现出一度的收敛。但由于长期以来能源、原材料等基础工业初级产品与加工工业制成品的比价不合理,能源、原材料等初级产品的价格明显偏低,严重背离其价值,从而使生产能源和原材料等基础工业初级产品的西部欠发达地区创造的一部分价值,转移到以加工工业为主的东部地区,形成了价格"漏斗",影响了欠发达地区经济效益的发挥。因此,国家对西部欠发达地区的投资倾斜,并持续西部欠发达地区与东部地区的经济失衡不断缩小的趋势,反而使失衡进一步反弹。

改革开放以后,我国总结历史的经验和教训,提出地区经济发展"非均衡发展"的新战略。根据"非均衡发展战略",我国为充分发挥和利用沿海地区已有的经济技术优势和区位优势,对沿海地区在财政、资金、投资和对外经济交往等方面实行倾斜性优惠政策,从而促进了该地区经济的高速增长和市场化程度的迅速提高,带动了经济的快速发展。其实质是在政策上允许部分地区先富起来。改革开放以来,不仅国家投资和FDI重点集聚在沿海地区,而且西部的资金、人才在东部经济高速增长的引力作用下也不断东流。从纵向比

较,西部欠发达地区经济本身也得到了较大发展,但从横向东部沿海省份比较,西部欠发达地区长期处于发展滞后状态,东部沿海地区的经济失衡还是扩大了,而且已达到严重失衡的状态。

从宏观上看,西部欠发达地区经济严重失衡是指经济发展数量和发展质量的失衡。这两方面的严重失衡表现在:(1)首先在我国西部欠发达地区在当前以及未来的数年内其发展阶段还保持低级化的特征。从三次产业就业比例来看,第一二产业所占比重过大,第三产业比重过小,呈现出较明显的低级化倾向。(2)西部欠发达地区的基础设施薄弱,严重制约着西部少数民族经济经济增长方式转变和可持续发展。(3)在工业内部,西部基本上以能源、原材料等初级产品和粗加工业为主,缺乏资源深加工型、精加工、高附加值的主导工业群,产业极差比较大。虽然西部也有自己的一些特色资源和优势产业,如西部欠发达地区特有的农矿产品的开发及其加工业等,但西部欠发达地区的这类优势产业总体上看不仅数量少,而且自我发展能力差。

2. 如果维持现有政策,由于受区位、基础设施、FDI、所有制结构等失衡机制的影响,可以预见西部欠发达地区与沿海地区的失衡还将越来越大

首先是,区位劣势。西部欠发达地区相对处于内陆封闭或半封闭地带,不少地区干旱少雨,地形复杂,至今相当部分地区还处于工业化初期阶段,西部欠发达地区还不具备大规模承接国际产业和东部产业转移的系统条件。中国制造品出口导向和沿海导向的开放政策,推动了制造业向具有国际贸易地理优势和良好工业基础的沿海地区集聚,导致西部欠发达地区与沿海工业结构差异进一步扩大。然而,地理区位优势也有助于制造业集聚以及 FDI 集聚效应发挥。已有研究显示,改革以来,我国整体上发生了产业在空间上的转移与集聚,而西部欠发达地区与沿海地区的发展失衡扩大很大程度上由产业集聚引起。

其次是,产业结构和所有制结构方面的失衡。西部欠发达地区资源丰富。在我国实施重工业优先发展战略时,西部欠发达地区建设了许多大中型企业,但大多数是属于增值程度低的采掘工业和能源、原材料工业,加工深度和加工层次都很低,资源优势没能转化为经济优势。而在东部地区,轻工业和加工工业占较大的比重。这种产业结构的失衡再加上价格不合理性的存在,使西部欠发达地区在与东部地区进行商品交换时处于不利地位。市场化区域梯度推

进战略使东部市场化程度迅速提高,以乡镇企业、三资企业为代表的非国有经济迅速发展使该地区的所有制结构发生重大变化。非国有经济运行机制灵活,其效率一般高于国有经济。非国有经济已成为支撑东部地区国民经济高速发展的重要组成部分。而在西部欠发达地区,国有经济一直占据主导地位。

此外,基础设施条件、资金短缺等制约着西部欠发达地区经济发展。交通、通讯、生态、农田水利等基础设施条件极差,是西部欠发达地区经济发展的严重障碍。同时,西部欠发达地区资金严重短缺,经济乏力,难以形成新的经济生长点。科技水平较低,科技人才严重缺乏,劳动力素质较低,社会发育程度极低,商品经济意识不强,是造成西部欠发达地区经济发展水平低的重要原因。

最后是软环境的差异。经济发展的软环境包括政府工作人员的素质、经济管理人员的水平、劳动者的技术文化素质,以及区域内科学教育、文化发展和卫生事业的总体水平和人们的市场经济观念、开放意识和创业精神。经济发展在很大程度上取决于软环境。在这方面,东部与西部欠发达地区的差异也是显而易见的。沿海五省易于接受现代市场经济的新思想新观念,较好地适应国内、国际产业调整的变化,抓住机遇发展自己。而西部欠发达地区的市场发育程度低,人流、物流、信息流呆滞,教育科技文化相对落后,人们的思想观念的转变也相对迟钝。这些都是影响西部欠发达地区发展的重要因素。

各种失衡因素交互作用,西部欠发达地区面临自身发展不足和高端工业难集聚困境。范剑勇(2004)认为,地区差距持续扩大突出表现在产业集聚的整体性累积。以此推断,随着中国制造业对 FDI 依赖加深,西部欠发达地区与沿海省区的制造业集聚失衡还会扩大,尤其是主导产业群产业链差距扩大,工业极差也会扩大,自然,从长远看,西部欠发达地区与沿海地区经济发展失衡仍有扩大的可能性。

(二)对策思路

从理论上讲,平衡是相对的、短期的;不平衡是绝对的、常态的,但对失衡程度的控制,甚至失衡度的缩小不仅受到理论的支持,而且也不乏成功案例。世界各国在治理欠发达区域失衡方面已积累诸多经验,其中首要的一条就是政策。从现实看,就西部沿边经济与东部沿海经济的失衡是严重的。在短期内,由于这种失衡表现出一种收敛的迹象,因而呈现出一种相对的可持续性,但还不能做出长期收敛的推测,毕竟还有众多中长期失衡的因素存在。西部欠发达地区发展失衡仍是今后一个时期必须面对的基本国情。在西部欠发达地区中长期失衡机制中,政治、制度、政策失衡起到不可忽略的作用。在目前的体制下,中央政府是纠正西部欠发达地区发展失衡的主体。只有中央控制宏观经济的能力提升,并正确制定出符合西部欠发达地区经济发展阶段的区域政策,才能逐步解决西部欠发达地区发展失衡的难题。

1. 加大西部大开发力度

目前,深入推进西部大开发战略是促进西部欠发达地区发展,以缩小西部欠发达地区失衡的重要保障。刘生龙,王亚华和胡鞍钢(2009)的实证表明,西部大开发的实施,使得西部欠发达地区2000年以来的年平均增长率增加了约1.5个百分点,促使中国区域经济从趋异转向收敛。西部大开发促进西部欠发达地区经济增长的机制主要是通过大量的实物资本特别是基础设施投资实现的,而教育发展、科技进步及软环境并没有因为西部大开发而得到显著改善;他们建议国家进一步推进西部大开发的过程中,在继续加大对西部欠发达地区实物资本和基础设施建设投入的同时,应当强化对人力资本的投资和政策法规人文等软环境的建设。目前,国家已转变了西部大开发的战略重点,把促进西部优势产业发展作为继续推进行西部大开发的导向。可以说西部大开发是实现西部欠发达地区产业结构转换的一个良好契机,西部欠发达地区各地区能否因地适时地对产业结构进行调整和转换,不仅关系到西部欠发达地区的产业结构升级,地区间的协调发展,也将直接决定着西部欠发达地区在未来全国区域分工中的相对地位。为此,加大西部大开发力度,提高西部欠发达地区的产业结构转换能力,提升西部欠发达地区的产业集群竞争力和促进西部欠发达地区的经济和社会发展,对缩小西部欠发达地区发展失衡具有十分重要的现实意义。

2. 促进 FDI 向西部欠发达地区集聚

从资本形成的角度看,FDI对东部发达地区GDP增长具有十分重要的影响,而对西部落后地区的影响缺乏显著性。魏后凯(2002)的实证分析结果表明,在1985~1999年间,东部发达地区与西部落后地区之间GDP增长率的差异,大约有90%是由外商投资的差异引起的。这说明,在当前实施西部大开发战略、加快西部欠发达地区发展的过程中,积极引导外商投资投向西部欠发达地区将具有十分重要的战略意义。

然而,可以预见,在经济全球化日益加快的情况下,沿海地区由于区位条件优越,经济发展水平较高,投资软硬环境较好,今后仍将是FDI的首选地区。因此,要促使FDI向西部欠发达地区大规模转移,并非是一件容易的事情。为促进外商投资逐步西进,今后除继续搞好能源、交通、通信、水利等基础设施建设外,更重要的是加快改革开放的步伐,不断改善投资软环境和产业配套条件。同时,要重视教育,大力发展教育,提供劳动力的科学文化素质,创造较好的软环境,以便在吸引外资的同时更好地利用外资。

值得一提的是,国务院有关部委制订和修订了《中西部地区外商投资优势产业目录》,针对西部各省的实际情况,列出了适合于西部各省自身特点的鼓励产业目录。但是,目前还没有专门针对西部欠发达地区实际而制定的产业目录。为此,为促进FDI向西部欠发达地区定向集聚,制定《西部欠发达地区外商投资优势产业目录》显得十分必要。一方面鼓励FDI向西部欠发达地区优势产业集聚,另一方面控制国际污染产业向西部欠发达地区转移。为面对西部欠发达的经济和脆弱的生态环境,在产业转移过程中,要对发展西部少数民族经济和保护其生态环境做出科学的综合决策。另外,以次区域合作和东盟自由贸易区建设为契机,加大沿边开放的力度和步伐,在次区域一体化合作框架下吸引更多的FDI入驻。

3. 加大西部欠发达地区经济开发区和高新区发展,推动产业集群发展

西部欠发达地区的产业发展具有一个重要的约束和背景,这就是全国已形成了高级要素向东部发达地区的极化型集聚,形成了高端产业集聚沿海的发展格局,西部欠发达地区产业要发展,就必须改变这种不利的局面,吸引大量的关键生产要素向本地集聚。在西部欠发达地区中,开发区这一资源配置方式可能用来实现集聚关键生产要素和实现产业发展治理机制的集成供给,从而达到在局部区域实现产业集群发展的目标。

西部欠发达地区的实践已经证明,开发区(工业园区)的建立不仅能够提供投资环境以吸引外资,更重要的是能为入园企业提供良好的经营环境和产业发展环境,提升企业竞争力,带动当地供应商网络的发展,从而提升区域产业竞争力。因此,国家经济技术开发区和高新技术开发区在西部欠发达地区的园区经济中起龙头作用,国家应当在国家层面上支持西部欠发达地区国家

开发区的发展，能够促进良好集聚效应的形成，不仅带动地方经济结构与产业空间组织调整，提升产业竞争力，从多方面驱动沿边区域产业空间结构的演进。

4. 推进新型工业化，坚持走环保和可持续发展道路

对西部欠发达地区来说，承接产业转移是为了增强本地产业的实力和核心竞争力，绝不是为了实现一般意义的就业和企业代工。西部欠发达地区地方政府要做好宏观决策和引导，使西部欠发达地区在承接转移产业的过程中坚持走环保和可持续发展之路，避免在承接转移产业中继续走以牺牲资源、环境为代价的层次不高、水平又低的老路；兼顾好当前发展和可持续发展的要求，继续巩固和加强生态建设，强化节约和高效利用资源的导向，争取做到承接产业不污染环境、不破坏生态、不浪费资源、不搞低水平重复建设。要注重发展循环经济，如果承接能耗较高、污染较大的产业转移项目，要改造后再投入运营，不能随意引进。通过摸索经济、生态、社会效益都好的新型工业化发展模式，在承接产业转移过程中实现西部欠发达地区经济的可持续发展。

目前我国环境标准体系本身亟须进一步完善。国家环保总局联合原国家经贸委曾于2000年发出了《关于禁止向西部转移污染的紧急通知》，该通知对于一批已明令淘汰的15类严重污染环境的小企业、设备、工艺等做出了明确的管理规定，这很大程度上阻止了一部分恶性的污染转移，但对于很大一部分因目前我国东西部间标准存在差异，导致产品成本不同而西迁的企业工艺、产品缺乏约束力。因此，国家应该尽快完善西部欠发达地区的地方环境标准体系的建设，以保护脆弱的西部沿边生态环境。

当前，实现向集约型经济增长方式的转变，主要应从科技创新和体制创新两方面入手，在通过科技进步提高效率和优化产业结构的基础上，逐步扭转粗放型增长的局面，引导和推动增长方式向集约型方向的转型；同时加快政府职能的转变和体制改革，为科技创新提供制度保证，以体制创新推动经济增长方式转变。从制约西部欠发达地区经济增长方式转变的因素看，随着西部沿边经济发展水平和技术应用程度的提高，体制和制度因素越来越制约着增长方式的转变。西部沿边经济运行中屡屡出现并长期得不到纠正的投资过度膨胀、低水平重复建设、高速度低效益等现象，在很大程度上是体制和制度不完善造成的。制度创新对转变西部欠发达地区经济增长方式意义重大。

5. 促进东部和国际产业转移,培育西部欠发达地区优势产业

缩小西部欠发达地区与沿海地区经济失衡的重要的举措之一,就是利用西部欠发达地区的比较优势,发展比较优势产业。西部欠发达地区比较优势产业发展必须在外部产业转移中才能实现,这一点是东部比较优势产业发展的经验。在一个发展失衡的大国中,产业梯度转移是客观存在的,产业梯度转移是区域经济发展到一定程度后产生的必然要求,只有顺应这一要求,区域经济关系才能协调。这一点已被世界范围的产业转移与许多国家内区域间产业转移的事实所证明。

目前,沿海地区与西部欠发达地区已存在较大的产业极差,客观上已形成产业转移的条件。加快沿海产业向西部欠发达地区转移,不仅有利于沿海发达地区的优化资源配置,使沿海地区致力于发展现代服务业和资本、技术密集型产业,而且有利于西部欠发达地区的产业转换与升级,推动西部劳动密集型产业和部分高端产业发展,加速西部欠发达地区的工业化和城市化进程。

因此,国家要建立促进产业向西部欠发达地区转移的利益协调机制,制定促进东部产业转移的差异化产业政策的要素激励机制,改善产业转移环境,降低产业转移成本,有力促进东部沿海地区产业向西部欠发达地区成规模地转移。而对西部欠发达地区来说,利用自己的各种优势,把发展特色优势产业和承接转移产业结合起来,不仅可以通过有效对接发达地区的转移产业和经济资源,壮大特色优势产业和发展新兴产业,使经济步入快速发展轨道,而且突出自己的优势,形成多样化集聚,做大做强优势产业。

6. 制定西部欠发达地区产业发展规划,实施优惠政策,扶持产业发展

加快西部欠发达地区的经济发展,需要规划西部欠发达地区产业发展,引导产业结构的发育,提高西部欠发达地区的创新能力。目前,制定促进西部欠发达地区发展的合理的产业政策和实施西部可持续发展战略是提高西部欠发达地区产业结构转换能力的有效对策。统筹规划主导产业及其配套产业的发展,既能做大做强主导产业,又能建立起完善的产业配套体系。(1)提高西部欠发达地区经济发展水平的措施包括完善西部欠发达地区融资机制,加强西部欠发达地区自身的资本积累,以政府政策来营造有利的经济发展宏观环境,加快基础设施建设和加快市场体系的培育和发展等方面。(2)促进西部欠发达地区产业结构的发育包括走适宜的产业发展路子,调整产业内部结构,加快

传统行业的改组和改造步伐,政府实施政策优惠、扶持产业发展,实施多元化的产业发展战略。(3)提高西部欠发达地区创新能力的对策包括强化体制改革,强化企业的科技创新能力,转变政府职能,提高调控创新活动的效率,制定有效措施,培育新人才,充分发挥人才作用,建立和健全创新中介服务体系,推动西部沿边区域创新系统的建设。(4)实施西部欠发达地区可持续发展战略主要体现在发展循环经济,改变不当的开采方式等方面。

7. 发展非公有经济,增加西部欠发达地区经济发展活力

西部欠发达地区所有制结构不合理,即公有制经济在所有制结构中所占比重过高是西部少数民族经济发展滞后的一个重要原因。西部欠发达地区所有制结构中公有制经济占到非常高的比重,一方面是由于在计划经济体制下国家出于安全的战略需要,将大量国有企业布局或搬迁到西部,也就是说西部公有制经济比重过大并非是由于其自身形成的,而是历史的原因,西部承担了过多的改革成本和沿海发展的成本;另一个方面是西部欠发达地区自身造成的,一是西部没有充分地抓住沿海开放和沿边开放所提供的历史机遇。目前,非公有制经济已成为东部沿海经济中的主体,而西部欠发达地区仍以公有制经济为主导,经济缺少活力。因此,对于西部欠发达地区来说,只有进行制度创新这一重要环节,才能加快国有经济布局的战略性调整与国有企业的战略性改组,只有实行公有、非公有等多种所有制经济共同发展,才能适应目前西部欠发达地区生产力水平发展的要求,才能真正调动各方面的积极性,从而使经济充满活力、蓬勃发展。西部欠发达地区与东部地区的经济失衡,主要是来自非国有经济发展不足方面。所以,只有西部欠发达地区要充分利用好一切优势,大力发展非国有经济,同时,要加快国有企业改革,增强企业灵活性和适应能力,这是解决西部欠发达地区发展失衡的有效出路。

8. 政府体制创新,服务于西部欠发达地区发展

当前,政府是解决西部欠发达地区失衡问题的主体。依据市场调节和政府调控两种调节机制的有机结合,并把政府职能在缩小地区失衡中的作用摆到更为突出的位置,或者说,政府承担着这方面的责任与义务,是解决地区失衡的主体。尤其中央政府肩负着缩小西部欠发达地区失衡调控职能的主导作用。矫正西部欠发达地区不合理失衡扩大,是今后中央政府重要的基本职能。

资源配置西移方面,优先在西部欠发达地区安排资源开发和基础设施建

设项目。作为全国性基地的西部欠发达地区资源开发项目,国家实行投资倾斜。跨地区的交通、通信等重大基础设施项目,以国家投资为主进行建设。有计划地把以初级产品为原料的加工工业逐渐西移,特别是那些以传统工艺技术为主的加工工业,应优先向西部欠发达地区转移。在东部布局加工工业时,要尽量不与西部欠发达地区争原料和消费市场,增大西部欠发达地区的发展空间、市场份额以及吸纳劳动力的能力。根据西部欠发达地区沿边开放的西部特点与区位,制定西部欠发达地区经济特区,加强 GMS 合作,做好加入东盟自由贸易区的准备,推进"两廊一圈"建设,形成全方位、多层次的沿边开放格局,建立西部沿边经济带。

服务于西部欠发达地区发展,还需要政府进行体制创新。政府体制创新的关键,是要转变政府职能。体制创新需要制定与实施一系列有利于西部欠发达地区增长方式转变的政策;同时,政府体制创新应服务于西部欠发达地区产业结构的调整和升级,解决就业结构与产业结构的突出矛盾。同时,政府要创造条件促进高新技术对西部欠发达地区传统产业的改造,着力发展高新技术产业,以新的思路服务西部欠发达地区经济发展。

附录1　产业代码

工业行业(或产业)是指从事相同性质的工业经济活动的所有单位的集合。中国按统计部门使用的《国民经济行业分类与代码》(GB/T4754—2002),将经济活动划分为门类、大类、中类和小类四级。门类采用英文字母编码,大、中、小类采用阿拉伯数字编码。主要研究的对象为 B 门类矿采业、C 门类制造业和 D 类中的工业产业。它们分别是 B06 煤炭开采和洗选业,B07 石油和天然气开采业,B08 黑色金属矿采选业,B09 有色金属矿采选业,B10 非金属矿采选业,B11 其他采矿业,C13 食品加工业,C14 食品制造业,C15 饮料制造业,C16 烟草制品业,C17 纺织业,C18 服装及其他纤维品制造业,C19 皮革、毛皮、羽绒及其制造业,C20 木材加工及竹藤制造业,C21 家具制造业,C22 造纸及纸制品业,C23 印刷及记录媒介的复制业,C24 文教体育用品制造业,C25 石油加工及炼焦业,C26 化学燃料及化学制品制造业,C27 医药制造业,C28 化学纤维制造业,C30 橡胶制造业,C30 塑料制造业,C31 非金属矿物制品业,C32 黑色金属冶炼及压延加工业,C33 有色金属冶炼及压延加工业,

C34 金属制品业,C35 普通机械制造业,C36 专用设备制造业,C37 交通运输设备制造业,C39 电气机械及器材制造业,C40 电子及通信设备制造业,C41 仪器仪表及文化办公机械制造业。

第四章　西部欠发达地区社会事业发展失衡状况研究

　　中国西部的社会发展滞后,集中体系在社会事业方面。由于文化传统、人文地理、历史发展和风俗习惯的差异,我国西部欠发达地区社会事业发展客观上存在一定的差异,改革开放以来,经济发展的失衡,进一步导致了西部欠发达地区社会事业发展失衡状况的进一步加剧,该问题引起了社会各界的高度关注,如果这种失衡的状况持续扩大,将最终影响我国民族团结和国家安全。然而,迄今为止对西部欠发达地区社会事业发展状况还没有系统的研究和准确的科学判断,本专题研究的目的是:第一,通过对区域间社会事业发展现状分析,揭示我国西部欠发达地区社会事业发展失衡总体状况,以及各行业社会事业发展的差异程度;第二,通过指标体系的构建以实证模型的检验,解释影响我国西部欠发达地区社会事业发展失衡的因素,从而为提升我国西部欠发达地区社会事业发展基本公共服务的供给机制提供依据。

一、理论与概念界定

　　西部欠发达地区社会事业发展失衡的研究属于区域发展差异理论范畴,涉及各地区社会经济发展路径问题,包括区域均衡性发展和区域非均衡性发展。为此,本节主要介绍和评述区域经济差异理论以及国内外研究现状,在此基础上提出本课题研究的切入点。同时,本章还就研究核心对象的"社会事业发展"内涵,"东、中和西部地区"和"西部欠发达地区"的地域划分进行界定。

（一）理论综述

地区间社会事业发展失衡的研究属于区域发展差异范畴,在区域经济理论不断发展的历程中,各种不同的观点不断涌现,主要包括均衡发展理论与非均衡发展理论。此外,国内外学者对区域差异,尤其是社会发展差异也做了大量的研究,为本文分析西部欠发达地区社会事业发展失衡起到一定的借鉴作用。

1. 区域间差异文献评述

针对区域差异的研究,学术界提出不同观点,许多学者对我国区域差异失衡成因做了研究。惠树鹏(2009)认为区域间技术创新的差异导致了技术创新对经济增长贡献的区域差异性。并测算出各区域技术创新对经济增长贡献:西部地区以二次函数增长,中部地区以一次函数减小,东部地区则以指数函数减小。强调西部要加强技术创新能力,以实现西部崛起。崔万田、曾勇、马喆(2009)认为区域经济发展不平衡的本质是社会资本作用的结果。梁欣然(2007)通过分析"资源悖论"现象,认为资源丰富的地区要想充分利用其禀赋优势,缩短发展差距,必须疏通由资源要素向财富现实的转化环节,并在经济发展过程中逐步积累社会经济资源。高同彪、刘力臻(2007)认为非均衡发展战略、改革开放的渐进式区域推进、区位差异、循环累积效应是造成我国区域差异的原因。

以上学者分别从不同角度对当前区域发展失衡原因作出了不同解释,有微观层面的因素,也有宏观层面的原因。本课题比较赞同高同彪,刘力臻的观点,在我国市场化程度还不是很高的状况下,政府的战略导向、政策倾斜对各区域的发展前途影响非常深远,所以政府的作用不能忽略。

对于如何解决区域差异的问题,学者也提出不同观点。周晶石(2009)认为政府应在财政政策方面出台有效的办法以缩小区域差异。刘建国(2007)认为由于计算口径和生活成本的影响,各地区收入存在明显的差异,政府应切实按照科学发展观要求采取区域协调发展政策。二者都是从政府的角度出发,认为非均衡的发展模式已经阻碍我国经济的可持续发展和社会稳定,政府应负起责任,加紧出台有效政策,促进东中西的协调发展。曹莹、贾希亮(2009)基于山东区域经济发展的现状,提出了区域经济和谐发展的构建机制(利益补偿机制、地区差距调控政策机制、区域间协调合作机制),试图通过机制构建来解决区域发展失衡的现状。本课题研究认为单靠政策的刺激作用，效果只能是一时的，政府应加强建设协调均衡发展的制度机制，当这种自动调节的机制形成后，不仅东西部的社会经济失衡问题可以解决，而且维持我国均衡发展、促进可持续发展的成本将大大降低，效率也将大大提高，一劳永逸。

2. 社会发展差异文献评述

社会发展差异的原因研究是一个自 20 世纪 90 年代起开始逐渐引起学者关注的问题。这与中国的国情密切相关，最近二十年我国经济突飞猛进，发展迅速，但是区域间发展的差异却越来越大，古语有云："不患贫而患不均"，这样持续的区域间差异将对中国的宏观经济造成不可低估的负面影响和隐性忧患。国内学者关于社会差异的研究主要集中于发展现状及其原因的研究。

国内学者从不同的层面对我国社会发展差异现状进行了大量的研究。王关义（2007）认为区域经济发展中的失衡是一种普遍和持久现象，认为国土整治是缩小我国区域差距、改善区域发展关系的重要途径。王洪伦（2009）从资源供给与占有失衡、利益分配失衡、人力资源投入失衡三方面展现社会发展差异现状。何丹、刁承泰等（2005）从城市化水平、城市数量、体系和空间分布、城市社会经济发展状况、城市设施水平和城市经济效益 5 个方面分析我国三大地区的城市社会发展差异。王磊、左停（2008）从区位因素、政策因素、智力因素、历史因素等四个纬度阐述我国东中西地区县域经济发展失衡现状。钟有林、李霁友通过研究区域经济非均衡发展理论的演变与创新，指出由于"循环积累因果原理"的作用，东西部的差距越来越大，出现了地理上的东西"二元经济结构"。对于引起社会发展差异原因主要体现在以下三个方面的研究：

（1）历史条件和资源环境等先天因素。夏勇（1994）详细讨论了自然地理环境对区域经济差异扩大的影响；万广华、路铭和陈钊（2005）从实证的角度描述了地理位置对地区收入差异的影响。另外对于西部地区土地贫瘠，水资源匮乏，以及历史上就多为少数民族聚居区，历史社会发展水平低下等这些原因，也是造成社会发展差异的重要原因。关于历史条件和资源环境的先天因素可能是我国区域间社会发展差异的外生因素，但其只能说明一个静态的原因，不能很好地解释我国区域间差异日益扩大的成因。

（2）市场的发育程度和生产过程中的微观因素。Fleisher and Chen

(1997)认为较低的要素生产率是内陆地区经济增长缓慢的主要原因,并测算发达地区是内陆的两倍左右;蔡昉和都阳(2000)指出市场扭曲和开放程度不足使得西部难以实现和东部趋同,由此产生的效率差异是促进我国地区间收入差异扩大的深层原因;陈秀山、徐瑛(2004)指出影响区域差距的四个因素分别是:投入要素的数量和质量、要素配置效率、要素使用效率、空间格局变动;章奇(2001)则认为导致目前地区差异扩大的罪魁祸首并不是市场,反而是各省在利用市场和发展集会上存在差距,才使得地区发展差距问题逐渐明显。市场化程度确实会对地区的经济发展和社会发展产生影响,但影响的程度有多大,如何才能利用好市场进行社会事业的发展还需要进一步深入研究。

(3)中央政策倾斜和体制因素。杨开忠(1994)指出,区域经济受中央政策影响很大,决策者在进行空间经济决策时,会考虑非经济因素,这样可能造成不同的区域经济增长模式;陈本良、陈万灵(2000)认为,制度是我国经济发展不平衡的根源,居民户籍制度、国家垄断的银行体制等在不同时期都起着制约中西部发展的作用;Young(2000)认为,地区性保护政策是地区差异扩大的关键;周民良(2000)认为,所有制结构的变化,尤其是非国有经济的发展促成了区域间社会发展的差异;杜莉(2004)从初次分配和再分配着手,通过管理体制、经济运行体制、政策调控机制等方面论证指出,中国经济与社会发展中的一系列失衡现象的根本原因是体制性的。政策体制的因素对一个地区的发展有着重要的影响,可以从西部大开发中发现此项政策措施对西部的发展起了不可磨灭的作用,缩小的东、中、西部地区的差异,但是仍有一些社会事业的发展并没有因此而加速发展,因而政策体制对地区社会事业发展结构性的作用和作用机制有必要进一步深入研究。

(二)社会事业发展概念界定

在政府相关文件中,社会事业是指中央和各级地方政府领导的社会建设和社会服务事业,是与行政部门和企业(包括金融机构)行为相并列的活动。具体而言,社会事业是指国家为了社会公益目的,由国家机关或其他组织举办的从事教育、科技、文化、卫生等活动的社会服务。在我国各级政府发布的相关文件中,社会事业包括教育事业、医疗卫生、劳动就业、社会保障、科技事业、文化事业、体育事业、社区建设、旅游事业、人口与计划生育等10个方面。

同时,在一些理论和学术研究中,社会事业往往又被等同于社会发展事业、社会公益事业、社会慈善事业、社会公用事业、社会福利事业等等。例如，洪大用（2007）将"社会事业"看做是为确保社会团结、维护社会安全、促进社会发展、保障社会可持续，进而促进人的全面发展所提供的各种公益性支持与服务活动的总和，并将其分为四个层次：第一层次是促进社会公正，维护社会团结的社会事业，通常也被称作社会慈善事业或者社会福利事业；第二层次是防范社会风险，维护社会安全的社会事业，最为典型的就是制度化的社会保障与社会治安服务；第三层次是增进全体社会成员福利，促进社会发展的社会事业，最为典型的就是科技、文化、教育、卫生、体育等社会服务；第四层次是维持社会经济发展可持续性的社会事业，最典型的就是生态保护、环境治理和资源节约等。

以上所提出的社会事业的概念均具有典型的公共产品特征，即属于各级政府提供基本公共服务的范畴。本课题研究借鉴实践领域的定义和理论界的研究，同时结合中共十七大报告中所提到的民生重点行业，以及《2008年政府收支分类科目》（中华人民共和国财政部，2007）中的支出功能分类科目，将课题研究的社会事业所覆盖的范畴确定为：教育事务、农林水事务、医疗卫生事务、城乡社区事务、社会保障事务、环境保护事务、文体传媒事务和公共安全事务。因此，研究主要从以上八个方面选取相应的指标，评价我国西部欠发达地区社会事业发展的失衡状态。

二、区域间社会事业发展差异演绎

社会事业是指国家为了社会公益目的，由国家机关或其他组织举办的从事教育、科技、文化、卫生等活动的社会服务。衡量区域间各项社会事业发展水平高低，需要考虑社会事业供给主体相关的内生因素影响，同时需要考虑历史条件、自然条件和制度条件等外生因素的影响。本章首先判断社会事业的供给主体，在此基础上构建社会事业发展差异函数，并解释各因素对社会事业发展的影响以及区域间存在的差异，为课题分析社会事业发展失衡提供理论和实证的依据。

（一）社会事业发展差异基本函数构建

社会事业服务主要是实现社会公益目的，为全社会人民提供教育、科技、文化、卫生等基本公共服务,具有典型的公共产品特征。同时,部分社会事业服务可以直接使居民受益,即其效益可以进行定价,这样使得社会事业服务在技术上可以实现价格排他性,从而具有私人产品特征。由此判断,社会事业服务属于利益外溢性的准公共产品,各地区提供该类准公共产品水平会受到供给主体内生条件的影响,以及非供给外生条件的影响。

1. 社会事业服务供给主体判断

从消费者角度和社会角度分别分析社会事业服务由市场提供、政府提供和混合提供的效率,从而确定社会事业服务的供给主体。

(1)基本假设

假设1:社会事业服务的供给、私人总需求和社会总需求均为一次线性方程,且分别采用以下方程式表示:

$$\begin{cases} \text{供给函数}: P = a + bX\text{a},\text{b} > 0 \\ \text{私人总需求函数}: P = c - dX\text{c},\text{d} > 0 \\ \text{社会总需求函数}: P = e - dX,\text{d} > 0,\text{e} > c \end{cases} \qquad (4.1)$$

假设2:社会事业服务的消费者剩余 CS 代表居民从社会事业服务中获得的总收益,消费者剩余 CS、生产者剩余 PS 和政府支出 GS 的总和代表社会总收益 SS,如图4-1所示。

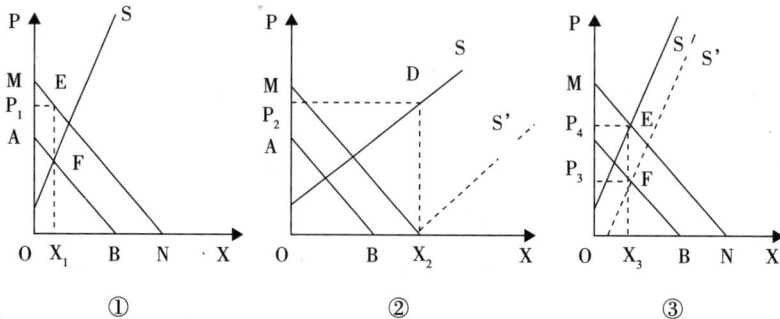

图4-1　社会事业服务产品供给效益图

(2)社会事业服务供给效率分析

第一,社会事业服务市场供给效率分析

如图4-1的①所示,社会事业服务由市场提供时,其提供量由供给函数与私人总需求函数决定即 X_1，然而因为社会事业服务具有利益外溢性，其价格应该由社会总需求函数在 X_1 决定，即 P_1 点。通过计算其坐标值分别为 X_1 $[(c-a)/(b+d),0]$ 和 $P_1[0,(be+de-dc-ad)/(b+d)]$，所得到的生产者剩余和社会总收益为：

$$CS_1 = \int_0^{X_1} (e - dX)dQ - P_1X_1 = \frac{1}{2}d\frac{(a-c)^2}{(b+d)^2} \tag{4.2}$$

$$SS_1 = \int_0^{X_1}((e-dX)-(a+bX))dX = -\frac{1}{2}\frac{(a-c)(2be+2de-3ab-ad+bc-dc)}{(b+d)^2} \tag{4.3}$$

第二，社会事业服务政府供给效率分析

如图 4-1 的②所示，社会事业服务完全由政府提供时，则其价格将失去约束，由于存在"道德风险"，居民会最大可能享用该项服务，直到社会事业服务边际效用为 0。从图形上看，政府提供社会事业服务的供给曲线将平移到 X_2 点，即政府必须提供 X_2 量的社会事业服务才能满足居民的需求。通过计算 P_1 和 X_2 的坐标分别为 $P_2[0,(be+ad)/d)]$ 和 $X_2[e/d,0]$。因为政府提供社会事业服务，所以居民的消费价格为 0，生产者没有剩余，社会总收益等于政府支出加上消费者剩余。所以得到生产者剩余和社会总收益为：

$$CS_2 = \int_0^{X_2}(e-dX)dX = \frac{1}{2}\frac{e^2}{d} \tag{4.4}$$

$$SS_2 = GC_2 + CS_2 = -P_2X_2 + CS_2 = -\frac{1}{2}\frac{e(2ad+2eb-ed)}{d^2} \tag{4.5}$$

第三，社会事业服务混合供给效率分析

如图 4-1 的③所示，社会事业服务由政府和居民混合提供，其中政府提供部分为社会服务的外部边际效益，即 AB 与 MN 间垂直距离 EF 段；向居民收费则体现居民直接从社会事业服务中受益，即 FX_3 段。因为政府向社会事业相关部门补贴了 EF 段，所以社会事业服务的供给成本将减少，即由原来的供给曲线 S 向下平移至 S'。由假设 1 可知 EF 段的距离为 $(e-c)$，则政府补贴后社会事业服务供给曲线 S' 的函数形式为 $P = (c-e+a)+bX$。所以在政府补贴和居民付费的条件下社会事业服务的有效供给量为补贴后的供给曲线 S'

与私人总需求曲线 AB 确定 X_3，居民享受社会事业服务的价格为 P_3，社会事业服务的成本价格为 P_4，其中 P_4-P_3 为政府补贴。通过计算 X_3、P_3 和 P_4 的坐标分别为 $X_1[(e-a)/(b+d),0]$、$P_3[0,(bc+cd-de+ad)/(b+d)]$ 和 $P_4[0,(be+ad)/(b+d)]$。所以得到生产者剩余和社会总收益为：

$$CS_3 = \int_0^{X_3}(e-dX)dX - P_3X_3 = \frac{1}{2}\frac{(2be-ad-2cd-2bc+3de)(e-a)}{(b+d)^2}$$

$$(4.6)$$

$$SS_3 = \int_0^{X_3}((e-dX)-(a+bX))dX = \frac{1}{2}\frac{(3eb+de-3ab-ad)(e-a)}{(b+d)^2}$$

$$(4.7)$$

（3）社会事业服务供给主体确定

根据以上三种不同方式提供社会事业服务的分析，居民消费社会事业服务获得的总收益（消费者剩余）分别为 CS_1、CS_2 和 CS_3，社会事业服务对社会产生的总收益（社会总收益）分别为 SS_1、SS_2 和 SS_3。根据图4-1以及比较计算出来的消费者剩余和社会总收益，可以得到以下关系式：

$$\begin{cases}CS_2 > CS_3 > CS_1 \\ SS_3 > SS_1 > 0 > SS_2\end{cases} \qquad (4.8)$$

虽然从消费者角度来看，社会事业服务是采取政府完全提供方式，但是如果采取政府完全提供方式会使得私人边际效用及社会边际效用都会小于社会事业服务生产的边际成本，造成严重的生产效率损失，使得社会总收益小于0。

由此，通过比较社会总收益的大小，判断出社会事业服务是采取政府与市场共同提供，政府对社会事业服务产生的外部边际效益进行补贴，同时对居民从社会事业服务中所获得的直接利益进行计价收费。

2. 社会事业服务供给函数确定

如上文所述，社会事业服务属于利益外溢性的准公共产品范畴，应该由政府和市场共同提供，从实践层面来看也是如此。所以，各地区社会事业发展水平将会受到政府财力水平以及市场化发展程度等内生因素影响。此外，历史自然条件、相关政策制度等外生因素也会对各地区的社会事业发展水平产生影响，如图4-2所示。

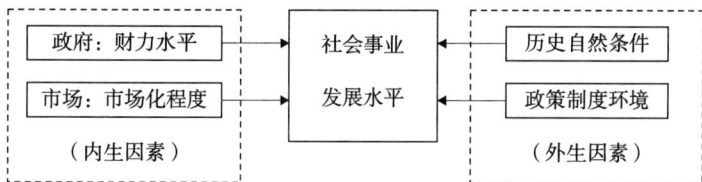

图4-2　社会事业发展水平影响因素

由此,可以将社会事业发展水平表示为政府财力水平、市场化程度、历史自然条件以及政策制度环境的生产函数,即:

$$Ps_i = F(Zc_i, Sc_i, Lz_i, Zz_i) \qquad (3.9)$$

其中:$i=1,2,\cdots,31$ 表示全国 31 个省(市、自治区),Ps_i 表示社会事业服务产出,Zc_i 表示政府财力水平,Sc_i 表示市场化指数,Lz_i 表示历史自然条件,Zz_i 表示政策制度环境。

为了单独衡量内生因素对社会事业发展水平的影响,依据 *Parente and Prescott*(1991)的研究方法对外生因素投入施加一个限制 $\bar{Ms_i}$,从而存在:

$$Ps_i = F(Zc_i, Sc_i) min (Ms_i, \bar{Ms_i})^\omega \quad \omega > 0 \qquad (4.10)$$

其中:设 $a = min (\bar{Ms_i})^\omega$,表示社会事业发展服务的最大生产能力,如果外生因素实现了变迁并达到在当前条件下的最优状态,社会事业发展的产出就取决于政府财力水平和市场化指数,将公式(4.10)和公式(4.9)相结合得到:

$$Ps_i = aF(Zc_i, Sc_i) \qquad (4.11)$$

将公式(4.11)进行全微分得到:

$$dPs_i = a \frac{\partial F}{\partial Zc_i} dZc_i + a \frac{\partial F}{\partial Sc_i} dSc_i \qquad (4.12)$$

其中:a 代表历史自然条件和政策制度环境对社会事业发展水平的影响,$\frac{\partial F}{\partial Zc_i}$ 代表社会事业发展水平对政府财力的弹性系数,$\frac{\partial F}{\partial Sc_i}$ 代表社会事业发展水平对市场化指数的弹性系数。

(二)社会事业发展差异影响因素解释

从理论上讲,各地区社会事业发展受到政府财力水平、市场化发展程度、历史自然条件和政策制度环境的影响，以下分别从实证层面解释各因素对社会事业发展的传递效应，并说明各因素在区域间的差异程度，尤其是西部欠发达地区与其他各地区的差异，以此形成西部欠发达地区社会事业发展失衡的理论依据。

1. 社会事业发展内生因素差异

如前文所述，社会事业发展的内生因素包括政府财力水平和市场化发展程度，以下分别论述各自对社会事业发展的影响，以及各地区存在的差异。

(1)政府财力水平

政府是提供社会事业发展服务的主体，区域间社会事业发展水平的高低直接受到各地区政府财力水平的约束，财力较好的地区，社会事业发展水平应该相对较好，反之则反。比如：我国农村义务教育、农业基础设施、城乡社区建设、社会保障等社会事业均属于公共产品范畴，由于其存在非排他性和非竞争性，此外也不存在私人产权，所以这些社会事业服务均应该由政府来提供，其提供的数量和质量，很大程度上就取决于地方政府的可用财力水平。

从 2006 年我国各地区的人均可用财力水平来看，东部地区的人均可用财力最高，人均可用财力为 3635.36 元/人，其次是西部地区，尤其是西部欠发达地区，其人均可用财力分别为 2141.33 元/人、2441.13 元/人，最低的是中部地区，其人均可用财力为 1582.50 元/人，如表 4-1 所示。

在西部的 8 个欠发达地区内，人均可用财力也存在着较大差异，在其他影响因素固定的条件下，直接导致西部欠发达地区社会事业发展存在失衡状态。其中：西藏人均可用财力水平较高，为 4993 元/人，最低的是贵州，其人均可用财力为 1313 元/人，如图 4-3 所示。

表 4-1　我国各地区人均可用财力比较

单位:元/人

区　域		财力水平		
		人均可用财力	排名	平均值
东部	北　京	7816	2	
	天　津	4648	4	
	河　北	1414	24	
	辽　宁	2539	9	

续表

区　域		财力水平		
		人均可用财力	排名	平均值
东部	上　海	9832	1	3635.36
	江　苏	2529	10	
	浙　江	3000	5	
	福　建	1950	14	
	山　东	1830	17	
	广　东	2761	6	
	海　南	1670	20	
中部	山　西	2375	13	1582.50
	吉　林	1877	15	
	黑龙江	1835	16	
	安　徽	1211	31	
	江　西	1304	29	
	河　南	1240	30	
	湖　北	1458	22	
	湖　南	1360	26	
西部	重　庆	1713	18	2141.33
	四　川	1326	27	
	陕　西	1703	19	
	甘　肃	1425	23	
	内蒙古*	2697	8	
	云　南*	1614	21	
	贵　州*	1313	28	
	宁　夏*	2391	11	
	广　西*	1403	25	
	青　海*	2742	7	
	新　疆*	2376	12	
	西　藏*	4993	3	

数据来源:《2006 发展与比较:从数字变化看云南财政》, * 表示课题划定的西部欠发达地区。

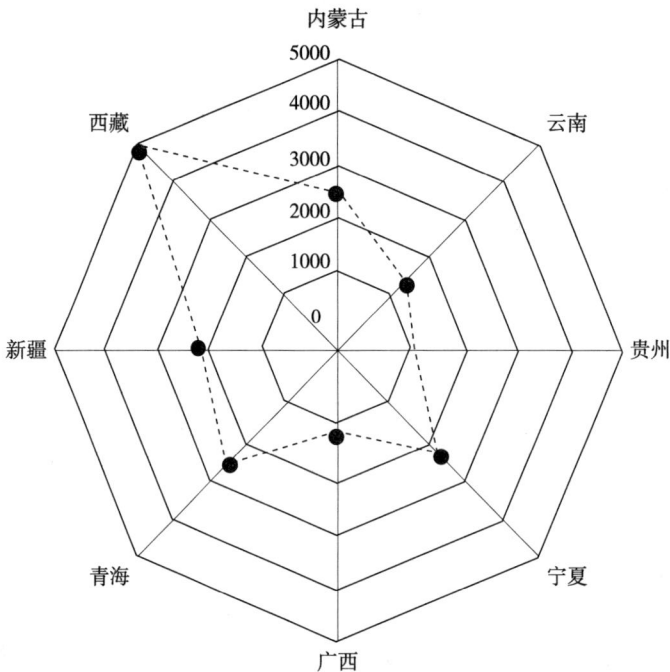

图 4-3　我国西部欠发达地区人均可用财力差异比较

数据来源:根据表 4-1 整理。

（2）市场化发展程度

社会事业发展服务具有准公共产品性质,除了政府提供公共性质部分以外,还需要市场对利益外溢性部分进行弥补,所以各地区的市场化发展程度的高低也决定着相应的社会事业服务水平。比如:灯塔作为典型的公共产品应该由政府提供,但是根据科斯对英国灯塔的历史及其演变考察结果表明,在17 世纪时私人就开始建立灯塔并收取使用费,而且到了 19 世纪 20 年代,四分之三的灯塔是由私人建造的,即我们所认为的公共产品由市场提供,弥补政府失灵状态。

从 2005 年各地区市场化指数来看,东部地区市场化程度最高(8.11),中部地区市场化程度居中(6.07),远远高于西部地区和西部欠发达地区市场化指数的平均水平(5.05 和 4.69),如表 4-2 所示。

表 4-2　我国各地区市场化指数比较

区　域		市场化水平		
		市场化指数	排名	平均值
东部	北　京	8.62	4	8.11
	天　津	8.34	6	
	河　北	6.41	14	
	辽　宁	7.84	8	
	上　海	10.41	1	
	江　苏	9.07	3	
	浙　江	9.90	2	
	福　建	8.62	4	
	山　东	8.21	7	
	广　东	6.2	16	
	海　南	5.54	20	
中部	山　西	5.26	22	6.07
	吉　林	5.89	18	
	黑龙江	5.26	22	
	安　徽	6.56	12	
	江　西	6.22	15	
	河　南	6.20	16	
	湖　北	6.65	11	
	湖　南	6.55	13	
西部	重　庆	7.23	9	5.05
	四　川	6.86	10	
	陕　西	4.80	27	
	甘　肃	4.44	29	
	内蒙古*	5.52	21	
	云　南*	5.15	24	
	贵　州*	4.57	28	
	宁　夏*	4.85	26	
	广　西*	5.82	19	
	青　海*	3.84	30	
	新　疆*	5.02	25	
	西　藏*	2.50	31	

数据来源:《中国市场化指数——各省区市场化相对进程 2006 年度报告》,＊表示课题划定的西部欠发达地区。

在西部的 8 个欠发达地区内,市场化综合指数也存在着较大差异,在其他影响因素固定的条件下,直接导致西部欠发达地区社会事业发展存在失衡状态。其中:广西市场化综合指数最高,为5.82,最低的是西藏,其市场化综合指数2.5,如图4-4所示。

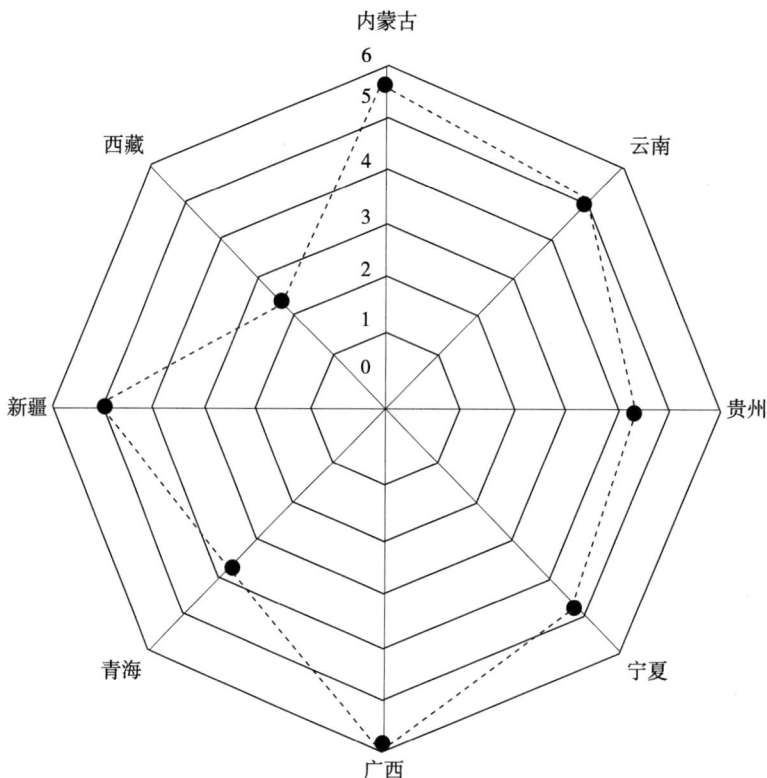

图4-4　我国西部欠发达地区市场化综合指数差异比较

数据来源:根据表4-2整理。

2. 社会事业发展外生因素差异

如前文所述,社会事业发展的外生因素包括历史自然条件和政策制度环境,以下分别论述各自对社会事业发展的影响,以及各地区存在的差异。

(1)历史自然条件

历史条件是指一个地区长久以来积淀下来的各方面可供发展的条件,不同的历史条件造就甚至决定着民族的经济生活方式,并影响着经济和社会文化发展水平。自中国古代以来,在汉民族的形成与扩张过程中,少数民族不断被迫向边缘地带迁移,向北退缩到400毫米等雨量线以北,及长城沿线以北地区,向南退缩到南海岸线和西南喀斯特地区北缘,向西退缩到中国的第二、第一台阶地带,由此形成中国少数民族的分布,而这些区域均是自然环境较为边远落后的地区,其社会事业发展难以得到本质上的提升。

同时,我国地理特征是从东到西层次分明,各区域的地形、地貌特点迥然不同,一定程度上成为各地区社会事业发展的影响因素。从我国区域结构来看,东、中部地区大多属于平原、丘陵地带,种植经济作物的历史较为成熟,气候、水文、土质等方面都比较适合人类开发利用,尤其是在交通工具比较落后的古代社会,这样的区位造就了中华文明的聚集地,至今也是我国社会、经济发展较为快速的地区。

但是,我国西部地区的自然条件就相对较差,大多属于高原、沙漠、草原、山地等地形特征。比如:中国的四大高原包括青藏、云贵、蒙古以及黄土高原均处于西北部地区;中国的沙漠地区几乎也在西部,该区域干旱、少雨,农业生产依赖人工灌溉;西部山地较为集中,尤其在西南的云贵和广西,属于世界典型的喀斯特地貌,这些地区的耕地资源相当紧缺,等等。以上地区都是典型的生态脆弱带,而且处在地理过渡带之上,地质地貌复杂多样,人类交通来往受到自然阻隔,生存条件极其恶劣。由此,西部地区的自然条件局限了人类活动的场所,束缚了社会经济发展的基础和社会关系展开的空间,使得社会经济文化活动的各个层面都受很大影响。

（2）政策制度环境

改革开放初期,我国实行非均衡发展战略,在"以经济建设为中心"的发展策略指引下,我国经济总体上得到了飞速发展,但国家的优惠政策主要向东部沿海地区倾斜,从而导致了西部地区社会事业发展较为落后。1999年以来,国家提出西部大开发战略,西部地区在资金与政策上获得了大力支持,从而实现了经济的快速增长。但是,地方政府仅仅注重项目投入,忽视了投入与人民福利水平提高之间的关系,从而导致西部地区教育、卫生、文化、医疗等社会公益事业发展较为落后,基本公共服务得不到保障。

与此同时,我国地区间财政体制具有较大差异,在财力有限的情况下,各地区提供基本公共服务的能力也不同,尤其是西部欠发达地区,政府财力和支出事权不匹配,而导致西部欠发达地区地方政府难以保障基本公共服务的有效供给,社会事业的发展受到严重的制约。

三、区域间社会事业发展差异评价体系

如前文所述,区域间社会事业发展差异存在,并且受到政府财力水平、市场化发展程度、历史自然条件以及政策制度环境的影响。本章主要构建区域间社会事业发展差异的评价体系,既要考虑各地区社会事业发展水平的现状差异,又要兼顾各地区社会事业发展提升状况差异,主要内容包括指标体系的构建和评价方法的选择。

(一)社会事业发展指标体系构建

社会事业发展指标体系是科学、合理评价我国区域间,尤其是欠发达地区社会事业发展水平的基础。所以,社会事业发展指标体系构建要坚持相应的原则,在此基础上,课题分别从教育事务、医疗卫生事务、社会保障事务、文体传媒事务、城乡社区事务、农林水事务、环境保护事务和公共安全事务八个方面构建社会事业发展指标体系。

1. 基本原则

(1)相关性和客观性

所选取的指标与各地区社会事业发展水平直接相关,并能科学地反映西部欠发达地区与其他地区的失衡状况;同时,为了客观评价区域间社会事业发展差异,指标选择要体现客观性,避免人为因素和主观判断对指标数据的干扰。

(2)完整性和重要性

所构建的指标体系应该涵盖社会事业发展的各个领域,此外,每一项具体的指标应该是社会事业发展中的重要指标,尽可能避免重大指标的遗漏。

(3)独立性和可比性

所选择的指标之间尽可能相互独立,不同的指标对应于社会事业发展的不同方面,避免重复评价;同时,各指标的数据必须具有横向可比性。

(4)公开性和可得性

所选取的指标能从公开、合法的途径获取各项指标数据,保证数据具有公开性和可得性。

2. 指标体系

根据以上原则,同时结合社会事业发展的定义和内涵,以及《2008 年政府收支分类科目》(中华人民共和国财政部,2007)中的支出功能分类科目,将社会事业发展覆盖的部门确定为:教育事务、农林水事务、医疗卫生事务、城乡社区事务、社会保障事务、环境保护事务、文体传媒事务和公共安全事务,分别选取相应指标,如表 4-3 所示。

表 4-3　社会事业发展评价指标体系

部门类别	部门代码	社会事业发展状况指标
教育事务	Z1	义务教育师生比;文盲率;生均教育经费投入;中考升学率
医疗卫生事务	Z2	万人实有床位数;万人拥有卫生技术人员数;卫生技术人员职称达标率;医疗诊断准确率;急诊成功率
社会保障事务	Z3	医疗保险参保率;养老保险参保率;失业保险参保率
文体传媒事务	Z4	电视覆盖率;电脑覆盖率;电话覆盖率;人均报刊阅读量
城乡社区事务	Z5	排水管覆盖密度;建成区绿化覆盖率;城市用水普及率;城市燃气普及率;城镇化率
农林水事务	Z6	农村人均用电量;农村人均可比生活支出;有效灌溉率;病虫害防治率;单位面积农机作业量;单位面积农业技术人员数;农民人均纯收入
环境保护事务	Z7	工业废水排放达标率;工业固体废弃物综合利用率;工业废气排放达标率
公共安全事务	Z8	人均政法经费投入

数据来源:根据《2008 年政府收支分类科目》整理。

(1)教育事务

Z11 义务教育师生比:指一个地区义务教育阶段学生人数与专任教师人数的比重,反映一个地区基础教育师资力量的状况,与教育事务发展水平呈正向关系。

生均校舍面积——该指标是校舍总面积与学生总人数的比值,反映一个地区学校硬件设施的发展状况。

Z12 文盲率:指各地区文盲人口占 15 岁以上人口的比重,反映一个地区教育普及程度,与教育事务发展水平呈反向关系,属于负向指标。

Z13 生均教育经费投入:该指标是一个地区政府投入的教育经费与学生

总人数的比值,反映地区发展教育的力度和对教育的重视程度。

Z14 中考升学率:指升入高中的学生数占初中生学生总人数的比重,反映一个地区义务教育阶段的办学和教学水平。

(2)医疗卫生事务

Z21 万人实有床位数:指各地区每万人平均拥有的床位数量,采用各省拥有的总床位数除以各省当年的人口总数的方法合成,反映了一个地区医疗卫生硬件方面的现状。

农村万人拥有卫生机构数——该指标是农村卫生机构数每万人拥有的平均量,反映农村医疗卫生发展状况的硬件设施。

Z22 万人拥有卫生技术人员数:该指标是各地区每万人平均拥有的卫生技术人员数量,采用各省拥有的总的卫生技术人员数除以各省当年的人口总数的方法合成,反映了一个地区医疗卫生水平在软件方面的发展程度。

Z23 卫生技术人员职称达标率:指各地区具有执业医师、注册护士级别的医护工作人员占卫生人员总数的比重。

Z24 医疗诊断准确率:指入院与出院诊断符合人数与入院与出院诊断总人数的比重,反映医疗技术诊断的准确情况。

Z25 急诊成功率:即急诊抢救成功人次数与急诊人次数的比值。

(3)社会保障事务

Z31 医疗保险参保率:指该地区按国家有关规定参加基本医疗保险的人数占总人口的比重,反映社会保障事务在医疗救助方面的保障水平。

Z32 养老保险参保率:指该地区按照国家法律、法规和有关政策规定参加基本养老保险并在社保经办机构已建立缴费记录档案的职工人数占总人口的比重,反映社会保障事务在养老安置方面的保障水平。

Z33 失业保险参保率:指该地区按照国家法律、法规和有关政策规定参加了失业保险的城镇企业事业单位的职工及地方政府规定参加失业保险的其他人员的人数占总人口的比重,反映社会保障事务在失业补助方面的保障水平。

(4)文体传媒事务

Z41 电视覆盖率:指每百户拥有的电视机台数,考虑到电视作为一种完全融入人们日常生活的媒介,选取该指标反映传媒事务的发展状况。

Z42 电脑覆盖率:指一个地区每百户居民拥有的电脑台数,考虑到网络已经越来越普及,成为最主要的传播媒介,故选取该指标作为衡量地区传媒事业发展的重要指标。

Z43 电话覆盖率:指一个地区居民每百户拥有的电话的平均数,其中电话总部数采用居民拥有的固定电话部数与移动电话部数加总合成。

Z44 人均报刊阅读量:指各地区报纸总发行量与总人口的比重,反映一个地区传媒事业的发展状况。

(5)城乡社区事务

Z51 排水管覆盖密度:指各地区拥有的所有排水管道长度之和与建成区面积的比率,是关于各地区城市排水设施的指标,反映了该地区城市设施建设的水平。

Z52 建成区绿化覆盖率:指各地区建成区内绿化面积的比重,是通过各地区园林绿化面积除以建成区的总面积得来,反映了一个地区城市建设的发展质量。

Z53 城市用水普及率:指城市用水人口数与城市人口总数的比率,是关于城市基本生活公用设施水平的直接体现,反映了该地区城市生活设施的服务水平。

Z54 城市燃气普及率:指年末使用燃气的城市人口数与城市人口总数的比率,也是城市基本公用设施水平的体现,可以反映出该地区城市生活设施的服务水平。

Z55 城镇化率:指一个地区市人口和镇人口占全部人口的百分比,用于反映人口向城市聚集的过程和聚集程度,是一个地区经济社会发展进步的主要反映和重要标志。

(6)农林水事务

Z61 农村人均用电量:指农村总用电量与农村总人口的比值,从侧面反映一个地区农民的生活水平。

Z62 农村人均可比生活支出:指各地区居民生活消费支出剔除各地价格差异的人均值。

Z63 有效灌溉率:指各地区有效灌溉面积占耕地总面积的比率,是关于农林水事务硬件方面发展水平的重要体现。

Z64 病虫害防治率:指一个地区森林的病虫害保护面积与林业总面积的比值,反映一个地区林业的保护程度。

Z65 单位面积农机作业量:指一个地区农机作业量与耕地总面积的比值,

反映地区农业机械化程度与农业现代化进程,是农业生产力发展水平和农村社会进步的重要标志。

Z66 农民人均纯收入:指一个地区农村居民平均的收入水平,反映农民生活水平的高低,是衡量农村经济发展、农民生活宽裕的一个很重要的指标。

(7)环境保护事务

Z71 工业废水排放达标率:指各地区工业废水排放达标量占工业废水排放量的百分率,通过各地区工业废水排放达标除以工业废水排放总量合成,反映各地区环境保护水平的指标之一。

Z72 工业固体废弃物综合利用率:指各地区工业固体废物综合利用量占工业固体废物产生量(包括综合利用往年贮存量)的百分率,通过各地区工业固体废物综合利用量除以产生的工业固体废物总量合成,也是反映该地区环境保护水平的另一项指标。

Z73 工业废气排放达标率:指各地工业主要废气处理量(包括工业二氧化硫的处理量,工业粉尘的处理量,工业烟尘的处理量)占工业主要废气排放总量(包括工业二氧化硫的排放量,工业粉尘的排放量,工业烟尘的排放量)的比重,反映了各地对大气的保护力度和水平。

(8)公共安全事务[①]

Z74 人均政法经费投入——指一个地区政法各部门投入经费的人均值,政法经费的不足将会妨碍建设公正高效权威的社会主义司法制度的进程,指标反映了一个地区政法机关经费的保障水平。

(二)社会事业发展差异评价模型构建

我国区域间社会事业发展差异评价应该是基于教育、卫生、医疗等各部门社会事业发展的多指标综合评价,其核心问题是通过选取合适的评价方法,以此确定指标权重。

1. 部门社会事业发展评价方法

(1)基本思路

针对各部门社会事业发展的综合评价,其目的通过所选取的指标比较各

---

① 由于公共安全事务发展水平所涉及的数据属于国家保密内容,数据收集受到限制,因而在公共安全事务方面仅选取了一项指标。

地区实现基本公共服务的情况。由于数据来源的限制,各部门所选取的指标所覆盖的范围具有差异,其重要性难以直接判断。此外,各部门所选取的指标较少,指标间的相关性不明确,难以从各指标中提出主成分因素。为此,课题考虑采用变异系数赋权,突出体现各指标间的差异程度。如果某项指标在区域间差异较大,说明该项指标对基本公共服务均等化的影响较大,应该赋予较大的权重;如果某项指标在区域间差异较小,说明该项指标对基本公共服务均等化的影响较小,应该赋予较小的权重。为此,课题采用变异系数法从客观的角度计算出各指标的权重,以此确定各部门在区域间的社会事业发展水平差异。

(2)测算模型

设有 m 个评价样本,每一个部门有 n 项指标,其中: $m=31$,指全国 31 个省(市、自治区), n 代表各个部门选取的指标个数。采用变异系数法对区域间各部门社会事业发展综合评价主要包括以下几个步骤:

第一,指标标准化处理

将评价系统的初始矩阵设为 $X=(x_{ij})_{m\times n}$,其中: $i=1,2,\cdots,m,j=1,2,\cdots,n$。一方面,要对具有不同方向的指标进行正向化处理;另一方面,要对具有量纲及单位的指标进行同度量化处理。标准化过程如下:

$$y_{ij}=\begin{cases}\dfrac{x_{ij}/\min(x_{ij})}{\sum\limits_{i=1}^{m}(x_{ij}/\min(x_{ij}))} & \text{正相关指标调整}\\[4mm]\dfrac{\max(x_{ij})/x_{ij}}{\sum\limits_{i=1}^{m}(\max(x_{ij})/x_{ij})} & \text{负相关指标调整}\end{cases}\tag{4.13}$$

第二,指标的权重确定

对于第 j 项指标值在各个评级样本中的差异越小,则该指标对方案比较所起的作用就越小;相反,该指标值在各个评级样本中的差异越大,该指标对方案比较所起的作用就越大。由此将第 j 项指标的权重定义为:

$$\alpha_j=\dfrac{s_j/|z_j|}{\sum\limits_{j=1}^{n}(s_j/|z_j|)}\tag{4.14}$$

其中:z_j和z_j分别代表第j项指标在样本范围内的标准差和平均数。

第三,社会事业发展差异系数合成

根据各指标所确定的权重,以及标准化处理后的指标值,可以得到第i个评价样本的综合评价值,即第i个地区各部门社会事业发展差异系数:

$$\begin{bmatrix} \theta_1 \\ \theta_2 \\ \vdots \\ \theta_m \end{bmatrix} = \begin{bmatrix} y_{11} & y_{12} & \cdots & y_{1n} \\ y_{21} & y_{22} & \cdots & y_{2n} \\ \vdots & \vdots & \ddots & \vdots \\ y_{m1} & y_{m2} & \cdots & y_{mn} \end{bmatrix} \times \begin{bmatrix} \alpha_1 & \alpha_2 & \cdots & \alpha_n \end{bmatrix}' \qquad (4.15)$$

进一步采用线性变换公式,将以上各部门的社会事业发展差异系数调整0到1之间,以便进一步对各地区情况进行比较:

$$X_i = \frac{\theta_i - \min(\theta_i)}{\max(\theta_i) - \min(\theta_i)} \qquad (4.16)$$

2. 总体社会事业发展评价方法

(1)基本思路

通过上述方法,测算得到各地区各部门的社会事业发展差异系数,能够针对某一部门进行社会事业发展评价,但难以从整体上判断各地区的社会事业发展水平。课题进一步选取因子分析方法对各部门社会事业发展差异系数进行合成,其原因在于:各部门所得到的社会事业发展差异系数具有较强的相关性,即指标间存在信息的重叠,同时又不能忽视某个部门的重要性。因此,采用因子分析法,将八个部门的社会事业发展差异系数指标归结为几个重要的具有独立关系的综合因子,以此对各地区社会事业发展进行综合评价。

(2)评价模型

因子分析的基本思想是根据数据之间的相关性大小对原始变量进行分组,使得同组内的变量之间相关性较高,而不同组内变量间相关性则较低,每组变量代表一个基本结构,这个基本结构就称为公共因子。通过找出能够控制所有变量的公共因子,将每个指标表示成公共因子的线性组合,用于反映原始变量与公共因子间的线性关系。对于某一具体问题的研究,原始变量就可以分解成两部分之和的形式,一部分是少数几个公共因子线性函数,另一部分是与公共因子无关的特殊因子。由此,只要通过较多的原始变量找出较少的几个主要因子,就可以对社会事业发展状况进行综合评价,因子分析的数学模型如公式(4.17)所示。

$$\begin{cases} X_1 = \alpha_{11}F_1 + \alpha_{12}F_2 + \cdots + \alpha_{1r}F_r + \varepsilon_1 \\ X_2 = \alpha_{21}F_1 + \alpha_{22}F_2 + \cdots + \alpha_{2r}F_r + \varepsilon_2 \\ \cdots\cdots \\ X_m = \alpha_{m1}F_1 + \alpha_{m2}F_2 + \cdots + \alpha_{mr}F_r + \varepsilon_m \end{cases} \tag{4.17}$$

其中: $X = (X_1, X_2, \cdots, X_m)'$ 表示 m 个原始指标变量, $F = (F_1, F_2, \cdots, F_r)'$ 表示 r 个相互独立且不可预测的公因子变量, $A = (\alpha_{ih})_{mr}$ 表示因子载荷矩阵, α_{ih} 的绝对值越大,表明原始变量 X_i 和公因子 F_h 的相依程度越大,即公因子 F_h 对 X_i 的载荷量越大, $\varepsilon = (\varepsilon_1, \varepsilon_2, \cdots, \varepsilon_m)'$ 表示 m 个原始指标变量对应的特殊因子变量。

四、西部欠发达地区社会事业发展差异验证

基于前文所构建的社会事业发展指标体系,以及评价方法,本章以全国31个省(市、自治区)为样本,分别测算各部门社会事业发展差异指数,以及不同年份间的社会事业发展提升指数,尤其是突出西部欠发达地区与东、中、西部地区,以及西部欠发达地区内部的社会事业发展差异。在此基础上,采用地方政府财力水平和市场化发展程度,分析影响各地区社会事业发展的主要因素。

(一)社会事业发展状况分析

社会事业发展状况分析,首先对2007年全国31个省(市、自治区)的各项社会事业发展水平进行横向比较,重点突出西部地区社会事业发展与其他地区间的差异。在此基础上,将各部门的社会事业发展得分进行合成,得到各地区总体社会事业发展水平差异。在此基础上,综合分析2001年、2005年和2007年各地区社会事业发展的动态变化关系。

1. 社会事业发展静态比较分析

(1)社会事业发展现状部门情况

课题将社会事业发展分为教育、农林水、医疗卫生、城乡社区、社会保障、环境保护、文体传媒和公共安全八个事务部门,分别选取相应社会事业发展指标,采用变异系数赋权法进行综合评价。从各部门的评价结果来看,西部欠发

达地区的社会事业发展明显低于东、中部地区,如下图所示。

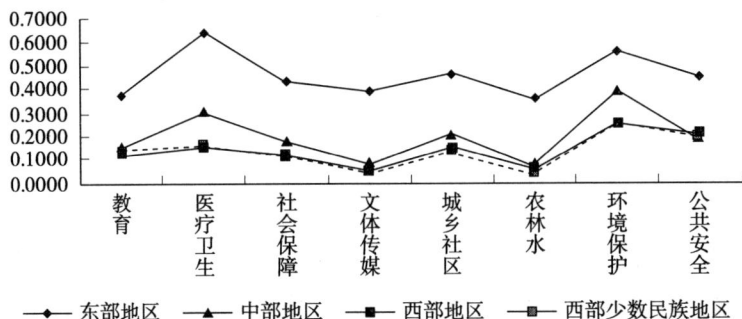

图4-5　东、中、西部地区各项社会事业发展比较

数据来源:根据《中国统计年鉴》、《中国教育经费统计年鉴》、《中国卫生统计年鉴》和中国经济信息网数据库整理计算。

第一,教育事务部门

教育事务分别选取 2007 年的义务教育师生比、文盲率、生均教育经费投入和中考升学率指标进行评价。通过变异系数的计算,以上四个指标的权重分别为 10.39%、29.92%、49.49% 和 10.20%。评价结果显示:东部的教育社会事业发展明显高于中、西部地区,西部欠发达地区稍微高于西部地区。在西部欠发达地区中,贵州、云南、宁夏教育社会事业发展较为落后,具体如下图4-6 及图 4-7 所示。

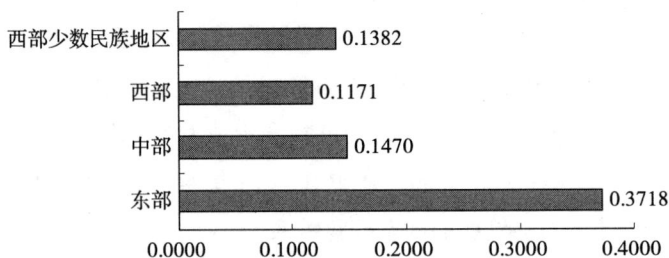

图4-6　东、中、西部教育社会事业发展比较

数据来源:根据《2008 年中国教育统计年鉴》和《2008 年中国教育经费统计年鉴》整理计算。

第二,医疗卫生事务部门

医疗卫生事务分别选取 2007 年的万人实有床位数、万人拥有卫生技术人

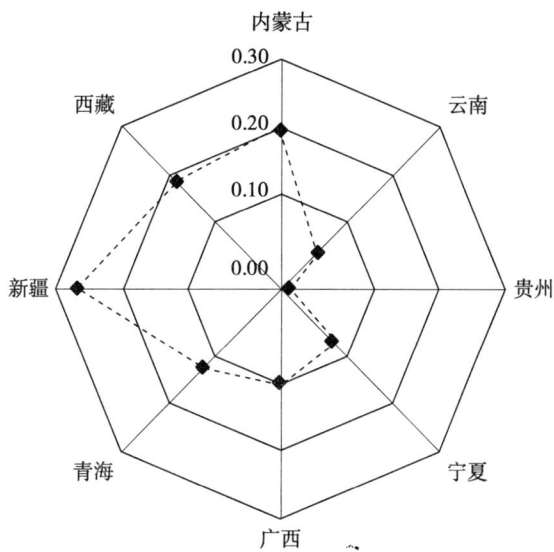

图4-7　西部欠发达地区教育社会事业发展比较

数据来源:根据《2008年中国教育统计年鉴》和《2008年中国教育经费统计年鉴》整理计算。

员数、卫生技术人员职称达标率、医疗诊断准确率、急诊成功率进行评价。通过
变异系数的计算,以上五个指标的权重分别为35.05%、43.91%、9.15%、6.47%
和5.42%。评价结果显示:东部的医疗卫生社会事业发展最好,其次是中部地
区,西部地区以及西部欠发达地区发展最差。在西部欠发达地区中,西藏、贵州、
云南医疗卫生社会事业发展较为落后,具体如图4-8及图4-9所示。

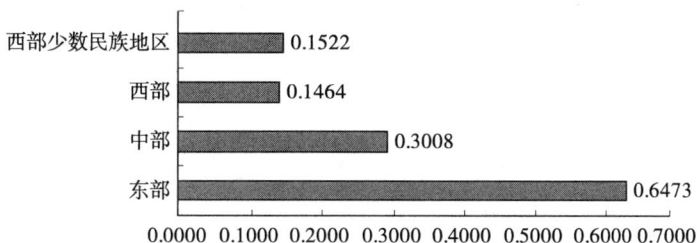

图4-8　东、中、西部医疗卫生社会事业发展比较

数据来源:根据《2008年中国卫生统计年鉴》整理计算。

第三,社会保障事务部门

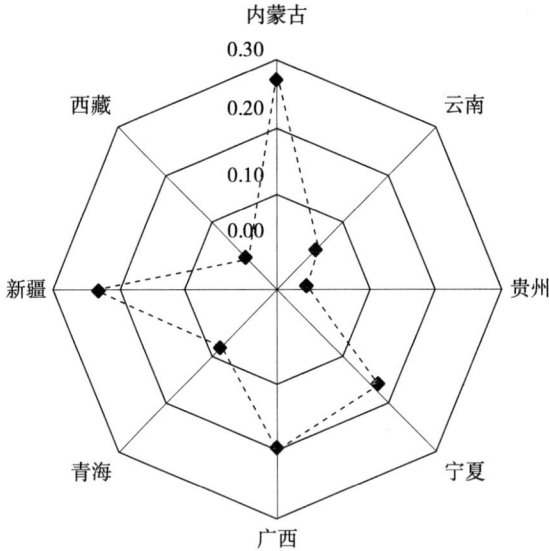

图 4-9   西部欠发达地区医疗卫生社会事业发展比较

数据来源:根据《2008 年中国卫生统计年鉴》整理计算。

社会保障事务分别选取 2007 年的医疗保险参保率、养老保险参保率、失业保险参保率进行评价。通过变异系数的计算,以上三个指标的权重分别为 32.70%、36.72%和 30.58%。评价结果显示:东部的社会保障社会事业发展最好,其次是中部地区,西部地区以及西部欠发达地区发展最差。在西部欠发达地区中,西藏、贵州、云南社会保障社会事业发展较为落后,具体如图 4-10 及图 4-11 所示。

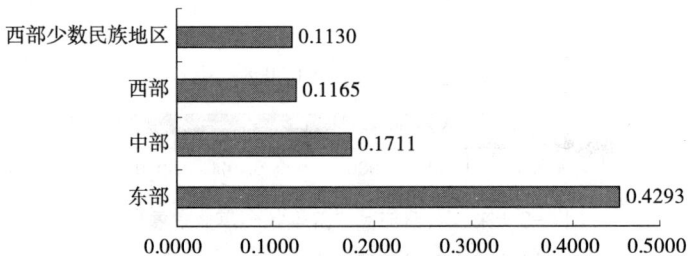

图 4-10   东、中、西部社会保障社会事业发展比较

数据来源:根据《2008 年中国统计年鉴》、中国经济信息网数据库整理计算。

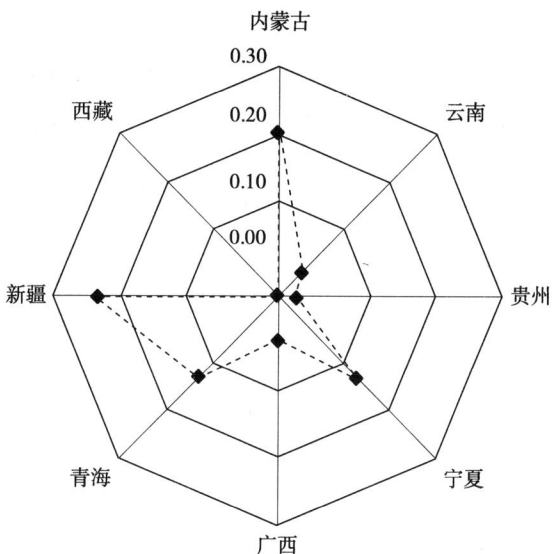

图 4-11　西部欠发达地区社会保障社会事业发展比较

数据来源:根据《2008 年中国统计年鉴》、中国经济信息网数据库整理计算。

第四,文体传媒事务部门

文体传媒事务分别选取 2007 年的电视覆盖率、电脑覆盖率、电话覆盖率和人均报刊阅读量。通过变异系数的计算,以上四个指标的权重分别为6.74%、53.98%、10.25%和29.02%。评价结果显示:东部的文体传媒社会事业发展最好,其次是中部地区、西部地区以及西部欠发达地区。在西部欠发达地区中,西藏的文体传媒社会事业发展最差,较好的是广西、宁夏和云南,具体如图 4-12 及图 4-13 所示。

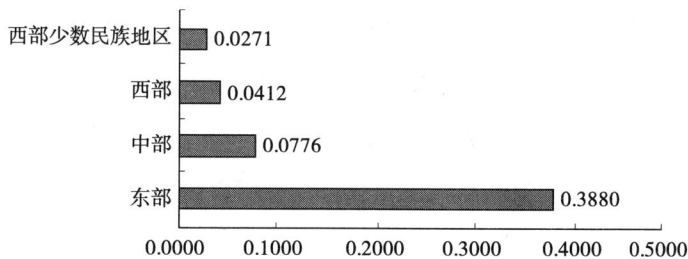

图 4-12　东、中、西部文体传媒社会事业发展比较

数据来源:根据《2008 年中国统计年鉴》、中国经济信息网数据库整理计算。

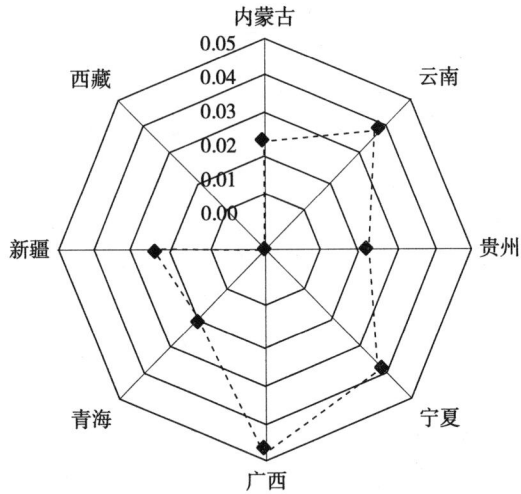

图 4-13　西部欠发达地区文体传媒社会事业发展比较

数据来源：根据《2008 年中国统计年鉴》、中国经济信息网数据库整理计算。

第五，城乡社区事务部门

城乡社区事务分别选取 2007 年的排水管覆盖密度、建成区绿化覆盖率、城市用水普及率、城市燃气普及率、城镇化率。通过变异系数的计算，以上五个指标的权重分别为 40.77%、12.25%、6.33%、12.40% 和 28.26%。评价结果显示：东部的城乡社区社会事业发展最好，其次是中部地区，最差的是西部地区以及西部欠发达地区。在西部欠发达地区中，西藏的城乡社区社会事业发展最差，较好的是内蒙古和青海，具体如图 4-14 及图 4-15 所示。

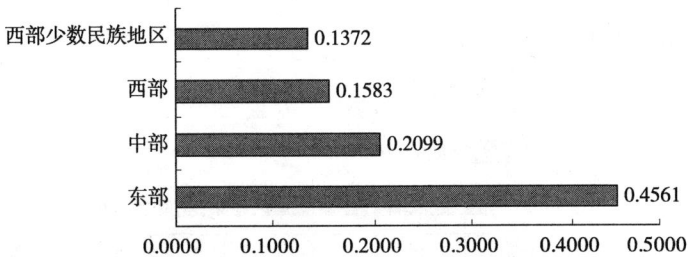

图 4-14　东、中、西部城乡社区社会事业发展比较

数据来源：根据《2008 年中国统计年鉴》、中国经济信息网数据库整理计算。

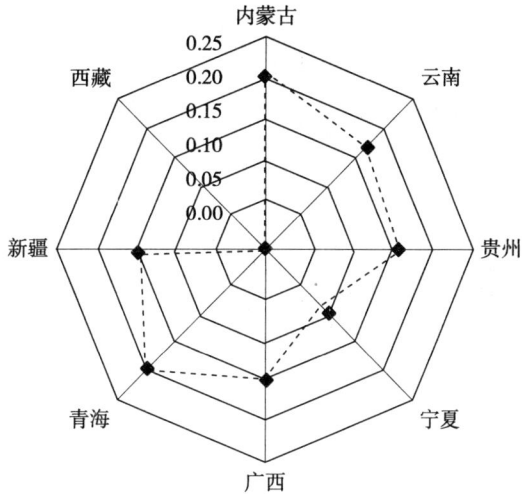

图4-15　西部欠发达地区城乡社区社会事业发展比较

数据来源:根据《2008年中国统计年鉴》、中国经济信息网数据库整理计算。

第六,农林水事务部门

农林水事务分别选取2007年的农村人均用电量、农村人均可比生活支出、有效灌溉率病虫害防治率、单位面积农机作业量、单位面积农业技术人员数、农民人均纯收入。通过变异系数的计算,以上七个指标的权重分别为33.23%、9.18%、8.63%、6.16%、10.87%、23.01%和8.92%。评价结果显示:东部的城乡社区社会事业发展最好,远远高于中部地区、西部地区以及西部欠发达地区。在西部欠发达地区中,新疆的农林水社会事业发展最好,具体如图4-13及图4-17所示。

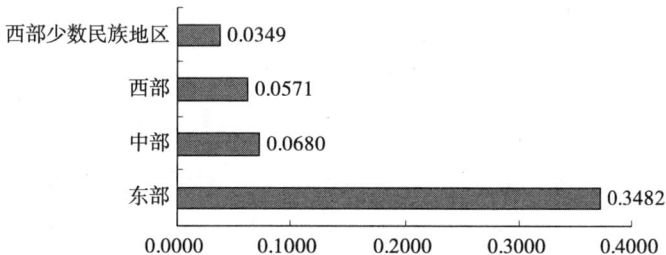

图4-16　东、中、西部农林水事业发展比较

数据来源:根据《2008年中国统计年鉴》、中国经济信息网数据库整理计算。

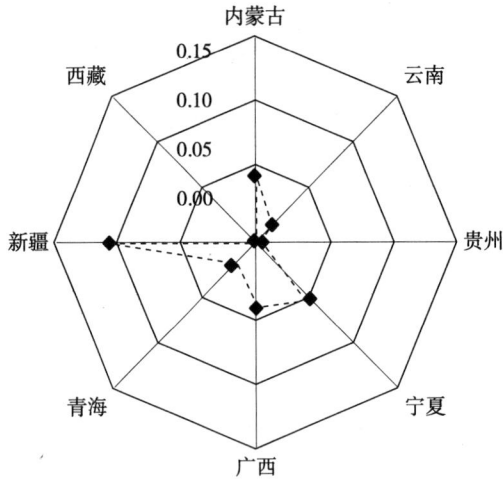

图 4-17   西部欠发达地区农林水社会事业发展比较

数据来源:根据《2008 年中国统计年鉴》、中国经济信息网数据库整理计算。

第七,环境保护事务部门

环境保护事务分别选取 2007 年的工业废水排放达标率、工业固体废弃物综合利用率、工业废气排放达标率。通过变异系数的计算,以上三个指标的权重分别为 16.34%、30.60%和 53.06%。评价结果显示:东部的城乡社区社会事业发展最好,其次是中部地区,西部地区以及西部欠发达地区最差。在西部欠发达地区中,内蒙古、云南和宁夏的环境保护社会事业发展最好,具体如图 4-18 及图 4-19 所示。

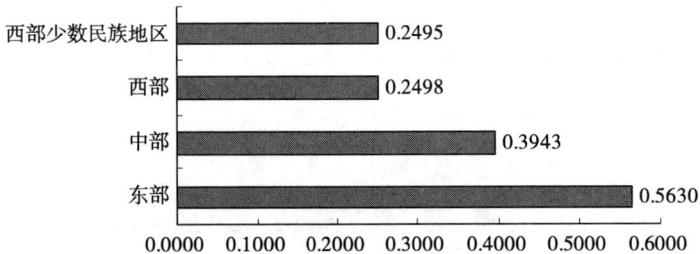

图 4-18   东、中、西部环境保护事业发展比较

数据来源:根据《2008 年中国统计年鉴》、中国经济信息网数据库整理计算。

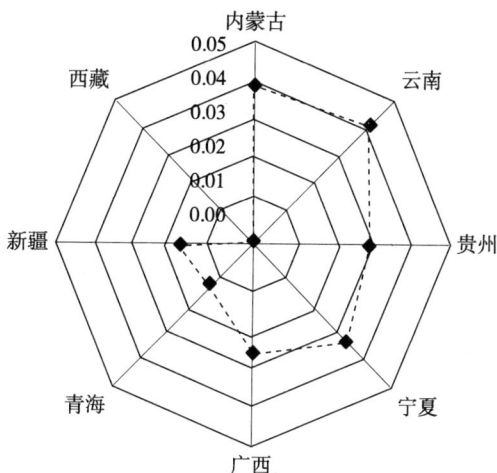

图4-19　西部欠发达地区环境保护社会事业发展比较

数据来源:根据《2008年中国统计年鉴》、中国经济信息网数据库整理计算。

第八,公共安全事务部门

由于数据的限制,公共安全事务只选取2007年的人均政法经费投入。评价结果显示:东部的公共安全社会事业发展最好,其次是西部地区以及西部欠发达地区,中部地区最差。在西部欠发达地区中,云南、新疆和宁夏的公共安全社会事业发展最好,青海和贵州相对较差,具体如图4-20及图4-21所示。

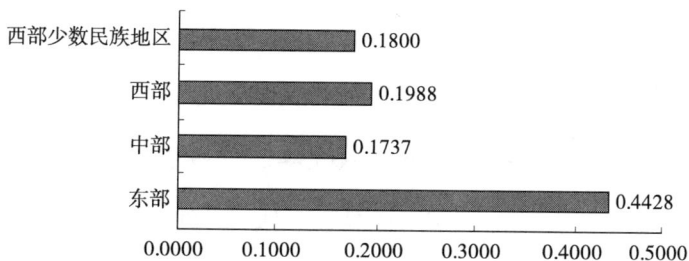

图4-20　东、中、西部公共安全事业发展比较

数据来源:根据《2008年中国财政统计年鉴》整理计算。

(2)社会事业发展现状总体情况

为了综合评价我国欠发达地区社会事业发展的失衡状况,本课题研究进一步构建全国31个省(市、自治区)各部门的社会事业发展得分系数矩阵,采

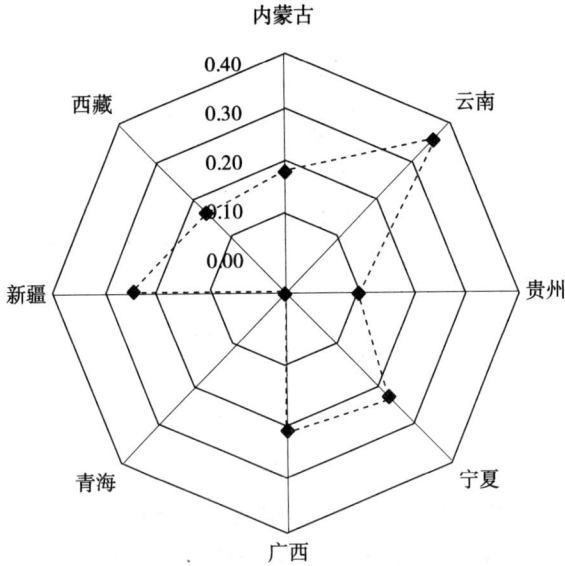

图 4-21　西部欠发达地区公共安全社会事业发展比较

数据来源:根据《2008 年中国财政统计年鉴》整理计算。

用因子分析法测算各地区社会事业发展的综合得分。

第一,因子分析检验

如表 4-4 所示,各指标数据具有较强的相关性,同时,巴特利球形检验统计量为 292. 695,相应的概率 *Sig* 为 0,因此可认为相关系数矩阵与单位阵有显著差异。同时,*KMO* 值为 0. 843,根据 *Kaiser* 给出的 *KMO* 度量标准可知原有变量适合作因子分析。

表 4-4　各项社会事业发展相关系数矩阵

变量检验		Z1	Z2	Z3	Z4	Z5	Z6	Z7	Z8
Correlation	Z1	1. 0000	0. 7275	0. 9588	0. 8851	0. 5029	0. 7691	0. 6060	0. 6435
	Z2	0. 7275	1. 0000	0. 7970	0. 8869	0. 7286	0. 8132	0. 7286	0. 7297
	Z3	0. 9588	0. 7970	1. 0000	0. 9111	0. 6231	0. 8260	0. 6935	0. 6777
	Z4	0. 8851	0. 8869	0. 9111	1. 0000	0. 6303	0. 8977	0. 7041	0. 7694
	Z5	0. 5029	0. 7286	0. 6231	0. 6303	1. 0000	0. 6240	0. 7408	0. 5265
	Z6	0. 7691	0. 8132	0. 8260	0. 8977	0. 6240	1. 0000	0. 5503	0. 5942
	Z7	0. 6060	0. 7286	0. 6935	0. 7041	0. 7408	0. 5503	1. 0000	0. 6672
	Z8	0. 6435	0. 7297	0. 6777	0. 7694	0. 5265	0. 5942	0. 6672	1. 0000

续表

变量检验		Z1	Z2	Z3	Z4	Z5	Z6	Z7	Z8
Sig.(1-tailed)	Z1	—	0.0000	0.0000	0.0000	0.0020	0.0000	0.0002	0.0000
	Z2	0.0000	—	0.0000	0.0000	0.0000	0.0000	0.0000	0.0000
	Z3	0.0000	0.0000	—	0.0000	0.0001	0.0000	0.0000	0.0000
	Z4	0.0000	0.0000	0.0000	—	0.0001	0.0000	0.0000	0.0000
	Z5	0.0020	0.0000	0.0001	0.0001	—	0.0001	0.0000	0.0012
	Z6	0.0000	0.0000	0.0000	0.0000	0.0001	—	0.0007	0.0002
	Z7	0.0002	0.0000	0.0000	0.0000	0.0000	0.0007	—	0.0000
	Z8	0.0000	0.0000	0.0000	0.0000	0.0012	0.0002	0.0000	—

第二,确定公因子

采用SPSS16.0软件对各地区社会事业发展综合水平进行因子分析,按照方差贡献率大于85%的原则选取了2个公因子,其累计方差贡献率达到86.47%,基本能够反映原始指标的信息量。由此,采用以上2个公因子作为评价各地区社会事业发展的综合变量,其特征值、方差贡献率和累计贡献率如表4-5所示。

表4-5　初始和旋转后因子方差贡献情况

公因子	初始因子解			旋转后最终因子解		
	特征值	方差贡献率	累计贡献率	特征值	方差贡献率	累计贡献率
1	0.3119	78.59%	78.59%	0.2029	51.11%	51.11%
2	0.0313	7.88%	86.47%	0.1403	35.36%	86.47%

第三,识别公因子

初始因子载荷矩阵结构所反映的问题不明显,各因子代表的原始变量不突出,不利于对公因子进行合理分析和解释。为此,本课题研究采用方差最大化正交旋转法(H.F.Kaiser)对因子载荷矩阵进行旋转,使得变量在某公因子上有较大的载荷值,而在其余公因子上有较小的载荷值,有利于确定公因子代表的实际经济意义,旋转后的因子载荷矩阵如表4-6所示。

表 4-6　正交旋转后因子载荷矩阵表

指标代码	指标名称	公因子 1	公因子 2
Z1	教育事务	0.9312	0.2634
Z3	社会保障事务	0.8816	0.4048
Z4	文体传媒事务	0.8356	0.5105
Z6	农林水事务	0.7870	0.4308
Z5	城乡社区事务	0.2629	0.8576
Z7	环境保护事务	0.3584	0.8169
Z2	医疗卫生事务	0.6145	0.7196
Z8	公共安全事务	0.5335	0.6039

因子载荷矩阵正交旋转以后,提取出 2 个公因子分别反映我国社会事业发展两个方面的主要特征:

公因子 1 在教育事务、社会保障事务、文体传媒事务和农林水事务方面有绝对较大的载荷系数,该因子的方差贡献率最大,为 51.11%;

公因子 2 在城乡社区事务、环境保护事务、医疗卫生事务和公共安全事务方面有绝对较大的载荷系数,该因子的方差贡献率为 35.36%。

第四,计算因子得分

为了能够得到各地区社会事业综合发展水平,需要在因子分析之后采用回归的方法计算出因子得分。设提取的两个公因子在不同地区的得分为 F_{xi},其中:$m=1,2$ 表示公因子代码,$i=1,2,\cdots,31$ 表示全国 31 个省(市、自治区)。分别以旋转后的各公因子方差贡献率占两个公因子累计方差贡献率的比重作为权重,对各个公因子的因子得分进行加权汇总,得到各地区社会事业发展的综合因子得分 F_i,如公式(5-1)和表 4-7 所示。

$$F_i = \frac{51.11\% \times F_{1i} + 35.36\% \times F_{2i}}{86.47\%} \tag{4.17}$$

表4-7　我国各地区社会事业发展水平比较

区域		公因子1	公因子2	综合因子		
		权重:59.11%	权重:41.89%	得分	排名	平均分
东部	北　京	2.7121	1.2377	2.1216	2	0.6921
	天　津	−0.1037	2.6929	1.0668	3	
	河　北	−0.4727	0.3102	−0.1495	13	
	辽　宁	0.7348	−0.5773	0.1925	8	
	上　海	4.0139	−0.2759	2.2570	1	
	江　苏	−0.1155	1.5814	0.5942	5	
	浙　江	0.1293	1.8560	0.8539	4	
	福　建	−0.3543	0.9868	0.2040	7	
	山　东	−0.6524	0.8325	−0.0369	9	
	广　东	0.5010	0.6820	0.5819	6	
	海　南	−0.7874	0.9382	−0.0724	10	
中部	山　西	0.0403	−0.6071	−0.2305	14	−0.264
	吉　林	−0.0530	−0.2235	−0.1249	12	
	黑龙江	0.3300	−0.7425	−0.1159	11	
	安　徽	−0.8594	0.1985	−0.4248	25	
	江　西	−0.5352	0.0003	−0.3162	20	
	河　南	−0.5855	−0.0541	−0.3688	22	
	湖　北	−0.7518	0.4734	−0.2461	16	
	湖　南	−0.2832	−0.2801	−0.2847	18	
西部	重　庆	−0.4338	−0.1012	−0.2988	19	−0.4584
	四　川	−0.6098	−0.0842	−0.3957	23	
	陕　西	0.0676	−0.8664	−0.3230	21	
	甘　肃	−0.2751	−1.2631	−0.6917	29	
	内蒙古*	−0.1669	−0.3746	−0.2556	17	
	云　南*	−0.7373	−0.1472	−0.4974	27	
	贵　州*	−0.7101	−0.6726	−0.7015	31	
	宁　夏*	−0.2690	−0.5827	−0.4031	24	
	广　西*	−0.3769	−0.5459	−0.4515	26	
	青　海*	−0.0643	−1.2377	−0.5565	28	
	新　疆*	0.4404	−1.1782	−0.2332	15	
	西　藏*	0.2276	−1.9755	−0.6930	30	

注:＊表示课题划定的西部欠发达地区。

从总体上来看,西部欠发达地区社会事业发展相对于东部和中部地区较为落后,在西部8个少数民族地区内部的社会事业发展也具有较大差异。内蒙古和新疆的社会事业发展水平较高,宁夏、广西、青海和云南社会事业发展居中,西藏和贵州社会事业发展水平较低,如表4-8所示。

表4-8　我国西部欠发达地区社会事业发展水平比较

地　区	因子得分	排　名	类　别
内蒙古	-0.2556	2	1
云　南	-0.4974	5	2
贵　州	-0.7015	8	3
宁　夏	-0.4031	3	2
广　西	-0.4515	4	2
青　海	-0.5565	6	2
新　疆	-0.2332	1	1
西　藏	-0.6930	7	3

注:将各地区因子得分进行K型聚类,分为表中的三个类别。

2. 社会事业发展动态比较分析

由于公共安全事务在2007年以前缺失相关统计数据,同时文体传媒在年度间差异波动异常。由此,以下分别采用2001、2005和2007年的教育、医疗卫生、社会保障、城乡社区、农林水和环境保护六个部门进行动态比较分析。

(1)社会事业发展提升部门情况

课题首先采用变异系数赋权法测算了2001、2005和2007年各地区各部门的社会事业发展指数,发现年度间各部门的指标均具有一定的相关性,说明各地区总体社会事业发展格局趋于一致,如表4-9所示。为了进一步比较各部门年度间社会事业发展提升程度,并将2005年的社会事业发展指数作为投入指标,2007年的社会事业发展指数作为产出指标,采用数据包络分析(DEA)的CCR模型进行投入产出分析,测算各地区社会事业发展提升程度的相对关系。

表4-9　年度间各部门社会事业发展指数相关性

关系指标	教育	医疗卫生	社会保障	城乡社区	农林水	环境保护
01年和05年	0.9933	0.9863	0.9862	0.7988	0.8259	0.7054
01年和07年	0.9663	0.9876	0.9935	0.8166	0.9919	0.6664

续表

关系指标	教育	医疗卫生	社会保障	城乡社区	农林水	环境保护
05 年和 07 年	0.9669	0.9643	0.9752	0.7658	0.7728	0.7129

数据来源:根据《中国统计年鉴》、《中国教育经费统计年鉴》、《中国卫生统计年鉴》和中国经济信息网数据库整理计算。

第一,教育事务部门

在教育事务部门中,西部欠发达地区社会事业发展总体提升较快。同时,西部 8 个少数民族地区间的社会事业发展提升状况具有一定差异,其中,新疆、青海和广西教育社会事业发展水平提升较快,如图 4-22 及图 4-23 所示。

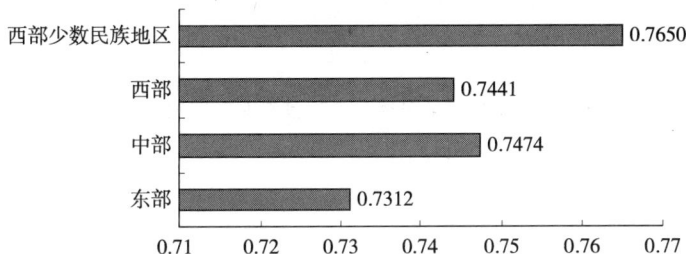

图 4-22　东、中、西部教育社会事业发展提升水平比较

数据来源:根据《中国教育统计年鉴》和《中国教育经费统计年鉴》整理计算。

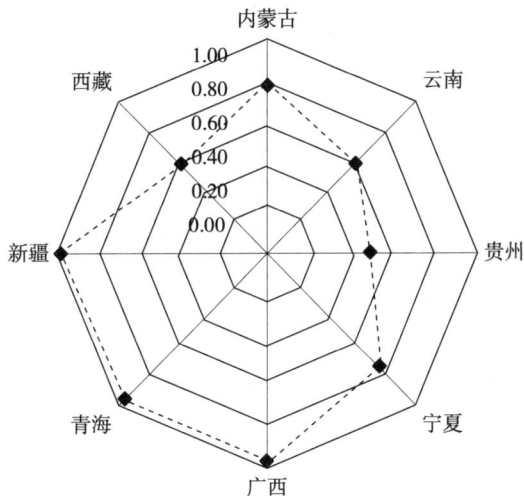

图 4-23　西部欠发达地区教育社会事业提升水平比较

数据来源:根据《中国教育统计年鉴》和《中国教育经费统计年鉴》整理计算。

第二,医疗卫生事务部门

在医疗卫生事务部门中,西部欠发达地区社会事业发展总体提升较慢。同时,西部 8 个少数民族地区间的社会事业发展提升状况具有一定差异,其中,贵州、广西和新疆医疗卫生事业发展水提升较快,如图 4-24 及图 4-25 所示。

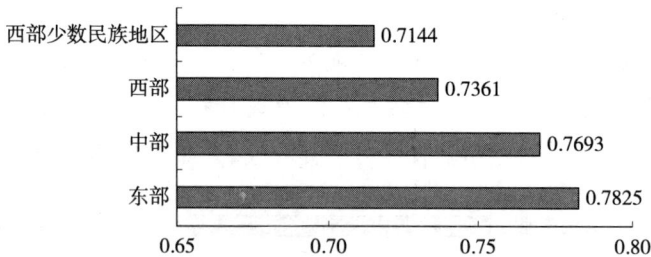

图 4-24　东、中、西部医疗卫生社会事业发展提升水平比较

数据来源:根据《中国卫生统计年鉴》整理计算。

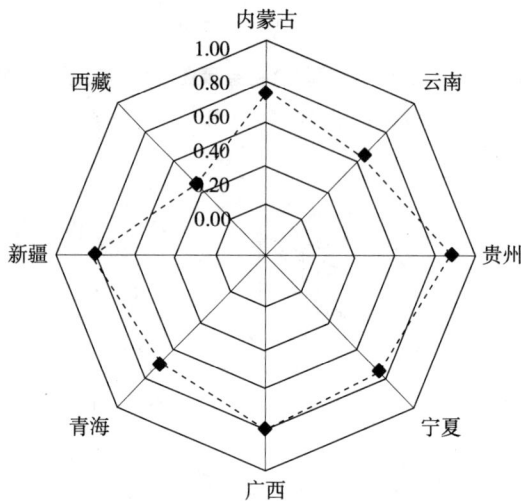

图 4-25　西部欠发达地区医疗卫生社会事业提升水平比较

数据来源:根据《中国卫生统计年鉴》整理计算。

第三,社会保障事务部门

在社会保障事务部门中,西部欠发达地区社会事业发展总体提升较慢。

同时,西部8个少数民族地区间的社会事业发展提升状况差距不大,其中,西藏、贵州和宁夏社会保障事业发展水平提升相对较快,如图4-26及图4-27所示。

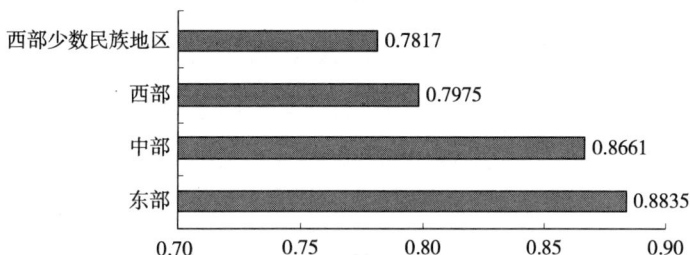

图4-26　东、中、西部社会保障事业发展提升水平比较

数据来源:根据《中国统计年鉴》和中国经济信息网数据库整理计算。

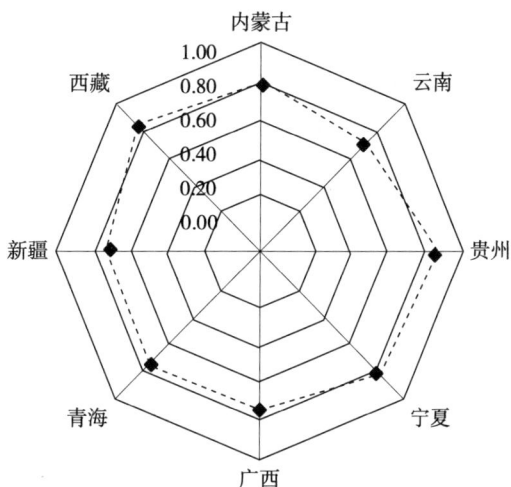

图4-27　西部欠发达地区社会保障事业提升水平比较

数据来源:根据《中国统计年鉴》和中国经济信息网数据库整理计算。

第四,城乡社区事务部门

在城乡社区事务部门中,西部欠发达地区社会事业发展总体提升较慢。同时,西部8个少数民族地区间的社会事业发展提升状况差距较大,其中,西

藏、青海和内蒙古城乡社区事业发展水平提升相对较快,如图4-28及图4-29
所示。

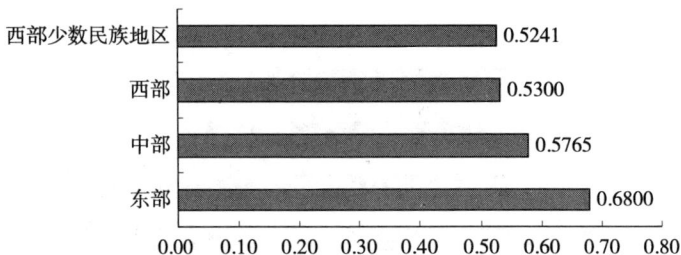

图4-28　东、中、西部城乡社区事业发展提升水平比较

数据来源:根据《中国统计年鉴》和中国经济信息网数据库整理计算。

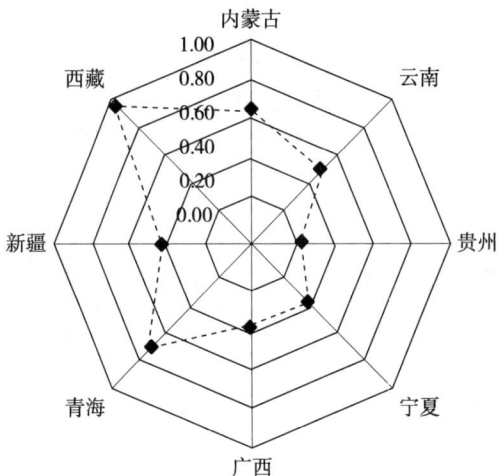

图4-29　西部欠发达地区城乡社区事业提升水平比较

数据来源:根据《中国统计年鉴》和中国经济信息网数据库整理计算。

第五,农林水事务部门

在农林水事务部门中,西部欠发达地区社会事业发展总体提升较快。
同时,西部8个少数地区间的社会事业发展提升状况差距较大,其中,西藏、
青海和宁夏农林水社会事业发展水平提升相对较快,如图4-30及图4-31

所示。

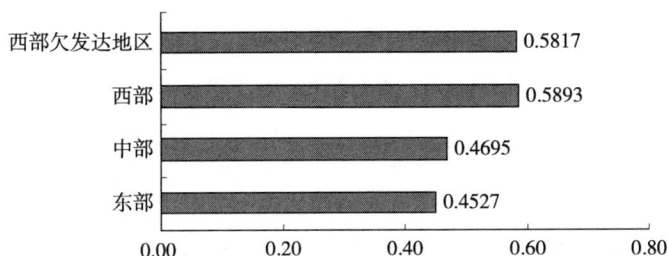

图 4-30　东、中、西部农林水社会事业发展提升水平比较

数据来源:根据《中国统计年鉴》和中国经济信息网数据库整理计算。

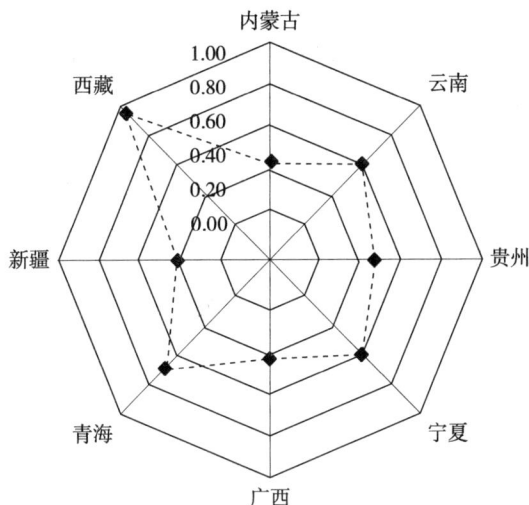

图 4-31　西部欠发达地区农林水社会事业提升水平比较

数据来源:根据《中国统计年鉴》和中国经济信息网数据库整理计算。

第六,环境保护事务部门

在环境保护事务部门中,西部欠发达地区社会事业发展相对于中西部地区提升较快,但落后于东部地区。同时,西部 8 个欠发达地区间的社会事业发展提升状况差距较大,其中,西藏、云南和内蒙古农林水社会事业发展水平提升相对较快,如图 4-32 及图 4-33 所示。

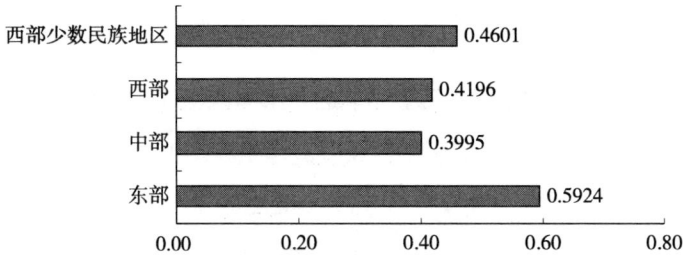

图 4-32　东、中、西部环境保护社会事业发展提升水平比较

数据来源:根据《中国统计年鉴》和中国经济信息网数据库整理计算。

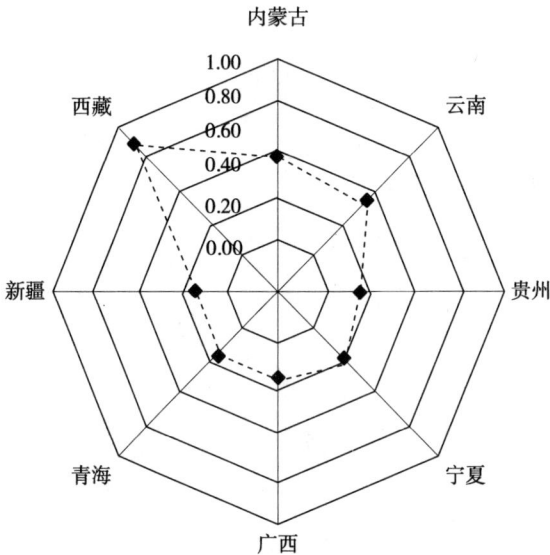

图 4-33　西部欠发达地区环境保护社会事业提升水平比较

数据来源:根据《中国统计年鉴》和中国经济信息网数据库整理计算。

(2)社会事业发展提升总体情况

由于测算得到的各部门社会事业发展提升状况指标间不具有明显的相关性,且因子分析检验的 KMO 值为 0.439,则判断该数据举证不适合做因子分析。为此,采用变异系数赋权,将各指标进行合成,得到各地区社会事业发展提升水平的综合指标,如表 4-10 所示。

表 4-10　我国各地区社会事业发展提升水平比较

区域		综合得分		
		得分	排名	平均分
东部	北　京	0.7291	3	0.6458
	天　津	0.7549	2	
	河　北	0.6295	11	
	辽　宁	0.5894	19	
	上　海	0.6750	5	
	江　苏	0.6222	12	
	浙　江	0.6668	6	
	福　建	0.5369	26	
	山　东	0.6534	8	
	广　东	0.5926	17	
	海　南	0.6541	7	
中部	山　西	0.5896	18	0.5775
	吉　林	0.5936	16	
	黑龙江	0.5366	27	
	安　徽	0.5177	29	
	江　西	0.5982	15	
	河　南	0.5739	21	
	湖　北	0.6406	9	
	湖　南	0.5703	23	
西部	重　庆	0.6753	4	0.5654
	四　川	0.5742	20	
	陕　西	0.6212	13	
	甘　肃	0.4225	31	
	内蒙古*	0.6160	14	
	云　南*	0.5707	22	
	贵　州*	0.4615	30	
	宁　夏*	0.5617	24	
	广　西*	0.5551	25	
	青　海*	0.6392	10	
	新　疆*	0.5219	28	
	西　藏*	0.8253	1	

注:将各地区因子得分进行 K 型聚类,分为表中的三个类别。

数据来源:作者根据统计年鉴整理计算。

从总体上来看,西部欠发达地区社会事业发展提升水平,除了西藏以外,相对于东、中部地区较为落后。在西部8个欠发达地区内部的社会事业发展提升水平也具有一定的差异。西藏社会事业发展提升水平最高,青海、内蒙古、宁夏、云南、广西、新疆的社会事业发展提升水平居中,贵州的社会事业发展提升水平较低。

（二）社会事业发展差异解释

如前文所述,影响各地区社会事业发展的内生因素包括政府财力水平和市场化发展程度,政府财力水平和市场化发展程度越高的地区,其社会事业发展水平应该相应较高,反之则反。为此,课题将测算出的社会事业发展水平与各地区相应的政府财力水平和市场化发展指数进行比较,以此解释各地区尤其是西部欠发达地区社会事业发展失衡的原因。

1. 基于政府财力水平的检验

将2007年各地区社会事业发展综合得分与相应的人均可用财力作为变量,进行相关性判断分析,得出全国各地区社会事业发展水平与人均可用财力的相关系数为0.8287,验证了影响社会事业发展的财力内生因素。然而,我国地区间社会事业发展与人均可用财力的相关性差异较大,尤其是西部欠发达地区的社会事业发展与人均可用财力甚至呈现出负相关关系。其主要原因在于：

首先,西部欠发达地区地处偏远、人口分散、地理环境恶劣,严峻的自然条件增加了西部欠发达地区发展社会事业的成本,限制了西部少数民族的社会事业发展的水平；

其次,西部欠发达地区保护边疆维护稳定的任务较重,有限的财力仅能维持正常的人员经费开支和行政运行；

最后,西部欠发达地区的管理制度落后,资金的预算、拨付、使用、监管和绩效考核都不完善,财政支出的效率较低。

从西部欠发达地区的情况看,财政资金的投入并没有在社会事业发展水平上得以体现。其原因主要体现在以下几个方面：

首先,西部欠发达地区社会事业发展成本较高,在相同的财政投入情况下,西部欠发达地区难以实现等量的社会事业发展服务水平；

其次,西部欠发达地区由于基础设施条件较为薄弱,大部分资金均用于基础设施建设,其投入具有时滞性,短时间内难以直接反映出社会事业的发展成

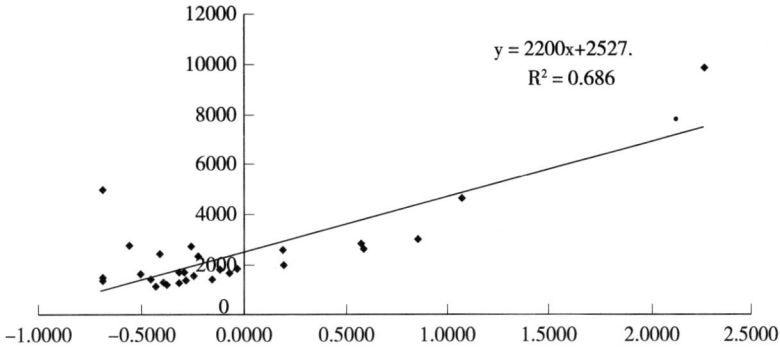

图 4-34 我国各地区社会事业发展与财力的散点图

数据来源:根据《中国统计年鉴》、《中国教育经费统计年鉴》、《中国卫生统计年鉴》和中国经济信息网数据库整理计算。

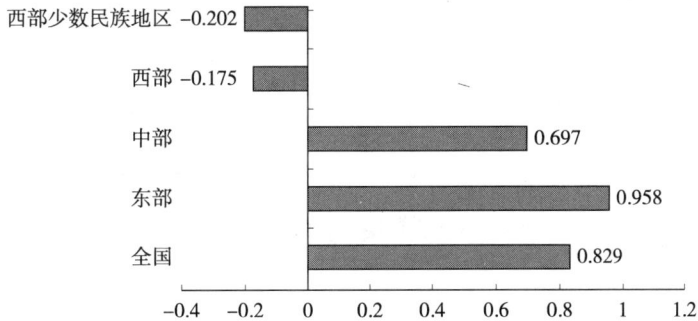

图 4-35 我国各地区社会事业发展与财力相关系数

数据来源:根据《中国统计年鉴》、《中国教育经费统计年鉴》、《中国卫生统计年鉴》和中国经济信息网数据库整理计算。

效的上升;

再者,也不能排除西部欠发达地区财政资金配置效率低下的缘由,反映出西部欠发达地区资金的投入规模与地区社会事业发展状况并不适应。

2. 基于市场化发展程度的检验

将 2007 年各地区社会事业发展综合得分与相应的市场化发展指数作为变量,进行相关性判断分析,得出全国各地区社会事业发展水平与市场化发展程度的相关系数为 0.774,验证了影响社会事业发展的市场化程度内生因素。

在西部欠发达地区也如此,社会事业的发展与市场化综合指数具有较高的相关性,如下图所示。

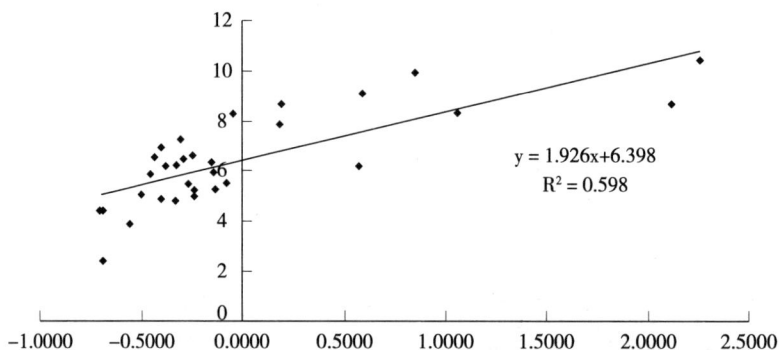

图 4-36　我国各地区社会事业发展与市场化发展散点图

数据来源:根据《中国统计年鉴》、《中国教育经费统计年鉴》、《中国卫生统计年鉴》、《中国市场化指数》和中国经济信息网数据库整理计算。

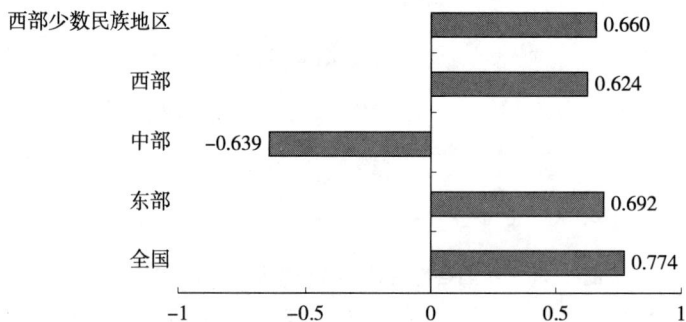

图 4-37　我国各地区社会事业发展与市场化发展相关系数

数据来源:根据《中国统计年鉴》、《中国教育经费统计年鉴》、《中国卫生统计年鉴》、《中国市场化指数》和中国经济信息网数据库整理计算。

　　从西部欠发达地区的情况来看,社会事业发展与市场化发展程度具有较高的相关性,说明在社会事业供给方面,市场起到了一定程度的作用。然而,我国西部欠发达地区市场发展较为缓慢,市场化水平较低,由此形成当前西部欠发达地区较为落后的社会事业发展状态。

五、结论与对策思路

（一）研究结论

本课题研究在借鉴区域发展理论和社会事业发展概念的基础上，采用理论分析和实证分析相结合的方法，深入分析了我国各地区社会事业发展状况，尤其突出体现西部欠发达地区社会事业发展失衡，研究结论如下：

1. 由于区域间政府财力水平、市场化发展程度、历史自然条件和政策制度的差异，西部欠发达地区社会事业发展存在失衡状态具有必然性

在社会福利最大化目标的驱动下，各地区社会事业服务的供给主体是政府和市场，以此判断影响各地区社会事业发展水平的内生因素包括政府财力水平和市场化发展程度，并将历史自然条件和政策制度环境确定为影响各地区社会事业发展的外生因素。进一步，从理论上判断各地区政府财力水平、市场化发展程度、历史自然条件和政策制度环境的差异必将导致区域间，尤其是西部欠发达地区社会事业发展的失衡。

2. 西部欠发达地区社会事业发展现状水平低于东部和中部地区，在西部8个欠发达地区内部也存在较大差异

从社会事业发展现状情况看，西部欠发达地区各部门及总体社会事业发展现状水平明显低于东部和中部地区平均水平，在社会保障、文体传媒、城乡社区、农林水、环境保护和公共安全方面也低于西部平均水平。同时，西部8个少数民族地区的社会事业发展现状水平也存在较大差异，新疆和内蒙古较高，宁夏、广西、云南、青海居中，西藏和贵州较低。

3. 西部欠发达地区社会事业发展提升水平低于东部和中部地区，在西部8个欠发达地区内部也存在较大差异

从社会事业发展提升情况看，西部欠发达地区总体社会事业发展提升水平低于东部和中部地区，但是在教育和农林水方面明显高于东、中和西部地区的平均水平。同时，西部8个欠发达地区的社会事业提升水平也存在较大差异，西藏最高，其次是青海、内蒙古、宁夏、云南、广西和新疆，最低的是贵州。

4. 政府财力水平和市场化发展程度与各地区社会事业发展水平具有较强的相关性，但西部欠发达地区较高的财政资金的投入却没有在社会事业发

展上得到体现

从全国及东部地区情况来看,政府财力水平和市场化发展程度作为社会事业发展的内生因素得到验证。但是,从西部欠发达地区情况看,社会事业发展水平与各地区政府财力呈现出负相关,说明西部欠发达地区较高的财政资金的投入没有在社会事业发展上得到体现。同时,西部欠发达地区的社会事业发展水平与市场化综合指数呈现出正相关,说明西部欠发达地区较低的市场化发展导致了该区域落后的社会事业发展状态。

(二)对策思路

1. 加大对西部欠发达地区社会事业发展投入力度,优化公共投资结构

在推进西部地区建设全面小康社会进程中,西部欠发达地区社会事业发展面临不少困难和问题,尤其是农村义务教育、社会保障、医疗卫生等基本公共服务事业发展滞后,成为制约西部欠发达地区经济社会发展的瓶颈。上学难、看病难、饮水难、行路难等现象在西部欠发达地区尤为突出。按照党的十六届五中全会提出的"公共服务均等化"目标,社会主义新农村建设的要求,需要进一步加强公共服务体系建设,加大对西部欠发达地区社会事业发展投资力度,优化公共投资结构,尤其是要通过制度和机制的建设,提高西部欠发达地区社会事业发展资金配置效率,切实提高基本公共服务供给水平。同时,在对西部欠发达地区进行社会事业发展投入的同时,要注重欠发达地区发展与全国统一发展模式的区别,建立适合于各欠发达地区发展的公共服务供给模式。

2. 促进西部欠发达地区市场化发展,提供多渠道的社会事业发展供给途径

西部欠发达地区由于市场化意识比较薄弱,市场化程度较低,体制改革相对滞后,非国有经济发展相对缓慢,从而导致以政府为主导的西部欠发达地区社会经济难以实现较快发展。为此,需要加快西部欠发达地区公共服务市场化发展的意识,尤其要建立和健全制度和法律体系,以此保障市场化过程的规范化,以便于政府对市场的监督和控制。在此基础上,要明确社会事业发展服务市场化的对象,即确定公共服务的供给范围,哪些应该由政府提供,哪些应该由市场提供,在西部欠发达地区尤其要对非竞争性弱和非排他性强的社会事业服务引入竞争机制,由市场进行调配,比如医疗卫生、社会保障、文体传媒等社会事业服务,以此形成多种的社会事业发展供给渠道。

第五章　西部欠发达地区的
社会稳定状况评估

随着我国整体经济发展水平快速提升,地区间经济社会发展失衡问题与社会稳定状况,尤其是我国西部欠发达地区社会稳定和发展状况已成为社会关注的重大热点问题。

地区经济社会发展失衡导致的社会不稳定将弱化国家整体经济的再生能力与发展,不利于民族间关系的和睦团结和社会和谐。本章以云南、广西、西藏、新疆和内蒙古4区1省的西部沿边地区为对象,综合分析评估我国西部欠发达地区社会不稳定状况与影响,以及西部欠发达地区社会稳定状况的特点。

一、基本概念与研究方法

中国正经历着社会快速转型期,由此所引起的社会结构重组必然引发各种社会问题与社会冲突,危及社会稳定与滋生社会风险。从西方社会发展历程看,目前,中国可能正处于城市化快速发展阶段,表现在城市容纳问题、不均衡发展、社会阶层分裂、地区发展差异显著扩大,以及城乡对比度的持续增高,所有这些又集中表现在社会安全风险问题上。它在把现代性注入社会发展的同时,也引发了种种社会问题,成为威胁社会稳定与风险的主要来源。因此,及时准确地获得有关社会风险发生程度的现状,并据此实施有效的政府干预、社会行动,将其控制在社会承受力范围之内,是保持社会稳定、实现社会良性运行的前提。社会也要在经济快速发展与社会转型的过程中,始终维持一种动态稳定,就必须开展对社会稳定状况进行评估,开展社会风险分析与预警机制的建立与实践。

（一）西部欠发达地区社会稳定的基本内涵

一般认为，稳定是指事物在保持原有质的条件下各要素不断调整变化并保持着相对均衡的运动秩序，即它是动态的。稳定是人类在特定的历史时期经济、政治、文化等多种人类社会活动因素综合作用的结果，它是一个历史的、综合的、动态的概念，其表征在于社会稳定，即整个社会处于稳固、安定、和谐的状态。"社会稳定是指社会秩序和社会生活的安定、协调、和谐和有序，是通过人们的自觉干预、控制和调节而达到的社会秩序和社会生活的动态平衡状态。"①社会稳定是基于社会这一层面下，社会内部各系统之间平衡状态的达成，社会稳定是社会处于一种有序的良性互动和协调发展状态，它既是社会发展的条件，又是社会发展的目标。通常情况下人们普遍认为，社会稳定是政治稳定和政权的稳固。社会稳定包括政治稳定、经济稳定、社会秩序正常以及人心安定等。这几个方面相互联系，相互影响，相互作用，密不可分。政治稳定是整个社会稳定的核心，经济稳定是整个社会稳定的基础，社会秩序正常是政治稳定和经济稳定的必要条件，人心安定是社会稳定的综合反映。

我国西部欠发达地区的稳定，不仅是维护国家领土完整、主权独立的重要表征，而且在现代国家政权体系和主权观念下也具有重要意义。在现代民族国家的场域空间中，由于地区往往处于与中心地区相对的边缘地区，历史上和现实中造就了地区多处于国家权力的边缘和国家主流文化的边缘。在国家与国家之间，边疆更是作为国家间的缓冲带，共同受到来自两方面的文化冲击和文化影响。由此，这也使得在当今世界范围内，地区往往成为民族分离运动、宗教分裂主义、极端民族主义的温床，西部欠发达地区不稳定问题也就存在引发国内冲突和国家分裂的潜在危险性，以及具有扩大为国际争端的可能性②。

近年来，我国民族地区问题与社会不安定问题日益凸现，尤其在我国云南、广西、内蒙古、新疆和西藏等西部边境地区，社会不稳定现象日益增多。我国边境民族地区的稳定与否，决定了建构在中华民族共同认同意识下，国家领土是否能够保持完整、民族国家主权独立，维持民族边境地区社会稳定和各民族共同繁荣，直接关系到国家经济社会发展全局。

---

① 陶德麟主编：《社会稳定论》，山东人民出版社 1999 年版，第 4 页。
② 何明、王越平：《全球化背景下边疆社会稳定研究的几个问题》，《云南师范大学学报（哲学社会科学版）》2009 年第 3 期。

(二)研究方法

影响社会稳定的因素非常多,而且不同区域在不同时期其因素又有差异,社会群体性事件是影响社会稳定与安全的重要因素。社会群体性事件的副作用和社会危害性是毋庸置疑的,虽然客观上它的存在对社会发展也有相对的积极作用。美国社会学家刘易斯·科塞认为,在一定程度上,群体性事件可能是这样一个机制:"通过它,社会能在面对新环境时进行调整。一个灵活的社会通过冲突行为而受益,因为这种冲突行为通过规范的改进和创造,保证它们在变化了的条件下延续。"也就是说,群体性事件是社会生活中因群体利益受损,社会矛盾被激化,在一定时间和一定范围内发生的聚众共同实施的违反社会规范、扰乱社会秩序的行为,是影响社会稳定的消极因素,在本质上它是与社会稳定相对立的。因此,对社会稳定状况评估必须关注社会群体事件。

20世纪40年代末,美国社会学家默顿(R. K. Merton)曾经提出了构建社会学理论的研究方法。按照其研究方法,社会学研究不应该从构造综合(宏观)理论体系开始,应该从概括经验事实开始。默顿特别强调社会学理论的实证性,坚决反对社会学在缺乏经验事实的时候去凭空构造庞大的理论体系。因此,评估社会稳定状况,关注社会群体性事件也就应当从客观事实、政策措施等宏观视角,评估我国西部欠发达地区社会稳定状况与分析社会群体性事件发生的缘由、参与者、发展路径及产生的社会后果、危害等微观事项,把发现问题与对问题的治理真正落到实处。

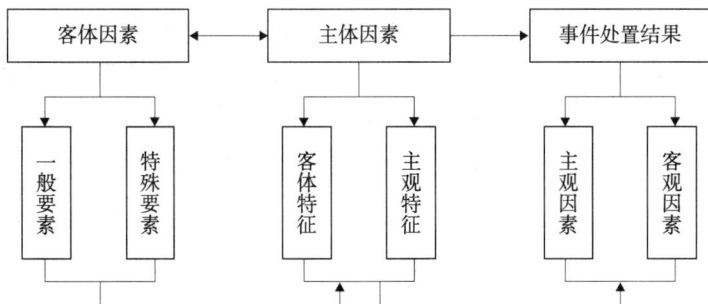

图5-1　社会群体性事件研究综合分析路径

从上述社会群体性事件研究综合分析路径图可以看出研究对象的有关要

素及要素间的联系，这样就可以有效地避免研究者的主观片面性，或者是避免研究者站在强势主体的角度研究这一现象或问题。这就有利于提醒研究者必须全面客观地、在联系和变动中把握研究对象与群体事件发生的客观事实。当然，研究社会群体事件仅具备正确的思维方式是不够的，还需要具有一般取向的社会理论作为研究点和出发点，这就是站在客观公正的角度研究与分析事实真相。本研究主要采用：1. 数理统计；2. 调查研究；3. 实地研究与访谈；4. 文献研究与实证分析等方法。

二、我国西部欠发达地区社会稳定指标体系构建与评估

（一）社会稳定计量的必要性

自从有人类社会以来，人们一直在用自己的智慧对各种事物进行计量。对物化现象显然是可以计量的，因为可以借助仪器来度量长度、高度、宽度、温度、湿度、速度、密度以及体积和重量等等。对简单的非物化现象也是可以计量的，如远古时代人们结绳记事中的"事"，有些就属于非物化现象；起于隋代的科举考试以及现代人们对智商和情商的计量，也是属于对非物化现象的计量。但是对于非物化社会现象，尤其是复杂非物化社会现象能否进行计量？比如社会稳定，能否制造一种"量具"，计量出社会的"稳定度"，即给出一个具体的计量值？应当说这确实是一个长期来困扰社会学家的难题。

20世纪60年代以来，从美国兴起进而风靡世界的社会指标运动，为解决这个难题开辟了道路。社会学家设计了各种各样的指标体系，用来对非物化社会现象进行定量研究，如美国社会学家阿历克斯·英格尔斯设计的计量社会现代化程度的"现代化指标体系"、我国社会学者朱庆芳设计的计量社会发展协调程度的"社会发展综合评价指标体系"（1990）、王地宁和唐均设计的计量社会发展水平的"社会发展指标体系"（1991）、宋林飞设计的计量社会风险的"社会风险指标体系"（1995）等等。总之，各种各样的社会指标体系有数十种之多。运用社会指标方法已经成为现代社会科学研究的重要趋势之一。但是，这其中除少数指标体系外，大多数指标体系的测量信度和效度都不尽如人意，有些指标体系甚至很难实施。究其原因，除了非物化社会现象自身的高度

复杂性和不确定性之外,关键在于以下两个方面:一是人们对所要计量的非物化社会现象尚缺乏深入的定性分析,致使所谓的定量研究缺乏可靠的理论前提;二是计量非物化社会现象的操作系统不健全[①],致使社会指标体系缺乏得以运行的平台。为此,从这些问题入手,构建计量社会稳定的指标体系并对社会稳定状况进行评估,对研究该地区社会稳定状况有着重要指导意义。

影响社会稳定的因素有很多,如经济因素、政治因素、文化因素和国际因素等,它们共同构成了一个系统,维持着一个国家或地区的稳定。

(二)社会稳定评价指标体系建立的原则

改革、稳定和发展是我国社会发展的基本原则,如何在改革的过程中化解不同阶层和群体间的矛盾,保持社会安全和稳定,尤其是保持我国西部欠发达地区的社会安全和稳定,已成为社会学科需要研究的重大问题。通过建立评价社会稳定状况的指标体系,对我国西部欠发达地区的社会安全和社会稳定状况进行评估,能够及时发现和解决影响社会稳定和安全的各种因素及可能出现的重大社会问题。

评价指标体系的建立应遵循以下原则:

1. 科学性原则。由于社会稳定的指标体系是对社会稳定状况的量化,因此指标的选取、权重的确定以及计算过程必须以科学理论为依据,符合经济理论以及社会经济的实际。

2. 相关性原则。由于社会系统是一个复杂的系统,影响社会稳定的因素很多,但不可能全部囊括。因此我们遵循相关性原则,尽可能选取具有代表性的指标全面地反映欠发达地区的社会稳定状况。

3. 可行性原则。考虑到指标的可量化性以及数据的可得性,尽可能地选取那些易于量化、数据资料容易取得的指标,突出指标的可操作性。

(三)我国西部欠发达地区社会稳定状况评估

按照社会稳定指标体系的构成要素及指标体系设计所遵循的基本原则,并切合西部欠发达地区社会稳定状况的实际,初步确定的指标体系共分为三层,囊括三个重要方面共计 10 项三级指标,指标体系的构成具体如下:

---

① 如现行统计体制滞后,数据信息开放度低,社会调查机构发育不全,相关专业社会计量机构缺位等等。

表 5-1　西部欠发达地区社会稳定的评估体系

一级指标	二级指标	三级指标	指标说明
社会稳定指数	经济状况指数	人均 GDP（X1）	本组指标是影响社会稳定的最重要的经济因素，其中除第一项指标是影响社会稳定的正向指标外，其余五项指标均为影响社会稳定的逆向指标。
		恩格尔系数（X2）	
		通货膨胀率（X3）	
		城镇贫困人口比率（X4）	
		城乡人均收入比（X5）	
		城镇登记失业率（X6）	
	社会安全指数	每十万人口交通事故死亡率（X7）	本组指标是社会稳定最敏感的反映，是社会稳定的逆向指标。
		每十万人口火灾发生率（X8）	
	社会保障指数	人均社会保险基金累计结余（X9）	本组指标反映社会再分配的状况，是社会稳定的正向指标。
		社会保障综合覆盖率（X10）	

注：社会保障综合覆盖率采用从业人员的失业保险覆盖率、养老保险覆盖率、医疗保险覆盖率三者的平均数确定。

通过计算，我们得到全国、沿边五省区（内蒙古、广西、云南、西藏和新疆）以及沿海五省（江苏、浙江、福建、广东和山东）的各三级指标值。

表 5-2　全国、沿边五省区以及沿海五省的三级指标值

		X1	X2	X3	X4	X5	X6	X7	X8	X9	X10
		元	%	%	%	倍	%	人	次	元	%
全国		22698	39.5	5.9	1.6	3.3	4.2	5.5	10.4	1143	34.1
沿边五省区	内蒙古	32153	34.8	5.7	6.4	3.1	4.1	6.6	31.8	959	44.4
	广西	14891	46.1	7.8	3.0	3.8	3.8	5.6	2.6	644	26.6
	云南	12547	48.1	5.7	3.7	4.3	4.2	4.5	4.7	559	22.0
	西藏	13795	51.8	5.7	11.3	3.9	4.3	13.4	6.0	373	11.7
	新疆	19725	39.0	8.1	6.2	3.3	3.7	10.9	26.0	1699	50.0
沿海五省区	江苏	39485	38.9	5.4	1.2	2.5	3.3	6.8	9.3	1615	53.7
	浙江	41967	36.5	5.0	1.6	2.5	3.5	11.5	10.2	2393	43.5
	福建	30031	42.2	4.6	2.2	2.9	3.9	8.5	10.6	969	34.2
	广东	37402	39.5	5.6	0.7	5.8	2.6	7.5	5.9	2525	52.9
	山东	32996	34.9	5.3	5.1	5.3	3.7	5.3	7.1	1060	45.4

数据来源：《中国统计年鉴 2009》，中国统计出版社 2009 年版。

由于指标体系中 X2、X3、X4、X5、X6、X7 和 X8 为逆向指标,需要进行指标同趋势化处理,将逆向指标转化为正向指标,转化方法为:

$$x'_{ij} = - x_{ij}$$

其次,为了消除不同量纲和量纲单位的影响,需要对指标作无量纲化处理,处理方法采用普遍使用的标准变换法,标准变换法公式如下:

$$x^*_{ij} = \frac{x_{ij} - \overline{x_j}}{s_j}, s_j = \sqrt{\frac{1}{p-1} \sum_{i=1}^{p} (x_{ij} - \overline{x_j})^2}$$

式中:x_{ij} 表示第 i 个地区的第 j 个指标,$\overline{x_j}$ 表示第 j 个指标的均值,s_j 表示第 j 个指标的标准差,其中 $i = 1, \cdots, p$, $j = 1, \cdots, q$ 。

通过对指标进行同趋势化处理及无量纲处理后,得到各三级指标的标准化值,如表 5-3 所示。

表 5-3　全国、沿边五省区以及沿海五省标准化后的三级指标值

		ZX1	ZX2	ZX3	ZX4	ZX5	ZX6	ZX7	ZX8	ZX9	ZX10
	全国	-0.41	0.277	-0.01	0.732	0.372	-0.9	0.799	0.101	-0.17	-0.29
沿边五省区	内蒙古	0.472	1.131	0.176	-0.79	0.558	-0.7	0.421	-2.24	-0.43	0.468
	广西	-1.13	-0.92	-1.76	0.288	-0.09	-0.09	0.764	0.954	-0.87	-0.84
	云南	-1.35	-1.28	0.176	0.066	-0.56	-0.9	1.142	0.724	-0.99	-1.18
	西藏	-1.23	-1.96	0.176	-2.34	-0.19	-1.1	-1.91	0.582	-1.25	-1.94
	新疆	-0.68	0.368	-2.04	-0.73	0.372	0.11	-1.05	-1.6	0.605	0.88
沿海五省区	江苏	1.153	0.386	0.453	0.858	1.115	0.919	0.352	0.222	0.488	1.152
	浙江	1.383	0.822	0.821	0.732	1.115	0.515	-1.26	0.123	1.578	0.401
	福建	0.275	-0.21	1.19	0.542	0.743	-0.29	-0.23	0.079	-0.42	-0.28
	广东	0.96	0.277	0.268	1.017	-1.95	2.334	0.112	0.593	1.763	1.093
	山东	0.551	1.113	0.545	-0.38	-1.49	0.11	0.867	0.462	-0.29	0.541

数据来源:根据《中国统计年鉴 2009》整理。

课题组拟对指标数据进行因子分析,数据处理软件采用 SPSS17.0,遵循主成分特征根大于 1 的标准,得到表 5-4 所示的方差分解主成分提取分析表及表 5 所示的初始因子载荷矩阵。

表 5-4　方差分解主成分提取分析表

成份	初始特征值			提取平方和载入		
	合计	方差的%	累积%	合计	方差的%	累积%
1	4.382	43.821	43.821	4.382	43.821	43.821
2	1.915	19.151	62.972	1.915	19.151	62.972
3	1.278	12.779	75.751	1.278	12.779	75.751
4	1.233	12.330	88.081	1.233	12.330	88.081
5	0.828	8.280	96.361			
6	0.161	1.606	97.967			
7	0.146	1.459	99.426			
8	0.035	0.352	99.778			
9	0.022	0.221	99.999			
10	0.000	0.001	100.000			

表 5-5　初始因子载荷矩阵

	成　份			
	1	2	3	4
ZX1	0.914	−0.067	0.309	0.133
ZX2	0.826	−0.312	−0.226	0.241
ZX3	0.279	0.199	0.712	0.467
ZX4	0.674	0.446	−0.060	0.299
ZX5	0.009	−0.648	0.286	0.385
ZX6	0.802	0.330	0.002	−0.449
ZX7	0.109	0.510	−0.597	0.598
ZX8	−0.195	0.868	0.324	−0.078
ZX9	0.882	−0.018	0.121	−0.362
ZX10	0.928	−0.178	−0.254	−0.062

　　如表 5-5 所示,根据特征根大于 1 的原则提取四个主成分 F_1、F_2、F_3、F_4,四个主成分的累积贡献率达到 88.081%,较好地反映了指标数据的总体情况。用表 5 中的数据除以主成分相对应的特征值开平方根便得到四个主成分的系数矩阵,将得到的主成分系数矩阵与标准化后的指标数据相乘,就可以得出各主成分得分值。

各主成分 F1、F2、F3、F4、F5 的线性表达式如下：

$$
\begin{cases}
F1 = 0.44 \times ZX1 + 0.39 \times ZX2 + 0.13 \times ZX3 + 0.32 \times ZX4 + 0 \times \\
\quad ZX5 + 0.38 \times ZX6 + 0.05 \times ZX7 - 0.09 \times ZX8 + 0.42 \times \\
\quad ZX9 + 0.44 \times ZX10 \\
F2 = -0.05 \times ZX1 - 0.23 \times ZX2 + 0.14 \times ZX3 + 0.32 \times ZX4 - \\
\quad 0.47 \times ZX5 + 0.24 \times ZX6 + 0.37 \times ZX7 + 0.63 \times ZX8 - \\
\quad 0.01 \times ZX9 - 0.13 \times ZX10 \\
F3 = 0.27 \times ZX1 - 0.20 \times ZX2 + 0.63 \times ZX3 - 0.05 \times ZX4 + \\
\quad 0.25 \times ZX5 + 0 \times ZX6 - 0.53 \times ZX7 + 0.29 \times ZX8 + \\
\quad 0.11 \times ZX9 - 0.22 \times ZX10 \\
F4 = 0.12 \times ZX1 + 0.22 \times ZX2 + 0.42 \times ZX3 + 0.27 \times ZX4 + \\
\quad 0.35 \times ZX5 - 0.40 \times ZX6 + 0.54 \times ZX7 - 0.07 \times ZX8 - \\
\quad 0.33 \times ZX9 - 0.06 \times ZX10
\end{cases}
$$

最后，以每个主成分所对应的特征值占所提取主成分总的特征值之和的比例作为权重得出主成分综合评价模型：

$$F = 0.498 \times F1 + 0.217 \times F2 + 0.145 \times F3 + 0.140 \times F4$$

最后，通过最终计算得出的各主成分得分及综合得分如表 5-6 所示。

表 5-6　社会稳定评估体系综合得分

		F1	F2	F3	F4	F
全国		-0.35	0.2	-0.46	1.2	-0.03
沿边五省区	内蒙古	0.4	-2.25	-0.83	1.14	-0.25
	广西	-1.81	1.14	-1.31	-0.31	-0.89
	云南	-2.34	1.5	-0.38	0.78	-0.79
	西藏	-3.98	-0.47	1.71	-1.3	-2.02
	新疆	0.12	-2.24	-1.44	-1.68	-0.87
沿海五省区	江苏	2.05	0	0.43	0.61	1.17
	浙江	2.23	-0.77	1.76	-0.16	1.18
	福建	-0.06	-0.04	1.19	1.03	0.28
	广东	2.95	1.98	-0.1	-1.68	1.65
	山东	0.79	0.94	-0.56	0.37	0.57

数据来源：根据《中国统计年鉴 2009》整理。

　　从综合得分情况来看,我国西部少数民族五省区的社会稳定指数均为负值,且低于全国平均水平(-0.03),沿海五省区的社会稳定指数均为正值,均高于全国平均水平(-0.03),东西部地区社会稳定指数差距非常明显。

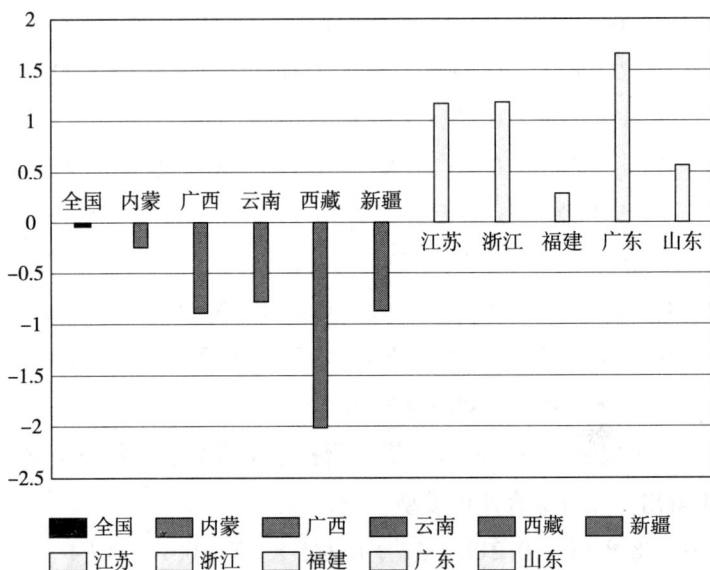

图 5-2　全国、沿边五省区及沿海五省的社会稳定水平

注:指标柱状图中柱状颜色仅表示与全国平均水平相比的正负向情况,无具体警戒级别含义。
数据来源:根据《中国统计年鉴 2009》整理。

　　图 5-2 更清晰地反映了社会稳定水平的区域差异,不难看出:

　　西部欠发达地区的社会稳定状况较差,次于全国社会稳定平均水平,与沿海地区的社会稳定水平相比具有明显差距,其中,按社会稳定状况由差到好排序为西藏、广西、新疆、云南、内蒙古。

　　沿海地区的社会稳定状况较好,优于全国社会稳定平均水平,按稳定状况由好到差排序为广东、浙江、江苏、山东、福建。

三、影响我国西部欠发达地区社会稳定的主要因素

　　对我国西部欠发达地区社会稳定状况评估后可看出与全国平均水平有明

显差距,与东部沿海地区有着巨大差距。随着全球化推进,信息传递更为快捷而迅速,使得国与国之间的影响更加深化,由此生存条件、经济条件、社会因素、文化因素、心理因素、外部因素等等都会对一国或者周边其他国家的稳定产生影响。常态的社会冲突,深入的社会影响,更决定了任何国家的社会稳定都是一种动态稳定,在冲突和调试中达到平衡。为此,评估我国西部地区社会稳定状况,还应分析产生差距引发社会不稳定现象的原因。

（一）历史、地理条件、政策措施与制度安排

从社会发展的一般规律来看,人类社会从没有绝对的、凝固的稳定。由传统社会向现代社会演进在内的一切形式的变迁、发展变化过程,实际就是社会新陈代谢的过程。以发展为导向的社会稳定一定处于动态的发展过程中,它并不排斥由发展带来的社会问题与社会冲突的存在。社会要在较短的时间内实现社会转变、完成现代化过程,转型给社会造成的震荡自然也会相应增大,也就是所谓的"现代性孕育着稳定,而现代化过程却滋生着动乱"[1]。与较为完善的、经历了上百年发展的西方市场经济过程相比,中国的社会转型是以历史浓缩的形式,将社会转型中的各种错综复杂的社会问题呈现出来,历史与现实、传统与现代、本土文化与西方文明多重因素交织在一起,多重因素的对抗和矛盾势必导致价值损失与社会不稳定现象产生。

对于我国西部欠发达地区,全球化背景下的边疆社会稳定同样突出地表现出动态性的本质核心。由于在我国西部欠发达地区,历史过程、文化传统、市场能力、自然环境、资源禀赋、制度安排、政策体系等诸多因素的交互作用,西部欠发达地区与内地、少数民族与汉族之间的差距呈扩大趋势,而制度环境、政策措施、经济发展、社会转型、文化变迁、心理调适等方面,非同步性和错位现象较大程度地普遍存在,西部欠发达地区社会与中国社会大系统之间存在一定的冲突和竞争。对于西部民族边疆的主体——边疆民族的需求,是多样而且多层次性的,同样处于不断变化中。虽然同处于我国西部欠发达地区,而西部不同民族的社会发展状况、民族文化特征、文化和心理需求等方面有着一定的差异。即使在同一民族内部,无论是同为中国的世居民族,还是跨境而

---

① ［美］塞缪尔·亨廷顿等著,罗荣渠主编:《现代化:理论与历史经验的再探讨》,上海译文出版社 1993 年版,第 101—103 页。

居的跨国民族,生活状况、经济条件、文化特征仍存在着差异。尤其在现代化、市场化和全球化的推动下,我国西部少数民族社会无论在速度上还是在深度上,都显现出差异性的变迁态势,西部欠发达地区社会也成了一个"复数性"的社会。

(二)地缘政治与民族宗教

随着西部社会各民族间、民族内部各小社会系统间交往的深入,使得各个社会成员对上述所有状况更加感同身受。西部边境民族内部和民族间的冲突与矛盾,边境民族的需求也就日趋多元。此外,当今社会周边国家地缘政治、经济势力、宗教文化观念等更趋于多元化的发展。随着信息沟通的便利、方便与快捷,更加剧了境外的极端宗教主义、民族主义、恐怖主义和分裂主义等对边疆社会的影响。无论是从内部还是外部,无论是从社会还是从经济、文化等层面来思考当代全球化背景下我国西部欠发达地区社会的特征,决定了我国西部欠发达地区社会的稳定将长期以动态稳定为特征存在下去。

(三)社会分化与市场化

目前,中国正经历着一个剧烈的社会分化与市场化逐渐完善的过程,由其引起的社会结构重组必然会引发种种社会问题与社会冲突。社会分化对我国西部欠发达地区社会稳定产生的可能影响有:

1. 动摇了传统社会结构中的相对稳定性

比如,基于全国经济发展与各民族利益基础之上的西部大开发,是我国政府考虑到东西部发展差距而采取的一项有利于西部各族人民发展的经济分配政策,是从制度上对西部各族人民的利益倾斜。这项政策既有利于民族社会的均衡和平衡的调整,也有利于民族地区经济稳步增长,保持民族地区的经济稳定。但现实的结果是当前我国经济发展严重失衡,西部欠发达地区经济相对全国发展落后许多。在经济稳定当中,应该考虑到各民族有着自身的特殊经济利益要求,否则社会不稳定现象将更加剧。

2. 引致社会群体中地位重新排序

新的社会利益群体的利益需求如果在新的结构中无法得到有效满足,或者原有结构中的既得利益群体的利益如果无法得到制度化的安排,利益群体的冲突就会形成,社会稳定将因此受到威胁,比如在西部资源开发与发展中,新的利益群体需求如不能得到及时与有效满足,利益群体冲突事件便容易发生。

3. 改变了原有的社会规范和社会交换规则

社会分化瓦解了原有的社会规范和社会交换规则,产生规范真空与社会失范,进而引发社会秩序的相对混乱与失序。比如民族文化总是处于不断分化和不断整合之中。当从旧文化体系中分化出的新文化体系与旧文化体系发生冲突时,文化便会处于不稳定的状态。民族文化稳定的基础就是各民族对不同文化的接受与适应。如意识形态等心理认同、宗教信仰认同、婚姻家庭等行为模式认同、不同民族文化之间的相互理解。当上述路径都协调的情况下,民族文化的变迁和所产生的规范不会引起冲突,当社会分化与民族文化变迁存在矛盾时,民族文化稳定就会出现波动性和异质性,社会秩序或许失序,进而引起社会的冲突。

4. 不均衡性导致新的结构性失衡和冲突

比如在西部欠发达地区经济社会发展中,存在经济发展与民族社会发展的一致性、不矛盾性和稳定性;但同时也存在着相互间的差异性、矛盾性和冲突性。当经济社会发展的不均衡性得不到及时化解时,新的结构性失衡将产生,新的冲突更突出。所有这些分化因素都可能成为影响我国西部地区社会稳定的危机因素。

当然,一个国家或地区社会的稳定与安全不仅要受社会系统内部子系统的影响和干扰,而且也会受到来自外部各种要素的影响和干扰;外部因素与内部因素相互作用、相互耦合,构成影响和干扰社会是否能够实现稳定与安全的决定性力量[1]。来自社会系统的外部干扰和内部矛盾构成了社会不稳定与不安全因素的集合,当一个国家或地区如果没有及时去化解或者无力从根本上消除这些影响因素,使得不稳定与不安全因素从数量与质量两个方面迅速累积、凝聚起来时,社会不稳定与不安全因素就会在一定时间和地域内,遍及一定的人口数量,当这些不稳定与不安全因素迅速逼近社会系统所能够承受的最大临界阈值,这样在自然触发因子与社会触发因子的综合作用下,即在"导火索"的"点燃"之下,形成一系列危害社会稳定与安全的焦点问题,这些焦点问题的涨落或突变超过了社会稳定与安全的临界阈值时,就会导致社会系统

---

① 宋瑞林:《西方社会学》,南京大学出版社 1997 年版,第 8—12 页。

运行崩溃,引发社会失衡、社会失序、社会失控,然后再重新形成新的社会系统①。如果涨落或突变没有超过社会稳定与安全的临界阈值,预警系统就可以通过新增调控手段,以保证原来社会系统的正常运行。

由此可见,我国西部欠发达地区社会稳定是一种过程性和动态性的稳定,是国家、"复数"性的边疆社会和社区社会、多样性的民族文化和心理结构相互调适与交互作用的结果。在国家与社会由合而为一的体制向二者适度分离的社会结构变迁过程中,培育我国西部欠发达地区及其民族社区的社会,使之发挥协调、沟通、联结、整合国家与民族及族群之间的关系,是现代边疆社会稳定建设的关键。

四、社会稳定状态与群体事件区域特征

群体性事件作为一种普遍的社会现象,由于政治、经济、法律、社会等多种因素掺杂其中,客观存在于世界上任何一个国家,也是各国政府都普遍感到头疼和棘手的一个问题。目前我国群体性突发事件频频发生,其规模不断扩大,表现形式愈趋激烈,造成的后果和影响也越来越严重,已引起社会各界普遍关注。

(一)社会群体性事件及其社会功能

所谓群体性事件,是指某些利益要求相同或相近的群众或个别团体、个别组织,在其利益受到损害或不能得到满足时,受人策动,经过酝酿,最终采取静坐、集会、游行、上访、罢工、罢课、罢市等方式向党政机关施加压力,甚至冲击党政机关和其他要害部位,阻断交通,乃至采取打、砸、烧、杀等破坏公私财物,危害人身安全方式,以求解决问题,并造成甚至引发某种治安后果的扰乱社会秩序的事件。从本质上看,它是人民群众维护自身权益的特殊形式,是人民内部矛盾激化的突出表现形式,一般不具有对抗性,只有极少数在处置不当时可演变为对抗性矛盾。群体性事件已经成为影响我国社会稳定的突出问题,不过,群体性事件是在一定时间、一定范围内打破社会活动的组织性和社会关系

---

① 牛文元:《社会物理学派及其在社会经济研究中的价值》,《中国科学院院刊》2001 年第1 期。

的协调性使社会生活处于波动之中,在一定程度上确实破坏了社会稳定。但社会稳定也是有范围和程度上的限定的,任何一个社会中不可能有绝对的稳定。当群体性事件的这些越轨行为只发生在某一局部范围内,没有危及整个国家政权和根本社会制度,这就只能看做是对正常社会秩序的一种扰动,并不意味整个社会就已经失去了稳定。从性质上来说,当前我国发生的群体性事件,绝大多数属于人民内部矛盾,是由人民内部矛盾激化而产生的,它不是要推翻国家政权和现行社会制度。其矛头指向一般不是国家、政府,而是针对社会上的种种不公正的现象,它的产生也是以对党和国家的信赖为基本前提的。从某种意义上说,群体性事件的发生,表明了人们权利意识的加强和对政府的信赖。但是,他们采取了违反现有社会规范的行为,对社会的动态平衡造成一些干扰或波动,是社会关系中出现的一种不和谐的音符。

另一方面,群体性事件有其积极的社会功能。首先,它能释放出长期积聚的社会能量,能使部分心理失衡的群众得以实现心理上的平衡,这对保持社会的长期稳定有积极作用。其次,它具有社会警示作用。它在向社会发出警告或信号,表明社会问题已经产生,社会矛盾已经尖锐化,社会张力已经表面化,从而迫使各级政府职能到位,加速民主法制进程。担负社会管理和调控职能的政府接到这些警告或信号后,如果能以积极的态度、有效的方法来对待,并及时调整相应对策与政策,就能化解社会矛盾,减少社会风险,从而对社会的稳定和发展起到积极作用。最后,群体性事件的出现,对加快政府职能转变,政府治理新理念和长效治理机制的有效发挥,能起到重要的推动作用。由此可见,群体性事件具有两重性,它既有不利于社会稳定和社会发展的负功能,也有促进社会整合和社会进步的正功能。

(二)群体事件、"问题地区"与社会稳定

这里的"问题地区"是指某一地区经济社会发展不协调或长期失衡,社会治安问题突出,社会群体冲突事件频发,地区安全局势恶化,甚至可能有敌对势力、极端分裂势力活动或活动频繁,存在恐怖袭击事件或暗杀事件发生的隐患,给当地或整个社会安全局势带来动荡或产生极其恶劣影响的地区。

1. 群体事件与社会稳定

当前,中国的改革开放已取得了举世瞩目的巨大成就,但在肯定改革开放取得成就的同时,还应当清醒地认识到我国正处于社会矛盾凸显期,社会生活中还存在很多复杂的严重影响社会稳定的诸多问题。人们习惯性把一些事前没有预料的且对社会秩序产生明显影响的事件称为突发性群体事件,事实上,很多群体事件并非不可预见,因为大部分群体事件都有其发生的前因,只不过人们没有清楚地识别而已,也或许是相关部门没有引起足够的重视甚至是忽视问题的存在。一般而言,但凡能给社会生活与社会稳定造成较大影响的群体事件,不可能无缘无故引起,能否及时识别和分析事件产生的原因,能否及时对相关事件及时做出反应与预警,是有效预防和化解群体事件的基本前提,也是维护社会稳定与建立和谐社会的首要任务。

2. 群体事件与"问题地区"

作为干群关系紧张,经济社会发展严重失衡,治安问题日益严重的"问题地区",由人民内部矛盾导致的群体事件,地方党委和政府往往最先以对待敌我矛盾的思维方式,调查起背后有无敌对势力的指使,是否是"有组织、有预谋"的行动,一旦影响了社会秩序,往往直接将其指为"破坏稳定",强硬压制,那么这一地区的问题将更严重。同样,作为矛盾当事一方的群众为了维护本方利益,都反复强调自己是"完全自发的,没有任何组织",往往拒绝透露真正的组织者;参与者与政府谈判时往往推选老年人出场,而真正的组织者却在幕后指挥。这就说明,在政府体系对社会矛盾表现出体制性麻木时,社会矛盾本身又呈现出"预兆减弱、组织隐性"的特点,及时平息矛盾与作出预警就形成了更大困难。

此外,一个地方的社会稳定不仅关系到群众的生命财产安全,同时也是政府相关部门的门面,或者因群体事件的出现导致"问题地区"的形成会给当地政府政绩带来严重负面影响。因此,许多政府官员在处置社会群体事件时,最习以为常的方式就是不吭声,不披露消息,不提供解释。政府如果拒绝发布信息,或发布信息不及时,更为严重的是垄断发布信息的渠道,这就为社会矛盾激化、群体暴力事件的产生最终导致社会不稳定等准备好了最好的条件。20世纪50年代著名经济学家米达尔曾对前苏联的高级官员说,权力的垄断和资本的垄断一样可怕和有害,甚至更可怕和更有害。信息作为资本和权利运作的要素和基础,信息的垄断后果是资本垄断和权力垄断的相加①。由此可看

---

① 丁学良:《他们为什么不吭声》,《南方周末》2009 年 10 月 15 日,原载《新民周刊》2009 年 10 月 8 日。

出,群体事件的发生与"问题地区"这两者中,政府就扮演了极其重要的角色,一旦政府违背了应有的角色定位,"问题地区"中的群体事件发生将更频繁、更突出、甚至更激烈,社会不稳定现象更突出。

3. 机制的完善与社会稳定

社会稳定一方面必须通过社会内部各个具体领域的稳定表现出来;另一方面,这些各个具体领域的稳定因素必须通过一定的结构方式联系在一起,而不是简单的线形叠加。评判一个社会是否稳定,不是看有没有社会矛盾或利益冲突,而是要看这个社会是否具备一个完善的社会机制将矛盾与冲突控制在"有序"范围内,包括这一地区的政治局势稳定、经济形势稳定、社会生活稳定和人们的思想情绪稳定。改革开放主要内容之一是制度改革,各级政府、企业组织和市场机构等部门,都在为深化改革开放而不断制定新制度替代旧制度,并且很多新制度的设计与实施通常是以提高效率为基本目标,单纯追求效率的制度往往会冲击社会生活的稳定协调。新制度不会轻易确立,旧制度也不能简单就能替代,特别是那些仅仅追求效率的经济制度,一旦冲击那些稳定地维持着人们日常生活的制度且得不到有效协调时,群体事件就会以各种形式爆发,这是追求社会稳定与和谐时不可回避的一个重要问题。

(三)我国西部地区社会群体性事件特点

改革开放尤其西部大开发以来,我国西部地区同样取得了可喜的成绩。不过,由于一些地方片面追求经济社会跨越式发展的单向度思维,以及由于处理问题的机制不够健全,方法手段不够充分,导致我国西部地区各类问题和矛盾凸现,且负面影响较大。

1. 西部社会群体事件的广度与深度

我国西部地区同样由于改革与社会经济的发展,致社会结构发生较大变化,由此带来的各结构要素之间不断分化与整合,难免出现失衡与失调现象,从而导致西部地区社会稳定难以持续维持,大量非稳定性因素产生;某些基层农村行政执法手段不足,出现行政执法盲区和死角,无力解决纠纷而导致群体性事件;某些由于历史、民族或宗教等因素,社会群体事件时有发生,一旦相关部门没有引起足够的重视,必将带来难以估量的社会后果,整个西部地区都曾发生过或都有可能爆发社会群体事件,这将成为影响我国西部尤其是西部边境地区社会稳定的重要因素。

社会群体事件发生的广度有两层含义：首先就我国西部地区来说，社会群体事件的发生率极其广泛，且较为频繁，无论城市还是乡村几乎每个县每年都有群体事件发生；其次，无论是东部还是西部地区所发生的社会群体事件，政府及相关部门对所发生或正在发生的事件，给予公众准确客观全面信息的说明，能让老百姓在大众化传媒中知晓事件真相的所有群体事件的报道，或者是对事件的附加信息的知晓，对群体事件未被披露，鲜为人知的相关信息进行拓展式补充，强调各种边缘信息，引导公众的持续性关注以明确了解政府在此事件的做法与态度等，诸多反映的核心特征就是广度。因此，事件发生的广泛性及事件发生报道的广泛性、全面性，既是指社会群体事件发生的广度，也是大家对社会群体事件关注与思考的程度。尤其针对我国西部地区来说，该地区群体事件发生率非常广泛，且每次事件的发生后产生的后果影响更为严重，甚至威胁到国家安全与稳定。由此，针对群体事件广发的"问题地区"，在对事件传播的方式与广度上应更具体与具有针对性。

社会群体事件的深度同样有两层含义：第一，就事件本身与参与者来说，西部群体事件的发生已涉及各行各业各类人群，且传播速度快、聚集人员多。另外，由于历史、地理和宗教等相关原因，西部地区发生民族群体冲突事件的可能性比其他地区的可能性要大，危害社会程度，给国家、社会带来的影响与后果更严重。也就是说，西部地区发生的群体事件中，参与人员更复杂，影响更深远，后果更可怕。第二，就我国西部地区国家安全与地区稳定来说，无论该地区何时发生何种群体事件，当地政府及相关部门应引起更密切与更高的关注度，进行预警，对已经或正在发生的社会群体事件从总体上有全面把握，采取及时有效的措施将矛盾冲突控制到最小，将事件损失降低到最小，将社会影响降低到最小。此外，政府能及时客观公正地对外发布消息，尤其作为上级主管部门，这不仅能及时预防与有效处理事件，也能及时满足公众对更深层次信息的需求，上述两项的核心特征是社会群体事件关注的深度。

比如2009年8月26日，云南省陆良县活水乡石槽河煤矿在施工过程中与当地村民群众发生冲突，八名村民、三名煤矿企业员工和七名现场维持秩序的民警在冲突中受伤住院，十一辆警车被砸，引发了较大规模的群访和冲突，由于云南省曲靖市陆良县针对"8.26"事件，与当地群众进行了较好的沟通，且在第一时间向上级汇报所发生的事件，并及时就该事件进行了客观真实的报道,且上级主管部门作出了快速反应,该事件在较短时间内就得到了妥善应对和处置,群众提出的合理诉求也全部获得解决。

另外,2008年7月19日,云南普洱市孟连傣族拉祜族佤族自治县发生的暴力冲突事件,这起事件表面上是警民冲突,实质是胶农与企业的经济利益长期纠纷所引发的一起较为严重的群体性突发事件。"7·19"专案所反映出的问题是,少数党员干部背离科学发展观要求,严重损害党和人民的利益,发现问题没及时处理与通报,最终酿成了后果严重的死人事件。

近年来,境内外出现的"三股势力"图谋插手利用煽动群众的力量闹事的迹象在我国已愈加明显,尤其在我国西部民族边境地区。"三股势力"在采取"文煽武扰"的方式中不断加强分裂祖国的破坏活动,同时,他们开始插手利用群体性事件,企图通过煽动蛊惑、歪曲造谣来制造规模较大、影响较深的事端,这些迹象已日益明显。

2002年至2006年,新疆维吾尔自治区发生聚众围堵冲击党政机关、阻塞交通、滋事骚乱、械斗、暴力抗法等过激行动的群体性事件约占事件总数的10.8%。行为方式的激烈对社会治安造成了严重危害。同时因工资福利待遇、征地搬迁、争矿林水草土地和企业改组、改制、兼并破产等经济利益矛盾引发的群体性事件占事件总数50%以上,其中工资福利待遇问题引发的群体性事件占总数的27.5%。近年来,非法吸收公众存款等多发经济案件也成为引发新疆群体性事件的原因之一①。上述等等事件的发生与最后结果的展示表明,西部地区群体事件产生的原因很复杂,形成的面很广,造成的结果非常严重。正由于对事件关注的广度与深度不一样,事件最终结果就有不同的结局,这是相关部门应重点深思的。

2. 我国西部欠发达地区社会群体事件分类

就目前来说,全国各省区每年都会发生不同程度的社会群体事件,分布非常广泛。如果以社会群体事件处置中管理价值目标为基础,根据事件实际形成原因、演化过程、参与主体及造成的实际损害和社会危害等方面进行分类,我国西部欠发达地区社会群体事件可分为预谋性群体事件与非预谋性群体事

---

① 王乐祥:《关于新疆群体性事件的分析及处置工作对策建议》,《公安研究》2007年第6期。

件、理性群体事件与非理性群体事件、公共危机事件与民族宗教因素的群体性事件等主要类型。

(1)预谋性与非预谋性群体事件

群体冲突事件特别是突发性群体事件的发生既有共性,也有差异性。比如同是群体性突发事件存在预谋与非预谋之分,存在有先兆和无先兆之别。所谓有预谋或有先兆是指有些矛盾和问题早已形成,已表现出某种事件将要发生的先兆;所谓无先兆,大多表现为在有关方面尚处于不知情、隐藏或麻痹状态,受某种"导火索"的"催化",突然爆发出来的群体冲突事件。显然,非预谋的突发性特征更为明显。一般来说,预谋性群体冲突事件的发生均有先兆,无预谋性群体事件事先并无先兆,这类事件的引发因素非常偶然,在短时间内影响范围广,且会造成极为严重的后果。因此,这两类性质不同的事件虽发生的效果可能相似,或导致的社会不稳定现象雷同,但在处置方式和预防方式上应有策略和方法上的区别。

由此看来,预谋性与非预谋性群体事件所强调的是事发前是否有组织,是否有预谋与策划,待时机成熟便立即行动,同时强调不是损害后果已经发生或已经产生了多大程度的后果与社会危害,而更强调有产生严重后果的威胁,且损害与危害正呈急剧上升趋势。一般来说,预谋性群体事件有一个较长时期的矛盾运动过程,是长期以来各种利益冲突超越一定临界状态而迸发后的结果。因此,社会预谋性群体事件发生之后就表现出具有紧迫、迫切、激急、猛烈、危险甚至威胁等特点,对当地社会、政治、经济稳定及社会治安秩序都会产生直接影响。如,2006年内蒙古自治区托克托县发生的骇人听闻的政府"护污"危害群众利益与污染环境事件;2009年内蒙古呼和浩特市通达南站110余辆客车因不满增加管理费最终爆发的"5.14集体罢工"事件;2008年云南孟连造成2人死亡的胶农事件等,这些典型事件可看出,因物质利益分配引发矛盾才造成了如此多的、大规模的、危害社会稳定的群体事件的根本原因。对于非预谋性群体事件是不是其危害程度就小? 其实不然,即使是非预谋性的,起先某些不起眼的小事在民众中没有多大反响,但由于某些突然性因素的加入,如受相关人员的蛊惑,信息的扭曲等,在此后便有了突变性发展并受到了群众关注,加上由于社会发展失衡所带来的压抑性影响,以某一事件为导火索,致使非预谋性事件成了部分人的发泄工具。在这一过程中,如果信息被扭曲、被限制或被垄断，最终将形成大规模群体事件。

（2）理性群体事件与非理性群体事件

美国社会学家詹姆斯·科尔曼，将群体事件（在西方称之为集群行为）理解为个人在集群状态下的一种理性行为（其中涉及行为的代价和报酬的比较），他认为群体事件产生的原因是其成员经过理性的权衡后，将自己行动的部分控制权转让给了他人（即根据他人的行动，来决定自己做什么）。实际上，科尔曼以一种与社会交换论者十分相似的语言（报酬、资源及转换）和方式（矩阵分析），并且以时尚现象为例来阐述自己的观点。他认为，群体事件中的参与者都是理性人，是人们在一种自己能判断事发后产生的所有可能性后，做出的一种理性选择行为，比如（2009）云南"8.26"事件，最开始群众聚集起来并没有过激的行为，民众聚集产生一种聚集效应后，他们认为这将引起相关部门更高的关注，于是等待事件的最终解决，事实上，整个事件也基本是在比较和平的气氛中妥善解决。

非理性群体事件则是指每个参与者都有着某种价值期望，而社会则有某种价值能力。当社会变迁导致社会的价值能力小于个人的价值期望时，人们就会产生相对剥夺感。相对剥夺感越大，这时人们造反的可能性就越大。聚集在一起的人由于相互间的社会影响，从个别人的可见行为中产生出新的规范，这些规范确定了在群体环境中适当行为的标准。在一些模棱两可的情况下，个别的行动者就可以为其他大多数成员确定规范。而群众一旦觉察到指导他们行动的新规范出现，就会感觉到执行它的压力。这样，经聚合而成的群体具有了作为单个个人所没有的特征，且不能随心所欲地行动。当不满情绪、怨恨等心理因素众多人叠加在一起的时候，这时集群行为中的非理性就出现，如（2009）广西藤县太平镇新雅村百多人的群体性斗殴事件就是典型。

社会群体事件是理性的还是非理性的也无法明确断定，有可能一开始的群体事件是理性的，只要满足了其预期要求，或许就此打住。也有可能其要求也会随着当时当地的情况与环境发生变化，一旦有人抗议、带头挑衅等行为出现，群体事件的非理性行为就开始出现。因此，判断群体事件是理性的还是非理性的，主要取决于群体行为的具体形态以及具体形态的群体事件处在何种发展阶段。比如，群众行为一般具有非理性的特征，但由群众行为发展而来的社会运动有些却是十分理性的，它是进步分子进行社会变革的非制度化尝试。

比如社会泄愤事件就是典型,它作为一种较为特殊的群体性事件,其参加者、发生机制以及行动逻辑等方面具有鲜明特征①。目前,社会泄愤事件在我国出现频发势头,给社会秩序带来了较大危害和隐患。

社会泄愤事件的发生,并不仅针对起因事件本身。该事件至多起了一种催化或引爆的工具性作用,深层原因在于人们对特定社会结构或状态不满,并且认为表达意见和寻求救济的合法途径被堵死,从而转向用行动发泄不满。美国著名的社会学家埃里克·霍里就认为,"困苦并不会自动产生不满,不满的程度也不必然与困苦的程度成正比。不满情绪最高涨的时候,很可能是困苦程度勉强可忍受的时候;是生活条件已经改善,以致一种理想状态看似伸手可及的时候"②。由此看来,如果能把社会群体事件在组织者和参与者都较为理性的状态下就将它消灭在萌芽中,或许在社会中弥漫的诸多不满情绪就都可以效仿正当的途径来解决相关问题。如 2008 年 4 月云南文山州麻栗坡县政府工作组在对该县猛硐乡洒西片区矿山进行治理过程中发生的聚众暴力抗法事件、2008 年 6 月发生在云南个旧市贾沙乡的哄抢矿山群体事件、2009 年 10 月发生在云南马关矿区的群体性事件、2009 年 10 月发生在广西贵港市旺盛商贸城因征地补偿发生的群体斗殴事件等,在起因、过程、后果等方面都具有高度的结构相似性,这些事件统称为"社会泄愤事件",所有这些具有内聚性的群体行为其实都可早发现早预防。

(3)公共危机事件与民族宗教因素的群体性事件

风险与危机相连,风险的社会层面是社会风险,危机的社会层面是公共危机,二者存在着必然因果关系。如云南(2008)"孟连事件"、(2006)云南马关县都龙镇"5.02"事件后至(2008)文山壮族苗族自治州麻栗坡县"4.20"聚众暴力抗法群体性事件,充分暴露出了农民利益诉求机制中存在的问题。当前矿区管理的混乱和艰难一直是全国各地的共同难题,但矿山企业在进行开采和经营时,出于管理方便与利益考虑,一般不愿意当地群众参与其中,使得后者无法获利而产生怨气;一旦群众与企业发生矛盾和纠纷,政府出面总是站在

---

① 于建嵘:《中国的社会泄愤事件与管治困境》,《当代世界与社会主义》2008 年第 1 期;于建嵘:《社会泄愤事件反思》,《南风窗》2008 年第 15 期。

② [法]古斯塔夫·勒庞:《乌合之众——大众心理研究》,冯克利译,中央编译出版社 2004 年版,第 14 页。

企业一方,因为企业正常运行将给财政供给税收;最后的结果经常是群众与企业和政府都形成利益对立,甚至激烈冲突,致使各方都损失巨大,这种事件往往极易导致以社会群体性事件为表征的公共危机。社会公共危机事件的最大威胁不在于已经形成的部分损害与危害,而在于潜伏着的更大祸机。如不及时果断处置,可能诱发更大范围、更大程度的严重后果,并有动摇基本价值体系的危险。例如,最近全球甲型 H1N1 流感的爆发,如处理不及时或不得当,极易形成民众恐慌,导致重大公共危机事件。还有因社会正义、公平理念或情绪、民主权益或宗教感情受到影响而出现的群体性事件引发的社会公共危机。这类事件虽然占少数,但不可忽视。

除了上述因重大公共卫生、群体冲突引发的社会公共危机外,西部民族地区还应包括因经济发展落后、生活极其贫困引致的社会公共危机,失地农民反贫困化过程中发生的上访与群体事件、农民工待遇不公、城乡居民收入和地区收入差距持续扩大、社会治安状况恶化或宗教原因等一系列社会公共危机。在全国社会治安综合治理不断取得新成就的同时,近年来我国西部尤其是西部落后地区社会治安问题越来越令人担忧,重大恶性刑事案件、几乎全村吸毒贩毒案件等给群众生命财产安全带来了严重威胁。

民族宗教及来自外部威胁的群体事件尤其值得关注,而且是作为维护我国西部民族地区社会稳定与安全作用的重要方面。民族宗教因素群体性事件,是指引发原因直接或间接与民族宗教问题有关的,有的甚至来自于外部威胁力量,群体或个人为了满足某种需要,在特定环境和条件下用扩大事态、加剧冲突、滥用暴力手段、危害社会秩序,造成严重社会影响和一定后果的事件。近些年来,一些欠发达地区,民族宗教群体性事件时有发生,且呈上升趋势,已成为影响我国社会稳定、民族团结、经济发展、边防巩固的一大因素。如 2008 年"3. 14"西藏拉萨骚乱事件、2009 年"7. 5"新疆乌鲁木齐事件与"针刺"事件等。这些骚乱事件都有很复杂的海外背景,比如海外藏独和疆独力量,加上西方一些视中国为敌人的政治力量的配合,已被大大国际化。

五、结　　论

社会稳定是当今世界各个国家或地区尤其是发展中国家尤为关心的重大

问题,而要实现经济社会和谐发展与社会稳定,首要任务还是解决经济发展问题,但这不是唯一因素。因为人们越贫困,"经济容忍度①"就越低,社会不稳定性就越高。对我国西部欠发达地区社会稳定状况进行评估,并对该地区社会群体事件进行调查研究与综合分析可看出,当前我国社会群体利益存在一定问题的冲突,群体利益的矛盾主要集中反应在贫富差距的矛盾与干群冲突这两个方面,其中由发展失衡导致的社会群体事件影响社会不稳定为最主要因素。在我国西部欠发达地区欠发达地区,由民族宗教因素或某些境内外敌对势力等也是引发局部冲突的主要原因。另外还包括诸如环境污染、经济补偿不到位、地区与城乡差距过大和贪污腐败等社会问题,也是引发西部地区社会不和谐因素的重要原因。

由此看来,当前我国确实存在着诸多社会不稳定现象,对经济社会发展产生了许多负面影响。因此,巩固西部欠发达地区经济与维护国家安全,促进我国西部欠发达地区经济社会和谐发展,积极应对社会群体事件的发生,建立及时有效的应急管理机制才有利于社会稳定,同时应从促进社会发展的基础上完善机制体制上的种种弊端,以更好地适应我国社会主义市场经济建设和社会发展的需要。

---

① "经济容忍度"是贫困群体对其经济劣势地位的容忍程度,越是贫困落后的国家或地区,物质弹性系数小,政府和农民之间、企业和农民之间物质回旋余地小,贫困群体对其经济劣势地位的容忍度越低,其利益诉求就越强烈和紧迫,利益关系就越紧张,利益冲突就越激烈,就越容易引起各个利益群体之间的冲突,最终在各种不同诱因、不同形式的某个"点"上,形成突然释放,从而爆发群体事件,导致社会暂时的不稳定现象出现。参见胡晓登、陈秀珍:《西部地区重大群体性事件的机理探讨与预防消解机制研究》,《贵州社会科学》2008年第12期。

第六章　西部欠发达地区沿边开放的
特点与开放效应

　　在我国对外开放进程中,由于经济社会发展水平和区位的差别,以及我国对外开放战略推进的层次性,各地区的对外开放具有明显不同的特点和开放效应。总体上看,各地区的对外开放可以分为"沿海型"和"内陆型"两个大的类别。在"内陆型"开放中,西部沿边地区的对外开放具有相当的特殊性和重要意义。其特殊性在于:首先西部沿边地区主要是少数民族聚集区,经济社会发展落后,自然条件恶劣,周边国家经济发展水平不高,对外开放的基础和条件比较差;其次西部沿边地区的对外开放问题不仅仅是一个经济问题,更涉及民族团结、边疆稳定和国际关系等政治问题,追求对外开放的经济效应并非唯一目标。其重要意义在于:西部沿边地区社会稳定和人民生活水平提高迫切要求经济社会的发展,而经济社会的发展离不开对外开放。因此我们必须站在"边疆、民族、稳定"的高度来探索西部沿边地区对外开放的模式和道路,既要汲取先进地区的经验,又要考虑西部沿边地区的特殊问题。

一、西部沿边开放的特殊性

　　在中国对外开放进程中,由于各地区的开放条件不同,以及国家对外开放战略次序,各地区的对外开放的水平和特点有明显的差异。其中西部沿边地区的对外开放具有区别于其他地区的特点,这些特点有的来自西部沿边地区自身的特殊情况,有的来自于政策的差异。通过回顾和比较改革开放后沿海开放、内陆开放和沿边开放的差异,我们就能明显地看到这些特点。

（一）沿海开放、内陆开放和沿边开放

我国的对外开放是逐步推进的，有比较明显的按地区顺序，开放时间的不同使各地区呈现出不同的阶段性特征。此外，即使是同一批开放的地区也因为自身的特殊情况而呈现出不同的特点。我国对外开放的顺序依次是"从沿海到沿江沿边，从东部到中西部，逐渐形成了全方位、多层次、宽领域的对外开放格局"。以此为主线，我国的对外开放大体经历了四个发展阶段。

第一步是创办经济特区。1979 年 7 月，党中央、国务院根据广东、福建两省靠近港澳，侨胞众多，资源丰富，便于吸引外资等有利条件，决定对两省的对外经济活动实行特殊政策和灵活措施，给地方以更多的自主权，使之发挥优越条件，抓紧当时有利的国际形势，先走一步，把经济尽快搞上去。1980 年 5 月，中央确定在深圳市、珠海市、汕头市、厦门市各划出一定范围的区域，试办经济特区。1983 年 4 月，党中央、国务院批转了《加快海南岛开发建设问题讨论纪要》，决定对海南岛也实行经济特区的优惠政策。1988 年 4 月的七届人大一次会议正式通过了建立海南省和海南经济特区两项决定，海南岛成为我国最大的经济特区。创办经济特区迈出了我国对外开放的第一步。

第二步是开放沿海港口城市。1984 年 5 月，党中央、国务院批转了《沿海部分城市座谈会纪要》，决定全部开放中国沿海港口城市，从北到南包括大连、秦皇岛、天津、烟台、青岛、连云港、南通、上海、宁波、温州、福州、广州、湛江和北海共 14 个大中港口城市。1990 年 4 月，在邓小平提议下，党中央、国务院正式公布了开发开放浦东的重大决策，要把浦东建设成为 21 世纪现代化上海的象征，把上海建设成为国际金融、贸易、经济中心。沿海开放城市是国内经济与世界经济的结合部，是对外开展经济贸易活动和对内进行经济协作两个辐射扇面的交点，它直接影响全国改革开放形势的发展。

第三步是建立沿海经济开放区。1985 年 2 月，党中央、国务院批准了《长江、珠江三角洲和闽南厦漳泉三角地区座谈会纪要》，将长江三角洲、珠江三角洲和闽南三角区划为沿海经济开放区，并指出这是我国实施对内搞活经济、对外实行开放的具有重要战略意义的布局。1988 年初，中央又决定将辽东半

岛和山东半岛全部对外开放,同已经开放的大连、秦皇岛、天津、烟台、青岛等连成一片,形成环渤海开放区。

第四步是开放沿江及内陆和沿边城市。进入 20 世纪 90 年代以后,我国对外开放的步伐逐步由沿海向沿江及内陆和沿边城市延伸。1992 年 6 月,党中央、国务院决定开放长江沿岸的芜湖、九江、岳阳、武汉和重庆 5 个城市。沿江开放对于带动整个长江流域地区经济的迅速发展,对于我国全方位对外开放新格局的形成起了巨大推动作用。不久,党中央、国务院又批准了合肥、南昌、长沙、成都、郑州、太原、西安、兰州、银川、西宁、乌鲁木齐、贵阳、昆明、南宁、哈尔滨、长春、呼和浩特共 17 个省会为内陆开放城市。同时,我国还逐步开放内陆边境的沿边城市,从东北、西北到西南地区,有黑河、绥芬河、珲春、满洲里、二连浩特、伊宁、博乐、塔城、普兰、樟木、瑞丽、畹町、河口、凭祥、东兴等。沿江及内陆和沿边城市的开放,是我国的对外开放迈出的第四步。

到 1993 年,经过多年的对外开放的实践,不断总结经验和完善政策,我国的对外开放由南到北、由东到西层层推进,基本上形成了"经济特区——沿海开放城市——沿海经济开放区——沿江和内陆开放城市——沿边开放城市"这样一个宽领域、多层次、有重点、点线面结合的全方面对外开放新格局。至此,我国的对外开放城市已遍布全国所有省区,我国真正进入了改革开放新时代。

表 6-1 中国对外开放的地域次序

时间	地域	内容
1979 年 7 月	广东、福建	对外经济特殊政策和灵活措施
1980 年 5 月	深圳市、珠海市、汕头市、厦门市	试办经济特区
1983 年 4 月	海南	给予特区政策
1984 年 5 月	大连、秦皇岛、天津、烟台、青岛、连云港、南通	开放沿海港口城市
	上海、宁波、温州、福州、广州、湛江、北海	
1985 年 2 月	长江三角洲、珠江三角洲、闽南三角洲	建设沿海经济开放区
1988 年初	山东半岛、辽东半岛	建设环渤海开放区

时间	地域	内容
1988 年 4 月	海南	正式建立特区
1990 年 4 月	上海浦东	开发开放，建设国际金融、贸易、经济中心
1992 年 6 月	芜湖、九江、岳阳、武汉和重庆	建设沿江开放城市
1992 年	合肥、南昌、长沙、成都、郑州、太原、西安、南宁、兰州、银川、西宁、乌鲁木齐、贵阳、昆明、哈尔滨、长春、呼和浩特	开放内陆省会城市
1992 年	黑河、绥芬河、珲春、满洲里、二连浩特、伊宁、博乐、塔城、普兰、樟木、瑞丽、畹町、河口、凭祥、东兴	开放沿边城市

如果我们把各个地区对外开放按时间顺序排列起来，如表 6-1 所示就能清晰地看到我国对外开放的地区次序。首先，在 1992 年之前，我国的对外开放都是在东部沿海地区进行的，沿海开放的顺序是先在南方的广东、福建做试点、建立经济特区，然后在从北到南的东部沿海港口城市推进，最后推广到整个东部沿海地区并形成长江三角洲、珠江三角洲、闽南三角洲和环渤海地区几个重点开放区域。在东部沿海地区的开放取得成功之后，开始推进内陆地区的开放，内陆地区的开放在 1992 年全面展开，共有三条主线，沿长江开放，内陆省会城市开放和沿边城市开放，通过这些城市的对外开放，以点带面，最终形成全方位的对外开放新格局。

不同地区的对外开放，不仅仅是开放次序的不同，东部沿海地区和内陆地区的基本情况和开放条件差异很大，因此中国的对外开放在地区上基本可以分为沿海开放、内陆开放两大类型，在内陆开放中沿边开放是一个特殊的类型。

沿海开放：指我国东部沿海省市的对外开放，包括辽宁、河北、北京、天津、山东、江苏、上海、浙江、福建和广东①。这一地区开放时间早，开放条件好，外

①　广西是一个即沿海又沿边的省区，由于其发展水平和典型的东部沿海省市有很大差距，更接近于内陆和沿边省区，因此将其归入内陆沿边省区。

向型经济的发展已经取得了很大的成就。

内陆开放:指除了东部沿海省市外我国其他省区的对外开放,内陆开放起步比沿海开放晚,内陆省区的开放条件也比沿海省市要差,外向型经济正处于起步或发展过程中。

沿边开放:是内陆开放中的特殊类型,指除内陆省区中与周边国家陆上接壤的省区的对外开放。沿边省区的对外开放除了具有内陆开放的一般特征外,由于地处边疆,是少数民族的主要聚集区,其对外开放具有特殊性。由于本书研究的是西部沿边开放,书中的西部沿边地区指蒙古、新疆、西藏、云南和广西五省区。

(二)内陆开放、沿边开放与沿海开放的差距和原因分析

虽然内陆地区和西部沿边地区从 1992 年开始就以沿江、省会和边境三条主线推进对外开放并取得了一定的成效,但是和东部沿海地区相比,对外开放的水平仍然很低,而且差距在不断地扩大。我们首先考察内陆开放、沿边开放和沿海开放在发展水平上的差距,然后通过一个理论模型来分析这种差距产生的原因。

1. 内陆开放、沿边开放和沿海开放的一般考察

表 6.2 选择了五个东部沿海省份(不含直辖市),五个典型的内陆省份(非沿边内陆省份)和西部沿边的五省区的对外贸易依存度进行比较。从中可以看到,在 1997 年的时候,东部五省区的对外贸易依存度平均就已经达到 54.93%,其中出口依存度 32.42%,进口依存度 22.5%。这一时期最先开放的广东和福建已经走过了 19 年的开放历程,广东的对外贸易依存度已经达到了 147.56%,福建也达到了 50.32%,这两个省区的对外开放水平拉高了东部五省的平均值。比广东福建稍后开放的山东、江苏和浙江对外贸易依存度都在 30%以下。内陆五省和西部沿边五省区都在 1992 开始对外开放,1997 年时对外贸易依存度的平均水平分别为 7.69%和 11.25%,西部沿边五省区高于内陆五省,但总体上都还处于起步阶段。此时西部沿边地区和东部沿海地区的对外开放水平已经有了比较大的差距。

表6-2　对外贸易依存度比较(%)

地区		1997 年			2007 年		
		贸易依存度	出口依存度	进口依存度	贸易依存度	出口依存度	进口依存度
东部沿海省份	山　东	21.91	13.57	8.33	33.02	20.25	12.77
	江　苏	29.36	17.51	11.85	95.03	55.37	39.67
	浙　江	25.49	18.05	7.44	65.92	47.81	18.11
	福　建	50.32	28.40	21.92	56.34	37.79	18.55
	广　东	147.56	84.57	62.98	142.81	83.17	59.65
	平　均	54.93	32.42	22.50	78.63	48.88	29.75
内陆省份	河　南	3.85	2.60	1.24	5.96	3.91	2.06
	湖　北	7.71	4.62	3.09	11.28	6.20	5.08
	四　川	8.67	5.07	3.60	9.58	5.73	3.85
	陕　西	10.83	7.68	3.15	8.82	5.99	2.83
	安　徽	7.39	4.81	2.58	15.14	8.38	6.77
	平　均	7.69	4.96	2.73	10.16	6.04	4.12
西部沿边地区	内蒙古	8.14	4.97	3.17	8.89	3.38	5.51
	新　疆	8.88	4.50	4.38	27.25	22.85	4.40
	西　藏	18.93	4.03	14.90	8.05	6.68	1.37
	云　南	8.48	5.73	2.75	12.98	7.04	5.94
	广　西	11.81	9.39	2.42	10.88	6.01	4.88
	平　均	11.25	5.73	5.52	13.61	9.19	4.42

数据来源:根据《中国统计年鉴》1998、2008 年计算。

　　到了 2007 年,距离中国全面推进对外开放已经有 15 年的时间,东部沿海五省与内陆五省和西部沿边五省区的对外开放水平不仅没有缩小,反而继续扩大了。东部沿海五省的贸易依存度提升到了 78.63%,和 1997 年相比提高了 23.7 个百分点。同期内陆五省仅提高了 2.47 个百分点,西部沿边五省区仅提高了 2.36 个百分点。东部沿海五省中广东和福建由于开放早,在 1997年时贸易依存度就已经很高,到 2007 年时基本保持原有的水平。东部沿海五省最显著的变化是稍后开放的江苏和浙江,对外贸依存度分别提高了 65.67个百分点和 40.43 个百分点。内陆五省整体上没有显著的提高,但是其中安徽有显著的提高,分别为 7.75 个百分点。西部沿边五省区整体上同样没有显著的提高,但是其中的新疆有非常显著的提高,提高了 18.37 个百分点,新疆对外贸易依存度的提高主要源于出口依存度的提高,而进口依存度仍然和

1997 年的水平差不多。部分省区的对外贸易依存度反而比 1997 年下降了,如西藏(由于进口依存度的显著下降)和广西。

　　总的来说,在中央推进沿江、省会和沿边开放 15 年后,内陆和西部沿边省区的对外贸易总体上仍然处于原地踏步的情况,仅有新疆出现了突破性的进展(得益于与中亚国家的贸易增长)。同期东部沿海地区特别是长江三角洲的对外贸易出现了非常显著的进展,沿海和内部沿边的差距越来越大。

表 6-3　外商直接投资比较

		外商投资总额(亿美元)		占全国的比重(%)		年均增长率
		1997	2007	1997	2007	(%)
东部沿海省份	山　东	429	963	5.69	4.57	8.42
	江　苏	692	3820	9.18	18.12	18.64
	浙　江	271	1457	3.60	6.91	18.32
	福　建	474	1027	6.29	4.87	8.04
	广　东	2171	3507	28.81	16.63	4.91
内陆省份	河　南	125	257	1.66	1.22	7.47
	湖　北	171	313	2.27	1.49	6.26
	四　川	23	269	0.30	1.27	28.06
	陕　西	20	165	0.26	0.78	23.57
	安　徽	90	238	1.20	1.13	10.18
西部沿边地区	内蒙古	23	171	0.31	0.81	22.19
	新　疆	58	31	0.77	0.15	-6.07
	西　藏	2	5	0.03	0.02	7.85
	云　南	64	118	0.85	0.56	6.27
	广　西	118	219	1.57	1.04	6.35

注:根据《中国统计年鉴》1998、2008 年计算。

　　表 6-3 是 1997 年和 2007 年这三组省区外商直接投资(存量数据)的比较,从中可以看到东部沿海五省和和内陆五省以及西部沿边五省区在吸引外商直接投资方面同样存在巨大的差距。1997 年时广东就已吸引了 2171 亿美元的外商直接投资,占中国吸引外商直接投资的 28.81%,山东、江苏、浙江和福建也处于比较高的水平。内陆五省中只有河南和湖北相对较高,都在 100 亿美元以上,而西部沿边五省区中只有广西在 100 亿美元以上。到了 2007 年,东部沿海五省的外商直接投资持续增长,最显著的变化是江苏,达到了

3820 亿美元,超过广东占中国吸引外商直接投资的 18.12%。同期中部五省也有明显的增长,最突出的是四川和陕西,年均增长率分别 28.06% 和 23.57%。西部沿边四区一省也有一定的增长,但只有内蒙古比较突出,年均增长率为 22.19%。如果仅从增长率来看,内陆五省和西部沿边四区一省并不比东部沿海五省低,但是由于绝对规模的起点低,相似的增长率意味着差距越来越大。

综上所述,仅从对外贸易和外商直接投资的比较来看,内陆地区、西部沿边地区和东部沿海地区有很大的差距,如果考虑到更广泛的指标,这一差距不仅仅是数量的差距,而是开放经济整体水平的发展差距。在中央政府推进内陆沿边开放和西部大开发后,广大中西地区的开放经济没有取得突破性的进展是值得我们深思的问题。

2. 内陆开放、沿边开放和沿海开放差距的原因

为什么内陆开放、沿边开放和沿海开放的水平会出现如此巨大的差距,我们以西部沿边地区和东部沿海地区作为考察对象,通过构建一个简单的理论模型,分析从初始条件开始,对外贸易和外商直接投资的演化路径,对产生差距的原因进行考察。

首先,做一些基本假设。假设在初始的时候,一个国家内部有两个地区、地区 E(东部沿海地区)和地区 W(西部沿边地区),两个地区都处于相对封闭的状态,只有少量的贸易存在。此时 E 地区和 W 地区的对外贸易都有一个初始规模 S_0^E 和 S_0^W,在开放经济发展之前,贸易一直处于这个规模(实际上有缓慢的增长,为了分析方便,假定一直维持原有的规模)。问题是一旦两个地区从相对的封闭转向开放经济,贸易规模 S_t^E 和 S_t^W 将会发生什么样的变化。

下面我们考察贸易发生变化的原因。根据经典贸易理论和新贸易理论,贸易是由比较优势、规模经济和收益递增、运输成本决定的(决定贸易的因素还有很多,在这里我们只考虑经典贸易理论和新贸易理论的基本因素,可以使分析简化并不影响分析的结果)。比较优势是由生产产品的机会成本低于其他国家而获得,主要来源于国家或地区之间生产技术和要素禀赋的差异。一个国家或地区在由封闭经济转向开放经济的初期,贸易首先是按照比较优势决定的分工开始,在其他条件相同的情况下,比较优势显著的地区将比其他地区有更高的增长率。高增长率将一直持续到初始的比较优势丧失,如果比较

优势在贸易增长过程中不断提高,那么高增长率将一直持续。

　　规模经济和收益递增在贸易发展的初期影响不大,不是决定贸易增长的主要因素。但是随着贸易的扩大,出口产业不断壮大,一批企业由于生产规模的扩大而获得了内部规模经济,一些特定的产业的扩张最终形成了聚集并产生了外部规模经济。在规模经济的作用下,企业单位产品生产成本下降,国际竞争力提高。如果将单位产品生产成本的下降视为强化了原有的比较优势,那么我们可以把规模经济和收益递增纳入到比较优势的分析框架中。当对外贸易的规模达到一定水平后,规模经济和收益递增将提高原有的比较优势水平,使贸易的增长加速。

　　运输成本对贸易的影响和区位有关。在国际贸易的现实中相邻的国家,大的经济体之间一般会有比较大的贸易额。在现实观察的基础上,国际贸易理论中发展起来了重力模型,将国家或地区之间的 GDP 和距离作为解释贸易流量的关键。重力模型体现了市场规模和运输成本的交互作用对贸易流量的影响。我们定义综合运输成本为一个地区与世界主要市场之间的单位贸易额所包含的运输费用。那么综合运输成本的作用就像关税一样,其他条件不变的情况下,综合运输成本越低,则贸易的增长率就会越高。

　　假设其他条件不变,$C_0^k(k=E,W)$ 表示地区初始的比较优势水平,$C_t^k(k=E,W,t=1,2,\cdots,n)$ 表示地区比较优势随时间的变化,$D^k(k=E,W)$ 为地区的综合运输成本。那么地区贸易增长可以用下列方程表示为:

$$S_t^k = S_0^k \prod_{t=1}^{n} g_t^k \tag{1}$$

$$g_t^k = \frac{dS_t^k}{dt} = \alpha C_{t-1}^k + \beta D^k \tag{2}$$

$$C_t^k = C_0^k + \lambda S_{t-1}^k, S_{t-1}^k \geqslant S_p^k \tag{3}$$

$$k = E,W \; ; t = 1,2,\cdots,n \; ; \alpha > 0, \beta < 0, \lambda > 0;$$

　　(1)式表示时期 t 地区贸易规模等于初始贸易规模乘以贸易的累积增长率。(2)式表示时期 t 地区贸易的增长率由前一个时期地区的比较优势水平和区位决定的综合运输成本决定,假定比较优势水平与综合运输成本和贸易增长率的关系为线性关系,贸易增长率与比较优势水平正相关,与综合运输成本为负相关。(3)式表示时期 t 地区的比较优势由初始的比较优势和比较优势的提升两部分构成，比较优势的提升是由规模经济和收益递增决定的，与前一个时期的贸易规模正相关，但是只有当贸易规模大于某个临界点 S_p^k 时，才会出现规模经济与收益递增。

在建立了贸易增长的简单模型之后，根据模型对东部沿海地区和西部沿边地区的特征进行刻画，再进行数值模拟分析两个地区从封闭经济走向开放经济后，贸易发展路径的变换。

在对外开放初期，东部沿海地区和西部沿边地区的比较优势既有相似性，又有差异性。相似性是由中国当时的发展水平决定的，在对外开放初期中国整体上是一个劳动力充裕，缺乏资金和技术的国家。差异性是由于两个地区自身的经济发展水平和要素禀赋决定的，东部沿海地区是中国传统上的经济发达地区和人口密集区，西部沿边地区是中国传统上的经济落后地区和人口密度低而资源丰富。由于发展中国家出口导向型经济最初的发展一般是从劳动密集型产业开始的，因此在对外开放初期，东部沿海地区的比较优势就高于西部沿边地区。于是有：$C_0^E > C_0^W$。东部沿海地区本省接近东亚主要市场日本、韩国和港澳台地区，通过海运又可以方便地和欧洲、美国市场连接，因此综合运输成本 $D^E < D^w$。于是初始条件决定了在开放经济发展的初期，地区 E 的贸易增长高于地区 W，即

$g_1^E = \alpha C_0^E + \beta D^E > \alpha C_0^W + \beta D^W = g_1^W$。在比较优势和综合运输成本不变的情况下，增长率的差异将一直存在。

通过对各变量给予一定的赋值，可以描述地区 E 和地区 W 贸易增长的轨迹。首先假定两个地区在开放经济发展前贸易的规模均为 100（$S_0^E = S_0^E = 100$，这样设置是为了方便的看出贸易比初始时候扩张的规模）。发展开放经济以后，地区 W 由比较优势和综合运输决定的贸易增长率 $g_1^W = 5\%$，地区 E 由比较优势决定的贸易增长率比地区 W 高 2.5%，即 $\alpha C_0^E - \alpha C_0^W = 2.5\%$，地区 E 由综合运输成本决定的贸易增长率也比地区 W 高 2.5%，即 $\beta D^E - \beta D^W = 2.5\%$，因此地区 E 开放后的贸易增长率 $g_1^E = 10\%$。在规模经济和收益递增出现以前，两个地区的贸易增长率不变。假设规模经济出现的临界点 $S_p^k = 150$，两个地区的贸易规模达到 150 后，比较优势开始提升，提升的速度和贸易规模成正比，对 t 贸易增长率的影响为 δS_{t-1}^k，当 $S_{t-1}^k \geq 150$ 后出现，这样贸易的增长率变为 $g_t^k + \delta S_{t-1}^k$，设 $\delta = 0.002$。在这一组赋值下，地区 E 和地区 W 贸

易的增长的轨迹如图 6-1 所示：

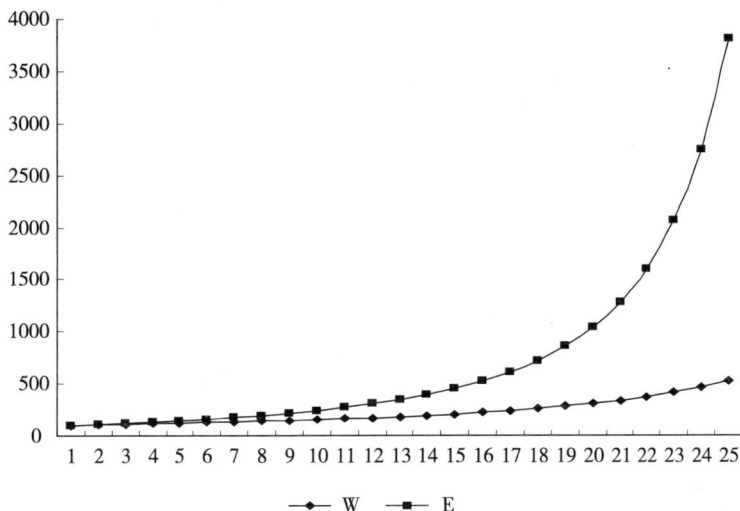

图 6-1　地区 W 和地区 E 贸易增长轨迹的数值模拟

　　从图 6-1 中可以看到,虽然 W 地区和 E 地区的贸易增长都是从 100 起步,但是由于 E 地区在初始时候的比较优势水平较高,综合运输距离较低,更早的出现规模经济和收益递增,从同样的初始贸易规模起步经过 25 个时期后,两个地区的贸易规模产生了巨大的差距(7.27 倍)。在数值模拟中我们采用了相同的贸易初始规模,较小的贸易增长率差距和规模经济效应,并且没有考虑两个地区对外开放的先后次序。事实上西部沿边地区的初始贸易规模比东部沿海地区大,对外开放之后贸易增长率的差距也比较大,规模经济和收益递增的效应比较明显。真实的情况是 2007 年东部沿海地区各省市的平均贸易规模是西部沿边五省区平均贸易规模的 22.34 倍。

　　综上所述,仅从贸易发展的一般规律来看,在对外开放之前,东部沿海地区和西部沿边地区经济上都处于相对封闭的状态,潜在的比较优势未能发挥。实施对外开放后,东部沿海地区较好的经济基础和分布集中的劳动力使得其在初期以劳动密集型产品为主的出口中占据了一定的优势,并且由于接近东亚和欧美市场,使其在起步阶段贸易就具有较高的增长率,这一初始条件使东部沿海地区贸易的增长快于西部沿边地区。随着贸易规模的扩大和外商直接投资的进入,东部沿海地区的出口产业不断发展,规模不断扩大,分工越来越细,外部经济的出现使比较优势获得进一步的提升,出口竞争增强,贸易加速扩张。随着时间的推移,初始条件的累积效应和规模经济的强化效应最终使得两个地区的差距越来越大,只要东部地区的优势继续扩大,这种差距将会越来越大。

(三)西部沿边地区开放的特殊性

除了从一般开放经济理论的角度认识西部沿边地区和东部沿海地区开放经济的发展以外,西部沿边地区还存在一些特殊问题,最重要的因素包括边境贸易的发展及其局限性,开放经济中少数民族的利益分享,周边国家政治经济局势与开放经济风险,周边国家实现人民币区域化国际化,跨境人员流动产生的毒品、走私等各种问题。这些特殊性是由西部沿边地区"边境"和"民族"两大特征所导致的,只有充分认识到这些问题才能促进西部沿边地区更好的推进对外开放。

1. 边境贸易的发展及其局限性

边境贸易是指边境地区,在一定范围内边民或企业与邻国边境地区的边民或企业之间的货物贸易。有两种形式:一是边民互市贸易。它是基于边民个人之间买卖行为的一种贸易方式,两国双方边境居民在规定的开放点或指定的集市上,以不超过规定的金额,买卖准许交换的商品。二是边境小额贸易。指边境地区的外贸公司,与邻国边境地区的贸易机构或企业之间进行的小额贸易。

西部沿边五省区共与 13 个国家接壤,沿边居民历史上就有商贸联系,改革开放以后,在中央政府的支持下,西部沿边地区相继设立了多个边境贸易口岸,极大地促进了沿边地区边境贸易的发展。西部四区一省除了有满洲里、二连浩特、伊宁、博乐、塔城、普兰、樟木、瑞丽、畹町、河口、凭祥、东兴这些国家一级口岸外,还有大量的二级口岸和边境贸易点,其中一些口岸的贸易非常繁荣,例如新疆的霍尔果斯口岸。这些口岸构成了西部沿边地区与周边经贸交通的重要平台和通道,极大地促进了边境贸易的发展。

图 6-2 反映了西部五省区和全国边境贸易所占的比重,从中我们可以看到边境贸易在西部沿边地区的重要地位。2007 年(云南为 2008 年 1—11月),内蒙古、新疆、西藏、广西和云南边境贸易占对外贸易的比重分别为

38.79%、68.65%、66.01%、23.93%和12.08%,而在2008年全国边境贸易占对外贸易的比重仅为1.2%,可见边境贸易在西部沿边省区占有非常重要的地位。特别是对于内蒙古、新疆和西藏三个自治区地位更为重要,在广西和云南也具有比较重要的地位。在西部四区一省中比较特别的是内蒙古和西藏,内蒙古具有非常高的边境贸易进口比重(主要是由于从俄罗斯大量进口资源型产品),西藏有非常高的边贸出口比重而只有很低的边贸进口比重。新疆是西部沿边地区边境贸易发展最为迅速的省区,边境贸易已经成为新疆对外贸易的主体。

（单位：%）

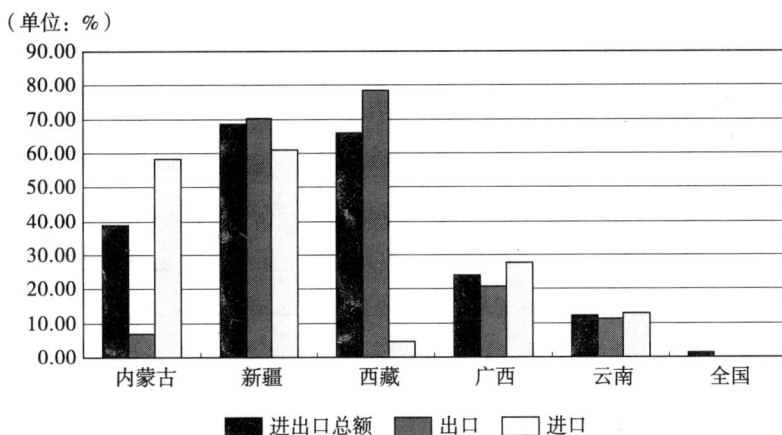

图6-2　西部五省区和全国边境贸易所占的比重

注:(1)根据《内蒙古统计年鉴》、《新疆统计年鉴》、《西藏统计年鉴》、《广西统计年鉴》2008年,商务部、内蒙古商务厅、云南省商务厅数据计算。
(2)内蒙古、新疆、西藏和广西数据为2007年,云南数据为2008年1到11月累计数据,全国为2008年数据。

虽然边境贸易对西部沿边地区的开放经济占有重要地位,但是如果我们不能以边境贸易的发展为契机,带动一般贸易和加工贸易的发展,那么边境贸易对西部沿边地区开放经济的作用是有局限性的。

图6-3对一般贸易、加工贸易和边境贸易进行了比较。一般贸易指单边输入关境或单边输出关境的进出口贸易方式,其交易的货物是企业单边售定的正常贸易的进出口货物。一般贸易体现了由比较优势决定的国际间产业分工,是传统的贸易模式,其贸易形式是产业间贸易。加工贸易主要指对外加工

装配、中小型补偿贸易和进料加工贸易,同样体现了国家或地区的比较优势,是国际分工由产品向生产环节深化的结果,主要贸易形式为产业内贸易。就国际分工而言,产业内部分工代替产业间分工成为国际分工的主导,加工贸易在对外贸易中的重要性不断提升。和边境贸易相比,一般贸易和加工贸易更加体现了国家和地区的比较优势和出口竞争力,是对外贸易的核心部分。边境贸易发展的动力源自边境两侧居民的一般需求和一些临近企业对原材料的需求,产品结构以日用消费品和资源型产品为主,由于边境两侧的需求层次和规模的限制,边境贸易发展到一定程度后就会达到饱和状态,难以进一步发展。而且边境贸易的产品在边境两侧生产的极少,边境地区实际上只起到了贸易中介和通道的作用,对边境地区比较优势的体现程度低,对当地生产的促进作用小。

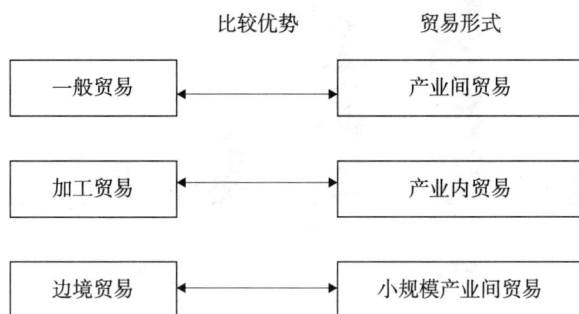

比较优势　　　　　　　　贸易形式

一般贸易　↔　产业间贸易

加工贸易　↔　产业内贸易

边境贸易　→　小规模产业间贸易

图 6-3　边境贸易、一般贸易、加工贸易比较

由于边境贸易本身的局限性,虽然改革开放 30 年来西部沿边地区边境贸易取得了很大的成绩,但与同时期快速发展的国际贸易做横向比较,边境贸易在发展定位、要素聚集、进出口商品结构、工业化等方面还有很大的差距。因此,西部沿边地区对外贸易发展的根本还是在于发展一般贸易和加工贸易,边境贸易能够促进经济的发展但对建立开放经济坚实的产业基础作用有限。西部沿边地区应努力利用边境贸易发展带动一般贸易和加工贸易的发展,并将贸易由边境地区深入到周边国家的腹地。

2. 开放经济中少数民族的利益分享

西部沿边地区不仅是少数民族聚居区,而且很多少数民族是跨境民族。

内蒙古的跨境民族主要是蒙古族。新疆的情况比较复杂,共与蒙古国、俄罗斯、哈萨克斯坦、吉尔吉斯斯坦、塔吉克斯坦、阿富汗、巴基斯坦和印度等 8 个国家之间,存在着蒙古族、俄罗斯族、哈萨克族、维吾尔族、塔塔尔族、柯尔克孜族、塔吉克族、藏族等 8 个跨境民族,其中的哈萨克族、蒙古族、柯尔克孜族①和塔吉克族②的主体均在境外;西藏与印度、尼泊尔、不丹、缅甸 4 国之间,存在着塔吉克族、藏族、珞巴族、门巴族等 4 个跨境民族。云南与缅甸、老挝、越南 3 国间存在傣族、彝族、哈尼族、景颇族、傈僳族、拉祜族、佤族、德昂族、怒族、布朗族、独龙族、阿昌族和壮族 14 个跨境民族。广西与越南存在壮族、布依族、瑶族和京族 4 个跨境民族。

西部沿边地区的跨境民族与周边国家的同族在语言、文化、生活习惯、民族心理等方面非常相似。一般情况下,在沿边地区的对外开放中,跨境民族的相似性是促进中国与周边国家经济文化交流的有利因素。沿边跨境民族能够充分利用自身的优势充当对周边国家开放的桥梁。然而在一些外部因素和极端思想的影响下,由跨境民族所产生的问题也会成为地区不稳定的因素。比较典型的问题包括:

跨境民族地区发生的重大事件引发的国际政治问题。一方面跨境民族问题处理不当时,容易引起邻国同源民族的声援和抗议,甚至一些别有用心的人会利用这些事件制造国际舆论关注,引发地区的动荡不安。比较典型的事件是 2009 年新疆的 7·5 事件,2008 年的拉萨"3·14"事件,这些事件一旦处理不好,就会引发地区民族关系的紧张,给予境外极端分子制造反华舆论的口实。泛民族主义思潮及其相关的民族分裂主义对边疆安全稳定构成极大危害。对我国影响较大的主要是泛突厥主义和藏独思想,以及由此产生的"东突"组织和境外藏独势力。境内外民族分裂势力相互勾结,利用各种手段在我国地区进行分裂渗透。在国际敌对势力的支持下,境内外民族分裂势力不断挑起矛盾、制造事端,对边疆社会稳定危害极大。除了影响较大的"东突"和"藏独"外,还有其他一些影响较小的泛民族主义和民族分裂主义,例如,泛高丽主义、大哈萨克主义、蒙独等,虽然影响较小,但在特定的环境下也可能影

---

① 在我国称为柯尔克孜族,和吉尔吉斯斯坦的主体民族吉尔吉斯族是同一民族。

② 为哈萨克斯坦、蒙古国、吉尔吉斯斯坦和塔吉克斯坦主体民族。

响地区的民族团结和安全稳定。

如何在开放中保持边境地区的稳定,除了要严防国际敌对势力和民族极端分子的干扰破坏外,让各族人民分享到对外开放带来的收益,提高边疆各族人民的生活水平,对在开放过程中保持边境地区稳定具有重要意义。在市场经济条件下,竞争机制是实现市场发挥资源配置效应的重要手段,地区的对外贸易同样是在市场机制的调节下发展。从经济的角度看这没有什么问题,但是考虑边境地区的特殊情况,市场机制也会引发地区的民族矛盾。欠发达地区大多经济不发达,教育水平低,缺乏企业家和专业人才,难以面对市场竞争的压力。在边境地区当地的少数民族企业(不管商贸企业还是生产企业)在市场中的竞争力远远低于来自发达地区甚至内陆汉族地区的企业。这种情况使得边境地区的贸易和生产多由来自内地具有竞争优势的企业进行,少数民族在开放经济中的获益不多。虽然这是市场竞争的结果,但会使少数民族产生不满情绪,甚至有"好处都让汉族占了"的想法,在一些别有用心的人的煽动下就可能影响安定团结。因此,在边境地区的对外开放中需要建立民族利益的分享机制,在市场发挥作用的同时兼顾边疆少数民族的利益。让边疆少数民族充分感受到开放经济的利益,并能够在开放中不断地提高本民族的发展水平和竞争力。

3. 周边国家政治经济局势与开放经济风险

西部沿边地区与周边国家的经济联系紧密,周边国家的政治经济环境变化很快就会对沿边地区的经济产生影响。当周边国家政局稳定,经济持续增长的时候,双边经济交流与合作就会繁荣,当周边国家政局动荡或者与我国关系恶化,经济增长减速的时候就会对双边经济交流与合作产生负面影响。

例如,新疆是近年来西部五省区中开放经济发展最好的省区,其对外贸易的发展得益周边国家政治环境的稳定和经济的发展。在政治环境方面,俄罗斯和中亚国家摆脱了苏联解体后国家初建的混乱局面,国内政局基本稳定。中国与俄罗斯和中亚国家在西北边境的边界划定顺利完成,并与这些国家建立了上海合作组织,为西北边疆的稳定提供了安全保障。从经济方面来说,俄罗斯和中亚国家在苏联解体后经济都出现了不同程度的衰退,但都在20世纪90年代后期实现了经济恢复,在2000年后经济开始快速增长,特别是哈萨克斯坦的经济增长令人瞩目。俄罗斯和中亚的政治经济好转极大促进新疆边境贸易的繁荣。

与此相对,缅甸是东南亚地区政局不稳定的国家,特别是沿中国边境是少数民族地方武装控制的地区,几乎每一次政治动荡都会影响到云南与缅甸的边境贸易,例如今年发生的果敢事件,影响了中国商人在缅甸境内的商贸活动。2008 年爆发全球经济危机以后,越南是受危机影响的重灾区,经济增长减速、货币贬值、通货膨胀率上升、失业增长。越南经济形势的恶化对云南和广西与越南的边境贸易产生不利影响,几个重要口岸的边境贸易都出现了下滑趋势。2009 年 1 季度,云南对越南边贸为 3148 万美元,下降了 22.7%。在广西东兴,平时至少有 180—250 辆货车过境运送货物,危机爆发后减少到了 50—60 辆。

4. 周边国家人民币的区域化和国际化

货币兑换问题是开放经济中的一个重要问题,在布雷顿森林体系崩溃以后,各国货币之间的汇率浮动加大,加上国际金融投机的影响,开放经济的汇率风险不断地加大,严重影响了正常的对外贸易和投资。随着我国经济实力的增强和在世界贸易中地位不断上升,同时美元的汇率长期疲软,在国际贸易中用美元结算的风险在不断扩大,在特定的区域内推动人民币的区域化和国际化不仅是现实的需要,也具备了较好的条件。人民币的区域化和国际化能减少汇价风险,有利于促进对外贸易的更快发展,能减少因使用外币所引起的财富流失,能提高国际化金融服务水平。

人民币的国际化和区域化最有可能首先实现的地区是周边国家。双边经贸的发展使得人民币在部分周边国家早就具有了国际货币的性质,在越南、柬埔寨、蒙古、缅甸等周边国家,人民币的地位实际上已经成为与美元等量齐观的硬通货,成为这些国家和地区日常经贸活动的最重要结算工具。中俄两国总理签署的一系列金融合作协议中,引人注目的一项内容是,双方同意双边贸易逐步使用本土货币进行交易,减少以美元结算。在 2008 年世界金融危机爆发后,人民币汇率相对稳定,我国的企业出于规避风险,希望利用人民币进行贸易,周边一些国家和地区也愿意使用人民币贸易结算。

虽然在西部沿边地区的边境贸易中,人民币在很多国家已经充当了国际货币的角色,但是在周边国家人民币的区域化和国际化主要还是边境两边人民的自发选择，不是正式的制度安排。这种非正式的区域化和国际化会带来一些问题，由于从正式的金融渠道流通的人民币不能满足需求，民间和非法的渠道成为人民币境外流通的主要来源。根据中国人民银行的调查结果，2004年末，人民币现金在周边接壤国家和港澳地区的滞留量约为216亿元；全年人民币现金跨境流出入的总流量为7713亿元，净流出量为99亿元。由于目前境内外人民币不能通汇，大额特殊运钞手续繁杂，所以人民币现钞出入境主要是通过非金融渠道，主要方式是出入境人员合法携带和跨境非法走私携带。在这种情况下，周边国家和地区的"地摊银行"、地下汇兑等非正式金融组织开办人民币兑换业务和地下汇兑等业务，将人民币作为一种特殊商品进行买卖，为人民币在当地的流通使用提供了非正式的市场安排。这种非正式的人民币市场虽在一定程度上促进了边境地区的经贸交流，但是其难以监管和控制，助长了非法外汇交易和洗钱，加剧了内地资本外逃。因此，从长远来看，尽快推动人民币在周边国家的区域化和国际化，以正式的金融渠道取代地下和非正式的金融渠道，规范人民币在周边国家的流通，才有利于西部沿边地区与周边国家的经贸的健康发展。

5. 跨境人员流动产生的毒品、走私等各种问题

沿边地区的对外开放促进了双边的经济文化交流，产生了正常的跨境人员流动，但是也有一些不法分子在边境两边从事犯罪活动，严重影响了边境两边正常的经贸交往。比较典型的有贩运毒品，东南亚金三角地区是世界毒品的主要产地之一，云南边境地区是东南亚毒品进入中国的主要通道。虽然经过中央和云南省政府的努力，大力打击边境贩毒，并在境外发展替代种植，减少毒品来源，但是边境贩运毒品依然无法完全根除。此外，边境地区的走私活动也比较猖獗，广西中越边境每年都有大量的香烟、电子产品、甚至汽车模特车等各种走私品通过各种渠道出境入境。云南中缅边境的木材、野生动物的走私也比较猖獗。在利益的驱动下，漫长的边境线防不胜防，每年都有大量的商品非法入境和出境，严重地干扰了正常的商贸活动。

二、周边国家对我国西部沿边地区的开放能力

西部沿边地区是我国经济落后的地区，急需缩小与发达地区的差距，仅依

靠本身的力量是难以实现。落后地区和发达地区的差距不仅是人均收入的差距,更重要的是经济结构的差异,落后地区的经济以传统的资源型产业和传统的加工业为主,必须引入现代经济结构才能缩小与发达地区的差距。国际上后起国家成功发展的经验表明,在奋起直追国家工业化的早期阶段,首先需要从工业发达国家获得成熟的国外技术,由于初期国内缺乏建立生产运作体系的能力,不得不通过进口国外成套技术来启动生产,还需要外国的技术帮助以排除故障、解决问题;随后后起国家逐步建立了稳定的生产体系,消化吸收引进的技术,本国企业可以通过模仿性分解研究来开发相关产品;随着对一般生产技术相对成功的消化吸收和日益强调出口,加上本国科学和工程管理人员能力的提高,奋起直追国家的技术逐步改进,改进后的技术被广泛运用于国内的生产。"消化—吸收—改进"的道路是落后地区追赶发达国家的途径,越是落后的地区就越需要对外开放,通过开放从外部的资金和技术输入以及出口市场,建立现代经济结构。因此接近或者能够获得初期开放的资金源和技术源以及出口市场对落后地区迅速建立起现代经济结构十分重要,在我国对外开放早期,来自港澳台地区的资金、技术,以及欧美、日本市场对东部沿海地区迅速建立现代经济结构,走上经济快速发展的道路起到了关键作用。

和东部沿海地区相比,西部沿边地区距离世界主要资金和技术源的距离较远,虽然沿边,但周边国家的开放能力不足。这一现实使得西部沿边地区在对外开放过程中不可能建立如同东部沿海地区与周边国家和地区那样的经济技术联系,而必须寻求与周边国家新的经贸合作模式。下面我们首先对周边国家开放经济的发展情况和对西部沿边地区的开放能力进行考察,然后再对西部沿边地区与周边国家经贸合作的模式进行探讨。

(一)周边国家开放经济的发展情况

中国西部沿边五省区拥有漫长的国境线,共与 13 个国家①相邻(如图6-4 所示),是我国沿边开放最主要的区域。其中,内蒙古自治区北部与蒙古国为邻,东北部与俄罗斯交界,边境线长达 4221 公里;新疆维吾尔自治区与俄罗斯、哈萨克斯坦、吉尔吉斯斯坦、塔吉克斯坦、蒙古、阿富汗、巴基斯坦和印度

---

① 除朝鲜以外的所有陆上邻国。

8 个国家接壤,边境线长达 5600 公里;西藏自治区南隔喜马拉雅山脉与印度、尼泊尔、不丹和缅甸接壤,边境线全长近 4000 公里;云南省与缅甸、老挝和越南接壤,边境线长 4060 公里;广西壮族自治区西南部与越南接壤,边境线长 1020 公里。周边各国的社会经济发展情况各异,下面我们就这 13 个国家对我国西部沿边省区的开放能力进行考察。

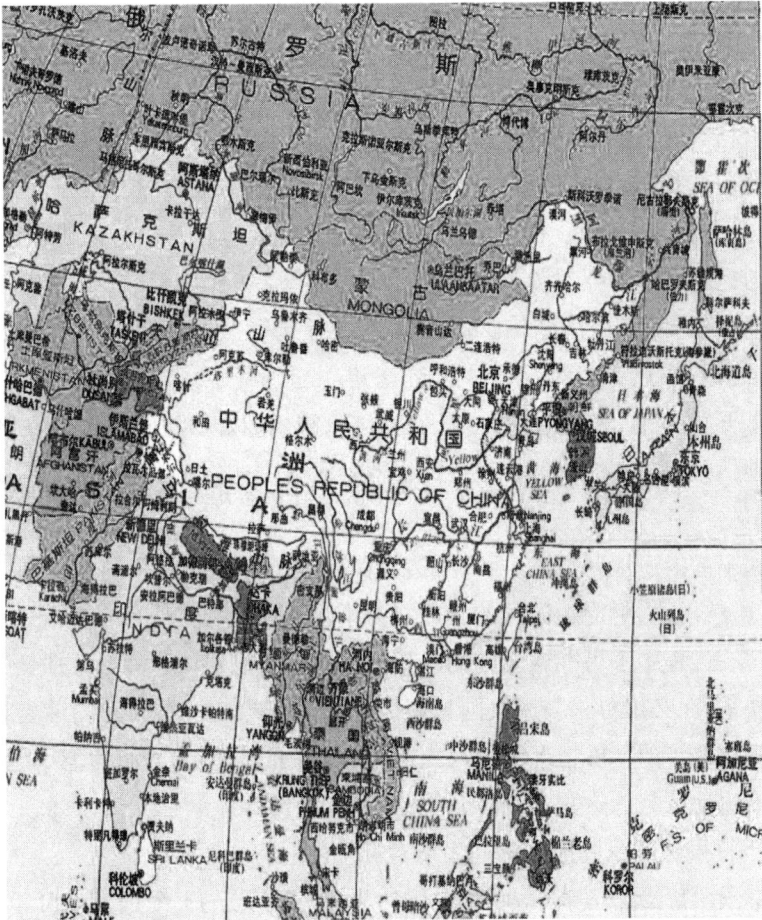

图 6-4　中国与周边邻国

1. 周边国家对外开放的发展水平

从总体上看,与中国西部接壤的国家可以分为三个类型:一是俄罗斯、蒙古和中亚国家①（包括哈萨克斯坦、吉尔吉斯斯坦、塔吉克斯坦）。这些国家中除了蒙古以外，在 20 世纪 90 年代之前都是前苏联的加盟共和国。这一地区的特点是长期实行苏联模式的计划经济，在苏联解体之后成为经济转轨国家。二是阿富汗和南亚国家（包括巴基斯坦、印度、尼泊尔和不丹）。虽然近年来印度经济增长令人瞩目，但南亚国家的总体上仍然是人口密集但经济落后，是世界上人均收入最低的地区之一（仅好于撒哈拉以南非洲）。三是东南亚国家，包括缅甸、老挝和越南。虽然东南亚国家整体上是世界经济增长最快的地区之一，但是与中国陆上相邻的这三个国家属于东南经济发展相对落后的国家。表 6-4 是 2007 年这 13 个邻国开放经济的一些关键指标，通过这些指标我们可以对其目前开放经济的发展水平有一个基本的了解。

表 6-4　2007 年周边国家开放经济发展水平

国家	GDP（亿美元）	对外贸易（亿美元）			平均关税率（%）			加入 WTO 时间
		总额	进口	出口	全部产品	农产品	非农产品	
俄罗斯	12910	5778	2234	3544	11	14.6	10.5	观察员国
蒙古	38.9	40	21.1	18.9	5	5.1	5	1997.1.29
哈萨克斯坦	1038	804	327	477	7.8	12.5	7.1	观察员国
吉尔吉斯斯坦	35	35.4	24.1	11.3	4.8	8	4.3	1998.12.20
塔吉克斯坦	37	39.3	24.6	14.7	7.9	11.4	7.4	观察员国
阿富汗	116	33.16	28.19	4.97	5.7	5.5	5.7	观察员国
巴基斯坦	1435	504	178	326	14.1	15.8	13.8	1995.1.1
印度	11709	1694	776	918	14.5	34.4	11.5	1995.1.1
尼泊尔	102	11.78	2.9	8.88	12.6	14	12.4	2004.8.23
不丹	10.9	12	5.26	6.74	21.9	41.4	18.9	观察员国
缅甸	131	96	33	63	5.6	8.7	5.1	1995.1.1
老挝	40.1	5.28	2.29	2.99	/	/	/	观察员国
越南	712	1113	627	486	16.8	24.2	15.7	2007.1.11

数据来源：WTO Statistics Database, http://stat.wto.org/CountryProfile。

---

① 从地理上分类，严格地说阿富汗属于中亚国家，仅仅是有时被作为南亚国家看待。但是从经济的角度看，前苏联独立的中亚国家和俄罗斯、蒙古的经济体制都是从计划经济向市场经济转型的国家，其经济形态和阿富汗的差异很大，而阿富汗的经济发展水平和南亚国家的更相似一些。因此，在本书中俄罗斯、蒙古和中亚不包括阿富汗，而把阿富汗和南亚国家归为一类。文中提及的中亚国家指哈萨克斯坦、吉尔吉斯斯坦和塔吉克斯坦三国。

俄罗斯、蒙古和中亚国家与我国的内蒙古和新疆接壤。在前苏联解体后，俄罗斯和中亚国家的经济经过了一段时间的混乱之后逐步走上了经济发展的道路。例如，俄罗斯在前苏联解体后经济陷入严重衰退，到 2000 年之后开始迅速恢复发展，直到 2006 年经济才全面超过 1990 年解体前的水平。蒙古虽然不是前苏联国家，但是其经济由计划向市场转型的过程与前苏联国家相似。目前，俄罗斯、蒙古和中亚国家都重视发展与世界其他国家经贸往来，开放经济发展比较迅速。该地区共有蒙古和吉尔吉斯斯坦两个 WTO 成员方，平均关税水平分别为 5% 和 4.8%；俄罗斯、哈萨克斯坦和塔吉克斯坦是 WTO 的观察员国，关税水平相对较高，平均关税分别为 11%、7.8% 和 7.9%。俄罗斯的对外贸易规模占有绝对优势，为 5778 亿美元，其次是哈萨克斯坦为 804 亿美元，其他三国贸易规模都比较小，均在 40 亿美元以下。

阿富汗和南亚与我国新疆和西藏接壤，战后这一地区的经济长期增长缓慢，人均收入水平非常低。过去南亚国家长期实行进口替代型的工业发展战略，进口关税较高，开放经济发展比较落后。20 世纪 80 年代和 90 年代初，南亚地区开始逐步修改进口替代工业战略，转而实施出口导向的工业化战略。以印度为例，1980 年初英迪拉甘地重新执政后对经济进行了自由化改革，将原来的"进口替代"战略修改为"进口替代与促进出口相结合"的工业化发展战略；1991 年拉奥政府进一步实施了贸易的自由化和国际化战略；1999 年瓦杰帕伊政府上台以后以中国的开放模式为参考，开始设立经济特区积极吸引外资。总体来看，南亚国家整体关税水平较高，作为 WTO 创始国的印度和巴基斯坦平均关税都在 14% 以上，另一个 WTO 成员方尼泊尔的平均关税为 12.6%，两个 WTO 观察员国的情况比较特别，不丹有较高的平均关税而饱经战乱的阿富汗有这个区域最低的平均关税。印度和巴基斯坦的对外贸易占了这一地区的绝大部分，其他国家的对外贸易规模非常小。

缅甸、老挝和越南与我国西藏、云南和广西接壤。缅甸长期的军政府执政使其经济在世界范围内比较孤立，主要的开放对象为中国和东盟国家。越南在统一后于 1986 年以中国的改革开放为参考开始了革新开放的进程，近年来经济发展迅速，并于 2007 年 1 月 11 日正式成为 WTO 成员方。老挝的经济相对比较封闭，尚未加入 WTO，主要的开放对象为中国、泰国和越南。越南的关税水平较高，缅甸的关税水平比较低，WTO 的统计缺乏老挝的关税数据。越南的对外贸易在这三个国家中占有绝对的优势。

这13个相邻国家的经济发展水平和开放经济发展水平差异很大,有以下一些特点:

(1)对外贸易依存度有明显的区域特征,较高的贸易依存度并不意味着开放经济发达。除了俄罗斯外,中亚国家和蒙古普遍具有比较高的对外贸易依存度,东南亚国家除了老挝之外对外贸易的依存度也比较高,南亚国家和阿富汗的对外贸易依存度最低。对外贸易依存度高的国家并不是开放经济发达的经济体,对外贸易依存度高的主要原因是,首先,除了俄罗斯和印度经济规模比较大,其他国家都是中小型经济体,通常会有较高的对外贸易依存度。其次,很多国家资源丰富而制造业发展水平较低(如蒙古和哈萨克斯坦),大量的出口初级产品进口制造品。

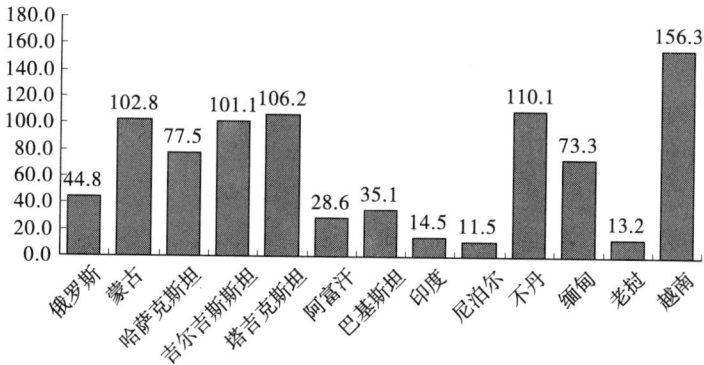

图6-5　周边国家的对外贸易依存度(2007年)

数据来源:根据 WTO 官方统计数据计算。

(2)对外贸易的规模差别很大,少数国家占据主要地位。在13个国家中,对外贸易的规模有很大的差别,主要集中在俄罗斯、印度、越南、哈萨克斯坦和巴基斯坦5个国家,其贸易额分别占13个周边国家贸易总额的56.84%、16.66%、10.95%、7.91%和4.96%,其他国家所占的比重都在1%以下。在每一个区域都存在一到两个对外贸易规模较大的国家和一批贸易规模很小的国家,俄罗斯和中亚地区(主要是哈萨克斯坦),南亚和阿富汗地区主要是印度和巴基斯坦,在东南亚主要是越南。

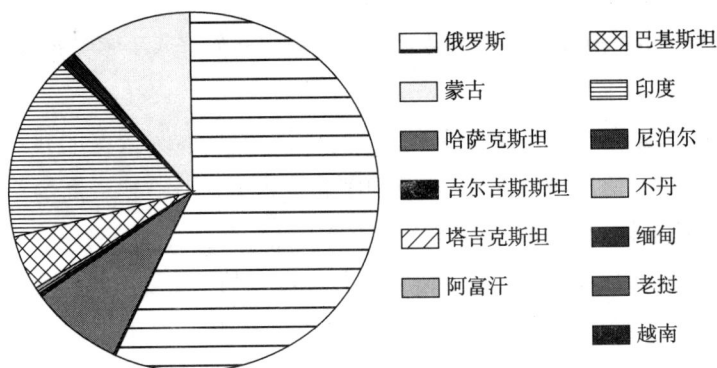

图例:
- 俄罗斯
- 蒙古
- 哈萨克斯坦
- 吉尔吉斯斯坦
- 塔吉克斯坦
- 阿富汗
- 巴基斯坦
- 印度
- 尼泊尔
- 不丹
- 缅甸
- 老挝
- 越南

图 6-6　周边国家对外贸易所占的比重(2007 年)

数据来源:根据 WTO 官方统计数据计算。

2. 周边国家与中国的经贸发展情况

改革开放以后,中国致力于发展与周边国家的睦邻友好关系,推动与周边国家的经贸发展。中央政府一直努力解决与周边国家的历史遗留问题,为经贸关系的发展创造了稳定的政治环境。

在西北边疆,中国与俄罗斯、哈萨克斯坦、吉尔吉斯斯坦、塔吉克斯坦四国在苏联解体后为探讨解决历史遗留的边界问题,于 1996 年和 1997 年分别在上海和莫斯科达成关于在边境地区增加军事领域信任和关于在边境地区相互裁减军事力量的协定,有力推动了中国与这个地区国家间的信任,不仅促成中国与它们之间存在的历史遗留边界问题的解决,也促使中国与这些国家之间的合作领域逐步从安全扩展到政治、外交、经济、文化等领域。在此基础上 2001 年成立了"上海合作组织",在这一地区建立了固定的多边安全合作机制,大大改善了中国与西北地区发展中国家的关系,极大地促进了经贸的发展。

在西南边疆,中国和巴基斯坦一直保持着传统的友好关系,并积极推动中印关系的改善。2000 年中印两国领导人确认建立面向 21 世纪的建设性战略伙伴关系,中印关系得到改善。与此同时,中国同巴基斯坦的互利合作,传统友谊得到加强。中国在这个地区的外交努力促进了中国与印度和巴基斯坦这两个具有重要影响的发展中国家的关系,缓和了西南地区的紧张局势,同时也大大改善了中国西南地区的安全环境。中国积极参加东南亚地区的次区域合作,先后与东盟国家建立中国—东盟自由贸易(CAFTA)和大湄公河次区域经济合作(GMS),推动中国与东盟之间的贸易和投资自由化,以及中国和东盟陆上结合部的基础设施建设。

这些努力极大地促进了中国与周边国家经贸关系的发展,以对外贸易为例。如表6-5所示,中国与周边国家的贸易额增长迅速,其中比较典型的是与几个地区大国的贸易取得了突破性的增长,中国和俄罗斯的进出口总额从1997年的61.19亿美元增长到了2007年的481亿美元,特别是对俄罗斯的出口从20.33亿美元增长到了284.66亿美元。中国和印度的贸易增长更加显著,从1997年的18.3亿美元增长到了2007年的386亿美元。此外和哈萨克斯坦、越南的贸易发展也非常显著,分别从1997年的5.27亿美元和14.36亿美元增长到了2007年的138.78亿美元和151.18亿美元。和其他国家的贸易总额虽然绝对规模不大,但是增长比较显著。可见中国与周边国家的经贸关系处于良好的发展态势中,双边经贸联系越来越紧密。

表6-5 中国与周边国家贸易发展的基本情况(亿美元)

国家	1997年			2007年		
	进出口总额	出口总额	进口总额	进出口总额	出口总额	进口总额
俄罗斯	61.19	20.33	40.86	481.55	284.66	196.89
蒙古	2.52	0.64	1.88	20.35	6.83	13.52
哈萨克斯坦	5.27	0.95	4.33	138.78	74.46	64.32
吉尔吉斯斯坦	1.07	0.71	0.36	37.79	36.66	1.14
塔吉克斯坦	0.20	0.11	0.09	5.24	5.14	0.10
阿富汗	0.33	0.32	0.01	1.72	1.69	0.02
巴基斯坦	10.68	6.89	3.79	68.93	57.89	11.04
印度	18.30	9.33	8.97	386.29	240.11	146.17
尼泊尔	0.68	0.58	0.10	4.00	3.86	0.15
缅甸	6.44	5.70	0.73	20.78	17.00	3.78
老挝	0.29	0.23	0.06	2.64	1.78	0.86
越南	14.36	10.79	3.57	151.18	118.91	32.26

注:(1)数据来源:《中国统计年鉴》1998年和2008年。
 (2)缺乏不丹的数据。

如图 6-7 所示，从 1997 年到 2007 年贸易的年均增长率对比中，我们更能看到中国与周边国家贸易发展的特点。双边贸易增长最为迅速的是中亚三国，哈萨克斯坦、吉尔吉斯斯坦和塔吉克斯坦，双边贸易的年均增长率都在40% 左右，其中最为显著的是中国对中亚三国出口的年均增长率都在 40% 以上，但中国从中亚三国进口的年均增长率则要低很多，除了从哈萨克斯坦的进口年均增长率在 30% 以上，从吉尔吉斯斯坦和塔吉克斯坦的进口年均增长率比较低，存在比较明显的贸易不平衡。中国和俄罗斯、蒙古的双边贸易年均增长率都在 20% 以上，增长速度低于中亚三国，但是贸易的不平衡要比中亚三国小。在南亚地区，中国与印度的贸易增长最为显著，进出口总额、出口和进口额的年均增长率都在 30% 以上，和阿富汗、巴基斯坦和尼泊尔的贸易的年均增长率在 20% 左右，中国对这几个国家的出口增长明显大于进口增长。中国与东南亚三国的贸易增长中比较显著的是老挝和越南，和缅甸的增长要相对较慢，然而中国与东南亚三国贸易增长和其他周边国家显著不同的一点是中国从这些国家的进口的年均增长率比较高（相对于出口的年均增长率而言）。

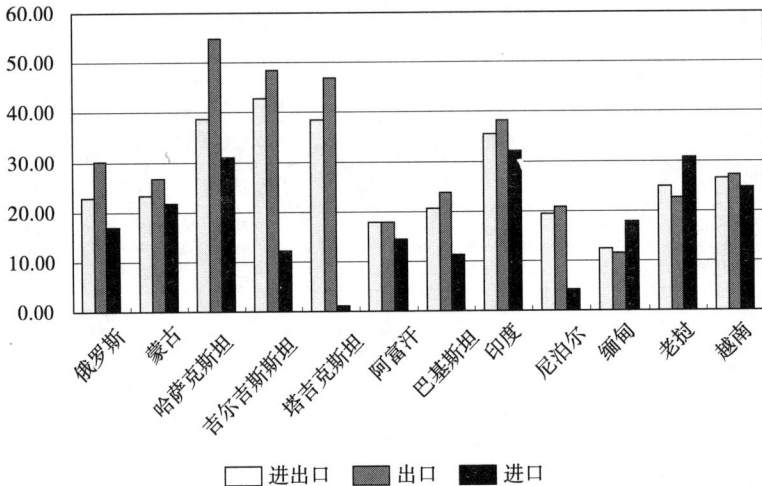

图 6-7　1997 年到 2007 年中国与周边国家贸易的年均增长率(%)

注：(1)数据来源：根据《中国统计年鉴》1998 年和 2008 年计算。
　　(2)缺乏不丹的数据。

从中国与周边国家的贸易增长情况可以看到:首先,中国与周边国家的贸易都增长迅速,这和我国20世纪90年代以来和周边国家的关系改善,都重视双边贸易的发展有关。其次,中国与周边国家的贸易存在不平衡性,即中国对周边国家的出口增长率明显高于进口增长率(最典型的例子是塔吉克斯坦),这反映了中国经过改革开放以后已经发展起了强大的制造品生产能力,周边国家对中国产品的需求比较大,然而和中国相比这些国家的制造品生产能力比较低。因此除了能够向中国出口资源产品(俄罗斯还包括军工产品)之外,这些国家能够和中国进行贸易的产品并不多。因此,在迅速增长的背后,中国和周边国家的贸易基础并不牢固,需要在未来的经济合作中重视建立贸易的产业基础。

(二)周边国家对西部沿边地区的开放能力评价

一个国家对其他国家或地区的开放能力主要体现在三个方面:(1)市场提供者。为其他国家或地区提供产品的销售市场,既包括市场的规模,又包括市场的结构。规模较大的市场能够对其他国家的经济发展产生极大的带动效应,例如,美国市场对世界经济的拉动效应,中国市场对东南亚经济的拉动效应;市场结构体现了市场需求的质量和层次性,一个需求质量高和多层次的市场有助于促进国家分工的深化,带动出口国或地区的产业升级。(2)资金的提供者。一个国家或地区的资金越充裕,则作为充裕要素的资金在本国的投资收益率就越低,产生对外投资的需求,后进国家和地区缺乏资金而资源和劳动力充裕,需要通过引进跨国投资弥补资金的缺口。(3)技术的提供者。后进国家除了资金缺口外,更重要的是技术缺乏,技术缺口妨碍了后进国家的产业结构现代化。与一个具有先进技术和管理经验的国家进行经济技术合作对后进国家来说具有重要的意义。综上所述,一个国家对其他国家或地区的开放能力取决于其市场能力、投资能力和技术水平。

1. 西部周边国家的市场能力

周边13国对西部沿边地区而言是重要的出口市场,随着俄罗斯和中亚国家摆脱计划经济崩溃后的不利影响,它们先后实现了经济的快速增长,南亚国家在印度的带动下经济增长提速,东南亚三国经济日益开放,除了阿富汗的贸易变化很不稳定外,大多数周边国家的进口呈持续增长态势。

由于亚洲开发银行的数据不包含俄罗斯,图6-8中不包含俄罗斯。事实

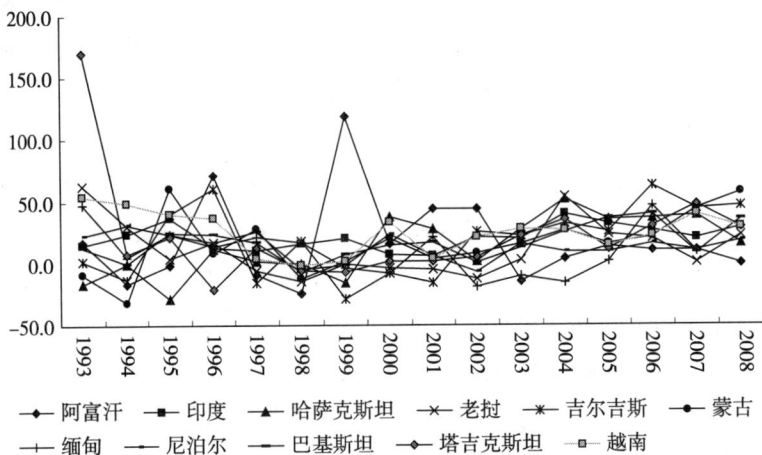

图6-8　周边国家的进口增长率(%)

数据来源：根据亚洲开发银行(ADB)数据计算。

上俄罗斯是中国的一个主要贸易伙伴。2007年俄罗斯外贸进出口总额为5778亿美元,其中,进口3544亿美元,市场非常巨大。2000年后年均GDP增长率在6%以上,经济的恢复发展带来了市场需求的提高,由于国内供给尚不能满足需求,对进口商品的依赖很大。蒙古国虽然国家经济规模小,但和俄罗斯一样,是内蒙古自治区对外开放非常重要的伙伴,2008年内蒙古对俄罗斯的外贸进出口总额已达到31.6亿美元,对蒙古国的进出口总额也增至9.94亿美元。对俄罗斯、蒙古国的外贸进出口额已分别占内蒙古进出口总额的35.4%和11.1%。随着俄罗斯和蒙古国的经济的进一步发展,内蒙古自治区和俄罗斯、蒙古国还有巨大的扩展空间。

　　中亚地区是近年来世界经济增长情况较好、被联合国欧洲经济委员会列为"世界经济发展最快的地区"之一。中亚三个邻国中与中国经贸关系最为密切的哈萨克斯坦,是中国工业产品在中亚地区的主要市场,同时,哈萨克斯坦石油储量非常丰富①,中哈双边经贸合作对中国的能源安全十分重要。目前,中国向哈萨克斯坦主要出口石油机械、机电产品、建材、轻工、纺织、食品、

――――――――

①　哈萨克斯坦已探明石油储量居世界第七位,独联体第二位。根据哈萨克斯坦储量委员会公布的数据,目前全哈石油可采储量40亿吨,天然气可采储量3万亿立方米。

塑料制品、电子、家电等商品。随着能源工业的发展,哈萨克斯坦的对外贸易增长迅速,从 2000 年起,对外贸易额每年均以 30%以上的速度快速增长。中亚地区是中国工业品的重要出口市场,80%的轻工产品来自中国。新疆是中国对中亚地区开放的最主要地区,对中亚的贸易额占全国对中亚贸易额的80%。然而,目前新疆更多的是作为中国产品出口中亚的中转站或通道,在新疆对中亚的出口中有 80%的产品来自内地。主要原因是新疆本省制造业不发达,没有能力满足中亚地区对工业品特别是轻工产品的需求。未来中亚三国的经济有望保持持续增长的态势。随着经济的增长,人民收入水平的提高,中亚三国的消费水平将不断提高。由于长期处于前苏联的国内分工体系中,中亚三国的产业结构比较单一,本国可以提供的产品有限。对中国产品的需求特别是日用品、家电、建材、通信的需求将会保持持续增长的势头。市场需求的持续增长为新疆继续推进对外开放提供了的良好的机遇,同时新疆是中国重要的能源生产基地,和中亚三国展开能源合作的潜力巨大。

在南亚国家中印度和巴基斯坦的经济规模占有最大比重,其他国家的经济规模都比较小,因此开拓南亚市场的重点是印度和巴基斯坦。在整个 20 世纪 90 年代,印度实际国内生产总值的平均增长率达到 6%,远远高于同期世界经济增长的平均水平,一跃成为世界上经济增速最快的国家之一(在"金砖四国"中也领先于俄罗斯和巴西,紧逼中国)。在亚洲金融危机的影响下,印度经济增长放缓,但也有 5%左右的增长速度。进入 2003 年后,印度经济增长进入了一个辉煌的时期,年均增长率在 8%以上,成为世界经济增长速度仅次于中国的经济体。随着人均收入的提高,印度消费需求增长很快。中国和印度都是亚洲大国,由于发展模式的差异,两国形成了非常不同的经济结构,两国经济间存在很大的互补性,贸易发展的潜力很大。相对于印度而言,巴基斯坦近年来的经济表现要逊色很多。

巴基斯坦过去 20 年间总体保持增长态势,年均增长率在 4%左右,在南亚地区并不算低。但是由于人口多、起点较低,仍然是一个相对落后的国家。巴基斯坦制造业主要以纺织业、制糖业、化肥、化工、烟草、汽车配件等为主要工业。出口商品主要以纺织品为主,占到出口总额的 60%左右,进口商品主要是农产品、石化产品、钢铁、机械和运输设备等。由于出口商品品种比较单一,受国际市场需求和价格波动影响较大,长期以来巴基斯坦一直处于贸易逆差状态,和中国的贸易增长很快,由于巴基斯坦进口的很大部分是海湾国家的石油,国内消费水平较低,对消费品的进口数量一直不高。南亚和我国的新疆、西藏相邻,然而大部分的陆地边界位于喜马拉雅山脉一带,世界海拔最高的地区,交通运输十分不便。此外新疆和西藏并不是中国制造业发达的地区,因此南亚国家整体上与中国西部沿边地区的贸易发展缓慢。

与中国云南和广西相邻的东南亚三国均属于东盟发展比较落后的国家,其中越南和缅甸面积较大,而老挝是比较小的国家。近年来越南的经济增长比较显著,而缅甸和老挝的经济增长较为缓慢。越南是东南亚三国中经济形势最好的国家,越南加入 WTO 后,经济发展取得了很大的成就,对外贸易增长迅速,2007 年进出口贸易总额约为 1113 亿美元。主要出口商品为原油、服装、纺织品、水海产品、鞋类、电子产品、木材、大米、橡胶、咖啡,进口商品为机械设备及零件、成品油、钢材、纺织原料、皮革、布匹。中国和越南的贸易增长迅速,在中国—东盟自由贸易完全建成后有望得到进一步的发展。缅甸由于长期的军人政府执政,经济发展缓慢,人均收入非常低。经济结构还停留在农业国家的阶段,仅有一些初级的资源加工工业。未来缅甸如能保持政局稳定和经济增长能够走上快速发展的道路,中缅经贸合作的空间很大,特别是对于云南省的对外开放有重要意义(通过缅甸可以连接南亚市场)。老挝经济发展程度很低,外汇严重短缺,财政极度困难,加上国民购买力极低以及市场规模小,是世界最不发达国家之一。老挝目前仍然是一个典型的农业国,缺乏现代工业,矿产资源丰富却没有能力开发。老挝的市场规模较小,云南与老挝的贸易潜力在于通过对老挝的投资帮助老挝开放其境内的矿产资源,在此基础上发展经贸关系。

若仅从提供市场的角度看,西部周边国家还是具备比较大的市场潜力的,特别是几个规模比较大的国家印度、俄罗斯、哈萨克斯坦和巴基斯坦。但是从贸易的结构上看,周边国家和我国的贸易所处的层次还比较低。贸易结构的显著特征是中国向周边国家出口日用工业品,而周边国家向中国出口资源(俄罗斯还出口军工产品)。贸易的形式基本上是产业间贸易,中国和周边国家之间并没有深入的分工关系,缺乏产业链联系。对西部沿边地区来说,这种贸易关系就更加缺乏基础,从周边国家进口的资源产品主要是供应东部沿海地区,而中国出口的日用消费品也主要来自东部沿海地区。

2. 周边国家的投资能力

西部周边的 13 个国家总体上都属于发展中国家,对外投资的能力比较弱。按照邓宁对发展阶段与对外直接投资关系的划分,一国对外直接投资净额分为四个发展阶段:第一阶段,人均 GDP 低于 400 美元的最贫穷的发展中国家,对外直接投资几乎为"0";第二阶段,人均 GDP 在 400～2000 美元之间的发展中国家,企业的所有权优势与内部化优势不显著,对外直接投资相对较少;第三阶段,人均 GDP 在 2000～4750 美元之间的国家,企业的所有权优势表现明显,对外直接投资增加;第四阶段,人均 GDP 超过 4750 美元的国家,其本国企业的所有权优势与内部化优势比较明显,并能与区位优势较好地结合,对外直接投资的力度明显加强。当然只从发展阶段来看对外直接投资的能力并不全面,但是邓宁的划分至少提供了某种参考的依据。

从图 6-9 中可以看到,周边 13 个国家大部分人均 GDP 非常低,发展阶段处于低水平。按照邓宁的标准,俄罗斯和哈萨克斯坦处于第四阶段,对外投资能力比较强;尼泊尔、阿富汗和缅甸处于第一阶段,基本没有对外投资;其他国家均处于第二阶段,只有少量的对外投资。事实上由于美元贬值的趋势,这些国家实际的对外投资能力要更低。其中的例外是俄罗斯、哈萨克斯坦和印度,俄罗斯和哈萨克斯坦的对外投资能力没有人均 GDP 所表现出来得那样高,这是由于两国经济结构偏向于重工业和资源产业,大多数制造业的企业不具备所有权优势。印度虽然人均 GDP 比较低,但印度发展起了一批大型企业特别是 IT 企业具备对外投资的能力。但是在整体上周边国家的对外投资能力都不强,甚至低于中国的对外投资能力。

对外投资能力弱也反映在周边国家对华投资的规模上,图 6-10 是 2007年周边国家对中国的投资情况。只有俄罗斯和印度有一定的规模,达到 5207万美元和 3404 万美元,其他国家都只有少量的投资。没有一个国家对中国投资的规模超过 1 亿美元。如果将周边国家对中国直接投资的总规模和我国当年吸引的外商投资总规模比较,仅占其中的 0.14%。可见周边国家对中国的投资能力是非常弱,在全国范围内都比较少,显然在西部沿边地区同样非常少。这也反映了西部沿边地区对外开放的外部环境和东部沿海地区的差距,东部沿海地区临近的日本、韩国和港澳台地区都具备很强的对外投资能力。

可见周边国家对西部沿边地区的投资能力是相当薄弱的,实际上西部沿

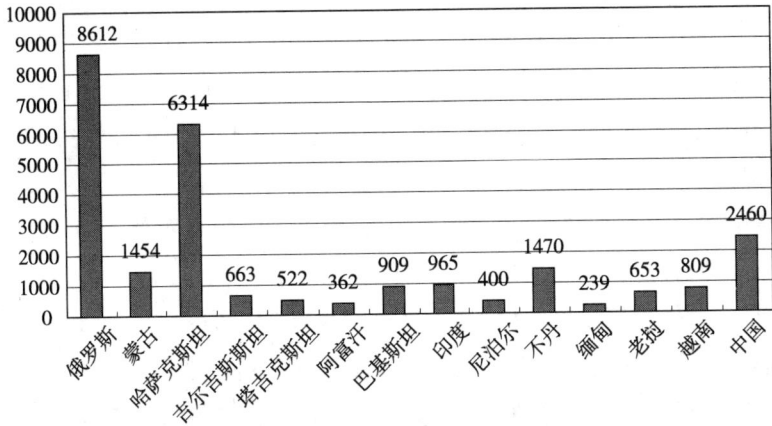

图6-9 2007年周边国家与我国的人均GDP(美元)

数据来源:IFM数据库。

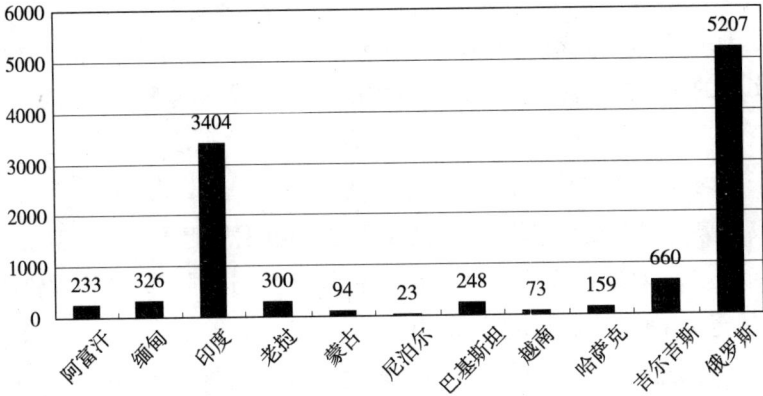

图6-10 2007年周边国家对我国的直接投资(万美元)

注:(1)数据来源:根据《2008年中国统计年鉴》整理计算。

(2)缺不丹和塔吉克斯坦数据。

边地区吸引的外商直接投资的来源和东部地区非常相似,同样是来自港澳台地区和欧美、日本,但是由于缺乏区位优势,来自这些地区的投资是远远不能和东部沿海地区相比的。

3. 周边国家的技术能力

除了俄罗斯和印度之外,周边国家都是技术非常落后的国家,不但不能对外输出技术,而且渴望从外部输入技术。即使是技术相对先进的俄罗斯和印度,由于其技术发展的特点,对外输出技术的能力也不强。俄罗斯的技术优势体现在重工业领域,印度的技术优势体现在软件和信息服务业。这两个领域并不是国际技术转移的主要领域。国际直接投资的结构表明国际技术转移的主流是机电设备的生产制造技术和管理经验。因此俄罗斯和印度缺乏向西部沿边地区转移这些技术的可能性,而在其他技术领域,俄罗斯和印度同样是发达国家技术转移的接受者。

(三)西部沿边地区与周边国家经济合作

由于周边国家仅能提供商品销售市场,缺乏投资能力和技术能力。西部沿边地区与周边国家的经济关系不可能是东部沿海地区那样通过周边国家或地区的资本建立出口产业,通过“引进—消化—创新”的模式提高自身的技术水平和产业竞争力。事实上东部沿海地区与周边国家的经济合作模式是一种“南—北”型的合作模式,而西部沿边地区与周边国家的经济合作实际上是“南—南”合作。在周边国家开放能力不强的条件下,如何开展经贸合作来促进开放经济的发展,是西部沿边地区面临的一个难题。通过国际区域经济合作的模式发展经贸关系是一条出路。

与周边国家展开国际区域经济合作本质上利用地理相邻的条件,谋求与周边国家为形成一个不受国界限制的产品、要素、劳动力及资本自由流动的统一区域市场的动态过程。其目的是充分发挥西部沿边地区与周边国家的优势互补,通过边境两侧改善基础设施条件、投资环境和消除商品和要素流动的壁垒,吸引本地资源和外部资源在边境两侧特定的地区聚集,以加强边境两侧的产业分工,优化资源配置,促进联合体的共同繁荣。根据周边国家特殊的政治经济环境,西部沿边地区开展国际区域经济合作主要是通过中央政策与周边国家搭建跨境区域经济合作平台来实现。目前,中国与沿边国家的经济合作平台有多个层次,大的如“中国—东盟自由贸易区”和“上海合作组织”,小的合作平台涉及西部沿边地区的有“澜沧江—湄公河流域国际区域合作”,“中亚地区经济合作”。利用这些合作平台促进开放经济的发展应是西部沿边地区发展与周边国家经济合作的主要方向。从国际区域经济合作发展的情况看,期望迅速展开全方位的合作不现实,应采取以下战略推进合作。

1. 以特定部门和领域的合作为突破口,推动双边或多边区域经济合作的发展。周边国家复杂的政治经济情况决定了建立一揽子多边区域合作机制的难度较大。但是在一些特定的部门或领域如旅游、能源,合作潜力大,双方合作的愿望都很强烈,容易达成双边合作协定。而且,这种双边合作协定也容易拓展为多边合作协定,欧盟发展初期就是在煤炭和钢铁产业合作基础上形成的。因此,挖掘具体部门的合作潜力,以点带面的推进合作是一个现实的选择。

2. 发挥现有多边合作框架的积极作用,推动多边区域合作向更高水平发展。现有的多边合作机制有的已经比较完善,如中国—东盟自由贸易区,有的正在建设当中,如大湄公河次区域合作和中亚经济合作。这些平台为西部沿边地区与周边国家的合作创造了良好的条件,西部沿边地区应充分利用这些平台,争取国家支持,推动多边区域合作向更高水平发展。

3. 设立跨境经济区,建立边境商贸中心和生产基地。在一些条件好的口岸城市,通过和周边国家合作建设跨境经济区,在区内适用同样的法律和管理体制,跨境经济区对双边的进出口免征关税。跨境有利于增强边境地区的投资吸引力,在特定地区产生聚集经济和边境地区的增长极,带动周边地区经济的增长,并发挥沿边地区对外开放的窗口作用。

三、西部沿边开放的正面效应和负面效应

西部沿边五省区是我国传统上的经济落后地区,要加快经济发展建立现代经济结构,缩小与发达地区的差距,只靠本身的力量是难以实现的,需要积极通过对外开放,从外部输入资金和技术、参与国际竞争,才能促进经济结构的优化和升级,进入经济增长的快车道。因此,从对外开放中获取发展的资源对西部沿边地区非常重要。然而由于西部沿边地区经济发展的起点低,深处内陆而远离世界主要的资本和技术来源,对外开放获得的正面效应难以和东部沿海地区相比,同时地区的特殊性还存在一些负面效应。

(一)西部沿边地区对外开放的增长效应

改革开放以来,出口对拉动我国经济增长作出了突出的贡献。中国通过引进外资和鼓励出口,充分发挥自身的比较优势,建立了强大的出口产业,

2004 年对外贸易总额达到 1.1 万亿美元,成为了仅次于美国和德国的世界第三大贸易国,并有望在 2009 年或 2010 年超过德国成为世界第二大贸易国。对外贸易对我国经济增长的效应非常突出。

　　然而,如果我们以中国的地区作为考察对象,对外贸易对不同地区的增长效应就存在很大差别。对东部沿海地区而言,对外贸易是重要的增长引擎,而对中西部内陆省份而言,对外贸易的增长效应并不显著。图 6-11 是 2007 年西部沿边五省区和东部沿海五省净出口占地区生产总值的比重的比较。从中可以看到净出口占东部沿海五省地区生产总值的比重普遍较高,特别是浙江、广东和福建,江苏处于中等水平,只有山东比较低。而西部沿边四区一省中只有新疆达到 12.03%,西藏达到 5.39%,内蒙古、广西和云南是负值。在经济增长的三驾马车消费、投资、净出口中,净出口对东部地区的作用要远大于西部沿边地区,西部沿边地区经济的经济增长更多的是依赖消费和投资,经济仍然是"内向型"的,对外贸易的经济增长效应比较小。只有新疆经济出现了由"内向型"向"外向型"发展的趋势,对外贸易的增长效应比较大。

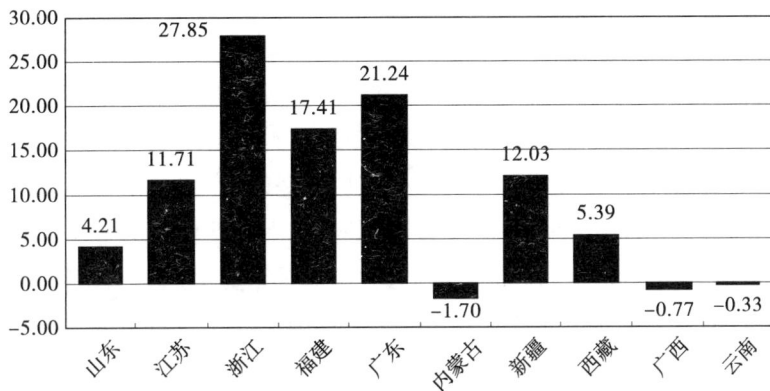

图 6-11　2007 年净出口占地区生产总值的比重

数据来源:根据《中国统计年鉴》2008 年计算。

　　图 6-11 对西部沿边五省区的净出口对 GDP 增长的贡献进行了比较,时间从中央全面推进内陆省会城市和沿边城市开放的 1992 开始到 2007 年。从中我们可以看到除了西藏之外,在 1992 年到 1994 年这段时期,内蒙古、新疆、

云南和广西的净出口对经济增长的贡献处于一个历史较好的水平，其中新疆和广西都在 1 个百分点以上，云南和内蒙古在 0.5 个百分点以上。这段时间一个显著的特点在除西藏外的三区一省，净出口对经济增长的贡献率出现了一个上升的趋势，说明在内陆沿边开放开始实施后，西部沿边地区的对外贸易出现了比较显著的增长。同期净出口对西藏经济增长的贡献为负，和这段时期特别是 1994 年进口额的异常增长有关。1994 年以后西部沿边省区未能延续净出口增长的势头，都出现了不同程度的出口下降，除西藏以外的三区一省都表现得特别明显。新疆、西藏、云南和广西在 1997 年至 1999 年间先后达到进出口的最低点，随后开始回升。其中新疆的表现特别突出，主要得益于对俄罗斯和中亚国家出口的显著增长。云南的净出口也出现了明显的增长，但在 2005 年后又开始下滑。广西在 1999 年达到最低点后，净出口对经济增长的贡献有所提高，但水平一直不高，没有超过 0.5 个百分点。内蒙古的情况比较特殊，几乎从 1992 年开始净出口对经济增长的贡献就在下降，在 2003 年后更出现了显著的下降。但这种情况并不是由于出口增长的下滑导致的，而是进口出现了显著的增长，主要是从俄罗斯进口资源产品的显著增长。

　　总体上看，除新疆以外，净出口对西部沿边地区的经济增长的贡献比较小。即使有了政策支持，也不一定就能发展好外向型经济。在政策效应于初期释放之后，外向型经济的发展就需要有国际竞争力的产业来支撑。西部沿边地区一直没有没有形成对外开放的坚实产业基础，产业结构长期偏向于资源型产业。这是沿边地区未能利用政策机遇，扩大对外贸易的增长效应的主要原因。当然客观地说，西部沿边地区对外贸易存在增长效应，只是这种效应相对较低，远远无法和东部沿海地区相比。可见，获得对外开放的增长效应是有条件的，除了利用政策之外，西部沿边地区还需要努力提高自身的开放能力。

（二）西部沿边地区利用外资的效应

　　在我国的对外开放中，引进外商直接投资是利用国内国外两种资源，开拓国际市场，提升技术水平，加快经济增长和促进产业结构升级的重要手段。西部沿边地区也把吸引外商直接投资作为发展经济的重要手段。但是经过多年的努力，引进的外商直接投资仍然有限，截至 2007 年，内蒙古、新疆、西藏、云

内蒙古

新疆

西藏

云南

广西

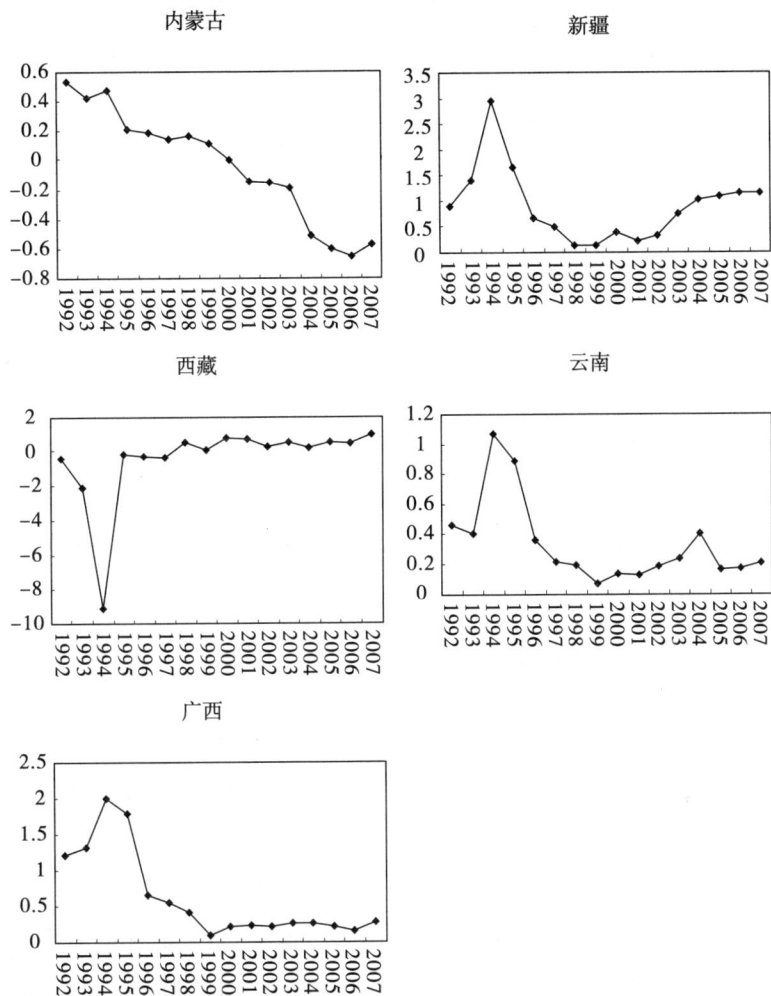

图 6-12 净出口对地区生产总值增长的贡献

数据来源：根据《内蒙古统计年鉴》、《新疆统计年鉴》、《西藏统计年鉴》、《云南统计年鉴》、《广西统计年鉴》2008 年计算。

南和广西累计引进外商直接投资分别为 171 亿美元、31 亿美元、5 亿美元、118 亿美元和 219 亿美元。引进外资的不足使得西部沿边地区无法获得引进外资的规模效应，在出口、技术溢出、结构升级、就业等方面获得的收益很少。下面我们通过一些指标对西部沿边地区引进外资的效应进行分析。

表6-6　2007年外商投资企业进出口额及其比重

省区	外商投资企业进出口额(亿美元)			外商投资企业占进出口总额的比重(%)		
	进出口	出口	进口	进出口	出口	进口
山 东	665.57	402.72	262.85	54.34	53.62	55.50
江 苏	2800.52	1555.44	1245.09	80.14	76.39	85.36
浙 江	710.73	472.15	238.58	40.19	36.81	49.11
福 建	462.43	289.92	172.51	62.12	58.06	70.38
广 东	4082.19	2322.22	1759.97	64.37	62.88	66.45
内蒙古	7.91	4.71	3.20	10.23	16.00	6.69
新 疆	2.81	2.16	0.65	2.05	1.88	2.94
西 藏	0.01	0.01	0.01	0.35	0.22	0.99
云 南	5.58	3.93	1.64	6.34	8.24	4.09
广 西	28.90	10.93	17.97	31.21	21.38	43.31

数据来源:根据《中国统计年鉴2008年》计算。

　　引进外商直接投资的出口增长效应。外商直接投资是促进我国出口产业成长的重要因素,跨国公司拥有资本、技术、品牌等优势,已有发达的国际营销网络,与我国的生产成本优势相结合,能够迅速的形成出口竞争力,扩大出口从而拉动经济增长。东部沿海地区出口的迅速增长得益于外商直接投资的大规模进入,西部沿边省区引进的外商直接投资规模较小,对出口增长的贡献不明显。表6-6反映了2007年外商投资企业在东部沿海五省和西部沿边五省区的贸易情况以及在全部贸易中所占的比重。首先,从绝对规模来看,显然西部沿边五省区的外商投资企业进出口和东部五省相比不在一个数量级,东部沿海五省都在数百亿甚至千亿美元以上的规模,而西部沿边五省区除了广西之外都在十亿美元以下。其次,从相对比重来看,外商投资企业在东部五省的对外贸易中占有重要地位,占山东、江苏、浙江、福建和广东对外贸易总额的比重分别为54.34%、80.14%、40.19%、62.12%和64.37%,除浙江外,外商投资企业是其他四省对外贸易的中坚力量。西部沿边五省区中外商投资企业仅在新疆和西藏的对外贸易中发挥很小作用,在内蒙古和云南占有一定地位,但在广西有比较重要的作用。

　　此外和东部沿海地区相比,西部沿边地区引进的外商直接投资还存在一

些问题,制约了各省区引进外商直接投资的效应发挥。这些问题包括:

(1)外商直接投资的产业结构亟待完善。虽然和东部沿海地区相似,西部沿边地区外商直接投资的主要产业是制造业,但是投向西部沿边地区的制造业在技术水平、生产工艺等方面并不先进,主要是劳动密集型的制造业,而缺乏资本和技术密集型的制造业投资。对当地企业的技术溢出效应比较少。例如,新疆外商投资以劳动密集型的一般加工为主,如服装、纺织、农副产品加工等。

(2)实际利用外资水平下降,合同履约率不高。以新疆为例,合同投资和实际投资之间的离差率明显加大,1990年~1995年,1996年~2000年,合同履约率分别为32.9%、36.0%,2006年合同履约率下降到28.4%,2006年,外商投资看好的四大行业电力、燃气及水的生产和供应业、制造业、采矿业和农业实际到位资金分别为3465万美元、2581万美元、1410万美元、77万美元,分别占实际到位资金的33.4%、24.9%、13.6%、0.7%。投资履约率分别仅为31.2%、24.6%、25.0%、1.4%。

(3)外商直接投资项目和横向联合项目规模小,带动效应比较弱。内蒙古全区700多家正常运行的外商投资企业中,投资注册资本上千万美元的企业只有46家,只占外商投资企业总数的近7%,注册资本在500万美元以上1000万美元以下的企业29家,占外商投资企业总数的5.7%;注册资本200万美元以上500万美元以下的企业61家,占外商投资企业总数的12%;注册资本200万美元以下的企业占全区外资投资企业的近77%。以小规模企业为主的局面使得西部沿边地区的外商投资企业相对分散,产业集聚度和关联度不高,大部分外资项目未形成集群效应,产业关联度低,产业配套能力不强,没有形成稳固的产业链,难以对地方经济产生带动作用。

综上所述,西部沿边地区和东部地区引进外商直接投资的差距不仅仅是规模上的,更重要的质量上的差距。东部沿海地区引进外资已经从注重规模转向注重质量,西部沿边地区虽然引进外资的规模较少,但是不能只追求规模的增加而忽视质量的提高,否则即使规模上去了,也难以获得引进外资的收益。目前我国引进外商直接投资的发展趋势是越来越重视质量,并逐步取消对外资企业的优惠待遇,使国内企业能够和外资企业公平竞争。西部沿边地区需要适应这一发展趋势,在引进外商直接投资时坚持"宁缺毋滥"。

（三）西部沿边开放的负面效应

对外开放所带来的好处是毫无疑问的，即使是在西部沿边地区，对外开放所带来了利益不能和东部沿海地区相比，但是对外开放对西部沿边地区经济社会发展的影响总体上正面的，只是其效应不如东部地区。然而对外开放并不是没有负面影响，不管对中国整体而言还是对各个地区而言，对外开放也产生了一些负面效应。我国对外开放发展到一定阶段后，一些负面效应开始显现。这些效应包括过高的对外贸易依存度带来的国际宏观经济波动的风险，汇率变动导致的风险，国际贸易的摩擦与纠纷以及外商直接投资的各种负面影响等。由于西部沿边地区对外开放水平与全国有一定的差距，这些普遍的问题西部沿边地区不一定存在，或者以其他的形式表现出来。从西部沿边地区的具体情况来看，对外开放的负面效应主要有以下几个方面：

1. 对外开放与生态环境风险。早在 20 世纪 70 年就有学者提出贸易自由化对发展中国家的环境有负面影响。国际学术界对贸易自由化所产生的环境后果已经形成了两种针锋相对的观点。其中一种观点认为，自由贸易无论从短期还是从长期来看，它所引起的环境后果都是消极的，尤其对于发展中国家而言，贸易自由化政策的实施将直接导致环境的恶化；另一派观点认为，尽管贸易自由化在短期内的环境效应是消极的，但随着时间的推移贸易自由化将对环境产生长期的积极影响。无论是哪种观点都认为短期内贸易自由化对发展中国家的环境在短期内有负面影响。南北贸易模型和和"污染避难所"假说都揭示了污染产业由北方国家向南方国家转移的趋势。我国的一些实证研究也支持无论是进口还是出口对我国的环境都有负面的影响。主要体现在出口产业中高污染行业占有很大优势，而进口方面主要是我国相对较低的环境标准使得一些污染较大的原材料进入我国，甚至有不少"洋垃圾"进入我国。

西部沿边地区对外开放存在的环境风险比较严重。西部沿边地区很多地方是生态环境脆弱的地区，生态环境一旦破坏很难恢复。西部沿边地区的出口产业偏重于资源型产业和初级产品，对环境的危害比较大。外商对西部沿边地区的投资企业普遍规模小，技术水平低，其生产对生态环境的破坏要比东部沿海地区规模大技术水平高的企业要大。这是对外开放对西部沿边地区环境的直接负面影响。此外，根据中国环境科学研究院的资料，近年来，工业产值"东迁",而工业污染"西移",这两种方向相反的迁移加重了西部地区的污染程度。西部地区向东部地区提供生产所需的能源和基础原材料支持,东西部地区之间存在环境成本的转移问题。因此,东部地区的出口产业的扩张在一定程度上也对西部沿边地区的生态环境有负面影响。

2. 对外开放与边疆经济安全。表面上看,西部沿边地区的对外贸易依存度并不高,经济仍然是以内向型为主,全球宏观经济变动对西部沿边地区的影响不大。实际上西部沿边地区的对外开放对经济安全也有很大的影响,只不过这种影响是以特殊的形式表现出来。虽然西部沿边四区一省整体的对外贸易依存度不高,但是却存在特殊的外向型经济形势——口岸经济。西部沿边地区在沿边境一带分布有大量的口岸城市,这些城市的经济与对周边国家的贸易紧密联系,边境贸易是城市经济繁荣的基础,其经济安全和周边国家的政治和经济形势高度相关。同时口岸城市一般同时也是少数民族——特别是跨境少数民族——聚集的地区。保障口岸城市的经济安全,防范经济大起大落造成的社会不稳定风险,对地区的民族团结、社会稳定有重要意义。由于西部地区周边邻国普遍是发展中国家,其中一些国家和地区政治经济形势不稳定(如缅甸),导致口岸经济的发展存在一定的不稳定性和风险。

3. 对外开放与边疆安全隐患。西部沿边地区的对外开放增加了边境地区与周边国家的人员交流,其中大多数人员交流是从事正常的生产经营活动,促进边境两侧经济的繁荣。但是由于少数极端民族主义、分裂主义分子以及一些国际反华势力的存在,使得本来是沿边地区与周边国家和平交往通道的边疆,也成了这些势力对边境地区进行渗透破坏的利用目标。这些势力在边境通过走私筹措资金,通过边境密集潜入煽动群体性事件或直接进行恐怖活动,在跨境欠发达地区发展成员,将境内同伙偷送到境外进行培训,通过跨境人口流动进行秘密宣传活动。这些活动给边境地区的安全与稳定带来了极大的隐患,干扰了正常的经济文化交流。

4. 对外贸易对地方经济的贡献小。西部沿边地区的对外贸易存在两个问题,一是本地产品的比例低,由于本地制造业的生产能力不足,西部沿边地区向周边国家出口的产品(特别是资源型产品之外的工业制造品)有很大比例来自东部沿海地区,这使得西部沿边地区在对外贸易中仅仅扮演了通道的角色,而对地方生产的带动作用很小。二是外地商人(新疆除外)所占的比重大,在边境地区从事进出口活动的贸易商有很大部分来自内地和沿海地区,特别是浙江等地的商人,边境贸易收益的大部分由贸易商获得,当地居民从贸易中获得的利益较小。

5. 外商投资企业对民间资本的挤出效应。外商直接投资对当地的民间资本存在挤出效应。根据联合国贸发会议的结论,外商投资的挤出效应可以通过两种途径产生:一是在产品市场,通过对当地企业的产品和服务、学习过程以及成长历程产生影响,挤出当地企业与投资;另一是在要素市场,通过影响当地企业可以获得的资金、劳动力以及其他生产要素,或者影响当地企业获得这些要素的成本来挤出当地企业与投资。西部地区沿边地区是中国的经济不发达地区,民间资本的力量比较薄弱,民营企业的发展的水平也比较低,与外商投资企业的竞争能力低于东部沿海地区,更容易受到外商直接投资挤出效应的影响。

虽然对外开放存在一些负面效应,但总体上仍然是正面效应比较大。对于西部沿边地区来说,改变经济落后的局面,缩小与发达地区的差距,必须走对外开放的道路。关键的问题是如何降低负面的效应的影响,充分利用对外开放从外部获得发展的资源。

四、西部沿边开放的难点、问题及对策

由于西部沿边地区的特殊性,对外开放存在一些难点和问题,制约了外向型经济的发展,降低了对外开放可能获得的收益,在进一步实施对外开放的过程中,必须有针对性的对策来解决这些问题,才能提升西部沿边地区的对外开放质量,实现边疆的稳定和发展。

(一)西部沿边开放的难点和问题

西部地区对外开放的难点和问题主要来自于两个方面,一是西部沿边地区对外开发的条件和能力,二是西部沿边地区所具有了边疆和少数民族聚居的特点,具体来说包括以下几个方面的难点和问题。

1. 地缘政治的复杂性与稳定的开放外部环境的矛盾。西部周边邻国包括中亚、南亚和东南亚三个主要地区,这些地区不仅存在政局不稳的国家(如阿富汗、巴基斯坦和缅甸),也是大国(中国、美国、俄罗斯和印度)在地缘政治

上角逐的目标。因此西部周边的地缘政治环境十分复杂,威胁到西部沿边地区开放外部环境的安全与稳定。

以中亚地区为例,中亚地区国家自古以来就是连接欧洲和亚洲的重要地区,前苏联解体后,中亚地区成了政治上的"真空地带"。美国、俄罗斯、中国、日本、欧盟、印度、土耳其、巴基斯坦、伊朗、韩国等国都认为,在中亚存在着自己政治、经济、安全等方面的战略利益。对俄罗斯来说,中亚一直是她的"后院"。尽管俄罗斯采取各种手段保护自己的利益,但由于苏联的解体,俄罗斯已是今不如昔,传统优势面临很大挑战。美国瞄准了中亚的石油资源和制约中俄的重要战略地位。对印度而言,中亚等地区更具有开发利用的地缘和政治优势,它与中亚各国有着传统的友谊并积极施加影响。土耳其因与中亚国家在语言文化上相近,在"泛突厥主义"的思维下也在中亚地区施加影响。中国对中亚同样有重要的政治、经济和安全等战略利益。中亚国家本身也是在大国角逐中寻找平衡点以实现自身利益的最大化。这种复杂的局面使得新疆与中亚的经贸合作面临一些变数,影响了经贸合作的进一步扩大。

2. 跨境民族问题对边疆安全形势的影响。20 世纪 90 年代以后,我国周边形势总体上趋于平稳,地区相对稳定。但是,从跨境民族问题和泛民族主义引发的国际间矛盾与纠纷不断增多的趋势来看,我国边疆安全形势潜伏着种种危机。一是泛民族主义思潮对我国边疆安全稳定带来了隐患。当前,影响我国的泛民族主义思潮主要有泛突厥主义(大土耳其主义)、大哈萨克主义、大蒙古主义等。二是国际敌对势力,一直把民族问题作为对我实施西化、分化战略的突破口。长期以来,国际敌对势力一直将民族、宗教、人权问题与国家外交紧密挂钩,在国际人权领域,不断打出"人权牌"、"西藏牌"、"宗教牌"等来牵制我国,挑拨我国的民族关系,引发民族冲突。利用所谓的"西藏问题"、"新疆问题",以各种方式支持达赖集团和"东突"组织的活动。对西部沿边地区的对外开放造成了严重的不利影响。

3. 周边国家开放能力的薄弱与西部沿边地区对外部资源需求的矛盾。周边国家大都是发展中国家,对西部沿边地区的开放能力有限。从目前的情况看,周边国家具备市场潜力,然而其需求主要还是限于一般的日用消费品,从产业关联上产生的联系很少,因此其与西部沿边地区经济联系仅仅停留在贸易联系的层面，没有建立起深层次的经济联系。此外，在资金和技术方面周边国家满足西部沿边地区需求的能力就更是不足。反而是中国对周边国家有更多的投资和援助。从中国对外开放的经验来看，能够进入高质量的市场获得资本和技术对一个地区经济增长能力提升的意义非常重大（例如，港澳台对珠三角地区对外开放的作用）。因此在周边国家开放能力薄弱的情况下，西部沿边地区如何获得经济发展所需的资源是值得思考的问题。

4. 如何超越边境贸易，与周边国家建立更广泛的经济合作。虽然边境贸易对西部沿边地区非常重要，但是边境贸易分散规模小，产品的层次低，主要产地不在本地，易受周边国家政治经济形式的影响。因而边境贸易对沿边地区的对外开放有正面影响，但却不能够从根本上提升西部沿边地区的外向型经济发展水平。西部沿边地区必须考虑如何超越边境贸易，与周边国际建立更广泛的经济合作，深入到周边国家的经济腹地，发挥各方的比较优势，形成跨境的生产基地，和周边国家建立紧密的产业联系。

5. 如何统筹沿海开放、内陆开放和沿边开放，发展整体优势促进西部沿边地区外向型经济的发展。中国对外开放取得了很大的成就，但地区发展的不平衡使得中西部地区对外开放的效益较低。如何利用东部地区已经建立起来的优势和出口竞争力，通过国内区域经济合作和产业转移带动中西部地区外向型经济的发展（打破中西部地区提供资源，东部地区加工制造出口的经济关系），带动中西部地区外向型经济的发展，使西部沿边地区能够利用国内资源，提升对外开放的水平和层次，是进一步推进西部大开发中的对外开放需要统筹考虑的问题。

6. 如何在对外开放中保护沿边地区的生态环境。西部沿边地区必须避免在对外开放过程中付出高额的环境成本，由于西部生态环境的脆弱性，不能按照环境库茨涅茨倒 U 型曲线的方式的发展（西部一些生态环境一旦破坏就不能够再修复）。在外向型经济发展的过程中必须高度重视发展的质量，不能为了短期利益追求规模和数量。

（二）西部沿边开放的对策思路

针对西部沿边开放的难点和问题，进一步的发展外向型经济需要长期稳定的周边政治经济环境，推进与周边国家的全面合作，增加从外部获得发展资源的能力，增强边境各民族对祖国的向心力，建立外向型经济坚实的产业基础,加强对沿边地区的生态环境保护。

1. 继续推进周边安全体系的构建,加强与周边国家的全面合作。在中央政府的努力下,我国与周边国家分别建立了上海合作组织、中国东盟自由贸易区与大湄公河次区域经济合作的区域合作框架。在联合反恐、建立互信、消除贸易壁垒等方面取得了很大的成就。西部沿边地区对外开放的经济环境已大为好转,然而中国与周边国家还存在一些没有解决的问题。今后应继续加强与周边国家的安全保障体系建设,由中央政府牵头、西部沿边地区积极参与,与周边国家建立更广泛的合作关系。

2. 引导和鼓励外部资源进入西部沿边地区,建立对外开放的产业基础。加大对西部沿边地区的投入,切实改善西部地区的投资环境,通过政策鼓励发达国家和东部沿海地区的资金和技术进入西部沿边地区。西部沿边应制定合理的产业发展战略和政策,积极争取国内外资源,选择符合本地实际情况的产业重点突破,以建立外向型经济发展的产业基础。

3. 切实提高少数民族的生活水平,增强边疆少数民族的向心力。对少数民族的优惠政策过于强调民族身份,也不能从根本上增加少数民族的向心力。应转变民族政策,不以差别待遇给予少数民族优惠政策,而是通过加强对欠发达地区的基础设施、人才培养、医疗卫生等投入,改善少数民族的基本生活环境,培养其发展经济的能力,以此来增强边疆少数民族的向心力。

4. 重视西部沿边地区制度软环境的建设。西部沿边地区外向型经济的发展不仅存在着资金缺口,而且更重要的是存在技术缺口以及管理等制度缺口。今后的对外开放中应该下大力气引进外部先进的技术和制度。以新技术替代老技术,以新制度替代旧制度,这是西部沿边地区提高外向型经济发展质量的关键途径。

5. 建立西部沿边地区安全与稳定的预警机制。西部沿边地区周边政治经济环境复杂,少数敌对势力总是不忘进行煽动和破坏。应在西部沿边地区建立社会安全和经济安全的预警系统,对可能出现经济风险和社会问题进行预警,在隐患爆发前提前处理和化解。一旦出现破坏安全稳定的事件,不管怎么处理总会遗留一些问题,受到国际敌对势力舆论的歪曲。因此要防患于未然,保证边疆社会经济的安全。

6. 建立东部沿海地区和西部沿边地区合作的有效机制。通过建立东部沿海地区和西部沿边地区的合作的有效机制,根据西部沿边地区开放能力的缺口和经济基础等实际情况,发挥东部沿海地区在技术、管理、资金和体制等方面的优势,以提升西部沿边地区的能力结构为以目标,鼓励东部沿海地区政府和企业积极参与西部沿边地区的建设。

第七章　缓解西部欠发达地区发展失衡、防范冲突、推进社会稳定的思路

与多数后发国家一样,中国的现代化受本土因素和外来因素的影响,中国的现代化是在外部世界的生存挑战和现代化示范效应的诱发和刺激下启动的。对于世界上大多数发展中国家来说,这是必然的,毫无选择的。但是中国的现代化也被认为具有"特殊的中国背景",是一种"具有中国特色"的本土模式,这一本土模式的最重要特征是:一方面继承了有助于现代化启动、比较优势突出的前现代遗产;另一方面又因累累在应对外部挑战中错过机遇,社会基础与能力受到挤压和退化导致现代化推力不足①。但是无论是前现代中国历史,还是中国的现代化进程中,地区发展失衡始终是国家治理中的重大问题。

新中国建立以来,推动经济快速发展,实现强国富民目标是始终不渝的国家战略。与后发国家的现代化遭遇类似,中国的现代化推进并非是一个一帆风顺的过程,在其间经历着"现代化陷阱",其中既包括国家决策者在权衡利

---

① 研究中国现代化的学者认为,"……中国的国际体系和世界观就其本身的强度和耐力来说是无与伦比的,但其内部并不存在能使中国应付得了现代世纪挑战的重大力量源泉。"在19世纪,阻碍中国成功应对现代化挑战的因素是中国内部的环境,清政府下的中国社会政治衰败、人口增长、社会动荡及经济变化都迫使一个摇摇欲坠的政治制度选择了一种它无法接受的变革和无法应对的外部挑战,发生危机是必然的。但是,这已经不是原来意义上的传统危机,中国的在19世纪下半叶的社会危机是在外力影响下的"变化了的回应方式",源于内部的传统危机与外部挑战叠加形成了中国现代化的反应类型。对中国现代化的历史遗产与阻力的系统分析,参见[美]吉尔伯特·罗兹曼主编的《中国的现代化》,比较现代化课题组译,江苏人民出版社1995年版,第5页。

弊与抵抗外部压力所产生的"焦虑"①，也包括基于新的利益冲突下的原有均衡的"崩裂"；在打破传统均衡，催生现代因素的社会转型过程中，发展与稳定是一对既融合相生，又对立冲突的复杂关系。在历史转变的比较上，"现代化是人类历史上最剧烈、最深远并且显然是无可避免的一场社会变革"。在一定阶段和范围，现代化是"福祸相依"的过程，它必然导致"现存社会模式一无例外地遭到破坏"和"遇到传统势力的反抗"，形成涉及广泛的利益冲突和社会分化。但是现代化是历史发展的趋势，"任何一个民族无论如何也不会再退回到其与现代化相遇之前的状态"。② 中国现代化引起的社会动荡打破了被昭示为以维护社会稳定著称的"中国文明的一大突出成就"的传统均衡，自19 世纪中叶开始，我国的国家管理致力于恢复被外来干预所扰乱的传统均衡，这种努力"在 20 世纪一直在不断试图恢复平衡，试图建立可行的有利于现代化的利益平衡，但结果却常常适得其反。"③以至于区域发展的非均衡状态（以东西部比较，内地与边疆比较之间为重）成为一种与中国现代化长期伴随的常态。由于这种区域失衡常常会演化为激烈的社会冲突，并泛化为全局性安全问题，所以，社会问题预警，隐患防范，危机处置等应急事务一直是我国进入现代社会的国家治理的重要任务，由于外部调控手段难以转化为内在的均衡力，结果导致社会问题"积重难返"，根治社会问题，实现社会长治久安目标的发展要务就难以驶入正轨。

一、从预警到超越预警

区域发展不平衡是世界性问题，也是中国历史上长期遗存、当今加速演

---

①　蓝普顿认为中国领导层谋求实施大战略之际有两大忧虑，其一是："变化来临时，如何控制不断提升的物质和政治期待，而在变化不可否认之际，社会稳定还能否维系？"其二是："中国变得更加强大，但北京怎样才能减少占统治力量的大国阻扰或是逆转中国获得力量的可能性呢？国际体系能够保持相对温和，从而允许中国集中精力于国内发展和稳定吗？"参见［美］戴维·蓝普顿：《中国力量的三面——军力、财力和智力》，姚芸竹译，新华出版社 2009 年版，第 6页。

②　参见［美］吉尔伯特·罗兹曼主编：《中国的现代化》，比较现代化课题组译，江苏人民出版社 1995 年版，第 5 页。

③　参见［美］吉尔伯特·罗兹曼主编：《中国的现代化》，比较现代化课题组译，江苏人民出版社 1995 年版，第 652 页。

化的社会问题。与多数后发国家的历史条件不同,中国现代化进程中衍生的区域不平衡在形成原因与演化阶段上具有特殊性,特别是改革开放以来,中国的社会转型属于"双向"转型并存,即从传统均衡到现代均衡,从计划均衡到市场均衡的过程,而中国社会目前所处在的状态属于旧均衡被打破,新均衡没有形成的阶段,在转型的阶段上,我国社会转型处于区域发展差异的快速分化期,区域之间发展水平的基尼系数仍将继续扩大,深厚的传统基础与强势计划经济对现代与市场的转型仍然具有很强的牵制作用,引发的区域转型冲突,利益争夺,空间分割与阶层分化都体现出超常激烈的特性。

中国区域发展不平衡,特别是西部欠发达地区发展滞后存在着三个方面的原因:

一是历史积累。鸦片战争前黄河与长江中下游是中国经济社会发展的"中心"地区,西部欠发达地区发展滞后,国家边疆治理政策设施效率低下,"从晚清一直到民国时代,旨在实现新的目标的地方基层管理始终是政府最头疼的一项任务"[1],边疆治理问题作为历史问题常常被搁置在预警与应急处理的短期行为上。

二是新中国国家政策向东部倾斜,非均衡发展政策主导区域发展差序格局,在产业布局上推行重内地轻边疆的国家安全战略,在国家财税政策具有显著的"东低西高"效应,国家投融资政策事实上的"东高西低"梯度推进政策,以及国家改革开放政策上的"东先西随"渐进式推进格局,都进一步加大了东中西之间、边疆与内陆地区之间的发展差距[2]。

三是西部欠发达地区内生发展动力不足问题,在历史积累、区位条件、人力资源、产业与市场基础,乃至于国民意识与社会价值观等等,全面缺乏内生发展的动力。

---

① 事实上,中央集权对西部欠发达地区地区国家管理的有效性更为低下,参见[美]吉尔伯特·罗兹曼主编:《中国的现代化》,比较现代化课题组译,江苏人民出版社1995年版,第115页。

② 20世纪90年代中期实施的西部大开发政策,虽然对推动西部的经济社会发展起到了重要作用,但是,由于西部大开发的战略重点集中在已经有较好产业基础和基础设施条件的大城市特别是省会中心城市,西部大开发政策的边疆联动效应是较微弱的,

上述原因解释了西部欠发达地区发展失衡的历史、政策与内生动力三个方面的原因，也指示了基于"超越预警"思路从根源上以纠正失衡的可行途径。预警体制本身并不能真正解决区域发展失衡问题。随着计划经济向市场经济、传统社会向现代社会的双向转型的加快推进，西部欠发达地区发展失衡的势态，存在着继续向深度与广度演化趋势：一方面，计划经济淡出国民经济领域导致国家直接的宏观调控能力减弱①，国家主导的对外开放战略的区域分布集中于东部沿海一线，推动区域均衡发展的社会公共资源缺乏积累；另一方面，西部欠发达地区远离以外向型经济推动经济发展的"中心"区域，而自身的原生商品经济发育先天不足，市场成长的内生条件缺乏，产业的价值链条与"中心"区难以链接，要素市场在"中心"与"外围"之间成新的分化格局，某些方面的分割态势趋于严重，西部欠发达地区在社会转型过程中形成内外"双向"的发展约束。依赖经济快速发展以及与外部世界的紧密联系，"中心"区域加快了其由市场经济主导的现代化步伐，现代因素成长性显著，相反，西部欠发达地区现代因素成长缓慢，推动社会转型的现代动力不足，不能形成对传统因素强大的替代效应。

因此，推动西部欠发达地区发展的"两种动力"（现代性与市场化动力②）不足，与发达地区相比较，存在严重的发展失衡。一方面传统均衡（传统社会下的均衡与传统计划体制下的均衡）塌陷；另一方面，在社会转型中形成动荡式失衡③，新型的均衡模式没有形成。在社会动荡期，社会冲突以及涉及国家安全的社会矛盾、社会问题呈多发与频发、泛化与激化状态，预警必然成为国家管理与社会治理的基本手段。基于"两种动力"不足、内外"双向"发展约束的判断，西部欠发达地区的发展选择既需要构造内生性的现代因素快速成长

---

① 战后，经济计划是发展经济学学者极力推崇的经济发展模式，也是多数新兴民族国家的发展战略的主要选择，但随着"国家主导型发展战略的效率递减，……改进长期经济运行的唯一途径是从计划向市场转轨"（［美］詹姆斯·A.道等：《发展经济学的革命》，黄祖辉、蒋文华主译，上海三联书店、上海人民出版社2000年版，第13页）。大量经验证实，国家干预越多，市场效率越低，因此中国的长期经济增长依赖于基于国家主导型战略推出与市场快速推进的体制转型。

② 现代化在国家体制上存在着两种模式，一为社会主义的现代化道路，二为资本主义的现代化道路，支持两种发展选择的经济制度分别是计划经济与市场经济，在后冷战时期世界经济制度的选择逐步统一到市场经济制度上，其发展效率得到普遍的承认。

③ 有理论认为，在人均国民收入处于1000美元至3000美元的经济发展阶段，社会阶层分化，利益集团大量形成，导致社会各阶层与利益集团之间的利益冲突，社会处于动荡期。

体制,以市场效率纠正失衡,以地方积极性弥补中央在调控边疆稳定于发展关系上的空位与缺位,又需要在整体均衡的国家发展战略框架中构架"超越预警"的边疆发展战略,扶持西部欠发达地区,并激发其内在稳定性为取向,在全国一体化进程中实现地区的均衡式发展。

预警是现代社会国家管理的一种操作性体制,更是转型社会实现社会稳定、防范社会冲突、化解社会矛盾的必备手段,它的主要功能与效用是通过社会问题、安全隐患的识别与即时应对的一整套"治标"策略,达到化解矛盾、稳定社会的目的。在策略选择上,多以微观和区域性危机治理手段为主。社会稳定的预警机制可以及时评价现实的社会状态,但缺乏指示长期社会环境变化的功能,难以提供长期发展选择与目标调适的价值判断。虽然,预警机制的设立既反映出社会转型导致区域发展失衡,以及引发涉及广泛的社会冲突与动荡等严重事态,又体现现代社会在国家体制下社会治理的成熟程度。但是,预警机制在目标设置上并不能"标、本"兼治,在应对策略上它防患于未然,而非处之于本源。因此,在社会稳定目标模式下,必须"超越预警",在发展中形成和实现可持续依赖的动力机制,边疆稳定战略的选择既从属于国家整体战略,又要体现地方积极性,通过内生协调机制纠正失衡,依赖内在动力积累发展资源,以区域发展来实现"长治久安"。

现代社会稳定与发展局面的形成是一个全面涉及社会各个领域与关系的巨大系统,因此,基于"治本"西部欠发达地区长期社会稳定的发展选择,不是单项策略,而是一种优化的策略组合,它需要在"整体推进战略"的基础上实现社会资源的"整合"效率。

二、内生性发展是西部少数民族社会的长期稳定剂

现代化必然经历社会动荡,地区往往被动性地发生"脱中心化",成为社会问题衍生的多发区域,国家管理也常常局限于应急治理,管理效率低下。因此,地区的失衡纠正需要转变战略思路,改变路径选择。要实现地区的长期稳定,必须从治标策略转变到"标本兼治"的内生性发展战略。

在经典的现代化理论中,发展中国家现代化发展选择有三种路径:一是跟随策略,即"工业较发达的国家向工业较不发达的国家所显示的,只是后者未

来的景象①。"即先发西方国家的现代化经验是后发国家效仿的范式。二是格尔申克隆借用凡勃伦的"借用技术"概念，提出了"后进国家并不是步先进国家后尘的命题"，认为后进国家具备"赶超效应"。三是沃勒斯坦与弗兰克均基于世界体系的认知框架，提出"现代资本主义并不是作为以国民经济为主体的自主经济形成，而是以最初的贸易和国际分工为前提形成的"②，而发展中国家的发展困境源于这一世界体系中的"中心与外围"关系格局的束缚。三种现代化路径概括出的发达国家与发展中国家的三种关系模式（即"连续模式"、"隔断模式"与"关联模式"）③作为历史经验的理论总结，它并不能很好地解释中国现代化进程中的波动与曲折，以及区域发展失衡演化历史与现实的原因。在现代化的动力因素上，中国的现代化是由外生压力驱动的。不同区域受到外部影响的程度，自身回应挑战的反应能力，现代性的成长基础和条件差异性较大，形成了不同的发展格局。归纳起来，区域发展失衡存在着以下理论解释：

第一，在中国现代化过程中，形成了"中心—边缘"二元结构。东部地区，特别是沿海地带，成为中国现代性成长最快速的区域，而内陆地区特别是西部欠发达地区成为远离现代化中心区域的边缘地带，难以获得现代化带来的福祉，甚至可能成为现代化的"弃儿"。按照依附理论，在世界体系中，"发达社会的发展是它们剥削殖民地的结果……它们与发展中国家之间交流越多，其

---

① 马克思：《资本论》第一版序言。马克思进一步解释到，"我明确地把这一运动的'历史必然性'限于西欧各国"，并非"一切民族，不管他们所处的历史环境如何，都注定要走这条道路"。参见《马克思恩格斯全集》（第19卷），人民出版社1972年版，第430、130页。显然，以资本主义为开端的现代化与非西方国家的历史进程不具连贯性，因此历史发展的阶段论很难用以解释当代边缘地区的社会发展。参见［美］塞缪尔·亨廷顿等著，罗荣渠主编：《现代化：理论与历史经验的再探讨》，上海译文出版社1993年版，第164页。

② ［美］塞缪尔·亨廷顿等著，罗荣渠主编：《现代化：理论与历史经验的再探讨》，上海译文出版社1993年版，第117页。

③ 日本学者菽野佑三归纳了两种关系模式，没有对世界体系理论框架下的发达国家与发展中国家的"关系模式"作出归纳，"连续模式"指将现代化看做是类似于生物体自我增殖和组织分化，是生命过程和组织演化的连续过程，它将传统社会与现代社会放置在一条连续线上；"隔断模式"指两种类型的国家处于彼此隔断的关系。本文基于他的归纳总结的基础上加入"关联模式"概念，既指以在一个统一的世界体系来认识两个类型国家在现代化发展上的关联性，也指国家内部的发达地区与欠发达地区的发展关联性。参见［美］塞缪尔·亨廷顿等著，罗荣渠主编：《现代化：理论与历史经验的再探讨》，上海译文出版社1993年版，第126—117页。

剥削就越重,而这不是发展",因为在现代化资源的配置而言,"资本有一种向中心地区集中的倾向,因此可以说,中心与边缘双方之间的经济差距将随着经济的发展而扩大。"①现代化过程中由区域发展失衡到区域一体化进而均衡目标的实现,服从于库兹涅茨倒 U 理论,即在现代化开始及快速发展的阶段,"中心—边缘"之间的"马太"效应显著,只有跨越拐点后,"中心"的发展才具有一体化效应,"中心与边缘"的关系才能收敛到共同的发展目标模式上。因此,区域发展失衡是发展的一种阶段性特征,失衡的纠正需要继续推进现代化的进程,并采取国家制衡手段抑制"中心—边缘"在现代化进程中的"马太效应",以发展来调控失衡、纠正失衡。

　　第二,依据发展中国家深陷发展困境的事实,发展经济学学者提出了"增长极"理论,认为发展中国家经济增长因生产要素约束,不可能采取"均衡发展"战略,只能在已经具备生产要素集聚的区域点上率先启动经济增长。而这种增长战略选择的前提条件必须打破传统经济的均衡态势,形成由国家主导生产资源向"增长极"的集中转移。在以"面"向"点"的要素转移过程中,国家必然在财税、投融资、基础设施等方面给予政策优惠与支持。"发展极"理论得到很多处于贫困状态的发展中国家决策者的支持,中国改革开放的实践也充分证实了这种选择的效率,"增长极"(深圳、珠海等经济特区)成为中国改革开放实践的标竿,带动了中国经济的发展,形成了由"增长极"(特区)到"增长带"(沿海)再到"增长域"(东部地区)的"扇面"式经济增长的空间格局。但是"增长极"是一种非均衡发展选择,它的较大负面作用是导致落后地区特别是西部欠发达地区增长要素的流失(包括政策性和市场性引导的要素流失),加重了这些区域增长要素的匮乏,不能有效形成具有规模效应的域内生产要素集聚,内生增长方式形成的生产要素积累严重短缺,成长性不足。

　　第三,20 世纪 80 年代后期,基于传统经济增长理论不能有效解释现代经济增长的原因,催生了新经济增长理论。该理论以罗默的研发模型、卢卡斯的人力资本模型、贝克尔以及墨菲等人的分工与专业化模型为代表,将人力资

---

① 　[美]塞缪尔·亨廷顿等著,罗荣渠主编:《现代化:理论与历史经验的再探讨》,上海译文出版社 1993 年版,第 132—133 页。

本、研究与开发，以及专业化和分工变量内生化到经济增长模型中，用以解释这些因素对经济增长的内生作用，由此将现代经济引入新的增长引擎之中。新经济增长理论既提供了欠发达地区实现赶超效应可依赖的新的路径，也提供了我国区域发展失衡原因的新的解释，印证了西部欠发达地区发展滞后的影响因素的多样性与复杂性。我国区域发展失衡的原因并不主要源于物质资本匮乏与效率低下，更重要的原因还在于与东部地区相比，西部，特别是西部欠发达地区在人力资本积累、研究与开发投入与效率、专业化发展以及社会分工发育程度等等方面的差异性。而且这些因素的积累更受地区历史条件与人文环境的约束，更难以从外部移植和输入，它对欠发达地区的经济发展的内部牵制作用更难以解除。在世界范围内，发展经济学与发展中国家发展的经验证实了"对经济增长决定性因素的研究，现在不是着眼于实物资本和外国援助方面，而是着眼于人力资本和市场化。"[1]因此，内生经济增长理论为我们提供了其内涵，包括更广泛的认识框架，对发展失衡现象的解释具有更可信的历史深度[2]，还提供了基于内生发展的全要素战略选择的依据，这是"超越预警"所依赖的内生于边疆社会的基础性发展资源。

综合以上理论，我们认为纠正失衡的发展路径的选择应该是内生的，支持和形成持久发展能力的要素应该在欠发达地区的社会内部形成，内生性经济增长体系的形成应该依赖自我组织的成长与发育，基于西部欠发达地区社会结构的深层挖掘，寻找内生发展的源泉，激发内生的现代性成长的动力机制。发展是欠发达地区实现社会稳定的根本性策略与最终选择。实现西部欠发达地区稳定发展既依赖于国家政策的全力支持，又依赖于西部欠发达地区内生性发展方式的形成。但是，在以市场为导向的社会转型过程中，西部欠发达地区内生性发展方式的形成更多依赖于不断提升的对国际国内市场竞争环境的适应能力，因为"'发展'绝不是一种永久状态，相反，它是一个不断适应新环

---

① ［美］詹姆斯·A.道等：《发展经济学的革命》，黄祖辉、蒋文华译，上海三联书店、上海人民出版社2000年版，第3页。

② 尽管经济增长理论打破了传统的生产要素理论，但是，社会现实仍然赋予物资资本以极大的魔力，资本创造经济奇迹的光环并未真正解除，在国家政策与区域战略选择上的追崇仍然十分强烈，人们将视线转移到体现为无形资本的经济增长引擎上来辨识发展失衡的原因，来弥合区域发展的差异。

境的过程。"①

因此,发展又是一个基于新环境变化的调适过程,它不可能在自上而下的国家预警管理体制中把握和调控发展选择与发展方向。因此,西部欠发达地区发展失衡的纠正,应是自主路径选择的结果,必须具备应对国内国际竞争挑战,适应发展条件变化,把握发展机遇等外部环境变化的内生调适机制,而不主要依赖于外部干预、国家战略管理施于的失衡纠正。在既依赖国家战略支持,又必须主动融入市场环境的两难抉择中,发展战略的取舍必须坚持由外生依赖型转变为内生动力型。

三、由文化冲突到文化融合

民族文化与世界文明一样是一种多样性的差异结构②。西部欠发达地区发展失衡问题的深层根源是文明冲突、文化冲突的区域性表现和特征。亨廷顿在探析充满矛盾与冲突的当今世界的秩序格局时,强调了文化与文明冲突的重要性,即"在这个新的世界里,最普遍的、重要的和危险的冲突……属于不同文化实体的人民之间的冲突。"③如果把西部欠发达地区社会失衡状态的文化原因归结为文化冲突,那么这种文化冲突更多的属于传统文化与现代文化之间的冲突类型,或者说是不同的"文明"类型所代表的社会形态的历史纵向式冲突。由于西部欠发达地区与发达地区,以及各民族之间在社会形态的发展上历史遗存的纵向差异性在其社会关系中仍然以隐性和外显文化样式体现出来,因而又形成因民族文化差异性而导致的非协调关系。由传统社会向现代社会转型的过程中,传统与现代文化之间的冲突凸现。起源于传统社会

---

① 〔美〕戴维·蓝普顿:《中国力量的三面——军力、财力和智力》,姚芸竹译,新华出版社2009年版,第6页。

② 亨廷顿认为:"哲学假定、基本价值、社会关系、习俗以及全面的生活观在各文明之间有重大的差异。"这是导致世界冲突的根源(参见〔美〕塞缪尔·亨廷顿:《文明的冲突与世界秩序的重建》,周琪等译,新华出版社1998年版,第8页)。民族之间也会因为文化导向下利益差异而发生排斥、矛盾和冲突,但是这与亨廷顿定义的世界文明体之间的冲突有质的根本不同,本研究我国民族地区非均衡发展原因,多数是属于"民族团结,共同繁荣"共同体中的问题。

③ 〔美〕塞缪尔·亨廷顿:《文明的冲突与世界秩序的重建》,周琪等译,新华出版社1998年版,第7页。

中的差异性民族文化,各民族在转型过程中的反应模式、反应能力、外部环境以及严重的政治分化,形成动因复杂的文化冲突,影响了西部欠发达地区社会的稳定与均衡。

总体上,文化冲突的主要影响因素已经从传统的文化冲突转变为现代强势文化引发的文化冲突。历史上形成的冲突状态的原生性文化诱因、旧有文化调适通道和衍生条件在社会转型过程中已经逐渐弱化,西方欠发达地区社会关系形成的传统文化均衡体制已经开始崩塌倾斜,但由于现代文化属于外部嵌入式输入,传统文化在衰退中仍具有防御性对抗本能,基于现代因素构造的现代文化根基不稳,引发的社会失衡在较长时期、较广的社会领域仍然衍生出文化冲突的环境。

四、从规模力到结构力转变

在国民经济处于较低水平,但是经济已经实现快速增长的发展模式下,国民财富的创造、积累和分享普遍存在着区域之间、社会阶层之间、经济部门之间乃至于民族之间的失衡。社会结构的变动是以规模效应来推动,规模力主导区域之间竞争的优势,也在更大范围内规定着社会权力的分配,也最大限度地影响着社会资源的配置规则。因此,西部欠发达地区在经济快速增长过程中经济规模力成长缓慢,积累不足,导致了它在现代发展资源分配上的被动地位。

现代经济是以规模效应为主要经济增长动力的增长体制,特别在现代经济启动时期,需要以经济资源、生产要素的规模集聚来支持长期经济增长;另一方面现代经济发展也需要具有现代性的非经济因素的积累水平达到足够的厚度。在这一条件上,西部欠发达地区现代性经济资源与非经济资源的"原始积累"远远没有完成,具有区域辐射能力的增长极没有形成,要素集聚的规模效应较低。

充分的经济资源和生产要素集聚所形成的规模效应是实现传统经济结构到现代经济结构转型的重要推动力。我国现代化中产生的边疆社会发展失衡问题的深层因素是边疆传统经济结构、社会结构以及广义范围的文化结构在外来文化特别是现代经济的冲击下解构,而满足于发展需求的现代社会结构没有形成,结构失衡成为边疆社会稳定的主要侵蚀力。因此,作为具有前瞻远见的国家边疆安全管理战略的主导方向是要将旨在限于推动经济增长的规模力转化为构架长期稳定均衡的结构力,才能获得由西部欠发达地区社会系统内部支持的长期稳定态。

五、稳定是发展方向一致的权力博弈均衡

中国是一个高度集权的国家,在发展资源的配置上国家权力结构的效率对实现西部欠发达地区的发展具有重要影响。"一个单一而又权威的中央政府的建立是1949年以来获得经济增长与社会整合的首要因素"[1]。新中国60年的前30年,具备高度社会资源整合与动员权威的中央集权,实现了在现代化建设上的"强劲的冲刺",但是直到快要进入20世纪80年代,中国的现代化路线问题还没有得到解决,一些重要的现代化指标的增长甚至处于停滞状态。在计划经济下发展目标高度一致的中央集权体制的资源配置效率受到质疑。在改革开放推动的社会转型过程中,由传统社会到现代社会,由计划经济到市场经济的转变,将发生社会权力结构的重新调整、原有的主导资源配置的权力结构解构,包括计划经济下基于均等目标设置的集权式权力结构,以及传统均质社会条件下分散性权力结构对资源配置的影响力均在减弱,必须在基于现代化目标下构架起更有效率的权力结构。在市场经济取向并逐步主导资源配置条件下,现代化的推进要求社会管理的权力结构的重心下移。地方利益和边疆发展更需要依赖具有差异化的地方发展机会、环境条件和发展资源相一致的权力结构予于保证和支持。

"现代化导致缺乏共识"[2],并必然带来社会的分殊化。因为在市场经济架构下,因市场利益分化而导致的地方对发展目标的选择、价值追求、发展条件环境的差异性变化,为保障地方利益,有效配置资源而引起的地方分权诉求强烈。地方利益多元化以及获得的发展空间和实现的发展水平,再度引起新

---

① 参见[美]吉尔伯特·罗兹曼主编:《中国的现代化》,比较现代化课题组译,江苏人民出版社1995年版,第599页。

② [美]戴维·蓝普顿:《中国力量的三面——军力、财力和智力》,姚芸竹译,新华出版社2009年版,第27页。

的区域之间发展资源的分配出现不均衡状态。在差异化的利益结构中,西部欠发达地区要依托千变万化的市场灵活地配置资源,把握机会,实现高效率的地方资源配置和边疆社会治理。

市场经济结构下,利益主体多元化与发展选择的多样化都衍生了较之于传统计划经济体制下更为复杂的社会关系,而"在一个复杂社会里"维系共同体所需要的……是建立起能包容并能反映道德和谐性和互惠互利原则的政治机构①。一方面,在实现国家重大战略决策的事务上,必须保障中央集权的权威,特别是对国家安全利益有极大影响的边疆社会的安全与稳定,必须在国家战略构架下推动边疆的发展与稳定;另一方面,要赋予西部欠发达地区充分有效的政治资源,充分发挥其民族区域自治政治资源的作用,提高地方政府管理能力,在整合与调动中央与地方两个积极性的基础上,确保西部欠发达地区政治资源最大限度地运用于支持其持久的稳定的发展。

六、从风险规避整合到发展资源整合

(一)体制外风险与隐患的规避与防范

每一个国家,特别是存在着复杂的历史、文化与结构差异性的大国,其国家的社会、经济和政治体系中都不免会存在一些不确定的因素,使国家战略对发展的预期通盘考虑的信息不充分,对不确定因素演化为区域不稳定事态的把握程度较低,因此"风险规避"路径的选择必然存在认识"盲点",利用各种社会资源进行"风险规避整合"的策略选择受限;另外"风险规避整合"存在着体制障碍。由于国家战略选择重点与区域协调的局限性,形成我国发展格局中的"中心"与"外围"二元区域结构,国家发展战略形成事实上的分割状态,并形成内外有别的发展体制与格局,特别是处于远端"外围"的西部欠发达地区更容易滞留在体制外,无法整体进入国家发展战略系统,更因为改革开放以来中国发展战略的根本取向是一个市场化的推进过程,区域在进入这一过程的能力、条件差异很大,市场体制内外的区域分界仍然十分明显。第三个方面

---

① 政治共同体的前两个因素是道德与互惠互利,参见[美]塞缪尔·亨廷顿:《变化社会中的政治秩序》,王冠华译,三联书店1989年版,第8—11页。

的原因主要是在国家战略体系中,经济发展战略具有压倒的地位,其他因素特别是涉及欠发达地区发展的很多关系和问题被忽视、边缘化,没有形成国家发展战略在空间上的整体包容和全面推进格局,在民族之间、区域之间以及经济社会、政治文化之间等多重整合格局没有形成,也没有形成现代国家体制内发展资源整合的基础,在国家发展规划中没有真正体现均等化原则,更无法体现发展战略选择对西部欠发达地区重点扶持政策,导致国家主导的发展格局中存在着体制内外的事实上的分割。因此,如果这些不确定因素存在于国家发展体制的外部,国家体制对这些不确定因素可能演化为非稳定事态与问题的预警、防范、调控,以及将其纳入体制内化解并转化为发展动力的可能性都很微弱。

因此,实现风险规避整合的先决条件是必须把体制外的风险与隐患纳入整体发展的体制与国家宏观管理与调控的大系统,在体制内推进发展资源的统筹配置,实现体制内的"风险规避整合",最大限度克服由事实上的"中心"与"外围"二元结构导致的体制性分割。基于国家战略的高度整合民族地区发展的内外资源,在文化差异性中推动均衡发展。在发展中获得利益均衡,在均衡发展中规避风险,实现稳定。

有研究归纳了在现代化进程中欠发达地区影响社会政治稳定的主要矛盾,认为"西部欠发达地区改革开放的深入和现代化进程的加快可能产生一些矛盾问题,从而影响社会政治的稳定。这些矛盾和问题主要有地区经济发展不平衡所形成的民族隔阂加深的问题,民族意识增强所产生的民族排他性问题,民族传统文化不适应现代化发展所产生的价值观冲突问题,民族区域自治制度不完善所产生的政治发展和经济发展缓慢问题,国际敌对势力的渗透所产生的分裂与反分裂,颠覆与反颠覆问题等等。"[1]概括起来存在着三类问题:一是经济发展区域差异性导致的问题,表现为外源性的增长压力;二是民族意识、民族文化在现代化进程中传承与保护问题,表现为内源性的扩张焦虑;三是西部欠发达地区基于非传统安全体制下由复杂国际环境导致的问题,表现为境外干预、国际冲突等地缘关系。在西部欠发达地区存在着外源性特

---

[1]　方盛举等:《影响边疆民族地区社会政治稳定的主要因素分析》,《思想战线》1999 年第 5 期。

别是由境外国际关系引发的社会问题，但是规避边疆社会安全风险的根本策略在于内源性发展动力的形成，长久的应对措施是在持续发展中化解社会矛盾和冲突，在发展中实现现代均衡

（二）西部欠发达地区发展资源的整合

基于长期稳定目标的设置，纠正失衡的"风险规避整合"首选战略是最大限度实现内部外部发展资源的整合，以整合效率克服发展的瓶颈，形成内生动力。西部欠发达地区是一个文化、宗教信仰、生活方式与民间习俗、社会发育水平等多样性极其丰富的地区，市场发育，产业成长，生产力以及人力资源等生产要素都处于低度发展水平，经济社会发展的内源性阻力很大，其中不仅包括传统经济与生产要素的制约，而且更多的来自于长期历史中形成的非经济因素。在社会转型过程中，一方面传统对现代化的抗拒较东部发达地区强烈，迟迟难以被融入到现代化进程中；另一方面西部欠发达地区的传统均衡又是十分脆弱的，外来的现代化压力导致普遍出现传统的崩裂，但是形成现代均衡的现代性因素较难由系统内部发育，导致边疆社会处于严重的失衡状态；更为重要的是传统均衡是由具有较高稳定性的传统文化支撑的，在以外来现代物质文化为强冲击力的文化冲突中，传统的物质文化的脆弱性与观念文化和制度文化的持久抗拒力形成鲜明的反差，它导致传统文化根基分裂，引发传统文化被撕裂而产生边疆民族社会生态失衡。

因此，羁绊于其现代化内源性阻力的复杂性，西部欠发达地区的现代化驱动需要更强的推力，过程缓慢并伴随着影响广泛而深刻的社会问题，发展失衡的纠正需要更大的投入以及社会公共资源的支持。任何单一的、短期的"风险规避"手段都不受已有发展经验的支持，而且带有主观选择的应急策略，不仅难以解决现实问题，而且将因时间、资源的浪费而错失发展机会。因此，边疆社会发展失衡的纠正，需要广泛纳入经济、社会、文化与宗教等各个系统，动员全社会成员参与，包容社会各阶层和利益集团，吸收和引入外部现代资源的发展资源整合。

第八章 中国西部欠发达地区发展失衡预警机制构建

随着改革开放和西部大开发的深入,我国西部欠发达地区正处于经济转轨和社会转型的过程中,政治经济改革已进入社会结构的全面分化时期,在社会发展序列上恰好对应着"非稳定状态"的频发阶段。从当前的种种迹象来看,民族地区已经进入了一个突发公共事件的高发期和多发期,长期积累的"不稳定"因素已具备质变的突发性,在这种偶然事件引发下的突然释放可能具有更大的破坏性。为此,建立和完善符合西部欠发达地区现实情况的发展失衡预警体系和机制应急管理势在必行,将对民族地区的安全与稳定产生重大意义。本章将研究西部欠发达地区失衡预警机制构建问题。包括:(1)社会预警基本概念与作用;(2)发展失衡预警机制的性质;(3)西部构建发展失衡预警机制必要性和目标,对西部地区应急机制效率评估;(4)西部欠发达地区发展失衡预警结构、预警指标与体系构建;(5)西部预警体系的重点及其指标选择。西部欠发达地区发展失衡预警机制的构建旨在对欠发达地区经济社会发展的失衡状况进行分析、监测和预警,以帮助这些地区系统地认识自身的差距和不足,并查找造成差距的原因,从而为推动西部欠发达地区经济社会的协调、可持续发展提供决策依据。

一、社会预警的基本概念与作用

(一)预警与预警机制

预警就是在事件危机发生之前对之进行预测、预报的活动。在英语中预警对应的词是"early-warning"即"早期警告"的意思。预警首先是一种前瞻性认识,是对事物可能趋向的提前判断,这与预见、预告、预言、预测等概念有很多相似之处,即都具有超前性、前瞻性和时效性,说明思想观念活动的速度超越了现存客观实际变化的状况,其次是由一定主体参与、实施的预测行为。再次是指以特定客体为认知对象而对之进行的理论分析与实践应用活动。但是,预警的本质内涵在于它是在对风险状态下社会各系统运行中的不良状态进行监测、评估、评价的基础上,就风险可能导致的各种危害所做出的早期预报,是对风险的可能趋势与未来发展所作的状况判断与实践运用。从另一角度讲,预警就是在事件酝酿阶段、不良因子或负面因素刚刚起作用时就发布预报、提出警示,告诫人们做好预防工作。当然我们研究的事件预警,就其预报的确定性程度而言,仅仅处于超前确定性认识的初级阶段,即指预警主体并不能够完全确信危机事件一定会爆发和精确地预测危机爆发的具体时间、地点、规模及可能后果等,但是为了尽早防范又必须进行预报、预告和警示的实践活动。

预警研究主要是基于被预警对象运动的必然性、连续性、可预见性及其先行表现行为,对未来发展的不确定性确定一套预警措施。预警研究的目的主要是用来指导现在及危机到来的组织与处理,如建立组织机构、制定应对预案、确定非常规流程、实施预警演习措施、指导制定政策、验证政策运行的有效性以及及时修正政策、组织架构和运作流程等。预警研究可以分为几大类:一是经济预警,包括宏观经济预警、企业发展预警、金融危机预警、股市走势预警等。二是社会政治预警,包括社会稳定预警、社会环境预警、城市安全与灾害预警、流行性传染病预警、就业与失业预警等。三是自然灾害预警,如地震海啸预警、森林大火预警、泥石流预警、台风预警、洪水预警、其他恶劣天气预警、生态预警、污染预警等。四是国家安全预警,包括地区性军事冲突预警、国际关系预警、恐怖袭击预警等。

预警机制是运用现代科学技术手段进行监测并发布预警信息的一整套信息流处理运作系统。预警机制建立的作用是为了预测、预报群体性事件的发生发展状态,及时做好应对准备,更好地预防和妥善地处理。现代社会预警应该是建立在现代的科学理论和方法及技术手段之上的,尤其是在采用的方法上,现代社会预警和传统社会预警的显著区别是定性分析和定量分析相结合,其重要标志是社会稳定量度指标体系的建立。目前,中国的社会稳定量度指标体系研究方兴未艾,但总体上看对社会风险预警研究仍处于探索阶段。

(二)预警的作用和机制——防范社会风险与社会冲突

20世纪年代末,中国开始进行着历史性变革。在这场变革中,中国同时经历着多重转变:从一个乡村—农业化社会到一个城市—工业化社会的转变;从计划经济体制到市场经济体制的转变;从一个内向型、自我封闭的经济体系向一个开放型、国际化的经济体系转变;从一个以个人权威为基础的社会政治管理体制向一个民主与法制化的社会管理体制转变。在30年的时间里,我们创造了一个历史上少有的持续经济繁荣的奇迹,但与此同时,我们也正在经历着"经济转轨,社会转型"的关键时期。根据世界发展进程的规律,我国当前恰好对应着"非稳定状态"的频发阶段,即在国家和地区的人均GDP处于1000美元至3000美元的发展阶段,往往对应着人口、资源、环境、效率、公平等社会矛盾的瓶颈约束最严重的时期,也往往是"经济容易失调、社会容易失序、心理容易失衡、社会伦理需要调整重建"的关键时期。因此"稳定压倒一切"的前提,对于中国具有特殊的意义。与此同时,我国还面临着国际关系复杂多变的严峻形势,特别是美国911事件后,民族分裂主义、宗教极端主义、国际恐怖主义滋生蔓延成为威胁世界和平稳定的跨国力量。面对如此严峻的国内外形势,如何有效的预警和应对这些危机事件,尽可能地预防和减少危机事件及其负面影响,对于更好的保障社会秩序和社会稳定,促进经济社会的全面、协调、可持续发展,都有十分重要的意义,而预警体系的完善是所有危机管理工作的前提和决定性的环节。

与耗费大量社会资源被动地应对社会风险相比,实行有效的社会预警,尽可能地把风险消除于萌芽状态,或采取紧急避险,尽量降低社会损失,无疑是上策。因此,现代多数发达国家都建立了覆盖整个社会的预警体系。这个预警体系既包括来自自然的风险,也包括来自社会的风险。从不确定性因素变化的时间过程来说,在其造成的损害没有发生之前我们都可以称之为社会风险,而一旦这些因素由不确定变为确定,损害由潜在变为现实,我们可以根据所要强调的侧重点不同,把事件冠以不同的名称。比如,为了强调事件爆发的突然性,称其为"突发事件";为了强调事件造成危害的严重性,称其为"社会危机";为了强调问题存在的普遍性,又可称其为"社会问题"。事实上,无论是哪种名称，我们对其进行预警都是要在事前研究其产生的可能性、造成损失的大小，强调的都是损失的不确定性，因此可以统称为"风险预警"。由此可见，社会预警本身涵盖了日常所说的"突发事件预警"、"公共危机预警"等内容。社会预警的重要作用主要体现在（吴忠民，1996）以下 3 个方面的：预见作用、监测作用、防范作用。

1. 预见作用

这是预警机制的首要功能。无论是自然领域还是社会领域的突发公共事件，都有着自身的规律性。基于这种规律的把握，我们就可以在一定程度上预测自然社会领域中许多未来的变化现象。尤其是在突发公共事件的孕育潜伏时期，与突发公共事件相关的各种因素相互作用，它们之间的矛盾、冲突在形成、分解、重组，预警机制的预见作用，就是通过对特定突发公共事件指标体系中的某些指标要项的研究，从中找出某些敏感性指标的异常变化并预先指出各类突发公共事件的先兆。

2. 监测作用

在突发公共事件的孕育潜伏时期和呈现爆发时期，需要重点发挥到预警监测的作用。预警机制的监测作用，主要是指对有关突发公共事件指标的评估，进而定期及时地监测突发公共事件的现状。未来可能爆发的危机始于现在突发事件的现状，况且，现有的突发公共事件也正在造成一定的社会负效应，因此对突发公共事件的监测是十分重要而必要的。政府可以运用某些模型和某些方法，对突发公共事件的总体状况及轻重程度作出明确评估，对突发公共事件的状态可以用特定的几个警限，将之分为特别严重、严重、较严重和一般四个级别，而对于不同级别的突发公共事件，进行具体化处理，即运用相关的一组具体指标进行具体的描述和分析，从而使突发公共事件监测更加精确化、准确化，换言之，使政府管理者对突发公共事件的了解更加详细具体。在预警监测中需要注意的是，有时对于突发公共事件的监测并不一定要面面俱到，而是可以选择一些敏感且得当的指标，便能够及时反映突发公共事件的基本现状。

3. 防范作用

突发公共事件本身具有复杂性以及发生的不确定性，人类设想完全控制制止其发生几乎是不可能的。频率高、强度大的突发公共事件，极易诱发社会动荡,损伤社会的正常运转和发展。虽然突发公共事件完全避免不可能,但是在一定程度上、一定范围之内,或者说某种条件下,避免某些突发性的社会问题,或者说减轻未来某些社会危机的强度,则是可能做到的。这就需要借助预警机制,预警的目的是防范。在突发公共事件的爆发以及持续演进时期,预警机制的防范作用便显得尤其重要。随着科技的发展进步,自然灾害、安全事故、突发公共卫生事件等,通过构建科学化的预警机制,政府可以在一定程度上预测到社会有机体在哪个部门最可能、最先出现哪些问题。据此,政府可以预先制定预防性的并且是具有可行性的、可操作化的对策,以尽可能地消除某些突发性公共事件,至少是减少某些突发公共事件的副作用。预警机制的缓解效用由于突发公共事件具有突发性和偶发性,大多数人都不具有足够的知识和信息,对突发事件的征兆、发生时间、危害程度等也无法做出准确的判断。在面对已经爆发并持续演进中的突发公共事件时,要想尽可能地解除突发公共事件,减少事故造成的危害和损失,需要发挥预警机制的缓解作用。预警监控系统能够依靠科学先进的设备和技术,及时、准确的发出危机警报,启动相关应急措施,对已经出现的突发事件进行控制,防止它们进一步蔓延和扩散。从另一个角度来看,对于现实突发公共事件的缓解与消除,实际上也就是在某种程度上防范了未来可能诱发的社会危机。

从综合预警机制的各项作用可以看出,预警机制的预见与监测作用,对于整个应急管理工作而言,是最为基本和重要的。预见和监测,实质上是政府为了消除突发公共事件出现的机会以及减轻事件的危害所做的各项预防性工作,属于应急管理中缓解阶段的主要工作和任务。发挥好预警机制的预见与监测效用,实际上是为政府应急工作的开展建筑了一套事前的预控机制。预警机制的防范和缓解效用,实际也是对潜在的突发公共事件所做的相关准备,同时为应急处理工作获取了宝贵的时间准备,也为政府应急管理最后的恢复和重建工作减轻了负担,有利于促进政府以最小的成本尽可能迅速、完整地恢复正常的社会状态。因此,预警机制可以定位在政府应急管理中最初的缓解和准备阶段,是在突发公共事件孕育潜伏时期就发挥着预警预控的作用。不仅如此,预警机制作用的充分发挥,对应急处理与应急恢复工作仍然具有突出的减负效果,即在突发公共事件已经爆发并持续演进的情况下,早期预警机制的辐射作用也能在一定程度上遏制态势的发展，减少事件的危害和损失。预警虽然是应急管理工作的第一阶段，但预警的效用覆盖到了应急管理的各个阶段以及突发公共事件发生发展的各个时期。因此，一套科学高效的政府预警机制，是应急管理中最合理、有效的做法。

（三）我国公共事件预警机制效率评估

近年来，我国政府在突发公共事件预警机制建设上的成效有目共睹，但在预警机制的实际运行过程中预警机制还存在着一些问题和缺陷，主要表现在：

第一，重"应急"轻"预警"。自 2003 年以来，非典型性肺炎、地震、台风、水旱灾害、高致病性禽流感等一系列突发自然灾害和公共事件频繁发生，考验着党和政府的应急管理能力。为了应对上述自然灾害和公共事件，国家非常重视危机应急工作，相继在 2006 年 1 月出台了《国家突发公共事件总体应急预案》，同年 7 月发布了《关于全面加强应急管理工作的意见》。截止 2007 年年初，我国的地市、县市制定了救灾应急预案。一个个重要指导文件以及具体政策措施显示，我国的应急管理体系在迅速完善，应急管理工作稳步发展。与应急工作相对的是，我国的危机预警工作却步履蹒跚，还没有将预警工作视为危机管理的重头戏，还缺乏对预警工作足够的前瞻性和重要性认识。例如，2003 年，面对突如其来的非典型肺炎疫情，官方的危机管理机构却没有及早预警到此次疫情及其可能对国家和社会带来的影响，教训深刻。

第二，缺乏统一的突发公共事件专业监控机构和有效的预警综合协调部门。我国各级政府部门在应急预案中对突发公共事件管理的组织体系都有规定，包括领导机构、指挥机构、工作机构以及专家组等，然而，突发公共事件都是综合性的对整个政府的考验，尤其在步入 21 世纪后，涉及社会各个领域的"综合性突发公共事件"的爆发频率升高，并且在其爆发前，很难迅速而明确地判断其性质及将要波及的领域，这些都对突发公共事件的监控系统提出了更高要求。但目前我国政府突发公共事件监控组织体系的核心成员都散布于政府各个部门或机构，彼此间缺乏足够的契机，很难从全局上把握突发公共事件发展态势，制定科学的应急计划，这必将大大影响我们应对突发公共事件的反应速度。此外，面对突发公共事件，我国各级政府虽然都成立了应急管理办公室，在突发公共事件应对中起到了一定协同作用，但在实际运行中,通常是需要依赖其他部门或机构,这种在事前各自为政、彼此封闭的部门模式,使政府难以形成预警综合协调机制,也很难实现资源整合和协同决策。

第三,预警机制的法制化程度不高。我国在突发公共事件应急管理的法制建设中做出了许多努力,先后制定了应对自然灾害的《防震减灾法》《防洪法》等,应对灾难的《安全生产法》、《海上交通安全法》、《水污染防治法》等,应对公共卫生事件的《突发公共卫生事件应急条例》、《传染病防治法》等,以及应对社会安全事件的《戒严法》、《集会游行示威法》等。但是,一方面,这些法律法规侧重的是突发事件发生后的应急救治,而对突发事件产生的原因、突发事件的预防等方面研究还不够,大多数法律法规制定的补救性大于预警性;另一方面,我国现有的法律法规基本是单一性的灾害防治法律法规,直到目前为止,还没有一个明确统一的紧急状态法,突发公共事件预警缺乏法律的长效支持。在突发公共事件预警方面不系统、不完整,对预警程序、权限、职责的规定还不很明确,对违反突发事件预警法规行为的处罚规定也是模糊,这极大地阻碍了突发公共事件预警机制的建设步伐。2006年初颁布的《国家突发公共事件总体应急预案》大大强化了政府预警机制的制度化、规范化程度,但由于该预案还只是政府法规,法律地位不足,无法承担起紧急状态法律的地位和作用。

第四,预警信息系统尚不完善。计算机技术、网络化设备的运用,给管理工作增添了新的手段。我国各级政府也逐渐重视社会信息化工程的建设。但到目前为止,我国各级政府在技术上还没有建立起对突发公共事件信息进行及时收集、处理、反馈的信息系统。对突发公共事件信息报告的标准、程序、时限和责任不明确、不规范,缺乏良好的信息沟通机制,各级政府没有设立专门的危机信息收集机构,也没有规定明确的报告方式,各信息系统之间相互分割,缺乏互通互联和信息资源共享。同时,还没有把新闻媒体作为政府应急管理的重要合作者,没有建立完善的信息披露机制,使其在信息收集中发挥应有的作用。预警信息系统无法有效收集、处理、反馈应急信息,将给应急预警工作造成技术障碍,增加技术执行难度,对政府预警机制的建立和完善带来巨大的负面效应。

第五,预警责任机制的规范程度不高。目前,我国针对各级政府官员在突发公共事件预警中的责任规定还存在一系列不足与问题。其一，基本分散在各种政策文件中，而且数量甚少。系统的关于政府在突发公共事件预警中的责任的法规只有《公共卫生突发性事件应急条例》第五章法律责任、《国务院关于特大安全事故行政责任追究的规定》第二条：地方人民政府主要领导人和政府有关部门正职负责人对下列特大安全事故的防范、发生，依照法律、行政法规和本规定的规定有失职、渎职情形或者负有领导责任的，依照本规定给予行政处分，构成玩忽职守罪或者其他罪的，依法追究刑事责任等。其二，责任规定过于模糊。仅仅规定了党政干部领导因过错或是渎职行为而导致重大事故的必须引咎辞职，但没有明确责任主体在不同类型的突发公共事件中或在突发公共事件预警过程的不同阶段应该承担的具体责任内容。其三，忽略了由政府承担的对受害者的经济责任。在我国突发公共事件责任追究的实践与法规中，我们可以发现责任追究往往重行政责任，而忽略了同等重要的、应该由政府承担的经济责任。其四，忽略了保证责任内容实现的制度建设。我国政府当前更多地停留于规定突发公共事件预警中政府的责任内容，忽略了保证内容实现的制度建设。首先，在问责主体上，具有随意性，一般都是上级有关领导，而没有充分调动媒体、社会大众、社会其他组织的积极性。其次，在承担责任的方式上，具有单一性，普遍适用的方式是引咎辞职，不同级别的责任方式规定不明确。最后，在问责对象责任主体上，大多数第一责任人都是政府的一把手，而忽视了追究当事人、媒体、专家组等相关责任人的责任。

第五，政府危机意识与公众自我保护机制水平偏低。在经历了非典型肺炎事件和禽流感危机后，我国政府和民众开始对一些突发公共事件有了感性认识，危机意识和应急能力比以往有所提高，但与西方发达国家相比，总体水平仍然偏低。一方面，部分政府管理者对一些非传统的、潜在的危机认识不深入，掉以轻心，如一些新的生物危机、网络危机等，爆发频率和危害程度明显增多；缺乏必要的突发性事件预防措施和设备，为突发公共事件的爆发埋下了伏笔。另一方面，社会公众尤其表现在农村地区的民众，对突发性事件信息敏感性不够，缺乏获取应急管理常识和技巧的途径，致使公众不能将一些及时有效的信息传递给预警监控机构，在突发公共事件面前往往惊慌失措，不知如何应对，自我保护和救助能力低下。

第六,突发公共事件预警的国际合作与交流程度不高。目前,我国在突发公共事件预警中与其他国家或国际组织的合作还不够,在主动开展与西方发达国家和国际组织的突发公共事件预警经验交流活动方面,以及在学习和借鉴他们的先进预警方式和技术方面,都有待进一步加强和提高。我国政府在突发公共事件预警上的国家合作主要以一般学术探讨、短期交流学习等为主,长期的技术合作、专业培训等还比较缺少。

(四)社会预警的国内外研究现状

关于预警机制和体系(Early Warning System,EWS)的研究,国外的研究相对成熟。早在20世纪60年代,西方学者开始对社会预警内含的指标进行了讨论,并在研究指标体系的基础上将社会预警的分析与政策自觉相结合。这时期的一个显著特点是没有将预警(EWS)研究和预测(Forecasting)进行严格区分。较为典型的例子是英国以齐舒姆为代表的区域社会研究学派在20世纪80年代发表的《区域预测》一书,通过经验数据在研究了人口、资源、城市、经济和生态环境相互作用的基础上,对社会发展趋势进行预测;罗马俱乐部的《增长极限》一书则利用人口、能源、原料、环境、水源、卫生、食品、教育、就业、经济发展、城市条件、居住环境等12个要素之间形成一个相互作用的系统,试图建立代表的未来学派思想的社会预警研究模型。其他的国外学者如美国的系统学派和一些社会学家则开始利用系统模型,分析社会危机点,把预测或预警研究与区域和城市的调控管理决策结合起来。对社会不稳定指标体系的研究成为这一时期预警分析的重点(鲍宗豪,2001)。

但是,预警成为相对独立研究是在20世纪70年代末80年代初。一些学术界和人道主义的非政府组织团体开始对粮食短缺和强制性移民的影响进行预警研究。随后,如何发现社会危机的根源,以及主张在自然灾害与人为的社会冲突发生和升级之前进行有效的防范对社会稳定的影响,成为了一个国际问题和研究的热点(Sharon Rusu and Susanne Schmeidl,1998)。到了20世纪80年代以后,国外预警研究的重点转向冲突防范模型的构建方面,如何改善预测(Prediction)、如何改进预警效果成为在方法研究方面争论的要点。通过程序的改进强化预警与早期反应二者之间联系,被认为是预警体系的关键环节。其中,信息的收集、预警的执行与效果、信息质量与决策关系问题、以及如何以整合的方式建立更有效的预警成为国外学者关注的问题(Adelman,

1997)。

由于世界相互依存关系的深化,以及经济、政治、社会的关系日益结合,各国皆力求从这些因素的总体联系中把握社会发展变动的趋向,因此20世纪90年代以来关于社会预警的研究视野进一步得到拓展。东南亚金融危机的爆发,更加强化了全世界对社会预警问题的进一步反思。此外,经济发展过程中的全球性风险加剧、现代社会政治风险和军事风险的危险性并未消除,促使人们开始考虑建立综合性的甚至全球性的社会预警机制。同时,为了解决以各种不确定因素(如疫情、洪水或社会冲突)为对象的预警体系与不稳定因素对社会都会产生的综合效应之间的矛盾,由美国、加拿大等国在内的学者组成的小组开始研究面对所有灾害的公共预警系统,并形成了题为创建一个整合的公共预警系统(Developing A Unified All-Hazard Public Warning System,2002,11)的工作报告,显示国外对预警机制的研究已经在考虑多元的预警资源形成统一的、能面对所有社会突发事件的预警体系。

我国对社会预警研究的一个特点是学术研究的兴奋期与国家社会经济运行周期结合比较紧。我国对社会风险分析始于20世纪80年代后期。社会经济转型过程中的失衡现象使各种矛盾的积聚,促使我国学者开始考虑社会预警问题。比较重要的研究成果为:宋林飞(1989、1995、1999)、丁水木(1996)、吴忠民(1996)、柴俊勇(1997)、沈远新(1998)、鲍宗豪与李振(2001)等对社会预警体系、指标体系和机制问题的研究;随着社会预警问题的重要性逐步为人们所认识,顾海兵(1997)、江林栖(2001)、郭安军(2003)、郭玉清(2003)等分别对宏观经济、宏观资源配置与安全的预警问题进行思考;SARS的爆发促使我国的学者对城市应急机制开始关注(黄典剑等,2003);由于社会转型期的社会利益冲突加剧,对群体性突发事件的问题的研究也开始出现(严励,1999);以区域为预警研究范围的成果主要是高志刚(2002)对区域差距的预警机制分析。

社会预警系统的构建及其展开依据的是对社会预警指标体系的衡量与把握。20多年来,西方经济学家、社会学家和政治学家已经设计出一系列社会风险指标体系。美国的F.汉厄于20世纪60年代末提出第一个综合反映政治、经济和社会风险的评价指数系统,即"富兰德指数"。其中包括外汇收入、外债数量、政府融资能力等定量评价以及社会管理、政府贪污渎职程度、政府应付外债困难等定性评价和政治风险、经济环境等环境评级,这三个评级体系在"富兰德指数"中所占比例分别为50%、25%、25%。美国纽约国际报告集团设制"国家风险国际指南"之风险分析指标体系(ICRG),其中包括领导权、法律、社会秩序与官僚、程度等13个政治指标(PE),停止偿付、融资条件、外汇管制及政府撕毁合同等5个金融指标(FF),物价上涨、偿付外债比率、国际清偿能力等6个经济指标(EF)。三个评级体系在整个ICRG指标体系中所占比重分别50%、25%、25%。美国外资政策研究所还提出"政治体系稳定指数"(PSSI),包括社会经济特征指数、社会冲突指数与政治过程指数,评分时各占1/3,成为美国综合性社会分析、预警的重要参照依据。

我国学者20世纪80年代初提出一套"社会统计指标体系"(戴世光、袁方,1982),其中包括社会风险指标的内容,如犯罪率、青少年教育。国家计委统计局曾探讨建立反映经济发展规模、人民生活水平、经济社会协调发展程度的综合指标体系,分为四大类30项指标,既包括基本物质需求和文化需求,又包括社会安全保障指标。中国社会科学院社会学所等几家单位承担"七五"期间重点课题"社会发展指标体系"研究,分为五大类28项指标,内涵了经济效益、社会结构、人口素质、生活质量、社会秩序等"国家统计局社会统计司、中国科技促进发展研究中心在对"中国社会发展资料"的摘取中,使用主观指标、客观指标和国际比较指数三种类型进行分析(课题组,1992),既重视自身发展指数的设置,又注重国际社会发展风险指数的参照与传递。根据宋林飞的研究,1989年他提出"早期社会风险预警社会",其中涉及四类不同指标:(1)痛苦指标;(2)腐败指标;(3)贫富指标;(4)不安指标。1995年宋林飞又根据政治、经济、社会、自然环境与国际环境五个领域对这些指标进行补充和修改,在经济领域增加了企业亏损率、城乡收入差距指标;在政治领域增加了政策后遗症指数;在社会预警方面将犯罪率、离婚率、人口流动率纳入指标体系中,尤其列举出团体犯罪、宗教冲突、民族冲突等严重的警告指标;特别重要的是将自然环境和国际环境的许多问题指标化,重视自然灾害、世界经济的变动、意识形态的对立对社会发展和实际运行状况产生的深刻影响,进一步将社会预警指标丰富化、严谨化。1999年,鉴于定量化的困难,直接利用各部门的公开与内部统计指标,又将社会风险监测与报警指标分七大类40个指标:(1)收入稳定性;(2)贫富分化;(3)失业;(4)通货膨胀;(5)腐败;(6)社会治安;(7)突发事件。此外,朱庆芳(1995)进行了社会保障体系研究,李冬民(1995)探讨了社会指标体系的内在统一性问题,张春曙(1995)针对上海市的情况对大城市的社会发展预警进行了研究,吴忠民(1996)研究了社会问题预警系统,王宏波(2000)从社会工程的视野中来研究社会预警问题,洪大用(2000)探讨了如何建立社会评估发展体系,阎耀军(2002)则认为社会预警是社会预测的实际应用,主张将社会预警作为一个社会学的分支学科建立起来。特别是在年春季爆发了之后,社会风险的防范成为热点备受各个领域的关注,社会预警研究更加引起了学者乃至政府的广泛重视,呈现出一片蓬勃发展的局面。阎耀军(2004)提出了社会稳定的理论模型,并构建了 6 大子系统 12 个特征模块 55 各指标组成的社会稳定指标体系等等。社会指标体系的构建、社会风险管理研究和社会风险预警体系的研究为预警研究提供了有力理论依据和研究基础,也成为作为社会管理范畴的群体性事件预警研究的逻辑起点。当然,尽管运用社会指标方法已经成为现代社会管理科学研究的重要趋势之一,目前我国有关预警研究还处于刚刚起步阶段。

（五）社会预警管理总体框架

社会预警的应用分析是通过预警系统逐步展开的,社会预警系统的原理是首先选择一组反映社会发展状况的敏感指标,运用有关的数据处理方法,将多个指标合并为一个综合性指标,然后通过一组类似于交通信息符号信号红、黄、绿灯的标识,利用这组指标和综合指标对当前的社会运行状况发出不同的报警信号,以此来判断社会发展运行的趋势。如图 8-1 所示:

社会预警的信号是由一整套警戒性指标的不同颜色构成,通常有以下五种颜色:

(1)红色:表示社会发展和运行状态混乱;

(2)橙色:表示社会发展和运行状态短期内有转稳或动荡的可能;

(3)黄色:表示社会发展和运行状态呈现轻微的动荡;

(4)蓝色:表示社会发展和运行状态处于明显地向稳定或动荡转折的可能;

(5)绿色:表示社会发展和运行状态稳定。

这五种颜色的信号预警系统结构是通过把一系列反映社会发展、社会结

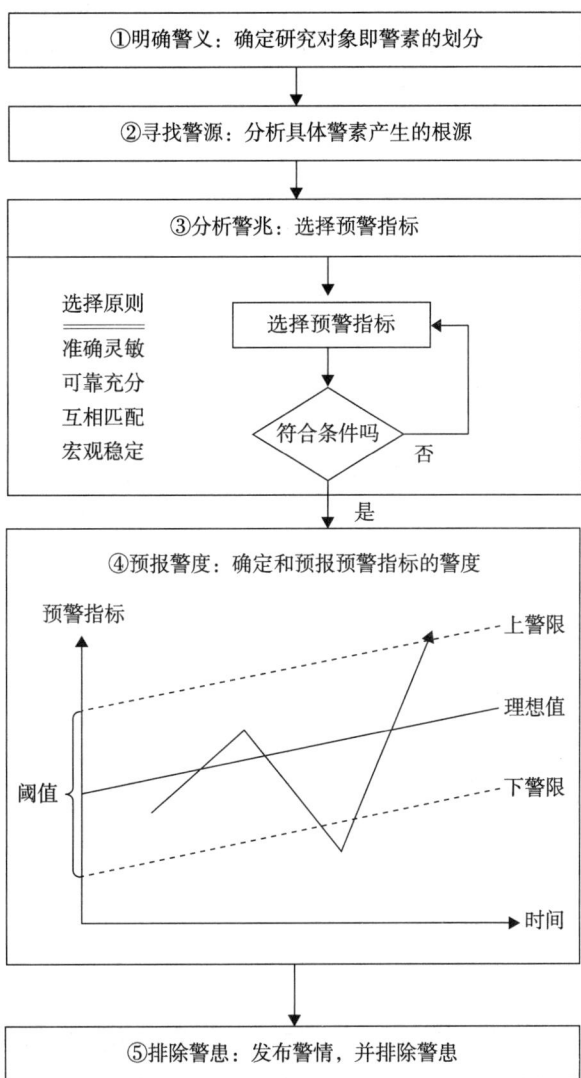

图8-1　社会预警的一般过程

数据来源：陈秋玲:《社会预警管理》,中国社会出版社2009年版。

构的实际运行状态的指标加以量化,在先行指标、同步指标和滞后指标中选出敏感性指标,然后经过综合而得到的。社会预警指标的编制就是将经过选择的各个指标序列进行调整归纳和适当处理来制订预警信号,其中预警界限是指标编制的核心内容。一般而言，预警界限包括四个数值（序列），以此确定预警的红灯、黄灯、绿灯信号。当监测的数值超过某一检查值时，就分别亮出相应的信号。然后通过综合分数值的大小来综合判断当前及未来信号的报警情况。

二、西部欠发达地区建立发展失衡
预警机制的作用与目标

（一）发展失衡及其在西部欠发达地区的表现

发展失衡，是在社会经济结构急剧变化时期容易发生的宏观现象。对发展失衡进行有效控制与协调，是一个国家或地区能否持续发展的基础，也是体现政府宏观管理能力的重要方面。我国进行了多年的改革，从某种意义上讲，改革的过程就是一个各地区之间、社会各群体之间的利益关系不断调整的过程。随着改革的不断深入和对外开放的拓展，各地区之间、社会各群体之间的利益关系也在不断地发生变化。利益关系的不平衡必然引起地区社会发展的失衡和群众生活实际状况的不同。建立发展失衡预警机制，将有利于我国社会经济的全面协调持续发展。我国的西部欠发达地区由于发展的初始条件薄弱，加上生态环境脆弱和市场经济固有的要素集聚和财富累积效应，以及国家在某一阶段实行的不平衡发展战略，使欠发达地区与其他地区的差距不断扩大，成为发展失衡的敏感地区。因此，西部欠发达地区发展预警机制的形成，对于实现区域社会经济统筹发展、维护国家安全和执行少数民族政策，具有重大的理论与现实意义。

本研究以西部欠发达地区发展失衡为社会预警机制研究的对象。西部欠发达地区，包括内蒙古、广西、西藏、宁夏、新疆等5个少数民族自治区以及云南、贵州、青海、甘肃、四川和重庆6个少数民族聚居省、市，集"少"（欠发达地区）"边"（西部地区）"穷"（欠发达地区）"弱"（生态环境脆弱）"富"（自然资源富集）于一体，具有典型的"少、边、穷、弱、富"特征。

1. 西部欠发达地区的经济失衡现状

新中国成立以来，特别是改革开放以来，欠发达地区的社会经济发展迅速，但任何发展都有其相对性，就西部来说，欠发达地区的社会经济面貌仍然是落后的,与省内其他地区及全国平均水平相比明显失衡。这种失衡在外部表现为民族地区和非民族地区的差距在不断拉大。在民族经济内部表现为所有制、产业结构等的失衡,表现为一三二结构,属典型的农业经济社会特征;社会消费能力低,人流物流量小等等。这些内部和外部的经济失衡造成民族地区贫困面大。

2. 西部欠发达地区政治失衡现状

我国的民族区域自治,是在国家统一领导下,遵循宪法规定的总原则,各少数民族聚居地区建立自治地方,设立自治机关,行使自治权,管理本地区本民族内部事务。我国的民族区域自治制度,既是解决民族问题的基本政策,也是国家的一项政治制度。而《民族区域自治法》则是民族区域自治制度的法律保障。西部欠发达地区的自治州和自治县都根据国家和省级的民族自治原则实行着民族自治,并制定了各地的民族自治单行条例。民族区域自治制度在甘肃已经走过了半个世纪的历程,这一制度在实践中也不断得到完善和发展,取得了巨大的成就。但随着我国改革事业的不断深入,民族区域自治制度在实践中也存在某些失衡现象。如在实践中,各级政府重视民族地区的稳定,强调民族区域自治制度更多的是强调其政治功能,但随着经济的发展和社会的转型,对于民族区域自治制度在政治方面的功能需要从新的角度发挥和加强,更需要激发其促进经济发展的功能。《民族区域自治制度》虽然给予了民族地区少数民族各方面自治的权利,并且通过《民族区域自治法》来保障这种权利,但由于历史等原因,少数民族在利益表达和追求能力上的弱势和缺失,使已有的权利得不到完全的享有。

3. 西部欠发达地区文化失衡现状

目前,我国一些少数民族为了适应现代化主流社会的发展,开始逐渐向主体民族文化靠近,在这过程中,出现了少数民族的文化传统逐渐被主流文化所取代的现象,即该民族的文化传统面临着即将消亡的危险。语言是反映一个民族传统文化的重要特征,如果一个民族的语言消失了,那么该民族的文化传统也必然会随之丧失。以语言为例,为了达到各民族平等和民族自身的繁荣和发展,我们国家一贯坚持尊重民族语言文字,各民族都有使用和发展自己语言文字的自由政策。这些政策一直通过国家的法律、法规和特别措施来体现。但许多的少数民族语言还是处于濒临灭绝的境地。目前努力保持人类文化多样性已成为世界的共识,而西部少数民族的传统文化和主流文化已经严重失衡。

4. 西部欠发达地区其他社会失衡现状

自20世纪80年代以来,由于受国际毒品犯罪的影响和毒品暴利的驱使,西部边境省份成为全国毒品犯罪较为严重的区域。毒品问题已经成为阻碍民族地区社会发展,影响社会稳定的因素。西部欠发达地区毒品泛滥有各方面的原因:(1)历史原因。目前毒品犯罪危害严重的西部地区也是历史上烟毒危害最烈的地区。(2)国际原因。20世纪80年代,国际毒潮再度泛滥,一些国际贩毒集团和贩毒分子趁机向中国西部渗透,开辟所谓的“中国通道”。(3)经济原因。民族地区的深层次问题——贫穷,是导致西部地区毒品犯罪上升的原因之一。一些人把贩毒作为脱贫致富的出路,形成了贫困——贩毒——吸毒——再贫困——再贩毒的怪圈。(4)文化原因。西部欠发达地区大多经济、文化落后,群众受教育程度低,法律意识淡薄,部分群众对盗窃、抢劫等犯罪深恶痛绝,但对贩毒行为不以为然。(5)经费原因。被国家禁毒委员会和公安部确定为毒品问题重点整治的地区财力都十分困难,无法从根本上解决经费不足的问题,禁毒装备及设施不足和落后,远远不能满足禁毒工作的需要。这些都严重制约和影响了禁毒工作的效率,也导致了西部欠发达地区毒品泛滥,社会失衡。

西部地区地处祖国边疆的特殊地理区位、民族文化发展的独特历史、多民族成分构成的基本区情,客观决定了西部开发是否能够顺利推进的关键就在于能否解决好欠发达地区的发展失衡问题。

(二)发展失衡预警机制的性质

1. 问题预警与常态预警

随着近年来自然灾害、安全事故、群体事件等社会风险的多发,我国在社会风险治理的理论研究和实践探索方面都有很大进展,但较之我国社会风险演变的新特点和新趋势,目前的风险治理工作仍存在许多不足。其中之一表现在对潜在风险的评估和预警管理相对滞后。我们认为,风险真正发生时的应急手段只是风险管理的一部分,而我国的风险管理工作更多侧重于风险发生后的应急管理和灾害恢复,是一种“应急预警”或“问题预警”;社会大多数成员没有意识到现代社会本身就是风险社会,风险不只是“一次性突发事件”,而是现代社会的常态。因此,风险管理应该纳入到政府和其他社会组织的日常工作体系中去,我们称之为"常态预警"。区域系统的运行与发展失衡或来自于各子系统自身运行与发展中发生的困难问题,或来自于各子系统之间的物质、能量与信息的流通与交换受阻从而引起的非协调发展问题。这些问题或是累积的结果或是突发的。如区域社会人口压力问题、资源耗竭和环境污染问题都是随着区域系统运行的时间推移、空间变化逐渐累积形成的。虽然,如经济或金融危机这类问题的出现看上去是突发性的,但这些突发问题的产生来自各种大小问题长时期的累积而引发,是系统运行与发展的失衡或非协调超过一定的度或阈值而突发产生的。这表明,要使区域系统的发展预警做到可信、可靠,我们在进行预警时应充分重视警情的累积性与突发性,要使警情分析能涵盖区域系统运行与发展的时、空变化全过程,同时还要重视开展警兆的辨识和警情的预报工作,只有尽早发现警兆、及时预报警情才能为排警决策和警情瓦解提供行之有效对策和措施。因此,作为"常态预警"的预警系统,就是要弄清和辨识哪些影响和制约区域系统正常运行与协调发展的因素或存在的薄弱环节或可能诱发的危机问题。科学、可靠地预警区域发展的警情,为决策者提供正确排警决策。

2. 趋势预测和预警机制

在研究中,课题将严格区分趋势预测(Forecasting)和预警机制(Early Warning System)的差别,前者主要研究在系统的持续基础上对发展态势的判断和预见,预测社会稳定的动态演化趋势;后者主要针对突发事件的提前防范,依据为超常规的信号发生,并具此预警社会稳定的临界突破,提出社会危机应急的对策。项目将注意地区性预警体系和国家层次的预警机制的差异,并将此作为预警指标选择的重要尺度。

因此,西部欠发达地区预警体系的建立应满足信息搜集、分析、决策与反馈的需要,要针对传统政府管理对社会突发事件处理方面存在的"反应慢、反馈晚、动员快"的特点,从运作机制的角度解决"反应慢、反馈晚、动员快"问题。本课题试图建立发展失衡预警机制,以纠正政策、调整地区发展战略、防范区域性社会风险、防止境外不稳定因素的扩散和引致风险;从有利于西部社会经济可持续发展和国家安全、国家对周边国家战略等角度确定建立发展失衡预警机制的相应目标。

(三)西部欠发达地区建立发展失衡预警机制的意义

在民族社会稳定中,社会预警系统起着十分积极的作用,它既能够对民族地区社会发展当中出现的各种问题进行预测、预报和监控,同时又能对民族社会转型当中出现的不稳定因素,诸如民族冲突、宗教矛盾等进行预测、预报和监控。因此,建立民族社会稳定的预警系统是构建民族社会稳定机制的必要条件之一。

西部欠发达地区发展失衡主要体现在经济发展失衡、社会稳定失衡、生态环境失衡与政治发展失衡等主要方面;从性质和程度方面可以将西部欠发达地区发展失衡分为相对发展失衡与绝对发展失衡两种情况。无论哪一方面的失衡,都存在引发地区性风险或者社会危机的可能性。为了避免社会冲击和损失,必须建立预警体系,即形成由区域性的社会经济生态与政治运行的监测机制、警报机制和快速反应机制共同组成的地区发展失衡预警机制。总之,西部欠发达地区发展失衡预警机制的形成,对于实现区域社会经济统筹发展、维护国家安全和执行少数民族政策,具有重大的理论与现实意义。研究西部欠发达地区建立发展失衡预警机制的意义主要体现在:

第一,我国西部欠发达地区的发展失衡是一客观存在,主要表现为(1)西部欠发达地区与东部沿海地区和广大内地的差距不断扩大,发展失衡问题日益突出;(2)在发展进程中,西部欠发达地区的发展失衡主要体现在经济发展失衡、生态环境失衡、文化失衡与政治发展失衡等方面;(3)发展失衡导致的价值观念的摩擦、社会秩序的不确定、社会冲突和民族矛盾等问题。不进行有效控制,将引发地区性风险或社会危机。西部欠发达地区的社会稳定,不仅关系到地区的社会经济发展,而且关系到国家的安全和周边地区的安定。

第二,边疆开放与区域特征需要我们从新的角度对我国的西部欠发达地区的社会稳定问题进行深入研究。国内外关于社会安全、社会政策方面有较长的研究历史,有关研究逐步与发展研究和发展管理逐步相结合,对我国发展失衡与社会稳定的理论研究与实践有一定的借鉴意义,但当前开放条件下社会经济急剧转型、我国西部多民族"大杂居、小聚居"的特殊性以及当前的国际政治经济秩序背景,需要我们从实际国情出发,从经济学、社会学、民族学、政治学等多学科角度对我国西部欠发达地区的发展失衡与社会稳定关系进行研究,提出可供借鉴的对策。

第三,在开放条件下,我国西部欠发达地区具有区域特殊性,发展失衡容易形成不同于内地、发达地区的效应和反应机制。我国西部欠发达地区大多与周边国家接壤,与其他国家有漫长的共同边界,具有边境的开放性、民族宗教的多样性、社会发展的多层性和经济发展的滞后性的地域特征,这些特征决定了中国欠发达地区发展中产生失衡的灵敏度高,发展失衡容易形成不同于内地、发达地区的效应和反应机制。

因此,应该从不同层次分析建立发展失衡预警机制的作用政策,纠正、调整地区发展战略、防范区域性社会风险、防止境外不稳定因素的扩散和引致风险;从有利于西部社会经济可持续发展和国家安全、国家对周边国家战略等角度确定建立发展失衡预警机制的相应目标。

(四)发展失衡预警机制对民族社会稳定的作用

从理论上讲,民族问题具有长期性、复杂性、综合性、国际性和敏感性的特点,从转型期的民族社会问题讲,民族社会问题又具有伴生性、触发性、交织性、整体性和生长性。因此,民族社会问题往往涉及整个民族或许多民族,有时一个地区发生的民族社会问题,可能对其他地区同一民族都产生影响,具有"牵一发而动全身"的特点。在这种情况下,社会预警对民族地区社会稳定有着至关重要的作用。主要体现为:

1. 社会预警是民族社会稳定的安全阀。社会转型期,社会稳定当中往往就蕴含着不稳定的因素,而当不稳定现象出现时,往往又会由稳定的力量来制约不稳定的力量。实际上印证了"变迁最终也是为了达到新的平衡"这句话。社会稳定与社会不稳定是相互依存、相互制约的关系。伴随着社会变迁,政治结构、经济结构相继调整,社会稳定与社会不稳定就在静态的均衡和动态的不均衡中相互转化,并总是从一种平衡转到另一种平衡。社会预警的重要作用就是在这种平衡转换之中建立社会稳定的安全阀。社会安全阀的最大作用就是能够为社会或群体的成员提供某些正当渠道,将平时蓄积的敌对、不满情绪及个人间的怨恨予以宣泄和消除,从而在维护社会和群体的生存、维持既定的社会关系中,发挥"安全阀"的功能。社会预警的主要目的是从社会心理的层次处理社会的热点问题、疑难问题,与社会安全阀的心理学特征有异曲同工之妙。从民族社会问题的警兆指标来看,绝大多数社会问题都是社会成员的心理问题,诸如敌对情绪、不满情绪、紧张情绪等,这些问题都可以通过预警系统提前预测、预报和监控,提前消除民族之间和民族内部的紧张、对立的情绪,消除各民族文化之间的误解、歧视,以达到真正意义上的平等、团结。所以,社会预警的最大作用之一就是从民族心理的调节功能出发来保证民族社会的稳定。

2. 社会预警是民族社会稳定控制机制构建的前提。社会预警可以通过社会测量来体现,社会测量的领域主要包括社会态度及个性、品格的测量;社会行为、社会地位的测量;社会行为的预测;群体结构的测量;社会环境的测量等。社会测量的结果可以反映出个体和群体对社会的态度,然后再通过社会控制来进行约束。社会控制有不同的类型:正式控制和非正式控制;积极控制和消极控制;硬控制和软控制;外在控制和内在控制。对民族社会预警中的警源、警兆方面的问题及时通过各种控制方式将矛盾消解,对民族社会的稳定可以起到积极的协调作用。当然,应该注意两个方面的问题:其一,民族地区的社会控制不同于非民族地区,涉及面较广,不仅涉及社会政治、经济和文化问题,还涉及民族心理、民族行为等问题。有时它不仅涉及一个民族内部的团结问题,还涉及两个或两个以上民族之间的团结问题。当两个以上民族之间出现纷争时,就要考虑是否是由于政治权益、经济利益或具体的资源分配方面出现了不平衡,同时,要考虑历史上两个民族的关系,这时要充分发挥社会预警在民族社会控制中的重要作用。其二,民族地区社会控制不能仅靠正式控制、硬性控制和外在控制,应该以当地各民族群众的内在控制为主。社会转型期,欠发达地区社会稳定与否,很大程度上说明民族地区社会预警系统发挥作用与否、民族地区社会内在控制的规范化程度如何。民族地区社会控制往往能够体现出各民族的积极参与及民族向心力的强弱程度。只有当各民族群体自觉地发挥自身的力量进行社会控制时,才能体现出民族地区社会控制的有效性。

3. 社会预警是民族社会保障的基础。由于社会预警具有预见的功能、监测的功能、防范的功能和缓解的功能。因此,社会预警对于社会成员的基本生活能够给予保障。我国社会保障主要包括社会保险、社会救助和社会福利三大部分。有人认为,还应该加上社会优抚。就民族地区而言,社会保障的积极作用在于使民族社会成员有安全感和稳定感,有利于社会稳定、有序与协调。

当社会预警对民族地区自然条件恶劣、严重自然灾害、自然结构性不均衡等警源，以及资源短缺、环境压力大、人均产出低、农产品短缺等警兆进行预测和预报后，就应该及时提供保险、救助和服务，以保证民族地区社会成员的基本生活和生产的正常进行，不至于产生社会动荡（高永久，2003）。

（五）西部欠发达地区发展失衡预警机制的基本结构

从构建民族地区社会稳定的机制来看，社会预警就是对可能产生的民族社会问题不确定事件的预测、预报和监控，使当地政府及群众能够及时避免民族社会问题爆发，避免社会冲突等不良现象发生，同时，对我国民族地区社会转型期的社会稳定起到协调和均衡作用。根据民族社会稳定的特征和标志来看，在建立民族社会预警系统时，需要考虑政治稳定、经济稳定和文化稳定等要素，其中包括制度体系稳定、价值观念稳定、心理认同稳定、行为规范稳定和宗教信仰稳定等要素。因此，构建民族地区社会预警系统的指标体系，就应该从政治、经济、文化、生态等方面出发，同时应该考虑自然环境和国际环境等因素，这就需要在建立经济社会发展失衡状况的预警模型和方法时，从社会、经济、环境等方面系统地对欠发达地区经济社会发展的现状、趋势和问题进行监测；借鉴国内外对预警系统的研究，分析经济、社会、生态与政治的内在关系和关联效应，以及区域和国家不同层次管理的差异性，从定性、定量和定时的统一的角度分析地区发展失衡预警机制所需要的要素、结构、功能和运行监测、警报和快速反应系统结构。

本课题将借鉴国内外对预警系统的研究，分析经济、社会、生态与政治的内在关系和关联效应，以及区域和国家不同层次管理的差异性，从定性、定量和定时的统一的角度分析地区发展失衡预警机制所需要的要素、结构、功能和运行监测、警报和快速反应系统结构。从经济发展失衡、社会发展失衡、生态环境失衡、政治失衡和国际环境 5 个方面选择一套评价指标体系，并基于国内外相关文献的系统分析，对指标体系进行分析和综合，建立一种西部欠发达地区经济社会发展失衡预警模型和方法。本预警模型旨在对西部欠发达地区经济社会发展的失衡状况进行分析、监测和预警，以帮助西部欠发达地区系统地认识自身的差距和不足，并查找造成差距的原因，从而为推动西部欠发达地区经济社会的协调、可持续发展提供决策依据。

三、西部欠发达地区发展失衡预警模型

（一）预警方法的选择

1. 各种预警方法的比较

预警方法大体上可以分为六类：指数预警、周期预警、专家预警、模型预警、模拟预警和预期调查预警。

（1）指数预警。指数预警法是根据警情或警兆指标直接度量警度，或利用警兆指标首先进行一定的统计分析与运算，依据运算结果进行预警的方法。这种预警方法简单易行，结果一目了然，因此也最为成熟、应用最广泛。主要包括警情分析法、景气指数法和景气警告指数法。

（2）周期预警。周期预警法是以周期理论为基础，根据警情指标的变动规律，预警当前警情状况和未来警情发展趋势。主要包括自回归移动方法、动态联立方程、因素分解法、频谱分析法等。

（3）专家预警。专家预警法是一种定性分析方法，主要依靠专家的智慧和经验，综合分析各方面影响能源安全的因素作出判断。社会稳定不仅涉及经济因素，还受到政治、军事、气候、金融投机等复杂因素的影响，有些重要的影响因素特别是突发事件，或者难以分清主次与因果，或难以定量分析，无法通过定量分析方法获得。采用专家预警法可以弥补定量分析的缺陷，尤其是有助于预测重大经济影响、经济发展的大趋势和方向。经常采用的方法有：专家会议法、专家评估法、主观概率法、相互影响分析法、情景预测法等。

（4）模型预警。模型预警法是在指数预警和周期预警方法的基础上发展起来的，是预警方法的进一步完善。常用的模型有：均衡模型、非均衡模型和综合方法。

（5）模拟预警。模拟预警法实际上是仿真模拟，它建立在相当深入研究的逻辑学、数学和其他具体科学基础上，通过运用数学方法处理各种相关性资料，反映多种经济因素的联系，对预警的经济问题作出函数的、点状的、区间的估计。该方法只能通过仿真模型计算，参数复杂，在预测和预警实际运用中效果并不十分明显。常用方法有：系统动力学方法、灰色系统方法、人工神经网络等。

（6）预期调查。预期调查法是根据需要，定期向有代表性的被调查者以问卷调查的方式搜集有关信息，以便监测宏观经济动向和判断经济景气状况、预报警情状态的一种方法。

表8-1 预警方法归纳

预警方法			优点	缺点
指数预警	警情分析法		简便易行	人为因素多
	景气指数法	扩散指数	能够比较有效地预报安全状况转折点	不能明确表示安全状况
		合成指数	能够反映总体循环波动程度	权重的确定容易影响准确性
	景气警告法		比较形象直观	受数据不足限制
周期预警	自回归移动方法		所需变量少，不用对变量本身作进一步预测，提高了预测准确性；方法简单，有 TSP、Eviews 等比较成熟的软件包可供使用	忽视数据的经济意义
	历史经验法		比较适用于确定周期变动的方向	缺乏较强的理论依据
	因素分解法		可大体判断能源安全有关警情指标的趋势	不能测算警情变动强度
	频谱分析法		测算拟合度高，有助于研究不同经济周期特殊形态，避免计算分析过程中的主观性，不损失样本点	
专家预警	专家会议法		有利于激发灵感，平等表达自己的意见	受制于经验和主观判断
	专家评估法（Delphi）		不受警兆信息规范程度的限制，可以采纳所有与警情变动有关的警兆信息，并且随着新信息的利用逐步修正预警结果，比较灵活实用；能够将不同专家的意见进行面对面、背靠背的沟通，便于把握能源运行总体状态	受制于人的经验和主观判断
	主观概率法		可判断政治、军事等因素	受制于经验和主观判断
	相互影响分析法		进一步综合发挥德尔菲法、主观概率法、领先指标法的优势	区分各种影响因素比较困难
	情景预警法		有利于发挥人的经验和创造性思维	指标化比较困难

续表

预警方法			优点	缺点
模型预警	均衡模型	马歇尔局部均衡	相对简便易行	假定条件过多
		一般均衡 计量经济市场模型	表达简单,使用最广泛	结构复杂
		一般均衡 二次规划模型	价格数量同时调节	许多假设与现实不符
	非均衡模型		可以描述单个市场和整个现实经济	变量多、方程多,数据要求严格,实际应用中需要数据调查、整理和调整
	综合方法		可以根据实际情况灵活地选择不同函数方程,简单的可以趋势外推预测需求量和供给量,复杂的可以分别计算弹性进行预测	各变量单独预测结果可能存在差异,甚至变动方向相反,受人为因素干扰
模拟预警	系统动力学		能够处理高阶次、非线性、多重反馈、复杂多变的系统问题;不需要高深的数学知识,对数据的要求不太精确和长时间序列,可采用定性与定量相结合方法分析复杂问题	各因果变量间影响过于灵敏,变量稳定性较差,预测结果不稳定
	灰色系统		提供了解决不确定问题的新思路,对分析影响能源安全的不确定因素十分重要	使用数据少且不规律
	人工神经网络		具有较强的模式识别能力、容错能力,可以克服诸如统计预警等方法的限制,对数据分布要求不严格,随时依据新数据资料自我学习、训练,调整其内部权重参数	模型较为复杂,求解过程复杂
预期调查			信息收集传递快,灵活性强,信息可靠性高,能够对统计资料起到修正作用	人为因素多

2. 选择西部欠发达地区发展失衡预警方法的主要考虑

如何在以上研究基础上根据一定标准选择预警的主观指标、客观指标和国际或周边地区比较指标,是决定预警体系能否敏感反应地区发展失衡的重要基础工作,系列预警指标体系必须包含具有统计意义的量化指标,也要考虑非量化指标。综合考虑预警系统及其子系统的特点和各种预警方法的适用条件,本书采用两种方法进行预警:一是历史经验法,基于国内外相关研究文献的系统分析,给出社会预警客观指标的警限标准;二是将专家评价和预期调查方法结合起来,通过专家形成先验知识,利用数据收集调查,再用于预警。课题将在梳理欠发达地区社会预警相关研究成果基础上,首先提出一套具有强警戒功能的欠发达地区发展失衡预警指标体系,在各项指标预警界限基础上将风险预警分等级预警。

(二)西部欠发达地区发展失衡预警的指标体系设计

为了对各欠发达地区的经济社会进行全面客观的评价,在指标选取上必须符合最新的发展理念,既要反映欠发达地区经济社会发展特点,又要体现综合性、简洁性和可操作性的要求,选择主要的、基本的、有代表性的综合指标构建预警指标体系,以便于决策者及研究人员进行评价和使用。与此同时,如何在以上研究基础上根据一定标准选择预警的主观指标、客观指标和国际或周边地区比较指标,是决定预警体系能否敏感反应地区发展失衡的重要基础工作,预警指标体系必须包含具有统计意义的量化指标,也要考虑非量化指标。

高永久(2003)在宋林飞所提出的 14 项针对全国整体社会而言的综合指标体系的基础上,加入能够测量民族地区社会稳定的指标(1)民族关系紧张程度(包括跨国界民族关系);(2)宗教生活受限程度;(3)不同民族间的通婚率;(4)民族风俗习惯受到伤害的程度;(5)民族意识强烈程度;(6)民族权益受损程度;(7)民族政策波动程度。这 7 个方面有些内容是互相交叉的,比如民族权益受损应该包括宗教生活受限以及民族风俗习惯受到伤害;而民族意识强烈又体现出民族关系紧张。这 7 个方面的内容可以作为民族社会稳定的社会预警核心指数,作为测量民族社会稳定的主要指标,如表 8-1 所示。高永久(2003)在《对民族地区社会稳定的思考》一文中又提出构建民族社会稳定的 6 个方面的设想:即社会结构的均衡、社会控制机制的构建、民族心理认同的稳定性、维护各民族的民族利益、保证宗教信仰自由、加强民族团结等。综合以上各点,从改革开放以来民族社会出现的各种问题来分析,民族地区社会预警指标体系应该包括以下几个方面的要素:(1)民族关系度量;(2)民族意识程度;(3)民族权益分配度;(4)民族地区贫困率;(5)少数民族人口流动率;(6)民族地区的突发事件;(7)民族间通婚率;(8)民族风俗习惯状况;(9)民族政策波动率;(10)少数民族教育程度的结构性差异;(11)少数民族职业分布的结构性差异;(12)宗教信仰差异;(13)宗教活动范围;(14)严重的自然灾害。这些指标体系见下表8-2。

表8-2　高永久关于民族社会预警的指标体系

社会问题领域	警源指标	警兆指标	警情指标
政治	(1)民族政策变动频繁 (2)民族法规变动频繁 (3)各民族政治参与积极性受损 (4)民族地区突发事件 (5)民族分裂主义活动 (6)基层干部渎职	不满情绪 牢骚 激进言论 民族关系恶化 干群关系恶化	游行示威 围攻政府 集体械斗 政治集会 动乱
经济	(1)经济分配不均衡 (2)民族地区贫困率高 (3)农村居民收入差距 (4)少数民族职业分布的结构性差异 (5)人口流动率高	人均剩余少 温饱压力 "游民化"状态 不满情绪 牢骚 激进言论	集体械斗 上访 游行示威 恶意侵犯 破坏社会秩序
文化	(1)民族文化冲突 (2)非法宗教活动 (3)民族心理认同磨擦 (4)少数民族教育程度的结构性差异 (5)歧视民族风俗习惯	文化排他主义 文化复兴主义 心理焦虑 不同宗教分歧 宗教教派冲突 贬低其他民族文化	游行示威 不同民族之间冲突 民族内部冲突 宗教冲突 过激行为 集体械斗
自然环境	(1)自然条件恶劣 (2)严重自然灾害 (3)自然资源结构性不均衡	资源短缺 环境压力大 人均产出低 农产品短缺	生命受损 财产受损 生产受损
周边环境	(1)周边国家不稳定的影响 (2)跨国界民族影响率 (3)民族分裂力、恐怖势力等活动 (4)战争因素等影响	政治观点对立 经济磨擦频繁 跨国界民族不和 地下势力公开活动 资源争夺	双方经济贸易停止 政治干涉发生 恶性事件发生 敌对势力活动频繁

数据来源：高永久：《对民族地区社会稳定的思考》，《兰州大学学报(社会科学版)》2003年第3期。

　　该表共有70项指标，有20余项指标与宋林飞所设计的"社会风险预警综合指标体系(SRSS)"基本相同。另外，40项则是根据西部欠发达地区的实际情况选择的，指标的可靠性和有效性有待进一步研究。

　　阎耀军(2008)在《民族关系和谐的逻辑结构和系统分析模型》设计了一个主要由"民族和谐指数"和在"平等、团结、互助"3项原则指导下的10个

"领域模块"的评价模型即指标体系的框架结构。10 个领域模块基本上囊括了民族关系的主要方面,它们对上以平等、团结、互助为评价尺度并受其统领;对下各自衍生出本领域表征平等、团结、互助的具体指标,并组成其内部的逻辑结构。如下表 8-3 所示:

表 8-3　阎耀军关于民族关系和谐的指标体系
民族关系和谐监测—评估指标体系一览表

一级指标	二级指标	参考权值	三级指标	参考权值
民族关系和谐综合指数权值100	1. 政治和谐指数	14	01 少数民族公民在人民代表中的比例 02 少数民族公民在政协委员中的比例 03 民族区域自治条例颁布实施率 04 少数民族干部的培养使用率 05 民族区域民族冲突群体性事件指数(负)	2.5 2.5 2.5 2.5 4
	2. 经济和谐指数	13	06 民族区域农村人均收入与全国平均水平比 07 民族区域城市人均可支配收入与全国平均比 08 民族区域恩格尔系数与全国平均比 09 民族区域国家对民族地区财政转移支付力度 10 发达地区对民族地区对口支援力度 11 民族区域经济技术协作项目资金增长率	2.5 2.5 2 2 2 2
	3. 文化和谐指数	9	12 民族语言广电覆盖率与全国平均水平比 13 千人民族文字书刊印数与全国平均比 14 民族文化遗产保护与全国平均水平比	3 3 3
	4. 社会和谐指数	10	15 民族地区人均受教育年限与全国平均比 16 民族地区大学生就业率与全国平均比 17 民族区域地方病、传染病发病率与全国平均比 18 民族区域每千人医生数与全国平均水平比 19 民族区域每千人病床数与全国平均水平比	2 2 2 2 2
	5. 历史和谐指数	9	20 历史上民族矛盾冲突的延续(负) 21 历史上民族歧视和民族压迫的影响(负) 22 历史上遗留下来的民族间事实上不平衡的状况(负)	3 3 3
	6. 环境和谐指数	8	23 民族地区生态退化程度(负) 24 民族地区环境质量指数与全国平均比 25 民族地区资源开发补偿力度 26 基本建设投资增长率与全国平均比	2 2 2 2
	7. 心理和谐指数	9	27 对民族区域自治政策执行效果的满意度 28 对民族经济发展状况的满意度 29 对民族关系实际状况的满意度	3 3 3

一级指标	二级指标	参考权值	三级指标	参考权值
	8. 思想和谐指数	10	30 大民族主义思想(负) 31 狭隘的民族主义思想(负) 32 对中华民族的认同 33 对国家的认同	2.5 2.5 2.5 2.5
	9. 宗教和谐指数	9	34 少数民族宗教信仰自由满意度 35 非法宗教活跃程度(负) 36 反动宗教集团势力影响程度(负)	3 3 3
	10. 国际环境和谐指数	9	37 国外宗教极端主义势力干扰程度(负) 38 国外民族分裂主义势力干扰程度(负) 39 国外恐怖主义活动干扰程度(负)	3 3 3

数据来源:阎耀军:《民族关系和谐的逻辑结构和系统分析模型》,《中南民族大学学报(人文社会科学版)》2008 年第 6 期。

从涉及西部欠发达地区社会问题的预警系统指标来观,社会预警系统是一个比较敏感的研究领域,它需与时俱进。因为,在社会转型期,民族社会当中的新旧问题、突发性与伴生性社会问题随时随地可能发生,都是影响民族社会预警系统指标体系建立的因素。针对西部欠发达地区社会变迁当中出现的这些复杂性问题,上述表格中的一些研究指标往往需要根据民族社会发展中出现的新问题、新情况及时更新,许多数据变动频率较快,需要研究者采取定点跟踪调查法不断观察积累,再作比较分析。

1. 西部欠发达地区发展失衡预警指标设计原则

指标是指综合反映社会现象或某一方面状况的绝对数、相对数、平均数,选取预警指标主要遵循以下原则:

(1)科学性原则。选取预警指标需要遵循一定的方法论并建立在深入研究的基础上,科学设计指标体系框架和指标层次,使预警指标能够客观反映影响能源安全各因素及其相互之间的内在联系,准确评价社会稳定状况及其发展趋势。还要通过科学严谨的方法对指标特别是定性指标取值,提高评价结论的可靠性。

(2)综合性原则。选取预警指标要兼顾到外延指标与内生指标、历史指标与预测指标与综合指标,有较大的覆盖面,能够从不同角度反映能源安全状况全貌。

（3）可比性原则。选取的预警指标在涵义、统计口径和计算方法等方面具有一致性，便于进行纵横向比较。

（4）动态性原则。社会稳定是随着国内外政治、经济、军事、外交等因素的变化而变化的，指标的分类、选择、取值以及警度区间的确定等，都要根据形势变化及时进行调整。

（5）灵敏性原则。预警指标必须及时反映能源安全的变化，准确预测未来发展趋势，起到警报器的作用。

（6）易得性原则。选取的指标必须能够及时获取，真实可靠。

除此之外，由于西部欠发达地区地域范围辽阔，民族众多，要根据西部欠发达地区社会问题的表现来确定使用范围广泛的警源指标、警兆指标和警情指标会存在一定的困难。因为部分指标不可能涵盖所有西部欠发达地区，加之社会转型期的特殊性限制，有些预警指标的时效性特征相当明显。因此，在建立西部欠发达地区社会预警系统过程中，还必须考虑到它在民族社会稳定当中的可行性和可操作性。

2. 西部欠发达地区发展失衡预警指标体系中的现实警源依据

模型只是对现实中存在的原型的结构和关系的近似的描绘，要得到严密的保持现实结构的模型几乎是不可能的。因此，在建立预警指标体系时，为了尽可能地缩小模型与现实之间的距离，必须掌握更多的现实依据，使理论模型所表达的高度抽象的逻辑结构和丰富具体的现实情况密切结合起来，这样的社会预警才具有更现实的意义。引发各种社会不稳定事件的原因虽然是复杂多样的，但是从民族地区范围综合分析来看，其背后有着一些深刻且带有普遍性和共同性的因素：

民族地区是中国贫困面积分布最广、人类贫困最为严重、经济发展差距最大、知识资源最为匮乏、人类发展水平较低、社会发育程度处于极低水平的地区，导致民族地区与内地汉族聚居地区之间长期存在着巨大的不平衡性。对于历史上遗留下来的少数民族与汉族之间事实上的不平等，如果从传统的少数民族历史发展观以及少数民族经济平等论的观点来看，则普遍认为造成不平等的主要原因是经济发展上的不平等。实际上，民族地区长期以来存在着三大发展差距，即经济发展差距（地区人均 GDP 发展差距、城乡收入差距、城乡公共服务发展差距）、人类发展差距（生活水平差距、生活质量差距）和社会发展差距(教育差距、信息差距、技术差距、医疗卫生差距、交通运输差距、体制差距、观念差距、生态环境差距),其中最大的发展差距是社会发展差距。我国民族地区社会发展失衡的警源的表现形式有以下几种:

第一,重大自然灾害事件。我国大部分民族地区都是自然条件较差、生态环境比较脆弱的地区,又是我国一个自然灾害发生较多的地区,自然灾害的频发对于生态环境比较脆弱、经济发展相对滞后、抵御自然灾害能力较弱的广大民族地区来说,所造成的社会影响是很大的。不仅给人们的生产、生活造成极大损害,有时还会给社会带来局部的动荡。

第二,经济因素引致的社会公共危机。改革开放以来,我国民族地区的经济取得了前所未有的发展,民族区域自治制度得到了很好的贯彻,有力地推动了民族地区的现代化进程。然而,首先,从外部环境来看,由于绝大部分民族地区受到自然条件、地理位置、历史遗留因素等方面的限制,在由传统社会向现代社会的剧烈变革过程中,所承受的压力更大,背负的包袱更重。尽管自西部大开发战略实施以来,国家在政策、资金等各方面均向民族地区倾斜,但民族地区与东中部地区的经济差距不断拉大成为不争的事实。伴随着民族地区的不断开放,发达地区的富裕生活无疑会形成一种参照系,从而极大地刺激民族地区群众的需求愿望,结果造成人们需求水平的增长速度远远高于民族地区的经济发展速度。这一矛盾很可能成为激化一些民族地区矛盾的导火索,牵动其他社会矛盾的复杂化,从而产生难以预料的社会问题。

第三,从自身情况来看,我国民族地区同其他地区一样,也正处于制度、体制改革的转型攻坚阶段。众所周知,任何改革必然要触动一部分人的经济利益,是不同利益群体之间的一个博弈的过程。在这个过程中,民族地区容易诱发一些影响全局稳定的社会问题,特别是在改革开放时期,新旧观念的对撞、新旧制度的交替、失业问题的凸显、政府机构的改革、民族矛盾的激化、宗教信仰的冲突、文化融合中的阵痛和人员流动的冲击等都对过去正常的生活形成不同程度的影响,而且最终都将可能归结到民族矛盾上来。这些问题解决不好,就可能造成社会动荡,影响正常的经济发展和现代化建设。

第四,民族宗教矛盾引致的群体性突发事件。民族问题与宗教问题历来就有特殊的密切关系。"宗教以民族文化或者是民族亚文化的形式广泛存在于各民族社会生活中",各民族的社会生活都要受到来自宗教的影响,同时,各民族的社会生活又制约着宗教的传播和发展。宗教关系与民族关系之间的相互交织还表现在任何一种关系的和谐都可以促进另一种关系的和谐,任何一种关系的对抗性倾向也会引起另一种关系的对抗性倾向。

应当说,在不同程度上对影响民族社会和谐稳定发展具有不利影响的因素远不止这些,但比较而言,我们认为以上因素对民族地区发展失衡的影响更为直接,因而在建立指标体系时更需要给予特殊重视。

3. 社会预警指标体系设计与指标解释

定量指标:由实际计算得出,数据来源于历年中国统计年鉴、民族统计年鉴和有关部委、研究机构网站。

定性指标:首先,将每一个指标分为优、良、中、低、差5个等级,按百分制每个等级分值确定为5、4、3、2、1,然后,按照德尔菲法由该领域专家分别打分;最后,计算专家打分的平均值。

有的定量指标缺少统计数据支撑,解决这个问题有赖于统计制度的完善,需要一个过程,本研究暂时采取定性评价方法取值。

本研究结合以上相关研究成果,遵循指标体系设计原则,参考头脑风暴法,借鉴已有的社会预警经验,从欠发达地区的实际情况出发,从政治发展失衡、经济发展失衡、社会发展失衡、生态和自然环境失衡以及外部环境五个层面上考虑,提出具有较强预警作用的敏感性预警指标体系,具体包含5个一级指标、48个二级指标(见表8-4),建立我国西部欠发达地区发展失衡预警指标体系。

表8-4　西部欠发达地区发展失衡预警指标体系

一级指标	二级指标	指标说明
政治失衡预警指标	少数民族公民在人民代表中的比例	民族政治和谐主要是指各族人民对政治共同体认同的性质。一般表现为民族社会的可控和有序状态,即政治共同体在根本制度性质不变前提下的动态平衡。具体包括各个民族之间政治权力和地位及其尊严、欠发达地区的自治权利等等。在我国,宗教与民族有着十分密切的关系。从历史和现实来看,宗教、民族、国家之间既有人类文明向前推进的健康互动,也有与之相伴的矛盾冲突。民族问题和宗教问题往往纠缠在一起,成为国际地区冲突、国家局势动荡不安的主要诱因。
	少数民族公民在政协委员中的比例	
	民族区域自治条例颁布实施率	
	少数民族干部的培养使用率	
	少数民族宗教信仰自由满意度	
	民族地区非法宗教活跃程度(负)	
	民族地区反动宗教集团势力影响程度(负)	

续表

一级指标	二级指标	指标说明
经济失衡预警指标	民族地区人均GDP(美元)	民族经济和谐是指各民族地区在经济发展水平以及民生状况上的均衡性。经济发展是民生的前提,经济权力很大程度上会制约甚至决定其他权利的获得与实现。经济上落后的民族,不可能与经济上发达的民族实现真正意义上的平等。经济模块是其他几个方面(模块)实现和谐的重要基础,它会从经济基础的角度对其他方面的和谐发生重要的乃至根本性的影响。
	民族地区恩格尔系数(%)	
	民族地区人均国民收入(美元)	
	民族地区通货膨胀率(%)	
	民族地区财政赤字率(%)	
	民族地区基尼系数	
	民族地区工业企业全员劳动生产率(万元/人)	
	*民族自治地区R&D经费占GRP的比例(%)	
	*民族地区服务经济占GRP比重(%)	
	民族地区城乡收入水平差距	
	*民族地区行业收入差距	
社会发展失衡预警指标	民族地区非农就业人口占比	社会和谐在本指标体系中主要指"社会事业"层面的、狭义的社会发展,用以反映民族之间在科、教、文、卫、体等社会事业领域发展的均衡状况,以及由此造成的民族和谐或不和谐状态。这个指标的设置,无论从经济与社会协调发展及科学发展观的意义上讲,还是从目前我国少数民族在社会事业发展方面的实际状况来看,对于我国全面建设小康社会,实现民族关系的和谐,无疑都是十分重要的。
	民族地区非农产业占比(%)	
	民族地区城市化水平(%)	
	民族地区高等教育毛入学率	
	民族地区互联网用户(万户)	
	民族地区城乡居民贫困率	
	*民族地区男女性别比	
	民族地区人口老龄化程度	
	民族地区劳动适龄人口比重	
	民族地区社会综合保障水平得分	
	民族地区城镇养老保障得分	
	民族地区城镇医疗保障	
	民族地区甲、乙类法定报告传染病发病率	
	民族地区甲、乙类法定报告传染病病死率	
	民族地区每千人拥有床位数	
	民族地区每千人口卫生技术员数	
	民族地区失业率	
	民族地区民族语言广电覆盖率	
	民族地区千人民族文字书刊印数	
	民族地区民族文化遗产保护	

续表

一级指标	二级指标	指标说明
生态与自然失衡预警指标	民族地区万元 GDP 能耗	少数民族居住地区的环境不断恶化,成为欠发达地区发展的最大障碍。当前我国欠发达地区尤其是西部地区的环境生态问题,已经成为影响到民族团结、民族生存、民族发展,甚至严重制约友好型社会建设的一个事关民族和谐的重大社会问题。民族地区的生态环境呈现出严重恶化的趋势。历史经验表明,民族地区的生态环境问题如果严重到一定程度,势必转变为相应的社会风险。
	民族地区三废处理率	
	民族地区人均寿命	
	民族地区婴儿死亡率	
	民族地区农村自然灾害成灾人口	
	民族地区农村自然灾害得到国家救济人数	
	民族地区农村自然灾害导致的死亡人数	
国际环境预警指标	国外宗教极端主义势力干扰程度(负)	随着经济全球化进程的不断加快和信息技术的飞速发展,社会越来越开放,不同国家和民族之间的交往不断增多,联系日益紧密,民族方面的各种思潮和活动相互影响、相互渗透情况日趋增大,这些因素对国内民族关系的影响越来越大。其二,我国不仅是世界上邻国最多的国家之一,也是周边民族成分最复杂的国家之一,民族主义思潮和活动相当活跃。我国少数民族大多居住在边境地区,而边境地区历来是各种文化思潮和民族主义思潮交融、碰撞的敏感地区,是境外文化渗透的前沿地带,尤其西方敌对势力加紧利用各种形式进行文化渗透,企图把我国民族地区作为"西化"、"分化"的突破口,这对我国的民族关系和谐和边境稳定构成了威胁。
	国外民族分裂主义势力干扰程度(负)	
	国外恐怖主义活动干扰程度(负)	

(三)警限确定——社会预警指标评判标准界定

"阀值"的设定是体现预警系统的有效性的重要环节。当其中一项以上的指标偏离其正常水平并超过某一"阀值"时,把它当成突发公共事件在某一特定期间内发生的预警信号。根据国际和国内的研究与经验和西部欠发达地区发展失衡中出现的敏感性强的指标,构成反映失衡程度预警信号,利用预警信号对预警等级进行划分,并分析预警信号传递范围以及估计会产生的相关问题。关于客观预警指标的预警评判标准设定,采用如下几种方法:

1. 世界通行标准法。即参照世界通行的划分标准,根据动态性、可比性、本土化原则予以适当调整得到,如人均 GDP、非农就业人口占比、城市化水平依据钱纳里模型；恩格尔系数、人均国民收入、基尼系数等按照联合国的标准；通货膨胀率、高等教育毛入学率、社会老龄化程度、性别比、平均预期寿命、死亡率指标根据世界通行的标准；自杀率和心理、精神病患病率指标按照世界卫生组织制定的国际标准采划分警戒线。

2. 国内文献综述法。即参考国内已有研究成果，根据动态性、可比性原则适当调整。如社会全员劳动生产率指标警戒线的划分标准来源于陈淑绵在《我国经济增长方式的定量评价》论文中的分析；R&D 经费占 GDP 的比例警戒线的划分标准来源于崔振凤《关于编制"十五"科技发展规划若干重大问题的思考》。

3. 极值—均值法。即将目前国内外相应指标的极好值、均值与极差值为评价刻度，然后依次划分 5 级警戒评判标准。如万元 GDP 的能源消耗、万元 GDP 的水资源消耗、三废处理率等指标警戒线的划分标准，是根据我国相关指标现状值、目标值的经验数据分析得到；服务经济占 GDP 比重指标、信息化水平等指标则以国际上最高的国家为 100，最低的为 0，其他国家和地区与之相比较，得到相应指标警戒线划分标准的五级量表。

4. 专家经验判断法。有些指标既没有已有研究成果可资借鉴，又缺乏极好值、均值与极差值的经验研究数据，则采用专家经验判断法来划分预警评判标准。如社会成员社会保障率、养老保障覆盖率、失业保障覆盖率、医疗保障覆盖率等。

5. 综合分析法。即综合国际通行标准、文献研究和专家经验判断等多种方法，对一些国际上通行的指标、在国内因统计口径不同而存在差异的有中国特色的预警指标，采用综合分析法。如评价就业状况的指标国际上通行的为失业率，国内相类似的指标为登记失业率，对此指标即采取综合分析法。又如城乡居民收入差距、行业收入差距、地区收入差距、中产阶级收入阶层结构、劳动适龄人口比重等指标的警戒线划分均采用此法得到。

6. 类推法。即根据可以替代的相关指标类推得到预警评判标准。如农村剩余劳动力转化率是根据失业率的警戒线，参照我国国情确定的。

我们研究重点在于：基于国内外相关研究文献的系统分析，给出社会预警客观指标、主观指标的五级评判标准。需要说明的是，作为社会运行安全正常标准的合理刻度难以具体化和明确化。因为社会影响"稳定"与"不稳定"及其程度本身就是一个非常模糊的概念,涉及许多复杂的要素。因此警限的确定需要我们根据国际公认、历史检验、专家意见并结合具体国情和经济运行的实际情况综合考虑确定。在明确了各类警区的警限基础上,便可以观察警情指标的实际及其变动所在的区间,检测其警情和警级的发展变化(阎耀军,2005)。

具体的指标评价标准如下①:

（1）人均 GDP 的警戒标准

钱纳里模型工业化阶段标志值

评价标准	起始阶段	初级阶段	中级阶段	高级阶段	后工业化阶段
人均 GDP（美元）	530—1200	1200—2400	2400—4800	4800—9000	9000 以上
第二产业增加值占 GDP 比重（%）	小于 20%	20—40	40—60	60 以上	—
农业从业人员占全社会比重（%）	大于 80	80—50	50—20	20—10	小于 10

数据来源:根据陈秋玲:《社会预警管理》,中国社会出版社 2009 年版作者整理得出。

（2）人均国民收入的警戒标准

国家类型	高收入	中高收入	中等收入	中低收入	低收入
人均国民收入	大于 10000	7000—10000	3000—7000	800—3000	小于 300

数据来源:根据陈秋玲:《社会预警管理》,中国社会出版社 2009 年版作者整理得出。

收入类型可分为三种情况:低收入类型省区、中等收入类型省区和高收入类型省区。其中,低收入类型省区又可分为极低收入省区,低收入省区。人均 GDP 收入水平相当于全国人均收入水平小于 50%的省区,称为极低收入省区;人均 GDP 收入水平相当于全国人均 GDP 水平 50%—75%的省区,称为低收入省区。中等收入类型省区分为中下等收入省区,中上等收入省区。人均

---

① 本课题警限的确定部分参考了陈秋玲《社会预警管理》一书中警限确定的思想,中国社会出版社 2009 年版。

GDP 收入水平相当于全国人均收入水平 75%—100% 的省区，称为中下等收入省区；人均 GDP 收入水平相当于全国人均 GDP 水平 100%—150% 的省区，称为中上等收入省区。高收入类型省区分为高收入省区，极高收入省区。人均 GDP 收入水平相当于全国人均 GDP 水平 150%—300% 的省区，称为高收入省区；人均 GDP 收入水平相当于全国人均收入水平大于 300% 的省区，称为极高收入省区。

（3）恩格尔系数的警戒标准

恩格尔系数是家庭食物支出占其总消费支出的比重，是判断一个国家居民生活水平和经济水平的一项重要指标。随着个人生活水平的提高，恩格尔系数有不断下降的趋势。联合国根据恩格尔系数确定了划分贫富的标准，见下表：

发展水平	贫困	温饱	小康	富裕	极端富裕
恩格尔系数	大于 59	50—59	40—50	20—40	小于 20

数据来源：根据陈秋玲：《社会预警管理》，中国社会出版社 2009 年版作者整理得出。

（4）城乡居民贫困率的警戒标准

贫困程度	安全	不严重	一般	较严重	很严重
城乡居民贫困率	大于 2	2—5	5—8	8—10	小于 10

数据来源：根据陈秋玲：《社会预警管理》，中国社会出版社 2009 年版作者整理得出。

西部欠发达地区所面临最突出、最大的挑战则是人类贫困。西部欠发达地区不仅是中国人类贫困程度最深的地区，而且还因为人类贫困的广泛存在，使其成为中国人类不安全最严重的地区。

（5）城市失业率的警戒标准

失业率%	小于 4	4—5	6—7	7—9	大于 10
警级类型	很安全	无警	轻警	中警	重警
指标标准值	5	4	3	2	1

数据来源：根据陈秋玲：《社会预警管理》，中国社会出版社 2009 年版作者整理得出。

　　失业是我国今后较长时期内的一个重大宏观经济问题和社会问题,关系到我国国民经济能否持续、快速、健康发展,更与西部欠发达地区社会的稳定、人民生活水平的提高密切相连。失业对我国经济和社会的影响主要表现在:在市场经济条件下,失业是一个长期存在的、不可避免的社会现象。而高失业率是需要警惕的,因为它会给经济发展和社会稳定带来负面影响:一是对于国民经济发展造成障碍。失业率与经济增长率之间存在负向相关关系。据美国经济学家奥肯的研究,失业率与 GDP 增长率之间的关系为:失业率每增加1%,GDP 将下降 2.5%;反之,失业率每减少 1%,GDP 将增加 2.5%。二是影响社会稳定。失业率与犯罪率存在正相关关系。失业问题经常发生在相对稳定的一小部分人身上,他们容易导致心理严重失衡和越轨、犯罪等行为。国际上通常把 6%定义为失业警戒线。本研究结合文献(陈秋玲,2009),得到失业率指标的警戒标准。

　　(6)通货膨胀率的警戒标准

通货膨胀率%	小于 3	3—4	4—7	7—10	大于 10
警级类型	很安全	无警	轻警	中警	重警
指标标准值	5	4	3	2	1

数据来源:根据陈秋玲:《社会预警管理》,中国社会出版社 2009 年版作者整理得出。

　　通货膨胀率一般指物价上涨指数。按国际通行标准,通货膨胀率低于3%时对经济没有危害,3%—4%属于爬行的通货膨胀率,4%—7%为温和型的通货膨胀率,7%以上为高速型,超过 10%为危险性,属于严重的通货膨胀,超过 20%则为失控型。

　　(7)财政赤字率的警戒标准

财政赤字率%	小于 2	2—3	3	3—5	大于 5
警级类型	很安全	无警	轻警	中警	重警
指标标准值	5	4	3	2	1

数据来源:根据陈秋玲:《社会预警管理》,中国社会出版社 2009 年版作者整理得出。

从财政理论和实践来看，一国或地区的财政风险通常用财政赤字率和债务负担率两大指标来衡量。这里，财政风险警戒线可界定为财政赤字与债务规模的安全区和危险区之间的分界线。在此方面，"国际警戒线"通常指的是1993年正式生效并标志欧盟诞生的《马斯特里赫特条约》(简称《马约》)中规定的两大财政标准：(1)欧盟成员国财政不应有"过度赤字"，赤字占当年GDP的比重(即财政赤字率)不应超过3%；(2)一国政府债务总额占GDP的比重(债务负担率)不应超过60%。在国内，常有学者引用上述两大"国际警戒线"来判定我国财政风险状况。而运用《马约》中所谓的"国际警戒线"来判断中国财政风险状况并不科学合理。运用中国财政相关数据，可测算我国财政赤字率和公债负担率的警戒线水平值分别约为4.05%、49.05%，前者比《马约》规定的财政警戒线标准高了1.05%，后者则低了10.95%。

(8)万元GDP的能源消耗的警戒标准

万元GDP的能源消耗	小于0.6	0.6—0.9	0.9—1.2	1.2—1.5	大于1.5
警级类型	很安全	无警	轻警	中警	重警
指标标准值	5	4	3	2	1

数据来源：根据陈秋玲：《社会预警管理》，中国社会出版社2009年版作者整理得出。

万元GDP的能源消耗的警戒标准国际上目前尚无通行标准，本报告借鉴文献研究得以上标准。

(9)废水处理率的警戒标准

三废处理率%	100	80—100	60—80	40—60	小于40
警级类型	很安全	无警	轻警	中警	重警
指标标准值	5	4	3	2	1

数据来源：根据陈秋玲：《社会预警管理》，中国社会出版社2009年版作者整理得出。

废水处理率的警戒标准国际上目前尚无通行标准，本报告借鉴文献研究得以上标准。

（10）社会全员劳动生产率的警戒标准

类　型	集约型	较集约型	粗放集约型	较粗放型	粗放型
社会全员劳动生产率（元/人）	大于80000	60000—80000	30000—60000	10000—30000	小于10000
警级类型	很安全	无警	轻警	中警	重警
指标标准值	5	4	3	2	1

数据来源：根据陈秋玲：《社会预警管理》，中国社会出版社2009年版作者整理得出。

社会全员劳动生产率的警戒标准来源于陈淑棉《我国经济增长方式的定量分析》1997一文。

（11）城市化水平的警戒标准

城市化水平%	大于80	80—60	60—50	50—30	小于30
警级类型	很安全	无警	轻警	中警	重警
指标标准值	5	4	3	2	1

数据来源：根据陈秋玲：《社会预警管理》，中国社会出版社2009年版作者整理得出。

城市化水平的警戒标准借鉴了钱纳里模型，包括非农就业人口占比的警戒标准和非农产业占比的警戒标准。

（12）非农就业人口占比的警戒标准

非农就业人口占比%	大于80	80—50	50—20	10月20日	小于10
警级类型	很安全	无警	轻警	中警	重警
指标标准值	5	4	3	2	1

数据来源：根据陈秋玲：《社会预警管理》，中国社会出版社2009年版作者整理得出。

（13）非农产业占比的警戒标准

非农产业占比%	大于90	90—70	70—50	50—30	小于30
警级类型	很安全	无警	轻警	中警	重警
指标标准值	5	4	3	2	1

由于西部欠发达地区大多地处偏远、交通落后、信息封闭，发展起点低、科技文化滞后，远离经济发达重心区域，工业化、城市化水平普遍较低，绝大部分人口至今仍生活在信息不畅、环境极端封闭的乡村县镇等经济发展"孤岛"，农村产业结构仍以农业和牧业为主，工业结构也偏重于采掘工业、原材料工业及农畜矿产品加工业等资源密集型产业，因而经济结构具有典型的初级性特征。这一特征既决定了经济实力薄弱、投资规模、消费水平、大部分企业、个人和广大农牧民的个人收入水平有限，又决定了经济结构转型的艰巨性。正因为如此，西部欠发达地区面临着由于经济环境恶劣而带来的比内地汉族聚居地区高得多的制度变革风险，即影响因素复杂，现实起点低，个人和企业自我发展能力弱，对政府的依赖性强，内部差异大，因而现代化发展只能是渐进式推进。

（14）城乡收入水平差距的警戒标准

城乡收入水平差距	小于1.5	1.5—2	2—2.5	2.5—3	大于3
警级类型	很安全	无警	轻警	中警	重警
指标标准值	5	4	3	2	1

数据来源：根据陈秋玲：《社会预警管理》，中国社会出版社2009年版作者整理得出。

按照国际上的经验，城乡收入水平差距1.7倍为安全，2倍为基本安全，2.5倍为有风险，3倍为重大风险，3.5倍以上可能出现社会稳定危机。结合我国国情，将该标准做适当调整。

（15）地区发展差距的警戒标准

地区发展差距	小于1.5	1.5—2	2—2.5	2.5—3	大于3
警级类型	很安全	无警	轻警	中警	重警
指标标准值	5	4	3	2	1

数据来源：根据陈秋玲：《社会预警管理》，中国社会出版社2009年版作者整理得出。

众所周知，导致前南斯拉夫分裂的原因除了长期积累的民族矛盾和民族冲突之外，还有两个致命的经济原因：一是中央汲取财政能力不断下降，中央财力过小！地方财力过大，中央财政收入仅占国家财政总收入比重的20%，而地方财政收入却占国家财政总收入的80%，且在各共和国之间财力分布极不平衡;二是地区发展差距不断扩大,使地区矛盾和民族矛盾不断激化,最富的斯洛文尼亚共和国与最穷的科索沃自治省,人均 GDP 相对差距扩大到5—8倍。正是在这两个经济因素的影响下,使前南斯拉夫陷入了一个难以回避的恶性循环过程,即中央财力下降使得中央无力实行财政转移支付,实现地区均衡发展,地区之间的发展差距进一步扩大;地区差距的扩大又导致中央财力的不断下降,富裕地区不愿向中央多上缴税收,而贫困地区又认为中央对地方不公平,这一状况不仅激化了中央与地方的矛盾,而且还激化了地区与地区之间的相互矛盾。实际上,如果从中国的发展现实来看,中国的地区差距要远比前南斯拉夫大得多。因而,进一步加快西部开发,有效抑制地区发展差距的不断拉大,才能确保中国社会的长期稳定(胡鞍钢,2004)。

(16)行业收入差距的警戒标准

行业收入差距	小于1.5	1.5—2	2—2.5	2.5—3	大于3
警级类型	很安全	无警	轻警	中警	重警
指标标准值	5	4	3	2	1

数据来源:根据陈秋玲:《社会预警管理》,中国社会出版社2009年版作者整理得出。

结合我国国情,行业收入差距的警戒标准设定如上表。

(17)R&D 经费占 GDP 的比例的警戒标准

R&D 占 GDP 的比%	大于3	3—2	2—1.5	1.5—1	小于1
警级类型	很安全	无警	轻警	中警	重警
指标标准值	5	4	3	2	1

数据来源:根据陈秋玲:《社会预警管理》,中国社会出版社2009年版作者整理得出。

根据研究表明,一个国家或地区自身的科技创新能力愈强,科学成果的应用能力就愈强;反过来获取外部知识的能力愈强,科技创新能力也会迅速增强。西部欠发达地区增长能力弱、应用新技术水平低的一个重要原因,就是科技创新能力相对较弱。虽然民族地区科技人员资源相对丰富,但是科技人员产出效率较低,不仅技术创新能力十分低下,而且适应市场能力也比较低下,既不能有效地开发技术,又不能有效的推广技术,特别是技术发明和技术创新能力大大低于全国平均水平和内地汉族聚居地区水平。西部欠发达地区科技事业发展相对缓慢,这不仅与经济实力薄弱有关,而且还与教育事业发展相对落后密切相关。因此,西部欠发达地区科技事业发展已成为制约经济发展的重要因素,如何提高科技人员的产出效率、技术创新、开拓市场能力水平,是西部欠发达地区有效促进经济发展、增强发展能力的关键。

世界上发达国家的实践表明,一个国家或地区 R&D 在 1% 以下时处于开发实用技术(中低技术)阶段,当 R&D 在 2% 以下时处于引进消化创新为主阶段,只有 R&D 在 2% 以上才能进入完全自主创新为主的阶段;产(行、企)业研究开发人才密度在 5% 以下处于中低技术开发阶段,只有研究开发人才密度超过 10% 以上,才可能进入高新技术创新阶段。

(18)高等教育毛入学率的警戒标准

高等教育毛入学率%	大于 50	50—35	35—15	15—8	小于 8
警级类型	很安全	无警	轻警	中警	重警
指标标准值	5	4	3	2	1

数据来源:根据陈秋玲:《社会预警管理》,中国社会出版社 2009 年版作者整理得出。

高等教育毛入学率反映的是国家提供高等教育机会的整体水平。从学龄人口(分母)看,大多数国家采用 18 岁—22 岁人口组。从在校生(分子)看,绝大多数国家要求学生在进入高等教育阶段前先接受 12 年教育。为了考察各国在不同高等教育入学率时所处的一般经济发展水平以及 20 世纪 80 年代以来变化的趋势,我们利用联合国教科文组织提供的数据进行了对比分析。

按照世界公认的高等教育发展“三段论”指标,高等教育毛入学率低于 15% 时为“精英化教育”,达到 15% 时进入“大众化阶段”,达到 50% 则进入“普及化阶段”。从高等教育与经济社会发展互动关系来看,美国、日本、英国、法国、韩国等教育发达国家的高等教育普及率超过 50%,这类国家的人均 GDP 一般在两万美元以上;教育较发达国家的高等教育毛入学率在 35%—50% 之间,如意大利、希腊、阿根廷等,这类国家的人均 GDP 超过 1.7 万美元;教育中等发达国家的高等教育毛入学率超过 15%,进入高等教育大众化阶段,如秘鲁、墨西哥等,这类国家的人均 GDP 一般超过 5000 美元;而教育欠发达国家的高等教育毛入学率低于 15%,如印度尼西亚、印度等,这类国家的人均 GDP 普遍低于 5000 美元。

（19）服务经济占 GDP 比的警戒标准

服务经济战GDP 的比重%	大于 70	70—60	60—50	50—40	小于 40
警级类型	很安全	无警	轻警	中警	重警
指标标准值	5	4	3	2	1

数据来源：根据陈秋玲：《社会预警管理》，中国社会出版社 2009 年版作者整理得出。

从服务业增加值占 GDP 的比重看，发达国家在 60%—70% 之间，其中美国已高达 75% 以上，中等收入国家在 50%—60% 之间；从服务业就业比重看，发达国家已高达 70% 左右，中等收入国家为 50%—60% 之间；低收入发展中国家的这两项指标横向比都较低。

（20）信息化水平的警戒标准

信息化水平	100—80	80—60	60—40	40—20	20—0
警级类型	很安全	无警	轻警	中警	重警
指标标准值	5	4	3	2	1

数据来源：根据陈秋玲：《社会预警管理》，中国社会出版社 2009 年版作者整理得出。

以国际上信息化水平最高的国家为 100，最低为 0，其他国家与之比较得出信息化水平的警戒标准。

（21）社会老龄化程度的警戒标准

社会老龄化程度%	60 岁以上人口比重	小于 5	5—10	10—15	15—20	大于 20
	65 岁以上人口比重	小于 3	3—7	7—10	10—15	大于 15
警级类型		很安全	无警	轻警	中警	重警
指标标准值		5	4	3	2	1

数据来源：根据陈秋玲：《社会预警管理》，中国社会出版社 2009 年版作者整理得出。

按照国际公认标准，一个国家 65 岁及其以上的人口比重超过 7%，或 60 岁及其以上的老年人口的比重超过 10%，该国即为老年型人口国家。联合国预测发达国家到 2040 年老龄化将达到 25%。我国老龄化的最高"警戒线"可设定为 65 岁以上老年人口比例为 26%。根据上述标准可得出我国社会老龄化程度指标警戒标准。

(22)性别比指标的警戒标准

安全程度	安全	基本安全	有风险	有重大风险	危机
性别比%	105	103—105 105—107	100—103 107—110	97—100 110—113	小于97 大于113
警级类型	很安全	无警	轻警	中警	重警
指标标准值	5	4	3	2	1

数据来源:根据陈秋玲:《社会预警管理》,中国社会出版社2009年版作者整理得出。

　　从国际经验来看,正常值一般在105.2左右——新出生男婴的数量较女婴稍多一点。这样,在男性死亡率大于女性死亡率这个人类生物性特征的影响下,到婚龄年龄段人口的性别比就会大致平衡。如果出生性别比超过了107,或者大大低于103,那就会造成未来婚龄年龄段女性或男性的短缺,形成婚姻挤压,使婚姻市场上缺少竞争力的那些找不到配偶的人数大幅增加,从而影响社会的安定并干扰既有的婚姻秩序。

(23)劳动适龄人口比重的警戒标准

劳动适龄人口比重%	大于70	70—60	60—55	55—50	小于50
警级类型	很安全	无警	轻警	中警	重警
指标标准值	5	4	3	2	1

数据来源:根据陈秋玲:《社会预警管理》,中国社会出版社2009年版作者整理得出。

　　1981年全世界人口中,适龄劳动年龄组为59%,发展中国家和发达国家分别为57.0%、64%。1990年我国劳动适龄人口(15岁—64岁)7.5亿人,占总人口的66.74%,接近发达国家劳动力资源水平。美国劳动适龄人口比重为66.2%,日本为68.57%,英国为65.7%,法国为65.97%。综合分析世界各国的现状与发展趋势,得到劳动适龄人口比重指标警戒线的划分标准。

(24)社会保障率的警戒标准

社会保障率%	大于90	90—70	70—50	50—30	小于30
警级类型	很安全	无警	轻警	中警	重警
指标标准值	5	4	3	2	1

数据来源:根据陈秋玲:《社会预警管理》,中国社会出版社2009年版作者整理得出。

社会保障是弥补市场机制缺陷、公平收入分配、稳定社会经济的、由政府所提供的一个社会安全网络。许多发达国家在建设福利国家中极大地提高了社会保障率，一般在90%以上；发展中国家的社会保障率也在不断攀升。根据国际经验，70%的社会保障率，社会既是稳定的也是有利于经济持续增长的；70%以下的社会保障率将出现社会不稳定、经济增长受影响等诸多问题。所以，有的学者把70%的社会成员社会保障定为社会稳定的警戒线。

（25）养老保障率的警戒标准

养老保障率%	100	90—100	80—90	70—80	小于70
警级类型	很安全	无警	轻警	中警	重警
指标标准值	5	4	3	2	1

数据来源：根据陈秋玲：《社会预警管理》，中国社会出版社2009年版作者整理得出。

综合分析经验数据，得我国养老保障率的警戒标准。

（26）失业保障率的警戒标准

失业保障率%	100	90—100	80—90	70—80	小于70
警级类型	很安全	无警	轻警	中警	重警
指标标准值	5	4	3	2	1

数据来源：根据陈秋玲：《社会预警管理》，中国社会出版社2009年版作者整理得出。

综合分析经验数据，得我国失业保障率的警戒标准。

（27）医疗保障率的警戒标准

医疗保障率%	100	90—100	80—90	70—80	小于70
警级类型	很安全	无警	轻警	中警	重警
指标标准值	5	4	3	2	1

数据来源：根据陈秋玲：《社会预警管理》，中国社会出版社2009年版作者整理得出。

综合分析经验数据，得我国医疗保障率的警戒标准。

（28）人均寿命的警戒标准

安全程度	安全	基本安全	有风险	有重大风险	危机
人均寿命	大于80	75—80	70—75	65—70	小于65
警级类型	很安全	无警	轻警	中警	重警
指标标准值	5	4	3	2	1

数据来源:根据陈秋玲:《社会预警管理》,中国社会出版社2009年版作者整理得出。

在20世纪90年代中后期,高收入国家平均预期寿命为76岁,中等收入国家为70岁。根据世界各国平均预期寿命的指标现状与趋势预测,参照高收入国家、中等收入国家、低收入国家的平均预期寿命指标值,得到平均预期寿命指标警戒线的划分标准.

改革开放以来,欠发达地区人口增长迅速、人力资源丰富。除内蒙古、四川、广西外,人口出生率、人口死亡率、人口自然增长率、人口年平均增长率、人口倍增年限均高于全国乃至内地汉族地区平均水平,致使人口的潜在规模较大、劳动力资源丰富。这虽然给民族地区带来了丰富的劳动力资源、巨大的消费市场,但也给劳动力就业、受教育机会与生活质量的进一步提高带来一定压力。

（29）婴儿死亡率的警戒标准

安全程度	安全	基本安全	有风险	有重大风险	危机
婴儿死亡率‰	小于10	10—30	30—50	50—70	大于70
警级类型	很安全	无警	轻警	中警	重警
指标标准值	5	4	3	2	1

数据来源:根据陈秋玲:《社会预警管理》,中国社会出版社2009年版作者整理得出。

从世界各国经验数据判断,得到婴儿死亡率的警戒标准。

新中国成立以来我国民族地区公共卫生条件、饮食与营养状况明显改善,现已控制并消除了严重的传染病和寄生虫病,对绝大多数人来说,生活得更健康、寿命更长的健康目标已基本实现。然而,目前婴儿死亡率仍高出全国平均水平及汉族聚居地区20—30个百分点,每10万人口传染病死亡率高出全国平均水平及汉族聚居地区50—60个百分点,人口平均预期寿命比全国平均水平及汉族聚居地区低3—5年,人口负担系数高出全国平均水平及汉族聚居地区2—4个百分点(温刚,2008)。

第九章 中国西部欠发达地区发展失衡预警实证研究

本章将在前一章建立的指标体系的基础上,对西部欠发达地区(四区一省)进行实证性研究,对各指标进行预警判断,并与西部其他省区做比较,来分析西部欠发达地区社会系统运行的现状特点。并探讨西部欠发达地区社会预警管理模式。

一、西部欠发达地区社会运行现状分析及预警判断

说明:1. 表中加 * 的指标表示该省区的指标值代表的是全省平均水平,而非欠发达地区平均水平。2. 其中美元兑换人民币的汇率按 7.8 计算。3. 为了对西部欠发达地区(四区一省)以外的其他西部省区形成比较,把西部其他省区的相关数据也列入表内。

(一)政治发展指标分析及预警判断

1. 少数民族代表占人大代表总数比例

表 9-1　西部各省区少数民族代表占人大代表总数比例

地　区		* 少数民族代表占人大代表总数比(%)	警区	警级	警报	年份
西部少数民族地区	云南	58.14				2008
	广西	65.06				2008
	西藏	82.35				2008
	新疆	64.29				2008
	内蒙古	45.28				2008

续表

地　　区		* 少数民族代表占 人大代表总数比(%)	警区	警级	警报	年份
西部其 他省区	陕西	3.17				2008
	宁夏	60.00				2008
	甘肃	23.66				2008
	青海	52.94				2008
	四川	15.33				2008
	重庆	8.93				2008
	贵州	43.33				2008

数据来源:根据《2009 年民族统计年鉴》整理计算。

注:由于目前既没有国际经验或研究文献可借鉴,也没有经验数据予以参考,故不定警级,只作对比分析。

2. 少数民族占人口比重

表 9-2　西部各省区少数民族人口占总人口比重

地　　区		* 少数民族占人口比(%)	警区	警级	警报	年份
西部少数 民族地区	云南	33.70				2005
	广西	38.54				2005
	西藏	94.10				2005
	新疆	60.26				2005
	内蒙古	21.62				2005
西部其 他省区	陕西	0.50				1987
	宁夏	35.98				2005
	甘肃	9.26				2005
	青海	46.32				2005
	四川	5.10				2005
	重庆	6.50				2005
	贵州	38.98				2005

注:由于目前既没有国际经验或研究文献可资借鉴,也没有经验数据予以参考,故不定警级,只做对比分析。

数据来源:根据《2006 年民族统计年鉴》和《2006 年中国统计年鉴》整理计算。

　　我国政府对西部地区少数民族问题是十分重视的,我国政府对西部欠发达地区实行的政策之一是民族区域自治政策并大力培养少数民族干部,主要措施有:根据民族工作以及社会发展的需要,通过各级各类院校培训学习,全

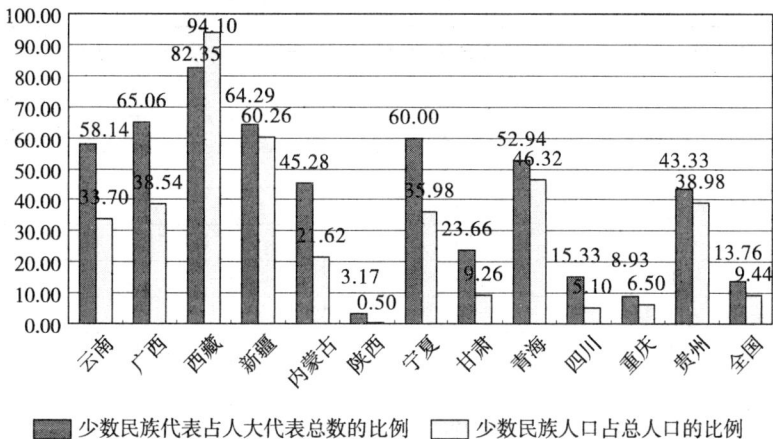

图 9-1　少数民族代表占人大总数比与少数民族人口占人口总数比的比较

数据来源：根据《2006 年民族统计年鉴》和《2006 年中国统计年鉴》整理计算。

面提高少数民族干部素质；注重实践锻炼，各地、各部门有计划地开展干部交流、岗位轮换，选派少数民族干部到中央、国家机关和经济相对发达地区挂职锻炼，培养了大批少数民族干部，促进了欠发达地区经济社会的快速发展；在坚持德才兼备原则的前提下，同等条件优先选拔和使用少数民族干部，使少数民族干部在各级党委、政府、人大和政协等领导班子中占有适当比例。表9-1,9-2 分别为西部各省少数民族占人大代表比例和少数民族占人口比例。从图 9-1 中可以看出，除西藏外，我国西部各省少数民族占人大代表比例均高于全国水平。

3. 贪污受贿案件

贪污受贿案件数是衡量政治清明的重要政治指标，从表中可以看出，贪污受贿案件数统计在西部各省区发生数各不相同，其中在西藏地区较少，在云南、广西较多，其他省份地区贪污受贿案件数处于普通发生状态。贪污受贿这种由国家工作人员构成犯罪主体的犯罪，自古以来就是腐败的集中表现，是社会的一大弊端，继续泛滥下去，必将严重侵蚀国家肌体，污损国家形象，危害公众利益，败坏社会风气，阻碍社会的文明与进步。

表9-3   西部各省区与全国贪污受贿案件数

地 区		贪污受贿案件数(件)	警区	警级	警报	年份
西部少数民族地区	云南	914				2005
	广西	1059				2005
	西藏	56				2005
	新疆	751				2005
	内蒙古	530				2005
西部其他省区	陕西	1169				2005
	宁夏	147				2005
	甘肃	559				2005
	青海	417				2005
	四川	676				2005
	重庆	680				2005
	贵州	1160				2005

注:由于目前既没有国际经验或研究文献可资借鉴,也没有经验数据予以参考,故不定警级,只做对比分析。

数据来源:根据《2006年民族统计年鉴》和《2006年中国统计年鉴》整理计算。

(二)经济发展指标分析及预警判断

1. 人均地区生产总值

表9-4   西部各省区人均GDP(美元)

地 区		人均GDP(美元)	警区	警级	警报	年份
西部少数民族地区	云南	783.33	530—1200	重警	红色	2005
	广西	1067.66	530—1200	重警	红色	2005
	西藏	1203.75	1200—2400	中警	橙色	2005
	新疆	1660.76	1200—2400	中警	橙色	2005
	内蒙古	2092.82	1200—2400	中警	橙色	2005
西部其他省区	*陕西	1267.45	1200—2400	中警	橙色	2005
	宁夏	1303.33	1200—2400	中警	橙色	2005
	甘肃	442.26	530—1200	重警	红色	2005
	青海	1251.15	1200—2400	中警	橙色	2005
	四川	889.43	530—1200	重警	红色	2005
	重庆	517.4	530—1200	重警	红色	2005
	贵州	453.45	530—1200	重警	红色	2005

数据来源:根据《2006年民族统计年鉴》和《2006年中国统计年鉴》整理计算。

内蒙古、新疆人均 GDP 指标位于橙色中警区,广西、云南、西藏人均 GDP
指标位于红色重警区。根据钱纳里工业化划分标准,所有省区均还处于社会
工业化进程的起始及初始阶段。以上数据表明我国西部欠发达地区经济不
发达。

2. 恩格尔系数

(1)城镇恩格尔系数

表 9-5　西部省区城镇恩格尔系数(%)

地　区		城镇恩格尔系数(%)	警区	警级	警报	年份
西部少数民族地区	云南	40.87	40—50	轻警	黄色	2005
	广西	41.33	40—50	轻警	黄色	2005
	西藏	44.45	40—50	轻警	黄色	2005
	新疆	36.37	30—40	无警	绿色	2005
	内蒙古	31.43	30—40	无警	绿色	2005
西部其他省区	*陕西	36.08	30—40	无警	绿色	2005
	宁夏	34.8	30—40	无警	绿色	2005
	甘肃	43.18	40—50	轻警	黄色	2005
	青海	33.97	30—40	无警	绿色	2005
	四川	44.5	40—50	轻警	黄色	2005
	*重庆	36.36	30—40	无警	绿色	2005
	贵州	38.15	30—40	无警	绿色	2005

数据来源:根据《2006 年中国统计年鉴》整理计算。

广西、云南、西藏的城镇恩格尔系数处于黄色轻警区,社会经济发展水平
处于小康阶段[1]。内蒙古、新疆城镇恩格尔系数处于绿色无警区,社会经济发
展水平处于富裕阶段[2]。但是,这是在经济总体不发达的基础上计算出的恩
格尔系数。人均 GDP 数据表明,这些西部欠发达地区大多数处于社会工业化
起始及初级阶段,经济不发达。

(2)农村恩格尔系数

---

[1]　判断标准来源于中国科学院国情分析小组:《机遇与挑战》,科学出版社 1995 年版。

[2]　判断标准来源于中国科学院国情分析小组:《机遇与挑战》,科学出版社 1995 年版。

表9-6　西部省区农村恩格尔系数(%)

地　区		农村恩格尔系数(%)	警区	警级	警报	年份
西部少数民族地区	云南	51.82	50—60	中警	橙色	2005
	广西	50.51	50—60	中警	橙色	2005
	西藏	68.76	≥60	重警	红色	2005
	新疆	41.77	40—50	轻警	黄色	2005
	内蒙古	43.09	40—50	轻警	黄色	2005
西部其他省区	*陕西	42.87	40—50	轻警	黄色	2005
	宁夏	44.05	40—50	轻警	黄色	2005
	甘肃	49.56	40—50	轻警	黄色	2005
	青海	24.74	≤30	很安全	蓝色	2005
	四川	59.51	50—60	中警	橙色	2005
	重庆	51.94	50—60	中警	橙色	2005
	贵州	55.4	50—60	中警	橙色	2005

数据来源:根据《2006年中国统计年鉴》整理计算。

　　所有省区的农村恩格尔系数均有不同的警情。其中,西藏农村恩格尔系数处于红色重警区,生活水平处于绝对贫困状态①。广西、云南处于橙色重警区,生活水平处于温饱阶段②。内蒙古、新疆处于黄色轻警区,生活水平处于小康阶段③。与上面对城镇恩格尔系数的分析类似,经济不发达下的小康水平是称不上真正意义的小康生活的。从恩格尔系数来看,中国全面建设小康社会的重点不在城市而在农村,不在东部地区的农村,而在中西部地区的农村,特别是在民族地区的广大农村。

　　3. 人均可支配收入

表9-7　西部省区人均可支配收入(美元)

地　区		人均可支配收入(美元)	警区	警级	警报	年份
西部少数民族地区	云南	433.47	≤800	重警	红色	2005
	广西	614.49	≤800	重警	红色	2005
	西藏	627.86	≤800	重警	红色	2005
	新疆	580.56	≤800	重警	红色	2005
	内蒙古	755.24	≤800	重警	红色	2005

---

①　判断标准来源于中国科学院国情分析小组:《机遇与挑战》,科学出版社1995年版。
②　判断标准来源于中国科学院国情分析小组:《机遇与挑战》,科学出版社1995年版。
③　判断标准来源于中国科学院国情分析小组:《机遇与挑战》,科学出版社1995年版。

续表

地　区		人均可支配收入(美元)	警区	警级	警报	年份
西部其他省区	＊陕西	559.97	≤800	重警	红色	2005
	宁夏	624.37	≤800	重警	红色	2005
	甘肃	442.26	≤800	重警	红色	2005
	青海	441.72	≤800	重警	红色	2005
	四川	470.45	≤800	重警	红色	2005
	＊重庆	790.88	≤800	重警	红色	2005
	贵州	467.45	≤800	重警	红色	2005

数据来源:根据《2006年中国统计年鉴》整理计算。

　　西部欠发达地区各省区人均可支配收入都处于红色重警区,都是低收入省份,生活水平仍然处于贫困阶段。西部欠发达地区处于经济不发达,生活不富裕状态,需要国家制定相关的政策来刺激经济发展,改善人民生活水平,消除西部地区社会不稳定的隐患。

　　4. 财政赤字率

表9-8　西部省区财政赤字率(%)

地　区		财赤率(%)	警区	警级	警报	年份
西部少数民族地区	云南	2.6	2~3	无警	绿色	2005
	广西	5.89	≥5	重警	红色	2005
	西藏	69.6	≥5	重警	红色	2005
	新疆	0	≤2	很安全	蓝色	2005
	内蒙古	5.09	≥5	重警	红色	2005
西部其他省区	＊陕西	9.89	≥5	重警	红色	2005
	宁夏	12.09	≥5	重警	红色	2005
	甘肃	19.76	≥5	重警	红色	2005
	青海	1.49	≤2	很安全	蓝色	2005
	四川	19.66	≥5	重警	红色	2005
	重庆	12.17	≥5	重警	红色	2005
	贵州	12.29	≥5	重警	红色	2005

数据来源:根据《2006年民族统计年鉴》和《2006年中国统计年鉴》整理计算。

　　新疆、青海的财赤率指标很安全,处于蓝色安全区。云南省财赤率处于绿色无警区。其余省区处于红色重警区,其中西藏自治区的财赤率更是高达 69.6%。财赤率表明各省推行的财政政策虽然都是积极的,但是在程度上存在差异。财赤率越大,表明其积极程度越大,但是所面临的财政风险也越大。

5. 通胀率

表 9-9　西部省区通胀率(%)

地　区		通胀率(%)	警区	警级	警报	年份
西部少数民族地区	云南	1.4	≤3	很安全	蓝色	2005
	广西	2.4	≤3	很安全	蓝色	2005
	西藏	1.5	≤3	很安全	蓝色	2005
	新疆	0.7	≤3	很安全	蓝色	2005
	内蒙古	2.4	≤3	很安全	蓝色	2005
西部其他省区	陕西	1.2	≤3	很安全	蓝色	2005
	宁夏	1.5	≤3	很安全	蓝色	2005
	甘肃	1.7	≤3	很安全	蓝色	2005
	青海	0.8	≤3	很安全	蓝色	2005
	四川	1.7	≤3	很安全	蓝色	2005
	重庆	0.8	≤3	很安全	蓝色	2005
	贵州	1	≤3	很安全	蓝色	2005

数据来源:根据《2006 年民族统计年鉴》和《2006 年中国统计年鉴》整理计算。

2005 年,西部欠发达地区通胀率指标全体都处于蓝色安全区,对于经济的运行影响小,没有什么危害。

6. 收入水平差距

(1)城乡收入水平差距

表 9-10　西部省区城乡收入水平差距

地　区		城乡收入水平差距	警区	警级	警报	年份
西部少数民族地区	云南	4.79	≥3	重警	红色	2005
	广西	3.72	≥3	重警	红色	2005
	西藏	4.54	≥3	重警	红色	2005
	新疆	3.22	≥3	重警	红色	2005
	内蒙古	3.06	≥3	重警	红色	2005

续表

地　区		城乡收入水平差距	警区	警级	警报	年份
西部其他省区	*陕西	4.03	≥3	重警	红色	2005
	宁夏	3.23	≥3	重警	红色	2005
	甘肃	3.78	≥3	重警	红色	2005
	青海	3.7	≥3	重警	红色	2005
	四川	3.47	≥3	重警	红色	2005
	重庆	3.65	≥3	重警	红色	2005
	贵州	4.29	≥3	重警	红色	2005

数据来源:根据《2006年中国统计年鉴》整理计算。

西部省城乡收入差距均属于红色重警区,云南、西藏两个地区更是超过了4倍。再加上农民基本上不享受社会保障,而城镇居民享受了社会保障、各种福利和补贴,加上此因素,实际的城乡收入差距应为6倍左右,这一比例大大超过了世界各国。由于城镇劳动生产率始终高于农业劳动生产率,这就决定了城镇收入增幅必然高于农民收入,如果农村没有特殊的政策支持,则城乡差距的扩大将无法避免。根据国际经验,这一指标为3时社会发展存在重大风险,大于3.5更是会出现社会稳定危机,所以西部欠发达地区城乡收入差距对于社会稳定来说就像一颗定时炸弹,随时威胁着西部欠发达地区的稳定发展。

我国正处于这一关键时期,收入分配矛盾也达到了显性化、凸显化时期,对此我们不能不引起警惕,并采取有力措施以制止。鉴于此,我们可以通过统筹城乡发展改变城乡二元结构、建设社会主义新农村等举措以缩小城乡收入差距;通过统筹区域发展以缩小区域收入差距;通过完善市场、规范市场竞争规则、控制垄断行业来缩小行业差距;通过完善社会保障制度、改革医疗制度、普及义务教育制度来保护弱势群体,缩小阶层差距,最终改善我国收入差距过大的现状,为经济发展、社会稳定营造一个良好的新基石。

(2)行业收入差距

表 9-11　西部省区行业收入差距

地　区		行业收入差距	警区	警级	警报	年份
西部少数民族地区	云南	2.59	2.5—3	中警	橙色	2005
	广西	3.28	≥3	重警	红色	2005
	西藏	3.68	≥3	重警	红色	2005
	新疆	2.78	2.5—3	中警	橙色	2005
	内蒙古	3.57	≥3	重警	红色	2005
西部其他省区	陕西	3.6	≥3	重警	红色	2005
	宁夏	3.41	≥3	重警	红色	2005
	甘肃	2.55	2.5—3	中警	橙色	2005
	青海	2.73	2.5—3	中警	橙色	2005
	四川	3.23	≥3	重警	红色	2005
	重庆	3.05	≥3	重警	红色	2005
	贵州	2.91	2.5—3	中警	橙色	2005

注:该表中所用各行业数据均为全省平均数据。

数据来源:根据《2006 年民族统计年鉴》和《2006 年中国统计年鉴》整理计算。

　　云南、宁夏、新疆地区的行业收入差距在 2.5 倍与 3 倍之间,处于橙色中警区域。内蒙古、广西、西藏地区的收入差距大于 3 倍,处在红色重警区域。过大的行业收入差距给人们的择业观念、社会风气带来了不良影响,对地区经济发展和社会稳定造成了负面影响。

　　7. 非农产业占比

表 9-12　西部省区非农产业占比(%)

地　区		非农产业占比(%)	警区	警级	警报	年份
西部少数民族地区	云南	72.42	70—90	无警	绿色	2005
	广西	77.61	70—90	无警	绿色	2005
	西藏	80.88	70—90	无警	绿色	2005
	新疆	80.42	70—90	无警	绿色	2005
	内蒙古	84.87	70—90	无警	绿色	2005
西部其他省区	* 陕西	88.14	70—90	无警	绿色	2005
	宁夏	88.11	70—90	无警	绿色	2005
	甘肃	73.92	70—90	无警	绿色	2005
	青海	83.83	70—90	无警	绿色	2005
	四川	72.15	70—90	无警	绿色	2005
	重庆	70.11	70—90	无警	绿色	2005
	贵州	66.83	50—70	轻警	黄色	2005

数据来源:根据《2006 年民族统计年鉴》、《2006 年各省统计年鉴》和《2006 年中国统计年鉴》整理计算。

从产业结构上来看,随着城市化进程和产业结构的调整,西部欠发达地区农业产业仍占有较大比例,除贵州的非农产业占比指标值处于黄色轻警区外,其余地区这一指标均位于绿色无警区。

表 9-13　西部省区非农就业人口占比(%)

地　区		非农就业人口占比(%)	警区	警级	警报	年份
西部少数民族地区	云南	25.58	20—50	轻警	黄色	2005
	广西	43.82	20—50	轻警	黄色	2005
	西藏	38.56	20—50	轻警	黄色	2005
	新疆	46.73	20—50	轻警	黄色	2005
	内蒙古	46.17	20—50	轻警	黄色	2005
西部其他省区	*陕西	49.2	20—50	轻警	黄色	2005
	宁夏	51.58	50—80	无警	绿色	2005
	甘肃	32.64	20—50	轻警	黄色	2005
	青海	61.84	50—80	无警	绿色	2005
	四川	25.57	20—50	轻警	黄色	2005
	重庆	24.66	20—50	轻警	黄色	2005
	贵州	31.77	20—50	轻警	黄色	2005

数据来源:根据《2006 年民族统计年鉴》、《2006 年各省统计年鉴》和《2006 年中国统计年鉴》整理计算。

2005 年西部大多数地区该指标值均位于黄色轻警区。从人口就业结构来看,西部地区的城市化水平仍然较为落后。

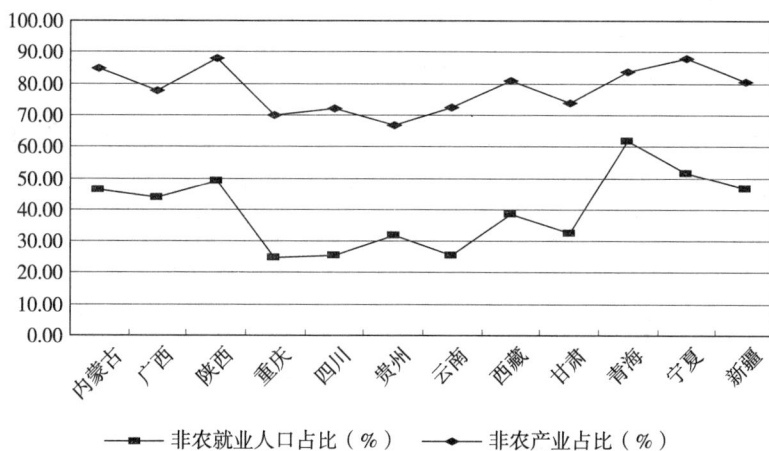

图 9-2　非农产业占比与非农就业人口占比折线图

数据来源:根据《2006 年各省统计年鉴》和《2006 年中国统计年鉴》整理计算。

从图 9-2 可以看出,西部欠发达地区的非农产业占比指标和非农就业人口占比指标之间存在很大的正的相关性,但是由于欠发达地区均表现出非农产业占比越大,非农就业人口占比就越大的趋势。各个地区的非农产业容纳劳动力程度较弱,在非农产业占比指标无警的状况下,非农就业人口占比指标仍然出现了轻度警情。

8. 全员劳动生产率

表 9-14　西部各省区工业企业社会全员劳动生产率

地　区		工业企业全员劳动生产率(万元/人)	警区	警级	警报	年份
西部少数民族地区	云南	7.60	6—8	无警	绿色	2007
	广西	8.38	6—8	无警	绿色	2007
	西藏	6.86	6—8	无警	绿色	2007
	新疆	7.90	6—8	无警	绿色	2007
	内蒙古	7.95	6—8	无警	绿色	2008
西部其他省区	陕西	5.98	3—6	轻警	黄色	2005
	宁夏	6.70	6—8	无警	绿色	2006
	甘肃	3.30	3—6	轻警	黄色	2002
	青海	4.00	3—6	轻警	黄色	2005
	四川	7.20	6—8	无警	绿色	2007
	重庆	5.95	3—6	轻警	黄色	2005
	贵州	4.20	3—6	轻警	黄色	2004

数据来源:根据《2006 年各省统计年鉴》和《2006 年中国统计年鉴》整理计算。

工业企业社会全员劳动生产率是根据工业产品价值量指标计算的每个从业人员单位时间的产品生产量。从表 9-6 中可以看出,云南、广西、西藏、新疆、内蒙古的工业企业社会全员劳动生产率指标处于绿色无警区,

总之,西部地区各省基本处于经济不发达,人民生活不富裕,城市化水平低状态,并且在收入的行业维度、城乡维度均存在较大差距,极易导致西部欠发达地区产生社会矛盾,从而影响社会的稳定,阻滞社会的发展。

9. 服务经济占 GDP 比重

表 9-15　西部各省区服务经济占 GRP 比重

地　区		*民族地区服务经济占 GRP 比重(%)	警区	警级	警报	年份
西部少数民族地区	云南	35.10	≤40	重警	红色	2005
	广西	40.50	40—50	中警	橙色	2005
	西藏	55.60	50—60	轻警	黄色	2005
	新疆	35.70	≤40	重警	红色	2005
	内蒙古	39.30	≤40	重警	红色	2005
西部其他省区	陕西	—	—	—	—	—
	宁夏	41.70	40—50	中警	橙色	2005
	甘肃	44.00	40—50	中警	橙色	2005
	青海	25.40	≤40	重警	红色	2005
	四川	35.20	≤40	重警	红色	2005
	重庆	37.10	≤40	重警	红色	2005
	贵州	35.30	≤40	重警	红色	2005

数据来源:根据《2006 年民族统计年鉴》和《2006 年各省统计年鉴》整理计算。

　　服务经济涵盖了服务业乃至对外服务贸易的广阔的市场经济门类与形式,它在国民经济构成中占有极其重要的地位。服务经济是我国正在进行的产业结构调整升级的主要途径,关系到未来经济发展的走向与创新,具有十分重要的战略意义。民族地区服务经济占 GRP 比重是基于民族地区竞争力的一项指标,从表中可以看出欠发达地区服务经济占 GRP 比处于红色重警区有:云南、新疆、内蒙古,广西的该指标处于橙色重警区,而西藏的民族地区服务经济占 GRP 比重处于黄色的轻警区间。

(三)社会发展指标分析及预警判断

1. 城乡居民贫困率

表 9-16　西部省区城乡居民贫困率(%)

地　区		城乡居民贫困率(%)	警区	警级	警报	年份
西部少数民族地区	云南	42.63	≥10	重警	红色	2005
	广西	15.25	≥10	重警	红色	2005
	西藏	86.93	≥10	重警	红色	2005
	新疆	29.18	≥10	重警	红色	2005
	内蒙古	24.73	≥10	重警	红色	2005

续表

地　区		城乡居民贫困率(%)	警区	警级	警报	年份
西部其他省区	陕西	26.14	≥10	重警	红色	2005
	宁夏	47.13	≥10	重警	红色	2005
	甘肃	41.56	≥10	重警	红色	2005
	青海	49.69	≥10	重警	红色	2005
	四川	38.94	≥10	重警	红色	2005
	重庆	34.84	≥10	重警	红色	2005
	贵州	46.62	≥10	重警	红色	2005

数据来源:根据《2006 年各省统计年鉴》整理计算。

2. 登记失业率

表 9-17　西部省区登记失业率(%)

地　区		登记失业率(%)	警区	警级	警报	年份
西部少数民族地区	云南	4.2	4~5	中警	橙色	2005
	广西	4.2	4~5	中警	橙色	2005
	西藏	4.3	4~5	中警	橙色	2007
	新疆	3.9	3~4	轻警	黄色	2005
	内蒙古	4.3	4~5	中警	橙色	2005
西部其他省区	陕西	4.2	4~5	中警	橙色	2005
	宁夏	4.5	4~5	中警	橙色	2005
	甘肃	3.3	3~4	轻警	黄色	2005
	青海	3.9	3~4	轻警	黄色	2005
	四川	4.6	4~5	中警	橙色	2005
	重庆	4.1	4~5	中警	橙色	2005
	贵州	4.2	4~5	中警	橙色	2005

数据来源:根据《2006 年各省统计年鉴》和《2006 年中国统计年鉴》整理计算。

　　内蒙古、广西、云南、西藏四省区登记失业率处于橙色中警区。但是,随着城市化的推进和劳动年龄人口的增加,西部地区仍然存在严重的就业压力。再加之,西部农村地区的隐形失业人员众多,实际失业率远远大于登记失业率,对社会稳定的影响也是巨大的。

3. 城市化水平

表9-18　西部省区城市化水平(%)

地　　区		城市化水平(%)	警区	警级	警报	年份
西部少数民族地区	云南	13.94	≤30	重警	红色	2005
	广西	18.58	≤30	重警	红色	2005
	西藏	16.12	≤30	重警	红色	2005
	新疆	36.87	30—50	中警	橙色	2005
	内蒙古	39.82	30—50	中警	橙色	2005
西部其他省区	＊陕西	37.22	30—50	中警	橙色	2005
	宁夏	36.77	30—50	中警	橙色	2005
	甘肃	13.32	≤30	重警	红色	2005
	青海	21.06	≤30	重警	红色	2005
	四川	14.37	≤30	重警	红色	2005
	重庆	11.46	≤30	重警	红色	2005
	贵州	10.37	≤30	重警	红色	2005

数据来源:根据《2006年各省统计年鉴》整理计算。

从人口结构来看,2005年西部欠发达地区城市化水平指标有较严重的警情。内蒙古、新疆为橙色中度警情,广西、云南、西藏出现红色重度警情。

4. R&D 经费占 GRP 的比例

表9-19　西部各省民族自治地区 R&D 经费占 GRP 的比例

地　　区		＊民族自治地区 R&D 经费占 GRP 的比例(%)	警区	警级	警报	年份
西部少数民族地区	云南	0.16	≤1	重警	红色	2005
	广西	0.18	≤1	重警	红色	2005
	西藏	0.25	≤1	重警	红色	2005
	新疆	0.23	≤1	重警	红色	2005
	内蒙古	0.14	≤1	重警	红色	2005
西部其他省区	陕西	——	——	——	——	——
	宁夏	0.34	≤1	重警	红色	2005
	甘肃	0.13	≤1	重警	红色	2005
	青海	0.05	≤1	重警	红色	2005
	四川	0.09	≤1	重警	红色	2005
	重庆	0.01	≤1	重警	红色	2005
	贵州	0.05	≤1	重警	红色	2005

数据来源:根据《2006年各省统计年鉴》整理计算。

　　民族自治地区 R&D 经费占 GRP 的比例是指在民族自治地区研究与试验发展经费支出（R&D）占民族地区内生产总值（GRP）的比例，这是一个基于民族地区竞争力分析的指标，高水平的 R&D 投入强度是地区具有较高创新能力的重要保障，从表 9-19 中可以看出，西部 12 省区 R&D 经费占 GRP 的比例指标均处于红色重警区。因此，加强引导、加大投入、缩小差距，提高全国各民族自治地区科学研究与试验发展的整体水平仍然任重道远。

　　5. 高等教育毛入学率

表 9-20　西部各省区与全国平均水平高等教育毛入学率

地　区		高等教育毛入学率（%）	警区	警级	警报	年份
西部少数民族地区	云南	12.65	8—14	中警	橙色	2005
	广西	13.00	8—14	中警	橙色	2003
	西藏	11.40	8—14	中警	橙色	2005
	新疆	15.00	15—35	轻警	黄色	2005
	内蒙古	16.20	15—35	轻警	黄色	2005
西部其他省区	陕西	22.00	15—35	轻警	黄色	2006
	宁夏	19.00	15—35	轻警	黄色	2006
	甘肃	15.00	15—35	轻警	黄色	2006
	青海	18.00	15—35	轻警	黄色	2006
	四川	19.00	15—35	轻警	黄色	2006
	重庆	20.00	15—35	轻警	黄色	2006
	贵州	10.00	8—14	中警	橙色	2006

数据来源：根据《2006 年中国统计年鉴》、《2007 年中国统计年鉴》和《2007 各省统计年鉴》整理计算。

　　高等教育毛入学率是衡量地区竞争力指数的重要指标，从表 9-20 中可以看出，我国经过多年的教育改革，高等教育招生数和在校生规模持续增加，高等教育毛入学率指数已得到很大的提升，但指标值处于有警情区间。新疆、内蒙古均处于黄色轻警区；而云南、广西、西藏的教育水平稍落后，处于橙色中警区。

6. 互联网用户数

表 9-21　西部各省区与东部几省互联网用户数

地　区		互联网用户（万户）	警区	警级	警报	年份
西部少数民族地区	云南	103				2003
	广西	168				2003
	西藏	0.4513				2002
	新疆	60.79				2004
	内蒙古	33.1				2003
西部其他省区	陕西	110.7				2003
	宁夏	17.45				2003
	甘肃	19.5				2003
	青海	8.3				2005
	四川	254				2005
	重庆	57				2002
	贵州	63.6				2004
部分东部沿海省份	福建	245				2003
	浙江	320				2003
	江苏	392.9				2003
	广东	250				2002
	天津	30.2				2001

数据来源：根据《2006 年中国统计年鉴》和《2006 年各省统计年鉴》整理计算。
（注：由于目前既没有国际经验或研究文献可资借鉴，也没有经验数据予以参考，故暂不对这些指标进行警级分析，只做同维度对比分析）

信息化是当今经济社会发展的大趋势，信息化水平的高低，已经成为衡量一个国家和地区国际竞争力的重要因素。信息化发展指数（IDI）是由全面反映信息发展水平的 5 大要素合成的一个复合指标，这 5 大要素包括：信息化基础设施、信息化使用、知识水平、发展环境与效果和信息消费，由于信息化水平数据可得性差，且不方便测量，我们将互联网用户统计数作为衡量信息化水平的重要指标，在这里进行分析。从表中可以看出，西部各省区的互联网用户数大大低于东部的福建、浙江、江苏、广东、天津等省或直辖市，尤其是西藏、新疆、内蒙古，互联网用户数只有约东部省份的十分之一甚至更少，这说明我国西部的信息化水平跟东部差距明显，需要尽快提高。

7. 男女性别比

表9-22　西部各省民族自治地区男女性别

地　　区		*民族地区男女性别比	警区	警级	警报	年份
西部少数民族地区	云南	106.10	105—117	无警	绿色	2005
	广西	110.90	105—117	无警	绿色	2005
	西藏	102.10	105—117	无警	绿色	2005
	新疆	105.00	105—117	无警	绿色	2005
	内蒙古	106.20	105—117	无警	绿色	2005
西部其他省区	陕西	—	—	—	—	2005
	宁夏	105.21	105—117	无警	绿色	2005
	甘肃	106.48	105—117	无警	绿色	2005
	青海	105.46	105—117	无警	绿色	2005
	四川	107.81	105—117	无警	绿色	2005
	重庆	112.66	105—117	无警	绿色	2005
	贵州	109.31	105—117	无警	绿色	2005

数据来源:根据《2006年各省统计年鉴》整理计算。

自20世纪90年代中期以来,我国的男女性别比就伴随着计划生育政策的严格执行而迅速攀升,国家统计局08年发布的2007年国民经济和社会发展统计公报显示,我国出生人口性别比为120.22,该指标远超过正常值,位于红色重警区,但民族地区由于采取了适当的民族人口优惠政策,使得民族地区男女性别比处于绿色无警区,西部各省民族地区男女性别比也都处于绿色无警区,由于陕西省无民族自治地区,故陕西省该指标指数从缺。

8. 人口老龄化

表9-23　西部各省区人口老龄化程度

地　　区		人口老龄化程度	警区	警级	警报	年份
西部少数民族地区	云南	中		中警	黄色	2008
	广西	中		中警	黄色	2008
	西藏	低		无警	绿色	2008
	新疆	低		无警	绿色	2008
	内蒙古	中		中警	黄色	2008

续表

地　区		人口老龄化程度	警区	警级	警报	年份
西部其他省区	陕西	中		中警	黄色	2008
	宁夏	低		无警	绿色	2008
	甘肃	低		无警	绿色	2008
	青海	低		无警	绿色	2008
	四川	中		中警	黄色	2008
	重庆	中		中警	黄色	2008
	贵州	中		中警	黄色	2008

数据来源:根据《2009年各省统计年鉴》整理计算。

表9-24　西部各省区与全国平均水平人口老龄化速度

地　区		人口老龄化速度	警区	警级	警报	年份
西部少数民族地区	云南	低		轻警	黄色	2008
	广西	低		轻警	黄色	2008
	西藏	中		中警	橙色	2008
	新疆	中		中警	橙色	2008
	内蒙古	高		重警	红色	2008
西部其他省区	陕西	低		轻警	黄色	2008
	宁夏	中		中警	橙色	2008
	甘肃	中		中警	橙色	2008
	青海	中		中警	橙色	2008
	四川	高		重警	红色	2008
	重庆	高		重警	红色	2008
	贵州	低		轻警	黄色	2008

数据来源:根据《2009年各省统计年鉴》整理计算。

　　人口老龄化是指总人口中因年轻人口数量减少、年长人口数量增加而导致的老年人口比例相应增长的动态过程。国际上,人口老龄化的具体标准通常是把60岁以上的人口占总人口比例达到10%,或65岁以上人口占总人口的比重达到7%作为国家或地区是否进入老龄化社会的标准。20世纪后期,我国为控制人口的急剧增长,国家推行计划生育政策,使得人口出生率迅速下降,加快了我国人口老龄化的进程。由于21世纪前半叶人口压力仍然沉重,还要继续坚持计划生育的国策,其结果将不可避免地使我国提早达到人口老龄化高峰(如图9-3所示)。可以看出西部12省区人口老龄化程度均中等或较低,处于较安全的黄色轻警区和绿色无警区。但西藏、新疆人口老龄化速度中等,处于橙色中警区,而内蒙古的人口老龄化速度均高,处于红色重警区,因此,人口老龄化问题的解决刻不容缓。

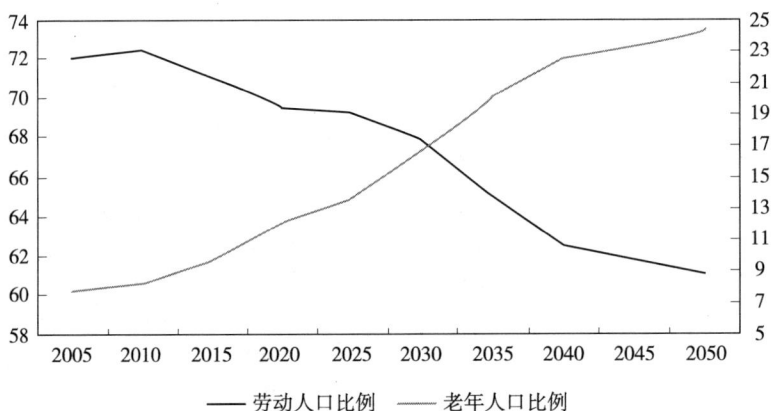

图9-3　劳动人口比例与老年人口比例变化趋势

数据来源:根据作者整理计算。

9. 社会保障水平

(1)社会综合保障

社会保障水平指标是指一个国家或地区用于社会保障方面的总支出占其国内生产总值的比重。根据工业化国家社会保障制度在20世纪50年代以来的经验教训,当该指标在20%以内时,社会保障对整个社会、经济的发展起很好的促进作用;当该指标超过20%时,即国内生产总值中的20%以上被用于社会保障待遇支出时,将会影响到国民经济的发展(如经济增长速度减慢等),并成为社会负担,比重愈高,影响愈大。采用社会保障水平指标,在近期是为了衡量社会保障的发达程度;在远期则是起预警作用,即在现有的保障水平发展情况下,经过若干年以后将是什么样的水平,会对社会经济及社会保障制度自身产生什么影响。

表 9-25　西部各省区社会综合保障水平得分（排名）

地区		社会综合保障水平得分（排名）	警区	警级	警报	年份
西部少数民族地区	云南	54.9(10)				2001
	广西	52.3(16)				2001
	西藏	47.0(22)				2001
	新疆	49.3(21)				2001
	内蒙古	44.2(26)				2001
西部其他省区	陕西	45.0(25)				2001
	宁夏	46.4(23)				2001
	甘肃	42.8(27)				2001
	青海	52.8(15)				2001
	四川	52.8(28)				2001
	重庆	52.8(24)				2001
	贵州	52.8(18)				2001

数据来源：根据《2002 年各省统计年鉴》整理计算。

注：括号为得分在全的排名。

（2）城镇养老保障

表 9-26　西部各省区城镇养老保障得分（排名）

地区		城镇养老保障得分（排名）	警区	警级	警报	年份
西部少数民族地区	云南	25.4(4)				2001
	广西	16.9(25)				2001
	西藏	29.3(1)				2001
	新疆	16.4(28)				2001
	内蒙古	23.0(10)				2001
西部其他省区	陕西	19.0(18)				2001
	宁夏	23.0(10)				2001
	甘肃	23.6(8)				2001
	青海	24.3(7)				2001
	四川	16.1(29)				2001
	重庆	16.9(25)				2001
	贵州	24.7(6)				2001

数据来源：根据《2002 年各省统计年鉴》整理计算。

注：括号中的数字为得分在全国的排名。

在各国的社会保障制度中，养老保险支出则是最大的社会保障支出项目，因此，从某种意义上说，社会保障制度的成败在很大程度上取决于社会养老保险的成败，社会保障的所谓财政危机在根本上亦取决于养老保险的收支规模。因此，养老保险支出指标显然是社会保障预警指标体系中最重要的指标之一。在这方面，必须充分考虑人口老龄化趋势、人均预期寿命、物价发展水平等多项因素，它们是直接导致养老保险金增长的基本要素。

（3）城镇医疗保障

表 9-27　西部各省区城镇医疗保障得分（排名）

地区		城镇医疗保障得分（排名）	警区	警级	警报	年份
西部少数民族地区	云南	20.2（6）				2001
	广西	22.9（2）				2001
	西藏	14.4（25）				2001
	新疆	17.7（13）				2001
	内蒙古	14.0（28）				2001
西部其他省区	陕西	13.9（29）				2001
	宁夏	18.2（9）				2001
	甘肃	13.2（31）				2001
	青海	16.7（15）				2001
	四川	14.8（24）				2001
	重庆	16.0（17）				2001
	贵州	14.2（27）				2001

数据来源：根据《2002 年各省统计年鉴》整理计算。

注：表中数据来源于朱庆芳的《我国老龄化社会的特点，问题和对策》一文，括号中的数字为得分值在全国排名。

在社会综合保障排名中，云南省，第十名；广西壮族自治区，第十八名；新疆维吾尔自治区，第二十一名；西藏自治区，第二十二名；内蒙古自治区，第二十六名。城镇养老保障排名分别为：西藏自治区，第一名；云南省，第四名；内蒙古自治区和宁夏回族自治区并列第十名；广西壮族自治区，第二十八名。与城镇养老保障不同的是，西部各省区的城镇医疗保障排名在全国各省区中较靠后，其中新疆维吾尔自治区，为第十三名；西藏自治区，第二十五名；内蒙古自治区，第二十八名；而广西壮族自治区、云南省排名靠前，分别为第二名、第六名。

10. 每千人拥有医疗机构床位数

表9-28　西部各省区每千人拥有床位数

地区		每千人拥有床位数	警区	警级	警报	年份
西部少数民族地区	云南	2.15	1.87—2.34	轻警	黄色	2003
	广西	1.70	1.4—1.87	中警	橙色	2003
	西藏	2.26	1.87—2.34	轻警	黄色	2003
	新疆	3.69	≥2.34	无警	绿色	2003
	内蒙古	2.58	≥2.34	无警	绿色	2003
西部其他省区	陕西	2.63	≥2.34	无警	绿色	2003
	宁夏	2.55	≥2.34	无警	绿色	2003
	甘肃	2.21	1.87—2.34	轻警	黄色	2003
	青海	3.05	≥2.34	无警	绿色	2003
	四川	2.07	1.87—2.34	轻警	黄色	2003
	重庆	1.91	1.87—2.34	轻警	黄色	2003
	贵州	1.48	1.4—1.87	中警	橙色	2003

数据来源:根据《2004年各省统计年鉴》整理计算。

11. 每千人口卫生技术员数

表9-29　西部各省区每千人口卫生技术员数

地区		每千人口卫生技术员数	警区	警级	警报	年份
西部少数民族地区	云南	2.69	2.052—2.74	中警	橙色	2003
	广西	2.45	2.052—2.74	中警	橙色	2003
	西藏	3.20	2.74—3.42	轻警	黄色	2003
	新疆	5.07	≥3.42	无警	绿色	2003
	内蒙古	4.31	≥3.42	无警	绿色	2003
西部其他省区	陕西	3.70	≥3.42	无警	绿色	2003
	宁夏	3.99	≥3.42	无警	绿色	2003
	甘肃	3.19	2.74—3.42	轻警	黄色	2003
	青海	4.03	≥3.42	无警	绿色	2003
	四川	2.82	2.74—3.42	轻警	黄色	2003
	重庆	2.47	2.052—2.74	中警	橙色	2003
	贵州	2.05	≤2.052	重警	红色	2003

数据来源:根据《2004年各省统计年鉴》整理计算。

(注:由于目前既没有国际经验或研究文献可资借鉴,也没有经验数据予以参考,故将各西部省区数据与全国数据进行对比,并以下规则定警级:数据优于全国平均水平的省区定级为绿色无警区;数据劣于全国平均水平0—20%的定级为黄色轻警区;数据劣于全国平均水平20%—40%的定级为橙色中警区;数据劣于全国水平40%以上的定级为红色重警区。)

　　每千人拥有床位数和每千人口卫生技术员数是衡量人民医疗条件的重要指标。从每千人拥有床位数指标看,西部大部分省区的情况劣于全国平均水平,其中云南、广西、西藏均低于全国水平,而新疆、内蒙古则优于全国平均水平,其中每千人拥有床位数最高的为新疆,为每千人拥有 3.69 个床位。从每千人口卫生技术员指标看,云南、广西、西藏,均低于全国平均水平,而新疆、内蒙古则高于全国平均水平,其中新疆维吾尔自治区指数最高,为每千人口卫生技术员 5.07 个。

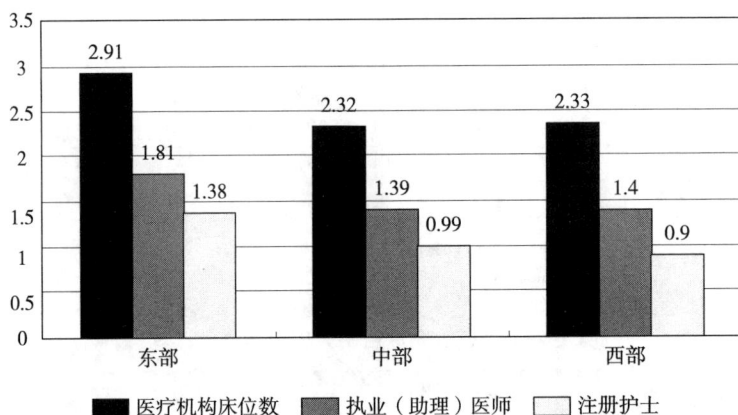

图 9-4　2006 年东中西部医疗水平比较

数据来源:根据作者整理计算。

　　图中可以看出,衡量东中西部的医疗水平的指标值差异明显。尤其是西部地区,水平比较落后。

12. 甲、乙类法定报告传染病

表 9-30　西部各省区甲、乙类法定报告传染病发病率

地区		甲、乙类法定报告传染病发病率(1/10 万)	警区	警级	警报	年份
西部少数民族地区	云南	294.55	≥269.05	重警	红色	2003
	广西	246.31	230.62—269.05	中警	橙色	2003
	西藏	254.28	230.62—269.05	中警	橙色	2003
	新疆	261.52	230.62—269.05	中警	橙色	2003
	内蒙古	165.07	≤192.18	无警	绿色	2003

续表

地区		甲、乙类法定报告传染病发病率(1/10万)	警区	警级	警报	年份
西部其他省区	陕西	277.51	≥269.05	重警	红色	2003
	宁夏	467.53	≥269.05	重警	红色	2003
	甘肃	382.64	≥269.05	重警	红色	2003
	青海	350.11	≥269.05	重警	红色	2003
	四川	380.05	≥269.05	重警	红色	2003
	重庆	223.60	192.18—230.62	轻警	黄色	2003
	贵州	221.04	192.18—230.62	轻警	黄色	2003

数据来源:根据《2004年各省统计年鉴》整理计算。

表9-31　西部各省甲,乙类法定报告传染病病死率

地区		甲、乙类法定报告传染病病死率(1/10万)	警区	警级	警报	年份
西部少数民族地区	云南	0.20	≤0.25	无警	绿色	2003
	广西	0.67	≥0.35	重警	红色	2003
	西藏	0.08	≤0.25	无警	绿色	2003
	新疆	0.15	≤0.25	无警	绿色	2003
	内蒙古	0.16	≤0.25	无警	绿色	2003
西部其他省区	陕西	0.14	≤0.25	无警	绿色	2003
	宁夏	0.10	≤0.25	无警	绿色	2003
	甘肃	0.09	≤0.25	无警	绿色	2003
	青海	0.39	≥0.35	重警	红色	2003
	四川	0.34	0.3—0.35	中警	橙色	2003
	重庆	0.14	≤0.25	无警	绿色	2003
	贵州	0.35	0.3—0.35	中警	橙色	2003

数据来源:根据《2004年各省统计年鉴》整理计算。
(注:由于目前既没有国际经验或研究文献可资借鉴,也没有经验数据予以参考,故将各西部省区数据与全国数据进行对比,并以下规则定警级:数据优于全国平均水平的省份定级为绿色无警区;数据劣于全国平均水平0—20%的定级为黄色轻警区;数据劣于全国平均水平20%—40%的定级为橙色中警区;数据劣于全国水平40%以上的定级为红色重警区。)

　　表为甲、乙类法定报告传染病的发病率和病死率,这两个指标也可以很好地衡量医疗卫生水平。从表中可以看出,大部分西部省区的甲、乙类法定报告传染病发病率高于全国水平,说明西部地区生活环境或条件较东中部地区差,大部分西部省区的病死率低于全国水平

　　显然,总体来看,民族地区婴儿死亡率、传染病死亡率、人口负担系数较高,人口预期寿命、医疗条件能力均与全国平均水平、内地汉族聚居地区存在一定差距。但是,其卫生资源的内部空间分布却很不平衡,新疆、内蒙古每千人医生数和医院床位数均高于全国平均水平,这些省区应重点提高现有公共卫生设备资源利用率,使其发挥更大作用,而云南则应重点增加卫生设备资源投入。

(四)生态与自然发展指标分析与预警判断

1. 万元 GDP 能耗

表 9-32　西部省区万元 GDP 能耗表

地区		万元 GDP 能耗吨标煤	警区	警级	警报	年份
西部少数民族地区	云南	1.708	≥1.5	重警	红色	2006
		1.562↓	≥1.5	重警	红色	2008
	广西	1.191	0.9—1.2	轻警	黄色	2006
		1.106↓	0.9—1.2	轻警	黄色	2008
	西藏	数据暂缺	数值暂缺	—	—	—
	新疆	2.092	≥1.5	重警	红色	2006
		1.963↓	≥1.5	重警	红色	2008
	内蒙古	2.413	≥1.5	重警	红色	2006
		2.159↓	≥1.5	重警	红色	2008
西部其他省区	陕西	1.426	1.2—1.5	中警	橙色	2006
		1.281↓	1.2—1.5	中警	橙色	2008
	宁夏	4.099	≥1.5	重警	红色	2006
		3.686↓	≥1.5	重警	红色	2008
	甘肃	2.199	≥1.5	重警	红色	2006
		2.013↓	≥1.5	重警	红色	2008
	青海	3.121	≥1.5	重警	红色	2006
		2.935↓	≥1.5	重警	红色	2008
	四川	1.498	1.2—1.5	中警	橙色	2006
		1.381↓	1.2—1.5	中警	橙色	2008
	重庆	1.371	1.2—1.5	中警	橙色	2006
		1.267↓	1.2—1.5	中警	橙色	2008
	贵州	3.188	≥1.5	重警	红色	2006
		2.875↓	≥1.5	重警	红色	2008

数据来源:根据《2007 年各省统计年鉴》和《2009 年各省统计年鉴》整理计算。

　　万元 GDP 能耗吨标煤指标,一般采用折算为万元 GDP 的标煤消耗量来衡量,这是一个能源利用效率指标,指数值越小,说明能源利用效率越高。从表中可以看出,2008 年全国万元 GDP 能耗吨标煤指数为 1.102,处于轻警区间,从横向比较来看,其中,云南、新疆、内蒙古处于红色重警报区域内,属于能耗大省(自治区);广西的万元 GDP 能耗吨标煤指数与全国水平接近,处于黄色轻警区间中。从纵向比较来看,全国万元 GDP 能耗吨标煤指数从 1.21 下降到 1.102,警界区间不变;西部 12 省区的万元 GDP 能耗吨标煤指数全都有所下降,但警界区间均未出现变化。

万元GDP能耗吨标煤

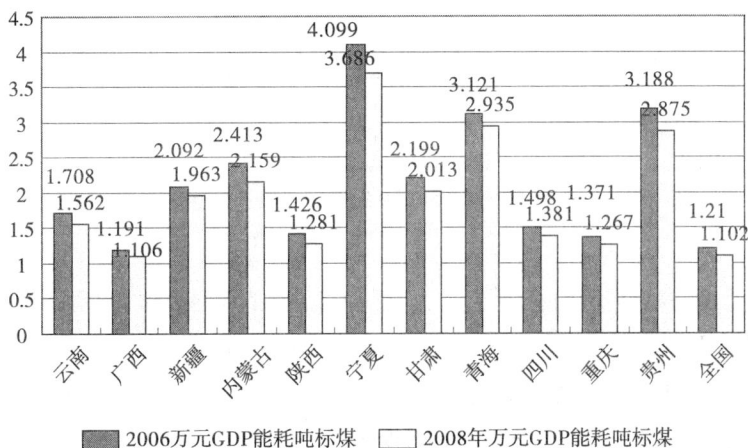

图 9-5　2006 年与 2008 年西部各省区与全国水平万元 GDP 能耗吨标煤的比较
数据来源:根据作者整理计算。

　　图 9-5 表明西部地区节能的降耗工作取得了一定进展,但能源利用效率还有进一步提升空间,节能效率的提高趋势,以及节能空间的存在为节能目标的实现提供了可能。

　　2. 城市污水处理率

表 9-33　西部各省区与全国平均水平城市污水处理率

地　区		城市污水处理率(%)	警区	警级	警报	年份
西部少数民族地区	云南	51.40	40—60	中警	橙色	2006
	广西	30.43	≤40	重警	红色	2008
	西藏	数据暂缺	—	—	—	—
	新疆	57.05	40—60	中警	橙色	2004
	内蒙古	60.00	60—80	轻警	黄色	2006
西部其他省区	陕西	60.00	60—80	轻警	黄色	2006
	宁夏	53.00	40—60	中警	橙色	2007
	甘肃	14.60	≤40	重警	红色	2005
	青海	25.00	≤40	重警	红色	2005
	四川	70.00	60—80	轻警	黄色	2007
	重庆	70.00	60—80	轻警	黄色	2008
	贵州	40.30	40—60	中警	橙色	2008

数据来源:根据《2007 年中国统计年鉴》、《2007 年各省统计年鉴》、《2009 年中国统计年鉴》和《2009 年各省统计年鉴》整理计算。

　　污水处理率指所排放废水的处理量占总排放量的比重。我国平均水平城市污水处理率处于黄色轻警区,广西的污水处理率指标处于红色重警区;云南、新疆、的污水处理率指标处于橙色中警区;内蒙古的污水处理率指标与全国水平同处黄色轻警区;西部西藏数据暂缺,故不进行预警分析。

　　3. 婴儿死亡率

表 9-34　西部各省区婴儿死亡率

地　区		婴儿死亡率(‰)	警区	警级	警报	年份
西部少数民族地区	云南	23.06	10—30	无警	绿色	2000
	广西	12.64	10—30	无警	绿色	2007
	西藏	27.10	10—30	无警	绿色	2008
	新疆	22.80	10—30	无警	绿色	2006
	内蒙古	16.90	10—30	无警	绿色	2006

续表

地　区		婴儿死亡率(‰)	警区	警级	警报	年份
西部其他省区	陕西	28.65	10—30	无警	绿色	2008
	宁夏	15.87	10—30	无警	绿色	2001
	甘肃	19.24	10—30	无警	绿色	2005
	青海	32.17	30—50	轻警	黄色	2004
	四川	12.60	10—30	无警	绿色	2008
	重庆	8.89	10—30	无警	绿色	2008
	贵州	30.50	30—50	轻警	黄色	2004

数据来源:根据《2009年各省统计年鉴》整理计算。

表中数据显示,西部各省及全国的婴儿死亡率指标数值都比较安全,全国水平以及云南、广西、西藏、新疆、内蒙古,都处于绿色无警区间。

4. 农村自然灾害

表9-35　2000年西部各省区农村自然灾害导致的死亡人数

地　区		农村自然灾害导致的死亡人数(人)	警区	警级	警报	年份
西部少数民族地区	云南	—	—	—	—	—
	广西	115				2000
	西藏	—	—	—	—	—
	新疆	29				2000
	内蒙古	—	—	—	—	—
西部其他省区	陕西	—	—	—	—	—
	宁夏	—	—	—	—	—
	甘肃	150				2000
	青海	—	—	—	—	—
	四川	305				2000
	重庆	170				2000
	贵州	456				2000

数据来源:根据《新中国60年》整理计算。

表 9-36　　西部各省区农村自然灾害导致的成灾人口

地区		农村自然灾害 成灾人口(万人)	警区	警级	警报	年份
西部少数 民族地区	云南	—	—	—	—	—
	广西	1865.2346				2000
	西藏	—	—	—	—	—
	新疆	412.2700				2000
	内蒙古					
西部其 他省区	陕西	—	—	—	—	—
	宁夏	—	—	—	—	—
	甘肃	733.9300				2000
	青海	—	—	—	—	—
	四川	2466.6777				2000
	重庆	844.2118				2000
	贵州	1443.2884				2000

数据来源:根据《新中国 60 年》整理计算。

表 9-37　　西部各省区农村自然灾害得到国家救济的人数

地区		农村自然灾害得到国家 救济人数(万人)	警区	警级	警报	年份
西部少数 民族地区	云南	—	—	—	—	—
	广西	401.5				2000
	西藏	—	—	—	—	—
	新疆	96.3				2000
	内蒙古	—	—	—	—	—
西部其 他省区	陕西	—	—	—	—	—
	宁夏	—	—	—	—	—
	甘肃	199.4				2000
	青海	—	—	—	—	—
	四川	278.1				2000
	重庆	94.9				2000
	贵州	356.8				2000

数据来源:根据《新中国 60 年》整理计算。

注:表中云南、西藏、内蒙古、陕西、宁夏、青海以及全国数据或未得到统计而从缺,或未发生较大自然灾
　害而从缺。

"自然灾害"是人类依赖的自然界中所发生的异常现象,自然灾害对人类社会所造成的危害往往是触目惊心的。自然灾害和环境破坏之间又有着复杂的相互联系。农村自然灾害导致的死亡数,农村自然灾害导致的成灾人口,农村自然灾害得到国家救济人数三指标,都反映了自然灾害对社会的影响。三表中可以看出,2000年广西、新疆都有统计自然灾害发生导致的农村成灾人口、农村死亡人数、农村得到国家救济人数,而无论各省自治区发生灾害导致的农村成灾人口和死亡人口的多少,国家都对发生自然灾害的地区拨款救济。

二、西部欠发达五省区社会预警的
警源—警情—警兆分析

(一)预警警源

1. 生态环境警源

它是指生态环境领域中导致人类赖以生存和发展的自然环境或生态系统结构和功能出现生态环境退化和生态系统严重失衡等现象的各种不和谐与不安全因素,它包括环境污染、水土流失、核泄漏的威胁、地球温室效应等。生态环境警源产生的主要原因有人类的环境意识薄弱,没有深刻认识到人与环境相互依存和相互作用的关系,世界人口增长过快,特别是经济落后国家,因人口压力过度地向环境索取资源,给环境造成巨大压力和破坏,生产过程中没有充分合理利用自然资源,向环境排放大量废弃物质,由于科学技术的应用给人类社会、生态环境造成的风险等。

生态环境危机具有突然性和极大的破坏性等特点,一旦发生就会给人类的生存环境造成毁灭性的影响,并且这种破坏是无法恢复的,因此我们需要注意并警惕生态环境警源的存在和变化,预测并防范生态环境危机的发生。我国长期以来实行的是一种以牺牲环境资源和社会发展为代价,换取经济快速发展的不平衡发展战略,现在这种战略的负面效应己日益暴露并深刻地影响着社会生活的方方面面。如果我们还是一味片面地追求经济效益而忽视环境与社会的协调发展,那么我们最终会因为资源的枯竭而变得举步为艰,我们的社会会因为经历成千上万个类似哈尔滨水危机这样的生态危机而走向崩溃,甚至会引发人类的灭亡。

2. 政治警源

它是指政治领域中导致政治风险产生的各种不和谐与不安全因素,主要包括政局的变化、政权的更替、种族和宗教冲突、叛乱、恐怖事件、战争、意识形态分歧等。政治警源包括国际政治警源和国内政治警源,其表现形式通常为和平性质的冲突方式如静坐、示威、游行等和暴力性质的冲突方式如恐怖活动、暴乱、战争等。

我国当前的政治警源主要是来自政府官员的贪污腐败问题,尽管中国反腐力度不断加大,但腐败问题一直是影响政治稳定的主要因素之一。当前中国改革发展处在关键时期,腐败现象滋生蔓延的土壤和条件依然存在,腐败现象在传统的财权集中的部门和环节易发多发,建筑工程领域、公检法、教育领域、组织人事领域、医疗领域这五大领域的不正之风和腐败问题较为严重。有关资料显示,全国检察系统每年查处腐败犯罪案件约三四万件,中纪委在近几年查处省部级高官腐败犯罪案件达多人。构建社会主义和谐社会需要净化政治环境,充满私利和权欲的社会无益于营造健康的精神文明环境,腐败问题如果不能从根本上解决,就有可能成为引发社会动乱的主要因素,对社会稳定构成严重威胁。

3. 经济警源

它是指经济领域中导致经济风险产生的各种不和谐与不安全因素,主要包括经济萎缩、罢工、失业率增加、生产成本大幅上升、出口收入剧减、出口竞争能力低落、外销价格大幅滑落、粮食与能源进口大幅上升、外汇枯竭、货币大幅贬值等。经济警源有时会使一个国家的经济体系在短时间内出现瘫痪,失业率升高,股市暴跌,通货膨胀,给人们造成巨大的经济损失,甚至由经济警源衍生出来的经济风险所产生的破坏影响不逊于一场战争。

我国经济目前正处于高速增长阶段,随着经济体制改革的深化,过去被不合理体制所掩盖的低效率就业体制随之瓦解,长期呈隐性状态的失业问题逐渐突出,出现了有史以来最大规模的下岗,如果不能在保证失业工人的基本生活的基础上,引导他们正视改革过程中出现的变化,那么失业人员极有可能会产生不满情绪和心态失衡,并直接威胁到既有社会秩序的稳定。可见,失业已成为我国当前经济体制改革中最突出的问题,成为影响经济发展和社会稳定的最突出因素。此外,贫富差距也是影响地区稳定的重要因素。在影响城乡少数民族居民收入的因素中劳动力负担系数、教育和收入构成等因素对居民收入的影响较为显著。

4. 社会警源

它是指社会领域中导致社会风险产生的各种不和谐与不安全因素,主要包括所得分配不均、发生天灾、政府施政对抗、结社群斗、失业人口增加造成社会不安、宗教纠纷、社会各阶级对立、社会发生内争等。社会风险发生的诱因较为复杂,既有来自社会领域自身的警源,还有来自经济领域、政治领域的警源。

中国由于长期以来的经济倾斜政策导致社会发展的不平衡性日益加剧,潜在的消极因素不断累积,现在又处于经济转轨、社会转型的关键时期,贫富差距悬殊、教育医疗住房困难、区域发展失衡等诸多社会问题引起了社会大众的高度关注,甚至掀起公众对改革的不满与质疑,因此当前中国社会风险发生的可能性大大提高了。

贫富分化问题。在资源初次分配的过程中,分配秩序相当混乱,存在着严重的不公问题。寻租、设租等各种形式的不公平竞争、权钱交易等各种形式的腐败和非法收入问题大量存在,这直接造成了收入差距的不合理扩大,严重损害了普通公众的基本利益。分配过程中的"不公"使得市民在社会心理层面不认同现有的分配原则与分配结果。而且,由于社会地位越低下越糟糕,越会遭受真正的惩罚,遭到社会的遗弃,于是,处于社会低层的人就会不满自己的地位。他们要么试图通过个人奋斗来改善其社会地位,要么就与他人联合起来变革造成其地位低下的社会结构。过大的收入差距以及分配过程中的不公已经对社会生活构成了严重影响。目前各种群体性事件、经济犯罪、刑事犯罪问题都很突出,收入差距及有关分配矛盾无疑是最重要诱因之一。

社会治安问题。随着社会经济快速发展,人口的社会流动性和分散化程度提高,人财物和信息流动变得更加频繁,但是社会管理和治安防控却相对滞后,加上市场经济的负面影响及外来暴力、色情等腐朽文化渗透等原因,滋生和诱发违法犯罪的因素增多,尽管整治社会秩序一直是政府施政重点,但局势难以在短时间内有所好转。目前,我国社会治安状况依然面临着严峻的形势,入室盗窃、扒窃、抢夺、抢劫等多发性案件居高不下,严重威胁着人民群众的人身和财产安全。

事故灾难问题。近年来,人为因素导致的事故灾难不断发生,一些经营单位疏于安全管理,片面追求经济利益,不顾安全隐患进行违章生产,导致了灾难事故频发,在这些事故背后隐藏着大量的腐败、偷工减料和疏忽职守等行为。这些重大、特大生产安全事故造成了巨大的人员伤亡和财产损失,破坏了社会的和谐气氛,加剧了公众的不安心理。

5. 文化警源

它是指由于文化环境因素的复杂性、不确定性,使社会的发展与预期的目标相背离,甚至导致社会发展停滞的可能性。它主要包括精神层面、价值体系中的不和谐与不安全因素,比如道德危机、诚信危机、信仰缺失以及不同文化形式之间的冲突等。文化风险是社会风险在价值观念层面的具体表现,它凭借价值、理念、思想、观点等载体对社会的运行与发展进行间接的影响与控制,使精神层面的风险因素渗透到人们的日常生活中去,对人们的一言一行产生潜移默化的作用,无形中控制了人们的思想行为。由于文化警源是属于精神层面的不和谐与不安全因素,它不像其他领域的警源那样可以通过现代化的技术手段进行测量和评估,因此本书在设计文化风险评估指标时,从定性分析的角度出发选择那些能综合评价社会文化风险水平、反映社会道德状况的衡量指标。

(二)西部欠发达五省区主要预警指标预警及警源—警情—警兆分析

表9-38　云南省社会运行系统主要预警指标预警分析

一级指标	二级指标	指标值	警区	警级	警报	年份
政治	贪污受贿案件数(件)	914	—	—	—	2005
	* 少数民族代表占人大代表总数比(%)	58.14	—	—	—	2008
	* 少数民族占人口比(%)	33.70	—	—	—	2005

续表

一级指标	二级指标	指标值	警区	警级	警报	年份
经济	人均GDP(美元)	783.33	重警	1	红色	2005
	恩格尔系数(%)	城镇40.87 农村51.82	轻警 中警	3 2	黄色 橙色	2005 2005
	人均国民收入(美元)	433.47	重警	1	红色	2005
	通货膨胀率(%)	1.40	很安全	5	蓝色	2005
	财政赤字率(%)	2.12	无警	4	绿色	2005
	基尼系数					
	工业企业全员劳动生产率(万元/人)	7.60	无警	4	绿色	2007
	*民族自治地区R&D经费占GRP的比例(%)	0.16	重警	1	红色	2005
	*民族地区服务经济占GRP比重(%)	35.10	重警	1	红色	2005
	城乡收入水平差距	4.79	重警	1	红色	2005
	*行业收入差距	2.59	中警	2	橙色	2005
社会	非农就业人口占比(%)	25.58	轻警	3	黄色	2005
	城市化水平(%)	13.94	重警	1	红色	2005
	非农产业占比(%)	72.42	无警	4	绿色	2005
	高等教育毛入学率(%)	12.65	中警	2	橙色	2005
	互联网用户(万户)	103	—	—	—	2003
	城乡居民贫困率(%)	42.63	重警	1	红色	2005
	*民族地区男女性别比	106.10	无警	4	绿色	2005
	人口老龄化程度	中	轻警	3	黄色	2008
	人口老龄化速度	低	轻警	3	黄色	2008
	劳动适龄人口比重(%)	69.52	无警	4	绿色	2008
	社会综合保障水平得分(排名)	54.9(10)	无警	4	绿色	2001
	城镇养老保障得分(排名)	25.4(4)	无警	4	绿色	2001
	城镇医疗保障得分(排名)	20.2(6)	无警	4	绿色	2001
	甲、乙类法定报告传染病发病率(1/10万)	294.55	重警	1	红色	2003
	甲、乙类法定报告传染病病死率(1/10万)	0.20	无警	4	绿色	2003
	每千人拥有床位数	2.15	轻警	3	黄色	2003
	每千人口卫生技术员数	2.69	中警	2	橙色	2003
	失业率(%)	4.20	中警	2	橙色	2005

续表

一级指标	二级指标	指标值	警区	警级	警报	年份
生态	万元GDP能耗吨标煤	1.562	重警	1	红色	2008
	城市污水处理率(%)	51.40	中警	2	橙色	2006
自然	人均寿命(岁)	69.6	中警	2	橙色	2008
	婴儿死亡率(‰)	23.06	无警	4	绿色	2000
	农村自然灾害成灾人口(万人)	—	—	—	—	—
	农村自然灾害得到国家救济人数(万人)	—	—	—	—	—
	农村自然灾害导致的死亡人数(人)	—	—	—	—	—

数据来源:根据《2001—2009年云南省统计年鉴》整理计算。

注:打*号指标为民族地区数据计算得出。

云南省地处边疆,发展相对缓慢,警情十分明显。在经济层面上,云南省处于初级产品生产阶段,三次产业的比例结构失衡,产业结构层次低,城市化水平在30%以下,尤其在民族地区,发展更为落后,经济发展以农业经济为主,服务经济占GDP比值较低,说明云南省正处于工业化初期水平;劳动力市场的不完全市场化导致就业率不高;就业结构不合理,大部分居民依赖来自于初级产业的收入生活,导致市场需求低,经济集聚效应不显著,因此劳动力需要大规模转移;劳动力资源情况是数量多、质量低且分布不合理,经济上的贫困也导致广大农村无力提高人口素质,导致了双重贫困的恶性循环,高等教育毛入学率较低,经济增长质量不高;贫困人口较多,城乡收入水平差距巨大,收入分配关系有待改善;另外我们通过恩格尔系数可以看出,云南省居民消费结构层次低,消费结构需要升级。经济方面的警兆表现在:人均国民收入、GDP增长率、三次产业比、城乡收入水平差距、恩格尔系数、R&D投入。其警源主要有:①产业结构警源:R&D投入较小,产业结构不合理,经济发展以农业经济为主,城市化进程缓慢,工业化水平低,经济发展水平低。②市场规模警源:由于云南省是一个典型的农业省,自然经济还占主体地位,而自然经济又表现为传统农业,自给自足是其主要特征,市场规模十分狭小,市场机制能够发挥作用的范围有限。③地理环境警源:云南省大部分地区处于高原、山区和边缘地区,重山叠嶂,深居内陆使得城市的吸纳能力,辐射能力和集聚能力都被严重制约。④资源禀赋警源:云南省地处边疆,自然资源丰富,然而丰富的自然资源可能产生对丰富的资源的过分依赖。

在社会层面上,云南省医疗水平较低,导致人民生活质量低,执业医师、注册护士与医疗机构床位数都低于全国平均水平,若突发大型公共卫生事件,就有可能引发社会的不稳定,进而制约经济和社会的发展。社会方面的警兆有:每千人拥有床位数、每千人拥有卫生技术员数、公共卫生投入。其警源主要有:①体系警源:公共卫生服务体系不健全,城乡医疗服务体系建设进度落后,药品供应体系不健全。②体制警源:管理体制不完善,没有形成规范的医疗服务价格形成机制,公共信息平台建设落后,医药卫生法律制度也不健全。

在生态层面上,云南省单位 GDP 能耗量较大,能源的耗费加大了生态环境的压力,城市环境问题突出,污染治理水平较差。脆弱的自然环境状况也会成为经济发展的主要障碍。在资源接近枯竭时,经济发展的可持续性受到了严峻的挑战,由此也可能引发大量的失业和社会不稳定问题。警兆表现为:单位 GDP 能耗、污水处理率、生物多样性指标。警源可以分为:①社会发展阶段警源:云南省进入工业化时期,经济的增长和人口的不断增长,导致水、土地、能源、矿产等资源不足的矛盾日益凸显,生态建设和环境保护的形式日益严峻。②增长方式警源:云南省现有的增长模式是“大量生产,大量消费,大量废弃”的传统增长模式,导致了资源的低效利用。③资源禀赋警源:许多资源都是不可再生的,再加上人口的不断增长,导致云南省人均资源越来越少。

表 9-39　广西壮族自治区社会运行系统主要预警指标预警分析

一级指标	二级指标	指标值	警区	警级	警报	年份
政治	贪污受贿案件数(件)	1059	—	—	—	2006
	* 少数民族代表占人大代表总数比(%)	65.06	—	—	—	2008
	* 少数民族占人口比(%)	38.54	—	—	—	2005
经济	人均GDP(美元)	1067.66	重警	1	红色	2005
	恩格尔系数(%)	城镇41.33	轻警	3	黄色	2005
		农村50.51	中警	2	橙色	2005

续表

一级指标	二级指标	指标值	警区	警级	警报	年份
经济	人均国民收入(美元)	614.49	重警	1	红色	2005
	通货膨胀率(%)	2.40	很安全	5	蓝色	2005
	财政赤字率(%)	5.89	重警	1	红色	2005
	基尼系数					
	工业企业全员劳动生产率(万元/人)	8.38	无警	4	绿色	2007
	*民族自治地区 R&D 经费占 GRP 的比例(%)	0.18	重警	1	红色	2005
	*民族地区服务经济占 GRP 比重(%)	40.50	中警	2	橙色	2005
	城乡收入水平差距	3.72	重警	1	红色	2005
	*行业收入差距	3.28	重警	1	红色	2005
社会	非农就业人口占比(%)	43.82	轻警	3	黄色	2005
	城市化水平(%)	18.58	重警	1	红色	2005
	非农产业占比(%)	77.61	无警	4	绿色	2005
	高等教育毛入学率(%)	13.00	中警	2	橙色	2003
	互联网用户(万户)	168	—	—	—	2003
	城乡居民贫困率(%)	15.25	重警	1	红色	2005
	*民族地区男女性别比	110.90	无警	4	绿色	2005
	人口老龄化程度	中	轻警	3	黄色	2008
	人口老龄化速度	低	轻警	3	黄色	2008
	劳动适龄人口比重(%)	专家判断	很安全	5	蓝色	2008
	社会综合保障水平得分(排名)	52.3(16)	轻警	3	黄色	2001
	城镇养老保障得分(排名)	16.9(25)	轻警	3	黄色	2001
	城镇医疗保障得分(排名)	22.9(2)	无警	4	绿色	2001
	甲、乙类法定报告传染病发病率(1/10万)	246.31	中警	2	橙色	2003
	甲、乙类法定报告传染病病死率(1/10万)	0.67	重警	1	红色	2003
	每千人拥有床位数	1.70	中警	2	橙色	2003
	每千人口卫生技术员数	2.45	中警	2	橙色	2003
	失业率(%)	4.20	中警	2	橙色	2005
生态	万元 GDP 能耗吨标煤	1.106	轻警	3	黄色	2008
	城市污水处理率(%)	30.43	重警	1	红色	2008

续表

一级 指标	二级指标	指标值	警区	警级	警报	年份
自然	人均寿命(岁)	71.5	轻警	3	黄色	2008
	婴儿死亡率(‰)	12.64	无警	4	绿色	2007
	农村自然灾害成灾人口(万人)	1865.23	—	—	—	2000
	农村自然灾害得到国家救济人数 (万人)	401.5	—	—	—	2000
	农村自然灾害导致的死亡人数(人)	115	—	—	—	2000

数据来源:根据《2001—2009年广西壮族自治区统计年鉴》整理计算。

注:打＊号指标为民族地区数据计算得出。

在经济层面上,警情主要表现在:广西的落后主要表现在工业的落后,工业经济总量偏小,工业结构以资源开发型为主,产业链条短,产业集中度低、附加值低,导致产业规模小、竞争力低,这就使广西的经济总量难以迅速扩张,经济薄弱;广西壮族自治区还处于工业化初级水平阶段,人均GDP较低,贫困人口较多,农村经济薄弱,“三农”问题突出,城市化水平低,就业压力难以缓解导致就业率不高;城乡收入水平差距大,分配的不均可能导致社会的不稳定。警兆主要表现在:人均GDP、GDP增长率、服务经济占比、城乡收入水平差距、恩格尔系数、R&D投入。警源主要表现在:①产业结构警源:产业是工业发展的支撑,产业结构的不合理和产业的规模小、竞争力低直接导致了广西的工业落后,工业兴则经济旺,正是由于广西工业化进程较慢,工业化水平低才导致了广西经济发展水平的落后。②基础设施警源:广西工业水平落后,一个重要的原因是由于交通基础设施落后,广西是四区一省中唯一一个有沿海口岸的地区,港口的建设水平却明显劣于东部沿海地区,这就直接导致了海运运输效率的低下,制约了经济的发展。③市场规模警源:市场规模的狭窄也导致了市场机制的不健全,为经济的发展带来了阻力。

在社会层面上,警情主要表现在:一方面,广西壮族自治区的医疗水平不高,执业医师、注册护士与医疗机构床位数都低于全国平均水平,传染病发病率、病死率均处在一个很高的位置上,若突发大型公共卫生事件,现有的医疗卫生水平使得政府很有可能无法控制事态的发展;另一方面,广西的社会养老保险和医疗保险覆盖面窄,这都使得广西的生活条件不佳,社会保障的覆盖面有待进一步扩大。这些警情都有可能引发社会的不稳定，进而制约经济和社会的发展。社会方面的警兆有：每千人拥有床位数、每千人拥有卫生技术员数、公共卫生投入、传染病发病率、病死率、社会养老保险程度、社会医疗保险程度。其警源主要有：①体系警源：公共卫生服务体系不健全，城乡医疗服务体系建设进度落后，药品供应体系不健全。②体制警源：管理体制不完善，没有形成规范的医疗服务价格形成机制，公共信息平台建设落后，医药卫生法律制度也不健全。

在生态层面上，广西的生态环境问题主要表现为旱涝灾害诱发的生态灾变、产业转移出现的污染转嫁、石漠化蔓延、矿山生态环境恶化、沿海生态失调、物种入侵等；另外，广西单位 GDP 能耗量也非常大，城市环境问题突出，污染治理水平较差，资源的大量浪费将最终导致资源的枯竭。这些警情都可能阻碍经济的可持续发展，引起经济的衰退，社会的动荡。警兆有：单位 GDP 能耗、污水处理率、矿区土壤性状、石漠化。警源可以分为：①增长方式警源：广西的工业结构以资源开发型为主，经济的增长并没有呈现"循环增长"的态势，资源利用效率低下，在工业化的进程中，对各种资源的消耗都十分大。②外部环境警源：广西是自然灾害频繁且较严重的地区，经常遭遇旱灾、洪涝灾害、风暴潮灾、滑坡、冰雹、泥石流、山林火灾、地震等。③资源禀赋警源：资源的不可再生性以及人口的不断增长，导致广西人均资源越来越少。

表 9-40　西藏自治区社会运行系统主要预警指标预警分析

一级指标	二级指标	指标值	警区	警级	警报	年份
政治	贪污受贿案件数（件）	56	—	—	—	2002
	* 少数民族代表占人大代表总数比（%）	82.35	—	—	—	2008
	* 少数民族占人口比（%）	94.1	—	—	—	2005
经济	人均 GDP（美元）	1203.75	中警	2	橙色	2005
	恩格尔系数（%）	城镇 44.45	轻警	3	黄色	2005
		农村 68.76	重警	1	红色	2005
	人均可支配收入（美元）	627.86	重警	1	红色	2005
	通货膨胀率（%）	1.50	很安全	5	蓝色	2005
	财政赤字率（%）	69.60	重警	1	红色	2005

一级指标	二级指标	指标值	警区	警级	警报	年份
经济	基尼系数					
	工业企业全员劳动生产率（万元/人）	6.86	无警	4	绿色	2007
	*民族自治地区 R&D 经费占 GRP 的比例(%)	0.25	重警	1	红色	2005
	*民族地区服务经济占 GRP 比重(%)	55.60	轻警	3	黄色	2005
	城乡收入水平差距	4.54	重警	1	红色	2005
	*行业收入差距	3.68	重警	1	红色	2005
社会	非农就业人口占比(%)	38.56	轻警	3	黄色	2005
	城市化水平(%)	16.12	重警	1	红色	2005
	非农产业占比(%)	80.88	无警	4	绿色	2005
	高等教育毛入学率(%)	13.00	中警	2	橙色	2003
	互联网用户（万户）	0.4513	—	—	—	2002
	城乡居民贫困率(%)	86.93	重警	1	红色	2005
	*民族地区男女性别比	102.10	无警	4	绿色	2005
	人口老龄化程度	低	无警	4	绿色	2008
	人口老龄化速度	中	中警	2	橙色	2008
	劳动适龄人口比重(%)	72.48	很安全	5	蓝色	2008
	社会综合保障水平得分（排名）	47.0(22)	轻警	3	黄色	2001
	城镇养老保障得分（排名）	29.3(1)	无警	4	绿色	2001
	城镇医疗保障得分（排名）	14.4(25)	轻警	3	黄色	2001
	甲、乙类法定报告传染病发病率(1/10万)	254.28	中警	2	橙色	2003
	甲、乙类法定报告传染病病死率(1/10万)	0.08	无警	4	绿色	2003
	每千人拥有床位数	2.26	轻警	3	黄色	2003
	每千人口卫生技术员数	3.2	轻警	3	黄色	2003
	失业率(%)	4.30	中警	2	橙色	2007
生态	万元 GDP 能耗吨标煤	—	—	—	—	—
	城市污水处理率(%)	—	—	—	—	—

续表

一级指标	二级指标	指标值	警区	警级	警报	年份
自然	人均寿命(岁)	67.8	中警	2	橙色	2008
	婴儿死亡率(‰)	27.1	无警	4	绿色	2008
	农村自然灾害成灾人口(万人)	—				
	农村自然灾害得到国家救济人数(万人)	—				
	农村自然灾害导致的死亡人数(人)	—				

数据来源:根据《2002—2009年西藏自治区统计年鉴》整理计算。

注:打 * 号指标为民族地区数据计算得出。

从上表中可以看出,西藏社会运行系统的不稳定因素十分复杂。在政治层面上,警情主要表现在:西藏是全国少数民族占人口比最多的地区,西藏人口中有百分之九十以上属少数民族,但西藏也是全国唯一一个少数民族代表占人大代表比少于少数民族占人口比的地区,一些不法分子在反华势力的支持下,利用民族问题和人权问题大做文章,从事分裂祖国的活动,2008年更策划组织了性质恶劣的314打砸抢烧事件。政治方面的警源表现在:随着中国的崛起,反华势力开始利用民族问题企图分裂我国领土,打压中国崛起。其警兆主要是:不法分裂分子活跃程度。

在经济层面上,西藏经济近年来有了很大的发展,GDP年平均增长率加快,但其总体发展水平仍处于十分落后的状态;产业结构不合理,经济发展以自然经济为主,经济发展水平还未进入工业化发展阶段;城乡差距大,城市化水平低,人均GDP较少,人均收入较低,分配不合理,政府财政赤字。这些情况都很有可能会导致社会的不稳定。其警兆主要表现为:人均GDP、GDP增长率、服务经济占比、城乡收入水平差距、恩格尔系数、R&D投入、财政赤字率等。经济层面的警源主要有:①资源禀赋警源:丰富的自然资源反而带来了资源诅咒。西藏资源的充裕并没有转化为产业发展的优势,丰富的资源优势并未转化为现实的经济优势。②硬件设施方面警源:西藏的人文资源富有民族传统特色,以藏传佛教文化为核心的民族传统文化源远流长。但由于基础设施落后,比如交通设施的落后,导致文化资源没有得到开发利用,文化产业落后,也是经济落后的原因之一;另外,交通设施的落后也导致作为边境地区的西藏的边境贸易规模过小。

在社会层面上,警情也十分明显。劳动力素质偏低,人力资源匮乏,医疗卫生水平较差,人民的生活水平不高,生活条件较为恶劣,人均寿命比全国平均水平低将近 5 岁。警兆主要表现在:每千人拥有床位数、每千人拥有卫生技术员数、公共卫生投入、传染病发病率、病死率、人均寿命。警源主要有:①体系警源:公共卫生服务体系不健全,城乡医疗服务体系建设进度落后,药品供应体系不健全。②体制警源:管理体制不完善,没有形成规范的医疗服务价格形成机制,公共信息平台建设落后,医药卫生法律制度也不健全。

表 9-41　新疆维吾尔自治区社会运行系统主要预警指标预警分析

一级指标	二级指标	指标值	警区	警级	警报	年份
政治	贪污受贿案件数(件)	751	—	—	—	2003
	* 少数民族代表占人大代表总数比(%)	64.29	—	—	—	2008
	* 少数民族占人口比(%)	60.26	—	—	—	2005
经济	人均 GDP(美元)	1660.76	中警	2	橙色	2005
	恩格尔系数(%)	城镇 36.37 农村 41.77	无警 轻警	4 3	绿色 黄色	2005 2005
	人均国民收入(美元)	580.56	重警	1	红色	2005
	通货膨胀率(%)	0.70	很安全	5	蓝色	2005
	财政赤字率(%)	0.00	很安全	5	蓝色	2005
	基尼系数					
	工业企业全员劳动生产率(万元/人)	7.90	无警	4	绿色	2007
	* 民族自治地区 R&D 经费占 GRP 的比例(%)	0.23	重警	1	红色	2005
	* 民族地区服务经济占 GRP 比重(%)	35.70	重警	1	红色	2005
	城乡收入水平差距	3.22	重警	1	红色	2005
	* 行业收入差距	2.78	中警	2	橙色	2005

续表

一级指标	二级指标	指标值	警区	警级	警报	年份
社会	非农就业人口占比(%)	46.73	轻警	3	黄色	2005
	城市化水平(%)	36.87	中警	2	橙色	2005
	非农产业占比(%)	80.42	无警	4	绿色	2005
	高等教育毛入学率(%)	15.00	轻警	3	黄色	2005
	互联网用户(万户)	60.79	——	——	——	2004
	城乡居民贫困率(%)	29.18	重警	1	红色	2005
	*民族地区男女性别比	105.00	无警	4	绿色	2005
	人口老龄化程度	低	无警	4	绿色	2008
	人口老龄化速度	中	中警	2	橙色	2008
	劳动适龄人口比重(%)	专家判断	无警	4	绿色	2008
	社会综合保障水平得分(排名)	49.3(21)	轻警	3	黄色	2001
	城镇养老保障得分(排名)	16.4(28)	轻警	3	黄色	2001
	城镇医疗保障得分(排名)	17.7(13)	无警	4	绿色	2001
	甲、乙类法定报告传染病发病率(1/10万)	261.52	中警	2	橙色	2003
	甲、乙类法定报告传染病病死率(1/10万)	0.15	无警	4	绿色	2003
	每千人拥有床位数	3.69	无警	4	绿色	2003
	每千人口卫生技术员数	5.07	无警	4	绿色	2003
	失业率(%)	3.90	轻警	3	黄色	2005
生态	万元GDP能耗吨标煤	1.963	重警	1	红色	2008
	城市污水处理率(%)	57.05	中警	2	橙色	2004
自然	人均寿命(岁)	69.2	中警	2	橙色	2008
	婴儿死亡率(‰)	22.80	无警	4	绿色	2006
	农村自然灾害成灾人口(万人)	412.27	——	——	——	2000
	农村自然灾害得到国家救济人数(万人)	96.3	——	——	——	2000
	农村自然灾害导致的死亡人数(人)	29	——	——	——	2000

数据来源:根据《2002—2009年新疆维吾尔族自治区统计年鉴》整理计算。

注:打*号指标为民族地区数据计算得出。

　　新疆维吾尔自治区地处西部欠发达地区,与多国接壤,民族多且杂居,再加上历史上遗留下来的一些因素,导致新疆存在一定的民族问题。一些反华势力和分裂分子利用新疆的民族和人权问题大做文章,企图分裂我国领土,阻碍中国的崛起。最近发生的七五打砸抢烧事件,是由少数东突恐怖分子精心谋划的恐怖事件,是一起典型的境外操纵,有预谋、有组织的打砸抢烧事件。

在政治层面上,警兆是境外分裂分子的扰动,另外,国外反华势力活动的频繁也是警兆之一。主要的警源则来自于历史遗留问题,以及中华民族的崛起,历史上,任何一个民族和国家的崛起,都会受到外来反对势力的压制。

在经济层面上,警情主要表现在:新疆的城市化发展明显滞后,城市构成不合理。产业结构也不尽合理,经济发展以自然经济为主,第二产业过轻,而第三产业又虚高,工业化水平偏低,城乡收入差距明显,"三农"问题并没有得到缓解,分配的不均也很可能造成社会的不稳定。其警兆主要有:GDP增长率;服务经济占比;城市化水平;城乡收入水平差距;恩格尔系数;R&D投入。经济层面的警源也有:①城市数量与规模警源:新疆地域广大,但城市的数量很少,城镇规模也很小,导致对经济的拉动和吸纳农村剩余劳动的能力不强,对经济增长有利的资金、技术、人才、信息等要素难以有效积聚,对农村地区的辐射也很弱,不利于城乡一体化发展。②结构性机制警源:由于新疆地处西部欠发达地区,国家投资主要集中在边防建设和资源的勘探与开发,发展大工业所需要的劳动力、市场等地方经济都难以提供,而大工业所带来的投资及产业关联效应,地方经济也难以分享,使得新疆工业化水平缓慢,直接导致了经济水平的落后。③基础设施警源:新疆交通通讯等基础设施比较薄弱,在信息传递、市场观念等方面都比较落后,这也是阻碍经济发展的一大因素。

在生态层面上,由于资源利用率不高造成的浪费,使得新疆的发展并不是遵循"循环发展"的模式,节能减排任重道远。警兆有:单位GDP能耗、污水处理率。警源主要是:新疆的工业结构以资源开发型为主,经济的增长并没有呈现"循环增长"的态势,资源利用效率低下,在工业化的进程中,对各种资源的消耗都十分大。

表9-42 内蒙古自治区社会运行系统主要预警指标预警分析

一级指标	二级指标	指标值	警区	警级	警报	年份
政治	贪污受贿案件数(件)	530	—	—	—	2000
	* 少数民族代表占人大代表总数比(%)	45.28	—	—	—	2008
	* 少数民族占人口比(%)	21.62	—	—	—	2005

续表

一级指标	二级指标	指标值	警区	警级	警报	年份
经济	人均 GDP（美元）	2092.82	中警	2	橙色	2005
	恩格尔系数（%）	城镇 1.43	无警	4	绿色	2005
		农村 43.09	轻警	3	黄色	2005
	人均国民收入（美元）	755.24	重警	1	红色	2005
	通货膨胀率（%）	2.40	很安全	5	蓝色	2005
	财政赤字率（%）	5.09	重警	1	红色	2005
	基尼系数					
	工业企业全员劳动生产率（万元/人）	7.95	无警	4	绿色	2008
	＊民族自治地区 R&D 经费占 GRP 的比例（%）	0.14	重警	1	红色	2005
	＊民族地区服务经济占 GRP 比重（%）	39.30	重警	1	红色	2005
	城乡收入水平差距	3.06	重警	1	红色	2005
	＊行业收入差距	3.57	重警	1	红色	2005
社会	非农就业人口占比（%）	46.17	轻警	3	黄色	2005
	城市化水平（%）	39.82	中警	2	橙色	2005
	非农产业占比（%）	84.87	无警	4	绿色	2005
	高等教育毛入学率（%）	16.20	轻警	3	黄色	2005
	互联网用户（万户）	33.1	—	—	—	2003
	城乡居民贫困率（%）	24.73	重警	1	红色	2005
	＊民族地区男女性别比	106.20	无警	4	绿色	2005
	人口老龄化程度	中	轻警	3	黄色	2008
	人口老龄化速度	高	重警	1	红色	2008
	劳动适龄人口比重（%）	专家判断	无警	4	绿色	2008
	社会综合保障水平得分（排名）	44.2(26)	轻警	3	黄色	2001
	城镇养老保障得分（排名）	23.0(10)	无警	4	绿色	2001
	城镇医疗保障得分（排名）	14.0(28)	轻警	3	黄色	2001
	甲、乙类法定报告传染病发病率（1/10 万）	165.07	无警	4	绿色	2003
	甲、乙类法定报告传染病病死率（1/10 万）	0.16	无警	4	绿色	2003
	每千人拥有床位数	2.58	无警	4	绿色	2003
	每千人口卫生技术员数	4.31	无警	4	绿色	2003
	失业率（%）	4.30	中警	2	橙色	2005

续表

一级指标	二级指标	指标值	警区	警级	警报	年份
生态	万元 GDP 能耗吨标煤	2.159	重警	1	红色	2008
	城市污水处理率(%)	60.00	轻警	3	黄色	2006
自然	人均寿命(岁)	73.8	轻警	3	黄色	2008
	婴儿死亡率(‰)	16.9	无警	4	绿色	2006
	农村自然灾害成灾人口(万人)	—	—	—	—	—
	农村自然灾害得到国家救济人数(万人)	—	—	—	—	—
	农村自然灾害导致的死亡人数(人)	—	—	—	—	—

数据来源:根据《2001—2009 年内蒙古自治区统计年鉴》整理计算。

注:打 * 号指标为民族地区数据计算得出。

内蒙古自治区经济发展态势良好。但由于金融危机导致的国际国内不稳定不确定因素仍然很多,经济发展仍处在保增长的关键阶段。R&D 投入和产业结构仍然不够理想,还有待改善,社会处在工业化初期阶段,城乡收入差距较大,人均国民收入水平低,失业率高,分配问题没有得到解决,这些都是社会的不稳定因素。警兆主要有:人均 GDP、GDP 增长率、人均国民收入、三次产业结构比、城乡收入差距。警源主要有:①自然地理因素警源:内蒙古地区由于地理因素,导致自然灾害的频发,特别是旱灾经常给内蒙古区农牧业生产造成了较大损失。②国际因素警源:受国际金融危机的冲击和影响,内蒙古地区的进出口贸易环境恶化。③投资萎缩警源:内蒙古地区的投资一般都是政府主导的基础设施方面的投资,民间投资不足,增长乏力,将会制约和影响经济结构的转型升级,阻碍经济的稳定增长。④基础设施警源:内蒙古地区处于北部地区,交通不便,基础设施匮乏,也影响了经济的增长。⑤人力资源警源:内蒙古专业技术人员的总体状况是人才总量严重不足,人才结构不合理,人口老龄化速度很快,人才外流情况也很严重,这也成为限制内蒙古经济发展的一个极为重要的因素。在生态层面上,内蒙古地区资源利用效率不高,单位 GDP 能耗过大。⑥生态方面的警源为:内蒙古经济增长仍处于粗放式经济增长阶段,经济基本步入工业化成熟阶段,对资源的需求及消耗很大。

三、基于子系统的动态分析

上面的分析是在单一指标分析基础上，从政治、经济、生态、社会四个子系统出发，通过对各个独立指标稳定性的量化，根据预警评价标准发布各种不同的警报，然后量化整个社会总系统的稳定性。单指标分析只考虑了单个子系统的不稳定对社会稳定的威胁。但是，整个社会是其子系统的一个有机整体。社会稳定是各个子系统综合作用的结果，它的稳定不仅包括各子系统的稳定，还包括了各子系统间相互作用的稳定。实际社会生活中某一系统的发展，可能是以其他系统的破坏甚至毁灭作为其发展条件（或代价）的，例如生态环境和经济发展之间的关系等。子系统间关系的恶化同样会引发社会问题，最终构成社会稳定的威胁。

社会稳定是一种"有序的发展"。社会作为一个超复杂巨系统，是一个非绝对平衡的开放系统，其构成要素在社会整合机制下会形成特定的运行秩序，称之为社会稳态。任何复杂的大系统都由众多子系统构成，子系统与子系统、子系统与大系统之间相互协调、相互配合才能共同确保大系统的有机存在与稳定发展。社会这个大系统也不例外。闫耀军提出社会稳定系统包括生存保障系统、经济支撑系统、社会分配系统、社会控制系统、社会心理系统和社会外部环境系统6个子系统。社会的稳定除了包括各子系统的稳定，还包括各子系统间整合关系的协调。

某一系统或要素的发展，往往可能是以其他系统或要素的破坏甚至毁灭作为其发展条件（或代价）的，例如生态环境和经济发展之间的关系等。因此在社会发展中，社会各个子系统间的不协调发展也可能造成社会不稳定。社会预警实际上是对社会总体运行的稳定与协调程度的识别和判定，那么就应该包括根据社会各子系统运行稳定性的预警和根据子系统间协调运行程度的预警两部分。虽然两者的出发点不同，但其基本思想都是从影响社会稳定的因素出发对社会运行状况进行识别和预警。将闫耀军的6大子系统稍作更改，得到下面的新的社会协调机理图。

（一）各子系统间的协调关系

经济、社会和生态系统的协调发展是一个要素众多、层次复杂、关系错综、

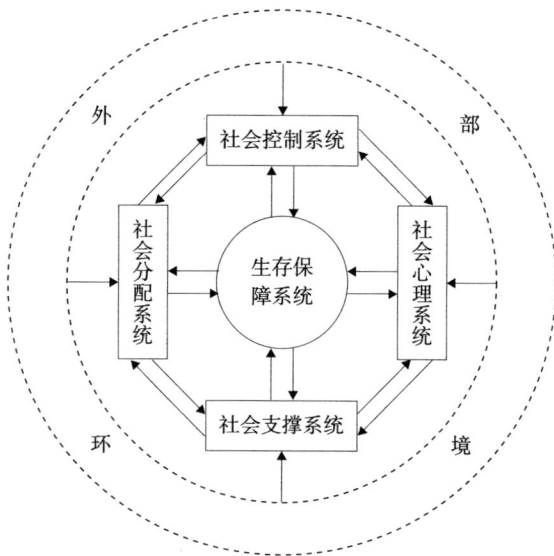

图 9-6　社会稳定系统

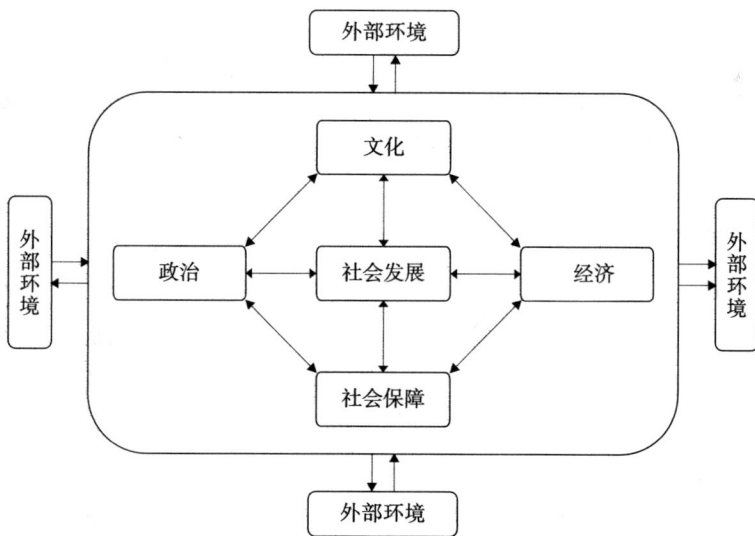

图 9-7　社会协调机理图

目标功能多样的大系统,这三个子系统不是相互独立的关系,而是相互作用的关系。它们之间既相互促进,又相互制约,社会的和谐发展需要这三个子系统之间的协调发展。三个子系统的协调发展程度可通过对各子系统的实际观测值与其协调值接近程度的定量来描述。所谓协调值就是某一系统与其他系统相适应的数值。由于更多系统的协调发展状况都处于协调与不协调之间,在评价某一系统的协调发展状况时,不能仅用协调和不协调来衡量。因而,协调发展是一个内涵明确而外延不明确的模糊概念,可以应用模糊集合论对它进行研究。在模糊数学中,描述论域中某一元素 X 隶属于模糊集 A 程度的是隶属度指标,它是一个闭区间上的实数,称为协调系数。

1. 经济与生态

从生态足迹的思想出发,经济系统与生态系统的协调关系为:经济发展中,人类可以确定自身消耗的绝大多数资源及其所产生的废弃物的数量,并且这些资源和废弃物能转换成相应的生物生产面积。而由于各地区的资源禀赋和生物产出生产力的不同,不同的地区在生态自身能够可持续发展的前提下,能够提供的资源供给是不同的。那么在经济发展的生态足迹需求和生态发展的承载能力供给之间就会存在差额,这个差额就称之为"生态赤字"。生态赤字很好地衡量了经济发展对生态的过度需求,而生态与经济的一切不协调归根究底就是经济对生态的过度需求,所以这个过度需求正是两者间不协调的体现。因此本课题将采用"生态赤字"作为经济与生态的发展协调度。

2. 经济与社会

任旺兵、屠新署(2004 年)提出,生存权与发展权实质上就是经济社会协调发展问题。从这一思想出发,对于各个子系统,由于各自自身的发展规律以及政策的导向性,使得它们的发展速度不同。如果两者间的发展速度在一定时间内差异很大,一方严重滞后于另一方,那么就会引发严重的发展失衡问题,从而破坏发展的稳定性。将社会细分为社会生存保障系统和社会发展系统两个子系统。从社会生物学意义上看,人类实际上是自然界中的一个具有社会性的生存系统,如果这个生存系统得不到有效地保障,那么整个社会的和谐稳定就从根本上受到威胁。经济系统为社会生存保障系统提供物质条件,使得其得到保障。但是社会不是局限于生存的,发展也是其本质的需求,经济发展不仅应该为生存系统提供物质保障,同时也应满足发展系统对其的需要。

3. 经济与政治

经济与政治的基本协调关系为:经济是基础,政治是上层建筑。经济的发展推动政治的发展,反过来政治对经济的发展具有反作用。政治的发展包括两方面,一方面是结构上的发展,例如政治权利保障的建立;另一方面是量的发展,例如政府绩效的发展,不管是结构或量上的政治发展如果滞后于对应时期的经济发展,那么就会阻碍下一阶段经济的发展,由此产生恶性循环。

4. 经济与文化

近年来,经济与文化一体化的进程加快,与经济发展相适应的文化价值观念的重建受到普遍重视,生产中的文化附加值正在增长,经济活动中文化力的地位和作用日益强烈地表现出来。经济发展导致了对文化发展的方向性需求,例如建立与经济发展相适应的文化价值观念,这一观念将直接或间接影响从事经济生产的劳动群众,进而影响经济发展。对于生产中文化附加值的增长,有人提出了"今天的文化就是明天的经济"这样的观点,所以现阶段的文化发展除了符合经济增长的需求外,还要体现下一阶段经济增长的需求,这样才能达到两者的和谐与持续发展。

(二)定量分析

1. 评价指标类型的一致化、标准化处理

表4-1中所示的评价指标体系中,同时存在正指标(指标数值越大,经济意义越好)、逆指标(指标数值越小,经济意义越好)和中性指标(指标的取值不大不小,越居中越好)。为了保证在分析中数据的一致性,需要对指标进行各指标类型进行一致化处理。

另外,由于指标之间的单位、量级的不同而存在着不可公度性,对其进行综合评价时,为了尽可能地反映实际情况,必须排除由于各项指标的单位不同以及其数值量级间的悬殊差别所带来的影响,需要对评价指标作无量纲化处理,也叫做指标数据的标准化。考虑到所使用数据的特征,例如由于不知最大值与最小值而不能采用 min-max 标准化方法,本文利用 SPSS 软件使用 z-score 标准化方法,这种方法基于原始数据的均值(mean)和标准差(standard deviation)进行数据的标准化。

设原始数据矩阵为 $X = \begin{pmatrix} x_{11} & x_{12} & \cdots & x_{1n} \\ x_{21} & x_{22} & \cdots & x_{2n} \\ \vdots & \vdots & \vdots & \vdots \\ x_{m1} & x_{m2} & \cdots & x_{mn} \end{pmatrix}$,标准化后的矩阵为 $Y =$

$\begin{pmatrix} y_{11} & y_{12} & \cdots & y_{1n} \\ y_{21} & y_{22} & \cdots & y_{2n} \\ \vdots & \vdots & \vdots & \vdots \\ y_{m1} & y_{m2} & \cdots & y_{mn} \end{pmatrix}$,矩阵 X 与 Y 之间的关系为: $y_{ij} = (x_{ij} - \bar{x}_j)/s_j$,其中 $\bar{x}_j$

为第 j 个指标的平均数: $\bar{x}_j = \dfrac{1}{m} \sum_{i=1}^{m} x_{ij}$,标准差 s_j 为方差的平方根, $s_j =$

$\sqrt{\dfrac{1}{m-1} \sum_{i=1}^{m} (x_{ij} - \bar{x}_j)^2}$ 。

2. 标准化数据矩阵的相关矩阵

标准化数据矩阵的相关矩阵可表示为 $R = \begin{pmatrix} r_{11} & r_{12} & \cdots & r_{1n} \\ r_{21} & r_{22} & \cdots & r_{2n} \\ \vdots & \vdots & \vdots & \vdots \\ r_{m1} & r_{m2} & \cdots & r_{mn} \end{pmatrix}$,其中 r_{ij}

为指标 i 与指标 j 的相关系数: $r_{ij} = \dfrac{1}{m-1} \sum_{i=1}^{m} y_{ti} y_{tj}$ (i,j=1,2,$\cdots$n)。

令 $|\lambda I - R| = 0$,可求出 R 的全部特征值: $\lambda_1, \lambda_2, \cdots \lambda_n$,其中 $\lambda_1 \geqslant \lambda_2 \geqslant \cdots \geqslant \lambda_n$,以及各特征值所对应的单位正交特征向量 $a_j = (a_{1j}, a_{2j}, \cdots a_{nj})$。

3. 主成分的确定

由于相关系数矩阵 R 的特征值 $\lambda_1, \lambda_2, \cdots \lambda_n$ 正是对应主成分 $F_1, F_2, \cdots F_n$ 的方差。方差越大,所包含的信息就越多,对综合评价的贡献就越大。故定义主成分 F_i 的贡献率 b_i 为: $b_i = \dfrac{\lambda_i}{\sum_{i=1}^{n} \lambda_i}$ 。前 K 个主成分的累积贡献率 B_k 为: $b_i =$

$\dfrac{\sum_{i=1}^{k} \lambda_i}{\sum_{i=1}^{n} \lambda_i}$ 。

以累积贡献率达到85%为准则提取主成分。当前 K 个主成分的累积贡献率达到85%时,就可确定该系统分指标的主成分为 $F = (F_1, F_2, \cdots F_k)$。

4. 子系统的综合发展水平

第 i 系统的实际发展水平可用该系统的主成分综合得分来表示,计算公式如下:

$$u_i = \sum_{i=1}^{k} b_j F_j$$

通过加权平均可计算出整个系统的综合发展水平,其中每个子系统发展水平的权重设为1/3。

5. 协调系数的计算

协调系数就是指某一系统与其他系统相适应的数值,反映了隶属于"协调"这个模糊集合程度的指标。该指标取值为[0,1]闭区间上的实数。当协调系数等于1时,说明系统完全协调;当协调系数等于0时,说明系统完全不协调。换言之,协调系数越大,表示系统间越协调;反之,越不协调。协调系数的计算如下:

$$C(i/j) = e^{-k(u_i - u_{i/j})^2}$$

式中:$C(i/j)$表示第 i 系统对第 j 系统的协调发展系数;u_i表示第 i 系统的实际发展水平;$u_{i/j}$表示第 i 系统与第 j 系统协调发展时,第 i 系统的协调发展水平;$k = 2/s^2$,s^2 为方差。

公式表明:当 u_i 越接近 $u_{i/j}$ 时,协调系数 $C(i/j)$ 越大,协调程度越高;当 u_i 越远离 $u_{i/j}$ 时,协调系数 $C(i/j)$ 越小,协调程度越低。当实际发展水平越接近协调发展水平时,协调系数越大,说明协调发展程度越高;当实际发展水平与协调发展水平的离差越大时,协调系数越小,说明系统协调发展程度越低。当实际发展水平等于协调发展水平时,协调系数为1,说明系统完全协调;当实际发展水平与协调发展水平的离差趋于无穷大时,协调系数趋于0,说明系统完全不协调。因此,协调系数能反映系统间的协调发展程度,可用于评价三个系统的协调发展状况。

$u_{i/j}$ 表示第 i 系统与第 j 系统协调发展时,第 i 系统的协调发展水平,即当第 j 系统发展水平为 u_j 时,为了保持与第 j 系统协调发展时,第 i 系统所应达到的发展水平。

　　协调值的大小由两个因素来决定:一是 u_i 的大小;二是 i、j 两个系统之间综合得分的比例关系。要研究两个系统之间综合得分的比例关系,就要考察其数量依存关系。这种数量依存关系可通过建立一个系统对另一个系统的回归方程表示,即:

$$u_i = a + bu_j$$

式中:a,b 为要估计的参数。

　　三个系统之间的协调不仅取决于两两系统之间的协调关系,还取决于协调系数的一致性,可用以下系数来表示:

$$c(i/j/k)) = \sqrt[3]{c(i/j) \times c(i,k) \times c(j,k)}$$

(三)经济、生态、社会子系统协调关系警情分析

　　将各地区经济、生态、社会子系统的综合发展水平值低于全国相应指标平均水平视为该地区该系统存在警情,警情大小用偏离平均水平的程度衡量,如果偏离度为正,表明不存在警情,如果偏离度为负则表明存在警情,其大小就表示了该系统警情程度的大小。

　　1. 经济—社会

　　从警情指标上看图 9-8:2000~2006 年之间,内蒙古的经济系统和社会系统的警情值大多为负值,均处于有警情的区间;

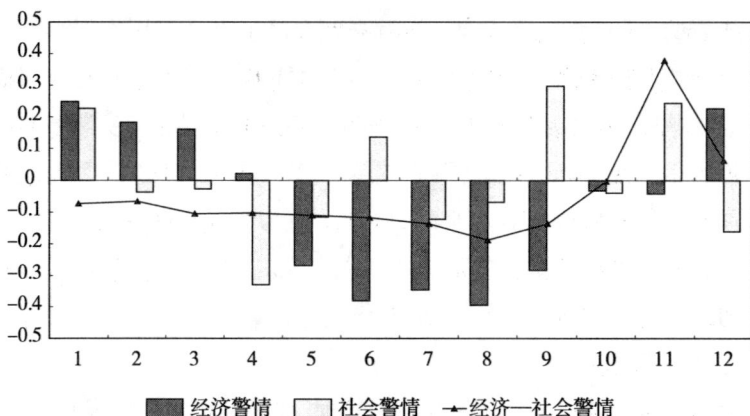

内蒙古经济—社会协调关系

图 9-8　1997~2008 年内蒙古经济—社会协调关系警情

数据来源:根据作者整理。

　　从子系统协调发展水平看,内蒙古的经济—社会系统之间发展不协调,2006 年以前经济社会系统之间的协调发展水平一直低于全国平均水平,处于有警情的区域,2007 年突然冲高后 2008 年又有所回落。

　　从警情指标上看:在所研究的时间区间 1991~2008 年内,广西的经济系统和社会系统基本处于无警区和安全区,2004 之后,社会发展矛盾凸显,处于有警情的区间。

　　从子系统协调发展水平看,图 9-9 广西的经济—社会系统基本协调,但 2003 年之后,协调发展水平下降,处于有警情的区域。

广西经济—社会协调关系

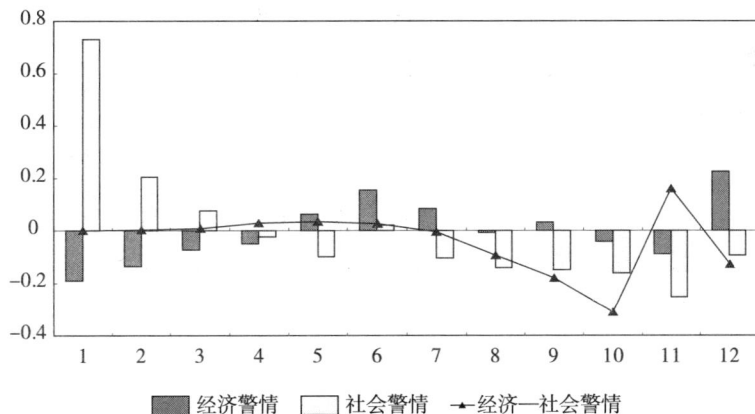

图 9-9　1997~2008 年广西经济—社会协调关系警情

数据来源:根据作者整理。

　　从警情指标上看云南的经济系统和社会系统发展不稳定,波动较大。2004 之后,社会发展矛盾凸显,处于有警情的区间;

　　从子系统协调发展水平看图 9-10,2002 年之前,云南的经济—社会系统基本协调,但 2002 年之后,协调发展水平下降,处于有警情的区域。

　　从警情指标上看,西藏的经济系统和社会系统发展基本稳定。但 2004 之后,社会发展矛盾凸显,处于有警情的区间;

　　从子系统协调发展水平看图 9-11,2004 年之前,西藏的经济—社会系统基本协调,但 2004 年之后,协调发展水平下降,处于有警情的区间。

云南经济—社会协调关系

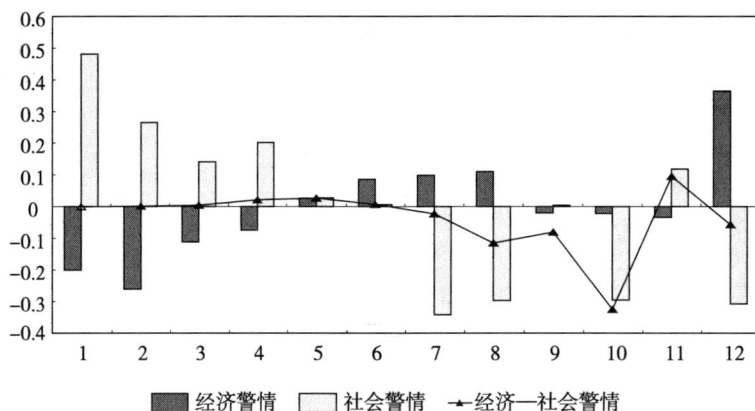

图 9-10　1997~2008 年云南经济—社会协调关系警情

数据来源:根据作者整理。

西藏经济—社会协调关系

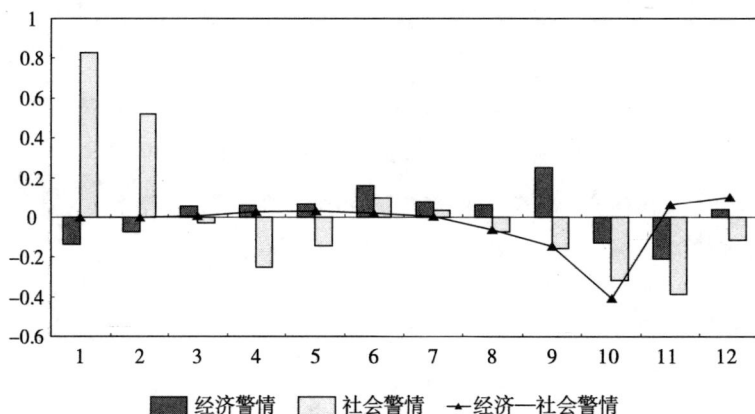

图 9-11　1997~2008 年西藏经济—社会协调关系警情

数据来源:根据作者整理。

从警情指标上看,新疆的经济系统和社会系统发展在 2006 年之前基本稳定。但 2006 之后,社会发展和经济发展均为落后,处于有警情的区间;

从子系统协调发展水平看图 9-12,2004 年之前,新疆的经济—社会系统基本协调,但 2005 年之后,协调发展水平下降,处于有警情的区间。

新疆经济—社会协调关系

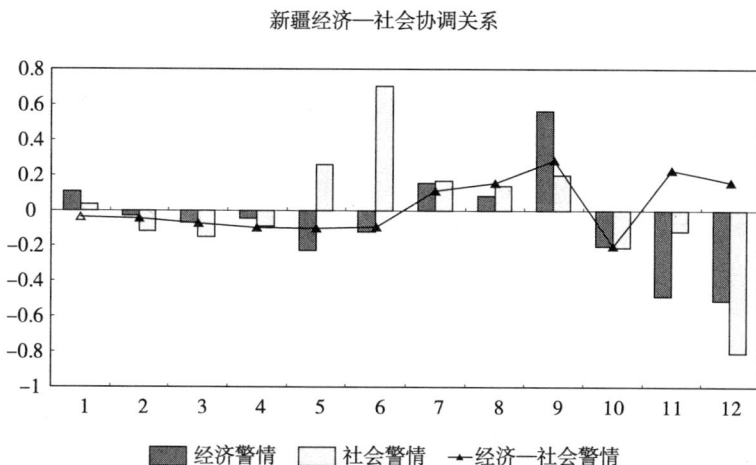

图 9-12　1997~2008 年新疆经济—社会协调关系警情

数据来源:根据作者整理。

　　结论:图 9-8 至图 9-12 表述了各省区的经济系统警情、社会系统警情和经济—社会间协调关系。其反映出下列信息:中国西部欠发达地区五省区由于经济发展的初始条件较弱,工业化基础是全国最为薄弱的地区;在转型时期缺乏进入市场经济的竞争能力和融入国际经济的有利的区位优势,产业结构转换的社会与经济成本巨大,发展水平长期低于全国平均水平,经济发展失衡导致西部欠发达地区五省区实现社会稳定难有坚实的基础。

　　社会发展一直是西部地区严重滞后的领域。由于受制于经济发展水平,中国西部欠发达地区五省区有限的财政资源不足以弥补该区域在社会发展方面的历史欠账,西部地区特殊自然环境和社会公共事业积累不足,导致推动社会发展的成本高于其他地区,社会公共服务的供给与需求之间存在明显的差距,人均享有的公共服务低于全国平均水平。公共服务不足或享有基本公共服务的代价太高,与社会保障缺失一样,将强化或扩大人们对收入差距、地区差异、社会阶层利益冲突等社会矛盾心理感受,降低人们对社会共识的认同,削弱人们对贫富差距和社会不公现象的承受能力,因此,社会发展状况与西部欠发达地区五省区的社会长期稳定直接相关。长期不懈地推进公共服务均等化战略,加强政府间转移支付与该地区的社会事业需求更有效地对接,纠正地区社会发展失衡,将有利于西部欠发达地区五省区长期的社会稳定。

2. 经济—生态

从警情指标上看,内蒙古的经济系统和生态系统发展波动较大。2000年之后,经济系统和生态系统均处于有警情的区间。

从子系统协调发展水平看图11-13,内蒙古的经济—生态系统不协调,波动较大,但2007年之后,协调发展水平上升,处于无警情的区间。

内蒙古经济—生态协调关系

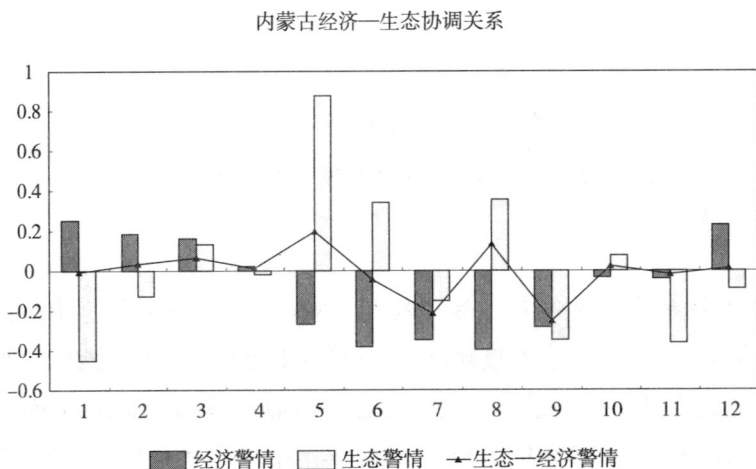

图 9-13　1997~2008 年各省区经济-生态协调关系警情

数据来源:根据作者整理。

从警情指标上看,广西的经济系统和生态系统发展较好,基本属于无警或轻警区间;

从子系统协调发展水平看图9-14,广西的经济—生态系统协调,处于无警情的区间。

从警情指标上看图9-15,云南的经济系统和生态系统发展不稳定,波动较大;

从子系统协调发展水平看,云南的经济—生态系统不协调,波动较大。

从警情指标上看图9-16,西藏的经济系统和生态系统发展较好,基本属

广西经济—生态协调关系

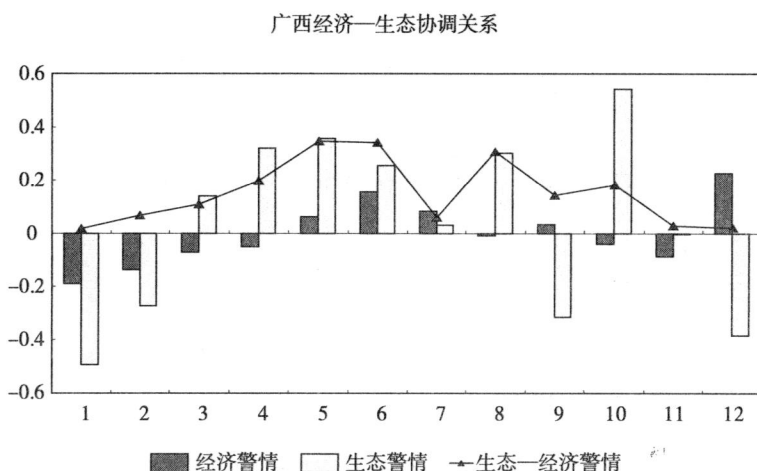

图 9-14　1997~2008 年广西经济—生态协调关系

数据来源：根据作者整理。

云南经济–生态协调关系

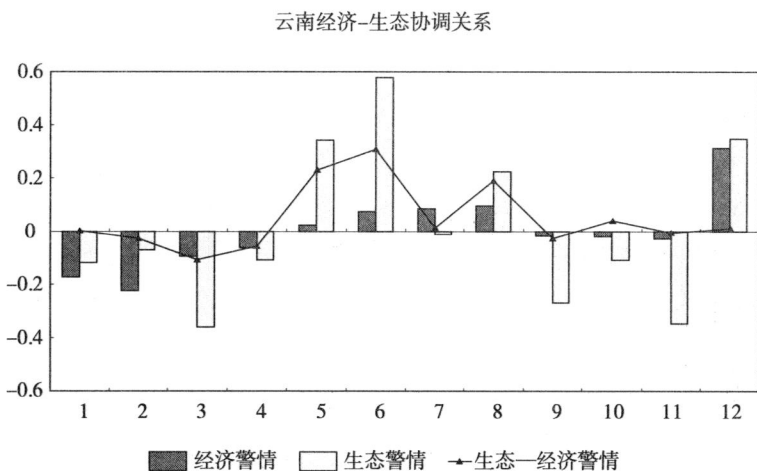

图 9-15　1997~2008 年云南经济—生态协调关系警情

数据来源：根据作者整理。

于无警或轻警区间；

　　从子系统协调发展水平看图 9-17，西藏的的经济—生态系统协调，处于无警情的区间。

西藏经济—生态协调关系

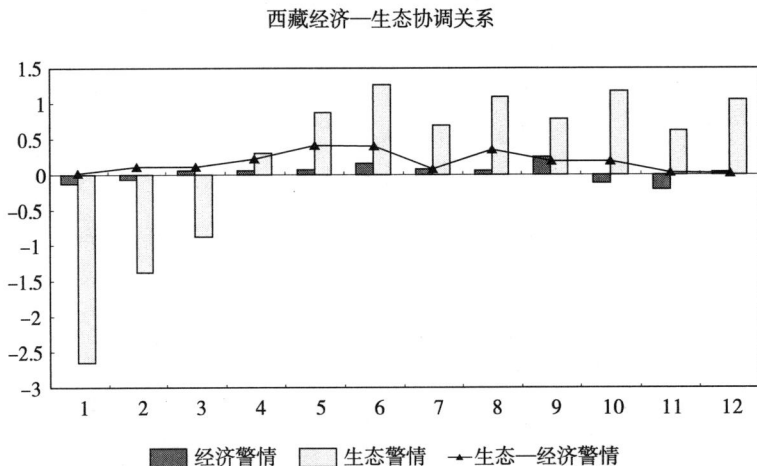

图 9-16   1997~2008 年西藏经济—生态协调关系警情

数据来源:根据作者整理。

新疆经济—生态协调关系

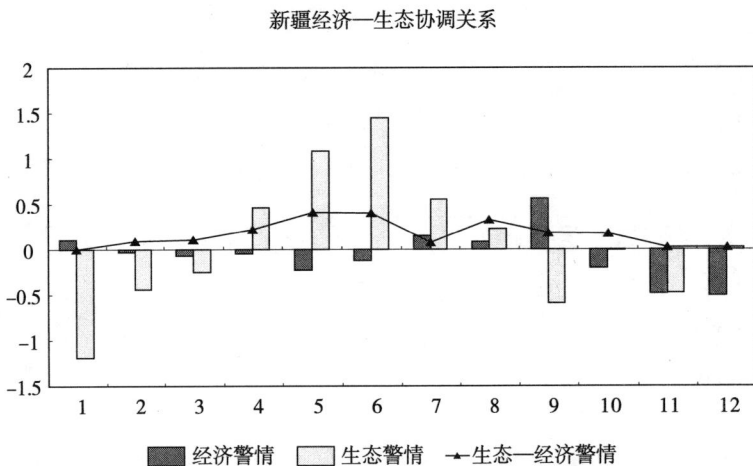

图 9-17   1997~2008 年新疆经济—生态协调关系警情

从警情指标上看,新疆的经济系统和生态系统发展不稳定,但波动不大;

从子系统协调发展水平看图 9-17,新疆的经济—生态系统协调,基本属于无警区。

结论:图 9-13 至图 9-17 表述了西部五个省区的经济系统警情、生态系统警情和经济—生态间协调关系。其反映出下列信息：经济—生态的协调发展，是一个地区或国家实现社会长期稳定的初始条件。中国西部欠发达地区五省区基本都处于生态环境相对脆弱、人口、资源与环境关系相对紧张的地区，现存的增长方式不是缓解而是加剧这一矛盾，这将从根本上影响该地区的社会长期稳定。西部欠发达地区五省区生态环境脆弱是一基本常态，部分地区的人口压力大，人地矛盾突出，存在以生态换生存、生态恶化进一步导致贫困的现象；资源型经济特征导致的"资源诅咒"所产生的收入分配不公、就业困难、产业结构不合理等现象普遍存在；资源的不合理开采加剧了生态修复的难度。由于西部欠发达地区五省区经济发展水平的制约，生态保护与经济补偿的偏差导致人口资源环境关系协调问题向经济利益关系冲突转化，退耕还林、城市化引致的农民口粮替代、收入替代、生产与就业替代等系列问题直接关系到社会的长期稳定。因此，从历史和现实负责的态度出发，把推行可持续战略与降低该地区贫困面、优化产业结构目标有机结合起来，是关系到该地区社会长期稳定的基础工程。

3. 经济—社会—生态——一个不稳定的脆弱系统

内蒙古经济—社会—生态警情

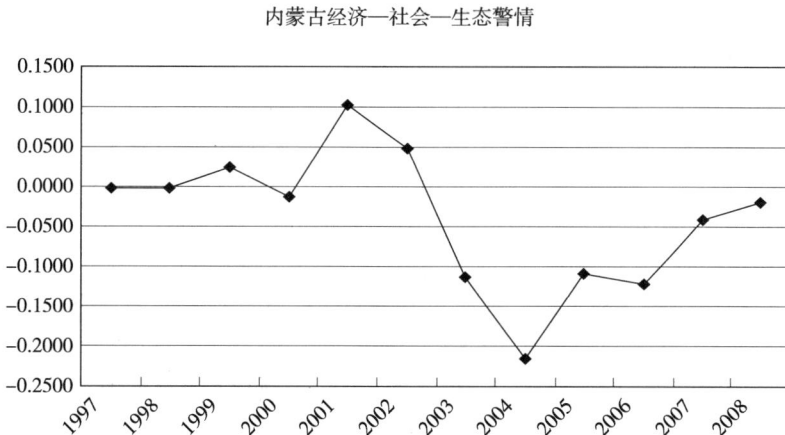

图9-18　1997~2008年内蒙古经济—社会—生态协调关系警情

数据来源：根据作者整理。

从图9-18至图9-22经济—社会—生态协调关系警情曲线可以看出，西部欠发达地区的经济—社会—生态协调关系警情曲线表现出出很大的相似

广西经济—社会—生态警情

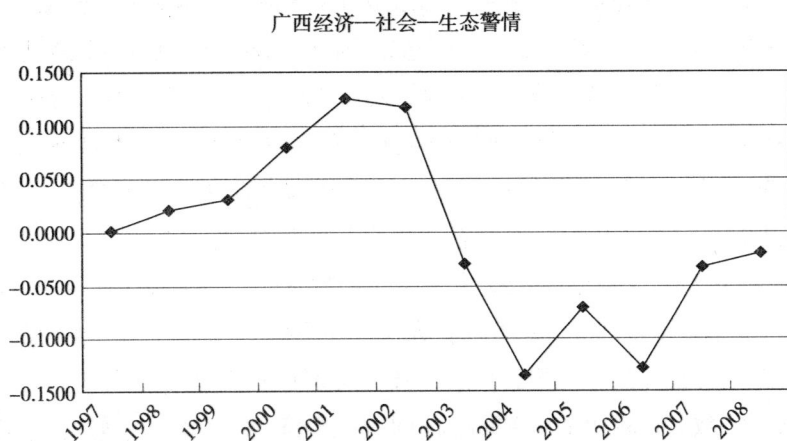

图 9-19　1997~2008 年广西经济—社会—生态协调关系警情

数据来源:根据作者整理。

云南经济—社会—生态警情

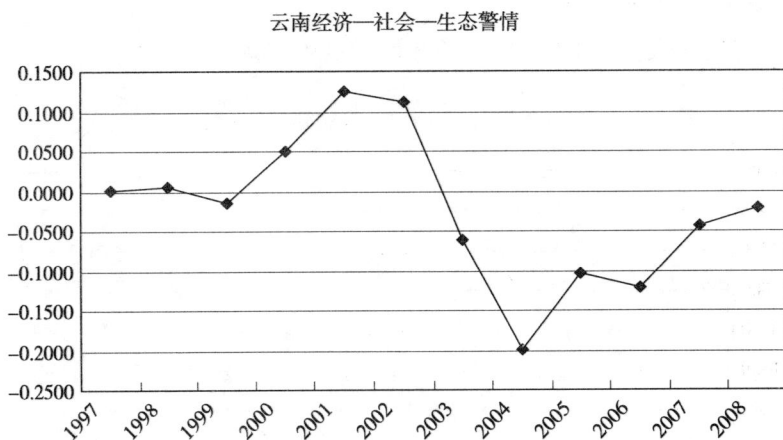

图 9-20　1997~2008 年云南经济—社会—生态协调关系警情

数据来源:根据作者整理。

性。在 2003 年之前,经济—社会—生态综合协调发展水平大多为正值,基本
处于轻警区和无警区;2003 年之后,随着我国改革的深化,各种矛盾加剧并凸
显出来,表现为经济—社会—生态综合协调发展水平变为负值,出现警情。从
五个西部欠发达地区省区的经济—社会—生态协调关系警情曲线中,我们可

西藏经济—社会—生态警情

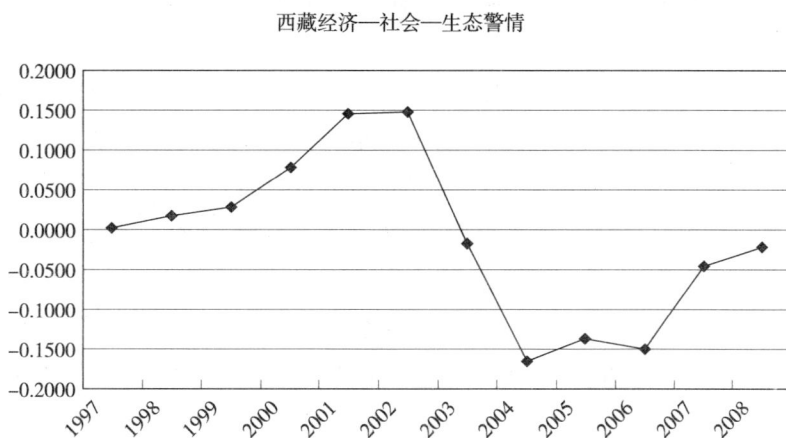

图9-21 1997~2008年西藏经济—社会—生态协调关系警情

数据来源:根据作者整理。

新疆经济—社会—生态警情

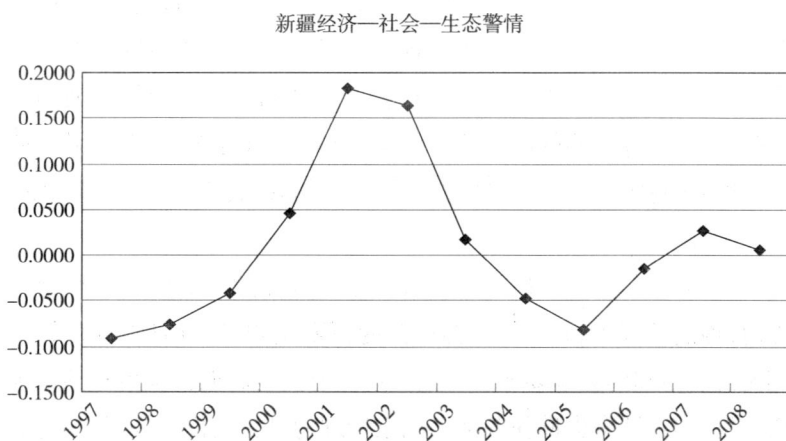

图9-22 1997~2008年新疆经济—社会—生态协调关系警情

数据来源:根据作者整理。

以总结出以下特征:

第一,近年来,西部欠发达地区的经济—社会—生态在发展趋势上表现出一些共同特征,整个系统已经处于一种"有警情"状态中,在很多方面的失衡状态已经处在预警范围之内,这样的系统是不稳定的、脆弱的;只要遭到较大外生冲击的扰动，就会一触即发，爆发各种危机，造成社会的不稳定。例如西藏事件和新疆事件。

第二，尽管在发展态势和规律上有相同的特征，但不同地区的系统应对外部冲击的反应机制和后果却是不同的，这取决于每个地区自身的内部条件和所面临的外部环境。对内，西部欠发达地区省区具有特殊的历史条件和人文环境，各民族原有社会历史形态演化层次的巨大差异，导致不同地区的"内聚力"是不同，系统抗击外部冲击的能力也是不同的。有的地区本身发展水平较低，但整个区域的"内聚力"很强，因而整个系统的稳定性相对较好，如果整个区域历史上的"内聚力"很弱的话，即使本身发展水平较高，整个系统也是不稳定的。而跨境民族问题与境外势力渗透并存，会使西部欠发达地区省区的社会稳定问题复杂化。因此，在西部欠发达地区省份，外部周边环境的稳定是影响区域系统稳定性的重要的外生变量。

第三，一个地区的稳定发展在大多数情况下取决于"内外因素的共同作用"，而不稳定成为可能，也是"内外因素的共同作用"的结果。对于西部欠发达边疆省区而言，中国西部欠发达五省区发展失衡的主要根源是内生因素长期积累与演化的结果，境外"三股势力"蓄意破坏和反华势力推波助澜等共同作用，使这些地区各民族的民族认同强化，国家认同弱化，并由此引发社会矛盾，造成社会不稳定，导致这些地区发展失衡引起社会不稳定的反映机制与内地有很大差异。

综上所述，西部欠发达地区五省区在很多方面的失衡状态已经处在预警范围之内，构建预警机制，进行社会危机的预警监测、进行日常的预警管理已成为国家边疆治理的急迫要务，事不宜迟。因此，要将西部欠发达地区地区防范社会危机、纠正社会失衡任务纳入国家管理的日常工作要务，尽快建立社会危机预警管理机制，将西部欠发达地区五省区的社会危机预警管理纳入边疆治理的目标与工作体系中，培养和提升西部欠发达地区五省区政府预警管理的能力，确实保障边疆安全与稳定。尤其应该注意的是，预警管理机制要特别关注西部欠发达地区地区的历史条件与文化环境的特殊性，纠正失衡的国家管理要既体现战略高度的统筹，又要推行差异化的策略，针对不同民族地区社会失衡产生的具体环境，差将会表现出差异性的特点和不同的演化趋势，分类实施社会危机预警管理，实现社会稳定。

四、西部欠发达地区发展失衡预警体系的运作机制

西部欠发达地区发展失衡预警管理制度系统建设是一项综合性很强的改革,它在本质上反映了当前国家制度建设的诸多重要问题。具体针对西部欠发达地区来说,应该在充分考虑西部欠发达地区区域属性和突发公共事件特殊性的基础上,并结合民族地区当前预警现状,从转变预警理念、完善预警体制、创新预警机制三方面入手整合各种资源,是当前西部欠发达地区预警制度建设中最核心和最根本的内容。西部欠发达地区发展失衡预警体系的建立必须满足信息搜集、分析、决策与反馈的需要,要针对传统政府管理对社会突发事件处理方面存在的"反应慢、反馈晚、动员快"的特点,从运作机制的角度解决"反应慢、反馈晚"问题;根据区域性的特点,运作机制应当研究边疆民族地区如何与中央有关部门互动问题,以及如何与周边国家预警合作的途径与机制。

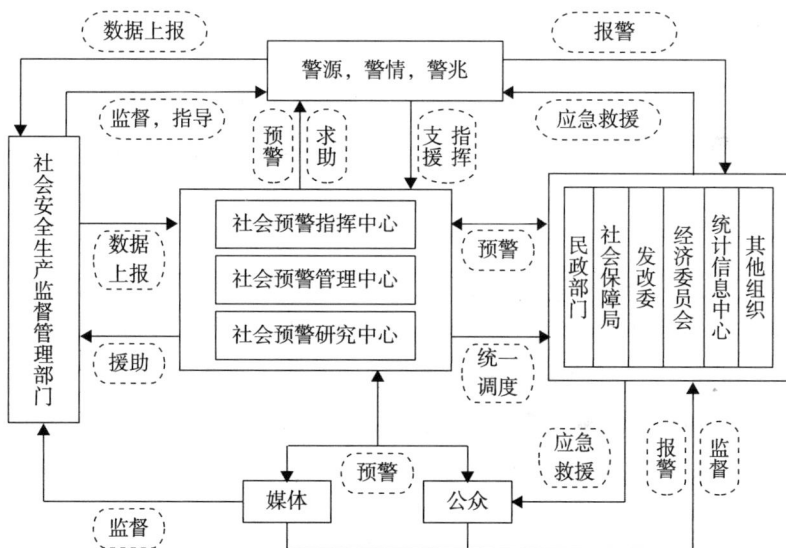

图 9-23　社会预警机制框架

数据来源:陈秋玲:《社会预警管理》,中国社会出版社 2009 年版。

(一)社会预警基本流程

1. 界定预警区域范围,界定潜在着社会风险的预警区域,建立社会危险源分布数据库。

明确界定潜在着社会风险的预警区域范围,主要是为了准确定位社会危险源空间分布。为实现社会预警管理理念从一维预警管理向多维预警转变,从灾种管理向综合减灾管理转变,从注重发生危机应急处置向预防、处置、恢复的危机全过程管理的转变,全面、准确地了解社会危险源分布情况,逐步将分散在各个部门、各个城区的社会资源整合起来,建立相关数据库,是实现积极的预防和采取正确的应急措施的基础。

参照国际上通行做法,规范各类警源、警情、警兆、警患的基础信息标准,普查预警区域范围内社会警源情况的种类、空间分布、存量、危害范围及危害重点对象、主管部门等,设计社会警源管理信息系统的总体构架,摸清各部门社会警源及危险要素数据采集的途径、频度、计量单位、现有数据库格式等基础信息,统一协调各部门进行社会警源、警情、警兆、警患的数据采集工作。

2. 分析社会运行现状:根据具有强警戒性的相关指标信息,分析社会运行状态。由于社会系统处于持续运行过程中,要通过定期与不定期对动态变化中的城市经济发展实施在线监测监控,了解社会发展预警指标变化曲线等,判断出社会发展的运行现状及在某一时期的运行特点。

3. 界定社会发展常态:通过经验数据给出社会发展常态指标及其评判标准。根据所评价地区或类似地区的相关经验数据,给出社会发展处于理想运行状态、良好运行状态、平稳运行状态、不稳状态以及恶化状态时各项警戒性指标值,建立社会预警模型,并界定社会发展正常、基本正常和异常的数据区间,将这一指标值作为判断城市经济发展处于某种状态的评价标准。对社会事件的预测是建立在大量数据和经验的基础上,一般由专业部门在日常监测采集数据的基础上综合以往经验和分析结果,建立不同层次的社会预警模型。

4. 辨识社会发展异常:社会运行现状指标与社会发展常态指标相比较,辨识出社会发展异常(警兆分析)。以社会发展各种状态下警戒性指标值作为标准,通过对所评价地区各项警戒性指标进行分析,来判断社会发展处于何种运行状态。主要通过计算偏离率来估计出当前现状偏离理想状态的程度来辨识社会发展异常状态。

5. 诊断社会发展问题:深入分析引发社会发展异常现象的警源(警源分析)。通过对社会发展问题的诊断,找出引起社会发展异常的各种原因,并采用敏感性分析工具,找出其中引起社会发展异常的强敏感因子,对比社会发展预警指标设计表,将所有问题按轻重缓急加以排列,找出其中最大的限制因子。

6. 设置预警管理预案:根据引发异常的各种警源设计出相应解决方案,并分别提出调控对策。根据引起社会发展异常的各种原因设计出相应解决方案,并分别提出调控对策。一般地,为了防患于未然,社会预警管理方案设计应该是在问题刚处于萌芽状态时甚至更早就开始着手设置。

7. 有效维护社会稳定:对相应指标进行动态监控和在线监测,采取相应措施维护社会稳定,在社会运行的整个过程中,要加强对社会发展警戒性指标的动态监控和在线监测,一旦相关警戒性指标进入中警区、重警区、巨警区,则要采取相应的预警管理措施,综合运用经济、法律、行政等手段,调动各种资源,对社会发展实施预警管理。

8. 评估社会预警效果:根据警戒性指标及评价标准判断各项措施是否达到预期效果。社会预警管理效果评估是社会预警管理的重要组成部分,通过运用社会发展运行效果评估的基本方法,根据社会发展警戒性指标及评价标准来判断各项措施是否达到了预期的效果。如果效果不理想,则要重新分析现状、问题,提出其他预警管理方案。

9. 预警管理信息反馈:根据各种反馈信息对政策进行适当调整。收集在实施预警管理对策后社会运行状况的信息,尤其对警戒性指标要重点监测,然后根据各种反馈信息及时调整对策。研究结果表明,信息不对称、不全面、不真实、不反馈等现象不仅影响到政府的宏观管理,甚至会导致政府政策南辕北辙。因此预警管理信息反馈是至关重要的一步,政府及相关部门可以根据各种反馈信息对政策、对策进行适当调整,以保证社会健康良好运行。这也正是构建社会预警管理系统及实施预警管理的终极目标。

(二)社会预警管理主要预案

社会预警管理策略主要借助社会应急指挥系统统一公共服务平台体系结构,借助预警管理系统,通过具有强警界性的指标预警信号显示来发出警级警报,根据相应的警级警报类别采取相应的预警管理策略。具体而言,有以下几

方面:

1. 当社会预警管理系统显示某个指标的信号为蓝色,说明该指标警级在无警区,此时相应指标是安全的,相关部门只要继续关注即可。

2. 当社会预警管理系统显示某个指标的信号为绿色,说明该指标警级在轻警区,此时相应指标尽管是比较安全的,但已经处于安全区域的边缘,相关部门要关注相应指标的动态变化趋势。

3. 当社会预警管理系统显示某个指标的信号为黄色,说明该指标的警级进入中警区,相关部门应采取重点关注对策,要对该指标的警源、警兆、警情给予关注。首先要注意主要警情分析;其次要注意主要警情的主要原因,即警源分析;再次要密切注意相应指标的警兆,即警兆分析。在此时相关部门还要编制与修订对相应指标预警管理的应急预案。

4. 当社会预警管理系统显示某个指标的信号为红色,说明该指标的警级进入重警区,相关部门应采取积极有效措施遏制警源、监控警兆、化解警情的发展势头。治理对策有:第一,加大社会运行监管力度,对相应指标进行有效监管;第二,采取强有力的措施制止社会恶化趋势;第三,消除和控制主要警源、警情;第四,启动预先编制的预警预案并立即付诸实施。

5. 当社会预警管理系统显示某个指标的信号为黑色,说明该指标的警级进入巨警区,相关部门应采取应急对策。首先,要继续实施应急预案,必要时要在合法前提下采取强制手段有效化解社会风险;其次,要集中人力、物力、财力,重点解决最突出、最关键的问题。

(三)社会预警具体操作机制

社会预警机制要具有操作性必须建立三个具体操作机制:信息收集机制、信息决策机制、协调疏导机制,以及一些配套的具体制度。

1. 信息收集机制

首先,要建立健全的信息收集网络;其次,开展经常性的社会调查活动;最后,深入发动群众,获取深层次信息。如图9-23中的社会安全生产监督管理部门、媒体和公众都能进行信息收集工作。

2. 预警管理的预报机制

收集到相关预警信息后,必须建立信息分析平台对信息进行分析,以作为决策的依据。通过对社会发展不安全隐患的监测分析,预警管理机构可针对可能引发危机的警源提出自己的隐患解决办法,并呈送相关职能部门。一般而言,属于单个领域的不安全隐患报相应的政府职能部门商讨决策,对可能引发整体危机的隐患报政府决策层决策。

3. 预警管理决策机制

预警管理信息上报后,政府决策层要善于把计算机技术、通讯技术、人工智能技术和系统科学应用于决策领域,使管理决策由经验决策向科学决策转变,从常规管理决策向预警管理决策转变。

4. 协调疏导机制

预警不是目的,预警是为了解决问题,防范危机发生。为此,必须建立高效运转的协调疏导机制。对于社会预警的协调和疏导,目前主要由人大、政协、政法部门、政府职能机关、新闻机构和社区履行这一工作。

5. 预警管理的跟踪机制

预警管理的个案和危机管理的个案都应由预警管理机构和各部负责人联合进行事后的分析研究,以提出彻底消灭隐患来源的解决办法,防止同类危机的再度发生。

(四)对建立我国西部欠发达地区发展失衡预警系统的思考

虽然在构建突发公共事件应急法律体系方面我国已经取得了一些成绩,但是目前关于民族关系危机的立法体系还有待于建设,其中还存在一些问题:一是现行法律没有确立统一的民族关系危机处理制度;二是现有相关制度不够完善;三是突发民族事件应急体制和机制还不够健全。我国在公共危机信息管理制度建设方面已经形成了具有中国特色的体系结构与规范。在《中华人民共和国突发事件应对法》等相关法律框架下明确规定了国家建立突发事件的信息发布制度、突发事件监测制度、信息报告与举报制度等,这些制度还要在危机管理实践中接受检验并不断完善。但是专业的民族地区社会预警相关法律、制度还需要创新。相关制度创新、体制创新和机制创新是今后民族地区社会预警管理理论研究和实践探索的一项长期而艰巨的任务,国外及国内其他行业的一些先进经验可以值得借鉴和参考。

2007年3月29日,国新办发布会公布《少数民族事业"十一五"规划》(以下简称《规划》),我国将建立民族关系监测系统,制定处置涉及民族因素突发性事件应急预案,依法打击民族分裂活动。这是新中国成立以来首个专门就少数民族事业发展制定的相关规划。按照《规划》要求,我国将依托国家电子政务网,建设民族事务管理网络系统。建立反映少数民族和民族自治地方经济社会发展状况和民族关系的指标体系,建立以信息资源集成为基础的统计、分析、评价、监测、预警和决策咨询系统。

西部欠发达地区社会预警管理信息体系整体能力的提高可以反映在民族地区社会预警管理制度和技术两个层面。一方面,需要加强协调组织建设,明确民族事务联动部门职责,打破条块分割的管理模式,建立民族事务各部门之间、不同社会机构之间集中、统一、高效的横向信息沟通渠道和信息沟通机制;另一方面,需要技术上的支持和保障,应用先进的现代化通信技术和计算机网络技术,构成一个跨学科、跨专业的综合系统工程。因此,具有较高的民族关系事件的处理能力和专业技术水平,是提高西部欠发达地区社会预警信息管理体系联动和整体应急反应能力的重要保证。

利用政府电子政务平台、互联网以及相关的信息技术构建民族地区社会预警信息管理系统,可以为民族关系危机管理提供切实有效的方法和手段,从而实现对危机的有效预防、快速处理和综合评估。基于政府电子政务平台和互联网基础上的民族地区社会预警信息管理系统的构成如图9-24所示。应从以下几方面构建民族地区社会预警信息系统(王慧,2009)。

1. 危机监测与信息收集子系统

对于所构建的民族地区社会预警信息系统来说,危机信息是维持它正常运作的前提和基础。没有及时可靠的危机信息的支持,整个系统没有存在的价值。由此可见,此子系统的主要目的就是监测数量众多的信息渠道和收集各种危机信息。危机监测与信息收集子系统是对有可能引发危机的分散蕴含在不同时空域的有关信息的采集和积聚系统。准确及时、先进可靠的信息采集,是危机管理工作的基础,对整个信息系统活动的成败将产生决定性的影响。该子系统的目标主要是实现利用电子政务平台及互联网基础下的信息技术建立多元的危机监测和信息收集系统的多元化危机信息收集、传递。

2. 危机评估与信息处理子系统

对于民族关系信息处理是对有关信息用科学的方法进行筛选、分类、整理、概括、归纳,经过去粗取精、去伪存真、由此及彼、由表及里的一系列加工,排除无用或错误的信息,保留有用的信息并提高质量。多元的信息收集系统

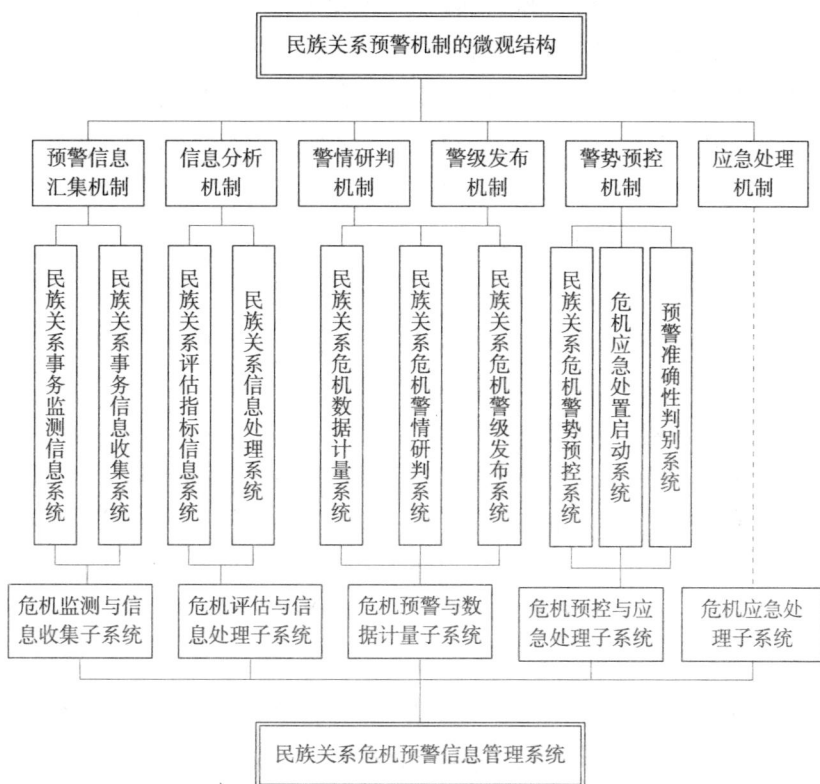

图 9-24　民族地区社会预警机制结构

数据来源:王慧、阎耀军:《信息技术在民族关系危机预警管理中的应用》,《延边大学学报(社会科学版)》2009 年第 5 期。

扩大了信息的收集途径和数量,造成危机信息的数量猛增、分布散乱、优劣混杂,必须在确保其完整性及准确性的基础上,对信息进行处理,以实现减少信息混乱度、提高信息价值和质量的目的。因此,此系统的主要功能是对各种危机信息进行初步的分析和处理,并在保证信息准确性、及时性的基础上向指挥决策部门提供科学客观的决策依据,并为下一步的警情判断打下基础。

　3. 危机预警与数据计量子系统

　　危机管理的最理想状态是将危机消灭在潜伏时期或萌芽时期。这有赖于危机管理部门对危机发生程度、趋势和结果的预测及预报能力。危机预警与数据计量系统就是判断各种指标和因素是否突破危机警戒线,根据判断结果决定是否发出警报、发出何种程度的警报以及用什么方式发出警报。

4. 危机预控与应急处理子系统

所谓预控,是指在发现危机征兆和危机信号并进行确认后,或者在危机已经开始来临但还没有造成巨大损失时,迅速采取措施,对危机进行及时、有效的控制,尽可能用较小的代价迅速化解危机,避免危机扩大和升级而造成大规模的人员伤亡和财产损失。实施预控一方面是对警情、警源和警兆等信息的回复性、反馈性行为;另一方面也是对所预报警度的准确性进行检验与评价的行为。因此,危机预控与应急处理子系统的主要功能是实现在有警状态下完成危机警势预控,启动相应的应急处理模型库。

5. 危机应急处理子系统

一般来说,在危机的应对过程中如果能在最短的时间里通过分析手头拥有的信息及时发现危机的前兆,进而采取一些必要的防控措施,就有可能把危机造成的损害减至最小。但在另一方面,也必须清楚地认识到预警功能并不是万能的,因此建立相应的危机事后应急处理信息管理也十分必要。

通过以上分析,可以得出以下几方面的结论:第一,当前学术界对于欠发达地区的预警研究不是很充分,因此,在预警机制框架的构建上还有很多值得深入探讨的问题。第二,民族地区的特殊性决定民族地区政府具有区域属性,从中央到地方完全搞"一刀切"是不可行的,民族地区照抄照搬其他地区的现有预警模式也是不可取的,应该从本地区的实际出发,在借鉴国内外成熟经验的基础上,建立具有民族特色的预警机制系统;第三,政府应急管理应重心下移,以地方政府的制度建设为核心,通过赋权与问责、机构建设、信息网络建设等手段切实增强民族地区政府的预警能力,构建以民族地区各级政府为主导,各族人民共同参与,尊重各民族传统文化以发掘与利用民间智慧的现代化预警机制和系统。

第十章　区域发展政策与中国西部地区社会经济的均衡发展

我国是一个多民族的发展中大国,各个地区的自然条件、社会关系与经济特点千差万别,既有东部和西部的差异,又有城市和农村的差异,更有边疆欠发达地区与内陆地区的差异。这种差异集中体现了我国区域社会经济发展的不平衡。从全国的角度来看,区域发展的失衡既是不同时期区域发展政策不同着重点的结果,又是异质区域自身特点的综合作用结果。因此,从西部欠发达地区的区域特点出发,选择一条正确的区域社会经济协调发展的路径,并制定相应的区域发展政策,以实现西部欠发达地区的资源优化配置、经济持续发展、社会包容与和谐等,这不仅是一个十分重要的现实问题,而且也是一个重要的理论问题。

一、区域发展政策与地区社会经济发展

作为更广义的社会经济政策的组成部分,区域发展政策既在一定程度上引致不同区域之间的异质发展效应,形成了区域之间的发展失衡;又因为区域之间社会经济的发展差距而存在,这些差距会对满意的经济增长、收入和财富分配的更加公平、提供足够的就业机会等产生深远影响,进而影响到区域之间的经济福利水平和国家政策目标的实现。因此,从理论上探讨区域发展政策与地区社会经济发展的关系,有利于制定更为合理的区域发展政策。

(一)区域发展政策的演化

纵观人类经济社会发展的历史,各种经济思潮与社会发展理念此消彼长,

这种变迁深远地影响了区域发展政策的演化。

1. 政策与区域政策发展

政策是国家或政党为了实现特定历史时期内的任务而制定的国家机关与政党组织的行动准则。作为特定时期内的产物，政策具有时效性特点，政策是在一定时间内特定历史条件和国情条件下推行的现实政策；而作为人的意志体现，政策则有正误性特点，即任何主体制定的政策都有正确与错误之分。从国家的角度来看，政策一般分为对内与对外两大部分，其中对内政策包括经济政策、文化教育政策、军事政策、劳动政策、宗教政策、民族政策、区域政策等，对外政策即外交政策。

发展政策包含了国家的对外与对内政策，就其本质而言，发展政策就是按照一定社会需求合理实现的机制，并考虑政策制定者的偏好与需要，而制定的促使社会经济全面发展的政策。尽管客观存在的经济规律是制定和实施发展政策的基础，但由于发展政策是在客体和主体的相互作用中产生并服务于一定主体的需要，因此仅仅把握客体运行发展的规律还不能产生合理的发展政策，事实上，政策主体的偏好或需要也是政策制定过程中不可忽视的重要因素①。

区域发展政策是指国家从整体利益和宏观经济发展战略等角度出发，针对特定区域（经济区或行政区）发展中存在的问题，在考虑社会经济发展趋势的基础上而给定的社会经济发展准则、方针和规范性措施的总和，其总体目标是追求经济效率、促进社会包容与和谐、保护和改善环境质量等。就其内容而言，区域发展政策包括区域经济发展政策与区域社会发展政策。其中区域经济发展政策涵括了区域投资政策、区域技术政策、中小企业政策、区域产业发展政策、区域税收政策、区域劳动工资政策、区域贸易政策以及区域调控政策和区域组织政策等。区域社会发展政策主要包括了公共服务、民生事业与人文发展等，可进一步细分为公共服务政策、基础教育政策、卫生医疗政策、社会保障政策、区域扶贫政策、人文发展政策等。

需要强调的是，尽管不同文献对"区域发展政策"的定义因各自关注点的

---

① 王荣科、段华洽：《西部大开发与国家区域发展政策》，《合肥工业大学学报（社会科学版）》2002 年第 4 期。

不同而有所差异,但学者在使用这一概念的时候,一般都涵括了以下一些基本要点:

首先是政策层次。由于空间经济等级的不同,区域发展政策通常包括几个层次,既有超国家层面的大区域发展政策,如欧盟内部的区域发展政策;也有国家层面的区域发展政策,如中国的西部大开发战略等;还有国家以下的亚国家层次的区域发展政策。

其次是政策问题。区域发展政策是针对特定区域所存在的经济社会问题而提出。区域问题主要是持续存在的地区性发展差异,这些差异会对满意的经济增长、收入和财富分配的更加公平、提高足够的就业机会以及区域人文发展等产生深远影响,进而影响到区域之间的经济福利水平并阻碍了国家政策目标的实现。

第三是政府行为。区域发展政策是政府(国家层面的政府与地区层面的政府)的治理行为,是政府针对本国区域内部社会经济发展的失衡而实施对本国范围内经济资源空间配置的公共干预,这种干预可能与市场力量作用的结果有所不同。

第四是政策目标与重点。区域发展政策目标一般有两个:一个是社会公平,即促进各区域之间社会经济的均衡发展,实现社会包容与和谐;另一个是经济效率,即促进经济资源在区域间的优化配置,提高整个经济发展的效率,创造更高的经济发展速度。虽然人们对"公平"与"效率"的含义及其关系尚有不同的理解,但权衡和协调这两个目标始终是区域发展政策需要面对的基本问题①。

2. 区域发展政策的形成与发展

区域发展政策产生于 20 世纪 20—30 年代,其历史渊源有两条分支:一条来自社会主义计划经济制度的诞生;另一条来自资本主义国家干预的兴起。受制于特定时期人类认识水平和价值目标取向的限制与影响,区域发展政策经历了一个从传统单一到现代综合的转变过程。具体而言,这一转变过程可分为四个阶段:

第一个阶段是传统的区域发展政策阶段。这一阶段大致在第二次世界大

_____

① 董依江:《区域发展政策与区域创新差异》,《世纪桥》2007 年第 8 期。

战后的 20—30 年内。当时,许多国家刚刚独立,具有明显的工业化程度低和人均收入水平低等不发达特征。各国竞相以提高国民生产总值或人均收入水平作为发展政策的目标,强调"地区繁荣"而非"个人繁荣",经济效率目标对社会公平目标的排斥成为这一时期的主题。尽管追求经济效率目标确实给区域发展带来了一时的经济繁荣,但也引致了不少的弊端,如农业生产停滞、通货膨胀、失业严重、分配不均、社会矛盾突出等。

第二个阶段是变通的区域发展政策阶段。这一阶段大致开始于 20 世纪 70 年代初,这一时期各国的区域发展政策开始重视经济的发展而非经济单纯地增长,即在追求经济效率目标的同时也开始关注区域经济的可持续发展。在这种思潮的影响下,区域发展主张充分发挥技术对经济发展的推动作用,鼓励采用"适用技术"等,并推动了中央集权和资本密集型的大规模生产方式向市场分散决策与充分发挥比较优势的生产方式转变。但由于区域发展政策的非经济目标被明显挤出,区域社会经济发展缺乏综合协调,还是引致了区域内部社会经济发展的失衡。

第三个阶段是社会发展逐步纳入区域发展政策的框架。这一时期的区域发展政策突破了以往的框架,力求以人为中心,使经济、科学、技术、教育等方面协调发展。但由于社会公平目标是以牺牲经济效率目标为代价,区域的发展过度依赖大规模的外部投资,尤其是政府在公共基础设施等方面的投资,这导致了区域经济内生发展的不足以及社会发展缺乏经济的持续支撑等。

第四个阶段是内生发展下区域内部经济社会的可持续发展阶段。这一阶段的区域发展政策包含了经济效率、竞争力、社会公平与环境保护等内容,从而把社会因素也作为一个生产要素。教育、培训、医疗保健等人文发展有助于区域内生发展能力的提升,在促进经济发展、防止贫困、实现社会公平等方面发挥重要的作用。而经济发展政策除了嵌入式的产业布局和大规模投资外,更为重要的是培养区域内部的内生发展能力,即重视区域内部的中小企业发展、技术进步以及创新环境和"学习型区域"的培育等。

(二)区域发展政策对区域发展失衡的纠正机理

区域发展政策与区域社会经济发展存在紧密的关系,区域发展政策既在一定程度上造成了区域之间异质的发展速度,引致了地区性发展差距,又因为地区性发展差距而存在,区域发展政策就是为了削弱这种差距而进行的治理行为。着力于区域内部中小企业发展、技术进步与创新、区域人文发展趋同的政府治理行为能够培育区域内生发展的能力，进而纠正区域之间的发展失衡。

1. 区域发展政策与区域社会经济发展的关系

区域发展政策在引导区域资源优化配置和生产要素合理流动上具有重要作用，它在一定程度上能够影响着区域社会经济发展。协调的区域发展政策不但能够培育区域的内生发展能力，纠正区域之间的发展失衡，而且能够促进区域内部社会经济的协调发展。而有侧重点的区域发展政策不但会引致区域之间异质的发展速度，而且会造成经济效率目标和社会公平目标的内在冲突。

对于如何解释区域发展政策与区域社会经济发展的关系，尽管不同的学者给出的原因各有差异。但就解释的内在机理而言，大多数学者还是通过选择市场机制与政府政策两者之间的关系予以解释，其共同点主要是：在经济发展初期，由于生产技术差异不大，市场机制的作用有限，地区发展与区域内部社会经济发展就很难形成大的差距，从而形成低水平上的均衡模式。一旦当经济进入快速发展时期，要素数量与质量的差别及其放大效应就开始凸现，这种差异通过经济效率目标追逐与市场机制优胜劣汰的循环累积作用，不可避免会形成地区性发展差距与区域内部社会经济的发展失衡。而随着区域发展政策调试，将人文发展与社会事业作为区域发展的一个生产要素，在市场机制的作用下通过政府治理引导区域内部中小企业的发展、技术进步与创新、创新环境和"学习型区域"的形成等，促进区域内生发展，一定程度上能够实现地区性发展的收敛与区域内部社会经济发展的协调。

世界各国区域社会经济发展的历程和经验也表明，在地区性发展差距与区域内部社会经济发展失衡的扩大和弥合过程中，市场机制和政府政策都在发挥着重要作用。市场机制作用下的要素流动，既可以扩大差异，也可以缩小差距。单纯通过市场机制实现区域协调发展，是一个社会成本巨大而又十分漫长的过程。区域发展政策的作用在于根据市场机制的作用情况适时弥补市场的缺陷，通过协调经济效率目标与社会公平目标，将社会因素也作为一个生产要素，实现市场机制与政府政策的有机结合和相互补充。如果区域发展政策选择正确，就能够实现与市场机制的互补和互动，从而推动地区之间与区域内部社会经济的均衡发展；反之，则会导致地区之间与区域内部社会经济发展差异的扩大。

2. 区域发展政策对区域发展失衡的纠正

并非所有的区域发展政策都能够实现对区域发展失衡的纠正。区域发展政策需要同时满足三个方面的要求，才有可能削弱地区性发展差距。首先是区域发展政策要符合经济效率的要求，即区域发展政策要有利于优化资源的空间配置，提高资源配置效率，有利于发挥各地区的资源优势，形成各具特色、功能互补的区域分工格局。其次是区域发展政策要符合社会公平的要求，即区域发展政策不但要能够实现区域之间社会发展的收敛，而且还要能够重视区域内部的民生事业与人文发展，确保居民平等地享受社会经济发展的收益。第三是区域发展政策要符合内生发展的要求，即区域发展政策要能够以区域内部的资源、技术、产业、文化为基础，刺激形成向上的企业文化、充分竞争的市场环境，从而以技术创新为动力、以提高居民生活质量为目标，实现区域经济利益的最大化。

符合经济效率、社会公平与内生发展的区域发展政策对发展失衡的纠正机理主要是通过以下途径来推进：

完善的市场机制是区域协调发展的基础。区域发展政策要起到纠正地区之间与区域内部社会经济发展失衡的作用首先就要充分发挥市场的基础性作用。只有消除地区封锁，打破行政壁垒，建立国内统一开放的市场，促进各种要素自由流动，发展具有比较优势的产业，各地区才能从全国区域分工中获得更大的规模效益，实现国家范围内的中心外围对接。只有实现充分竞争，才能形成向上的区域文化，刺激经济行为主体的自立，真正提高企业的竞争力，促进形成创新环境和"学习型区域"，并通过中小企业的发展最大限度地刺激区域发展潜力，实现区域转型与发展。

由于单纯通过市场机制实现区域内部中小企业发展、技术创新与人文发展，进而收敛于区域均衡发展，是一个社会成本巨大而又十分漫长的过程。因此，政策支撑系统的作用就在于以最小化成本与最短的时间来鼓励区域自立与自我化发展。在发挥市场基础性作用的同时，政府在区域内部扶持中小企业发展、鼓励技术进步与创新、刺激持续性就业机会创造、诱导"学习型"区域的形成等发展政策能够显著提升内生发展能力，实行区域的可持续发展。同时，政府在区域之间均等化的文化教育、医疗卫生、社会保障等基本公共服务，趋同自信、尊严、政治参与、人力资本等人文发展，完善能源、交通、通信等广泛

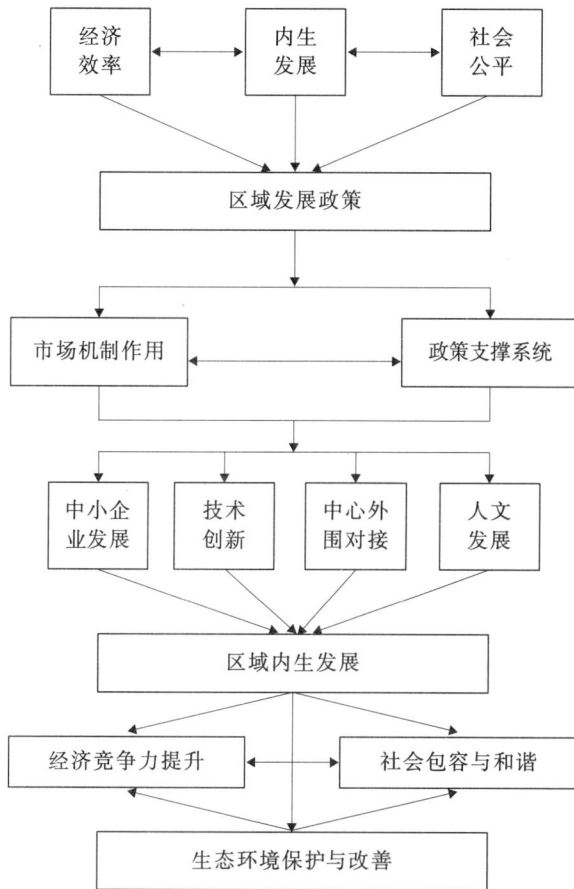

図 10-1　区域发展政策对区域发展失衡的纠正机理

意义上的基础设施等,不但能够实现区域间市场主体的竞争公平化,实现区域之间的"竞争效率",而且可以实现区域内部民生发展与社会和谐。

二、中国西部地区的发展政策与区域社会经济的发展

尽管区域发展差距早在中华人民共和国成立之前就已经存在,但新中国的制度演化与政策变迁还是深远地影响了区域发展格局。从我国区域发展的轨迹来看,作为区域发展的重要内生性因素,不同时期的区域发展政策——从

着眼区域均衡的重工业优先发展战略、到东部地区的率先发展、再到西部大开发战略的实施，引致了我国区域之间与区域内部社会经济的异质发展速度，在给我国区域之间的发展格局打下了深深烙印的同时，也在一定程度形成了我国西部地区目前的发展格局。

（一）改革开放前的区域发展政策与地区社会经济发展

在新中国成立初期，中国的区域发展差异已经非常明显，针对区域失衡以及重工业优先发展战略下经济发展的自身逻辑需求，国家实行了基于区域平衡的发展政策。作为一种不成功的西部开发，这种政策尽管在一定程度上缩小区域发展差距，但这种建立在低水平均衡基础上的协调具有内在的不稳定性。

1. 区域发展政策的内容与侧重点

建国后，生产力布局高度集中于沿海的客观实现，与当时实行的重工业优先发展的战略有着内在的矛盾。重工业发展需要大量的能源、矿产等资源，而这些资源大多分布在内地，因此必须把内地的开发提上议事日程。这种思潮在国防因素与民族因素等共同作用下，形成了重工业优先发展下的生产力布局和区域社会经济平衡发展的政策，强调通过区域之间工业体系的建设与完备来缩小地区发展差距，并实现各民族经济的共同繁荣。

在这样的背景下，国家有重点地对中西部地区进行了大规模政府投资和建设①。其中，项目重点是内陆地区的重工业、能源工业，包括煤炭、石油、钢铁、有色金属、军工工业以及大型水电站的建设等，目的是推动各个地区形成独立完整的工业体系；区域重点是资源富集区域与边远地区，这在"三线建设"时期表现得尤为突出，西部地区作为全国的战略后方，得到了持续有力的支持，目的是改变工业在沿海地区过度集中的格局，以及加快民族地区的发展等。在区域发展平衡的同时，国家也有重点的推动西部地区内部的社会经济发展，强调经济发展中的社会民生问题。不过相对于这一时期政府在经济领域的大规模投资而言，区域发展政策虽然关注了区域之间的发展差距，但并没有特别关注区域内部经济社会发展的差距，政策的重点主要还是解决区域经济间发展的差距。

---

① 这一时间段的西部地区发展政策又可称为"强援助"时期，即国家实行东部资源向西部转移，东部支援西部的战略大力支持西部地区社会经济的发展。

2. 区域经济社会发展

以重工业优先发展战略为指导,以计划分配资源为主要方式的区域平衡发展政策一定程度上加快了西部地区经济社会的发展,并成功地缩小了区域之间的发展差距,也有效地带动了区域内部的社会发展。

在经济上,从1953年开始,以"一五"计划的制定为契机,国家加大了对中西部地区的投资。内地工业,尤其是西部地区的工业得到了快速发展,并在一定程度上缩小了西部与沿海地区经济发展的差距。首先是在西部地区初步建成了一批重要的建设项目。如攀枝花钢铁基地、酒泉、西康卫星基地、丹江口等大型水力、火力发电厂等。到70年代末期,共形成1400亿元的固定资产,约占全国的1/3,基本形成一个具有一定规模、以重工业为主体、门类较为齐全的国民经济骨干企业,从而改变了我国东部相对发达、西部相对落后的不合理经济布局,客观上起到改变中国历史上累积的工业不合理布局的作用,为西部地区经济的发展奠定了较好的工业基础。其次是促进了地方经济,尤其是欠发达地区经济的发展,缓解了民族矛盾。在国家大型企业投资的带动下,西部地区出现几十个大中工业城市,繁荣了地方经济,改变了原来西部相对封闭落后的状况。1965年以后,国家在"三线地区"的投资总额达到2000亿元,占该时期国家投资总额的43.4%,施工建设的大中型项目占该时期国家总项目的48%。总之,通过"一五"计划期间西部的发展和后来大规模的"三线建设",西部地区经济得到了长足的发展,也极大地缩短了西部与沿海地区的差距,这对改变我国生产力布局不平衡的局面,促使中国经济的长远发展,具有积极意义。

在区域社会发展上,西部地区经济的发展有力地促进了区域内部文化、教育、科技、卫生等民生事业的发展。首先是出于战略考虑所建立的企业,多半分散在边远山区,这给该区域的人民带来新知识、新技术,并提供了相应的就业场所,为保障人民群众必要的生活水平和基本的劳动权利,从而保障社会稳定起到了巨大的作用;其次是通过大规模建设,西部地区建成了许多新的社会基础设施,如这一时期的铁路、公路通车里程就分别达到了1万公里和30多万公里,西部地区的基础设施有了极大的改变①,这对于开发、利用当地资源,

---

① 薛琴、黄世虎:《建国初我国西部开发的回顾与思考》,《安徽教育学院学报》2001年第4期。

改变沿海工业集中但远离原材料产地的经济布局,起到了积极作用。

3. 区域发展政策下社会经济发展的评价

特定地区的发展格局固然是历史上各种不利于落后地区的因素共同累积而成的,但这种格局一旦形成就具有自我维持的路径依赖。强制性的制度变迁虽然能够超越发展的路径依赖,但这种制度变迁如果不具有可持续性,则区域仍然会回到原来的发展格局。

一个突然增加的投资并不能全面地改变落后地区的发展环境。对于西部地区而言,纯粹依赖对西部地区增加投资、企图缩小地区差距的经济"稳态"是不稳定的[①],以当时西部地区的人力资本禀赋、基础设施条件以及其他种种社会能力来看,如果没有非市场因素的强制性制度安排,西部根本就无法维持当时经济的"稳态";同时,嵌入式的工业布局,不仅使这些企业难以与当地原有工业及其经济结构融合,而且大量的高新技术人才和先进设备除了用于军事工业外,几乎不能用作民用品生产与当地社会经济发展;不但如此,西部地区不从自身的资源禀赋与发展条件出发,盲目建立独立完整的工业体系,在多数省区都形成了偏重的工业体系,并不可避免地引致了区域经济结构的趋同;最后,由于得到大规模的投资的地区毕竟只是西部省份的一部分地区,这种非市场因素的强制性嵌入使得这些区域难以形成具有辐射效应的增长极,所以没有得到投资的地区的经济发展水平反而更加降低了,从而造成了西部地区内部区域经济发展的失衡。因此,这一时期西部开发的政策尽管在一定程度提升了西部地区的经济实力与城市化水平,并使区域之间的经济总量差异有所缩小,但没有从根本上改变区域之间发展失衡的趋势。

在社会发展上,相对于建国前社会事业的一穷二白,这一时期西部地区内部的社会事业取得了较大的成就。但由于区域发展政策更多的是强调"地区繁荣"而非"个人繁荣",突出的是"积累与生产"而非"生活和消费",西部地区的社会发展速度仍然无法追上经济的发展速度。同时,又由于西部地区的地理因素和历史上的累积原因,区域内部的基础设施普遍落后,教育、卫生、人均居住条件、饮水问题等生存条件比较困难,贫困人口多、科学文化素质低、教

---

① 蔡昉等:《制度、趋同与人文发展——区域发展和西部大开发战略思考》,中国人民大学出版社2002年版,第44页。

育医疗条件落后等民生问题并没有根本性的改变,区域社会发展仍然处于低水平状态。

(二)1978~1999年的区域发展政策与地区社会经济发展

随着党的十一届三中全会将工作重心转向社会主义现代化建设,理论界也开始了对生产力布局经验教训的总结,对过去那种以牺牲效率目标为代价的绝对平衡观进行了批判,并重新探讨了社会主义生产力布局的原则体系,把效率原则或效率目标放到了优先的地位。在这样的背景下,国家也适时对区域发展政策进行了重要调整,实行了向沿海地区倾斜、强调经济建设为重心的发展政策。

1. 区域发展政策的内容与侧重点

作为一种非均衡的发展政策,其经济发展的核心是想通过率先启动具有良好的区位优势、产业优势的沿海地区发展,带动其他地区经济成长,从而形成新的区域经济格局和塑造新的经济核心区;其社会发展的核心是想通过对优先关注效率目标,强调要以为经济发展为重心,等经济发展到一定程度后,再重新审视社会公平目标。

就经济发展政策而言,这一阶段政策的基本内容和侧重点主要是实行对外开放政策并向沿海地区倾斜。1978年党的十一届三中全会,作出了对外开放的重大决策,并将其作为中国的基本国策,就政策内容而言,对外开放政策包括了诸如外资建设项目的审批权限、税收、外汇留成和使用、外贸和信贷等方面的优惠政策。但在非均衡发展政策的引导下,对外开放的优惠政策首先全部集中于东部沿海地区,国家率先在这些地区开辟经济特区、开放港口城市和经济开放区,赋予这些地区政府在财政、金融、税收、信贷、外资、外贸、价格等方面更大的自主权,并给予相应的特殊的优惠政策;除此之外,国家的投资重点也开始了由内地向沿海地区的转移。从"六五"到"八五"时期的15年内,沿海地区占全国基本建设投资额的比重平均约为50%,而中西部地区大约只有25%和15%。①

在这样的背景下,基于服务于沿海地区率先发展的需要,国家层面的西部

①　蔡昉等:《制度、趋同与人文发展——区域发展和西部大开发战略思考》,中国人民大学出版社2002年版,第44页。

经济发展政策一方面表现为西部地区立足于自身的资源特点,借助于中央政府的财力、物力与技术力量等方面的扶持,有计划的加强工业建设;另一方面表现为随着对外开放推进与沿边开发的展开,鼓励外商直接投资与地区政府利用国际贷款,加快区域经济发展;最后就是加快对区域内部贫困地区的扶贫开发力度,开展东部沿海地区与西部地区的对口支援和地区合作,帮助西部地区加快发展经济。

在效率优先的背景下,这一时期的区域社会发展政策相对于经济发展政策而言,内容要简单得多,其中的亮点主要是区域扶贫政策、教育政策等。区域扶贫政策主要采取政府主导、区域瞄准的形式,政府主导是指政府通过分配资源实行开发扶贫、产业化扶贫、劳动力输出扶贫等方式,加大对贫困地区的扶持,为此设立了“支援不发达地区发展资金”、“支持老少边穷地区经济发展专项低息贷款”、“扶贫专项贴息贷款”等;区域瞄准是指中央政府的扶贫项目和扶贫投资主要针对贫困地区,而不直接针对贫困家庭与贫困人口,贫困人口主要从区域发展中受益。区域教育政策是主要是通过“民族教育专项补助津贴”等形式重点支持西部民族地区教育事业的发展等。

2. 区域经济社会发展

效率优先、沿海倾斜的非均衡区域发展政策尽管推动了西部地区经济的快速发展、经济总量的持续膨胀、总体实力的明显增强;但区域内部的人文发展、民生事业与经济发展的差距开始凸显;不但如此,倾斜的沿海开放政策与东部沿海地区固有的区位优势,使得经济进一步向沿海地区集中,加大了沿海地区与西部地区之间的发展差距。

在经济方面,这一时期西部地区的总体经济实力得到了快速地扩张,并呈现加速发展的趋势。表10-1的数据显示,1978~1999年间,西部的GDP从558亿元增长到12129亿元,21年间增长了20.7倍。与此同时,地区经济发展呈现加速趋势,“七五”时期比“六五”时期的平均增长率高出1.4个百分点,而“八五”时期又比“七五”时期超出8.2个百分点。尽管如此,西部地区与东部地区的经济发展差距仍在扩大。自1978年以来,随着国家投资布局的重点逐步转向东部地区,以及改革开放以来沿海地区过去被禁锢的增长潜能迅速得到释放,东部地区的经济增长开始加快,日益呈现高速增长的趋势,其增长速度远远大于西部地区。1981~1990年间,沿海新兴工业区工业总产值增长速度比西部地区高出了 39 个百分点①,地区之间的发展差距日益扩大。

表 10-1　改革开放以来西部国内生产总值及其增长(1978~1999)

年份 区域	绝对值(亿元)				年平均增长率(%)				
	1978	1985	1990	1999	六五	七五	八五	1978~1998	1999
全　国	3624	8964	18531	82054	14.7	15.6	24.8	16.0	7.1
西　部	558.5	1368.6	2807.6	12129	14.1	15.5	23.7	15.8	7.8
内蒙古	58.0	163.8	319.3	1268.2					
广　西	75.9	181.0	449.1	1953.3					
重　庆	67.3	151.5	298.4	1479.7	—	—	—	—	7.6
四　川	230.3	584.7	1144.9	3711.6	13.6	14.4	24.8	14.2	5.6
贵　州	46.6	123.9	254.9	907	15.5	15.5	19.0	15.2	8.3
云　南	69.1	165.0	396.0	1850.4	14.4	19.1	25.2	16.9	7.1
西　藏	6.7	17.7	24.5	103.35	—	6.7	17.0	—	9.1
陕　西	81.3	181.4	374.1	1487.6	13.8	15.6	22.7	14.8	8.4
甘　肃	64.7	123.4	234.0	931.58	10.8	11.9	17.9	13.5	8.3
青　海	15.5	33.0	66.3	238.39	13.2	15.0	20.1	13.9	8.2
宁　夏	12.4	28.9	61.1	242	13.9	16.2	21.7	15.2	8.7
新　疆	38.5	110.7	251.9	1169	16.0	17.9	27.9	17.6	7.1

注:平均增长率按当年价计算,数据根据《中国西部统计年鉴 2001》整理。

　　在经济快速发展的推动下,这一时期区域内部的社会发展水平也得到相应地提升。首先是区域扶贫工作取得了巨大进展,人民生活水平基本上达到了温饱水平。自 20 世纪 80 年代国家开展了有计划、大规模的扶贫活动以来,区域内部基本上实现了贫困人口的温饱生活,贫困发生率显著下降,贫困人口持续大规模减少,也使得中国成为世界上贫困发生率最低的国家之一。其次是区域内部的科技、教育和卫生事业也取得了较快的发展。西部的四川、贵州和陕西等地逐步集中了国家的航天、航空、电子技术等领域的科研;教育体制改革也取得了巨大的进展,西部各类学校成倍增长,居民平均受教育年限逐步提升;人民的医疗保健也明显改善,过去西部缺医少药的状况已根本改变,人

<hr>

①　魏后凯:《区域经济发展的新格局》,云南人民出版社 1995 年版,第 77 页。

民的健康水平和身体素质有了较大提高。第三是交通基础设施建设取得较大进展,初步形成以铁路为骨干、公路为主体、水运和空运等各种方式综合发展的水陆空立体交通运输网络。

3. 区域发展政策下社会经济发展的评价

通过非均衡的区域发展实现地区之间的协调发展,不但需要政策具有公正性,而且需要梯度区域之间具有高效畅通的空间传递机制,还需要关注效率目标下的社会公平问题。这对于一个转轨中的发展大国来说,是个巨大挑战。这一时期,市场经济体制的不完善、过度倾斜的发展政策以及效率优先的目标,致使现实区域经济与发展目标之间存在着较大的差距,非均衡的区域发展政策并没有实现通过倾斜发展、沿海率先富裕、带动其他地区共同发展的预定目标。

对于一个转轨中的发展大国来说,市场经济体制的不完善、区域之间普遍存在的各种壁垒造成国内市场的分割,这就导致了梯度区域之间缺乏高效畅通的空间传递机制,沿海地区尽管得到了率先发展,但联动效应难以发挥,对中西部地区的带动作用没有达到预期效果。同时,效率优先目标下的区域发展政策尽管总体上是与市场力量相一致的制度安排,但在具体实践中,尤其是在对外开放的过程中,国家对沿海少数地区所有产业实行了全面特殊优惠政策,加上价格体系的严重扭曲,使得沿海地区成为最大的政策受惠者。这种人为的政策梯度,忽视了各个地区之间实际存在的资源禀赋差异,进一步加剧了区域之间的发展失衡。

效率优先目标下的经济发展,不但引致了区域之间经济发展的失衡,也造成了收入分配在区域之间的不均等,西部地区居民分享的经济发展的收益明显较少,社会发展差距开始凸显。尽管这一时期,西部地区的社会发展取得较快的进展,但在政策梯度与经济建设为中心的驱动下,西部地区社会发展的速度与质量远远低于同期经济发展的水平,区域内部的社会经济发展失衡进一步拉大。不但如此,西部地区还出现了以生态换增长的局面,区域社会经济的可持续发展问题开始面临挑战。

(三)1999 年后的区域发展政策与地区社会经济发展

鉴于区域发展失衡引发的区域矛盾与社会摩擦的日益加剧,已成为明显的社会经济问题,并日益引起全社会的关注,国家开始尝试再次调整区域发展政策,将强调"效率优先、沿海倾斜"的非均衡发展政策转变为"效率为主、兼顾公平、协调发展"的区域发展政策,并在 2000 年正式出台了"西部大开发战略"。

1. 区域发展政策的内容与侧重点

在区域经济失衡与社会发展失衡的双重压力下,以"效率为主、兼顾公平、协调发展"为基本特征的区域发展政策开始重视削弱地区性差距,不但强调经济发展的协调,而且强调社会发展的协调。

这一时期区域发展政策的内容主要包括以下几个方面:首先是强调财政、金融、产业、扶贫、投资等政策的密切配合与协调互动,通过政策的组合驱动区域产业发展,从而带动地方经济发展。其次是加强西部地区基础设施建设,重点抓好交通、通信、水利、能源以及城市的基础设施建设等,不断增强区域经济发展的后劲。第三是加强生态环境保护和建设,坚持以生态效应为主,生态效益和经济效益相结合,扎实推进天然林保护、退耕还林、环京津地区风沙源治理、天然草原恢复与建设、重点地区生态环境综合治理、水土保持重点防治等生态工程建设。第四是大力发展科技教育和加快人才开发,重点做好基础教育特别是加快普及九年义务教育,大力发展职业教育,积极发展高等教育;千方百计用好现有人才,采取积极措施吸引外来人才,加快培养各级各类人才[1]。

2. 区域经济社会发展

在持续实施削弱地区性差距的努力下,中国区域经济社会的既有格局再次发生了变化,其基本特征就是西部地区经济的发展开始加速,民生等社会事业也获得了快速发展,我国的区域发展进入了前所未有的发展格局。

在经济发展方面,西部地区的经济发展取得了巨大的成就。首先就是GDP 总量规模明显扩张,经济总量取得了突破。表 10-2 的数据显示,2000~2007 年间,西部地区各省区的 GDP 总量规模明显扩大,在全国经济总量中的比重由 2000 年的 13.98% 上升到 2007 年的 15.98%。其次是这一时期西部地区的经济增长速度明显加快,不但高于全国平均水平,而且也高于历史上其他时间段西部地区的经济增长速度。1998 年以来,西部地区 GDP 年均增长

---

① 胡长顺:《西部大开发战略的重点、政策与创新思维》,《经济研究参考》2002 年第 42 期。

11.42%,高于全国同期 9.64% 的年均值,这是新中国成立以来西部地区经济增长速度最快的 10 年①。其次是固定资产投资率显著提升,并明显超过东部地区。2000~2004 年,西部地区固定资产的平均投资率为 49.8%,高于东部地区的 42.1%、中部地区的 39% 与东北地区的 36.9%②。

表 10-2　西部大开发以来西部地区各省市 GDP 情况

亿　元	2000	2002	2004	2006	2007
全　国	99214.6	120332.7	159878.3	211923.5	249529.9
西　部	1387.89	1680.71	2383.62	3291.32	3988.68
内蒙古	1401.01	1756.29	3041.07	4841.82	6091.12
广　西	2050.14	2455.36	3433.50	4828.51	5955.65
重　庆	1589.34	1971.30	2692.81	3452.14	4122.51
四　川	4010.25	4875.12	6379.63	8637.81	10505.30
贵　州	993.53	1185.04	1677.80	2270.89	2741.90
云　南	1955.09	2232.32	3081.91	3981.31	4741.31
西　藏	117.46	161.42	220.34	291.01	342.19
陕　西	1660.92	2101.60	3175.58	4520.07	5465.79
甘　肃	983.36	1161.43	1688.49	2276.70	2702.40
青　海	263.59	341.11	466.10	639.50	783.61
宁　夏	265.57	329.28	537.16	710.76	889.20
新　疆	1364.36	1598.28	2209.09	3045.26	3523.16

数据来源:根据《中国统计年鉴 2004、2008》整理。

　　在社会发展方面,在国家和地方政府的努力下,西部地区的社会发展取得了明显进展。首先是基础设施建设迈出实质性步伐。西部大开发以后,国家加大了对西部地区重点建设的投资力度,效果明显,初步建成了一些重大的基础设施项目与较为完备的改善农村居民生产生活条件的小型工程项目。其次是医疗卫生方面稳步发展,区域的卫生医疗条件有了较大的改善,农村卫生服

---

　　①　姚慧琴等编:《中国西部经济发展报告(2009)》,社会科学文献出版社 2009 年版,第 7 页。

　　②　杜鹰等编:《区域发展与政策——2006 年中国—欧盟区域经济发展研讨会文集》,中央编译出版社 2007 年版,第 74 页。

务体系、疾病控制体系、新型农村合作医疗等初步形成并不断完善。第三是教育得到了快速发展，全面受教育水平显著提高，至2007年底西部地区实现"两基"①验收的县（市）累积达到了3022个，占全国总县数的98.5%，"两基"人口覆盖率达到了99%②。第四是区域内部贫困人口规模稳步下降，贫困地区人民生活水水平逐渐改善，贫困人口的基本公共服务水平逐年提高。

3. 区域发展政策下社会经济发展的评价

作为对特定区域实行的有针对性的政策，西部大开发战略下的区域发展政策是在社会主义市场经济体制全面发挥作用和全方位对外开放格局基本形成的背景下出台并发挥作用的，政策日益关注政府援助下的区域内部的自我发展能力。与过去相比，这一时期区域发展政策的导向更加明确、发展重点更加清晰、发展定位更加准确。

虽然从经济总量规模的绝对水平来看，这一时期的区域发展政策并没有成功缩小区域经济发展差距，但政策的实施有力地促进了西部地区经济的增长，减缓了地区差距的进一步扩大。同时，区域内部基础设施的完善、人力资源的开发、基础教育的普及等措施引致了高级生产要素的形成，这为西部地区在未来经济的快速发展奠定良好的基础，区域内生发展的能力得到了有效提升。尽管如此，巨大的地区性发展差距所引发的经济、社会和生态后果仍然十分严峻，一些深层次的矛盾仍然普遍存在；同时，西部地区内部的省（区）际差异开始凸显，整体快速发展中的局部塌陷仍然困扰着部分地区；省（区）际内部的城市与农村间的差距仍在扩大，"三农"问题仍然十分严峻。

伴随经济发展的加速，这一时期区域内部的民生与公共服务等社会发展也取得了突飞猛进。区域内部的扶贫、医疗卫生、社会保障、基础教育、人才开发等民生事业取得了巨大进步，公共服务也开始呈现均等化的趋势，居民开始更加公平地分享经济发展的收益。但是作为一种惯性，强调以经济建设为中心的区域发展政策偏重经济发展的区域平衡，对教育、卫生、医疗、文化等公共物品供给的区域平衡关注不够，尽管西部地区的社会发展取得了巨大的成就，但受制于自身财力的约束，加上中央财政转移支付规模有限，与发达地区的公

---

① "两基"是基本实施九年义务教育和基本扫除青壮年文盲的简称。

② 姚慧琴等编：《中国西部经济发展报告（2009）》，社会科学文献出版社2009年版，第271页。

共服务水平差距在进一步拉大,社会发展的差距仍然持续扩大。

三、西部大开发战略下西部欠发达地区的发展: 纠正效应与政策评估

作为一种区域发展战略,西部大开发战略是党和国家针对我国西部地区的经济、社会的长远发展进行的全局性和根本性的筹划与决策,它的核心目标是要解决我国西部地区区域经济社会发展的失衡以及提供实现区域经济社会均衡发展的路径,从而加快我国西部地区发展。因此,在新的形势下重新审视西部大开发战略对纠正我国西部欠发达地区社会经济发展的失衡,以及实现并加快二者的协调、均衡发展具有十分重要的意义。

(一)西部大开发战略的基本内容

实施西部大开发战略,加快西部地区的发展,既是历史的必然选择,又是时代发展的客观需要,它对我国西部地区经济社会的发展具有里程碑式的意义,是一项跨世纪的伟大历史工程。为保证西部大开发战略的顺利实施,国家制定并实施了一系列的政策措施。这些政策措施包括货币政策与财政政策、对外开发政策、科技与教育政策、产业政策等。具体而言,以这些政策措施为保障的西部大开发战略的基本内容主要包括以下几个方面:

西部大开发战略首先强调加大金融信贷支持。银行根据商业信贷的自主原则,加大对西部地区基础产业建设的信贷投入,重点支持铁路、主干线公路、电力、石油、天然气等大中型项目建设;国家开发银行新增贷款逐年提高用于西部地区的比重;扩大以基础设施项目收费权或收益权为质押发放贷款的范围;有步骤引入股份制银行到西部设立分支机构等等。同时,中央加大财政转移支付力度,逐步增加对西部地区一般性转移支付的规模。在农业、社会保障、教育、科技、卫生、计划生育、文化、环保等专项补助资金分配方面,向西部地区倾斜;重要财政扶贫资金的安排,重点用于西部贫困地区等等。

扩大对外开放是西部大开发战略的一项重要内容,主要包括四个方面:一是进一步扩大外商投资领域,鼓励外商外资到西部地区投资,引导外资进入西部地区的农业、科技、教育、卫生、交通、能源、旅游等基础设施建设与资源开发领域;二是进一步拓宽利用外资的渠道,鼓励西部地区以 BOT 等方式利用外

资;三是大力发展对外经济贸易,进一步扩大西部地区企业对外贸易的经营自主权,鼓励企业出口等;四是推进地区协作和对口支援,支持东部地区、中部地区的企业到西部地区投资设厂、收购兼并,进行全方位的合作等。

西部大开发战略特别强调科技创新对地区社会经济发展的推动作用,指出要加大各类科技计划经费向西部地区倾斜支持的力度,逐年提高科技资金用于西部地区的数额;强调要围绕西部大开发的重点任务,加强地区科技能力建设,组织对区域性关键性的共性技术进行攻关,并加快科技成果向生产力转化的速度和效率;深化西部地区科技体制的改造,强化区域内部的产学研合作,推动科技与经济的紧密结合,进一步发挥科技对经济发展的支撑作用等等。

教育是西部大开发战略的重要内容,西部大开发战略实施以来,中央及地方政府大幅度地增加了教育投入,继续实施贫困地区的义务教育工程,加大国家对西部地区义务教育的支持力度;对西部地区高等学校建设予以支持,扩大东部、中部地区高校在西部地区的招生规模;加大实施东部地区学校对口支援西部贫困地区学校工程,以及西部地区大中城市对口支援贫困地区学校工程力度等。

产业发展是西部大开发战略的核心内容。西部大开发战略就是要立足于西部地区的自然条件、人文条件、经济基础等因素,选择能够有利于区域经济持续稳定发展的特色优势产业进行重点扶植,从而在加速推进地区工业化进程的同时,全面提升西部地区服务业的比重,实现产业的高技术化、高加工度化和高附加值化,最终引致区域产业结构的优化升级。

(二)对西部欠发达地区发展失衡的纠正作用评估

为了确保区域发展政策有效率并且有效果,就需要对区域发展政策进行评价,这种评价主要是看政策的实施有没有达到制定政策的目标,以及未来应该如何对政策进行调试等。对于西部大开发战略而言,政策的出台主要是为了解决我国西部地区区域经济社会发展的失衡以及提供实现区域经济社会均衡发展的路径,从而加快我国西部地区发展。为了评价西部大开发战略在西部欠发达地区的实施效果,就需要重点考察其对西部欠发达地区发展失衡的纠正作用。这种纠正作用既体现着对区域之间经济发展失衡的纠正,也体现在区域内部社会经济发展失衡的纠正。

1. 对区域之间经济发展失衡的纠正效应评估

评估西部大开发战略对西部欠发达地区经济发展失衡的纠正是一项复杂而又艰难的任务。由于现实中很难获得评价区域之间经济发展质量的全部信息，所以只好采取次优的办法，即选择西部大开发战略下西部欠发达地区的经济增长速度、经济总量规模、经济运行质量等方面进行评估。

就经济增长速度而言，1998~2008 年间①是新中国成立以来西部欠发达地区经济增长速度最快的一段时间，西南欠发达地区各个省份（自治区）的经济实现了持续、平稳、快速的增长，GDP 的年均增长速度都超过了同期全国的经济增长的平均水平。其中内蒙古 GDP 的年均增长速度高达 16%，增速在全国位列前茅；西藏以 12.18% 的年均增长速度紧随其后；增幅最低的云南省也达到了 9.47%，也高于这一时间段全国平均水平 0.1 个百分点（图10-2）。

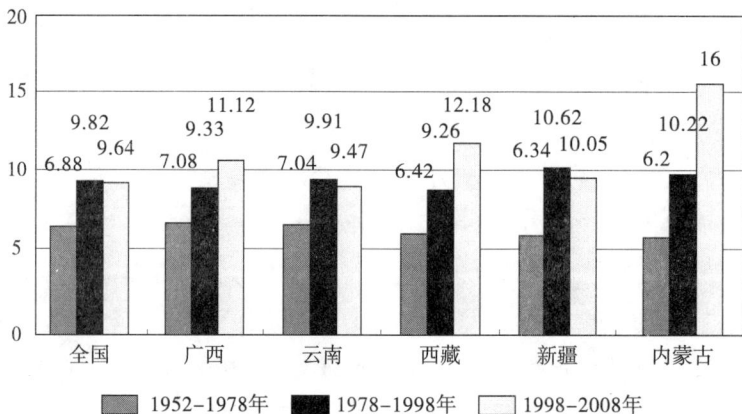

图 10-2　西部欠发达地区 1952~2008 年分时段分省（区）GDP
年均增长速度（单位：%）

数据来源：姚惠琴等主编：《中国西部经济发展报告》，社会科学出版社 2007 年版，第 7 页。

就经济总量规模而言，1999~2008 年间，西部欠发达地区的经济总量占全国 GDP 的比重明显上升，综合经济实力开始增强。表 10-3 的数据显示，1999

①　西部大开发战略自 1999 年 6 月算起，至今已有 10 年，但鉴于 2009 年数据暂时无法获得，因此以 1998 年为基年，考察西部大开发战略的政策效应。

年西部欠发达地区国内生产总值为 6351.4 亿元,占当年国内 GDP 比重的 7.08%;由于全国经济的快速增长,这一比例在 2000~2003 年间出现了一定程度的下滑;但自 2004 年开始,西部欠发达地区的经济增长明显加速,在全国 GDP 中所占比重也明显上升,到 2008 年整个西部欠发达地区的整体 GDP 上升到 24932.8 亿元,占全国 GDP 的比重也上升到 8.29%,综合经济开始增强,与东部地区的差距也有所缩小,呈现出一定的追赶势头。

表 10-3　1999~2008 年间西部欠发达地区国内生产总值(单位:亿元)

地区	1999	2000	2001	2002	2003	2004	2005	2006	2007	2008
广西	1953.3	2050.1	2231.0	2455.4	2735.1	3433.5	4063.3	4801.98	5955.65	7171.58
云南	1855.7	1955.1	2074.7	2232.3	2465.3	3081.9	3472.3	4001.87	4741.31	5400.10
西藏	105.6	117.5	138.7	161.4	184.5	220.3	250.6	290.05	342.19	395.91
新疆	1168.6	1364.4	1485.5	1598.3	1877.6	2248.3	2639.6	3018.98	3523.16	4203.41
内蒙古	1268.2	1401.0	1545.8	1734.3	2150.4	3020.0	3822.8	4790.00	6091.12	7761.80
汇总	6351.4	6888.1	7475.7	8181.7	9412.9	12004.5	14248.6	16902.88	20653.43	24932.8
全国	89677.05	99214.55	109655.17	120332.69	135822.76	159878.34	183217.4	211923.5	249529.9	300670

说明:汇总数据为西部欠发达地区 5 省(自治区)同年份数据的汇总。
数据来源:1998~2007 年数据来自相应年份的《中国统计年鉴》;2008 年数据来自西部欠发达地区各省份(自治区)2009 年的统计公报。

就经济运行质量而言,随着国民经济的快速增长,西部欠发达地区的规模以上工业企业利润开始出现快速增长势头,地方财政收入持续增加,区域经济运行质量和效益有所提升。表 10-4 的数据显示,2007 年西部欠发达地区规模以上工业企业实现利润 2022.83 亿元,比 1998 年的 55.83 亿元多了 1967 亿元,年平均增加 218.56 亿元,9 年间共增长了 35.23 倍。企业利润的大幅度增加,有效提升了企业的核心竞争力,拓展了企业的发展空间,增强了西部欠发达地区经济的内生发展能力,这就为纠正西部欠发达地区经济发展的失衡奠定了较好的微观基础。随着规模以上工业企业利润的快速增长,西部欠发达地区的地方财政收入也开始持续增加。1998 年西部欠发达地区少数地区地方财政收入为 434.53 亿元,2008 年就增加到 2105.0 亿元,10 年间共增长了 1670.47 亿元,年均增长 167.047 亿元。其中内蒙古的地方财政收入增长最快,2008 年比 1998 年净增长了 7.38 倍。财政收入的快速增加,表明区域内政府调控经济能力的提升,这有效保障了西部欠发达地区对区域经济发展失衡的纠正。

表 10-4　西部欠发达地区一般预算内地方财政收入与规模以上工业企业利润

（单位：亿元）

地　区	财政收入		规模以上工业企业利润	
	1998 年	2008 年	1998 年	2007 年
广　西	119.6	518.68	−11.81	293.51
云　南	168.23	550.10	68.48	388.61
西　藏	3.64	24.88	1.98	7.15
新　疆	65.39	360.80	−6.04	691.57
内蒙古	77.67	650.54	3.22	641.99
西部欠发达地区	434.53	2105	55.83	2022.83

数据来源：1998~2007 年数据根据相应年份的《中国统计年鉴》整理；2008 年数据来自西部欠发达地区各省份（自治区）2009 年的统计公报。

　　尽管数据显示西部欠发达地区的经济增长速度开始提速,经济总量规模占全国经济规模的比重有所提升,以及区域经济运行质量有所改善等等,表明西部大开发战略的实施在一定程度上加快了区域经济的发展。但是,由于东部沿海地区经济总量规模基数的庞大以及经济增长仍然保持强劲的势头,区域之间的经济失衡的绝对数量并没有显示缩小的趋势,但作为一种区域性的发展战略,西部大开发战略还是深深地影响西部欠发达地区的经济的发展,并减缓了地区性发展差距的扩大,这对西部欠发达地区经济发展的失衡产生了一定的纠正作用。

　　2. 对区域内部社会经济发展失衡的纠正效应评估

　　社会发展的评估是一项复杂而又艰难的任务,这种复杂性直接影响了对区域经济社会失衡的纠正作用评估。由于缺乏评估经济社会协调的标准以及社会发展的全部信息,所以只好采用次优的方法,即选择西部大开发战略下区域居民收入水平、生活质量、社会保障、区域教育等方面将进行评估。

　　就居民收入水平而言,自西部大开发战略实施以来,西部欠发达地区的城乡居民收入呈现持续快速增长的势头。表 10-5 的数据显示：1998~2008 年间,西部欠发达地区各省（区）居民的人均可支配收入都保持着 6% 以上的年均增长速度,出现了持续快速增长的势头。其中,城镇居民人均可支配收入年均增长速度最快的是内蒙古,达到了 12.77%,远远高于全国同期平均水平;广西、云南、新疆的城镇居民人均可支配收入的年均增长速度达到或几乎达到了全国同期平均水平。随着西部大开发战略各项惠农政策的进一步落实,西部欠发达地区农村居民的人均可支配收入也出现了快速增长的趋势,其中西藏农村居民人均可支配收入的年均增长速度最快,达到了 9.94%,远远高于全国同期平均水平,只有广西农村居民人均可支配收入的年均增长速度低于全国同期平均水平。

表 10-5　1998~2008 年西部欠发达地区城乡居民收入状况

地　区	城镇居民人均可支配收入(单位:元)			农民居民人均可支配收入(单位:元)		
	1998 年	2008 年	年均增长(%)	1998 年	2008 年	年均增长(%)
广　西	5412.2	14146.00	10.08	1971.9	3690.30	6.47
云　南	6042.8	13250.22	8.17	1387.3	3102.60	8.38
西　藏	6908.7	12482.00	6.09	1231.5	3176.00	9.94
新　疆	5000.8	11430.00	8.62	1600.1	3503.00	8.15
内蒙古	4353.0	14480.00	12.77	1981.5	4656.00	8.92

说明:西藏 1998 年城镇居民人均可支配收入的数据为 1999 年的数据。
数据来源:根据 1998~2007 年《中国统计年鉴》整理所得,2008 年数据来自于西部欠发达地区各省
　　　　(区)2009 年国民经济和社会发展统计公报。

对居民的生活质量的评估选用恩格尔系数作为标准,恩格尔系数越低,家庭收入用于购买食物支出的比例就会下降,用于改善生活质量的其他方面的开支就会增加。自西部大开发战略实施,西部欠发达地区居民的恩格尔系数出现了不同程度的下滑。表 10-6 的数据显示,1998~2007 年间西部欠发达地区城乡居民的恩格尔系数出现了不同程度的下降趋势。其中,城镇居民的恩格尔系数除云南上升了 0.8 个百分点外,其他省(区)都出现了较大幅度的下降,尤其新疆与内蒙古,下降幅度分别达到 9.29、10.45 个百分点。随着农村居民人均可支配收入的显著增加,西部欠发达地区农村居民的恩格尔系数均出现全面的下降趋势,尤其是云南、西藏,9 年间下降幅度更是达到了近 20

个百分点。

表 10-6　1998~2007 年西部欠发达地区城乡居民的恩格尔系数

地　区	城镇居民的恩格尔系数(%)		农村居民的恩格尔系数(%)	
	1998 年	2007 年	1998 年	2007 年
广　西	46.32	41.69	57.17	50.18
云　南	44.16	44.97	61.11	46.52
西　藏	/	50.94	70.03	48.69
新　疆	44.35	35.06	49.19	39.95
内蒙古	40.85	30.44	55.00	39.31

数据来源:根据 1998~2007 年《中国统计年鉴》整理所得,2008 年数据来自于西部欠发达地区各省(区)2009 年国民经济和社会发展统计公报。

随着区域经济的快速增长与财政收入的持续增加,西部欠发达地区的居民开始享受更广泛的社会保障和社会救助等方面的优惠,城乡社会保障水平开始提升;全面受教育水平明显提升,教育事业得到了快速发展。总之,区域内部的民生状况得到了进一步改善,人文发展有所提升。

尽管数据显示西部大开发战略实施以来,西部边境欠发达地区的居民收入水平、生活质量、社会保障、教育事业等都有所发展,居民开始更大程度地享受区域经济发展的收益,这在一定程度上纠正了西部欠发达地区内部社会经济发展的失衡。但对于一个转轨中的发展大国来说,在经济建设为中心的指引下,区域社会发展的速度仍然要低于经济发展的速度,区域内部社会经济发展失衡的趋势并没有得到逆转。

3. 评估的基本结论

西部大开发战略的实施,不但加快了西部欠发达地区经济的发展速度,而且引致了区域内部更高的社会发展水平,因此西部大开发战略一定程度上达到了政策制定时"加快西部地区经济发展"的目标。

但作为扭转区域发展失衡的战略,在东部地区经济总量规模以及较快经济增长速度的比较优势下,西部大开发战略所引致的西部欠发达地区经济发展的加速并不足以扭转区域之间经济发展失衡的趋势,只是削弱了地区之间经济发展差距扩大。不但如此,西部欠发达地区内部的区域经济失衡也开始显现,政策效应导致了省(市、自治区)际行政区之间的成就与缺陷并存,这也需要重新调试政策。

在以经济建设为中心的指导下,西部大开发战略的核心内容还是强调区域之间的经济的平衡发展,社会发展的速度仍然无法与经济发展的速度相匹配。但随着经济实力的增强,西部欠发达地区内部的民生、人文等还是取得了长足的进展,社会发展水平有了明显的提升,居民开始更广泛地享受经济发展的收益。

(三)西部大开发战略的主要缺陷

作为一种区域发展政策,尽管西部大开发战略成功地减缓了区域之间发展差距的扩大速度,但其制度基础方面的缺陷、管理制度方面的缺陷以及政策着力点方面的选择等都有待于进一步完善。

1. 缺乏省(市、自治区)际层面的针对性

作为一个转轨中的发展大国,中国国内各个地区之间具体情况完全不同。异质的背景要求区域发展政策必须考虑各个地区之间的差异。从地域范围上看,目前的西部大开发战略涵括了陕、甘、宁、蒙、青、新、川、渝、滇、桂、黔、藏12省(市、自治区)。尽管我们不再去考虑西部范围的确定的合理性等问题,但整个西部区域的国土面积占到了中国国土面积的一半左右,是许多国家国土面积的数倍,在如此大的范围实施区域援助与控制根本是不可能的。因此,从这个角度来说,西部大开发战略与其说是一种区域发展战略,还不如说是政府的一种态度——对广袤西部发展的重视。不但如此,西部地区12个省(市、自治区)的具体省情各异、资源禀赋差异明显、人力资源开发也各不相同,因此作为一个整体的区域发展政策是很难在省(市、自治区)际层面发挥针对性作用。这一点在西部大开发战略实施的10年内表现得非常突出,区域内部经济发展呈现出典型的崛起与塌陷并存的特征。其中,内蒙古创造了"内蒙古式"的经济发展速度,增速居于全国前列,而云南经济发展乏力,经济增长速度排在全国后几位,差距非常明显。

2. 缺乏统一的政府管理机构

区域发展政策是政府管理区域经济社会发展的重要工具,不但政策的实施、监督与评估都需要有相应的管理机构,而且也必须有专门的部门对区域发

展政策负责。一般而言,这类机构(部门)不论采取何种模式,都是国家立法的产物①。对于西部大开发战略,许多政策都是由中央政府的各个职能部门制定,相应的援助也是这些部门提供。姑且不考虑这些职能部门之间所出台的政策是否彼此协调,单这些职能部门都不具有立法意义上的政策资源而言,在实施中就无法真正有效的协调并严格监督区域内部各个省(市、自治区)级行政管辖区的发展。同时,作为涉及 12 省(市、自治区)级行政管辖区的发展政策,如果没有中央政府层面的协调,政策作用的效果一方面必然导致了这些行政管辖区之间的博弈与竞争,甚至一定程度上导致了寻租的现象,影响了资源的配置效率,另一方面也不可避免会引致省(市、自治区)级行政管辖区之间的产业结构趋同。在过去的 10 年内,这一点在西部欠发达地区也表现得非常突出。

3. 区域发展政策的工具不全

作为欠发达地区的一种发展政策,除了从原则上确定特定区域发展的基础与方向外,还必须有规范的、全面的、可供选择的政策工具。这些政策工具能够影响到个人和企业的区位选择,从而改变特定区域的收入与支出水平,进而影响区域发展政策效果。作为区域发展政策的演化,现代的区域发展政策已从简单的、单一的政策工具(投资补贴、定点援助、行政控制等)等转向为不同类型的、复合的、凝聚的政策工具(既包括传统的政策工具,也包括现代的促进新企业、新产品和新工艺形成的政策工具)。目前,中国除了贫困地区的扶贫工具比较完善之外,其他区域政策工具都相对匮乏,西部大开发区域战略也不例外。此外,对区域或地区的援助绝大多数采取的是自主方式而非自动方式,这给地方政府甚至是个人"寻租"留下来很大的空间。同时,在缺乏透明的情况下,简单的资金划拨很容易成为寻租与权钱交易的工具②。

---

① 张可云:《欧盟区域政策的制度基础与中国区域政策的方向》,载杜鹰等编:《区域发展与政策——2006 年中国—欧盟区域经济发展研讨会论文集》,中央编译出版社 2006 年版,第 188 页。

② 张可云:《欧盟区域政策的制度基础与中国区域政策的方向》,杜鹰等编:《区域发展与政策——2006 年中国—欧盟区域经济发展研讨会论文集》,中央编译出版社 2006 年版,第 188 页。

4. 缺乏有效的监督与评估

为了确保区域发展政策有效率并且有效果,就需要动态瞄准政策的实施过程,严格监督并全面评价区域发展政策所带来的社会收益和社会成本。在理论上,政策的监督与评估包括三个阶段:事前评价——明确政策是否能够实现目标并需要指出多少成本,事中监督——动态瞄准项目的执行过程并及时根据情况调整政策,事后评价——评价政策是否带来了相应的社会经济价值以及既定目标是否实现等。对于西部大开发战略而言,尽管政策的出台是政府出于削弱地区性的发展差距,这做到了政策的事前评价。但是政策的实施与评估,即事中监督和事后评价更多地还是停留在学术层面的讨论,政府既在中央层面没有立法意义上的相应的管理结构来进行监督与评价,也没有在实践层面发展和寻找政策的评价方法。

5. 区域内生发展培育不足

所谓内生发展是指由依靠政府财政投入的外来型发展方式向以区域内部的资源、技术、产业和文化为基础,充分发挥各个地区的优势,从而通过自身的努力达到区域利益最大化的发展模式。内生发展强调通过区域内部中小企业的发展与技术进步来刺激并形成向上的区域文化、刺激形成区域内部竞争,从而培育创新和"学习型区域"的形成。对于西部大开发战略而言,尽管嵌入式的产业布局和政府大规模的投资,能在较短的时间内提升区域经济的发展水平,但过度依赖外部企业在接受优惠的背景下进入特定区域的发展显然是难以持续的。因为,基于比较利益变化的嵌入式投资会随着比较利益的动态演化而发生变化,这是投资的经济行为主体与地方政府动态博弈的结果;同时外来投资者利益的最大化与区域利益的最大化并不一致,经济主体的投资并不必然会与当地产业结构的演进趋势相一致。事实上只要这种大规模投资与企业没有融入到由区域内部中小企业组成的供应网络中,内生发展将是难以持续。

6. 区域社会发展重视不够

尽管以"效率为主、兼顾公平、协调发展"为基本特征的西部大开发战略是在削弱地区性发展差距的背景下出台的,但以效率为主和经济建设为中心,使得发展政策的重点是强调区域之间经济发展的协调,对教育、卫生、文化等公共产品供给的区域平衡关注不够,直接引致了公共服务水平的区域差距扩大。发达地区经济成长性较强,政府财政实力增长较快,对社会事业和人文发展的投入能够相应增加;而经济落后地区,尤其是类似于西部欠发达地区,自身的社会发展本身较发达地区落后,再加上受自身财政能力的约束与中央财政转移支付的规模有限等,使得地区之间的公共服务水平进一步拉大。这直接影响到了区域人文发展的趋同与经济差距的收敛。

四、区域发展政策与经济社会的发展:国际比较与启示

纵观人类经济发展的历史,区域发展的分化并不只是发展中国家的必然现象,发达国家在其发展的过程中也出现过严重的地区性发展差距。因此,借鉴这些国家治理区域差距的经验与教训,尤其研究其培育内生发展的政策与措施,对治理西部欠发达地区与削弱区域之间的发展差距具有十分重要的意义。

(一)英国的区域发展政策与社会经济发展

长期以来,区域发展政策①一直是英国政府政策的重要组成部分,并为削弱地区性发展差距做出了巨大的贡献。这种区域发展政策在不同时期呈现了不同的特点,但随着欧盟等其他主体的参加,区域发展逐步向内生发展下社会经济并重演化。

1. 英国区域发展政策的演化

英国的区域发展政策开始于 20 世纪 20 年代,由于地理分布集中的主要出口产业出现了持续的生产能力过剩而导致了大量失业人员的存在,成为典型的经济衰退区。为了解决这种经济衰退引发的地区性发展差距,英国政府成立了产业转移委员会,主要目的是解决失业人员的就业问题,与此同时产业转移委员会也关注了环境和政治问题等,并认为区域发展政策是经济发展和社会发展的结合体。随后第二次世界大战的爆发与经济的严重衰退,问题区域的失业更加严重,区域发展政策并未达到其设定的经济发展和社会发展目

---

① 需要强调的是,英国的区域发展政策虽然是针对问题区域而设定,但随着经济的演化,英国的问题区域一直在动态变化,这种变化使得区域发展政策的区域难以用在长时间内界定在特定区域内。事实上,英国的这种区域发展政策还涵括了伦敦城市内部贫困地区的发展等问题,因此与我们通常意义上的区域还是存在着显著的差异。

标。尽管这一时期区域发展政策的效果十分有限,但"工作转移靠近工人"①的做法以及削弱区域就业目标的差距仍然在深远地影响着后来的区域发展政策。

二战结束后,英国开始推行以充分就业为主要特征的区域发展政策,并强调要给予传统高失业的问题区域给予特殊照顾,但随后收支平衡的危机严重地影响了政府创造的就业岗位。1958 年后,传统落后地区经济的持续衰退迫使英国政府开始重新审视并调整区域发展政策。具体而言,这一阶段区域发展政策的主要特点是通过初始投资补贴、自动补贴、自动投资补偿、选择性补偿、贷款和劳动补贴等援助措施吸引外部的投资,在落后地区创造更多的就业岗位,并通过劳动力的全部就业,实现经济的增长。但是需要特别强调的是,社会发展的目标开始逐步从区域发展政策中淡出。

1979 年后,严重的收支平衡危机以及困扰英国经济的通货膨胀,使得英国政府的区域发展政策进一步衰退,不但取消了区域控制,而且大量削减了区域援助。在这样的背景下,投资刺激随之减弱。事实上,这一时期的区域发展政策已经基本上被废除。但需要强调的是,尽管没有相应的投资激励,但是英国政府仍然认为有责任保持有效的区域发展政策来缓解问题地区的困境与鼓励区域内部新产业的产生②。但是,在这一时期随着英国加入欧盟,区域发展政策中第一次出现了新的参与者。欧洲投资银行开始了对英国衰退区域的产业化基础设施进行项目贷款,并成立欧洲区域发展基金③,用拨款或利率折扣等形式支持英国问题区域产业方面的投资项目、中小企业以及基础设施等,以缩小地区之间的发展差距。

1988 年后,英国的区域发展政策开始改变,政策的重点转向于鼓励自立、区域自我发展和扶持企业发展。英国政府认为以前的区域发展政策之所以失效,主要原因是企业活动缺乏效率。因此政策的重点应该关注企业的竞争力

---

① [英]哈维·阿姆斯特朗、吉姆·泰勒:《区域经济学与区域政策》,刘乃全、贾彦利、张学良等译,上海世纪出版集团、上海人民出版社 2007 年版,第 183 页。

② [英]哈维·阿姆斯特朗、吉姆·泰勒:《区域经济学与区域政策》,刘乃全、贾彦利、张学良等译,上海世纪出版集团、上海人民出版,2007 年版,第 186 页。

③ 欧洲区域发展基金并不是要取代英国的区域发展政策,而是进一步完善英国的区域发展政策。

与持续成长,削弱地区性发展差距的关键在于将外来投资转变为依赖企业持续成长的区域内生增长。为了达到这个目标,英国政府将自动投资援助改变为有选择性的投资援助,并致力于产业援助计划、中小企业发展和鼓励创新等。这一时期,欧盟扶持的重点也转向了区域的内生增长,并通过欧盟内部的结构基金①进一步完善英国的区域发展政策,即加大对英国问题区域的支出比例、促进区域和地方对区域发展政策的重视等。

1995 年后,英国的区域发展政策再一次强化了内生发展,并提出区域发展政策的主要目标是提高受援助区域的竞争能力,从产业活动的区位适应性和提高单个企业的竞争力两方面进行。因此,区域发展政策继续了 20 世纪80 年代的做法:形成提高区域长期竞争力的战略;确保国家对竞争力形成的支持,以满足区域和地方的需要;集群、网络建设和其他合作提高支出。② 这一时期,欧盟再一次强化了资金和项目对英国问题区域的援助,政策的目标依然是强化区域的内生发展。但经过经济的恢复性增长后,欧盟开始强调区域发展中的社会发展,并对其在英国问题区域的项目中引入社会目标,详细审查项目的社会效应、平等机会和环境效应等③。

从英国区域发展政策演化立场来看,经济发展政策依然是区域发展政策的核心,而且也是英国政府所期望的区域发展政策所扮演的角色。尽管如此,英国的区域发展政策长期以来一直被经济目标和社会目标所困扰,即经济效率和社会公平目标的困扰。虽然大多数时候英国的区域发展政策特别关注的是经济竞争力,但是随着欧盟的结构基金开始快速关注"社会排斥"问题,并纳入社会发展政策目标,英国的区域发展政策也开始越来越重视社会发展在区域发展中的重要性。

2. 区域发展政策下社会经济发展——效应与评价

英国区域发展政策的参与者除了英国政府外,还有欧盟以及其他区域内

---

① 欧盟的结构基金包括欧洲区域发展基金、欧洲社会基金、欧洲农业指导与保障基金中的指导部分和欧洲渔业指导金融工具。

② ［英］哈维·阿姆斯特朗、吉姆·泰勒:《区域经济学与区域政策》,刘乃全、贾彦利、张学良等译,上海世纪出版集团、上海人民出版社 2007 年版,第 187 页。

③ 有些学者将欧盟区域发展政策的这种目标结合称之为凝聚,并将区域发展政策也称之为凝聚政策。

部的组织、区域内部的当地政府,这种多方面的联合有力地推动了问题区域的发展。尽管这种发展的速度还无法与城市发达地区相比,但是如果没有区域发展政策以及多方面联合的扶持,问题区域的发展必然要比现在的发展水平低得多。事实上,在英国的区域发展中,往往呈现出"发达与贫困"的并存的特征,既越是发达的城市区域,相反就越是有国内最贫困人口的聚集区。伦敦作为英国经济、政治、文化中心,但英国许多最贫苦的地方都在伦敦之内①。

但是自20世纪90年代中强调中小企业发展、技术创新与就业创造的内生发展政策还是深远地影响了边远地区、衰退地区等问题区域的发展,并给这种发展打下了深深的政策烙印。这种发展模式下的区域发展政策更加平衡、务实,强调人力资源发展、就业机会创造、区域环境干预、生产行业支持以及基础设施改善等引致内生发展的投资给区域发展所带来的益处也被广泛接受,并刺激形成的向上的区域文化与广泛的当地竞争,为问题区域的可持续发展奠定了基础。

在区域发展过程中,英国区域发展政策的重点一直在经济目标、经济社会目标中漂移,从20世纪20—30年代的区域发展政策是经济和社会的综合体,到20世纪50—90年代间经济竞争力下的社会目标排斥,再到20世纪90年代以后内生发展下的经济、社会、环境的凝聚目标。政策重点漂移使得20世纪80—90年代,英国出现了史无前例的收入分配上的差距。1980～1990年间,英国90%的居民收入增长了45%,而10%的居民(低收入者)收入只增长了6%②。这种历史上的最大值引发了经济竞争力与社会公平的激烈争议,并直接引致了20世纪90年代后的凝聚政策的出现。

(二)日本边远地区的发展政策与社会经济发展

由于资源禀赋的差异以及经济发展过程中人口、资本等生产要素的流动,日本的区域发展也存在着严重的不平衡性,其中最为突出的是以东京为首的三大城市经济圈聚集了大量的经济功能和财富,而边远地区面临着人口急剧减少和经济快速衰退。面对这种情况,日本出台了一系列的区域发展政策,并

---

　　①　[英]哈维·阿姆斯特朗、吉姆·泰勒:《区域经济学与区域政策》,刘乃全、贾彦利、张学良等译,上海世纪出版集团、上海人民出版社2007年版,第195页。

　　②　[英]哈维·阿姆斯特朗、吉姆·泰勒:《区域经济学与区域政策》,刘乃全、贾彦利、张学良等译,上海世纪出版集团、上海人民出版社2007年版,第192页。

深远地影响了这些边远地区的发展。

1. 日本边远地区发展政策的演化

第二次世界大战后,日本边远地区的发展政策深受新古典经济学派的影响,非常注重社会资本的积累和基础设施的建设。20 世纪 60 年代以来,日本就是一直按照这种理论推进边远地区的开发。

这一时期日本边远地区的开发政策是从两个方面来推进的。第一个方面是在全国性国土资源开发计划中,强调国土平衡开发计划和全国产业合理布局,从而纠正地区性发展差距。第二个方面是制定专门针对边远地区的法律和政策。① 在边远地区的实际开发中,日本政府强调边远地区产业基础设施的建设、农林渔经营的现代化、工业化的地区推进、中小企业培育、外部企业技术引进等,强调交通和通信等基础设施在边远地区的完善,强调当地居民生活的安定和福利的提高,强调区域内部社会结构的调整等等。这种发展政策安排不但关注了区域内部经济的发展,而且也强调区域内部社会的公平。但是,由于经济效率目标与社会公平目标内在冲突使得这种发展政策过度依赖国家的资金投资、地方政府的发行债券募集的资金,②缺乏内生的可持续性。总之,这一时期的区域发展政策可以概括为对外部投资、引进技术依赖的外生发展方式③。

20 世纪 90 年代后,随着边远地区传统开发模式的弊端的逐步显性,日本开始反省依靠外来资本和技术的外生发展方式,认为区域发展应该强调区域自身的异质性和传统文化的重要性,区域内部人的发展与经济的发展同等重要,区域的持续发展是建立在区域内部中小企业的竞争活力、技术创新的永续与区域人的发展等方面。在这样的理论指导下,日本的边远地区发展政策开始调试与转型:首先是边远地区在区域发展中的主体性,发挥各地区具有的资源、技术、产业、人才、网络等方面的活动,通过自身的努力,提高区域的发展能

---

① 在日本,对边远地区发展影响最大的法律是《过疏地区振兴法》。该法 1970 年制定,当时限时 10 年,但几经更名,1980 年更名为《过疏地区振兴特别措施法》,1990 年更名为《搞活过疏地区特别措施法》,2000 年后再次更名为《过疏地区自立促进特别措施法》,一直执行到现在。参见胡霞:《日本过疏地区开发方式及政策演变》,《日本学刊》2007 年第 5 期。

② 胡霞:《日本边远后进地区开发模式的反省和发展的新方向》,《经济研究参考》2005 年第 27 期。

③ 日本学者将这种外生发展方式还称之为"外来型发展"模式或"殖民地型发展"模式。

力;其次是边远地区山村在自力更生的基础上与城市的自发合作;第三是积极推进国家在边远山区的扶持政策,这种政策主要是在创造公平竞争环境与完善基础设施等方面发挥作用,从而通过激活区域内部的软硬件设施,提升区域的内生发展能力;第四是调整边远地区产业发展思路,强调要顺应市场需要发展壮大区域内部现有的产业,以及依靠自身的资源禀赋条件内生发展区域具有比较优势的产业等等。

2. 日本边远地区的社会经济发展:政策效应与评价

尽管外生式发展的边远地区发展政策兼顾了经济发展与社会发展两个方面的目标,但是这种建立过度依赖外部资金基础上的发展模式,显然是无法持续的。在 20 世纪 60—90 年代间,外生式发展的区域发展政策尽管使得日本边远地区的基础设施有了很大的改善,边远地区与发达地区的在经济与社会发展等方面的差距在一定程度上有所缓解,但并没有完全实现日本政府在《过疏地区振兴法》中设定的目标,反而出现边远地区劳动力的大量流失、区域内部农林业的衰退、产业结构体系畸形以及社会发展脆弱等问题。

在日本边远地区的发展过程中,逐利的非政府外来资金其利益最大化并不必然与边远地区的利益最大化相一致。对于非政府的外来资金而言,更多的是大型企业通过设立分支机构和经营机构等方式进入,这种资金进入模式使得企业的利润不一定会留在当地,更多的时候还是通过总公司或母公司转移出去,并不会实现资金的扩大再生产。不但如此,逐利的外来资金也不会关注企业生产过程中的环境保护、资源可持续利用等,这又造成了区域内部的公害与环境等问题。在这样的背景下,区域发展目标的多样性的实现就只能依靠国家财政资金与地方政府债券资金等。这不但引致了区域发展越来越依赖公共事业投资的格局,而且造成了区域发展的脆弱性,一旦国家财政紧缩和财政资金减少,边远地区的发展将不可避免会陷入衰退的困境。不但如此,长期习惯依赖政府公共事业投资的发展方式,还会削弱区域政府和民众自主开发的意识。

内生发展的边远地区发展政策的调试虽然有助于日本问题区域提升可持续的发展能力,但在外生发展路径依赖的作用下,这种区域发展政策还不成熟,许多具体的政策还有待于进一步细化。不但如此,内生发展的区域政策要求从简单的、单一的政策工具(政府投资基础设施)转向为不同类型的帮助工具,这也给日本政府提出了新的挑战。

(三)国际比较的经验与教训

无论是英国的区域发展政策还是日本的边远地区开发政策,作为纠正区域失衡的政府治理行为,都为我国调试西部欠发达地区发展政策提供了借鉴。

首先是区域发展中的经济效率目标和社会公平目标选择,这一直是激烈争议的焦点。尽管英国和日本的区域发展演化并没有为我们提供直接的答案,但二者的选择还是值得我们思考。英国的发展政策虽然一直在经济目标、经济社会目标漂移,但一旦经济目标将社会目标排斥,将不可避免引发严重的社会不公。英国在 20 世纪 80—90 年代的史无前例的收入差距就是一个很好的证明。同时,在经济发展水平比较低区域发展完全依赖外部投资的背景下,区域发展也无法维持的经济效率目标和社会公平目标的协调,这只可能导致牺牲社会公平目标来追逐经济效率目标,或是牺牲经济效率目标来维持社会公平目标,日本二战后的边远地区开发政策就很好的证明了这一点。

其次是区域的发展政策需要协调好外部资源支撑和内部发展动力的协调。英国和日本的区域发展教训表明大规模的外部投资,无论这种投资是来自于政府还是来自于企业,都难以形成区域发展的动力机制;而在低水平的发展状况下,单纯依赖区域内部的资源也难以实现经济的起飞和社会的发展。因此,区域发展的关键虽然在于培育区域内生的发展能力,但是在低水平的发展背景下,需要外部投资尤其是政府投资来培育区域发展的动力机制。这就需要将投资投资于区域的教育、培训等人文发展与基础设施等方面。

第三是内生发展的区域发展政策的关键在于通过形成具有竞争力的产业区和协作的中小企业网络促使衰退区域普遍复兴并削弱地区性的生活水平差距。这就需要高度重视区域内中小企业发展、技术进步、人文发展以及创新环境和"学习型区域"的形成等。事实上,20 世纪 90 年代以后,英国的许多区域都是将内生发展与投资、投资企业融入由区域内部中小企业组成的供应网络而联系起来的。

第四是鉴于就业在区域经济社会发展中的重要性,无论是对经济效率目标的偏好还是对社会公平目标的偏好,或者是二者协调的偏好,区域发展政策都需要高度重视削弱区域就业目标的差距。区域内部的高劳动参与率既可以活跃人力资源发展,又有助于削弱区域之间的生活水平差距,这有助于区域内部的社会经济发展。

　　第五是在区域发展的过程中,中央政府、地方政府以及区域内部各种非政府组织的参与与合作都非常重要。英国区域发展的经验表明,这种联合参与不但填补了由于中央政府资金退出后留下的空白区域,而且能够影响内生发展政策成果。因为注重内生发展和企业文化的转变需要与企业部门密切联系的地方"中介"组织作为它们在区域发展政策中的代言人而发挥作用,成功的区域发展需要当地组织的积极参与。

五、中国西部欠发达地区发展政策的目标选择

　　中国是一个发展中的大国,由于自然与历史等方面的原因,区域之间经济和社会发展的差距很大。因此,治理区域之间的发展失衡必须要考虑国内细分区域的异质特征。我国西部欠发达地区大多与周边国家接壤,与其他国家有漫长的共同边界,具有边境的开放性、民族宗教的多样性、社会发展的多层性和经济发展的滞后性等地域特征,这些特征决定西部欠发达地区发展政策的调试和安排必须要考虑区域自身的禀赋特征,并在此基础上选择经济和社会发展目标。

(一)内生发展与西部欠发达地区经济发展政策的目标选择

　　由于中国西部欠发达地区经济发展的失衡既体现在区域内部经济发展的失衡,又体现在体系中区域之间经济发展的失衡,因此,出于纠正经济发展失衡的需要,未来西部欠发达地区经济发展的目标定位在区域可持续发展的基础上,实现区域资源的有效配置、区域内部和区域之间发展差距的缩小等效率目标,以及实现区域经济发展的公平性目标。

　　1. 区域内部经济的可持续发展目标

　　经济发展首先关注的目标是生产的长期持续增长,这就涉及经济的可持续发展问题。在理论上,可持续发展涉及人类社会的各个领域,包括人口、资源、环境和社会的各个方面。因此,可持续发展可以理解为"生态—经济—社会"巨大的三维复合系统的运行轨迹和可持续发展。

　　对中国西部欠发达地区经济而言,要想实现"生态—经济—社会"的三维复合系统的可持续发展,一方面要强调经济的高速发展,另一方面要强调经济

发展的代价与公平。经济发展不能没有一定的速度,要想纠正西部欠发达地区经济发展的失衡,就必须加快经济发展的速度,只有这样才能满足区域内部人民群众不断提升的物质文化需求,也才能有效地缩小区域之间的经济发展差距。但是在经济的高速发展过程中,还必须强调经济发展的代价与公平问题。就经济发展的代价而言,既要强调人力、物力、财力的代价,又要强调自然资源消耗与环境污染等方面的代价。就经济发展的公平而言,一方面要强调西部欠发达地区经济发展的代价公平,目前的经济的发展以及福利的提升不能以牺牲后代人的发展条件为代价;另一方面又要强调经济发展的区际公平,尤其是资源开发利用在区域之间的公平,也就是说西部欠发达地区既要充分利用区域资源、发挥自身的比较优势、实现区域经济的发展,但又不能过度依赖自然资源的开发,东部地区虽然可以通过市场获取西部欠发达地区的自然资源,实现区域经济发展,但区域经济的发展不能以掠夺西部欠发达地区的资源为代价。

2. 区域内部资源配置效率提升目标

资源配置是指在一定的范围内,社会按照一定的方式对所拥有的各种资源在其不同用途之间分配。由于资源的稀缺性,资源配置是否合理对区域经济发展有重要的影响。因此,为实现稀缺资源的有效配置,必须不断提升资源的配置效率,以用最少的资源消耗,生产出最适用的商品化劳务,获取最佳的经济效益。

在成熟的市场经济条件下,由于地区之间与区域内部资源可以自由流动,企业的决策和行为主要受利润最大化原则支配,因此通过企业间的竞争,包括空间竞争和区位选择过程,再加以一定的政府宏观调控,一般能够实现区域资源配置的效率目标。因此,对中国西部欠发达地区经济而言,要想实现提升资源配置效率的目标,就需要加快区域内部市场化取向的改革进程,政府一方面要致力于规范化的市场秩序和法律制度的建设以及现代化的教育,另一方面要约束自身的行为,加大价格机制、竞争机制在资源配置过程中的作用,进一步完善区域市场体系。

3. 区域内部经济发展的协调性目标

经济发展的协调性目标是指经济系统内部各个方面的发展要相互适应,各个环节的发展要有机衔接,各个阶段各个步骤的发展要良性运行。增强经济发展的协调性,就要形成转变发展方式和完善社会主义市场经济体制相辅相成、协同并进的发展格局,形成消费、投资、出口的协调拉动,一二三次产业协同带动的增长格局和城乡经济协调互动的发展机制。

对于西部欠发达地区而言,区域经济发展的失衡既体现在区域之间经济发展的差距,也体现在区域内部城乡之间、产业之间、投资与消费之间等方面的失衡。因此,要想实现区域经济发展的协调性目标,首先就要去实现区域内部城市与农村之间经济发展的协调,推动工业反哺农业,城市带动农村发展的格局;其次要实现一二三次产业以及主导产业、先导产业、衰退产业之间的协调,要逐步推动区域内部产业结构的高加工度化、高技术化、高附加值化,同时实现主导产业壮大、先导产业培育以及衰退产业调整的发展格局;第三是要实现投资、消费与出口之间的协调,既要发挥投资对经济发展的带动作用,又要强调消费对经济发展的拉动,既要通过扩大出口实现区域经济的发展,又要通过搞活内部市场实现区域的协调发展,总之要实现区域内部投资、消费与出口"三驾马车"对经济发展的协调带动。

4. 区域之间经济发展差距缩小目标

尽管近年来西部欠发达地区的经济发展出现了加速的趋势,但与东部沿海地区相比,发展速度还是存在差距,区域之间的经济差距存在进一步拉大的趋势。因此,纠正区域经济发展失衡,就必须不断缩小地区之间经济发展的差距,推动非均衡的区域经济发展格局向一体化的、协调的区域经济发展格局转变。

对于西部欠发达地区而言,尽管与东部沿海地区的经济发展差距一时还无法改变,未来一段时间区域之间经济发展也将是非均衡的,但是,必须明确,区域经济发展的重要目标之一就是要改变这种区域二元结构现状,走向一元的现代化经济。这既是纠正区域经济发展失衡的关键环节,也是未来一段时间内西部欠发达地区制定区域经济发展政策的基本出发点。

5. 区域内部经济发展的公平性目标

现代市场经济既是效率经济,又是平等经济。在成熟的市场经济体系中,市场机制一般能够实现经济的效率目标,但经济公平性目标的获得更多还是取决于政府,尤其是中央政府的价值取向。因此,要想纠正区域经济发展的失衡,对于西部欠发达地区而言,就必须在注重经济效率目标、加快经济发展的同时，还要注重经济发展的公平性目标，在区域就业不断增加的过程中逐步缩小城乡之间、不同行业之间的收入差距，提高人民的收入水平，确保区域内部居民能够分享经济发展的成就。

（二）内生发展与西部欠发达地区社会发展政策的目标选择

鉴于长期以来社会经济发展的失衡以及西部欠发达地区内部社会发展的现状，出于纠正发展失衡的需要，未来西部欠发达地区社会发展的目标应定位在区域就业持续扩大、收入分配更加合理、社会保障更加健全、区域教育更加发达以及边疆社会和谐稳定等方面。

1. 区域就业持续扩大的发展目标

就业是民生之本，是人民群众改善生活的基本前提和基本途径。对劳动者而言，就业是他们赖以生存、融入社会以及实现人生价值的重要途径和基本权利；对经济发展而言，就业关系到劳动力要素与其他生产要素的协调，是经济发展的基本保障。对社会发展而言，就业关系每个劳动者和每个家庭的切身利益，是解决收入差距过大与促进社会稳定、实现社会和谐与加快社会发展的重要基础。因此，持续扩大区域就业的发展目标就是实现西部欠发达地区社会稳定的基础，是纠正区域内部社会经济发展失衡的关键之举。

对西部欠发达地区而言，持续扩大区域就业的发展目标首先就需要在增加区域内部就业容量的基础上，促进公平性就业机会的增加。其次需要关注农村的就业问题，积极引导农村剩余劳动力向非农产业的转移，尤其是贫困地区劳动力的转移工作，并做好城市农民工的服务工作与农民工市民化的准备。农村劳动力的这种转移不但能够有效提升劳动者的福利水平，而且有助于缩小城乡之间与区域之间的收入差距。第三需要关注城市困难群体的就业，要通过正规就业与灵活就业等方式，进一步拓宽这些人群的就业渠道。

2. 收入分配更加合理的发展目标

分配是民生之源，即"分配"是人们休养生息之源。合理的收入分配是社会公平的重要体现，是资源优化配置和经济持续发展的基础，也是保障所有经济行为主体平等分享经济发展收益的重要举措。在我国现阶段，收入分配的合理化既有经济层面的意义，也有社会层面的意义。从经济层面来看，相对合理的收入分配应该是一种既带来经济效率、促进经济持续发展，又使得居民间收入差距得到控制的分配；从社会层面来看，相对合理的收入分配应该是一种

反映社会公平,实现社会福利最大化的分配①。因此,收入分配更加合理化的
发展目标既是实现西部欠发达地区经济持续发展的需要,也是区域内部社会
公平与稳定的需要。

　　对西部欠发达地区而言,收入分配更加合理化的目标首先需要在坚持市
场化改革方向的基础上,创新生产要素按贡献参与分配的机制。市场化本身
不是导致收入差距扩大的原因,收入差距扩大在很大程度上是市场化过程中,
由于制度的不健全,使得生产要素参与分配的机制受到权利干扰而发生扭曲。
其次要进一步完善区域内部的社会保障体系,尤其是农村的社会保障。良好
的社会保障体系有助于收入削弱居民间的收入差距,实现基本的社会公平。
第三要加快区域内部教育的发展。教育水平对人均收入有着非常重要的贡
献,教育机会不均等是导致收入差距过大的一个关键性因素②。最后就是要
改变偏向城市与特定区域的财政转移支付制度,保障农民居民在收入分配中
得到公正的对待。

　　3. 社会保障更加健全的发展目标

　　社会保障是民生之依,是人们生存和发展依托。完善的社会保障具有社
会收入再分配与储蓄两个基本功能,一个国家(地区)的社会保障就是要通过
这两大功能,在经济发展、社会稳定以及公平与效率之间保持平衡。基本的社
会保障是社会稳定的"安全网"和"减振器",构建规范稳定的基本社会保障体
系有助于提高全体社会成员的生活质量,营造安定有序的社会环境。因此,更
加健全的、覆盖整个社会的社会保障体系就是西部欠发达地区人民生产和发
展的依托,是实现区域社会经济协调发展的基础。

　　对于西部欠发达地区而言,社会保障更加健全的发展目标首先需要实现
医疗卫生的全面覆盖。医疗卫生不但在国民经济和社会发展中具有独特的地
位,而且也是个人健康重要保障。从社会角度来看,健康构成了一个社会人口
素质的基础,是社会持续发展的依托。其次要进一步完善养老保险。养老保
险是社会保障体系的核心内容,它对于防范老年贫困风险、保障国民基本生
活、促进社会公平与稳定等方面具有十分重要的作用。第三是要构建广覆盖

---

① 课题组:《促进形成合理的居民收入分配机制》,《宏观经济研究》2009 年第 5 期。

② 中国经济改革基金会、中国经济体制研究会联合专家组:《收入分配与公共政策》,
上海远东出版社 2005 年版,第 32—34 页。

的失业保险、城乡低保与社会救助体系,这体现了现代国家中"公民的权利"与"政府的责任",反映了社会公正中的差别性原则,对降低收入分配差距和群众利益分化乃至维护社会稳定具有重要的意义。

4. 区域教育更加发达的发展目标

教育是民生之基,是经济行为主体获得自身发展、政府促进社会公正与建设和谐社会的重要基础。更高的教育水平不但有助于提高人们的生产率水平,因而可以在劳动力市场上获得更高的回报;而且有助于丰富人们的生活,帮助人们拓展生活的空间;还有助于开发社会资本,增强社会的凝聚力,并给人们之间平等发展提供机会。因此使区域教育更加发达、个人教育水平更高程度的发展目标是西部欠发达地区实现人的全面发展与区域社会经济协调发展的基础。

对于西部欠发达地区而言,区域教育更加发达的发展目标首先需要实现基础教育资源的公平,努力做到每个能力各异的人获得其所需要的、能充分发挥其能力的教育机会,并促进城乡之间、地区之间与学校之间以及个体之间的均衡发展①。其次需要向教育领域配置更多的资源,这不但需要配置更多的政府能够直接掌握的财政资金,而且还需要广泛动员社会力量,不同程度的增加社会办学、个人捐助以及来自教育者个人的投资等各种形式的教育投资。

5. 边疆社会和谐稳定的发展目标

稳定是民生之盾,是人们安居乐业与社会发展的可靠保障和坚强后盾。社会稳定意味着秩序与安全,追求稳定是人类的自然倾向与最大的民生工程。一般而言,社会稳定建立在社会控制与社会福利两个维度上,社会控制强调规则的治理与道德的约束,是社会稳定必要前提,社会稳定首先要使所有社会成员共同遵守社会秩序;社会福利强调社会服务与社会保障,社会福利是社会稳定物质基础,要使所有社会成员公平分享社会发展的成果。因此,对于西部欠发达地区而言,社会和谐稳定的发展目标就是通过社会控制与社会福利两个维度

保障区域内部居民的安居乐业、个人的全面发展、巩固和保证经济社会又

---

① 中国经济改革研究基金会、中国经济体制研究会联合专家组:《收入分配与公共政策》,上海远东出版社 2005 年版,第 131 页。

好又快的发展。

六、中国西部欠发达地区发展政策的重点选择

大规模的外部投资并不足以实现区域经济的持续发展,也无法在永续的时间内实现区域之间经济的均衡发展,区域发展政策的重点应该促进内生发展——"来自内部"的发展中所起到的作用。这种内生发展的政策囊括了经济效率与社会公平等,从而将社会因素也作为一个生产要素。公共服务的均等化、区域人文的发展、社会资本的培育等不但有助于社会和谐的实现,而且有助于经济效率的提升。

（一）内生发展下经济发展政策的重点选择

针对区域经济发展的失衡以及未来区域经济发展的目标选择,中国西部欠发达地区未来经济发展的重点应关注区域优势产业发展、技术创新对经济发展的驱动、公有制经济与民营经济等多种所有制经济对经济发展的驱动、注重农村经济的发展、关注生态环境的保护以及强化区域经济合作等,从而培育区域的内生发展能力。

1. 注重基础设施的完善

作为一种生产要素,基础设施的形态、质量与使用成本等都会影响竞争,进而影响经济的效率水平。从广泛意义上讲,基础设施不但包括像运输系统、通信系统、邮政与快递、付款与转账、健康保健等,而且也包括诸如住房供给和文化机构等因素,因为它们会影响到这个区域的生活质量以及人们的工作、居住意愿等[1]。

西部大开发战略以来,西部欠发达地区的交通运输系统、通信系统等基础设施有了很大的改善,但与国内其他地区,尤其是东部沿海地区相比,还有很大的差距,因此注重基础设施的完善首先就需要进一步加大区域内部基础设施的建设,要顺应区域之间物流与人流等生产要素频繁流动的需要,集中促进大规模交通开发事业,要顺应国内信息化的潮流,持续优化信息基础并强化和

---

[1]　［美］迈克尔·波特:《国家竞争优势》,李明轩、邱如美译,华夏出版社2002年版,第71页。

国内外的合作。其次要全面促进诸如住房供给、文化机构、教育培训等其他设施的广泛供给,这些设施相对于交通运输系统而言地区性差距更加突出,对地区性的经济差距影响更为深远。完善未来基础设施的重点必须优先考虑这些方面。

2. 注重优势产业的发展

产业是一个地区经济发展的核心和基础,区域经济发展就是通过产业发展来实现的。因此,中国西部欠发达地区经济发展的重点选择首先就应该注重产业发展。所谓产业发展,从纵向上看就是在时间流上产业借助于技术和组织等生产方式内生的实现自己的发展,从横向上看就是同一时间点上产业内和产业外间形成的怎么样的结构才能使得既有资源的利用达到最优。

作为欠发达地区,西部欠发达地区的产业发展首先应该避开软肋,依托地区资源禀赋等比较优势,从各个省(区)的具体情况出发,从特色农业、特色旅游、特色工业等优势产业着手,各有侧重、错位发展,从而培育、巩固、扩大产业的竞争优势与提升产业的核心竞争力,才能最大限度地发挥产业发展对区域经济发展的带动作用。其次要充分发挥边疆的区位优势,最大限度地利用边境线长、口岸多等特点,充分利用国内外两个市场与两种资源,大力推进以边境贸易为主的进出口贸易,拉动区域经济发展。第三要根据国内外经济科技的新趋势,注重培育低碳经济等高技术化、高附加值的新兴产业,云南、西藏可充分利用高原太阳光照时间长、强度大的优势,发展太阳能产业,新疆和内蒙古要充分利用平原的风能优势,发展可再生能源产业。第四需要进一步推动区域内部产业之间的联系与互动,打破产业结构的封闭,在产业关联中实现资源的优化配置与经济的持续发展。

3. 注重技术创新的驱动

纵观人类经济发展的历史,区域经济的发展首先可以从资源开发或发掘区位优势起步,但经济的持续发展,无一例外地都依靠技术创新。无论是经验形态的技术还是物化形态的技术,都是重要的生产力,都是推动经济发展最为重要的物质基础。技术创新通过节约社会劳动时间、缩短空间距离、节省人力物力、加强交往以及促进生产发展等方式带来了巨大的经济效益,因此中国西部欠发达地区经济发展的重点选择还是必须关注技术创新对经济发展的驱动作用。

对西部欠发达地区而言,注重技术创新对经济发展的驱动作用,一方面就要尽可能的推动技术创新的实现,增加区域内部技术创新的总量规模;另一方面又要充分利用技术创新的成果,实现技术创新与经济发展的良性互动。这首先要求西部欠发达地区选择以企业为主体的技术创新路径,优化区域技术创新环境。要推动企业成为技术创新研发投入、技术创新活动、技术成果应用的主体,同时完善区域内部的市场导向、利益激励、产学研紧密结合为纽带的区域创新体系,进一步优化区域内部的技术创新环境。其次要充分利用技术创新的成果,加快利用高新技术对传统产业的改造升级,充分利用技术创新成果培育新兴产业与壮大支柱产业,从而加快科技成果向生产力的转化,强化技术创新对西部欠发达地区经济发展的推动作用。

4. 注重公有民营的驱动

我国经济发展的演化历程表明,无论是国家经济的发展还是区域经济的发展,都应该是公有制和其他多种所有制的共同驱动。维护公有制特别是国有经济的主体地位,国家直接掌握国民经济命脉、关键领域,具有不可替代的作用。但是只有多种所有制的充分发展,尤其是民营经济的充分发展,才能调动全社会的积极性,使劳动、资本、技术、管理等生产要素成为一切财富之源。因此,中国西部欠发达地区经济发展的重点选择还必须关注公有制经济与民营经济对区域经济发展的共同驱动作用。

对西部欠发达地区而言,注重公有民营对经济发展的驱动作用,就要借鉴东部地区的成功经验,把发展民营经济作为地方经济发展的重要支柱,把支持民营经济发展作为地方政府的主要责任之一,大力发展区域内部的民营经济。这首先就需要西部欠发达地区进一步解放思想,充分认识发展民营经济对区域经济发展的重要意义,给予民营经济平等的国民待遇,从而进一步优化民营经济的发展环境;其次需要进一步放宽产业准入限制,进一步降低包括垄断行业和公共服务行业在内的行业准入门槛,鼓励民间资本进入,加快民营企业的产业升级;第三需要内外结合,一方面政府要加强对民营企业的扶持力度,另一方面民营企业要通过自身的努力,共同解决民营企业发展的融资难题。

5. 注重农村经济的发展

城乡经济发展差距既是影响中国经济持续性增长的一个重大现实问题,也是西部欠发达地区区域经济发展失衡的突出表现。尽管西部大开发战略实施以来,西部欠发达地区的农村经济取得了较快的发展,但城乡差距并没有随之缩小,反而出现了扩大的趋势。如果不以高度关注的态度着手农村经济的快速发展,缩小城乡之间的差距,恶化的城乡关系将严重影响区域内部的稳定,对持续的经济发展和下一步发展目标将带来严峻挑战。因此,我国西部欠发达地区经济发展的重点选择还必须注重农村经济的快速发展,着力于缩小城乡差距。

对西部欠发达地区而言,注重农村经济发展,首先要以统筹城乡发展为重点,强化农业发展的基础,要加大对农田水利等农村基础设施建设的支持力度,坚持科教兴农的方针,利用科技提高农业生产率,要提高农民组织化程度,增强农业综合生产能力等。其次要强化以工业反哺农业、城市支持农村以及多予少取等方针政策,要通过"以税惠农"、财政转移、加大投入、完善保障体系以及深化农村经济体制改革等措施,加速推进农村的现代化进程。第三要加快西部欠发达地区内部的县域经济发展,把壮大县域经济作为夯实农业基础地位、增加农民收入的关键。一方面要加快推进农业产业化,加快农村生产方式转型,另一方面要加快推进农村城镇化步伐,在快速城市化过程中推动西部欠发达地区农村经济的快速发展。

6. 注重区域经济的合作

区域经济合作是指特定区域中两个或两个以上的地区基于区域差异和地区优势建立起来的经济合作关系。西部大开发战略实施以来,以企业为主体、跨区域开展多种经济形式的经济技术交流和合作是我国东西部地区互动、互利共赢的主要内容,也是我国推进地区之间经济社会平衡发展的重要途径。因此,中国西部欠发达地区经济发展的重点选择还必须注重区域之间的经济合作。

这首先需要国家进一步完善东西部地区之间互动发展的框架与政策,要针对西部欠发达地区的区域特点,在项目审批、土地划拨、财政转移以及金融支持等方面加大对区域之间经济互动的推动力度,引导东部地区的企业,尤其是大型企业集团通过投资设厂、兼并重组等方式,强化在特色优势产业发展、边疆经贸往来等方面的合作。其次,西部欠发达地区要强化区域内部基础设施建设,缩短边疆外围地区与我国经济发展中心地区的时间与空间距离,主动与东部沿海地区进行经济对接,主动接受经济发展中心的辐射、扩散与带动,实现外围经济与中心经济的对接。第三,要搭建西部欠发达地区与东部沿海地区经济互动发展的平台,强化资本、技术、人才等生产要素在区域之间的自由流动,努力扩大区域之间经济互动的规模,拓展互动的领域,提高互动的效率。

(二)内生发展下社会发展政策的重点选择

针对区域社会经济发展的失衡以及未来区域社会发展的目标选择,中国西部欠发达地区未来社会发展的公共政策选择应重点关注区域内部与区域之间公共服务的均等化、社会资本的培育、人文发展的区域趋同、区域社会资本的培育以及生态环境的保护与改善等,从而实现社会和谐与公平。

1. 注重公共服务的均等化

所谓基本公共服务均等化是指政府为社会公众提供基本的、在不同阶段具有不同标准的、最终大致均等的公共物品和公共服务。基本公共服务均等化是公共财政"公共性"的重要体现,也是公共财政配合国家构建和谐社会大政方针而树立的协调目标。长期以来,我国西部欠发达地区社会经济发展的失衡既是区域内部经济发展水平低于东部沿海地区的结果,又是我国基本公共服务非均等化的结果。这种公共服务非均等化使得区域之间、城乡之间、不同群体之间在基础教育、公共医疗、社会保障等基本公共服务方面的差距拉大,并成为社会公平、公正的焦点问题①。实现基本公共服务均等化在当前具有十分重要的意义,它是我国削弱地区性发展差距、缩小城乡差距以及缓解贫富差距的重要途径。

在地区性发展差距客观存在、人口与要素尚不能完全自由流动的背景下,地方既没有足够的财政实力实现基本公共服务均等化,人们也无法通过自由流动实现基本公共服务均等化。因此,只能通过中央政府的转移支付弥补地区差距,实现区域之间的财政均等化,继而实现公共服务均等化。这首先就需要中央政府基于区域均衡的考虑,需要调整转移支付的地区分配结构,增加中西部贫困地区,尤其是西部欠发达地区的所获份额,加大对西部欠发达地区财政转移支付的力度。其次需要调整转移支付的类型结构,增加均等化补助比重,确立均等化转移支付为主体的转移支付结构。第三需要更加精确地比较

---

① 迟福林:《公共服务均等化:构建新型中央地方关系》,《廉政瞭望》2006 年第 12 期。

各项转移支付均等化绩效,进一步完善财政转移支付制度。最后就是在中央完善财政转移支付、加大均等化补助的同时,西部欠发达地区还必须加强内生发展能力,实现区域经济的持续、快速发展,增强区域的财政实力,进而缩小区域公共服务的非均等化。

2. 注重人文发展的区域趋同

人文发展,也称为人类发展,既是一种概念,也是一个观念。人文发展是指以人为中心、有着丰富的人文蕴涵和明确的人文价值目标。公平、持续性、生产力和赋权是人文发展的四个基本要素。在区域发展中,人文发展的不充分既是区域竞争力不足的原因,又是竞争力不足导致的主要后果。一定程度上可以说,西部欠发达地区与沿海地区之间的发展差距更重要的不是体现在诸如投资水平、效率等经济条件上,而是体现在区域内部的人文发展水平上。中国地区之间人文发展水平的差距,既是地区性发展差距的一项重要内容,也是地区性发展差距产生的原因。因此,实现国内人文发展的区域趋同具有十分重要的意义,它既是走出"贫困陷阱"的重要措施,也是实现区域经济社会协调发展的重要手段。

人文发展的手段并不只局限于经济增长,教育、医疗卫生、社会保障、技术等等,相对于人的自由的实现与选择的扩大等都是人文发展的手段。因此,对于西部欠发达地区而言,实现人文发展的区域趋同首先需要从培养和提高人的能力入手,包括教育培训的投资和营养、健康方面的投资,充分挖掘区域人力资本。其次需要关注区域社会保障的广泛覆盖,强调区域内部居民生活的尊严与自信。第三需要强调区域内部居民的政策参与以及参与能力,关注人的能动性——个人的或集体的——在政策、社会制度变革中的作用,关键是通过民主制度扩大公民参与,尤其是对社区生活、社区决策及集体推动变革的参与①。

3. 注重区域社会资本的培育

社会资本可被视为在目的性行动中获取和动员的、嵌入到社会结构中的资源。② 作为一种有用的资源,社会资本既可以促进信息的流动,也可以被组

---

① 徐家林:《以选择界定发展——人文发展的内涵与方法简析》,http://www.gotoread.com/mag/2577/contribution82300.html。

② 林南著、张磊译:《社会资本——关于社会结构与行动的理论》,世纪出版集团、上海人民出版社2006年版,第39页。

织或代理人视为个人的社会信用,还可以强化身份和认同感,最终强化了社会行动的结果。区域社会资本的培育对西部欠发达地区的社会化和谐与公平具有十分重要的意义,因为它能够提升居民的宽容和妥协精神、提升居民对制度的认同感、增强居民的合作参与的品质。

对西部欠发达地区而言,区域社会资本的培育首先需要通过政府的行动能力建设来提升社会资本存量。这就需要建设公共服务型政府,强化政府的社会管理和公共服务职能;不断推行决策的民主化、科学化和公开化,提高公共政策制定水平;构建诚信政府,强化政府的公共权威;处理好社会系统各组织的关系,形成构建和谐社会的合作网络与合力。其次需要完善作为规范的社会资本,建立现代意义上法治社会,从而降低社会的交易成本与促进群体合作。第三需要引入"善治"社会治理概念,增进政府和公民之间的良好互动和合作,提升"公民参与网络"的社会资本。最后需要强调公民参与,让社会的弱势群体至少会认为他们的意见曾被且将来会被政府听取。

4. 注重生态环境保护与改善

建设良好的生态环境,不只是涉及可再生资源的永续性问题,更为重要是直接影响人类的生产和发展条件,它是人类实现可持续发展的前提条件。西部欠发达地区生态环境的质量,不仅对区域经济的发展起着重大的作用,而且对我国东中部地区的发展也有着长远的影响。因此中国西部欠发达地区经济发展的重点选择还必须注重经济发展过程中的生态环境保护与修复。

对西部欠发达地区而言,注重生态环境保护首先需要加大区域内部生态环境建设资金的投入力度,不但要设立中央政府层面与地方政府层面的专项资金,积极支持污水处理、农业节约用水、植树造林、整治农田等生态恢复工程;还应设立激励机制,鼓励多种所有制的经济实体将资金投入到生态环境的建设中,建立以政府投入为主体、全社会共同参与的西部欠发达地区生态环境建设融资体系。其次需要明确制定并严格执行健全的生态环境保护的法律、法规,保障西部欠发达地区在进行生态环境建设时可依法循序渐进而行,避免人们片面追求经济发展而对生态环境的破坏。第三需要建立完善的技术创新体系和激励补偿机制。通过引进和培养高素质科技人才,设立专门的生态研究机构,针对西部地区边疆欠发达地区的水资源贫乏、水土流失和荒漠化严重、环境污染治理等主要的生态系统破坏因素进行科技攻关。同时在实行环境有偿使用时,受益者应该利用激励补偿机制按照一定的资源环境价值,对环境保护利用技术创新体系付出者进行经济性的补偿等等。

七、基本结论与对策思路

区域发展政策的存在是因为区域间很多变量都存在差距,而这些差距会对满意的经济增长、收入和财富分配的更加公平、提供足够的就业机会等产生深远影响,进而影响到区域之间的经济福利水平。因此,为了在欠发达地区创造更高的经济增长速度,在区域内部创造新的可持续的工作岗位,促进社会包容与和谐以及保护和改善环境质量等,就必须制定相应的区域发展政策。

区域发展政策包含了经济效率、竞争力、社会公平与环境保护等内容,从而把社会因素也作为一个生产要素。教育、培训、医疗保健等人文发展有助于区域内生发展能力的提升,在促进经济发展、防止贫困、实现社会公平等方面发挥重要的作用。而经济发展政策除了嵌入式的产业布局和大规模投资外,更为重要的是培养区域内部的内生发展能力,这就需要重视区域内部的中小企业发展、技术进步以及创新环境和"学习型区域"的形成等。

中国区域之间的发展失衡虽然有市场机制的驱动,但政府制度与发展政策还是深远地影响了我国区域发展格局,并在一定程度上引致了我国西部欠发达地区目前的发展现状。尽管西部大开发减缓了西部欠发达地区与其他地区间发展差距的扩大速度,但为了更快地抚平区域之间的发展差距与纠正区域内部社会经济的失调,并加快实现社会公平,就需要重新审视与调试我国的区域发展政策。

在目标上,西部欠发达地区的发展政策需要着眼于从区域层面与省(区)际层面削弱社会经济发展与基础设施建设的地区性差异,提升区域经济的竞争性,改善就业和开发人力资源,推动人文发展和社会和谐,保护和改善生态环境等目标。基于上述目标,西部欠发达地区的发展政策需要转向于培育区域的内生发展,这就需要包含财政政策、货币政策、产业政策、资金补贴等常见政策措施在内的一系列配套的政策工具。

具体而言,这种内生发展的区域政策在经济方面表现为:西部欠发达地区应重点关注区域基础设施的完善,将其培育成为区域的高级生产要素,支撑经济的竞争；注重区域内部优势产业与中小企业的发展，培育区域经济发展的基础与创造更多的可持续就业机会；注重技术创新对经济发展的驱动，实现经济从资源的高度依赖转向对技术创新的依赖；注重公有制经济与民营经济等多种所有制经济对经济发展的驱动，充分调动全社会的积极性，使劳动、资本、技术、管理等生产要素成为一切财富之源；注重农村经济的发展与城乡经济的协调，为区域经济发展提供更为广泛的本土市场；强化区域经济合作下的中心外围对接等，实现东西部地区的互动、互利共赢。

这种内生发展的区域政策在社会方面表现为：西部欠发达地区应重点关注区域内部与区域之间公共服务的均等化，实现区域之间、城乡之间、不同群体之间在基础教育、公共医疗、社会保障等方面的均衡；注重人文发展的区域趋同，强调活跃人力资本的发展、居民生活的尊严与自信以及更广泛意义上的政策参与；注重区域社会资本的培育，提升居民的宽容和妥协精神，提升居民对制度的认同感，增强居民的合作参与的品质；注重生态环境的保护与改善，强调社会经济永续下的发展等。

最后需要强调的是，中国缺乏对西部欠发达地区等特定区域的专门管理机构，这导致了区域发展政策的制定、实施与评估等都是政出多门，直接影响了发展政策的效果。因此，需要建立专门的区域管理机构，制定有针对性的区域发展政策，实施跨区域的重大项目，协调区域利益，约束地方政府行为等等。

第十一章 西部欠发达地区资源经济
转型与经济自生能力

西部欠发达地区多为我国自然资源丰富地区[①],使得这些地区的经济活动与资源禀赋特征和资源开发密切相关。这些地区的经济发展,特别是工业化,对矿产资源的依赖程度很高,导致这些地区经济发展的资源型特征突出,形成资源型经济。而西部欠发达地区资源型经济的发展带来一系列问题及发展困境,成为这些地区社会经济发展失衡的重要因素。因此,通过资源型经济的转型,实现西部欠发达地区经济自生能力的提高,有利于西部欠发达地区发展失衡程度降低。

一、西部欠发达地区资源型经济特征

根据比较优势原理,由于西部欠发达地区矿产资源丰裕,西部欠发达地区应当按照其资源优势进行经济开发,其结果就是形成资源型经济,成为资源型经济体。资源型经济就是以资源型产业为主导的经济体系。资源型产业从广义的角度来讲就是指以自然资源为劳动对象的经济活动部门,比如农业、林业、牧业、渔业、采矿业、原材料产业以及依托自然景观旅游业等都属于资源型

---

① 如,内蒙古铅、锌、铬、天然气和煤炭的基础储量分别为 90.67 万吨、791.39 万吨、169.44 万吨、5635.41 亿立方米和 789.07 亿吨,分别占全国的 21.38%、18.48%、29.36%、16.55% 和 24.19%;广西高岭土、锰、钒的基础储量分别为 18278.58 万吨、8010.14 万吨和 171.49 万吨,分别占全国的 28.48%、34.17% 和 13.43%;云南铅、锌、磷的基础储量分别为 76.33 万吨、1406.69 万吨和 7.93 万吨,分别占全国的 20.32%、32.85% 和 22.25%;新疆石油和天然气的基础储量分别为 43643 万吨和 7543.69 亿立方米,分别占全国 15.10% 和 22.15%。此外,其他许多金属矿产和非金属矿产在西部欠发达地区都有分布。

产业。在具体的资源型经济研究过程中,不同学者给出了不同资源型产业范围。本研究认为资源型产业是指与矿产资源开发和初步加工有关的产业,包括采矿业、与采矿业密切相关的原材料业、电力热力的生产和供应业三大产业领域,具体包括煤炭开采和洗选业、石油和天然气开采业、黑色金属矿采选业、有色金属矿采选业、非金属矿采选业、黑色金属冶炼压延业、有色金属冶炼压延业、炼焦及石油加工、非金属矿物制品业、化学原料及化学制品制造业以及电力热力生产和供应业等行业。综合不同学者的研究结论,本研究认为判定一个地区是否是资源型经济的主要依据有三:一是资源型产业是否属于支柱产业,在产业体系中是否发挥着支柱作用;二是资源性产品是否是区际国际贸易的主体,资源性产品贸易是否主导着贸易格局的变化;三是经济活动对资源的依赖性是否较强,资源型产业是否是经济增长的重要动力。

(一)资源型产业在国民经济中的支柱地位

大规模产出是支柱产业最主要特征。西部沿边五省区资源型产业的产出规模在整个工业中比重较大。资源型产业产值占全部工业总产值的比重远高于全国平均水平和处于不同工业化阶段其他省份的水平。2007年资源型产业产值占全部工业总产值的比重除广西接近50%外,其他四个省区都超过了60%,新疆更是达到了80%以上。处于工业化后期的江苏、中期的吉林和初期的湖北的资源型产业产值占全部工业总产值的比重分别为31.80%、35.91%和41.71%,全国的平均水平不到40%。

西部欠发达地区资源型产业的产出规模还具有较强的集中性,在资源型行业中有2—3个行业的比重超过了10%。在资源型行业中,内蒙古主要集中在电力热力的生产和供应业、黑色金属冶炼及压延加工业、煤炭开采和洗选业、有色金属冶炼及压延加工业4个行业,这4个行业产值占全部工业总产值的比重为49.16%,占资源型行业产值的72.40%。广西主要集中在电力热力的生产和供应业和黑色金属冶炼及压延加工业2个行业,这2个行业产值占全部工业总产值的比重为23.52%,占10个资源型行业产值的48.48%。云南主要集中在电力热力的生产和供应业、黑色金属冶炼及压延加工业、有色金属冶炼及压延加工业3个行业,这3个行业产值占全部工业总产值的比重为45.10%,占资源型行业产值的69.03%。西藏主要集中在非金属矿物制品业、电力热力的生产和供应业、有色金属矿采选业3个行业,这3个行业产值占全部工业总产值的比重为 50.67%，占资源型行业产值的 82.51%。新疆主要集中石油加工及炼焦加工业、石油和天然气开采业两个行业，这两个行业产值占全部工业总产值的比重为 56.04%，占 10 个资源型行业产值的 69.23%。

表 11-1　2007 年资源型产业产值占工业总产值的比重①

（单位：%）

地区 / 行业	内蒙古	广西	云南	西藏	新疆	全国	吉林	江苏	湖北
非金属矿物制品业	3.19	4.96	2.65	19.58	2.58	3.84	3.37	2.47	4.01
非金属矿采选业	1.00	0.57	0.83	0.53	0.18	0.34	0.44	0.17	0.89
电力热力的生产和供应业	13.00	10.78	11.10	13.39	5.49	6.53	6.08	3.96	9.63
黑色金属矿采选业	2.25	0.80	1.09	9.16	1.11	0.53	0.69	0.10	0.76
黑色金属冶炼及压延加工业	13.44	12.74	10.78	0.00	7.14	8.32	5.02	9.64	9.64
化学原料及化学制品制造业	5.74	6.69	8.39	1.04	4.12	6.61	10.70	9.71	7.19
有色金属冶炼及压延加工业	9.99	8.15	23.22	0.00	1.31	4.45	1.35	3.59	3.85
有色金属矿采选业	3.01	1.78	3.12	17.70	1.34	0.56	0.34	0.01	0.24
石油加工及炼焦加工业	2.41	1.73	2.27	0.00	21.98	4.41	1.34	1.69	4.10
石油和天然气开采业	1.14	0.00	0.00	0.00	34.06	2.05	4.73	0.13	1.23
煤炭开采和洗选业	12.73	0.32	1.88	0.00	1.65	2.27	1.84	0.33	0.18
资源型行业合计	67.90	48.51	65.33	61.41	80.95	39.91	35.91	31.80	41.71

数据来源：根据 2008 年各省《统计年鉴》和《中国统计年鉴》计算得到。

　　西部欠发达地区资源型产业的支柱地位还体现在利润实现和就业岗位创造上。2007 年内蒙古、广西、云南、西藏和新疆的资源型产业分别实现利润

---

①　根据《经济研究》2006 年第 6 期陈佳贵、黄群慧、钟宏武等的《中国地区工业化进程的综合评价和特征分析》的评价结果，把我国 31 个省市区分别处于工业化的后工业化、工业化后期、工业化中期、工业化初期、前工业化不同阶段，而内蒙古、广西、云南和新疆都处于工业化初期，西藏处于前工业化阶段，在比较分析的时候把工业化分为五个阶段，选择处于不同工业化阶段的省区进行比较，一是处于工业化后期的江苏，二是处于工业化中期的吉林，三是处于工业化初期的湖北。

485.28 亿元、130.09 亿元、212.49 亿元、3.74 亿元和 642.77 亿元,分别占各省区工业总利润的 75.59%、44.32%、54.68%、52.31% 和 92.94%,除广西外,都高于全国平均水平。内蒙古、广西、云南、西藏和新疆的资源型产业利润占工业总利润的比重明显高于工业化后期的江苏和中期的吉林,而与处于工业化相同阶段的湖北就差不多。工业化阶段反映了资源型产业利润占工业总利润的比重高低,工业化程度越高,资源型产业利润占工业总利润的比重就越低。

表 11-2　2007 年资源型产业利润占工业总利润的比重

（单位:%）

地区 行业	内蒙古	广西	云南	西藏	新疆	全国	吉林	江苏	湖北
非金属矿物制品业	2.70	5.29	0.42	12.31	0.88	3.82	2.82	2.46	3.27
非金属矿采选业	0.43	0.79	1.68	0.14	0.08	0.40	0.15	0.25	1.50
电力热力的生产和供应业	14.91	9.34	7.26	-15.52	0.30	7.30	2.41	4.39	28.95
黑色金属矿采选业	2.57	1.77	2.44	33.99	1.29	1.29	2.18	0.11	0.47
黑色金属冶炼及压延加工业	8.54	10.79	5.67	0.00	2.09	7.69	2.51	10.96	16.81
化学原料及化学制品制造业	2.54	6.99	5.81	0.56	2.26	6.76	4.98	11.75	5.53
有色金属冶炼及压延加工业	9.98	8.78	19.34	0.00	0.63	4.33	2.94	1.51	1.60
有色金属矿采选业	7.99	4.23	8.02	33.15	3.64	1.58	1.46	0.03	1.23
石油加工及炼焦加工业	1.10	1.26	2.26	0.00	-3.12	0.80	-1.50	1.80	-0.59
石油和天然气开采业	2.69	0.00	0.00	0.00	85.05	13.02	25.16	0.95	0.98
煤炭开采和洗选业	24.84	0.37	2.22	0.00	0.73	3.76	0.99	0.37	0.17
资源型行业合计	75.59	44.32	54.68	52.31	92.94	46.92	41.27	32.11	56.66

数据来源:根据 2008 年各省《统计年鉴》和《中国统计年鉴》计算得到。

　　2007 年内蒙古、广西、云南、西藏和新疆的资源型产业分别创造就业岗位 59.65 万个、42.90 万个、55.40 万个、1.40 万个和 34.55 万个,分别占各省区所有工业行业创造就业岗位的 63.95%、43.11%、67.51%、69.31% 和

64.23%，都远高于全国平均水平，与处于不同工业化阶段的省区差距不同，与处于工业化后期江苏的差距最大，与处于工业化初期湖北的差距最小，与处于工业化中期吉林的差距在中间。

表 11-3　2007 年资源型产业从业人员占工业全部从业人员的比重

（单位:%）

行业＼地区	内蒙古	广西	云南	西藏	新疆	全国	吉林	江苏	湖北
非金属矿物制品业	5.70	11.63	6.97	21.29	5.73	5.69	5.48	3.53	6.70
非金属矿采选业	1.54	1.13	1.21	0.50	0.67	0.59	0.53	0.43	1.75
电力热力的生产和供应业	8.48	7.18	8.09	19.31	9.28	3.26	7.19	1.08	4.80
黑色金属矿采选业	3.02	0.87	2.00	12.87	1.21	0.62	1.17	0.14	0.91
黑色金属冶炼及压延加工业	11.87	5.29	6.91	0.00	4.39	3.87	3.12	3.21	6.91
化学原料及化学制品制造业	7.11	7.70	8.74	0.99	5.50	4.83	7.36	5.63	6.58
有色金属冶炼及压延加工业	4.33	5.33	12.56	0.00	1.10	1.98	1.06	1.18	1.82
有色金属矿采选业	3.43	2.04	10.22	14.36	1.49	0.70	0.92	0.02	0.45
石油加工及炼焦加工业	1.58	0.22	2.05	0.00	5.97	1.02	0.75	0.26	0.51
石油和天然气开采业	0.55	0.00	0.01	0.00	20.15	1.15	5.22	0.22	1.85
煤炭开采和洗选业	16.34	1.73	8.75	0.00	8.76	5.89	7.93	1.20	1.09
资源型行业合计	63.95	43.11	67.51	69.31	64.23	29.61	40.74	16.90	33.36

数据来源:根据 2008 年各省《统计年鉴》和《中国统计年鉴》计算得到。

　　从产值规模生产、产业利润实现和就业岗位创造看，资源型产业在西部少数民族边疆五省区的支柱地位突出。资源型产业在西部欠发达地区的国民经济体系中属于支柱产业，在产业体系中的生产规模、效率、就业方面都发挥着支柱作用。

　　（二）资源性产品在区际国际贸易中的主导地位

　　新兴古典贸易理论认为无论国内贸易还是国际贸易都是生产专业化经济与节省交易费用之间两难冲突的结果，生产专业化是贸易的基础。专业化率，是指某一产业在区域产业结构中所占比重与该产业在上一层区域产业结构中所占比重之比,是衡量产业专业化程度的重要指标。一般说来,专业化率大于1,表明这一产业在研究区域专业化程度超过上一层区域平均水平,产品有一定的外向度,属于地区专业化部门,专业化率越大,专业化水平越高,产品输出越多。专业化率等于1,表明这一产业在研究区域的专业化水平与上一层区域相当,产品基本自给自足。专业化率小于1,说明这一产业在研究区域的专业化水平低于上一层区域,需要从地区外输入这一产业的产品,来满足地区内的需要。传统理论认为,主导产业的专业化率一般要大于2。

　　根据各地区和全国2007年工业增加值资料,计算出相应地区各部门的专业化率(见表11-4)。计算结果显示,西部欠发达地区至少有1个资源型行业的专业化率大于2,整个资源型行业的专业化率大于1,表明资源型行业是西部欠发达地区产业结构中的专业化部门。与之相比,吉林、江苏和湖北的资源型行业专业化的程度就不是很突出。内蒙古10个资源型行业中煤炭开采和洗选业、有色金属矿采选业、黑色金属矿采选业和非金属矿采选业4个行业生产专业率大于2,其中,煤炭开采和洗选业、有色金属矿采选业和黑色金属矿采选业分别高达5.61、5.34和4.27,电力热力的生产和供应业、黑色金属冶炼及压延加工业两个行业大于1。广西有一个行业的生产专业化率大于2,即有6个行业的生产专业化率大于1,分别是非金属矿物制品业、非金属矿采选业、电力热力的生产和供应业、黑色金属矿采选业、黑色金属冶炼及压延加工业和化学原料及化学制品制造业。云南非金属矿采选业、黑色金属矿采选业、有色金属冶炼及压延加工业和有色金属矿采选业4个行业的生产专业率大于2,分别高达2.47、2.06、5.22和5.53,电力热力的生产和供应业、黑色金属冶炼及压延加工业、化学原料及化学制品制造业3个行业大于1。西藏有有色金属矿采选业、黑色金属矿采选业、非金属矿物制品业和电力热力的生产和供应业4个行业的生产专业率大于2,分别为31.33、17.43、5.1和2.05,非金属矿采选业1个行业的大于1。新疆有石油和天然气开采业、石油加工及炼焦加工业、有色金属矿采选业和黑色金属矿采选业4个行业的生产专业化率大于2,分别高达16.63、4.99、2.37和2.11。处于工业化后期的江苏没有一个资源型行业的生产专业化率大于2,且也只有两个行业的专业化率大于1。

表 11-4　产业专业化率　　　　　　　　（单位:%）

部门＼地区	内蒙古	广西	云南	西藏	新疆	吉林	江苏	湖北
非金属矿物制品业	0.83	1.29	0.69	5.10	0.67	0.88	0.64	1.04
非金属矿采选业	2.96	1.69	2.47	1.58	0.53	1.32	0.50	2.64
电力热力的生产和供应业	1.99	1.65	1.70	2.05	0.84	0.93	0.61	1.47
黑色金属矿采选业	4.27	1.53	2.06	17.43	2.11	1.32	0.18	1.45
黑色金属冶炼及压延加工业	1.62	1.53	1.30	0.00	0.86	0.60	1.16	1.16
化学原料及化学制品制造业	0.87	1.01	1.27	0.16	0.62	1.62	1.47	1.09
有色金属冶炼及压延加工业	2.24	1.83	5.22	0.00	0.29	0.30	0.81	0.86
有色金属矿采选业	5.34	3.15	5.53	31.33	2.37	0.61	0.03	0.43
石油加工及炼焦加工业	0.55	0.39	0.51	0.00	4.99	0.30	0.38	0.93
石油和天然气开采业	0.56	0.00	0.00	0.00	16.63	2.31	0.06	0.60
煤炭开采和洗选业	5.61	0.14	0.83	0.00	0.72	0.81	0.14	0.08
资源型行业	1.70	1.22	1.64	1.54	2.03	0.90	0.80	1.05

数据来源:根据 2008 年各省《统计年鉴》和《中国统计年鉴》计算得到。

　　西部欠发达地区,资源性产品在国际贸易中占据着主体地位。2007 年内蒙古工业品出口总额为 185.26 亿元,以黑色金属和有色金属为主的资源性产品达到了 98.46 亿元,占全部工业品出口的 53.15%。广西工业品出口总额为 275.77 亿元,以黑色金属、有色金属、化学原料及化学制品为主的资源性产品出口为 134.65 亿元,占全部工业品出口的 48.83%。云南工业品出口总额为 159.26 亿元,以有色金属、化学原料及化学制品、电力为主的资源性产品出口达到了 114.31 亿元,占全部工业品出口的 71.78%。新疆工业品出口总额为 61.59 亿元,以黑色金属、化学原料及化学制品、非金属矿物制品为主的资源性产品出口为 22.76 亿元,占全部工业品出口的 36.95%。而同期处于工业化后期的江苏资源性产品出口占全部工业品出口的比重不到 10%,仅为 9.90%。同处于工业化初期的湖北资源性产品出口占全部工业品出口的比重也没有超过 30%,低于广西和新疆,远低于内蒙古和云南。

表 11-5　2007 年出口交货值占工业产品出口的比重

（单位:%）

部门 ＼ 地区	内蒙古	广西	云南	西藏	新疆	全国	吉林	江苏	湖北
非金属矿物制品业	2.51	6.35	0.32	—	8.69	1.83	4.35	0.94	1.25
非金属矿采选业	0.82	1.24	0.00	—	1.02	0.05	1.25	0.01	0.09
电力热力的生产和供应业	0.00	0.00	7.59	—	0.00	0.09	0.00	0.00	0.00
黑色金属矿采选业	0.00	2.22	0.00	—	0.00	0.01	0.00	0.00	0.00
黑色金属冶炼及压延加工业	38.24	12.49	5.51	—	12.92	3.39	8.45	2.63	13.06
化学原料及化学制品制造业	1.34	11.24	28.18	—	14.26	3.33	1.75	5.47	10.96
有色金属冶炼及压延加工业	10.15	15.29	30.18	—	0.00	1.58	4.31	0.77	0.79
有色金属矿采选业工业企业	0.08	0.00	0.00	—	0.00	0.03	0.00	0.00	0.00
石油加工及炼焦加工业	0.00	0.00	0.00	—	0.00	0.48	0.00	0.08	0.00
石油和天然气开采业	0.00	0.00	0.00	—	0.06	0.22	0.00	0.00	2.12
煤炭开采和洗选业	0.00	0.00	0.00	—	0.00	0.22	0.00	0.00	0.00
资源型行业	53.15	48.83	71.78	—	36.95	11.23	20.12	9.90	28.27

数据来源:根据 2008 年各省《统计年鉴》和《中国统计年鉴》计算得到。

在区际贸易中,西部欠发达地区资源性产品基本为净流出,而吉林、江苏、湖北为净流入,与之相反的是,西部欠发达地区非资源性产品都是净流入,而吉林、江苏、湖北是净流出。2002 年内蒙古资源性产品净流出 5.99 亿元,广西净流出 62.52 亿元,新疆净流出 97.52 亿元,云南净流入 68.18 亿元;内蒙古、广西、云南、新疆的非资源性产品分别净流入 374.87 亿元、248.71 亿元、82.39 亿元和 467.33 亿元。吉林、江苏、湖北的资源性产品分别净流入 545.7 亿元、869.14 亿元和 206.46 亿元,非资源性产品分别净流出 342.85 亿元、1925.89 亿元和 297.49 亿元。

表 11-6　区际贸易之间的净调出

（单位:亿元）

部门＼地区	内蒙古	广西	云南	西藏	新疆	吉林	江苏	湖北
煤炭开采和洗选业	23.23	−38.02	−23.19	—	0.47	−113.60	−64.14	−138.10
石油和天然气开采业	−8.61	−6.97	−0.08	—	95.42	−23.93	−193.27	−60.81
金属矿采选业	2.05	−3.20	10.29	—	−0.69	12.59	−34.21	−20.63
非金属矿采选业	8.06	1.39	0.19	—	−10.41	−25.29	−3.39	2.60
石油加工炼焦加工业	−83.35	−11.57	−121.68	—	96.19	−36.55	−13.09	−50.81
化学工业	−29.67	−13.54	49.90	—	−35.13	−8.54	−283.78	−30.80
非金属矿物制品业	−9.78	124.79	−21.96	—	−12.15	−154.29	4.00	6.66
金属冶炼及压延加工业	62.92	13.24	16.32	—	−47.06	−128.21	−266.26	13.70
电力热力的生产和供应业	41.14	−3.60	22.03	—	10.88	−67.90	−14.99	71.74
资源型产业	5.99	62.52	−68.18	−	97.52	−545.7	−869.14	−206.46
非资源型产业	−374.87	−248.71	−82.39	—	−467.33	342.85	1925.89	297.49
全部行业	−368.88	−186.19	−150.57	—	−369.81	−202.85	1056.75	91.03

数据来源:2002 年各省《投入产出表》。

　　我国正处于工业化的中期阶段[①],能源、原材料等资源性产品需求增长旺盛,深刻地影响着区域贸易结构的变化。进入 21 世纪以来,资源性产品交易价格上升,交易规模扩大,资源型产业成为经济要素争相追逐的对象,强化了资源型地区的产业竞争优势。西部欠发达地区资源性产品主导着市场,资源型产品成为贸易的主体,资源性产品支撑着整个地区的贸易格局。

　　(三)资源型产业在经济增长中的支撑地位

　　资源的发现和资源价格的上涨,导致资源性产品收益的增加,资源型部门

---

　　①　参见《经济研究》2006 年第 6 期陈佳贵、黄群慧、钟宏武等的《中国地区工业化进程的综合评价和特征分析》的研究结论。

中的生产者、所有者、劳动者、资本所有者从中获取相应的收益,由此,必然进一步刺激经济要素向资源型产业流动,要素投入的增加继续带动资源型部门的繁荣,这正是资源型部门繁荣机制的作用。目前,我国正处在工业化加速发展时期,能源、原材料等资源性产品需求旺盛。在市场需求刺激下,资源型产业始终在西部欠发达地区经济增长中发挥着主导性作用,有力地促进了区域经济总量的增长。

根据1998和2008年统计年鉴的地区生产总值和分行业工业增加值的数据资料,计算得到资源型行业增长对地区生产总值增长的贡献率,见表11-7。

表11-7 1997~2007年资源型产业对地区经济增长的贡献率

(单位:%)

行业　　　　地区	内蒙古	广西	云南	西藏	新疆	全国	吉林	江苏	湖北
非金属矿物制品业	1.93	1.39	0.65	0.93	0.17	3.25	2.02	1.65	0.90
非金属矿采选业	0.73	0.13	0.59	-0.45	-0.06	0.29	0.29	0.08	0.23
电力热力的生产和供应业	8.51	4.00	6.25	1.36	2.95	6.31	3.00	3.13	5.32
黑色金属矿采选业	1.97	0.37	0.88	1.72	0.79	0.78	0.73	0.12	0.58
黑色金属冶炼及压延加工业	8.97	4.27	2.50	-0.01	2.10	7.08	2.72	7.12	3.03
化学原料及化学制品制造业	3.54	1.99	2.70	0.08	1.95	5.41	4.08	7.08	2.12
有色金属冶炼及压延加工业	6.21	2.96	8.67	0.00	0.09	3.72	1.19	2.28	1.63
有色金属矿采选业工业企业	2.47	0.75	2.34	2.72	2.18	0.74	0.38	0.01	0.14
石油加工及炼焦加工业	1.28	0.40	1.02	0.00	0.59	2.18	0.42	0.64	-0.15
石油和天然气开采业	1.40	0.00	0.06	0.00	36.21	4.65	7.98	0.37	0.65
煤炭开采和洗选业	13.70	0.05	1.56	-0.01	0.94	3.51	1.46	0.44	-0.03
资源型行业	50.72	16.31	27.23	6.34	47.90	37.94	24.26	22.92	14.42

数据来源:根据1998、2008年各省《统计年鉴》和《中国统计年鉴》计算得到。

1997年到2007年,内蒙古资源型产业增加值由159.92亿元增长到了1846.88亿元,年均增长24.93%,占工业增加值的比重从62.06%提高到

72.88%,提高了 10.82 个百分点,比工业增加值和地区生产总值的平均增长率分别高 1.99 个百分点和 10.15 个百分点。广西资源型产业增加值由 124.17 亿元增长到了 739.46 亿元,年均增长 16.22%,占工业增加值的比重从 41.57%提高到 48.67%,提高了 7.10 个百分点,比工业增加值和地区生产总值的平均增长率分别高 1.82 个百分点和 5.57 个百分点。云南资源型产业增加值由 123.08 亿元增长到了 764.37 亿元,年均增长 17.79%,占工业增加值的比重从 25.07%提高到 48.81%,提高了 23.74 个百分点,比工业增加值和地区生产总值的平均增长率分别高 7.59 百分点和 8.75 百分点。西藏资源型产业增加值由 4.73 亿元增长到了 14.79 亿元,年均增长 12.08%,占工业增加值的比重从 59.35%提高到 63.04%,提高了 3.69 个百分点,比工业增加值和地区生产总值的平均增长率分别高 0.68 个百分点和 0.24 个百分点[①]。新疆资源型产业增加值由 217.79 亿元增长到了 1228.61 亿元,年均增长 9.83%,占工业增加值的比重从 79.85%提高到 87.97%,提高了 8.12 个百分点,比工业增加值和地区生产总值的平均增长率分别高 1.06 个百分点和 0.29 个百分点。同期,全国、吉林、江苏和湖北资源型产业增加值占工业增加值的比重分别提高了 2.87、-1.58、3.58 和 2.02 个百分点。1997 年至 2007 年,内蒙古、广西、云南、西藏和新疆资源型产业对地区生产总值增长的贡献率分别为 50.72%、16.31%、27.23%、6.34%和 47.90%。可见,资源型产业是西部欠发达地区经济增长的支撑力量。

通过对西部欠发达地区资源型产业的支柱地位、贸易主体地位和对区域经济增长的拉动作用分析,资源型产业是西部欠发达地区的支柱产业,资源性产品主导着区际国际贸易,是经济增长的支撑力量,因此,可以认为西部欠发达地区是资源型经济。

二、西部欠发达地区资源型经济发展的损失研究

根据上述分析,西部欠发达地区是非常典型的资源型经济体。许多国家

---

① 由于西藏工业品价格指数数据的缺失,在计算西藏工业和资源型行业的增长率和贡献率没有进行平减,用现价数据进行计算。

和地区的资源型经济发展证实了会出现资源型经济问题,如荷兰、尼日利亚、德国鲁尔等。Auty(1993)、Sachs and Warner(1995)、张复明(2002)、徐康宁(2005)等人的研究表明,资源型经济问题是比较普遍的。资源型经济问题,是资源型经济体的病态问题,也就是资源型经济发展过程中存在着许多方面的损失,如增长波动大、增长质量低、贸易条件恶化、结构调整滞后、失业增加、收入差距扩大、生态环境破坏严重。

(一)经济增长损失

1. 数量损失

一方面由于矿产资源的可耗尽性和部分不可替代性,加上国际资金流动性加强,另一方面替代品开发及生产和技术进步,越来越多的具有资源同等性能的替代产品进入市场并有效地提高了资源的利用效率。这样,使得资源性产品价格波动较大。对于资源型产业是经济增长支撑力量的西部欠发达地区而言,经济增长的波动性相对较大。

资源性产品的价格波动普遍比非资源性产品的价格波动较大。2002~2008 年工业品出厂价格指数的标准差大于 10 的都是资源性产品,分别是石油、天然气、黑色金属矿和有色金属。煤炭、有色金属矿、石油加工产品和黑色金属的标准差都比非资源性产品的大。受宏观调控和关系国计民生的影响,资源性产品中只有电力热力产品的波动小。6 年间价格指数波动超过 20 个点的也都是资源性产品,并且 11 大类资源性产品就有 7 类超过了 20 个点的波动,最大的黑色金属矿波动达到了 48.5 个点,石油和天然气也达到了 35.3 个点。总之,资源性产品除电力热力产品外,其他 9 类产品的波动都非常大。

表 11-8　2002~2008 年全国工业品出厂价格指数波动比较

行　业 \ 波动指标	标准差	最大值	最小值	最大最小差
煤炭开采和洗选业	9.98	128.7	103.8	24.9
石油和天然气开采业	12.54	129.9	94.6	35.3
黑色金属矿采选业	17.14	145.3	96.8	48.5
有色金属矿采选业	8.36	123.4	100.8	22.6
非金属矿采选业	4.29	111.0	100.2	10.8

续表

波动指标 行　业	标准差	最大值	最小值	最大最小差
农副食品加工业	7.20	114.4	98.5	15.9
食品制造业	2.95	108.0	99.0	8.9
饮料制造业	1.52	103.7	99.2	4.5
烟草制品业	1.08	103.5	100.4	3.1
纺织业	2.80	104.3	95.2	9.1
纺织服装、鞋、帽制造业	0.98	102.1	99.1	3.1
皮革、毛皮、羽毛(绒)及其制品业	1.35	102.5	99.1	3.3
木材加工及木竹藤棕草制品业	2.59	104.1	96.8	7.3
家具制造业	1.63	103.3	99.0	4.4
造纸及纸制品业	2.58	105.8	97.6	8.2
印刷业和记录媒介的复制	1.93	102.6	97.0	5.6
文教体育用品制造业	1.54	102.2	97.9	4.3
石油加工、炼焦及核燃料加工业	8.61	120.3	96.4	23.9
化学原料及化学制品制造业	4.84	111.2	98.9	12.3
医药制造业	2.30	103.8	97.8	6.0
化学纤维制造业	4.71	108.1	93.4	14.7
橡胶制品业	2.78	104.9	97.7	7.2
塑料制品业	3.48	106.5	96.2	10.4
非金属矿物制品业	3.24	107.9	97.7	10.2
黑色金属冶炼及压延加工业	9.19	119.7	96.0	23.7
有色金属冶炼及压延加工业	10.48	122.5	95.4	27.1
金属制品业	3.51	107.4	97.6	9.8
通用设备制造业	2.20	104.8	98.2	6.6
专用设备制造业	1.49	103.3	98.9	4.5
交通运输设备制造业	1.57	101.5	96.8	4.8
电气机械及器材制造业	3.17	107.4	97.9	9.5
通信设备、计算机及其他电子设备制造业	1.56	98.3	93.7	4.6
仪器仪表及文化、办公用机械制造业	2.34	100.3	93.1	7.2
工艺品及其他制造业	3.59	105.7	95.2	10.5

续表

波动指标 行 业	标准差	最大值	最小值	最大最小差
废弃资源和废旧材料回收加工业	5.53	116.9	100.7	16.2
电力、热力的生产和供应业	1.19	104.2	100.7	3.5
燃气生产和供应业	1.95	106.8	101.3	5.5
水的生产和供应业	1.24	106.4	102.9	3.5

数据来源:根据2009年《中国统计年鉴》计算得到。

由于经济增长对资源型产业的依赖较高,资源性产品的价格波动较大,导致资源型经济地区经济增长波动较大。内蒙古、广西、云南、西藏和新疆地区生产总值的增长指数波动明显大于湖北和江苏,大于全国的平均水平。1997~2008年内蒙古、广西、云南、西藏和新疆地区生产总值的增长指数标准差分别为5.46个点、2.88个点、2.55个点、2.41个点和2.36个点。同期全国增长指数标准差仅为1.58个点,湖北和江苏分别为2.11个点和1.90个点,没有内蒙古、广西、云南、西藏和新疆的大。

表11-9 1997~2008年地区生产总值的增长指数波动及平均增长速度

波动指标 \ 地区	内蒙	广西	云南	西藏	新疆	全国	吉林	湖北	江苏
标准差	5.46	2.88	2.55	2.41	2.36	1.58	2.90	2.11	1.90
最大值	123.8	115.1	112.5	114.0	115.0	113.0	116.1	114.5	114.9
最小值	107.8	107.3	106.5	106.6	107.1	107.6	108.1	108.3	110.1
最大最小差	16.0	7.8	6.0	7.4	7.9	6.4	8.0	6.2	4.8
平均增长速度	14.48	10.60	9.21	10.65	9.74	—	11.29	11.05	12.53
全国排名	1	24	31	21	30	—	9	15	3

数据来源:根据2001、2004、2009年《中国统计年鉴》计算得到。

由于增长波动较大,一个可能的结果就是在大起大落的过程中失去增长机会,增长速度减缓。内蒙古、广西、云南、西藏和新疆五省区经济增长的实际基本支持这一可能结果。除内蒙古外,其余省区的增长速度都比较慢。西藏、广西、新疆、云南的1997~2008年地区生产总值平均增长速度分别为

10.65%、10.60%、9.74%和9.21%,分别排在全国31个省市区的第21名、第24名、第30名和第31名。因此,可以认为由于广西、云南、西藏和新疆资源型经济的发展,使这些地区存在增长损失。若按同处于工业化初期湖北的平均增长速度计算,广西、云南、西藏、新疆,12年的增长损失分别少了155.21亿元、1161.02亿元、24.06亿元、639.11亿元。

2. 质量损失

产业结构转变是工业化发展的主要特征,它不仅决定着地区经济的动态特征,也影响着未来地区经济的增长速度和发展模式。资源禀赋优势和资源部门繁荣,形成了以矿业开发为支撑的资源型经济结构,以及专业化分工模式。正是这种专业化约束了非资源型产业的发展,导致地区产业结构难以摆脱单一化、初级化的困境,难以形成产业结构的升级转换机制,并表现出产业结构的刚性化特征。

多年以来,尽管学术界和各级政府部门一直十分重视经济结构调整,但是始终难以战胜市场这只"无形的手"。在市场对资源性产品的旺盛需求刺激下,与其资源禀赋相匹配的资源型产业规模不断扩张,产业地位日益巩固和强化。从表11-10可以看出,1997~2007年的10年中,内蒙古、广西、云南、西藏、新疆以2至4个资源型产业为主,占工业增加值的比重大幅度提高。相比而言,江苏和湖北的比重提高幅度比较小,且吉林的比重是下降的。

表11-10　资源型产业分行业的增加值占工业增加值比重变动情况

(单位:%)

行业	内蒙古			行业	广西		
	1997	2002	2007		1997	2002	2007
非金属矿物制品业	4.53	3.53	3.05	非金属矿物制品业	8.08	5.40	5.34
非金属矿采选业	1.56	2.27	1.13	非金属矿采选业	1.83	1.62	0.78
电力热力的生产和供应业	14.50	17.13	12.75	电力热力的生产和供应业	10.00	15.61	11.89
黑色金属矿采选业	0.62	0.44	2.61	黑色金属矿采选业	0.91	0.25	1.09
黑色金属冶炼及压延加工业	16.96	14.60	13.65	黑色金属冶炼及压延加工业	2.88	4.93	10.67
化学原料及化学制品制造业	5.10	6.12	5.18	化学原料及化学制品制造业	6.95	6.42	6.42

续表

行业	1997	2002	2007	行业	1997	2002	2007
有色金属冶炼及压延加工业	1.72	3.11	8.18	有色金属冶炼及压延加工业	5.11	5.03	8.21
有色金属矿采选业	1.86	1.19	3.40	有色金属矿采选业	3.46	1.40	2.64
石油加工及炼焦加工业	1.17	0.88	1.79	石油加工及炼焦加工业	0.84	1.24	1.14
石油和天然气开采业	2.89	2.06	2.16	石油和天然气开采业	0.00	0.00	0.00
煤炭开采和洗选业	11.16	10.74	18.98	煤炭开采和洗选业	1.52	0.63	0.50
资源型行业	62.06	62.08	72.88	资源型行业	41.57	42.53	48.67

行业	云南			行业	西藏		
	1997	2002	2007		1997	2002	2007
非金属矿物制品业	3.27	2.43	2.18	非金属矿物制品业	21.71	24.59	13.64
非金属矿采选业	0.50	1.01	1.04	非金属矿采选业	10.41	2.16	0.47
电力热力的生产和供应业	5.80	11.16	11.22	电力热力的生产和供应业	14.81	16.97	14.24
黑色金属矿采选业	0.33	0.33	1.40	黑色金属矿采选业	2.89	5.62	12.62
黑色金属冶炼及压延加工业	4.39	4.04	5.27	黑色金属冶炼及压延加工业	0.13	0.00	0.00
化学原料及化学制品制造业	4.38	4.44	5.56	化学原料及化学制品制造业	1.00	0.57	0.90
有色金属冶炼及压延加工业	3.12	4.59	13.70	有色金属冶炼及压延加工业	0.00	0.10	0.00
有色金属矿采选业	1.71	1.29	4.03	有色金属矿采选业	8.16	7.91	21.18
石油加工及炼焦加工业	0.08	0.11	1.51	石油加工及炼焦加工业	0.00	0.00	0.00
石油和天然气开采业	-0.23	0.00	0.00	石油和天然气开采业	0.00	0.00	0.00
煤炭开采和洗选业	1.72	1.21	2.90	煤炭开采和洗选业	0.25	0.48	0.00
资源型行业	25.07	30.61	48.81	资源型行业	59.35	58.40	63.04

行业	新疆			行业	新疆		
	1997	2002	2007		1997	2002	2007
非金属矿物制品业	4.04	3.71	1.93	有色金属冶炼及压延加工业	1.54	1.00	0.76
非金属矿采选业	0.55	0.51	0.17	有色金属矿采选业	0.12	0.25	2.49
电力热力的生产和供应业	4.48	7.23	5.23	石油加工及炼焦加工业	6.72	12.21	3.56

续表

黑色金属矿采选业	0.16	0.49	0.95	石油和天然气开采业	55.20	46.87	64.27
黑色金属冶炼及压延加工业	2.34	5.19	3.36	煤炭开采和洗选业	2.93	2.77	2.31
化学原料及化学制品制造业	1.77	2.19	2.94	资源型行业	79.85	82.42	87.97

行业	吉林			行业	江苏		
	1997	2002	2007		1997	2002	2007
资源型行业	41.64	32.32	40.06	资源型行业	27.61	28.04	31.19

行业	湖北			行业	全国		
	1997	2002	2007		1997	2002	2007
资源型行业	37.86	35.75	39.88	资源型行业	40.84	39.92	43.71

数据来源:根据各省及全国 1998、2003、2008 年《统计年鉴》计算得到。

　　西部欠发达地区以资源型产业为主的单一化和初级化的产业结构,导致资源型产业专业化优势非常突出。资源型产业大多是对技术要素需求不大、发展层次较低的行业。原因在于资源型产业属于基础产业,也是资金和劳动密集型产业,产业链延伸较短,后向联系和侧向联系都较弱,加上资源部门的繁荣对技术密集型产业的抑制性作用,制约了高技术产业和新兴产业的发展,使得西部欠发达地区的经济增长存在着诸多方面增长质量的不足。

表 11-11　增长质量的比较

指标＼地区	内蒙古	广西	云南	西藏	新疆	全国	吉林	江苏	湖北
高技术产业增加值占工业增加值比重	2.45	5.30	2.47	13.25	0.33	9.93	6.74	16.91	8.97
新产品销售收入占产品销售收入比重	8.38	19.04	6.43	0.00	0.74	15.68	24.36	13.14	10.17
劳动生产率(万元/人)	4.40	1.70	1.57	2.00	3.75	2.97	3.76	5.38	2.73
资本生产率(万元/万元)	0.30	0.44	0.45	0.44	0.26	0.48	0.47	0.37	0.49

指标＼地区	内蒙古	广西	云南	西藏	新疆	全国	吉林	江苏	湖北
综合能耗产出率（元/千克标准煤）	4.14	8.40	5.85	0.00	4.78	8.62	6.29	11.22	6.84
工业技术效率①	61.33	63.47	59.30	25.13	68.09	80.62	74.21	100.00	64.71

数据来源：2007年全国及各地区科技进步统计监测结果和《中国统计年鉴》。

内蒙古、广西、云南、西藏和新疆的高新技术产业发展水平低。高技术产业增加值占工业增加值比重分别为 2.45%、5.30%、2.47%、13.25% 和 0.33%，除西藏外，都远低于全国 9.93% 的平均水平，也低于吉林、江苏和湖北的高技术产业发展水平。同样，新产品销售收入占产品销售收入比重除广西外都比较低。劳动生产率、资本生产率、综合能耗产出率和工业技术效率都比较低。若高技术产业增加值占工业增加值比重达到全国平均水平，内蒙古、广西、云南和新疆的高技术产业增加值将分别增加 194.79 亿元、82.91 亿元、115.48 亿元和 132.01 亿元，从而有效改善工业内部结构，使高技术产业增加值与资源型产业增加值的比分别由 1：32、1：11、1：19 和 1：184 提高到了 1：7、1：5、1：5 和 1：9，将显著降低资源型行业对经济增长的贡献率。

（二）社会发展损失

从就业和收入差距两方面说明资源型经济带来的社会发展损失。

1. 就业损失

行业对就业的影响取决于两个方面，一方面是行业规模，另一方面是行业就业弹性。从表 11-12 可看出，资源型行业的就业弹性都普遍较低，即相对而言资源型行业的发展对就业的拉动作用较小。

---

① 工业技术效率反映了工业的投入产业效率，一个有竞争力的工业结构应该能够在既定的资源投入情况下获得最大的产出。实际生产曲线与生产可能性边界的距离就反映了实际技术效率的高低。离生产可能性边界越近，则技术效率越高，越远则技术效率越低。技术效率的计算使用数据包络分析（DEA）方法，从各生产单位的投入产出数据中找出最优投入产业组合，利用其他生产单位与最优投入产业组合的距离来衡量技术效率。

表 11-12　分行业的就业弹性

行　　业	就业变动率	产值变动率	就业弹性
煤炭开采和洗选业	5.93	42.84	0.1385
石油和天然气开采业	9.18	25.00	0.3673
黑色金属矿采选业	17.57	60.70	0.2894
有色金属矿采选业	5.29	36.61	0.1445
非金属矿采选业	3.52	30.88	0.1141
农副食品加工业	11.64	31.20	0.3732
食品制造业	8.87	27.50	0.3225
饮料制造业	4.90	22.86	0.2143
烟草制品业	-1.41	14.96	-0.0940
纺织业	5.49	22.60	0.2430
纺织服装、鞋、帽制造业	9.67	22.46	0.4303
皮革、毛皮、羽毛(绒)及其制品业	10.57	20.89	0.5060
木材加工及木、竹、藤、棕、草制品业	15.52	37.07	0.4186
家具制造业	19.20	33.67	0.5701
造纸及纸制品业	5.92	25.53	0.2319
印刷业和记录媒介的复制	6.67	21.19	0.3146
文教体育用品制造业	8.78	20.93	0.4194
石油加工、炼焦及核燃料加工业	7.59	29.41	0.2582
化学原料及化学制品制造业	6.65	29.72	0.2239
医药制造业	5.49	22.20	0.2473
化学纤维制造业	5.66	22.34	0.2532
橡胶制品业	9.35	26.36	0.3546
塑料制品业	12.63	26.43	0.4780
非金属矿物制品业	4.71	29.94	0.1573
黑色金属冶炼及压延加工业	4.14	34.91	0.1187
有色金属冶炼及压延加工业	11.68	42.51	0.2747
金属制品业	13.82	31.26	0.4422
通用设备制造业	11.71	34.01	0.3443

续表

行　　业	就业变动率	产值变动率	就业弹性
专用设备制造业	8.48	30.53	0.2777
交通运输设备制造业	8.70	24.39	0.3567
电气机械及器材制造业	14.76	30.90	0.4777
通信设备、计算机及其他	19.89	22.62	0.8794
仪器仪表及文化、办公用	10.11	24.95	0.4053
工艺品及其他制造业	6.79	25.63	0.2649
废弃资源和废旧材料回收加工业	59.86	86.86	0.6892
电力、热力的生产和供应业	1.70	34.39	0.0495
燃气生产和供应业	4.37	40.76	0.1073
水的生产和供应业	-1.10	16.18	-0.0680
工业行业	8.98	28.96	0.3102
非资源行业	10.48	26.35	0.3979
资源型行业	5.75	33.43	0.1720

数据来源：根据1998、2003、2008年《中国统计年鉴》计算得到。

　　由于西部欠发达地区资源型产业为支柱产业，产业规模较大，因此，资源型行业较低的就业弹性将带来更大的就业损失。若西部欠发达地区的资源型行业产值比重较低的话，比如达到全国平均水平，内蒙古、广西、云南、西藏和新疆对应的产值将会增长，将比原来增加就业人员7.36万人、17.91万人、3.64万人、0.21万人和10.21万人。

　　2. 行业收入差距

　　在工业行业中，除烟草制品业外，基本都是资源型行业的平均工资排在最高。由于资源型行业在内蒙古、广西、云南、西藏和新疆的支柱地位，就业人数相对较多，加之工资水平较高，使得这些地区的行业收入基尼系数较高。内蒙古、广西、云南、西藏和新疆2007年的工业行业收入基尼系数分别为0.213、0.219、0.250、0.352和0.184，高于全国平均水平，也高于吉林和江苏的。

表 11-13　分行业 2007 年年平均工资

（单位：万元）

地区　行业	内蒙古	广西	云南	西藏	新疆	全国	吉林	江苏	湖北
煤炭开采和洗选业	3.08	2.04	1.76	3.60	2.52	2.72	2.01	3.12	1.30
石油和天然气开采业	2.36	0.00	3.15	0.00	3.55	3.83	3.06	4.42	3.37
黑色金属矿采选业	1.88	1.55	2.18	3.32	2.88	2.35	1.71	2.13	1.85
有色金属矿采选业	1.71	2.39	1.86	1.54	2.45	2.10	1.56	3.21	1.34
非金属矿采选业	1.74	1.68	2.42	3.11	2.04	1.68	1.09	1.48	1.03
农副食品加工业	1.28	1.68	1.37	1.34	1.50	1.49	1.17	1.51	1.54
食品制造业	1.32	1.23	1.34	1.98	1.68	1.75	1.12	1.97	1.17
饮料制造业	1.14	1.80	1.04	2.39	1.63	1.81	1.37	1.76	1.26
烟草制品业	4.70	4.74	6.39	0.00	2.66	5.24	5.32	6.03	3.53
纺织业	1.64	1.09	0.83	0.51	1.19	1.40	0.87	1.59	1.00
纺织服装、鞋、帽制造业	1.32	1.21	0.93	0.71	1.51	1.69	0.98	1.54	1.07
皮革毛皮羽毛（绒）及其制品业	1.22	0.98	0.64	1.75	1.24	1.63	0.96	1.69	0.89
木材加工及木竹藤棕草制品业	0.91	1.40	1.16	2.15	1.14	1.32	1.08	1.24	1.03
家具制造业	1.04	1.08	0.78	1.05	1.44	1.69	1.12	2.13	1.34
造纸及纸制品业	1.32	1.31	1.26	0.00	1.22	1.67	1.18	2.91	1.11
印刷业和记录媒介的复制	1.26	1.55	1.95	1.66	1.79	1.94	1.23	2.16	1.23
文教体育用品制造业	1.83	1.17	1.00	0.30	0.00	1.66	0.86	1.49	1.18
石油加工、炼焦及核燃料加工业	2.16	3.09	1.64	0.00	3.28	3.16	2.46	4.48	2.58
化学原料及化学制品制造业	1.57	1.69	1.85	0.64	2.49	2.18	3.39	2.52	1.36
医药制造业	1.82	1.79	1.63	2.18	1.69	2.16	1.10	2.30	1.44
化学纤维制造业	0.00	1.10	4.72	0.00	1.82	1.98	1.72	2.68	1.41
橡胶制品业	1.46	1.97	1.08	0.00	2.00	1.90	1.18	2.24	1.14
塑料制品业	0.89	1.06	1.22	0.00	1.69	1.81	1.15	2.13	1.21
非金属矿物制品业	1.54	1.30	1.38	1.68	1.58	1.57	1.30	2.12	1.23
黑色金属冶炼及压延加工业	2.91	3.44	2.42	0.00	3.36	3.08	2.28	2.87	3.48

续表

行业 ＼ 地区	内蒙古	广西	云南	西藏	新疆	全国	吉林	江苏	湖北
有色金属冶炼及压延加工业	2.26	2.11	2.38	1.07	2.10	2.41	1.68	2.10	2.19
金属制品业	1.36	2.14	1.32	0.00	1.68	1.89	1.41	2.11	1.33
通用设备制造业	1.80	2.89	1.88	0.00	1.95	2.29	1.39	2.58	1.50
专用设备制造业	2.43	2.46	1.94	0.63	1.64	2.22	1.64	2.45	1.65
交通运输设备制造业	2.11	2.93	1.98	0.00	1.77	2.69	3.11	2.81	2.28
电气机械及器材制造业	1.53	1.76	2.03	0.00	2.47	2.11	1.89	2.30	1.57
通信设备计算机及其他其电子制品业	1.07	1.61	2.61	0.00	2.79	2.69	1.69	2.59	2.15
仪器仪表及文化办公用设备制品业	1.29	1.43	1.33	0.00	1.88	2.37	1.96	2.52	1.63
工艺品及其他制造业	1.21	0.99	1.03	0.93	0.78	1.65	1.02	1.80	1.01
废弃资源和废旧材料回收加工业	0.59	1.02	1.04	0.67	1.38	1.78	1.02	2.69	1.59
电力、热力的生产和供应业	4.03	3.14	3.45	3.51	3.03	3.63	2.88	5.20	2.97
燃气生产和供应业	2.29	2.97	2.41	4.48	2.17	2.79	2.18	3.14	1.78
水的生产和供应业	1.67	1.99	2.19	2.24	1.84	2.23	1.47	2.91	1.59
资源型行业	2.30	2.04	2.23	1.68	2.66	2.61	2.13	3.06	2.06
非资源型行业	1.09	1.28	1.27	0.67	1.20	1.51	1.11	1.71	1.07
全社会	2.18	2.13	1.99	4.28	2.12	2.47	2.04	2.72	1.95
行业收入基尼系数	0.213	0.219	0.250	0.352	0.184	0.153	0.233	0.183	0.192

数据来源：根据2008年《中国劳动统计年鉴》计算得到。

　　若资源型行业工资水平与整个工业行业的工资水平相当,内蒙古、广西、云南、西藏和新疆2007年的工业行业收入基尼系数将为0.196、0.191、0.215、0.187和0.172,分别下降了0.017、0.028、0.035、0.165和0.011,行业间收入差距有明显缩小。

(三)生态环境损失

　　由于资源开发规模大、开发利用水平低和缺乏有效的经济制约手段,西部欠发达地区环境污染问题相对较为突出。例如,2008年云南省开展水质监测的自然水体中,水质达到水环境功能要求的仅占 39.7%, V 类和劣 V 类水质分别占 9.5% 和 12.7%。大气监测城市中平均酸雨频率高达 28.3%。从表 11-14 可看出,相比较而言,资源型行业"三废"的排放效率较低,资源型行业基本上可与污染型行业等同。

表 11-14　2007 年分行业单位产值三废排放量

行业	万元产值的废水排放量(吨)	万元产值的二氧化硫(千克)	万元产值的烟尘(千克)	万元产值的粉尘(千克)	万元产值的固体废弃物(吨)
煤炭开采和洗选业	4.94	1.02	0.68	0.93	1.34
石油和天然气开采业	1.06	0.30	0.11	0.00	0.01
黑色金属矿采选业	4.48	1.41	0.62	1.07	5.96
有色金属矿采选业	15.68	5.64	0.52	0.41	8.65
非金属矿采选业	4.98	3.39	1.85	2.10	0.74
其他采矿业	89.47	15.27	21.02	6.81	4.44
农副食品加工业	6.60	0.68	0.51	0.02	0.08
食品制造业	6.20	1.56	0.72	0.03	0.07
饮料制造业	11.33	1.79	1.07	0.02	0.14
烟草制品业	0.65	0.35	0.17	0.02	0.01
纺织业	10.77	1.23	0.60	0.01	0.04
纺织服装、鞋、帽制造业	1.62	0.13	0.07	0.00	0.01
皮革毛皮羽毛(绒)及其制品业	4.45	0.30	0.18	0.00	0.01
木材加工及木竹藤棕草制品业	0.97	0.74	0.68	0.24	0.04
家具制造业	0.59	0.08	0.12	0.02	0.01
造纸及纸制品业	51.78	5.88	3.05	0.10	0.23
印刷业和记录媒介的复制	0.63	0.14	0.07	0.00	0.00
文教体育用品制造业	0.51	0.04	0.02	0.01	0.00
石油加工、炼焦及核燃料加工业	3.12	2.78	1.13	0.95	0.20
化学原料及化学制品制造业	8.89	3.05	1.38	0.37	0.36
医药制造业	6.09	0.97	0.58	0.01	0.04

续表

行业	万元产值的废水排放量(吨)	万元产值的二氧化硫(千克)	万元产值的烟尘(千克)	万元产值的粉尘(千克)	万元产值的固体废弃物(吨)
化学纤维制造业	12.11	2.95	0.68	0.01	0.09
橡胶制品业	1.52	0.90	0.43	0.02	0.03
塑料制品业	0.49	0.24	0.12	0.00	0.01
非金属矿物制品业	1.71	8.02	4.70	16.96	0.19
黑色金属冶炼及压延加工业	3.22	3.59	1.28	1.98	0.70
有色金属冶炼及压延加工业	1.44	3.19	0.64	0.41	0.34
金属制品业	1.88	0.28	0.15	0.07	0.02
通用设备制造业	0.58	0.19	0.13	0.13	0.02
专用设备制造业	0.72	0.14	0.08	0.03	0.01
交通运输设备制造业	0.85	0.13	0.09	0.09	0.02
电气机械及器材制造业	0.33	0.05	0.03	0.00	0.00
通信计算机及其他电子设备	0.73	0.03	0.01	0.01	0.00
仪器仪表及文化办公用机械	1.15	0.04	0.01	0.00	0.01
工艺品及其他制造业	0.82	0.09	0.05	0.24	0.01
废弃资源和废旧材料回收加工业	0.57	0.16	0.03	0.32	0.04
电力、热力的生产和供应业	6.04	35.26	8.33	0.02	1.39
燃气生产和供应业	1.73	1.87	1.42	0.23	0.10
水的生产和供应业	30.13	0.05	0.08	0.00	0.07
行业总计	4.28	3.62	1.19	1.05	0.35
非资源行业	4.12	0.56	0.30	0.04	0.03
资源型行业	4.43	8.06	2.47	2.46	0.81

数据来源:根据 2008 年《中国统计年鉴》的相关数据计算得到。

以资源型经济为主的西部欠发达地区,环境污染的程度较高,"三废"排放量较多,生态环境损失相比较为严重。若达到全国平均产值结构水平,内蒙古、广西、云南、西藏和新疆将分别减少排放工业废水排放量325.49万吨、78.95万吨、218.55万吨、1.78万吨和270.60万吨，分别减少工业二氧化硫排放量12.21万吨、2.96万吨、8.20万吨、0.07万吨和10.15万吨，分别减少工业烟尘排放量3.53万吨、0.86万吨、2.37万吨、0.02万吨和2.94万吨，分别减少工业粉尘排放量3.84万吨、0.93万吨、2.58万吨、0.02万吨和3.19万吨，分别减少工业固体废弃物排放量1269.42万吨、307.92万吨、852.36万吨、6.94万吨和1055.35万吨。

三、西部欠发达地区资源型经济转型的路径

西部欠发达地区的优势在于矿产资源丰富，同时又出现资源型经济发展所带来的诸多损失，这就是"资源陷阱"，也就是资源型经济问题①。资源型经济问题，是资源型经济体的病态问题，也是经济转型发展所必须解决的问题。西部欠发达地区资源型经济已经存在损失，即存在资源型经济问题，并且资源型经济中所使用的资源绝大部分是可耗竭的，资源型产业是不可持续的产业。故西部欠发达地区资源型经济的转型发展是必然的。然而，如何依托现有产业基础和资源条件，通过大力提升产业结构高度，有效增进产业结构效益，逐步增强产业经济的自生能力，实现资源型经济的有效转型，这已成为西部欠发达地区重点关注的问题。

（一）基于自生能力理论的资源型经济转型路径

资源型经济的转型就是从资源依赖型经济中走出来，走向更加依靠管理、技术、知识和智力的高层次的经济形态。在这个过程中，需要从遏止资源繁荣入手，治理贸易条件恶化问题，解决资源收益分配不公和资源财富消费不当问题，引导资源财富有效地转化为工业化资本，推进经济结构升级优化，增强创新能力，使得经济活动尽快地从"资源诅咒"中爬出来，从资源型经济的种种病态中挣脱出来，从资源开发——资源繁荣——资源收益的路径依赖中解脱出来，走向更具活力、更加健康和可持续的经济发展道路。资源型经济转型的突破口在于创新。走出资源优势陷阱的要点是建立反锁定循环机制，引入新

---

① 应该指出的是，资源型经济本身并不必然会有损失、存在问题。

的变量,打破原有的资源内部自循环机制,改变原有增长路径,阻止劳动力、资本等各类生产要素向资源部门的进一步流入。实现资源型经济转型,关键在于引入和融合各类学习与创新活动,弥补资源型经济转型中的巨大沉淀成本,应当从资源部门的不同环节入手,组织和激励技术创新,将资源部门转变为能够兼容技术创新的资源节约型部门,并将创新活动从资源部门扩展到非资源部门,如制造业部门,不断增强区域创新能力,建立创新活动与资源优势的共生发展机制,走向以学习与创新为动力的经济发展轨道。提高加工深度,通过产业链条的延伸和扩展,在阶梯性提高产品附加值与技术含量的基础上,发挥整个产业群集约化生产的效应,并通过增强产业自身的竞争能力来摆脱对资源的单纯依赖,是资源型地区多元化发展的首要选择。

考虑到资源型经济发展路径的资源锁定效应的最突出表现是对某些特定非再生性资源投入的高度依赖,从而使得资源型经济随着该种资源的日益消耗而逐步陷入衰退。因此,超越资源锁定效应的最直接办法就是从不可再生资源的开发利用向可再生资源的开发利用转换,而非资源比较优势的可再生性与可持续性使得其必然成为现代资源型经济转换的重点。

经济自生能力[①]就是指某一地区在经济方面具有不依赖外部的自我生存和长期发展的能力。地区经济自生能力是一种现实的实力,更是一种潜在的能力。说某一地区具有地区经济自生能力,并不是指该地区一定就是当今的经济强区,而是说该地区具有成为经济强区的潜能。只有充分发挥这一潜能,才能真正实现经济的崛起。许多学者的研究证明了自生能力与比较优势的密切关系,如林毅夫等(2001、2002)、廖国民等(2003)和程胜光(2006)。地区经济的发展模式一定也不应该相同,由于各地区的要素禀赋不同,进而形成的比较优势不同。经济自生能力来源于比较优势动态化。只有遵循本地区的比较优势,实现比较优势动态化,才能充分发挥出"地区经济自生能力"的作用。

西部欠发达地区只有在固有比较优势的基础上进行不断的培养和创新,

---

① "自生能力"一词是由林毅夫和谭国富于1999年在美国经济学年会上发表的讨论预算软约束的论文中首次提出的。主要被用于讨论转型国家中企业,尤其是公有制企业生存的能力。如果一个企业通过正常的经营管理,预期能够在自由、开放和竞争的市场中赚取社会可接受的正常利润,那么这个企业就是具有自生能力的;否则,这个企业就是没有自生能力的。本书指在自生能力在此基础上进行了扩展。

使之成为动态性的比较优势。也就是说，将资源型产业逐步培养成资本密集型和技术密集型产业，实现产品结构向低成本、高附加值和高技术含量的方向发展，从而使西部欠发达地区的比较优势动态化，逐渐地获得经济自生能力，在此基础上才能在国内国际竞争中争取到更大的利益。西部欠发达地区主要通过比较优势动态化，把产业从传统的建立在低端的资源密集型的产业向技术和资本密集、附加值高的高端产业方面升级和转换，从而提高经济自生能力。

由于不同资源型经济的资源状况、产业特征、区位特征、形成机制不同，应采取有针对性的转型策略。从一般理论上讲，实现资源型经济的顺利转型，首先要进行技术创新，超越技术锁定，实现产业升级，实现经济自生能力的提高。技术创新和技术进步具有刺激需求结构、提高劳动生产率、促进新兴产业发育、改变国际和区际竞争格局、推动产业结构高级化等多重作用。资源型经济地区，应当根据产业经济特点，建立多层次的技术创新体系，形成具有弹性的技术开发结构。既要实现关键产业，特别是资源型产业的转化升级，也要在重点产业实行增进性创新，还要在其他发展领域采用技术跟踪和模仿策略，普及推广各种先进技术和适用技术。充分利用有限甚至是短缺的资源，推进技术创新，加快技术开发，提高产业活动的技术层次和产品的技术含量，有效推动经济转型进程。这样使得资源型经济地区在超越技术锁定的同时，因为产业升级，产业链站在了更高的高度，才会超越资源锁定，从而实现资源型经济的顺利转型。其次要超越投入自然资源的非再生性锁定，实现产业转换。这就需要通过对地区资源的研究，大力发展具有比较优势的非资源型产业，如生物产业、旅游文化产业等，从不可再生资源开发利用向可再生资源开发利用转换，实现资源型经济的产业转换，使比较优势得到转换和突出，实现比较优势动态化，即实现经济自生能力的提高。

（二）西部欠发达地区资源型经济转型路径—产业升级

根据产业间的投入产出关系，相关支持产业可以分为两类，第一类是某产业的后向联系产业，这些产业对该产业的影响在投入方面。如果一个产业的后向联系产业比较发达，那么这个产业就具备较好的投入条件，易于获得其他产业在投入方面的支持，对该产业的发展形成推动力。第二类是某产业的前向联系产业，这些产业对该产业的影响在投入方面。如果一个产业的前向联

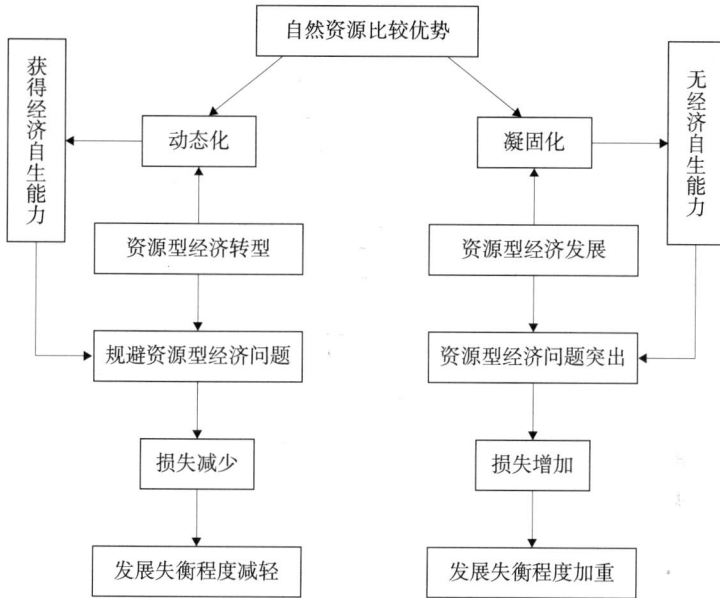

图 11-1　比较优势、经济转型、自生能力和发展失衡程度

系产业比较发达,则对该产业的产品有足够的需求,对该产业的发展形成拉动力。如果某一个产业的后向联系产业和前向联系产业都比较发达,那么这个产业的发展就具备有利的条件。因此可以根据产业间的投入产出关系确定资源型经济转型中产业升级的目标产业。

表 11-15　资源型行业与其他行业的关联度

产出 ＼ 投入	煤炭开采和洗选业	石油和天然气开采业	金属矿采选业	非金属矿及其他矿采选业	石油加工及炼焦加工业	化学工业	非金属矿物制品业	金属冶炼及压延加工业	电力热力生产和供应业
农林牧渔业	0.0152	0.0311	0.0070	0.0047	0.0427	0.2016	0.0090	0.0367	0.0558
食品制造及烟草加工业	0.0217	0.0377	0.0095	0.0058	0.0505	0.1974	0.0189	0.0519	0.0753
纺织业	0.0389	0.0587	0.0145	0.0098	0.0737	0.4498	0.0173	0.0759	0.1372
服装鞋帽皮革羽绒及制品业	0.0318	0.0534	0.0135	0.0079	0.0694	0.3514	0.0154	0.0726	0.1035

续表

投入 / 产出	煤炭开采和洗选业	石油和天然气开采业	金属矿采选业	非金属矿及其他矿采选业	石油加工及炼焦加工业	化学工业	非金属矿物制品业	金属冶炼及压延加工业	电力热力生产和供应业
木材加工及家具制造业	0.0401	0.0565	0.0263	0.0090	0.0760	0.3337	0.0289	0.1503	0.1332
造纸印刷及文体用品制造业	0.0415	0.0604	0.0231	0.0101	0.0783	0.4409	0.0198	0.1273	0.1380
金属制品业	0.0605	0.0789	0.1313	0.0130	0.1098	0.1980	0.0393	0.7420	0.2265
通用、专用设备制造业	0.0503	0.0705	0.0977	0.0092	0.0990	0.2010	0.0329	0.5745	0.1708
交通运输设备制造业	0.0426	0.0660	0.0760	0.0097	0.0899	0.2705	0.0350	0.4541	0.1462
电气机械及器材制造业	0.0513	0.0774	0.1100	0.0123	0.1064	0.3097	0.0505	0.6616	0.1687
电子设备制造业	0.0364	0.0595	0.0425	0.0117	0.0788	0.3390	0.0583	0.2474	0.1332
仪器表文化办公机械制造业	0.0408	0.0637	0.0468	0.0139	0.0842	0.3824	0.0752	0.2654	0.1337
工艺品及其他制造业	0.0445	0.0624	0.0482	0.0133	0.0834	0.3322	0.0432	0.2839	0.1383
废品废料	0.0065	0.0094	0.0067	0.0016	0.0126	0.0540	0.0049	0.0277	0.0214
建筑业	0.0566	0.0815	0.0668	0.0405	0.1184	0.2179	0.2788	0.4005	0.1583
交通运输及仓储业	0.0337	0.1514	0.0174	0.0040	0.2495	0.1067	0.0144	0.1023	0.0858
邮政业	0.0228	0.0584	0.0166	0.0044	0.0921	0.0943	0.0220	0.0979	0.0777
信息传输计算机服务和软件业	0.0169	0.0251	0.0161	0.0032	0.0350	0.0955	0.0129	0.0948	0.0789
批发和零售业	0.0149	0.0324	0.0094	0.0026	0.0489	0.0869	0.0084	0.0543	0.0612
住宿和餐饮业	0.0201	0.0354	0.0086	0.0039	0.0444	0.1309	0.0131	0.0486	0.0897
金融业	0.0091	0.0189	0.0054	0.0016	0.0282	0.0533	0.0053	0.0308	0.0394
房地产业	0.0068	0.0155	0.0057	0.0018	0.0233	0.0489	0.0070	0.0330	0.0251
租赁和商务服务业	0.0284	0.0625	0.0258	0.0062	0.0919	0.2156	0.0194	0.1495	0.0969

产出＼投入	煤炭开采和洗选业	石油和天然气开采业	金属矿采选业	非金属矿及其他矿采选业	石油加工及炼焦加工业	化学工业	非金属矿物制品业	金属冶炼及压延加工业	电力热力生产和供应业
研究与试验发展业	0.0282	0.0490	0.0313	0.0081	0.0663	0.2887	0.0265	0.1261	0.1061
综合技术服务业	0.0194	0.0423	0.0200	0.0043	0.0631	0.1306	0.0170	0.1127	0.0653
水利、环境和公共设施管理业	0.0268	0.0517	0.0181	0.0068	0.0744	0.1860	0.0286	0.0987	0.0927
居民服务和其他服务业	0.0274	0.0516	0.0180	0.0069	0.0722	0.2679	0.0175	0.1022	0.0870
教育	0.0231	0.0356	0.0112	0.0048	0.0514	0.1172	0.0211	0.0639	0.0947
卫生、社会保障和社会福利业	0.0427	0.0748	0.0215	0.0168	0.0922	0.7171	0.0320	0.1116	0.1349
文化、体育和娱乐业	0.0220	0.0405	0.0127	0.0066	0.0554	0.1981	0.0238	0.0710	0.0799
公共管理和社会组织	0.0209	0.0408	0.0106	0.0045	0.0612	0.1132	0.0193	0.0610	0.0734

数据来源:《2007 年中国投入产出表》。

　　根据表 11-15 资源型行业与各行业的关联度,结合各地区的技术创新能力,得到内蒙古、广西、云南、西藏和新疆资源型经济转型的产业升级目标行业,见表 11-16。

表 11-16　内蒙古、广西、云南、西藏和新疆资源型经济转型的产业升级目标行业

地区	产业升级目标行业
内蒙古	电子设备制造业、纺织服装鞋帽皮革羽绒及其制品业、工艺品及其他制造业、电气机械及器材制造业、研究与试验发展业、金属制品业
广西	造纸印刷及文教体育用品制造业、仪器仪表及文化办公用机械制造业、纺织服装鞋帽皮革羽绒及其制品业、电子设备制造业、电气机械及器材制造业、交通运输设备制造业、通用专用设备制造业

地区	产业升级目标行业
云南	化学工业、医疗卫生相关产品制造业、造纸印刷及文教体育用品制造业、仪器仪表及文化办公用机械制造业、电子设备制造业、工艺品及其他制造业、电气机械及器材制造业、研究与试验发展业、交通运输设备制造业、通用专用设备制造业
西藏	工艺品及其他制造业、金属制品
新疆	交通运输及仓储业、建筑业、金属制品业、电气机械及器材制造业、通用专用设备制造业、医疗卫生相关产品制造业、塑料制品业

(三)西部欠发达地区资源型经济转型路径—产业转换

发挥比较优势,利用地区有利条件形成竞争优势,这样的产业就不需要过多政策扶持,就可以占有很大的市场获取利润,随后就能再投资,实现产品技术的升级,这样的发展才具有自生能力。根据 2008 年内蒙古、广西、云南、西藏、新疆及中国《统计年鉴》,计算得到 2007 年内蒙古、广西、云南、西藏和新疆各产业的比较优势系数。比较优势系数大于 1,表明这一产业在研究区域内具有比较优势,相反,比较优势系数小于 1,表明这一产业在研究区域内处于比较劣势。

表 11-17　非资源型行业的比较优势系数

行业 ＼ 地区	内蒙古	广西	云南	西藏	新疆
农副食品加工业	1.5363	3.0231	0.7405	0.4836	0.8702
食品制造业	4.4103	0.6466	0.3894	1.4262	1.0890
饮料制造业	1.1626	1.6365	1.2418	9.5865	0.7115
烟草制品业	0.5836	1.7791	18.7162	0.0000	0.4528
纺织业	0.9435	0.3049	0.0494	0.1104	0.8704
纺织服装、鞋、帽制造业	0.1187	0.1083	0.0207	0.0000	0.0178
皮革、毛皮、羽毛(绒)及其制品业	0.0775	0.6501	0.0011	0.1159	0.0973
木材加工及木竹藤棕草制品业	1.1054	2.7027	0.4067	3.5303	0.3114

续表

地区 行业	内蒙古	广西	云南	西藏	新疆
家具制造业	0.2183	0.1474	0.0220	0.0000	0.4429
造纸及纸制品业	0.3258	1.1782	0.5567	0.0000	0.2955
印刷业和记录媒介的复制	0.1488	1.1680	1.9662	3.4203	0.2775
文教体育用品制造业	0.0000	0.1416	0.0035	0.0000	0.0000
医药制造业	0.8331	1.3422	1.1707	8.8425	0.1324
化学纤维制造业	0.0130	0.0050	0.2424	0.0000	0.8406
橡胶制品业	0.0260	0.3851	0.0749	0.0000	0.2015
塑料制品业	0.1143	0.4248	0.2764	0.0000	0.5714
金属制品业	0.1540	0.2554	0.1469	0.0000	0.4560
通用设备制造业	0.1920	0.3373	0.2440	0.0000	0.1488
专用设备制造业	0.8182	1.4737	0.3314	0.0000	0.1038
交通运输设备制造业	0.2584	1.8114	0.2782	0.0571	0.0334
电气机械及器材制造业	0.0766	0.4293	0.2127	0.0000	0.0483
通信设备计算机及其他电子设备制造业	0.1693	0.1474	0.0276	0.0000	0.2248
仪器仪表及文化办公用机械制造业	0.0000	0.1696	0.2221	0.0000	0.3464
工艺品及其他制造业	0.2325	0.0000	0.1597	0.4404	0.0394
废弃资源和废旧材料回收加工业	0.0721	0.0000	0.2111	0.0000	0.1339

数据来源:根据 2008 年各省区及中国《统计年鉴》计算得到。

根据表 11-17 内蒙古、广西、云南、西藏和新疆非资源型行业比较优势系数,得到内蒙古、广西、云南、西藏和新疆资源型经济转型的产业转换目标行业,见表 11-18。

表 11-18 内蒙古、广西、云南、西藏和新疆资源型经济转型的产业转换目标行业

地区	产业转换目标行业
内蒙古	食品制造业、农副食品加工业、饮料制造业、木材加工及木竹藤棕草制品业、纺织业

续表

地区	产业转换目标行业
广西	农副食品加工业、木材加工及木竹藤棕草制品业、交通运输设备制造业、烟草制品业、饮料制造业、专用设备制造业、医药制造业、造纸及纸制品业、印刷业和记录媒介的复制
云南	烟草制品业、印刷业和记录媒介的复制、饮料制造业、医药制造业、农副食品加工业
西藏	饮料制造业、医药制造业、木材加工及木竹藤棕草制品业、印刷业和记录媒介的复制、食品制造业
新疆	食品制造业、纺织业、农副食品加工业、化学纤维制造业、饮料制造业、塑料制品业

四、西部欠发达地区资源型经济转型的效应分析

根据西部欠发达地区产业升级和产业转换的目标行业[①]，设定产业升级和产业转换的目标值，分析西部欠发达地区资源型经济转型的效应。

（一）西部欠发达地区产业升级的效应分析

1. 内蒙古

内蒙古产业升级路径是基于黑色金属冶炼及压延加工业、煤炭开采和洗选业、有色金属冶炼及压延加工业，向电子设备制造业、电气机械及器材制造业、金属制品业进一步升级。

近 7 年电子设备制造业、电气机械及器材制造业、金属制品业升级的价格波动幅度仅分别在 1.56、3.17 和 3.51，比黑色金属冶炼及压延加工业、煤炭开采和洗选业、有色金属冶炼及压延加工业的价格波动幅度低许多，黑色金属冶炼及压延加工业、煤炭开采和洗选业、有色金属冶炼及压延加工业的价格波动幅度分别是 9.19、9.98 和 10.48（详见表 11-8）。若实现向电子设备制造业、电气机械及器材制造业、金属制品业的产业升级，可有效降低经济增长的波动，带来稳定的经济增量。通过产业升级，若能够实现电子设备制造业、电气机械及器材制造业、金属制品业增加值翻一倍，黑色金属冶炼及压延加工

---

① 在进行产业升级和产业转换的效应分析时，由于数据原因，并没有全部分析所有的产业升级和产业转换的目标行业。

业、煤炭开采和洗选业、有色金属冶炼及压延加工业的增加值不变,内蒙古经济增长指数的标准差可下降 2.12 个点,经济增长可增加 42.71 亿元。

1997~2007 年电子设备制造业、电气机械及器材制造业、金属制品业的就业弹性分别为 0.8794、0.4777 和 0.4422,远高于黑色金属冶炼及压延加工业、煤炭开采和洗选业、有色金属冶炼及压延加工业的,黑色金属冶炼及压延加工业、煤炭开采和洗选业、有色金属冶炼及压延加工业的就业弹性分别是 0.1187、0.1385 和 0.2747(详见表 11-12)。若实现向电子设备制造业、电气机械及器材制造业、金属制品业的产业升级,就业量将有较大增长。若按产业升级能够实现电子设备制造业、电气机械及器材制造业、金属制品业产值翻一倍,有色金属冶炼及压延加工业、煤炭开采和洗选业、有色金属冶炼及压延加工业的产值不变,内蒙古就业人数可增加 2.07 万人,此外全社会就业人员的素质将会有一定的提高,包括受教育年限、专业技术人员等。

电子设备制造业万元产值废水排放量、二氧化硫排放量、烟尘排放量、粉尘排放量分别为 0.73 吨、0.03 千克、0.01 千克、0.01 千克,几乎没有固体废弃物排放。电气机械及器材制造业万元产值废水排放量、二氧化硫排放量、烟尘排放量分别为 0.33 吨、0.05 千克和 0.03 千克,几乎没有粉尘和固体废弃物排放。金属制品业万元产值废水排放量、二氧化硫排放量、烟尘排放量、粉尘排放量和固体废弃物排放量分别为 1.88 吨、0.28 千克、0.15 千克、0.07 千克和 0.02 吨。这三个行业的万元产值废水排放量、二氧化硫排放量、烟尘排放量、粉尘排放量和固体废弃物排放量都远远小于煤炭开采和洗选业、黑色金属冶炼及压延加工业和有色金属冶炼及压延加工业的。因此,若实现向电子设备制造业、电气机械及器材制造业、金属制品业的产业升级,内蒙古的工业"三废"排放量将会有更大经济效率。通过产业升级,若能够实现电子设备制造业、电气机械及器材制造业、金属制品业产值翻一倍,有色金属冶炼及压延加工业、煤炭开采和洗选业、有色金属冶炼及压延加工业的产值不变,内蒙古可减少工业废水排放量 371.48 万吨、工业二氧化硫排放量 4393.67 吨、工业烟尘排放量 1491.23 吨、工业粉尘排放量 2209.56 吨和工业固体废弃物排放量 109.05 万吨。

2. 广西

广西产业升级路径是基于电力热力生产和供应业、黑色金属冶炼及压延加工业向电气机械及器材制造业、通用专用设备制造业和交通运输设备制造业进一步升级。

电气机械及器材制造业、通用设备制造业、专用设备制造业和交通运输设备制造业的价格波动幅度分别为 3.17、2.20、1.49 和 1.57，比黑色金属冶炼及压延加工业的 9.19 价格波动幅度低许多（详见表 11-8）。若实现向电气机械及器材制造业、通用设备制造业、专用设备制造业和交通运输设备制造业进行产业升级，可有效降低经济增长的波动，带来较为稳定的经济增量。通过产业升级，若能够实现电气机械及器材制造业、通用设备制造业、专用设备制造业和交通运输设备制造业增加值翻一倍，电力热力生产和供应业、黑色金属冶炼及压延加工业的增加值不变，广西经济增长指数的标准差可下降 0.73 个点，经济增长可增加 246.55 亿元。

通用设备制造业、专用设备制造业、交通运输设备制造业和电气机械及器材制造业的就业弹性分别为 0.3443、0.2777、0.3567 和 0.4777，高于电力热力生产和供应业 0.0495、黑色金属冶炼及压延加工业 0.1187 的就业弹性（详见表 11-12）。因此，若实现向通用设备制造业、专用设备制造业、交通运输设备制造业和电气机械及器材制造业的产业升级，就业量将有较大增长。通过产业升级，若能够实现通用设备制造业、专用设备制造业、交通运输设备制造业和电气机械及器材制造业产值翻一倍，电力热力生产和供应业、黑色金属冶炼及压延加工业的增加值不变，广西就业人数将增加 14.89 万人。

通用设备制造业万元产值废水排放量、二氧化硫排放量、烟尘排放量、粉尘排放量和固体废弃物排放量分别为 0.58 吨、0.19 千克、0.13 千克、0.13 千克和 0.02 吨。专用设备制造业万元产值废水排放量、二氧化硫排放量、烟尘排放量、粉尘排放量和固体废弃物排放量分别为 0.72 吨、0.14 千克、0.08 千克、0.03 千克和 0.01 吨。交通运输设备制造业万元产值废水排放量、二氧化硫排放量、烟尘排放量、粉尘排放量和固体废弃物排放量分别为 0.85 吨、0.13 千克、0.09 千克、0.09 千克和 0.02 吨。电气机械及器材制造业万元产值废水排放量、二氧化硫排放量、烟尘排放量分别为 0.33 吨、0.05 千克和 0.03 千克，几乎没有粉尘和固体废弃物排放。这四个行业的万元产值废水排放量、二氧化硫排放量、烟尘排放量、粉尘排放量和固体废弃物排放量远小于电力热力生产和供应业、黑色金属冶炼及压延加工业的。因此，若实现向电子设备制造业、电气机械及器材制造业、金属制品业的产业升级,广西的工业"三废"排放量将会有更大经济效率。通过产业升级,若能够实现通用设备制造业、专用设备制造业、交通运输设备制造业和电气机械及器材制造业产值翻一倍,电力热力生产和供应业、黑色金属冶炼及压延加工业的产值不变,广西可减少工业废水排放量 3059.44 万吨、工业二氧化硫排放量 153982.17 吨、工业烟尘排放量 37631.82 吨、工业粉尘排放量 7342.36 吨和工业固体废弃物排放量 820.06 万吨。

3. 云南

云南产业升级路径是基于化学工业、黑色金属冶炼及压延加工业、有色金属冶炼及压延加工业向医药制造业、造纸印刷及文教体育用品制造业、仪器仪表及文化办公用机械制造业、电气机械及器材制造业进一步升级。

医药制造业、造纸印刷及文教体育用品制造业、仪器仪表及文化办公用机械制造业、电气机械及器材制造业升级的价格波动幅度分别为 1.93、2.30、3.17 和 2.34,化学工业、黑色金属冶炼及压延加工业、有色金属冶炼及压延加工业价格波动幅度低许多,化学工业、黑色金属冶炼及压延加工业、有色金属冶炼及压延加工业的价格波动幅度分别为 4.84、9.19 和 10.48(详见表 11-8)。若实现向医药制造业、造纸印刷及文教体育用品制造业、仪器仪表及文化办公用机械制造业、电气机械及器材制造业的产业升级,可有效降低经济增长的波动,带来较为稳定的经济增长。通过产业升级,若能够实现医药制造业、造纸印刷及文教体育用品制造业、仪器仪表及文化办公用机械制造业、电气机械及器材制造业增加值翻一倍,电力热力生产和供应业、黑色金属冶炼及压延加工业的增加值不变,云南经济增长指数的标准差可下降 0.65 个点,经济增长可增加 49.62 亿元。

医药制造业、造纸及纸制品业、印刷业和记录媒介的复制、文教体育用品制造业、仪器仪表及文化办公用机械制造业、电气机械及器材制造业的就业弹性分别为 0.2473、0.2319、0.3146、0.4194、0.4777 和 0.4053,高于化学工业、黑色金属冶炼及压延加工业、有色金属冶炼及压延加工业的就业弹性(详见表 11-12)。因此,若实现向医药制造业、造纸印刷及文教体育用品制造业、仪器仪表及文化办公用机械制造业、电气机械及器材制造业的产业升级,就业量将有较大增长。通过产业升级,若能够实现医药制造业、造纸印刷及文教体育用品制造业、仪器仪表及文化办公用机械制造业、电气机械及器材制造业产值翻一倍,电力热力生产和供应业、黑色金属冶炼及压延加工业的增加值不变,云南就业人数将增加4.56万人。

医药制造业万元产值废水排放量、二氧化硫排放量、烟尘排放量、粉尘排放量和固体废弃物排放量分别为6.09吨、0.97千克、0.58千克、0.01千克和0.04吨。造纸及纸制品业业万元产值废水排放量、二氧化硫排放量、烟尘排放量、粉尘排放量和固体废弃物排放量分别为51.78吨、5.88千克、3.05千克、0.10千克和0.23吨。印刷业和记录媒介的复制万元产值废水排放量、二氧化硫排放量、烟尘排放量分别为0.63吨、0.14千克、0.07千克,几乎没有粉尘排放和固体废弃物排放。文教体育用品制造业万元产值废水排放量、二氧化硫排放量、烟尘排放量、粉尘排放量分别为0.51吨、0.04千克、0.02千克和0.01千克,几乎没有固体废弃物排放。仪器仪表及文化办公用机械制造业万元产值废水排放量、二氧化硫排放量、烟尘排放量和固体废弃物排放量分别为1.15吨、0.04千克、0.01千克和0.01吨,几乎没有粉尘排放。电气机械及器材制造业万元产值废水排放量、二氧化硫排放量、烟尘排放量分别为0.33吨、0.05千克和0.03千克,几乎没有粉尘和固体废弃物排放。这些行业的万元产值废水排放量、二氧化硫排放量、烟尘排放量、粉尘排放量和固体废弃物排放量普遍都小于化学工业、黑色金属冶炼及压延加工业、有色金属冶炼及压延加工业的。因此,若实现向医药制造业、造纸印刷及文教体育用品制造业、仪器仪表及文化办公用机械制造业、电气机械及器材制造业的产业升级,云南的工业"三废"排放量将会有更大经济效率。通过产业升级,若能够实现医药制造业、造纸印刷及文教体育用品制造业、仪器仪表及文化办公用机械制造业、电气机械及器材制造业产值翻一倍,化学工业、黑色金属冶炼及压延加工业、有色金属冶炼及压延加工业产值不变,云南可减少工业废水排放量25.53万吨、工业二氧化硫排放量4369.42吨、工业烟尘排放量1121.37吨、工业粉尘排放量1641.04吨和工业固体废弃物排放量78.21万吨。

4. 西藏

西藏产业升级路径是基于非金属矿采选业、有色金属矿采选业向金属制品和工艺品及其他制造业进行升级。

金属制品和工艺品及其他制造业的价格波动幅度分别为3.51和3.59,

比非金属矿采选业 4.29、有色金属矿采选业 8.36 的价格波动幅度低(详见表
11-8)。若实现向金属制品和工艺品及其他制造业的产业升级,可有效降低
经济增长的波动,带来较为稳定的经济增量。通过产业升级,若能够实现向金
属制品和工艺品及其他制造业增加值翻一倍,金属矿采选业、有色金属矿采选
业的增加值不变,西藏经济增长指数的标准差可下降 0.26 个点,经济增长可
增加 0.53 亿元。

金属制品和工艺品及其他制造业的就业弹性分别为 0.4422 和 0.2649,
高于非金属矿采选业 0.1141、有色金属矿采选业 0.144 的就业弹性(详见表
11-12)。因此,若实现向金属制品和工艺品及其他制造业的产业升级,就业
量可有所增长。通过产业升级,若能够实现金属制品和工艺品及其他制造业
的产值翻一倍,非金属矿采选业、有色金属矿采选业产值不变,西藏就业人数
可增加 0.31 万人。

通用设备制造业万元产值废水排放量、二氧化硫排放量、烟尘排放量、粉
尘排放量分别为 0.82 吨、0.09 千克、0.05 千克和 0.24 千克,几乎没有固体废
弃物排放。金属制品业万元产值废水排放量、二氧化硫排放量、烟尘排放量、
粉尘排放量和固体废弃物排放量分别为 1.88 吨、0.28 千克、0.15 千克、0.07
千克和 0.02 吨。这两个行业的万元产值废水排放量、二氧化硫排放量、烟尘
排放量、粉尘排放量和固体废弃物排放量远远小于非金属矿采选业、有色金属
矿采选业的。因此,若实现向金属制品和工艺品及其他制造业的产业升级,西
藏的工业"三废"排放量会有更大经济效率。通过产业升级,若能够实现金属
制品和工艺品及其他制造业产值翻一倍,非金属矿采选业、有色金属矿采选业
的产值不变,西藏可减少工业废水排放量 17.32 万吨、工业二氧化硫排放量
113.03 吨、工业烟尘排放量 78.26 吨、工业粉尘排放量 46.42 吨和工业固体废
弃物排放量 1.83 万吨。

5. 新疆

新疆产业升级路径是基于石油和天然气开采业、石油加工及炼焦加工业
向塑料制品业、电气机械及器材制造业、通用专用设备制造业进一步升级。

塑料制品业、电气机械及器材制造业、通用设备制造业、专用设备制造业
的价格波动幅度分别为 3.48、3.17、2.20、1.49,比石油和天然气开采业
12.54、石油加工及炼焦加工业 8.61 的价格波动幅度低许多(详见表 11-8)。

若实现向塑料制品业、电气机械及器材制造业、通用设备制造业、专用设备制造业的产业升级,可有效降低经济增长的波动,带来较为稳定的经济增量。通过产业升级,若能够实现塑料制品业、电气机械及器材制造业、通用设备制造业、专用设备制造业增加值翻一倍,石油和天然气开采业、石油加工及炼焦加工业的增加值不变,新疆经济增长指数的标准差可下降1.23个点,经济增长可增加32.72亿元。

塑料制品业、电气机械及器材制造业、通用设备制造业、专用设备制造业的就业弹性分别为0.4780、0.3443、0.2777、0.4777,高于石油加工及炼焦加工业0.2239、电力热力生产和供应业0.0495的就业弹性,也部分高于石油和天然气开采业0.3673的就业弹性(详见表11-12)。因此,若实现向塑料制品业、电气机械及器材制造业、通用设备制造业、专用设备制造业的产业升级,就业量可有所增加。通过产业升级,若能够实现塑料制品业、电气机械及器材制造业、通用设备制造业、专用设备制造业产值翻一倍,石油和天然气开采业、石油加工及炼焦加工业的产值不变,新疆就业人数可增加1.41万人。

塑料制品业万元产值废水排放量、二氧化硫排放量、烟尘排放量和固体废弃物排放量分别为0.49吨、0.24千克、0.12千克和0.01吨,几乎没有粉尘排放。电气机械及器材制造业万元产值废水排放量、二氧化硫排放量、烟尘排放量分别为0.33吨、0.05千克和0.03千克,几乎没有粉尘和固体废弃物排放。通用设备制造业万元产值废水排放量、二氧化硫排放量、烟尘排放量、粉尘排放量和固体废弃物排放量分别为0.58吨、0.19千克、0.13千克、0.13千克和0.02吨。专用设备制造业万元产值废水排放量、二氧化硫排放量、烟尘排放量、粉尘排放量和固体废弃物排放量分别为0.72吨、0.14千克、0.08千克、0.03千克和0.01吨。这四个行业的万元产值废水排放量、二氧化硫排放量、烟尘排放量、粉尘排放量和固体废弃物排放量远小于石油和天然气开采业、石油加工及炼焦加工业的。因此,若实现向塑料制品业、电气机械及器材制造业、通用设备制造业、专用设备制造业的产业升级,新疆的工业"三废"排放量会有更大经济效率。通过产业升级,若能够实现塑料制品业、电气机械及器材制造业、通用设备制造业、专用设备制造业产值翻一倍,石油和天然气开采业、石油加工及炼焦加工业的产值不变,新疆可减少工业废水排放量3857.52万吨、工业二氧化硫排放量5829.73吨、工业烟尘排放量2373.12吨、工业粉尘排放量 2034.63 吨和工业固体废弃物排放量 184.62 万吨。

表 11-19　西部欠发达地区产业升级的产业升级效应

效应	地区	内蒙古	广西	云南	西藏	新疆
增长效应	降低增长波动(点)	2.12	0.73	0.65	0.26	1.23
	增加增长量(亿元)	42.71	246.55	49.62	0.53	32.72
就业效应	增加就业(万人)	2.07	14.89	4.56	0.31	1.41
环境效应	减少工业废水排放量(万吨)	371.48	3059.44	25.53	17.32	3857.52
	减少工业二氧化硫(吨)	4393.67	113982.17	4369.42	113.03	5829.73
	减少工业烟尘(吨)	1491.23	37631.82	1121.37	78.26	2373.12
	减少工业粉尘(吨)	2209.56	7342.36	1641.04	46.42	2034.63
	减少工业固体废弃物(万吨)	109.05	820.06	78.21	1.83	184.62

数据来源:根据表 11-8、10-9、10-12、10-14 和产业升级目标计算得到。

(二)西部欠发达地区产业转换的效应分析

1. 内蒙古

内蒙古产业转换的可选择目标行业是食品制造业、农副食品加工业、饮料制造业、木材加工及木竹藤棕草制品业、纺织业。根据表 11-8 和表 11-9,结合各行业对经济增长的贡献,通过产业转换,加快食品制造业、农副食品加工业、饮料制造业、木材加工及木竹藤棕草制品业和纺织业的发展,若能够实现这些行业增加值翻一倍,内蒙古经济增长指数的标准差将下降 2.53 个点,经济增长将增加 409.72 亿元。根据表 11-12 的各行业就业弹性差异,通过产业转换,加快食品制造业、农副食品加工业、饮料制造业、木材加工及木竹藤棕草制品业和纺织业的发展,若能够实现这些行业产值翻一倍,内蒙古就业人数将增加 17.95 万人。根据表 11-13 的各行业万元产值"三废"排放量差异,通过产业转换,加快食品制造业、农副食品加工业、饮料制造业、木材加工及木竹藤棕草制品业和纺织业的发展,内蒙古可减少工业废水排放量 199.98 万吨、工业二氧化硫排放量 4461.917 吨、工业烟尘排放量 2040.20 吨、工业粉尘排放量 3537.53 吨和工业固体废弃物排放量 134.75 万吨。

2. 广西

广西产业转换的可选择目标行业是农副食品加工业、木材加工及木竹藤棕草制品业、交通运输设备制造业、烟草制品业、饮料制造业、专用设备制造业、医药制造业、造纸及纸制品业、印刷业和记录媒介的复制。根据表11-8和表11-9,结合各行业对经济增长的贡献,通过产业转换,加快农副食品加工业、木材加工及木竹藤棕草制品业、交通运输设备制造业、烟草制品业、饮料制造业、专用设备制造业、医药制造业、造纸及纸制品业、印刷业和记录媒介的复制的发展,若能够实现这些行业增加值翻一倍,广西经济增长指数的标准差将下降0.86个点,经济增长将增加584.54亿元。根据表11-12的各行业就业弹性差异,通过产业转换,加快食品制造业、农副食品加工业、饮料制造业、木材加工及木竹藤棕草制品业和纺织业的发展,若能够实现这些行业产值翻一倍,广西就业人数将增加33.94万人。根据表11-13的各行业万元产值"三废"排放量差异,通过产业转换,加快食品制造业、农副食品加工业、饮料制造业、木材加工及木竹藤棕草制品业和纺织业的发展,广西可减少工业废水排放量955.82万吨、工业二氧化硫排放量128735.61吨、工业烟尘排放量60309.42吨、工业粉尘排放量13418.·75吨和工业固体废弃物排放量555.18万吨。

3. 云南

云南产业转换的可选择目标行业是印刷业和记录媒介的复制、饮料制造业、医药制造业、农副食品加工业。根据表11-8和表11-9,结合各行业对经济增长的贡献,通过产业转换,加快印刷业和记录媒介的复制、饮料制造业、医药制造业、农副食品加工业的发展,若能够实现这些行业增加值翻一倍,云南经济增长指数的标准差将下降0.82个点,经济增长将增加394.91亿元。根据表11-12的各行业就业弹性差异,通过产业转换,加快食品制造业、农副食品加工业、饮料制造业、木材加工及木竹藤棕草制品业和纺织业的发展,若能够实现这些行业产值翻一倍,云南就业人数将增加12.65万人。根据表11-13的各行业万元产值"三废"排放量差异,通过产业转换,加快食品制造业、农副食品加工业、饮料制造业、木材加工及木竹藤棕草制品业和纺织业的发展,云南可减少工业废水排放量322.69万吨、工业二氧化硫排放量5168.64吨、工业烟尘排放量1453.02吨、工业粉尘排放量2790.53吨和工业固体废弃物排放量 139.88 万吨。

4. 西藏

西藏产业转换的可选择目标行业是印刷业和记录媒介的复制、饮料制造业、医药制造业、农副食品加工业。根据表 11-8 和表 11-9,结合各行业对经济增长的贡献,通过产业转换,加快印刷业和记录媒介的复制、饮料制造业、医药制造业、农副食品加工业的发展,若能够实现这些行业增加值翻一倍,西藏经济增长指数的标准差将下降 0.34 个点,经济增长将增加 7.60 亿元。根据表 11-12 的各行业就业弹性差异,通过产业转换,加快食品制造业、农副食品加工业、饮料制造业、木材加工及木竹藤棕草制品业和纺织业的发展,若能够实现这些行业产值翻一倍,西藏就业人数将增加 0.48 万人。根据表 11-13 的各行业万元产值"三废"排放量差异,通过产业转换,加快食品制造业、农副食品加工业、饮料制造业、木材加工及木竹藤棕草制品业和纺织业的发展,西藏可减少工业废水排放量 22.99 万吨、工业二氧化硫排放量 113.40 吨、工业烟尘排放量 75.52 吨、工业粉尘排放量 36.88 吨和工业固体废弃物排放量 1.79 万吨。

5. 新疆

新疆产业转换的可选择目标行业是印刷业和记录媒介的复制、饮料制造业、医药制造业、农副食品加工业。根据表 11-8 和表 11-9,结合各行业对经济增长的贡献,通过产业转换,加快印刷业和记录媒介的复制、饮料制造业、医药制造业、农副食品加工业的发展,若能够实现这些行业增加值翻一倍,新疆经济增长指数的标准差将下降 1.23 个点,经济增长将增加 107.11 亿元。根据表 11-12 的各行业就业弹性差异,通过产业转换,加快食品制造业、农副食品加工业、饮料制造业、木材加工及木竹藤棕草制品业和纺织业的发展,若能够实现这些行业产值翻一倍,新疆就业人数将增加 14.24 万人。根据表 11-13 的各行业万元产值"三废"排放量差异,通过产业转换,加快食品制造业、农副食品加工业、饮料制造业、木材加工及木竹藤棕草制品业和纺织业的发展,新疆可减少工业废水排放量 658.97 万吨、工业二氧化硫排放量 7099.89 吨、工业烟尘排放量 3309.68 吨、工业粉尘排放量 1648.00 吨和工业固体废弃物排放量 127.61 万吨。

表 11-20　西部欠发达地区产业升级的产业转换效应

效应	地区	内蒙古	广西	云南	西藏	新疆
增长效应	降低增长波动(点)	2.53	0.86	0.82	0.34	1.23
	增加增长量(亿元)	409.72	584.54	394.91	7.60	107.11
就业效应	增加就业(万人)	17.95	33.94	12.65	0.48	14.24
环境效应	工业废水排放量(万吨)	199.98	955.82	322.69	22.99	658.97
	工业二氧化硫(吨)	4461.91	128735.61	5168.64	113.40	7099.89
	工业烟尘(吨)	2040.20	60309.42	1453.02	75.52	3309.68
	工业粉尘(吨)	3537.53	13418.75	2790.53	36.88	1648.00
	工业固体废弃物(万吨)	134.75	555.18	139.88	1.79	127.61

数据来源:根据表 11-8、10-9、10-12、10-14 和产业转换目标计算得到。

五、提高西部欠发达地区经济自生能力面临的难点与政策支持

　　资源型经济的转型是实现西部欠发达地区比较优势动态化的根本前提,是提高西部欠发达地区经济自生能力的根本保证。资源型经济的转型是一个长期复杂过程,促进经济的转型发展,实现矿产资源依赖型经济向自然资本、人力资本、社会资本良性发展的综合经济体系的重大转变,是未来西部欠发达地区提高经济自生能力的理性选择。

(一)提高西部欠发达地区经济自生能力面临的难点

1. 制度障碍

　　经济发展和就业增长不仅取决于资源、资产、产业结构转变、技术水平等众多因素,而且依赖于社会经济活动存在的制度环境。制度环境的实质就是社会经济活动赖以存在的人与人之间的关系的总和,制度环境的核心是产权保护规则的建立和实施。从某种程度上讲,由于自然环境与物质资源相对稳定和变动迟缓,制度环境对以资源型产业为主的西部欠发达地区提高经济自生能力往往起决定性作用。

（1）政策和体制分割的制约。在政策上,计划经济时期国家按指令性计划向西部欠发达地区低价调出资源性产品,而加工型地区向西部欠发达地区高价返销轻工产品,造成了西部欠发达地区经济效益的双向损失,使其地区积累能力弱化。进入市场经济时期,国家拿走了资源型产业税收的大部分,地区积累能力依旧弱化,不仅难以发展新兴产业,也难以为培育新兴产业创造投资环境。在体制上,资源开发企业长期受中央主管部门垂直领导,自成体系,与地方协调性差,大企业与小政府的格局带来诸多矛盾。在这种格局下,政府难以全力帮助企业实现产业转型,企业又难以充分发挥对地区经济的辐射与带动作用,在实际工作中造成大量摩擦和内耗。大企业作为西部欠发达地区微观经济主体,大都受中央管理,服从于中央的发展目标,基本上封闭运行,即使看到单一产业对整个区域的发展不利,也只能在企业力所能及的范围内做出有限的贡献。地方政府没有能力统率各方力量、统筹使用资金和各种资源,实现产业结构转型。

（2）产权障碍。由于历史的原因,资源型经济以国有经济为主,且企业规模结构单一,以大企业为主,其他经济类型的企业和中小企业发展却明显滞后,计划经济体制的影响和国有企业在改革中出现的问题在资源型产业中暴露得比较充分。资源型经济由于企业的所有制结构单一,中小企业发展滞后,难以消化大量的转型就业人口,使地区失业率明显高于其他类型地区,导致了社会不稳定的因素增多,增加了转型的难度。

（3）价格体制产生的不公平区际效率。西部欠发达地区的资源型产业基本上都是在我国的工业化建设初期迅速形成的,经历了较长一段时间的计划经济体制时期。在计划经济体制时期,政府对资源的配置,由直接调配到利用"价格杠杆"调配。直接调配资源,对西部欠发达地区而言,处于完全输出地位,是对地区财富的一种剥夺。几十年来,中央政府一直把效率作为首要目标,只是兼顾公平,在政策运用上,向东南沿海倾斜,利用价格杠杆,压低原材料的价格,抬高制成品的价格。这必然造成西部欠发达地区与东南沿海差距不断加大,西部欠发达地区向外输出低价资源,买进高价制成品,利益大量流失,缺乏地区发展的资本积累。

2. 市场障碍

资源型经济受市场竞争中比较利益优势的制约。一般来说,在市场经济条件下,产业结构优化与升级是经济发展的自然过程,其动力来自于市场竞争规律。市场机制可以实现企业的优胜劣汰,也可以实现产业结构的自发选择。但在现阶段,市场机制对资源型产业结构的升级与优化却难以做出充分的调整。第一,市场分工会强化资源型产业按自身的比较利益优势使其产业结构单一畸形发展。资源型产业投资巨大,从业人员众多,形成超强的支柱产业体系,其影响力几乎遍及所在西部欠发达地区的所有产业和部门。长期以来,资金、技术、人才等生产要素无一例外地向该产业倾斜,反过来又不断地强化着这一比较利益优势。第二,资源型产业设备和劳动力专业化程度高,产业整体转换成本大,企业要素专业转换成本也大,使其难以按市场需求进行顺利升级。第三,市场无法在短期内对这样的产业作出选择,因为资源间的替代是受技术进步影响的长期过程,市场对这样的产业需求带有刚性。

3. 区位障碍

一般产业是随商品经济的发展而逐渐形成的,而资源型产业大多随自然资源的大规模开发在短时间内骤然形成,且大多临近资源而建,由此形成的资源型经济产生也具有突发性,资源禀赋状况决定了资源型产业的地理位置,资源的禀赋及分布状况决定了资源型经济所在区域多深处边远地区,远离经济相对发达地区和国际国内市场。西部欠发达地区资源型产业大多也是在穷乡僻壤或荒漠戈壁上建立起来的,基础设施建设成本比一般地区较高,同时,城市因资源区位而建,难以进行科学的规划。在"先生产,后生活"思想的指导下,西部欠发达地区基础设施落后于生产发展,导致其交通不便、信息不畅、市场封闭、辐射媒介差、投资环境差、对外开放程度不高,在吸引资金和人才方面难以与其他地区进行竞争,经济转型缺乏外力推动。

4. 财力障碍

首先,资源型产业为上游基础性产业,产品附加值远低于下游加工业,这是造成西部欠发达地区财力薄弱的根本原因。其次,资源型产品的价格变动波及面广,国家为保护下游产业,稳定整个价格体系,往往对资源产品价格实行行政性干预和管制,目前由国家直接干预和管制价格的少数产品中,大部分为稀缺性资源产品,这使资源产品价格长期难以反映其价值和市场供给变化,导致资源型产业利润大量外流。第三,传统统收统支的财政体制,造成资源型经济自我积累能力相当低下。国有大中型企业是资源型产业的主体,也是西部欠发达地区财政收入的主要来源,但这些企业相当部分是中央直属企业,所得税上缴中央财政,对地方财政贡献少。在改革的过程中,虽然资源型产业自我积累机制已经建立,但由于相当多的资源型产业已经或正在进入资源开采后期,加之历史欠账太多,其自身增加积累和进行经济结构调整的能力大大减弱。

5. 人才障碍

资源型产业就业除科技人员、管理人员和部分技术工人从外部迁入以外,大多数劳动力来自周边农村,文化教育水准低,技能单一。同时,西部欠发达地区的教育基础薄弱,难以自主培养大批高层次人才。由于西部欠发达地区工作、生活环境条件差,明显劣于沿海开放地区,在人才自主择业、自主流动的条件下,不但难以从外界吸引人才,还出现大批本地人才外流的现象,导致产业转型所急需的高层次、复合型人才奇缺。此外,资源型经济转型的人才障碍还来源于计划体制下的高就业风险。资源型产业多数面临着巨大的就业压力,表层原因可归结为资源越开采越少,不需要投入那么多的人力和物力,深层原因却是国有经济为主体、计划体制下隐性失业在面临市场经济条件下的显现,资源的衰减只不过是加剧了失业的严重程度而已。

6. 生态环境障碍

环境污染恶劣和生态脆弱也是西部欠发达地区资源型经济转型的重要制约因素。矿产资源、化石能源和水土资源的不合理利用,加剧了水资源的短缺和生态环境的破坏。环境质量的退化和自然灾害的加重构成了对重大基础设施的威胁。沙尘暴、泥石流等灾害发生频繁,如云南东川的衰退表面上是由于东川的矿产资源枯竭引起的,但根本原因还是因为东川的生态环境恶化造成的。这些灾害的发生无疑增加了资源型经济转型发展的成本,形成了资源型经济转型障碍,阻碍了经济自生能力的提高。

(二)提高西部欠发达地区经济自生能力的基本思路

1. 经营方式的集约化

从增长质量上看,西部欠发达地区资源型经济存在着严重的粗放式经营问题。这种高度依赖矿物开采,长期停留在矿物的开采和初级加工阶段,形成了与下游产品生产领域几乎完全割裂的自我封闭体系,限制了企业合理的投资和经营结构的拓展空间。同时,由于矿产开采现已进入资源递减、成本递增的后期开采阶段,企业和城市难以通过向相关产业领域的转移来补偿损失、规避风险。在向外地输出资源和初级产品过程中,西部欠发达地区资源型产业往往只能获取微薄的利润,大量价值和利润被其他地区的企业以深加工或提供相关服务等形式获取。而且,由于加工能力薄弱,西部欠发达地区需要从外地大量采购高价格成品,再一次将创造的利润流失到外地。从发展的趋势来看,为了解决这一现实问题,必须抓好资源的深度加工和综合利用,实现由粗放型经营向集约型经营的转变,从而获得经济自生能力。

2. 主导产业的多元化

以资源型产业为主的西部欠发达地区往往被单纯地看成是资源性产品生产基地,从而导致这类地区在产业结构上围绕资源展开,重工业比重普遍较大,而且大部分处于产业链的前端;初级产品比重大,精深加工和最终产品比重小。一方面,利润微薄,外流严重;另一方面,单一化的产业结构造成地区对资源的极大依赖,致使与资源相关的国际国内市场变动往往会给这些地区的经济发展带来致命的打击。并且,由于西部欠发达地区单纯强调提高生产功能,强调以资源为中心和重心,第三产业发展的严重滞后制约着这些地区经济发展和社会进步。没有合理的多元化的产业结构布局,产业间互补互利、分散风险的组合效应就不可能存在,这些地区发展也就失去了稳固的基础。产业结构的多元化是区域多功能作用的基础,资源型地区产业结构的调整,是实现可持续发展的关键。

3. 多种所有制结构并存

以资源型产业为主的西部欠发达地区与其他地区相比,国有经济比重较高,这种单一的所有制结构,严重阻碍了存量要素顺畅地流动,导致增量要素的配置呈现刚性,难以保证产业结构的优化。要打破这种要素配置的刚性,必须促使中小企业建立具有多种经济成分和多元化利益主体的所有制结构。

(三)提高西部欠发达地区经济自生能力的制度与政策支持

资源型经济现象的形成、规避与资源型经济的转型发展,都与制度因素有着千丝万缕的联系。可以说,资源型经济现象,其根本原因就是一种制度缺失和政策缺失。因此,西部欠发达地区资源型经济的转型发展,提高经济自生能力,离不开制度转型,也离不开政策支持。

1. 提高西部欠发达地区经济自生能力的制度支持

　　针对提高西部欠发达地区经济自生能力的难点,提高西部欠发达地区经济自生能力的制度支持主要体现在进一步完善资源环境补偿制度和建立资源收益分配制度。

　　(1)进一步完善资源环境补偿制度

　　目前,发达国家已经建立起一套比较完善的资源环境补偿制度。包括通过权利金调节资源所有权人与资源开发使用方的关系;通过资源税或资源超额利润税调节不同资源使用者之间的关系;通过矿业权出让金或矿业权有偿使用费来调节国家与矿业权人之间的关系;通过具有生态税特征的消费税等调节资源消费者与社会的关系。资源环境补偿制度从经济利益的角度将资源所有者、开发方、使用方、监管方联为一体。各种税费收入主要用于生态环境治理,在不足以实现生态环境保护和修复时,政府通过其他渠道筹集资金加以补充,不在资源环境保护上留下资金缺口。资源型产业成本核算中存在着资源成本核算不完全的重大缺陷。建议在界定政府与企业边界的基础上,逐步将资源型产品生产过程中的外部成本内在化,使资源价格能够真实、合理地反映其真实成本。进一步改革资源税制,研究开征资源环境保护税,并引入矿产权利金、出让金、抵押金制度,改革增值税和消费税制度;以外部效应理论为基础,建立环境保护和生态恢复的补偿制度。

　　(2)建立资源收益分配制度

　　借鉴国际上资源收益管理经验,对于国有企业或国有控股企业,实行资源产权收益与资源开发收益相挂钩制度,建立资源红利与资源产品价格的联动机制。当资源产品价格低于某一界限时,只收取固定的资源红利;当资源产品价格超过某一界线时,导致资源产业平均利润明显超过工业行业平均利润时,启动这一机制;当资源价格超过另一界限,导致资源产业平均利润过高,有可能出现国内贸易条件恶化,或产业生态条件扭曲的特定情况时,启动即期收入资本化机制,即资源超额收益自行转化为投资或转入社会化基金。当然,资源产品价格阀值的确定,因产品特性和市场情况而定,当资源价格过低时,则采取价格补贴或其他有效办法,帮助企业度过市场难关。

　　2. 促进西部欠发达地区产业升级的政策支持

　　西部欠发达地区应当根据其资源型产业经济特点,建立多层次的技术创新体系,形成具有弹性的技术开发结构。既要在资源型产业向加工型产业转化升级过程中扶植战略性创新,也要在重点资源型产业实行增进性创新,还要在其他发展领域采用技术跟踪和模仿策略,普及推广各种先进技术和适用技术,充分利用有限甚至是短缺的资源,推进技术创新,加快技术开发,提高产业活动的技术层次和产品的技术含量,有效推动经济转型进程。

(1)鼓励资源型企业成为技术创新主体

鼓励资源型企业成为技术创新的主体,是建立健全资源型企业技术创新体系,加速形成资源型地区建立自主创新的科技进步机制的重要措施。鼓励资源型企业成为技术创新主体,要着重于两个关键点:一是要深化科技体制改革,逐步建立起适应于社会主义市场经济体制,形成科技力量资源配置合理、科技投入多元化、管理科学并且富有活力的资源型产业的科技进步体系。二是抓好重点资源型企业技术中心的建设工作。以重点企业技术中心的建设作为关键点,带动更多的资源型企业建立健全技术开发机构,并做到有效保障技术开发机构的人员、任务、资金。三是落实,充分发挥技术中心在技术开发推广、人才培养及技术创新的组织、协调、咨询方面的作用。

(2)鼓励灵活运用自主合作创新和引进模仿创新推进技术创新工作

一是自主合作创新,即以企业自身的研究开发力量为基础,与国内外的相关研究院所或高校合作推动技术创新的组织形式。一些资源型企业经过几十年的发展,大都有自己的技术开发研究队伍,具备了一定的技术水平,只是近几年来科技进步速度降低,科研人员面临断层的危险。因此,要鼓励企业立足于自身的研究开发力量,并以此为基础加强与国内各研究院所和高校的合作,吸收高新技术,不断推动技术创新。二是引进模仿创新。即企业以引进国外先进技术为技术创新的起点,通过消化吸收与改进,做到为我所用,并力争有所突破,或企业通过购买专有技术或专利许可等手段来推动创新的组织形式。大部分技术进步具有"路径依赖"的特征,通过引进新技术作为自主研发的起点,将大大缩短与先进地区的技术差距,并有可能取得技术进步的重大突破,打破前沿企业的技术垄断。鼓励企业运用这两种方式进行技术创新,一方面可以由政府主导建立创新基金,对区域内重大的自主合作创新项目提供有力的支持;另一方面,对区域企业引进的先进技术,也要给予特殊的优惠政策,甚至给予一定的财政补贴。

(3)大力加强产学研结合,鼓励各方面科技力量参与技术创新一方面,在宏观科技管理上,要转变陈旧观念,革新观念,建立促进产、学、研结合的机制。对于重大技术攻关项目,资源型企业应在其内部建立示范点和试验点,组织相关科研单位、高校、工厂与企业攻关示范点联合攻关,最大限度的发挥各自的科研优势,搞好合作攻关大协作;对于急需解决的热点、难点技术问题,可以通过面向全社会的高校和科研院所以技术难题招标的形式予以解决;对行业中的技术开发性项目,应逐步引入市场竞争机制,实行"公开招标,平等竞争,专家评审,择优实施"的原则,使课题攻关从立项一开始就瞄准生产应用和市场要求。另一方面,要建立和完善资源型地区的技术市场,并在此基础上举办多种形式的技术交流活动。技术市场是推动科技成果转化的重要桥梁,也是加强产、学、研相结合的重要途径,它将在资源型企业技术创新过程中具有越来越重要的作用。最后,鼓励资源型企业与科研院所、高校联合,建立长期稳定的合作关系或共同组建科研基地。其合作方式应从目前单纯项目型的产、学、研合作转向技术、人才、资金等多方面、多样性的合作,尤其是要建立战略性伙伴关系的产、学、研高层次合作。政府主管部门应组织科技成果信息发布会和产、学、研技术合作洽谈会,推动企业与科研院所、高校建立优势互补、风险共担、利益共享、共同发展的合作机制。

(4)鼓励资源型企业加大科技成果转化力度,加快技术创新进程

技术创新作为科技进步中科技由潜在生产力转化为现实生产力的关键环节,是一个周期性的技术经济过程,一般包括新产品和新工艺的获得、生产化、商业利益的实现三个阶段。检验企业技术创新成功与否的主要标志是新产品、新技术的市场实现程度,而不是技术与产品的完善。因而,科技成果转化是技术创新最关键的一环。资源型地区要采取一系列措施,鼓励和引导企业在获取新产品、新技术和新工艺后,注重其应用和推广,尽快实现其商业价值,努力加快技术创新进程。在鼓励企业加速创新过程的同时,也要开展科技进步评价,加强对技术创新的监督和指导。当前,经济体制正向社会主义市场经济体制转变,企业科技进步的宏观环境发生了深刻的变化。要进一步推动技术创新,就必须按照社会主义市场经济体制的客观要求,逐步改变管理方式,加强宏观指导和服务,建立科技进步评价方法和标准,将评价结果作为考核资源型企业主要领导干部业绩的重要依据之一,对科技进步成效显著的单位,以多种形式进行表彰和宣传,对科技进步速度慢的单位要提出改进措施,并监督

检查,限期整改。

(5)健全金融体系,为产业升级的创新工作服务

资源型产业升级的创新工作是一个系统的体系,需要大量的资金投入,单单靠政府的支持是远远不够的,因此资源型地区要建立健全金融体系,尽快形成全方位、多层次、立体化的金融发展服务体系,为资源型产业结构升级的创新活动服务。当前,在资源型经济创新活动中,民营经济具有巨大的发展潜力,但与国有企业获得的服务相比,却相差甚远,民营经济存在较大程度的金融抑制。因此,目前最重要的是加快建设资源型地区民营经济金融服务体系,如培育民营银行、中小银行等。此外,要实行有区别的金融政策,营造有利于资源型地区发展的金融环境。针对中西部资源型地区比较原始和松散的金融活动和形式,中央银行应当采取比较宽松的调控和监管政策,如实行有区别的存款准备金制度和比较自由的利率政策、扶植合作金融的发展、允许民间直接借贷的存在等。在健全金融体系的情况下,资源型地区还要尽快建立风险投资体系,促进高科技产业的发展,为产业结构升级的创新活动创造条件。高科技企业对资源型地区产业结构优化升级、整体技术水平的提升具有巨大而持久的推动作用是不容置疑的,而催生并推进高科技企业的发展取决于多种因素,其中风险投资的介入尤为重要。考虑各资源型地区不同的产业结构和金融结构发展水平,各个地区可以制定不同的发展策略,首先可以发展重点资源型地区的风险投资,然后通过以点带面,实现全部地区的协同发展,为各地区产业升级与技术创新创造良好的金融环境和外部条件。

3. 促进西部欠发达地区产业转换的政策导向

从国际上看,资源型经济从其建立、发育、成长直至衰退都有其特定的规律和周期。这种规律和周期不仅取决于该资源型产业的发展规律和生命周期、资源可开采储量的稳定性,而且取决于国家对区域与企业在宏观指导政策上的支持和把握。资源是有限的,如何使资源型企业在资源枯竭之后仍然能够继续生存和发展、维持地区的稳定和可持续发展,政府产业转换的政策导向就显得尤其重要。

(1)科学制定开发规划,及早实施资源型产业转型

实践证明,产业转型时间越晚,越积重难返,也将付出更为高昂的代价。因此,在资源开发尚处于增产期时,资源型地区就应利用这段资金较为充裕的

时期开始发展替代产业,以赢得时间和主动。首先,西部欠发达地区资源型产业结构转型应依托传统支柱产业优势,通过延缓传统支柱产业衰退为产业结构转型赢得时间和资金支持。要通过主导产业的向前向后关联效应加快对主导产业的深度开发,促进产业的多层次化和高级化,使高附加值、高加工度、高科技含量的后续精加工产业成长起来。其次,西部欠发达地区资源型经济产业结构转型应在企业、城市、区域三个层面上展开。在企业层面,西部欠发达地区资源型企业必须在新的市场环境下,以全球竞争的态度,寻找影响企业竞争力的主要因素,不断提升企业的市场竞争能力,实现对资源的高效、有序和合理开发。在城市层面,地方政府应在国家宏观指导下,根据资源型城市的实际情况,积极引导产业结构转型。在区域层面,资源型经济产业结构转型需要西部欠发达地区从多方面予以规划和扶持。

(2)选择适当的支柱产业

资源型产业结构顺利转换的成败与否,关键要看所选取的支柱产业是否合理。如前所述,合理的支柱产业在区域经济增长中所发挥的作用不仅是要看该产业的产值占总产值的多少,而更重要的是看该支柱产业前向与后向的关联程度。因此,西部欠发达地区资源型地区支柱产业的选择,除了应根据其资源状况、区位条件、技术条件、生产要素配置、市场拓展度等优势以及区域的发展战略等因素来确定外,还要选择具有关联效应强、经济带动力大的产业作为其主导产业。此外,由于资源型经济的发展既得利于资源又受制于资源,为避免各资源型地区产业结构调整的趋同性,支柱产业的选择更应注意发挥资源和技术的优势,既维护现有自然资源采选业作为资源型经济的支柱以满足国民经济基础产业发展的需要,又要发展潜在的替代性支柱产业,以改变原有资源型经济产业结构不合理的状况。

(3)营造良好的发展环境,保证产业结构的顺利调整

良好的发展环境不仅依赖于资源型地区内部,而且还依赖于外界对资源型地区的支撑。首先,西部欠发达地区应给予资源型产业在政策、财政、信贷等方面的优惠和倾斜,根据资源型产业发展的条件,在产业布局、重大工程项目建设、财政信贷等方面给予扶持,并帮助资源型地区对生态环境的治理和保护。其次,资源型地区应做好区域规划,加快基础设施建设步伐,增强对外的沟通能力和辐射能力,这不仅有利于资源型地区的内部环境调整和改造,还可

为西部欠发达地区发展外向型经济提供良好的投资环境。第三,制定产业调整援助政策,加大扶持调整力度。根据发达国家的实践经验,采取援助政策的目的在于转移就业抑制区域功能萎缩和促进区域开发。一般来说,行业结构调整诱发的很多问题应在社会保障体制的配合下,运用市场机制的力量予以解决;而对于资源型经济,由于行业调整矛盾集中和区域自我调控能力有限,完全依靠市场机制可能会引起严重的社会问题,因此制定和运用适度的产业调整援助政策对于西部欠发达地区资源型经济的调整就显得格外重要。

(4)建立资源型产业转型基金

资源型产业转型需要大量的资金投入,但目前西部欠发达地区缺乏稳定的转型资金来源,建议设立资源型产业转型基金,作为资源型产业转型所需资金的稳定来源,用于扶持替代产业的发展。转型基金应多方筹集,其中从资源开发企业缴纳的资源税和增值税中提取一定比例返还地方作为转型基金的主要来源。

第十二章　沿边产业合作带、边缘增长中心与西部欠发达地区外向型经济发展

在沿边开放战略指引下,我国西部欠发达地区能够根据边境地区的空间制约和开放的边界效应,顺应次区域合作的发展趋势,以沿边产业合作带为形式、以边缘增长中心为重点推动沿边开放升级,以发展缓解边境地区的贫困。

一、要素流动、边界效应与边缘经济增长中心的形成

沿边开放使曾经阻碍要素流动的边界从屏蔽效应向中介效应转化。中国内地与边疆的经济社会发展差距形成典型的"中心—外围"结构,空间经济理论为沿边开放条件下"中心—外围"结构的打破提供了理论依据。陆疆边界的中介效应体现为商品、资本、技术和劳动力跨境流出为主而自然资源跨境流入为主,中国对外开放进入新阶段使陆地边疆能够进一步发挥边界的中介效应,形成边缘增长中心和报酬递增的若干区域。

(一)边界效应

边界效应是近年来国内外学者较为关注的问题,国内学者更多地从国家边界的功能、屏蔽效应、国家开放后次区域经济合作中的中介效应及其转化方面展开研究,主要有以下观点:

1. 边界具有隔离、接触和渗透三项功能。是资源、劳动力、产品、资金技术相互流动最为活跃的地区,它是一个特殊的地缘社会、经济系统,一体化趋势要求国家边界功能做出相应的转变,国家边界功能从传统的隔离和防御向接触和渗透转化(方维慰,1999)。

2. 边界具有屏障功能和中介功能。分为全封闭型边界、半封闭型边界和

开放型边界。边界的屏障功能和中介功能都具有一定效应,边界地区是不同政治、经济和文化体系之间的过滤器。开放型边界的屏障效应微弱,中介功能效应为主导,人流、物流和信息流等基本可以自由流动(杨汝万、胡天新,1999)。边界一方面作为分界线起分割的作用,另一方面是作为交流与合作的界面(沈建法、杨汝万,2003)。

3. 边界的屏蔽效应和中介效应能够相互转化。国际边界划分行政结构的空间职权,阻碍边界物资、信息和人口的空间自由流动,以保护边界内部的利益不受侵犯。随着时间序列的延伸可进一步带来边界双边对空间的认知、行政制度、经济、历史文化及语言等不同社会层面的深刻差异。同时,边界是边界双方进行陆地交流的空间中介。边界的这两种效应是一对辩证的对立统一体,相互依存,相互转化(杨汝万、胡天新,1999)。

4. 屏障效应是人为的,而中介效应是天然的。每个边境口岸均拥有其专属的腹地,即与边境口岸保持密切联系的经济辐射圈,所以腹地也是体现边界效应的外延空间。由于交通干线的强化作用,边界效应的扩散空间也显示出交通干线的轴向效应。次区域经济合作本身就是边界效应,它包括优惠贸易、政府间的协议分工、多边合作的项目开发、开发银行主持的财政转移等内容(汤建中等,2002)。

5. 从交易成本角度看,"认知边界"阻碍了经济行为体对另一方主观感知的获得,增加了信息的不完善性和不对称性,"情感边界"的存在降低了彼此的认同感和信任感,增加了不安全感,相应地提高了交易成本。边界具有彼此接触和交流的空间中介功能。边界效应转化的根本动力来自于经济全球化和区域集团化,其动力机制主要来自于国家、地方(边境区)和企业,三者通过跨边界经济合作促使边界由屏蔽效应向中介效应转化,国家为边界效应转化提供一个有利于降低跨边界经济交往交易成本的制度安排(李铁立,2005)。

国外学者更多地研究了国家边界对自由贸易的阻碍作用:

1. 传统贸易理论和新贸易理论认为,国家边界对贸易的影响都是由关税和非关税壁垒组成,由于贸易障碍的存在,生产要素通常被假定为在一个国家内和部门内是完全可流动,而在国际范围内是完全不流动的(Viner,1950;等)。

2. 传统区位理论认为,边界地区由于边界限制了商品的物理流动性,在发展中是不利地区,关税和其他国际贸易障碍增加了运输成本,扭曲了市场区和供应网络,增加了位于边界地区的生产者的成本(Lösch,1944;Giersch,1949、1950)。

3. 区域经济理论认为,"生产者宁愿避免靠近贸易障碍地区而压缩他们的市场和供给的区域",而选择更接近国内市场的中心地设厂。由于这种"边界效应",公司趋向于选择在一个地区的内部,因此,一个公司的需求和供给网络更多地聚集于一个国家的地理中心而不是它的外围(Hoover,1963;Annekatrin Niebuhr,Silvia Stiller,2002)。

我们认为,在中国西部边境地区次区域经济合作不断推进的背景下,边境的中介效应已经从关税效应扩大到市场扩展效应、资源聚合效应、资本跨境流动效应、技术跨境转移效应、劳动力跨境流动效应和毗邻两国边境地区双币流通效应等多方面的效应,商品、资源、技术、人才、资本等生产要素在跨境流动过程中,能够通过要素重新配置和产业聚集,形成增长中心或增长极,带动和辐射整个边境地区积极快速发展。

(二)边缘增长中心形成模型

我们参考借鉴 Krugman(1991)在 Dixit 和 Stiglitz(1977)和 Krugman(1979,1980)的基础上结合跨境要素流动性扩展的空间经济学模型,Brakman,S.和 Garretsen,H.以及 Marrewijk(2004)总结形成的地理经济学核心模型框架[①],构建西部欠发达地区经济增长中心的形成模型,通过数值模拟,推演西部欠发达地区在沿边开放中的经济增长中心形成路径。

1. 基本假设

假设在西部边境地区次区域合作情形下,在空间上划分为三大区域:中国西部边境地区 B(border area)、中国的其他地区 C(core area)、境外区 R(rest of the world,即西部边境地区毗邻的周边国家)。

有两个部门:一个是垄断竞争的制造业,以规模报酬递增的形式生产差别化的商品;另一个是处于完全竞争状态的农业部门,作为计价物。两种生产要素被用于整个经济中:农业只使用劳动力(L),制造业用人力资本(K)作为固

---

① Brakman,S.and Garretsen,H.and Marrewijk,Charles van.An Introduction to Geographical Economics-Trade,Location and Growth.New York:Cambridge University Press,2001.

定成本和劳动力作为可变成本。所有商品都可以在所有地区贸易。

外国经济的构成和规模被假设是完全外生的。它包含 L_R 单位的劳动力和 K_R 单位的人力资本,两者都是不可流动的。在国内经济中,劳动力的地区供给是固定的:两个国内地区各自拥有 L_B 和 L_C 单位的劳动力。然而,国内的人力资本是可以区际流动的。国内经济提供 K 单位的人力资本,在地区中内生地分布:$K = K_C + K_B$。人力资本根据间接效用差异在地区 C 和地区 B 之间移动。我们表示地区的人力资本份额为 $K_B/K = \lambda$ 和 $K_C/K = 1 - \lambda$。

2. 需求:消费支出和价格指数

消费者从农业部门和制造业部门的劳动所得获得的收入,必然决定在农产品和制作品上各开支多少。这取决于消费者偏好,所有的消费者具有相同的拟线性效用函数:

$$U = \alpha \ln C_X + C_A \qquad \alpha > 0 \tag{12-1}$$

这里的 C_X 表示制造品的消费数量集,C_A 指定为农产品的消费数量集。对于制造品的购买组合 C_X,采用迪克斯特—斯迪格利茨的垄断竞争模型,根据迪克斯特—斯迪格利茨模型使用的固定替换弹性(CES)函数推导过程,设 x_i 为某一类制造品的支出水平,n 为可购买制造品数量。制造品的总消费水平函数是 i 种制造品的消费 x_i 的函数:

$$C_X = \Big[\sum_{i=1}^{n} x_i^{\frac{\sigma-1}{\sigma}} \Big]^{\frac{\sigma}{\sigma-1}} \tag{12-2}$$

这里的 x_i 是制造品品种 i 的消费量,σ 是任意两种产品的替代弹性,n 是品种的数量,由于制造品是差异化产品,所以消费者有品种偏好。随着 σ 的增加,品种中的替代弹性上升,增加制造品消费的愿望下降。品种多样化的差异将不影响效用(同一种产品 100 单位产生的效用与 100 种不同种类产品的效用一致)。由于垄断竞争的存在,$\sigma > 1$,即各种产品是不完全替代品。在给定收入的情况下,消费者效用最大化服从以下预算约束:

$$Y = C_A p_A + \sum_{i=1}^{n} x_i p_i \tag{12-3}$$

式中,p_i 为制造品品种 i 的出厂价格,p_A 为农产品价格;Y 为消费者的收入。根据式 12-2 和式 12-3,可以推导出一个地区对另一个地区的制造品的需求函数,为:

$$x_i = p_i^{-\sigma}(P^{\sigma-1}\alpha) = p_i^{-\sigma} \frac{\alpha}{\sum_{i=1}^{n} p_i^{1-\sigma}} \tag{12-4}$$

和

$$C_X = \alpha P^{-1} \tag{12-5}$$

式 14.3-5 表示消费者要实现其效用最大化,就必须实现收入在农产品和制造品支出之间的最优选择。

等式 12-4 并不包含空间结构。三个地区的每一个 r(或 s):r(或 s)＝C,B,R,生产 n 种制造品。冰山贸易成本在这里是每种生产于地区 r 并销售到地区 s 的产品 i 的价格包含出厂价格和贸易成本:$p_{irs} = p_r T_{rs}$(由于在同一地区生产的所有产品品种是对称的,我们今后省略所有的下标 i)。我们用 T_{rs} 作为表示 T_{CB}、T_{RC} 或 T_{RB} 的一般表达式。通过式 12-2 和式 12-4,我们可以得出以下每个地区 s 的产业价格指数:

$$P_s = \left[\sum_{r=C,B,R} n_r (p_r T_{rs})^{1-\sigma} \right]^{\frac{1}{1-\sigma}} \tag{12-6}$$

将等式 12-4 应用于三个地区,可写成:

$$x_{rs} = \frac{\alpha (p_r T_{rs})^{-\sigma}}{P_i^{\sigma-1}} , (r,s=C,B,R) \tag{12-7}$$

3. 供给:生产者

制造品在垄断竞争状态下雇佣劳动力和人力资本进行生产。生产者具有相同的生产函数,通过单位变换,处理为劳动力在 1 的工资水平下被雇佣,在地区 r 生产 x_i 单位的产品 i 的总成本是:$TC_r(x_i) = W_r K_i + L_i x_i$ 这里的 W_r 表示在地区 r 的人力资本报酬。因此,$TC_r(x_i)$ 包含单位人力资本的固定成本,即 $K_i = 1$,以及劳动力的边际成本。固定成本随着规模报酬递增而上升。

由于是在一个垄断竞争框架下,我们假设有大量的制造业厂商,每个厂商生产一种产品。因此,我们得到利润最大化的厂商的恒定价格等式:

$$p_r = \left(\frac{\sigma}{\sigma-1} \right) \tag{12-8}$$

这里的 p_r 是在地区 r 生产的一种产品的价格。

在地区 r 的一个厂商的均衡产出是每个品种市场出清情况下给出的。用等式 12-7 可以得出均衡产出是:

$$X_r = \sum_{r=C,B,R} (K_s + L_s) T_{rs} x_{rs} \qquad (12\text{-}9)$$

一个位于地区 r 的典型厂商的利润函数是:

$$\prod = p_r X_r - X_r - W_r \qquad (12\text{-}10)$$

4. 短期均衡

生产的品种数量等于位于该地区的厂商数量,在短期内,人力资本是不能在两个地区之间流动的。在均衡时的 0 利润条件意味着 W_r 的调整。用式 12-8 和式 12-10,我们得到:

$$X_r = W(\sigma - 1) \qquad (12\text{-}11)$$

根据式 12-6,每种生产于地区 i 并销售到地区 j 的某产品的价格包含出厂价格和贸易成本,可以得出以下每个地区的产业价格指数:

$$P_C = \left(\frac{\sigma}{\sigma - 1}\right) \left[K_R (T_{RB} \times T_{CB})^{1-\sigma} + K_C + K_B T_{CB}^{1-\sigma}\right]^{\frac{1}{1-\sigma}} \qquad (12\text{-}12)$$

$$P_B = \left(\frac{\sigma}{\sigma - 1}\right) \left[K_R T_{RB}^{1-\sigma} + K_C T_{CB}^{1-\sigma} + K_B\right]^{\frac{1}{1-\sigma}} \qquad (12\text{-}13)$$

$$P_R = \left(\frac{\sigma}{\sigma - 1}\right) \left[K_R + K_C (T_{RB} \times T_{CB})^{1-\sigma} + K_B T_{RB}^{1-\sigma}\right]^{\frac{1}{1-\sigma}} \qquad (12\text{-}14)$$

对于人力资本的跨地区配置,可以从以上式得到各地区的人力资本报酬 W_r 的均衡值($r = C, B, R$),人力资本报酬表达为:

$$W_C = \frac{\alpha}{\sigma}\left[\frac{(L_R + K_R)(T_{RB} \times T_{CB})^{1-\sigma}}{K_R + K_C (T_{RB} \times T_{CB})^{1-\sigma} + K_B T_{RB}^{1-\sigma}} + \right.$$

$$\frac{(L_C + K_C)}{K_R (T_{RB} \times T_{CB})^{1-\sigma} + K_C + K_B T_{CB}^{1-\sigma}} +$$

$$\left.\frac{(L_B + K_B) T_{BC}^{1-\sigma}}{K_R T_{RB}^{1-\sigma} + K_C T_{BC}^{1-\sigma} + K_B}\right] \qquad (式\ 12\text{-}15)$$

$$W_B = \frac{\alpha}{\sigma}\left[\frac{(L_R + K_R) T_{RB}^{1-\sigma}}{K_R + K_C (T_{RB} \times T_{CB})^{1-\sigma} + K_B T_{RB}^{1-\sigma}} + \right.$$

$$\frac{(L_C + K_C) T_{CB}^{1-\sigma}}{K_R (T_{RB} \times T_{CB})^{1-\sigma} + K_C + K_B T_{CB}^{1-\sigma}} +$$

$$\left.\frac{(L_B + K_B)}{K_R T_{RB}^{1-\sigma} + K_C T_{BC}^{1-\sigma} + K_B}\right] \qquad (式\ 12\text{-}16)$$

$$W_R = \frac{\alpha}{\sigma} \left[\frac{(L_R + K_R)}{K_R + K_C (T_{RB} \times T_{CB})^{1-\sigma} + K_B T_{RB}^{1-\sigma}} + \right.$$

$$\frac{(L_C + K_C)(T_{RB} \times T_{CB})^{1-\sigma}}{K_R (T_{RB} \times T_{CB})^{1-\sigma} + K_C + K_B T_{CB}^{1-\sigma}} +$$

$$\left. \frac{(L_B + K_B)T_{RB}^{1-\sigma}}{K_R T_{RB}^{1-\sigma} + K_C T_{BC}^{1-\sigma} + K_B} \right] \qquad \text{(式 12-17)}$$

5. 长期均衡

在长期内,人力资本能够在国内两个地区之间流动。他们向最高间接效用地区转移。根据各式可得出效用最大化的间接效用函数如下:

$$V_r(P, Y) = \max U = \alpha\ln\left(\frac{\alpha}{P}\right) + Y - \alpha \Rightarrow V_r = \alpha(\ln\alpha - 1) + Y - \alpha\ln(P_r)$$

这里的 P 是价格指数,Y 是消费者的收入水平。

经整理,得到内地与边境的效用差异函数:

$$V_C - V_B = \alpha\ln\left(\frac{P_B}{P_C}\right) + (W_C - W_B) \qquad \text{(式 12-18)}$$

两个地区生产的制造品在 $V_C - V_B = 0$ 时达到长期均衡,式 12-18 中右边第一项反映供给,说明了人力资本份额更高的地区有更大的制造业份额,并因此有更低的价格指数;式 12-18 右边第二项反映需求,说明了由于人力资本份额在一个地区的提高意味着更大的市场,这提高了表达为 $(W_C - W_B)$ 的公司收益,因此吸引更多的人力资本。贸易成本(边界效应)在这个模型中作为一个相对稳定的阻力,趋向于使生产向两个地区分散。当贸易成本增加时对位于不能流动的消费者更近的厂商变得更能获利[①]。

这里的 $(V_C - V_B)$ 只取决于两个地区的人力资本份额,而地区 B 的人力资本份额为 $\lambda = K_B/(K_C + K_B)$,在确定模型参数的情况下,人力资本份额变动的规则是:

$$\frac{d\lambda}{dt} = \begin{cases} (V_C - V_B) & \text{如果 } 0 < \lambda < 1 \\ \min\{0, (V_C - V_B)\} & \text{如果 } \lambda = 1 \\ \max\{0, (V_C - V_B)\} & \text{如果 } \lambda = 0 \end{cases} \qquad \text{(式 12-19)}$$

───────────

① 在 CP 模型中,对称均衡即使在高(无穷大)贸易成本下也是不稳定的(Fujita et al., 1999).在本模型中"无黑洞条件"指定为:$\sigma/(\sigma - 1) < 2\rho$。

(三)不同情形的要素流动

通过数值模拟可以得到不同情形下要素在两地区流动结果的滚摆线,滚摆线是根据间接效用差异与边境区所占的可流动要素(人力资本)份额 λ 所确定的点画出的曲线。图 12.1—1 到图 12.1—5 中,纵轴表示计算出的间接效用差异(V_C-V_B),横轴表示边境区所占的人力资本份额 λ,这 5 张图模拟了次区域经济合作对边境区和内地区的聚集力和分散力的影响。制造业的配置在间接效用相等时是均衡的。

1. 封闭情形中的 CP 结构

封闭情形是指次区域合作前的状态,这时的边界处于屏蔽状态,边界效应体现为完全的屏蔽效应,国内两个地区与周边国家之间由于贸易成本太高而几乎没有与周边国家开展贸易。

中国内地区与边境区具有典型的 CP(中心—外围)结构特征,虽然边境区比内地区更靠近周边国家市场,但这种地理区位上的便利并不能得到发挥,边界效应仍然体现为屏蔽效应,没有显示出中介效应。因此,聚集力仍然大于分散力,要素向内地区聚集。图 12-1 是 $T_{RC}=\infty$,$T_{RB}=\infty$ 时 V_C-V_B 与 λ 的关系。均衡点是 $\lambda=0.3$ 且 $V_C-V_B=0$。边境区人力资本份额超过这一临界点,内地区与边境区间接效用差异为正,自我调整过程就会促使人力资本向内地区流动直到间接效用差异变为 0 为止;相反,则内地区与边境区的间接效用差异为负,自我调整过程使人力资本向边境区流动,人力资本移动持续进行直到整个经济达到稳定(S 点)为止。在($\lambda=0.30$ 时)均衡状态(非对称均衡),边境区的要素聚集力小于内地区。

2. 开放情形中的 CP 结构

在沿边开放条件下,边界的屏蔽效应向中介效应转化,边境区比内地区具有进入周边国家市场更好的条件,内地区与边境区构成的 CP 模型具有两种很重要的可能:一是外国需求会削弱国内的内地区的聚集力,使国内厂商有更强的动机选择靠近周边国家市场的区位,厂商向边境区迁移的聚集力增强,因此,次区域经济合作中的一个潜在效应是吸引国内的厂商到边界地区,因为它们在边境区能获得进入周边国家市场条件改善的全部收益;二是周边国家对国内的商品供给也会削弱国内边境区的聚集力,使内地区的厂商宁愿选择远离外国竞争者的区位,因此,次区域经济合作也会促使边境区的厂商向内地区

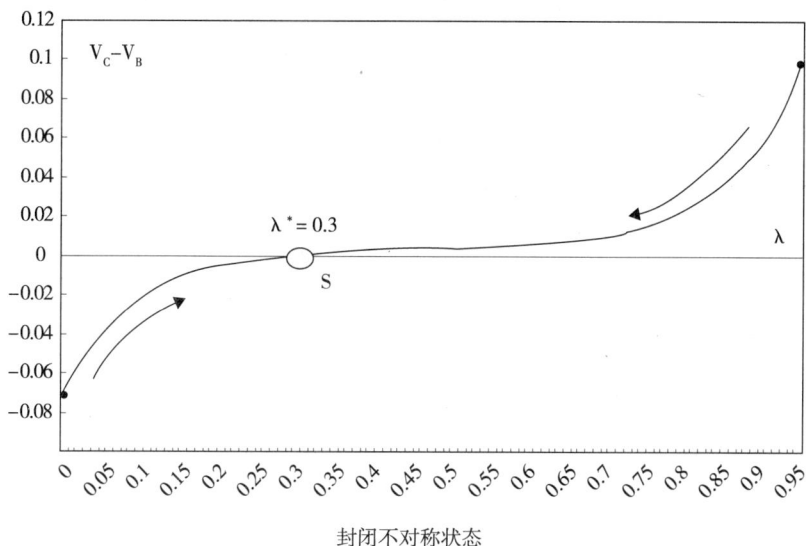

图 12-1　封闭条件下边境区与内地区的 CP 结构

聚集,因为它们在内地区能少受外国厂商的竞争。具体影响则取决于境外区
的经济规模、产业构成等因素。

（1）境外区为制造业大国的情形:图 12-2 是模拟境外区为制造业大国的
结果,图中处于均衡时 $\lambda = 0.57$ 且 $V_C - V_B = 0$。在该图中,表示国内地区与一
个制造业发达的境外区进行贸易（境外区的农业与国内的两个地区分别相
同,而境外区的制造业都大于国内的两个地区）,描绘间接效用差异的曲线向
右边移动并逆时针方向旋转,曲线跨过横坐标轴有一正的斜率,意味着只有两
个完全聚集的结构是稳定均衡状态。在这个结构中,与周边国家的次区域经
济合作增强了厂商和要素选择向边境区移动的吸引力,由于边界的屏蔽效应
下降而使境外区的需求增加,与在边境区受到外国厂商的竞争相比,前者占支
配地区,因此国内制造业被吸引到边境区。进一步的数值模拟结果显示,外部
国家制造业越大,边境区的吸引力越强。这种情形在发达国家的区域经济一
体化进程中得以例证,如北美自由贸易区的建立使墨西哥城的企业向美—墨
边境聚集,形成了墨西哥的边缘经济增长中心,由于墨西哥比美国低的土地成
本和劳动力成本,也吸引了美国的制造业厂商将生产车间转移到墨西哥边境

一侧,而仅在美国保留研发环节,形成了产业分工与垂直一体化发展形态。

(2)境外区为农业大国的情形。图12-3是模拟境外区为农业大国的数值结果,图中处于 $\lambda=0.57$ 时 $V_C-V_B=0$,该图显示,境外区为农业大国时,边境区对制造业厂商和要素流动的吸引力,取决于国内的产业结构,国内制造业与境外差异不大的情况下,边境区对国内制造业厂商和要素流动的吸引力很弱,这说明次区域合作对两个农业国而言,边境区的吸引力不强,而国内制造业越大,厂商选择边境区的吸引力越强,因为境外区对国内制造品的需要扩大了。

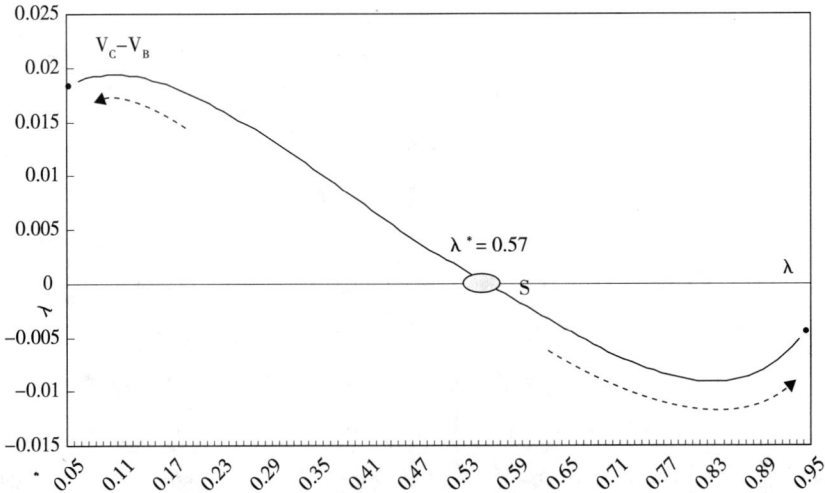

图12-2　境外区为制造业大国情形

(3)境外区为小国的情形。图12-4是当境外为农业小国时 V_C-V_B 与 λ 的关系。图中处于对称时 $\lambda=0.497$ 且 $V_C-V_B=0$。外国劳动力禀赋是相当小的情形,与外国更小的市场规模相对应,面对境外区的竞争更为重要,边境区的聚集力被削弱。而图12-5是境外区制造业小国的情形,这时的均衡点处于 $\lambda=0.70$ 的水平上,即边境区要素聚集力要大于封闭状态下边境区的要素聚集力,外国制造业规模越小,次区域合作中边境区对国内制造业的区位选择的吸引力越强。

从以上结果可以看出,国内的产业结构对经济活动的空间分布具有很大

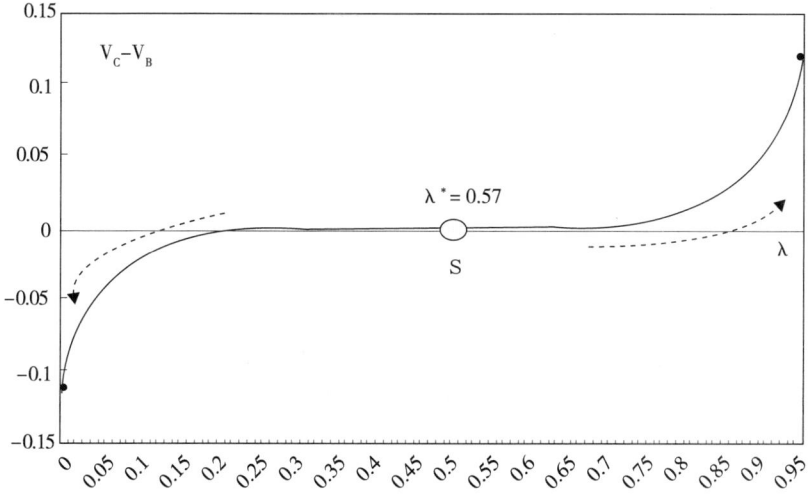

图 12-3 境外区为农业大国情形

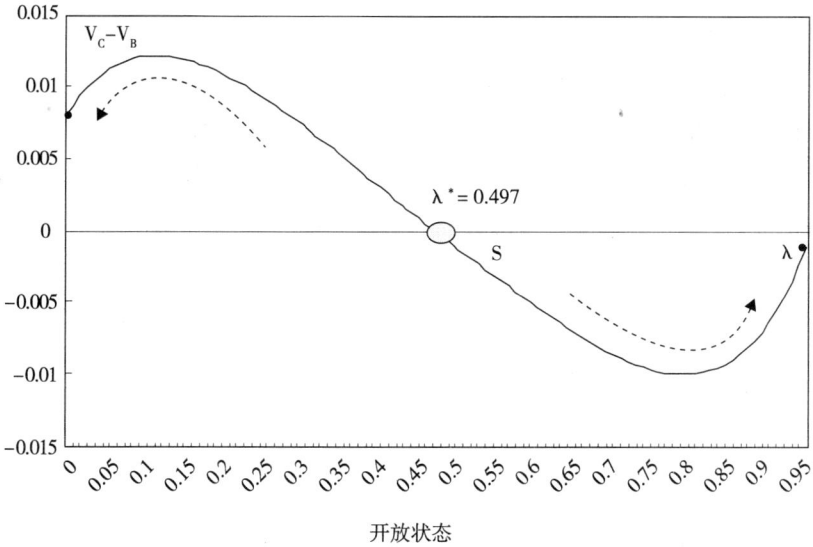

开放状态

图 12-4 境外农业小国情形

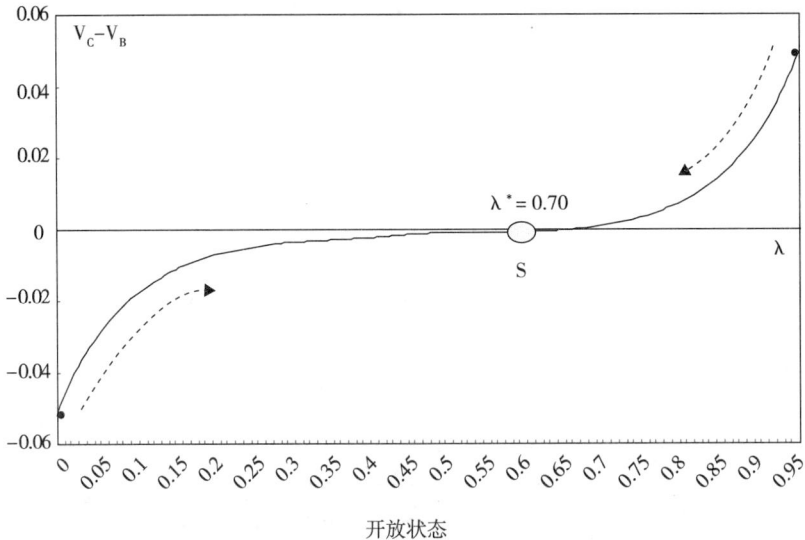

图 12-5　境外制造业小国情形

影响。当国内拥有一个相当大的制造业部门,向边境区聚集的力更强,而当国内有一个更小的制造业部门,来自国外的竞争效应占支配地位,制造业更愿意集中在内地区,即国内制造业份额越大和外国制造业越小,国内制造业向边境区选择区位的趋势越强。从现象上观察,中国西部欠发达地区所毗邻的周边国家相对于中国而言,都可以定位农业小国和制造业小国,因此,中国西部边境地区参与次区域经济合作进程,能够吸引中国内地区的制造业向边境区聚集,具有形成边缘增长中心的趋势和聚集。

　　(四)边境地区的次区域合作效应——边缘增长中心形成的路径

　　次区域经济合作进程(以对外贸易成本 T_{RB} 来测度)对要素在边境区和内地区之间的均衡配置具有重要影响:假设边境区和内地区产品销售到国外市场都面临相同的对外贸易成本 T_{RB}。以 λ 表示人力资本的均衡配置,它是对外贸易成本 T_{RB} 的函数,数值模拟结果如图 12-6 所示。

　　图 12-6 描绘了有关分界点的稳定均衡。模型展示了一个"超临界分界点"。不同的对外贸易成本水平上的表达式所反映的对称均衡变得不稳定和两个分叉的箭头所反映的趋势从等式 13—18 得出,条件是在 λ = 1/2 时

$\partial(V_C - V_B)/\partial\lambda = 0$。直观看,当不流动的工人相对于流动的人力资本的数量更高,在对称均衡变得不稳定时,对外贸易成本的临界水平必须更低。要得出对外贸易成本的精确度量是不可能的,但此模型中可得出全部要素(人力资本)聚集在其中任何一个地区的情况,隐含的条件能通过设定效用差异等式13—18等于0和设定$\lambda = 1$而获得。这个条件是:$\ln T_{RB} = [(\rho + 1)T_{RB}^{1-\sigma} + \rho T_{RB}^{-(1-\sigma)} - (1 + 2\rho)]/\sigma$。这个结论与藤田(Fujita)和克鲁格曼(Krugman)在空间经济学中采用实际工资差异方程通过数值模拟的结果是一致的。藤田和克鲁格曼通过数值模型论证认为:"随着对外贸易变得越来越容易,国内两个地区在规模上的差异会逐渐变小。由于规模较小的地区离外部市场很近,因此这一地区的劣势变得越来越小,这就会使得它得以成长。这一成长过程会一直加速,直到达到分岔点。在这一点,两个地区的规模变得同样大"[1],这个成长过程实际上就是边缘增长中心的形成过程。

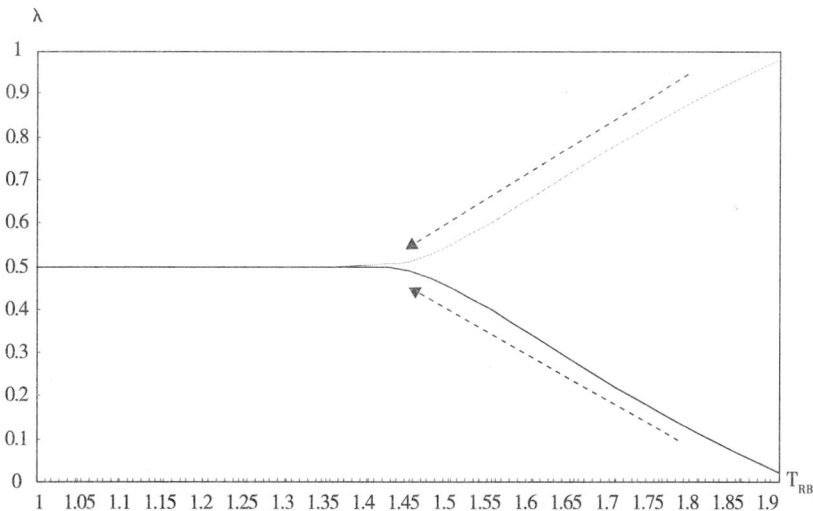

图 12-6　边境地区的次区域合作效应

图 12-6 反映出边境地区的次区域合作效应:随着次区域合作进程的推

---

① ［日］藤田昌久、［美］保罗·克鲁格曼、安东尼·J.维纳布尔斯:《空间经济学——城市、区域与国际贸易》,梁琦主译,中国人民大学出版社 2005 年版,第 395 页。

进,边界对边境地区经济发展的屏蔽效应不断减弱,边境地区能够在次区域合作中实现与内地区同质的可能和发展趋势。从发展规律来说,这取决于两个地区的聚集力和分散力。从模型可以看出,边境地区聚集力的形成和加速(也就是内地区分散力的形成和加速)取决于人力资本(而非工人)从内地区向边境区流动的速度、规模,以及对外贸易成本 T_{RB} 下降的程度。

因此,边境地区在参与次区域经济合作中,促进科技人才向边境地区聚集以提高技术创新能力,促进边境口岸的通关便利化以加速要素跨境流动,是实现边境地区尽快形成增长中心的关键。

(五)边缘增长中心的形成条件

从以上理论分析可以看出,边缘增长中心的形成的决定因素是周边国家的产业特征和对外贸易成本 T_{RB} 下降的程度,空间经济理论中的对外贸易成本包含了次区域经济一体化程度所影响的边界障碍、出境基础设施条件、通关便利化程度等方面。

1. 周边国家的发展阶段和发展进程

通过前面的动态模型可以看出,境外还处于农业小国时,边境区的吸引力是比较弱的,但当境外进入工业化,尤其是发展到制造业小国,边境区的吸引力将大幅提高。中国经济持续快速增长对周边国家产生了积极的示范效应,许多周边国家模仿中国的发展模式,制定了招商引资、加快发展的行动计划,老挝等周边国家明确提出了“以资源换资金、换技术、换市场”的发展战略,吸引中国企业前去投资设厂,有的国家积极推进边境地区与中国接壤区域的经济一体化,接受中国经济增长的辐射和带动。周边国家经济发展滞后于中国,大多处于工业化前的准备阶段和经济起飞前的准备阶段,发展工业化所需的资金、技术和人才都严重不足,许多国家只能依靠国际援助建设基础设施,改善生产生活条件。但周边资源开发程度低,资源丰富。这些国家根据自身的资源特点和发展阶段特征,借鉴中国以及亚洲“四小龙”的发展模式,基本上都确立了“以资源换资金、换技术、换市场”的经济发展战略和出口导向型的贸易发展战略,以图加快经济起飞,快速推进工业化。因此,周边国家的发展趋势使中国西部边境地区形成边缘增长中心的条件日趋形成。

中国经过 30 年的改革开放,整体上进入工业化中期阶段,重化工业、轻纺工业、食品加工业、采掘业、金属冶炼及压延加工业、机械制造业等产业充分发展,已经积累了一定的产业资本,很多加工制造技术已经处于世界领先水平,在世界竞争中逐步建立起现代企业制度,造就了一批经营管理人才和技术人才,具备了对外投资的能力,这些产业技术、发展经验正好符合周边国家的发展需要。国内资源、环境约束加剧了对这些产业提出技术升级和产业转移的要求,许多中国企业已经纷纷走出去到周边国家投资,投资领域已经从商贸扩展到工业领域。

2. 交通、通讯等基础设施

在内地区与边境区处于"中心—边缘"结构的情况下,边缘增长中心的聚集力增强主要体现为边境区聚集力增强的速度大于内地区分散力增强的速度,或者说内地区分散力的强度大于聚集力的强度。在"中心—边缘"结构下,生产要素集中在内地区,由于内地到边境地区的运输成本 T_{CB} 高于临界值,内地区与边境区的效用差异一直为正,说明边境区没有聚集力,只有分散力。

随着边境区基础设施的不断完善,内地区到边境区的(冰山)运输成本不断下降,在边境区生产销售到内地区的产品价格下降(生产价格指数效应),企业愿意选择边境区设厂,因为那里的人力资本报酬更低(次区域经济合作推进后,面临更大的市场规模),这时内地区的分散力开始增强,内地区的厂商愿意到边境区设厂,对边境区人力资本的需求增加,超过边境区人力资本的供给,边境区人力资本报酬开始上升,开始对内地区的人力资本产生吸引力,一部分内地区的人力资本向边境区流动,从而形成需求关联性的循环因果链,促使边境区的聚集力强度超过分散力的强度,自我聚集机制形成。

从式 13—18 可以看出,在 $T_{CB} = 1$ 的极小值状态,$W_C - W_B = 0$,两个区域之间不存在工资差异,也不存在价格差异,$P_C = P_B$,所以也不存在效应差异,即 $V_C - V_B = 0$。这种理论极值状态表示内地区与边境区之间没有运输成本,一个地区的产品在另一个地区也没有交易成本。这种状态就是空间经济理论所认为的高贸易自由度状态下的区际经济关系,当地区之间不存在任何贸易障碍时,经济在空间上趋向于分散,因为任何很小的聚集行为都会导致效用差异为负值。因此,$\lambda = 1/2$,处于对称均衡状态。

20 世纪 90 年代初期中国开始实施沿边开放战略,国家和西部 5 省区开始加强出境陆路通道建设和边境口岸的基础设施建设;1999 年,国家实施了兴边富民行动,对边境县的基础设施建设和社会事业加大了投入;90年代末期,国家为扩大内需,实施积极的财政政策,通过发行国债、转移支付等方式,大力投入基础设施建设,边疆省区将建设重点放在出境通边的基础设施建设上。经过近20年的建设,中国通往周边国家的公路、铁路、民航、水运、电网、通讯等基础设施进一步完善,陆路运输成本与海上运输成本的差距在不断缩小,内陆边疆运输成本不断降低使交易成本进一步下降;随着对外通道的逐步建成,边疆省份都纷纷推进对外运输通道的产业带布局,以发展外向型经济。随着运输成本的下降和通道产业带的延伸,边境口岸的聚集力将进一步增强。

3. 通关便利化

次区域经济一体化对边缘增长中心聚集力的影响,主要是通过边界屏蔽效应的缩减和中介效应的扩展,促进贸易自由度的提高和交易成本的下降所导致的。如跨境经济合作区的建立使边界两侧的交易成本降低,如贸易成本等于0($T_{RB} = 1$),这时从数值上看,内地区与边境区的效用差异为负值,边境区的效用大于内地区,说明此时的边境区对要素聚集有无限潜力。但国内外有关边界效应的研究结论都论证了即使在高度一体化的国家之间,仍然存在显著的边界效应,因此,$T_{RB} \neq 1$,且 $T_{RB} > 1$。

随着边界屏蔽效应的缩减和中介效应的扩展,T_{RB} 不断降低,边境区对内地区人力资本的吸引力不断上升。通过需求关联效应和成本关联效应的作用,边境区的聚集力不断增强。

在双边贸易、过境贸易、转口贸易、对外投资、跨境旅游等次区域国际经济活动中,通关便利化程度是边界效应缩减程度的具体体现,在其他条件不变的情况下,要素流动的自由程度对边缘增长中心的形成具有直接的影响。货物的进出、人员的流动越便利,边缘增长中心的聚集力越强。如果没有通关便利化的支持,次区域合作的各种框架协议就只能流于形式。

二、中国西部欠发达地区次区域国际经济合作态势与环境

"次区域经济合作区(Sub-regional Economic Zones,SRES)"也称"小区域经济合作区"或者"经济增长三角",次区域经济合作是不同国家两侧地理相邻的一部分地区间跨国界和跨国境的经济合作,在地理范围上主要涉及国家

边界两侧较小范围。中国西南欠发达地区参与次区域国际经济合作进程最快,西北欠发达地区参与次区域国际经济合作进程较为缓慢。

(一)我国西南欠发达地区次区域国际经济合作态势与环境

云南省和广西壮族自治区是中国参与大湄公河次区域(GMS)经济合作的主体,合作态势良好,为西南欠发达地区发展边缘增长中心,带动西南欠发达地区经济实现跨越式发展营造了良好的环境。

1. 大湄公河次区域合作发展历程

大湄公河次区域(GMS)指澜沧江——湄公河流域的柬埔寨、老挝、缅甸、泰国、越南、中国的云南省和广西壮族自治区,该区域总面积256.86万平方公里,总人口约3.2亿。大湄公河次区域是连接中国和东南亚、南亚地区的陆路桥梁。大湄公河次区域合作是一个合作领域不断拓展、合作层次不断深化的阶段性过程:

1992~1994为合作的起步阶段,处于可行性研究、形成合作共识、搭建合作框架的务虚阶段。亚行牵头开展了两次较大规模的合作可行性研究,召开了4次GMS经济部长级会议,确认了交通、能源、环保、人力资源开发、经贸与投资、旅游等六个领域的合作框架。

1995~2002年为合作项目实施阶段。一些项目开始实施,合作进展加快,1998年的GMS第八次部长级会议上,提出了建立经济走廊(即南部经济走廊、东西经济走廊和南北经济走廊)。合作领域进一步扩大,新增通信、禁毒、农业三个合作领域。2001年中、老、缅、泰四国实现了澜沧江—湄公河正式通航。2002年第十一届部长级会议上审议通过了大湄公河次区域未来10年发展战略框架,同意优先实施框架内提出的11组旗舰项目。

2002~2005年为合作的发展阶段。2002年举行的GMS第一次领导人会议,确定了每3年召开一次领导人会议的重要机制,六国签署了大湄公河次区域政府间电力贸易协定,中国加入大湄公河次区域便利跨境客货运输协定。中国政府确定了中国参与大湄公河次区域合作的目标是"把湄公河次区域构筑成中国连接东南亚、南亚的国际大通道;把湄公河次区域构成中国与东盟自由贸易区的先行示范区"。

2005~2008年为合作向纵深发展阶段。2005年举行的GMS第二次领导人会议,签署了《大湄公河次区域便利客货跨境运输协定》、《大湄公河次区域动物疾病防控合作谅解备忘录》等数个重要文件。各国领导人承诺在未来的行动中将重点加强基础设施建设、改善贸易和投资环境、加强社会发展和环境保护、筹资和深化伙伴关系等四个方面的合作，以实现 GMS 地区未来的可持续发展。广西壮族自治区成为自云南省后第二个正式代表中国加入 GMS 合作的省份。此后，中国在交通、能源、通信、农业、贸易与投资、旅游、环保、教育卫生及禁毒等九大领域与 GMS 国家开展了卓有成效的合作，取得了积极的成果。

2008 年举行的 GMS 第三次领导人会议，各国领导人签署了《实施次区域跨国电力贸易路线图谅解备忘录》以及《经济走廊可持续与均衡发展谅解备忘录》等一系列合作文件。会议要求 GMS 各国有关部门通力合作，确保2008~2012 年 GMS 发展行动计划及时、有效地得以执行，并努力争取在交通、能源、电信、农业、环境、旅游、人力资源开发、贸易便利化和投资等 9 个领域取得进展。

GMS 合作进程不断加快，使西南边境地区的对外贸易成本不断下降，具有形成边缘增长中心良好的环境。

2. 中国与南亚各国的国际经济合作态势与环境

中国西南欠发达地区与南亚的次区域经济合作还没有得到切实推进，只有部分学者进行了探讨，主要还是中国与南亚各国的国际经济合作在不断增强。

从国家安全和地缘战略上看，南亚是中国构筑周边安全体系的重要组成部分，同时其扼守的印度洋是世界石油运输的"生命线"，是连接太平洋和大西洋的纽带，而中国是石油消费和进口大国；从经济上看，南亚人口多，市场潜力大，与中国经济互补性强，合作领域广泛。然而，中国和南亚的经济合作还处于初级阶段，贸易量也较小，由于中国与印度存在着国土争端等原因，中国与南亚未来的国际经济合作存在较大不确定性。

从 20 世纪末开始，中国与南亚国家关系进入迅速发展时期。1999 年 8 月孟加拉国、中国、印度、缅甸四国学者齐聚中国昆明，召开了第 1 届"孟中印缅地区经济合作与发展国际研讨会"，共同发表了《昆明倡议》，提出要加强区域经济合作。自 1999 年以来，孟中印缅四国学者已经召开了 4 次会议（后改为论坛）。第 5 次论坛已于 2004 年 12 月在昆明召开，各方签署了《昆明合作宣言》，并在昆明设立了孟中印缅经济合作协调办公室。2004 年第 12 届南盟峰会通过《南亚自由贸易区框架协定》，各国从 2006 年 1 月 1 日起开始逐步降低关税,7 年至 10 年内从当前的 30% 左右降至 0%—5%。2005 年第 13 届峰会就发展区域经济、消除贫困、反恐、应对自然灾害等方面加强合作制定 50 多条措施,宣布 2006 年至 2015 年为南盟"减贫十年"。峰会决定吸收阿富汗为新成员,并接纳中国、日本等国为观察员国。2007 年第 14 届峰会决定加强基础设施、能源和经贸等领域合作,设立南亚大学、地区粮食银行和南盟发展基金。2008 年 8 月,第 15 届南盟峰会在斯里兰卡首都科伦坡举行,南盟各成员国还签署了《南亚地区标准组织建立协议》和《关于阿富汗加入南亚自由贸易区的协议》,这两个协议对于促进我国西南欠发达地区与南亚各国的经济合作具有重要意义;会议一致同意启动建立"南盟粮食银行"的计划,以应对粮食危机,即各成员国都要建立一个储备粮库,一个成员国发生粮荒时可以向其他成员国借粮;峰会还决定建立 3 亿美元的"南盟发展基金",用以扶持南盟各国基础设施建设等。2006 年 11 月胡锦涛主席分别对印度和巴基斯坦等国进行了访问。中国与印度共同发表了《联合宣言》,签署了一系列的合作协议,强调要加强双方在各个领域的合作,中国和巴基斯坦也发表了《中华人民共和国与巴基斯坦伊斯兰共和国联合声明》,双方也签署了一系列的合作协议,中国和巴基斯坦签署了《中华人民共和国政府和巴基斯坦伊斯兰共和国政府自由贸易协定》,使中国与南亚的合作进入了一个崭新的阶段。

　　由于历史的原因、南亚各个国家存在的特殊性以及我国与南亚诸国的特殊国际关系,使得我国与南亚各国的经济合作还会受到非经济因素的影响。因此西南边境地区与南亚各国的经济合作既有美好的前景,又存在一定的阻碍。

　　从中国与南亚国家的现实背景来看,随着世界经济发展的不断加快,作为发展中国家的南亚各国迫切需要发展本国的经济,实现本国的工业化,但南亚国家的内部贸易相对还很小,难以满足双方经济发展的需要,所以南亚国家必须大力发展同联盟外国家的经贸往来。而中国作为南亚的近邻,又是最大的发展中国家,近年来经济发展迅速,也迫切需要发展同南亚国家的经贸往来。这为西南边境地区与南亚国家的经济合作创造了良好的环境。从政策面来看,2006 年,中国和印度共同发表的《联合宣言》,进一步加强了中印两国关系全面发展中的积极趋势,强调中印双方要加强石油、天然气、信息通讯技术、农业等多方面的交流与合作;中国和巴基斯坦已经签订了自由贸易协定,同意加强在贸易、服务领域的合作等,为中国与南亚国家的经济合作指明了方向;尤其是孟中印缅区域经济合作顺开展,成为西南边境地区与南亚国家的经济合作的枢纽。从基础设施建设来看,亚东口岸恢复开放将极大促进中国西南地区省份与印度之间的经贸往来,扩大边境贸易,从而进一步促进中国与印度等南亚国家的经济合作;根据中国经济发展和西部大开发的需要,按照中央的铁路规划,青藏铁路下一步可能会进行延伸,实现与巴基斯坦、尼泊尔等国的对接,这样就会进一步拓宽西藏同南亚的通道,加大双方的贸易和经济往来,促进西南地区与南亚国家间的各项经济合作。因此,无论是从各国经济发展现状、政府支持等软环境,还是从基础设施等硬环境来看,中国和南亚各国都极力打造经济合作的优良环境。

然而,从自然环境来看,中国与南亚的地理阻隔、交通不便、信息不通、相互交流不够,降低了其毗邻国家的地理优势,在地理上、文化上对中国和南亚的合作交流形成了一定的阻隔。最后,由于"中国威胁论"等因素的存在,南亚的主导国家印度担心中国的参与影响其在南亚的主导地位,中印的互信机制还没有建立起来,影响了中国与南亚的各项经济合作。

(二)我国西北边境地区次区域国际经济合作态势与环境

新疆维吾尔自治区作为中国参与次区域合作最有优势的边疆省区,目前参与程度还比较低。中亚国家各种层次的区域经济合作处于快速形成的态势。

1. 中亚国家次区域经济集团化态势

近年来,中亚及周边各国经济上采取全方位开放政策,力求加强对外经济联系,积极参加国际经济组织和组建地方性组织:

(1)哈俄白三国关税联盟。1995 年 1 月,哈萨克斯坦、俄罗斯和白俄罗斯三国建立关税联盟。1996 年 3 月在莫斯科,俄、白、哈和吉尔吉斯斯坦四国首脑就促进经济和社会一体化签署了条约。

(2)中亚三国自由贸易区。哈萨克斯坦、吉尔吉斯斯坦、乌兹别克斯坦三国首脑 1995 年 4 月 17 日在阿拉木图会晤,通过了在 2000 年前建立统一的经济区域的协议。

（3）中西亚十国自由贸易区。巴基斯坦、伊朗、土耳其、中亚五国、阿塞拜疆、阿富汗于 1995 年 3 月 15 日在伊斯兰堡签署《宣言》和《联合公报》，确定建立自由贸易区。

（4）伊土巴经济合作组织。由伊朗、土耳其、巴基斯坦于 1964 年成立，1992 年又接纳阿塞拜疆、乌兹别克、土库曼、塔吉克和吉尔吉斯为其成员国，并达成协议，尽快取消区内各种关税壁垒，实现自由贸易。2004 年 9 月 14 日，第 8 次经济合作组织政府首脑高峰会签署了《杜尚别宣言》，确定 2015 年建立自由经济区。

（5）哈吉乌经济空间条约。1994 年哈萨克斯坦、吉尔吉斯斯坦、乌兹别克斯坦签署统一的经济空间条约，成立中亚联盟，奠定了中亚一体化过程的基础（1998 年 3 月，塔吉克斯坦参加了该条约）。根据统一的经济空间条约，联盟通过了 1995~2000 年中亚经济共同体国家一体化纲要。2002 年 2 月，中亚合作组织成立，哈、吉、塔、乌四国签署了终止中亚经济共同体外长会议决定的效力文件，中亚合作组织成为中亚经济共同体权利和义务的继承人。

作为具有良好的沿边开放条件的新疆维吾尔自治区，确立了"北上南下、东联西出、向西倾斜"的开放战略，但在如此众多的中、西亚及独联体国家一体化进程中，新疆维吾尔自治区参与次区域合作的程度还很低，在合作平台构建、合作机制设计等方面都还处于探索阶段。

2. 上海合作组织框架下的合作机制

2001 年，中国、俄罗斯、哈萨克斯坦、乌兹别克斯坦、吉尔吉斯斯坦和塔吉克斯坦 6 国宣布成立地区性国际组织——上海合作组织。该合作组织的成立和发展既顺应了国际经济全球化和区域经济一体化成为世界经济发展的必然趋势，成为维护欧亚大陆安全和促进中国与中亚国家经济合作的重要推动力量；使西北地区成为与中亚对外经济发展的前沿。伴随着上海合作组织的成长，经济合作内容日渐具体。早在"上海五国"时，当建立边界安全和信任措施这一重任基本解决后，经贸合作就已经成为领导人重点讨论的话题。

2002 年 5 月，上海合作组织成员国经贸部长在上海举行首次会晤，宣布正式启动经贸部长会晤机制和贸易投资便利化谈判。会议签署了《关于〈区域经济合作的基本目标和方向及启动贸易和投资便利化进程的备忘录〉的议定书》，规定了经贸部长会议以及在部长会晤机制框架内的高官委员会和专业工作组的具体工作程序和制度。同年11月,上海合作组织交通部长首次会议在比什凯克举行,正式启动了交通部长会议机制。为了商议经济合作的具体事宜,提出合作草案并给经贸部长会议做准备,成员国经贸部长在吉尔吉斯斯坦的乔尔潘—阿塔市举行第二次会晤后(2003年9月)不久,经贸高官委员会和5个专业工作组相继成立,分别是:中国牵头的电子商务工作组、俄罗斯牵头的海关工作组、哈萨克斯坦牵头的技术规则标准和合格评定程序应用工作组、塔吉克斯坦牵头的投资促进工作组、乌兹别克斯坦牵头的发展过境潜力工作组。2005年,又成立了俄罗斯牵头的能源工作组和吉尔吉斯斯坦牵头的现代信息和电信技术工作组。高官委员会和专业工作组的成立,为实现各项区域经济合作目标提供了坚实的机制保障。2005年10月上海合作组织召开了"上海合作组织实业家委员会"第一次理事会会议,以解决民间参与不足和融资困难的问题。同年11月成立了"上海合作组织银行联合体"。2006年5月在莫斯科国立国际关系大学举行了首届"上海合作组织论坛"。

根据上海合作组织的"三步走"发展战略,第一阶段的主要任务是开展便利化,以便为日后进一步深化合作打下坚实的制度和物质基础,扫清障碍,创造方便良好的合作平台。所谓"便利化",就是强调方便快捷。实践中,便利化侧重于实施贸易措施的程序和基础设施,主要涉及三个方面:首先是基础设施和设备的现代化和标准化,如公路铁路等交通设施、电缆互联网等通讯设施、能源管道设施等,以方便货物和人员流动;二是协调各类法律规范并增加其透明度,以便提高贸易投资行为的可预见性;三是以国际公认和通行的标准和惯例为基础简化并标准化有关手续和程序,如海关手续、出入境检验检疫规则、商品认证、原产地规则、商务人员往来签证等等。第一方面属硬件的改善,二三方面属软件的协调和简化。

中国与上海合作组织各国进出口贸易体现出以下特点:(1)中国与各成员国间进出口贸易额从2002年以后逐年持续上升,且基本呈现较高的增长速度;(2)中国与上海合作组织其他成员国贸易主要集中在中俄和中哈之间,与其他成员国之间的贸易相对较少,表明中乌、中吉和中塔之间贸易仍有较大的发展空间;(3)中俄贸易在2007年以前一直为逆差,但中国出口额增速快于进口额,中俄贸易从2007年开始转逆为顺;中哈贸易近年来转逆为顺;中乌、中吉、中塔贸易持续顺差,且顺差额越来越大。中国与上海合作组织个别成员国间贸易不平衡现象较为突出,对双边贸易的持续稳定发展产生不利影响。
另外,中国与中亚国家的贸易主要集中在石油(天然气)、矿产资源、农牧业
(棉花和畜牧肉类),结构较为单一。因此,中国与上海合作组织各成员国的
贸易合作仍存在较大的发展空间,需大力推动合作组织内部的双边和多边
合作。

3. 新疆参与次区域合作已显端倪

中国与中亚各国合作领域不断拓展,为新疆维吾尔自治区参与次区域合
作创造了良好条件,目前已形成以下雏形:

(1)乌洽会。中国新疆乌鲁木齐对外经济贸易洽谈会是 1991 年经中国
商务部批准、每年定期举办的中国西北部规模最大的区域性国际投资贸易洽
谈会,已成为与中、西、南亚国家地区互相了解的窗口,成为连接俄罗斯、中、
西、南亚国家的桥梁。目前乌洽会已经成为新疆等西部省区走向世界的窗口。

(2)中亚区域经济合作工商论坛。是 2006 年在中亚区域经济合作框架
内的首次大型工商论坛,旨在鼓励工商界积极参与中亚区域合作。参加国有
中国、阿富汗、阿塞拜疆、哈萨克斯坦、吉尔吉斯斯坦、蒙古、塔吉克斯坦、乌兹
别克斯坦等 17 个国家的政府官员、工商界人士和多边机构代表,就贸易投资
便利化、基础设施建设、融资与政企合作、能源、矿产、金融、旅游及相关服务业
等重点领域发展进行了交流、研讨。

(3)中亚区域经济合作(会议)。由亚洲开发银行于 1996 年发起,并于
2002 年建立了正式的合作框架,确定了进行合作的四大重点领域,即交通、能
源、贸易便利化和贸易政策。中亚区域经济合作(会议)主要工作机制包括部
长会、高官会、行业协调委员会和区域工商圆桌会议。

(4)边境经济合作开发区。目前在新疆共有伊宁、塔城和博乐 3 个国家
级边境经济合作开发区,依托霍尔果斯、都拉塔、木扎尔特等沿边开放口岸和
广大腹地的地缘优势和资源优势,面向国内外市场发展各种加工业和面向独
联体市场发展进出口贸易。

(5)跨国边境合作区。目前有中哈霍尔果斯国际边境合作中心和拟建的
中吉边境经济合作区。中哈霍尔果斯国际边境合作中心是中哈边境自由贸易
区的一期建设项目,将实行全封闭管理,分为商品展示交易中心、国际会展区、
行政及商务金融办公区、旅游休闲区、进出口加工区和保税物流区。作为世界

上第一个中亚五国跨国封闭的贸易综合体,将有效地推动中哈经贸合作与交流。新疆克孜勒苏克尔克孜自治州拟在伊尔克什坦口岸建立以"境内关外、对外贸易、综合服务保障、实施封闭管理"为主要特征的中吉边境经济合作区。边境经济合作区横跨中吉两国,将主要开展贸易和国际金融结算业务,并提供完善的仓储物流和多层次、多形式的商业旅游服务。

4. 小结

周边国家在中国经济快速发展的示范效应带动下,加快了对中国的开放步伐,加强了与中国的次区域经济合作,加大了招商引资力度,经济发展基本上进入了工业化时期。中国西部边境地区的对外开放已经从过去的边境贸易为主开始向全面参与次区域国际经济合作转变,但参与合作的层次不高,边境地区形成边缘增长中心的条件约束还很强,需要国家政策支持等外部力量来消除这些约束条件。

三、边境经济合作区存在的主要问题

边境经济合作区是国家在实施沿边开放初期确立的对外开放特区,设立边境经济合作区的目的是希望通过这些经济特区带动边疆省区外向型经济的发展。但经过 17 年的发展,边境经济合作区虽然形成了一定的要素聚集功能,但离初始目标还很远。

1992 年国家实施沿边开放战略以来,沿边境线共批准设立了 14 个国家级边境经济合作区,从南到北依次分别为凭祥市边境经济合作区、畹町市边境经济合作区、博乐市边境经济合作区、伊宁市边境经济合作区、塔城市边境经济合作区、满洲里市边境经济合作区、河口瑶族自治县边境经济合作区、东兴镇边境经济合作区、瑞丽市边境经济合作区、二连浩特市边境经济合作区、丹东市边境经济合作区、珲春市边境经济合作区、绥芬河市边境经济合作区、黑河市边境经济合作区,其中西南边疆省区有 5 个,西北边疆省区有 3 个,东北边疆省区有 6 个(其中内蒙古自治区 2 个)。边境经济合作区经过近 20 年的发展,对边境地区经济发展和对外开放发挥着重要的支撑作用,形成了报酬递增区域和边缘增长中心的初步形态。但也存在许多问题,在新的形势下,通过边境经济合作区的升级与转型,实现边缘增长中心的成长。

（一）边境经济合作区的主要特点

边境经济合作区是国家和边疆省区在实施沿边开放战略之初，为了加快边境贸易发展而设立的，国家级边境经济合作区由国务院特区办批准设立，大部分成立于 1992 年，个别边境经济合作区成立于 1993 年，是依托最初批准的国家级边境口岸设立的开发区。除国家级边境经济合作区外，黑龙江省设立了农垦宝泉岭边境经济合作区、东宁经济开发区、逊克边境经济合作区、密山边境经济合作区、同江中俄边民互市贸易区等省级边境经济合作区，而广西、云南、西藏、新疆和内蒙古这"四区一省"都没有设立省级边境经济合作区，沿边开放集中在以这 10 个国家级边境经济合作区为重点推进的。总体上看，这10 个边境经济合作区的发展具有以下特点：

1. 出口导向为主的发展模式

边境经济合作区成立时，我国处于对外开放进程不断加快的推进时期，当时沿海开放已经使沿海地区尤其是深圳、珠海等珠三角地区在出口加工业飞速发展的支撑下取得了经济快速发展的成就，国家和边疆省区都希望借鉴沿海开放和发展经济特区的经验，加快沿边开放，加快边疆经济发展，因此，当时的国务院特区办批准设立边境经济合作区，给予边境经济合作区的政策也是突出边境贸易，突出出口加工业的，倾向于开拓周边国家市场，所以基本都按照深圳等地的建设思路设立了出口加工区，采用出口导向的发展战略建设园区，利用优惠的土地价格，给予税收减免，实行特别审批权，利用国内低成本劳动力，吸引外商直接投资发展出口加工业，扩大出口，为国家和边疆省区获得外汇。边境经济合作区的建设使经济社会处于严重滞后状态的边境地区得到较快发展，一些边贸企业到国家级边境口岸设厂，形成了一批出口加工企业，各个边境经济合作区的出口加工业园区得到了不同程度的发展。但受周边国家市场容量的限制，边境经济合作区的出口加工业发展很有限，难以发挥带动整个边疆省区外向型经济的功能。

2. 边境贸易为主的贸易模式

边境经济合作区设立之前，边境口岸就出现了边境两侧居民互通有无的边贸互市和边境贸易。早在 1984 年，国务院就下发了关于《边境小额贸易暂行管理办法》的批复，允许在"中国边境城镇中，经省、自治区人民政府指定的部门、企业同对方边境城镇之间的小额贸易，以及两国边民之间的互市贸易"。并明确了"边境小额贸易在双方商定的边境口岸和贸易点进行"，"边境城镇之间的小额贸易，按照自找货源、自找销路、自行谈判、自行平衡、自负盈亏的原则进行"，"边境城镇之间的小额贸易，应照章征收关税、产品税或增值税"。在这样的政策支持下，在一些交通条件相对便利的边境口岸出现了双边贸易快速发展的态势。这个时期我国边疆省区的对外开放还只局限在部分县市，很多县市不允许外国人进入，这也使得具有对外开放"特权"的边境口岸对外贸易具有巨大发展空间。因此，国家设立边境经济合作区也主要是从进一步扩大边境贸易出发。1991年国务院办公厅转发经贸部等部门《关于积极发展边境贸易和经济合作促进边疆繁荣稳定的意见》的通知，指出"开展边境贸易和经济合作，对于促进我国边境地区经济发展，增强民族团结，繁荣、稳定边疆，巩固和发展我同周边国家的睦邻友好关系都具有重要意义"，要求"各边境省、自治区和国务院有关部门要按照发挥优势、通贸兴边、加强管理、健康发展的方针，进一步做好这项工作"。这时的沿边开放上升到国家的对外开放战略，并具有通过沿边开放来促进边疆繁荣稳定发展的战略目标。对边境小额贸易的界定范围从边境城镇扩展到"沿陆地边界线经国家批准对外开放的县、市和个别地、州、盟"。"国家对边境贸易实行税收优惠政策"，"鼓励边境地区同毗邻国家的边境地区开展经济技术合作"，"适当简化边境贸易和劳务人员的出国手续"①。随后又出台了一系列政策以进一步补充完善沿边开放。而边境经济合作区的设立正是这一方针的具体落实。

　　边境经济合作区的设立和发展，对边境地区经济发展发挥了重要作用，"四区一省"的国家级边境口岸在发展边境贸易过程中，从一个个小城镇发展成为具有现代商贸功能的边境城市。但受周边国家市场容量和陆路交通基础设施发展滞后的约束，边境经济合作区在发展边境贸易过程中对边疆省区外向型经济发展的带动作用很有限。"四区一省"仍然处于我国对外开放的末端，经济发展仍然滞后且与沿海地区的发展差距不断扩大。

　　3. 开发区的管理体制和运行机制

　　由于边境经济合作区设立的目的，是希望像沿海开放城市和沿海经济特

---

① 《国务院办公厅转发经贸部等部门〈关于积极发展边境贸易和经济合作促进边疆繁荣稳定的意见〉的通知》，收录于王建中、李彩云、周昉主编：《云南边境经济贸易全书》，云南人民出版社1993年版。

区一样,通过壮大边境贸易扩大出口,通过发展出口加工业来扩大外向型经济,以开拓境外市场为目标,所以边境经济合作区的管理体制和运行机制基本上是参考国内的经济开发区进行设计的,园区都建设在中国境内,以边境口岸及其通达条件较好、地势开阔的口岸腹地作为边境经济合作区的范围,通常以开发区管委会的体制进行管理和运行,享受国家给予的开发区和边境贸易政策。广西、新疆、内蒙古的边境经济合作区一般都按照"一区多园"进行规划布局(见表12-1),而云南省的三个边境经济合作区则没有明确的功能区划分,而是与城市建设同步规划,城市就是合作区,合作区的规划建设也就是边境城市的规划建设。

表 12-1　"四区一省"的 10 个边境经济合作区特点

合作区名称	批准面积(平方公里)	主导产业	功能分区
凭祥边境经济合作区	7.20	环保型、出口加工型和高新科技民营型	传统工业园、高新科技产业园、出口加工园以及科研设计园、商贸园和物流仓储园
东兴镇边境经济合作区	4.07	发展商贸、旅游、加工业三大支柱产业	边境互市贸易区(海鲜市场、轻纺市场、建材市场、农产品市场)、江平工业园区
畹町边境经济合作区	5.00	对外贸易、工业、旅游业、农业	
瑞丽边境经济合作区	6.00	进出口加工业、热区资源开发、商贸、金融、旅游	
河口边境经济合作区	4.02	边境贸易	
博乐边境经济合作区	7.83	以加工、生产型为主的现代化工业	工业、商贸、仓储、生活四个功能区
伊宁边境经济合作区	15.00	绿色产业、出口加工业、商贸流通业	规划形成国际物流汇合区和出口加工标志区
塔城边境经济合作区	6.50	出口产品加工产业	边贸商业中心区、进出口加工区、仓储区、口岸服务区
满洲里边境经济合作区	6.40	高科技产业、加工工业、文化娱乐业	高科技园区、工业加工区、仓储区、商贸区、文化娱乐区、居民区、别墅区和行政管理区

续表

合作区名称	批准面积(平方公里)	主导产业	功能分区
二连浩特边境经济合作区	3.00	木材加工、矿产品加工、建工建材加工为主要门类的产业体系	设有出口加工区和口岸加工区。出口加工区设置进出口加工、商贸展示、物流仓储、旅游服务、综合服务五个功能区;口岸加工区设置木材加工、建材、矿产加工三个功能区。

数据来源:中国开发区网。

从表12-1可以看出,各边境经济合作区的管理体制和运行机制是按照边境贸易和出口加工业为导向的建区理念决定的,基本与内地的经济技术开发区的管理体制和运行机制一致,这样的管理体制和运行机制,有利于为入园区企业提供便利化的服务,促进产业聚集。但实施至今,边境经济合作区的发展仍然处于低层次,对边疆省区的带动小,与境外的合作与互动很弱。作为国家级开发区,一般具有副省级管理权限,但各边境经济合作区实际上基本没有这样的权限,一定程度上制约着边境经济合作区的发展。

(二)边境经济合作区的发展困境

作为原来的国务院特区办设立的国家级边境经济合作区,虽然发展各有差异,但总体上没有发挥出其应该带动边疆省区扩大对外开放的功能,只是对边境口岸所在地级市有一定的带动,边境经济合作区发展缓慢的主要原因有以下方面:

1. 发展模式偏差

边境经济合作区自设立以来,基本按照沿海地区的开放模式发展,这种发展模式与各边境经济合作区所面临的环境存在较大偏差,甚至是冲突。

边境贸易是各边境经济合作区的一个发展重点,对毗邻两国边境地区的经济发展确实产生了重要作用,但边境贸易的属性和国家对边境贸易的界定,决定了边境经济合作区在发展边境贸易中难以扩大贸易规模。中国加入WTO以后,边境贸易面临新的发展困境,虽然国家出台了一系列政策,支持边境贸易的发展,使近年来各边疆省区的边境贸易增长很快,但最终必然向国际贸易转型。"四区一省"毗邻的东南亚、南亚、中亚地区,基本上都是发展中国家,一些是最不发达国家,购买力弱,消费水平低,对中国生产的产品有消费欲望却没有购买能力,市场容量小,造成边境经济合作区在开拓周边国家市场、扩大出口方面难以发挥沿海开放口岸在中国对外贸易中那样的作用;目前的国际贸易中,陆路运输成本高于海上运输成本,而边境经济合作区处于内陆边境地区,与内地经济发达地区的陆路运输路线长,运输成本高,交通基础设施还较差,也成为扩大对周边国家出口的重要障碍。

出口加工业是各边境经济合作区的另一个发展重点。周边国家市场容量小,决定了边境经济合作区发展出口加工业对投资者没有太强的吸引力,面向欧美等发达国家的出口加工业投资者都会由于海上运输成本的优势而布局在中国的沿海地区,边境经济合作区无论提供多么优惠的政策,都不可能吸引厂商选择边境地区。因此,出口加工业的发展规模仍然很小,带动作用很弱。

进口加工业没有得到应有的发展。大部分周边国家都还处于工业化初期,甚至是工业化前的发展阶段,急需要扩大出口获取外汇,急需吸引包括中国在内的外国直接投资,开发本国资源,增强积累。边疆省区长期以来坚持的出口导向战略不支持从周边国家大规模进口,也缺乏足够的外汇。因此,出口加工业和对外投资没有成为边境经济合作区的发展重点,只有满洲里成立了省级进口资源加工区,发展进口加工工业。

这样的发展模式与边境经济合作区所处的境内外环境存在较大偏差,优势没有得到发挥,限制了边境经济合作区的发展。

2. 与境外的合作程度低

边境经济合作区以开拓周边国家市场为目标,以开发区的机制聚集产业,与境外的合作程度低,合作领域主要集中在商贸服务业和局限在边境线两侧的跨境旅游。而辐射到边境口岸腹地广大地区的双方经济合作程度很低,边境口岸还主要发挥着贸易通道的作用。随着中国经济发展对资源需求不断扩大,以及国家实施鼓励国内企业"走出去"的政策,近年来,边境经济合作区在服务中国企业到周边国家投资、扩大进口周边国家的资源型产品等方面发展较快,但受传统思想的影响,与境外合作开发境外的资源,发展境外边境地区经济的合作仍然很有限。管理体制、运行机制和建区理念都没有根本性变化,制约着边境经济合作区与境外地区的合作。

3. 中国所处的发展阶段决定了要素难以向边境经济合作区聚集

沿边开放至今，中国的发展阶段还处于中心—外围结构中的外围向中心聚集阶段，这个时期城乡居民的消费水平是温饱向质量型转换时期，对工业制成品的需求大，而对于品种的选择和多样化偏好程度低，这个阶段在空间经济学中属于黑洞条件。即 $\rho < \mu$ 的阶段。这个时期的发展规律是：外围区的要素会无限制地流入中心区，即进入了"黑洞"状态。这种理论动态过程的现实对应是大量的中西部地区的劳动力和人力资本都向沿海地区转移，在没有外部力量（如周边国家市场规模的吸引力）吸引或者说吸引力不强的情况下，厂商选址集中在经济相对发达的沿海地区，分享规模报酬递增区域的技术外部性和溢出外部性。因此这个阶段的边境经济合作区聚集和吸引的要素和厂商非常有限。

（三）边境经济合作区转型与升级的方向

在中国对外开放进入新阶段，以及周边国家加快经济发展的愿望更加紧迫的新形势下，边境经济合作区面临着良好的发展机遇，顺应国内外形势的变化，加快边境经济合作区的转型和升级，能够通过吸引产业转移来改变"黑洞"条件，增强边境地区的聚集力，在边境经济合作区形成边缘经济增长中心，带动和辐射周边边疆区域加快发展。

1. 从开发区向跨境经济合作区转变

争取国家支持，加强与周边国家的沟通与协调，扩大边境经济合作区的范围，尤其是向周边国家延伸的范围，建立"境内关外"的跨境经济合作区，探索和创新管理体制和运行机制，两国或三国设立跨境经济园区管理协调机构，建立跨境经济园区对外宣传信息平台，吸引两国内地企业（重点是中国内地企业）到跨境经济合作区投资设厂，使沿边开放战略有质的提升。

2. 从出口加工区向进口加工区转变

根据国内产业发展需求，确立进口导向型发展战略，根据周边国家的外贸政策、产业政策和引资政策，因地制宜地发展进口加工业。针对限制资源出口到我国而引资愿望强烈的周边国家，边境经济合作区努力打造服务平台，吸引国内投资者到这些国家投资办厂，发展资源加工业，再进口初级工业制品；针对还处于发展初期阶段，有资源出口愿望强烈的周边国家，扩大对这些国家的资源进口，吸引国内大企业（集团）到边境经济合作区内设厂，发展进口加工业,将产业链前端延伸到边境经济合作区。

充分利用中亚国家丰富的矿产资源和木材资源,在新疆维吾尔自治区的塔城、伊宁、博乐三个边境经济合作区,建立以进口导向为特色、面向西北乃至全国的进口资源(有色金属、木材)集散、加工基地。在云南省和广西壮族自治区的四个边境经济合作区,建立分别对应着缅甸和越南的、以进口导向为特色、面向西南乃至全国的进口加工基地,争取国家支持,在中老边境建立磨憨—磨丁跨境经济合作区,使之成为以进口导向为特色、面向西南乃至全国的进口加工基地。

3. 从边境贸易区向综合经济区(商贸、物流、旅游、服务平台)转变

新推进的跨境经济合作区,按照双方商定的发展模式和管理体制发展和管理,在园区内设仓储区、加工区、互市贸易区、国际贸易区、生活居住区等功能区。主要以进口加工、出口加工贸易、物流、金融、信息、旅游购物等为主体。双方可成立边境经济合作区论证专家组,按照先易后难、循序渐进的原则,就建立边境经济合作区有关政策建议和合作项目建设制定发展规划建议,上报两国政府决策。通过建立双边中央、地方多层次的,海关、检验检疫、商务部门之间的灵活高效的协调机制,及时处理合作中的问题。双方规范海关、检验检疫、人员管理,在园区内实行双方持有效证件出入车辆与货物相互流动、货币自由交换等贸易便利措施,提高通关效率和服务水平,全面推动双边贸易便利化。

加强双边在跨境经济合作区的建设与管理合作,深化"一站式"通关检验,实施统一的检验标准,开辟对鲜活农产品通关的绿色通道,为货物的流通提供最便捷的服务。完善口岸设施和联检设施,改善跨境客货运输条件,完善连接口岸的公路和桥梁,为双边贸易建立便利运输通道,解决边境地区运输不畅的问题。双方政府通过对话和磋商,妥善解决出现的问题,引导双方企业依法经营,共同营造良好的合作环境。

双方本着互惠互利的合作原则,加快建设跨境经济合作区内硬件设施,把跨境经济合作区建设成环境优良的投资平台。开展在交通运输、资源加工、电力生产、口岸建设、贸易投资便利化等领域的合作,优先实施条件成熟的项目,循序渐进,带动其他领域共同发展。双方金融部门研究合作建立实用、便捷、互惠、互利的银行结算体系,开展多功能金融合作。努力把跨境经济园区建设

成为吸引周边国家企业投资、贸易最便捷的重点地区。

在以上边境经济合作区转型和升级过程中，要突出与境外边境城市的互动，增强边境经济合作区的产业聚集功能，尽快形成规模报酬递增的区域和边缘增长中心。

四、沿边国际产业合作带与边缘经济增长中心

周边国家与中国的经济发展落差，有利于建立沿边国际产业合作带，从而促进边缘增长中心的成长。

与中国西部欠发达地区接壤或相邻的周边国家经济发展相对落后，但发展潜力大。目前这些地区还处于工业化的早期阶段，资源富集，劳动力成本低下，基础设施正在改善，出现较好的增长态势。这些地区同时也是国际区域合作最为活跃的地区，各种次区域、小区域的合作也在不断推进。在相关国际组织推动下，各国政府正在积极推进亚洲公路网的建设，泛亚铁路的兴建，也极大地改善了该地区的交通状况。目前第三亚欧大陆桥构想的提出，无疑将为该地区的发展与合作注入新的活力。

（一）国际通道与产业发展互动和次区域经济发展

如果在国际通道建设的同时，优化相关地区产业的布局，将提升国际通道的经济指标，扩大国际通道的物流量，增加本地区的就业数量，并最终影响国际通道的经济可行性。无论选择什么样的国际通道路径，从中国内地到东南亚、南亚、中亚的国际通道都存在空间距离漫长、运输成本偏高的问题。

与铁路海运联运方式相比较，以公路运输方式走西南通道具有时间方面优势，但是在运输费用方面的优势不明显。中国西部欠发达地区缺乏以贸易作为增长发动机以引进外资、通过市场方式引进技术与产业的基础，与主要贸易港口的空间距离增加了大量的运输成本。为了从根本上解决这一问题，必须在面向南亚、东南亚、中亚的国际通道中间地段扩大工业生产规模和市场规模。通过国际通道中间地段经济活动的扩大，带动当地经济的发展，增加通道的物流量。能够同时产生工业生产规模和市场规模效应的空间区域应当是区域经济一体化政策的交汇点，即通过区域一体化协调机制导致边界效应弱化的直接影响地区。选择在中国西部边境与周边国家接壤的区域作为面向东南

亚、南亚、中亚的国际产业合作带重点区域,具备经济合理性并容易获得各参与者的支持。

在周边地区共同构建产业合作带,符合中国提升沿边开放的模式的要求。长期以来,中国的沿边开放主要以发展边境贸易为主要方式。边境贸易对沿边省区加强与毗邻国家的经济贸易往来,参与国际经济循环,加强内地与周边国家的经济关系,促进边境地区的经济社会发展产生了积极效应。但是,随着国际国内经济环境和形势的变化,近年来边境贸易面临新的挑战。一是周边国家市场需求结构升级与我国边境贸易出口结构优化不足之间的矛盾。二是现行的边境贸易优惠政策与 WTO 的非歧视原则是有所冲突的。为了缓解这方面的矛盾,国家必须对边贸优惠政策进行较大的调整,边贸的政策优惠将逐步减少。三是边境贸易模式、政策必须与次区域经济一体化相互对应。随着我国与周边次区域合作的推进,客观上需要根据发展态势调整沿边开放的内容和模式。因此,客观形势的发展需要我们对以边境贸易为主的沿边开放模式实现转型。

(二)面向东南亚、南亚、中亚的国际产业合作带界定

国际产业合作带的界定。面向东南亚、南亚、中亚的国际产业合作带,就是通过该区域参与双边或多边的投资便利化,营造特定的制度环境,降低边界效应,顺应国际产业转移趋势,发挥各方比较优势,利用资源开发与加工,提高当地优势资源的附加值,提升产业层次,延伸产业链条,从资源地区变成有特定产业支撑的经济增长带,创造就业机会,吸收当地劳动力就业,从而建立和拓展这些地区工业化基础。国际上边境地区建立国际产业合作带成功的例子有美(国)加(拿大)边境国际产业合作带、上莱茵河跨国次区域产业合作带等。构建面向东南亚、南亚、中亚的国际产业合作带,可成为我国西部欠发达地区参与次区域经济合作中走出"富饶的贫困"的一条有效途径。

我国西部边境地区面向东南亚、南亚、中亚的国际产业合作带范围分为核心、拓展区和辐射区。核心区是依托我国西南滇桂两省区、西北新疆维吾尔自治区的边境地区,在边界两侧条件适宜地区建立若干个产业园区、开发区;拓展区是支撑跨境合作产业园区、开发区的资源地区,地理范围覆盖我国西南地区—中南半岛和南亚东部、西北地区—中亚五国;辐射区是拓展区所能影响的周边区域,包括我国西南、西北地区以外的地区、东盟其他国家、南亚国家和

中亚国家。现阶段沿边国际产业合作带可以现有重点口岸为基础，围绕双方对应的口岸建设一批经济合作区、旅游合作区、自由贸易区、国际经济合作区，使西部少数民族边疆形成产业合作带，通过边境地区的要素优势互补，内地产业转移和沿边开放政策、次区域合作机制的结合，形成沿边国际产业合作的格局，带动区域经济发展。

现阶段我国政府的外交方针中把周边国家放在首要地位，强调中国将继续贯彻与邻为善、以邻为伴的周边外交方针，加强同周边国家的睦邻友好和务实合作，积极开展区域合作，共同营造和平稳定、平等互信、合作共赢的地区环境。面向东南亚、南亚、中亚的国际产业合作带的构建，将有利于上述目标的实现。

1. 有利于我国西部边疆与周边接壤地区在共同增长中实现共同繁荣。中国西部边疆与周边接壤地区长期处于发展滞后状态，贫困问题已经影响到社会稳定乃至国家关系，但这一区域是全球重要的资源富集地区，是典型的"富饶的贫困"格局，在这些地区构建国际产业合作带，能够通过这些地区资源的共同开发，摆脱贫困，形成共同增长的良好态势，实现共同繁荣。

2. 有利于中国与周边国家地缘政治与地缘经济的协调发展。构建我国面向东南亚、南亚、中亚的国际产业合作带，形成产业内贸易和垂直一体化发展模式，形成我国与周边国家之间合理的产业分工和产业合作，逐步建成一些跨境城市、商贸中心、产业基地等产业支撑力强的边缘增长中心，从而带动这一区域经济的快速发展。国际产业合作区的发展，将支撑已经初步形成的国际通道的物流规模，发挥国际通道的经济效应。

3. 有利于解决我国西部边疆与周边接壤地区存在的一系列经济社会问题。与西部边疆接壤的周边地区，仅靠农业无法解决长期以来获利极大的毒品种植，也无法解决一系列周边地区社会经济问题。通过国际产业合作带，开发优势资源，延伸资源开发产业的产业链条，提升资源产品的附加值，增加这一地区人民的收入水平，能够有效缓解这一地区长期存在的一系列经济社会问题。

4. 有利于我国"走出去"战略的实施和产业结构调整升级，实现国际通道经济效应。通过国际产业合作带的构建，在这一区域形成一批不同规模、各具特色的产业基地、工业园区，吸引中国具有技术优势的企业到这些产业基地和工业园区投资办厂,有利于走出去的企业形成聚集效应,获得递增的规模报酬,降低商务成本,避免单一企业走出去面临的诸多问题,也有利于促进我国的产业结构调整和产业优化升级。同时,有利于国际通道发挥更大的经济效益。

5. 有利于我国"睦邻、安邻、富邻"外交政策收到实效。周边国家与我国的发展差距较大,仅靠贸易往来,难以解决发展差距过大的问题。但是这些国家对于利用国外资金、技术来发展民族工业的积极性比较高。通过构建国际产业合作带,双方合作建立产业基地、工业园区,在资源开发和产业升级中实现共同增长、共同繁荣,能够形成实施我国"睦邻、安邻、富邻"外交政策的有效载体,使"睦邻、安邻、富邻"外交政策落到实处。

(三)沿边国际产业合作带的环境和条件

从发展的态势上看,构建国际产业合作带的环境已经形成,条件已经具备。

1. 这些地区的区域经济一体化进程已从体制性框架协议向具体合作项目转变。中国东盟自由贸易区建设正在稳步推进,大湄公河次区域合作(GMS)已经成为我国参与区域合作的国家战略,合作领域从贸易领域向人员培训、资源合作开发、产业发展等方面纵深推进;在南亚方面,孟中印缅论坛(BCIM)正在向务实方向发展,中国—南亚商务论坛在促进投资和贸易方面起到重要作用;而美国、日本、澳大利亚等发达国家和一些国际组织、大的资本集团正在积极介入这一地区;上海合作组织中的经济合作领域正在不断拓宽。

2. 所涉及的国家和中国西部边疆参与次区域产业合作意愿强烈,希望借助国际产业合作带动本地区经济发展。近期周边国家对建立跨境经济合作区持积极参与态度,例如老挝北部九省已经委托中国帮助编制产业发展规划,希望引进投资进行产业开发。中国西部的一些省市例如四川、广西、重庆和贵州都把东南亚、南亚作为新时期对外开放的重点,与周边国家的一些产业合作项目已经实施或正在启动,并取得了重要的成效。

3. 已经形成一系列有利于产业国际合作的政策体系和通道经济架构。国家为支持西部地区对外开放,给予了云南、广西、新疆等省区"境内关外"、"出口加工区"、"边境贸易区"、"边境经济开发区"等优惠政策。目前与周边国家共同推进的多条纵向经济走廊,将与沿边国际产业合作带交汇,形成要素流动的枢纽和增长的结点,有利于跨境地区增长中心的发展。同时,我国中央、地方政府与周边国家各级政府开展了多种形式的交流沟通,建立了相互信任的合作机制;亚洲开发银行等国际组织也积极推动该地区的产业发展,以减轻当地的贫困程度。由于亚行对次区域国际经济合作的积极态度,无疑对沟通各方、改善投资软环境起到了十分重要的作用。

4. 我国在总体产能过剩的情况下,有能力、有动力开展对东南亚、南亚、中亚的产业投资。越南北部、老挝北部、缅甸北部等地区的工业才刚刚起步,南亚相邻地区也需要发展工业以解决一系列社会经济矛盾,均急需吸引外来投资发展加工业和制造业,提升产业层次。我国在冶金、生物资源开发、化工、机械制造等领域的加工制造技术都较为成熟,符合周边国家产业开发的技术要求。企业到"境外边境地区投资办厂,可有效实现产业转移。

5. 云南、广西、新疆的基础设施建设得到很大完善。昆曼、昆畹、昆河高等级公路和泛亚铁路东线建设,泛亚铁路中线和西线规划、建设在稳步推进;广西壮族自治区与越南的公路、铁路运输条件不断完善,通畅便捷的陆路交通正在成为构建中国面向东南亚、南亚国际产业合作带的坚实基础。电信、能源方面合作项目的启动,进一步改善了该地区的产业发展的配套条件。随着我国西南地区与周边接壤的口岸与各类边境经济合作区的基础设施的改善,贸易便利化进程的推进,由自然条件和制度差异造成的边界效应在很大程度上得以缓解。

(四)沿边产业合作带上的边缘增长中心成长

在沿边国际产业合作带上,边缘增长中心的经济功能应以外贸功能、流转功能、导向功能、出口加工功能为主,在产业合作的基础上,重点应通过扩大城市规模、强化城市的聚集功能和加强境内外边缘增长中心的互动来推进边缘增长中心的成长。

构建我国面向东南亚、南亚、中亚的国际产业合作带,形成产业内贸易和垂直一体化发展模式,形成我国与周边国家之间合理的产业分工和产业合作,逐步建成一些跨境城市、商贸中心、产业基地等产业支撑力强的边缘增长中心(如图12-7所示),从而带动这一区域经济的快速发展。国际产业合作区的发展,将支撑已经初步形成的国际通道的物流规模,发挥国际通道的经济效应。

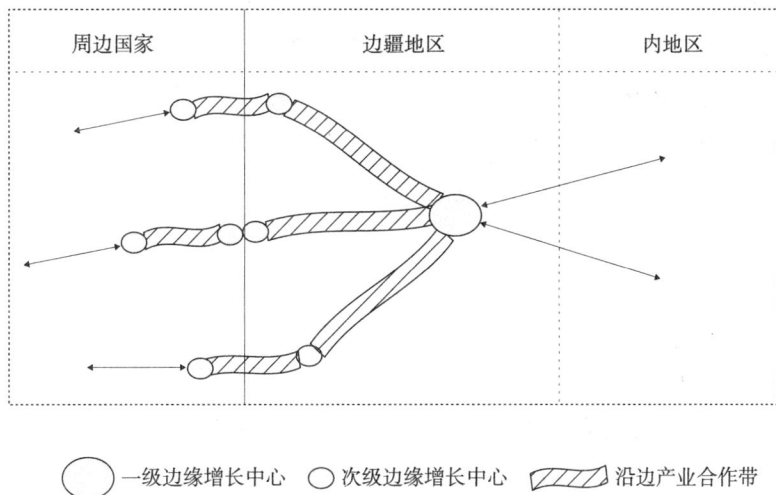

图 12-7　边缘增长中心与沿边产业合作带的互动

边缘增长中心应发展为陆疆国际交通运输枢纽中心、边境国际贸易流通中心,应逐步将边境贸易转变为大规模、规范化、集约化的边境国际转口贸易,并结合工业的发展,发展外向型的边境加工贸易,逐步从边境贸易流通中心向陆疆国际转口贸易流通中心转化。应在产业合作与产业链延伸中强化中外边境地区边缘增长中心的互动,推进中国西部边境地区与周边国家和地区之间的次区域经济合作,形成国际化的、跨边界的经济区,使得沿国境线分布的中外沿边城市逐步发展成为次区域经济发展区的增长中心,从而推动更大范围的区域经济发展。

(五)沿边国际产业合作带对边境两侧外向型经济的影响

沿边国际产业合作带应当是多国和相关地区的共同意愿和共同行动。国际产业合作带的构建,对周边国家加快工业化进程,扩大贸易规模和减少贫困都有着积极意义和重大的经济利益。同时,对我国西部地区将产生各具特点的正向效应。

长期以来,沿边地区、沿海地区和内陆地区的对外开放如何形成互动,是一个从理论到实践层面均需要解决的问题。中国改革开放 30 年以来区域均衡格局的变化表明，仅有沿海地区的高度开放，必然导致要素和产业在沿海一带空前聚集，这样的局面并不利于地区之间的协调发展，也很难带动西部各省区的对外开放。同时，内陆腹地对外开放既需要借助沿海地区与世界市场的高度关联，也需要依托在沿边地区形成一个新的增长极，内陆腹地巨大的经济能量通过沿边增长极可转移产业，直接走向东南亚、南亚、中亚市场，并获得外部资源支持。因此，沿边国际产业合作带的构建与形成，对重庆、四川等内陆地区加快开放具有直接的推动作用。

五、对策建议

通过以上理论与实证的分析可以看出，中国西部欠发达地区在沿边开放中能够形成带动和辐射边疆经济发展的边缘增长，但外部力量具有决定性的影响，需要国家的政策支持。通过制度供给，给予西部欠发达地区加快发展的政策支持体系，发挥西部边疆区域的优势，使西部边疆区域在次区域合作中形成若干报酬递增的区域，通过超常规开发和跨越式发展，实现西部边疆与内地的增长趋同与共同富裕。

一要继续强化基础设施建设。以国家投入为主，创新投融资机制，尽快完善西部欠发达地区的基础设施。重点支持西部边疆省区出省区通边的交通基础设施建设，不断降低边界屏蔽效应，根据西部欠发达地区的地理自然特征，突出发展航空、铁路和城市之间的高速公路，为西部欠发达地区的产业聚集和厂商的区位选择不断降低运输成本。

二要加快西部欠发达地区经济发展的体制和机制创新。以市场化改革为导向，赋予西部欠发达地区更多的改革权和新政策试验权，突破西部欠发达地区传统体制束缚，降低交易成本，吸引国内外资金、技术、人才和产业进入。

三要强化国家对西部欠发达地区的教育投入。特别要强化对西部欠发达地区教育投入，尽快提高西部欠发达地区的人口素质，支持西部欠发达地区的人力资源开发，为西部欠发达地区经济发展提供充足而合格的人力资源。

四要支持西部欠发达地区积极推进工业化与城市化的结合，培育支撑产业，增强城市的经济功能。在产业政策约束方面，实行地区差异化的产业政策，特别是在国家限制产能过剩方面的产业上，根据西部欠发达地区的特点支持具有优势的产业发展,壮大西部边疆的产业发展能力。

五要支持西部欠发达地区培育区域性国际金融中心。支持地区加快金融体制、机制创新,把乌鲁木齐和昆明建设成为面向中国西北与中亚、中国西南与东南亚三大次区域合作中最重要的国际金融中心。加强金融环境建设,完善软件基础设施,扩大开放领域,以实现金融创新突破为重点,汇聚国家支持、地方政府推动、市场机制作用三股力量,形成合力,分阶段、有步骤地全方位推进区域性国际金融中心的建设。使乌鲁木齐和昆明能够承担相应区域内主要的融资功能、投资功能、结算功能,形成以乌鲁木齐和昆明为中心,分别辐射中亚各国、东盟各国乃至全球的多元化、多层次、多功能的现代化电子金融平台。

六要支持西部欠发达地区成立中小企业信贷银行。针对中小企业贷款难特别是西部欠发达地区的中小企业融资难的问题,应支持西部欠发达地区成立中小企业信贷银行,可采取政府支持,中小企业入股参与的形式,组建股份制银行,专门性地用于支持西部欠发达地区的中小企业发展和对境外地区的投资开发。

七要加大力度支持口岸建设和通关便利化。国家和西部边疆省区要设立专项资金,用于边境口岸的基础设施建设,尽快改善边境口岸的交通、通信、市政设施、物流配套设施和通关设施,为要素跨境聚集和商贸物流创造条件。针对经陆地边境口岸通关的贸易规模小、边境口岸财力弱的特点,实行陆地边境口岸关税返还制度,专门用于边境口岸的建设。通过与周边国家的沟通与协调,加快推进通关便利化,降低贸易和交易成本,推进海关领域的改革,改进检验检疫管理,改善贸易物流环境,促进人员便捷流动。实施“提前报关”、“属地申报,口岸验放”、“无纸报关或电子口岸”、“电子申报、电子转单和电子签证”、“预约报检”、“产地检验”、“一次审批一年内多次出境”、“边民互市‘优检卡’制度”、“落地签证”等便利化措施,简化海关在预录入、审单、查验和征审等环节的手续,简化产地报检、电子报检,申报、转单和签证等方面的通检手续,简化车辆出入境的出单、换单,办理出境手续,简化商务人员在出入境手续的办理、旅游人员查验、健康检查等方面的通关手续。实施检验检疫便利化措施,缩短检测周期,缩短出入境货物的熏蒸处理时间、出入境车辆的轮胎消毒时间。开通网上报检系统,实施出入境人员的网上申报,建设出入境自助查验系统,提高出入境人员的查验速度。提高通关效率,促进贸易、投资和跨境游客的快速增长。

八要加强研究,高起点谋划是构建国际产业合作带的基础。现在时机成熟,条件具备,需要动员各方力量,就合作的具体产业、重点领域、合作方式、产业布局、合作策略等各方面进行深入研究,形成统一认识,高起点谋划,制定发展战略和实施方案。高起点谋划需要及时与国家相关部门沟通,充分论证构建我国西部地区面向东南亚、南亚、中亚国际产业合作带的可行性。在研究和论证的基础上,积极争取获得国家的支持,争取纳入国家发展战略和对外开放战略,在政策、资金、外交等方面给予重点支持。

逐步将二类口岸升格为一类口岸,推进口岸加工区和境外园区的建设。根据口岸所在地区条件和进口资源品种,调整产业结构,加快资源加工区建设,实现资源落地加工转化,延伸产业链条,促进地方经济发展。建议国家有关部门应进一步加强与周边国家边境地区政府间的政策协调、外交磋商,建立定期沟通、协商和信息交流机制。金融主管部门和有关部门,应进一步研究和完善人民币对外结算机制,统一出口退税政策,用政策引导方式,允许建立跨国投资合作银行,积极引导和鼓励口岸地区商业银行开展货币兑换业务,允许在周边国家开通人民币银行卡业务,推动人民币区域化。应积极发挥商务和外交部门、境外企业、行业协会等各自优势,相互协作,共同构建信息共享平台,开展形式多样的交流活动。

应发挥国家在构建面向东南亚、南亚的国际产业合作带中的政策引导作用,应制定统一规划和对外政策,强化统一领导,建立协调机制。应从长计议,可以考虑设立口岸基础设施建设专项基金,保证口岸在发展中形成稳定的资金来源。根据周边国家出入境的实际,有关部门应进一步研究和制定出入境管理办法,放宽边境通行证管理和第三国车辆出入境限制,为跨境人员旅游经商、企业间经贸往来提供方便。

第十三章　产业转移与西部欠发达地区产业承接能力

在国内不同区域发展存在明显差异的背景下,产业的区际转移无论对于承接地还是转出地的经济发展及其方式的转变都具有十分重要的意义,它有助于强化各地区的比较优势,促进区际经济的协同互补,推动产业结构的优化升级和资源的长期最优配置。东部向西部欠发达地区产业转移,是促进西部欠发达地区产业结构升级优化、促进西部欠发达地区产业发展的有效途径之一。

一、西部欠发达地区承接东部产业转移的困难和问题

我国东部的"边际产业"向西部欠发达地区的转移无论规模、速度还是成效都不明显,大规模产业转移的局面尚未形成,东西部区际间的产业转移状况与预期差距甚远。研究显示,转出地区在行政上的约束和产业对本地相关产业链的依赖;承接转移地区在创业环境、配套设施上的滞后等问题,都严重阻碍了产业转移的实现。目前我国东部产业向西部欠发达地区转移中存在的障碍与问题主要有:

(一)缺乏产业转移推动力

从承接地的投资规模和产业结构变化看,我国东西部之间的大规模的产业转移并没有发生,一些行业虽有转移的迹象,但整体性的、一揽子的产业转移并没有出现。广东与广西等区域之间虽然一些较大规模的投资出现,但这些转移更多的是一种惯性,表现为"邻里扩散"的特征而非有计划的产业转

移。以广东为例，以电子信息、电器机械、专用设备、汽车、建筑材料、医药、石化产业、食品饮料、森工造纸为支柱的制造业，在 2006 年增长了 22.3%，2007年增长了 18.0%，没有出现产业向外转移的迹象。

从我国劳动力东进的趋势来看，由于西部大量廉价的劳动力仍然源源不断地向东部流动，东部地区的产业发展没有出现因为劳动力短缺而产生的约束，东部地区也不会因劳动力的数量和价格的约束而将产业转移出去。相反，由于廉价劳动力的向东移动，进一步支撑了东部劳动密集型产业的发展，阻碍了产业的向西转移。

（二）产业承接效应缺失

西部五省区希望东部地区能够转移一些加工型的产业，提升本省区产业结构，延长产业链。但是从近年来西部欠发达地区承接的产业看，除部分污染较重的传统产业、需要大量半熟练劳动力以及聚集经济不明显的产业出现了一定规模的转移外，聚集效应明显、产业链长、具有一定技术含量的产业转移并没有出现。究其原因，一些成熟产业在东部地区已形成较完整产业集群和产业链，单个企业在这样一种完整的产业链体系中，能够最大限度地降低交易成本，提高效率，而将企业转移到西部欠发达地区后，将大大增加企业的交易成本。若西部欠发达地区不能在短期内形成相应的产业链，产业内的企业就不会转移出去。这也产生了一种悖论，一方面，西部欠发达地区希望产业转移，形成本地区相关产业的产业链，另一方面，由于西部欠发达地区的产业链在短期内无法形成，缺乏产业配套条件，又阻碍了东部企业的移入。

以浙江为例，中小企业在某一产业或特定区域集中而形成的块状经济成为浙江经济的一大特点。目前，浙江块状经济的工业增加值要占到全省工业增加值的 60% 左右。这些产业集群通过集聚效应，降低了广大中小企业的交易成本，提高了产品竞争力。浙江产业集群的特点，使集群内的单体企业对整个集群形成很强的黏着性，从而降低了浙江企业对外投资或转移产业的推动力。温州一些皮鞋厂商到安徽等地投资办厂，期望利用当地的廉价劳动力与原材料，降低生产成本，提高价格竞争力。但因为缺乏产业集群的环境，企业的交易成本大大提高，企业在当地难以发展。即使是像中国正泰、德力西等大型电器企业，到外地投资或将总部迁移外地后，仍需将生产基地留在温州。

二是企业要从一个地区转移到另外一个地区，需要重新选址建造厂房，需要搬迁或重新购置生产设备,从工程到成本到时间均须付出代价,再考虑到不能正常生产的机会成本,代价更高。即使采用合营或是兼并形式,也需部分固定资产的转移和较长时期的磨合,也将导致较高的转移成本。西部欠发达地区虽然有低人力成本的优势,但不能抵消转移成本而造成的损失,加上西部欠发达地区职工的劳动效率低于东部地区,西部欠发达地区低人力成本的优势同样会被抵消。

(三)地方保护主义制约产业转移

从地方政府看,东部地区一些政府并不鼓励和支持本地产业的转移出去。其主要原因是:

第一,东部地区对劳动密集型产业还存在较大的依赖。无论是长三角还是珠三角,产业升级的技术支撑都没有完全形成,将劳动密集型产业转移出去,而新兴产业又不能及时培育发展起来,产业转移将有可能导致产业转出地经济的衰退,将造成这些地区的产业空洞化,影响当地 GDP 总量和财政收入。

第二,在东部地区内部,也存在着区域发展的不平衡,除上海外,包括北京、天津、广东、浙江、福建和江苏在内的各相对发达地区,仍然存在着较大范围的不发达地区,需要本地企业进行产业转移支持发展。例如广东有 21 个地级市,其中有 7 个在珠三角,山区和东西两翼各 7 个,从人均 GDP 来看,山区和东西两翼 14 个地级市的人均 GDP 只相当于全省平均水平的 44% 和 60%,只相当于珠三角地区的 19% 和 26%。为促进本省经济的发展,不少省市出台了鼓励产业在本地区转移的政策措施,广东省政府 2005 年 3 月 7 日出台了《关于我省山区及东西两翼与珠三角联手推进产业转移的意见(试行)》的 22 号文,鼓励本省产业向山区和东西两翼转移,并建立了 15 个转移园区。浙江省也鼓励省内产业转移,每年省内内部转移的资金占转移资金总量的 2/3。

(四)转移产业规模有限

东部在西部欠发达地区的投资规模普遍较小,产业层次低,对当地经济发展和产业结构调整的贡献有限。浙江省经济技术协作办根据山东等省工商局反馈的资料统计显示,到 2003 年年底,浙江在山东、云南、湖南、广西等 13 个省区中,共有企业和个体工商户 149501 户,其中,个体工商户为 110432 户,占 73%。据省工商局等对在外 1000 家以上企业的调查分析,年销售收入 500 万元以下占 35%,年销售收入 500 万~1000 万元的占 14%,1000 万~3000 万元的占 26%,3000 万~5000 万元的占 7%,5000 万~10000 万元的占 8%,1 亿元以上的占 10%。考虑到调查的企业都是当地规模较大的企业,实际上中小企业的比重远高于抽样调查揭示的情况。

从浙江企业在云南来看,浙江在滇企业的性质以个体经营和私营企业为主(各占 60%、35%),企业以中小规模为主,投资规模在 100 万元以上的占50%,但投资规模在 3000 万元以上的只占 5%。

(五)投资与创业环境影响投资效率

无论是东部地区产业的转出者,还是西部欠发达地区产业的承接者,都普遍承认:西部欠发达地区的创业与投资环境不如东部发达地区,软硬环境的综合性约束,大大降低了对东部产业转移的吸引力。

由于产业转移是在投资地区与承接地区之间从技术差距最小的产业依次进行转移,在产业转移中,两地区之间的产业结构越接近的地区,产业转移越容易实现。东部地区产业较发达,产业层次高,而西部欠发达地区产业结构较低,自然资源为基础的产业占据了较大的比重,从而成为承接东部产业转移的障碍。

以云南为例,云南资源型、原料型的产业结构特征极为明显,在云南的工业中,基础工业占 70%左右,加工工业仅占 30%。在基础工业中,原材料工业占 80%左右,采掘工业占 20%,而且呈现出原材料工业发展速度加快、采掘业萎缩的格局。而东部地区发展较快的产业,主要集中在劳动密集型和技术密集型产业,如电子及通信设备制造业、仪器仪表设备制造业、服装及其他纤维制造业、塑料制品业等,这些产业都是云南省较薄弱的产业。由于缺乏产业基础、熟练劳动力、该产业的技术人员、市场营销经验和网络等,东部企业一般不愿意轻易地进入。这就制约云南对这些产业的承接。

经济发展落后和产业结构低下,还导致了产业配套能力的不足、企业群聚效应下降、市场信息滞后等一系列连锁问题,这些问题会对移入产业和投资者的效率造成严重的影响,从而阻碍产业的进入。另一方面,在西部欠发达地区,基础设施条件虽有所改善,但因山高路远,远离口岸,运距长,运输周期长,出省运量小,运输成本高,也影响了对外来投资的吸引。

(六)产业转移与环境污染

从目前东部发达地区转移出去的产业看,大多是劳动密集型产业,有的甚至是技术含量很低的简单组装设备,还有的是因为受到环保政策的限制而转移出来的产业。虽然各地政府也比较注重可能引致的环境污染,强调有选择地引进产业。但从基层政府看,仍有"饥不择食"的现象存在,引进一些高污染行业,对当地产业的可持续发展造成不良影响。云南、广西等地,存在着大量资源开发型产业。从环境保护的角度看,这些转移对西部地区是极其不利的,会对当地区经济的长期发展产生不利影响。

二、基于能力结构的西部产业承接能力评价

东部产业为什么不向西部转移? 制约东西部产业转移的因素很多,但是,在市场经济机制下,区域之间的经济合作的范围与成效,在很大程度上取决于合作地区的能力结构。从我国几个典型的区域经济合作模式看,合作的成功与否在很大程度上与地区之间的能力结构紧密相关。只有当发达地区的资源配置和产业转移能力与落后地区的要素吸收能力和经济开放能力相吻合时,合作才可能取得成效。当区域之间的能力相差太大时,合作几乎是不可能的。事实上,直接投资的一揽子投资所决定的资本、技术、管理及市场进入的系统性或"不可分性"要求引资地本身存在着一种相应的能力结构,这种能力结构才是决定直接投资规模和效应的根本因素,况且,经济发展阶段并不仅仅是一种以人均价值指标为标志的对发展水平的一种体现,各个阶段的演进是由一系列各种结构性的能力指标所决定的,并具有强烈的质的规定性和增长要素的含义(杨先明,2000)。

因此,欠发达地区构建起基于能力结构基础上的吸引投资的有效模式才是东西部经济合作的前提。换言之,只有当发达地区的资源配置和产业转移能力与落后地区的要素吸收能力和经济开放能力相吻合时,合作才可能取得成效。综上所述,本课题研究认为西部欠发达地区的能力结构是其产业承接能力的基础,需要以能力结构为基础构建产业承接能力的评价体系。

(一)能力结构评价体系构建和指标选择

本部分的研究方法采用杨先明分析地区能力结构的分析方法[①],从多元

---

① 杨先明等著:《能力结构与东西部区域经济合作》,中国社会科学出版社 2007 年版。

分析的思想出发,引入主成分分析法,借用主成分构造经济系统评价函数,建立基于主成分分析法的区域能力结构综合评价函数模型。该模型的指标权重由数据集的结构特征决定,避免了人为设置,同时利用指标的相关性,提取出独立的主成分构造评价函数,克服了各指标的相关性对评价结果的直接影响。

我们采取 Pelikan,1996;Porter,1990 对能力结构的定义,认为能力结构是指一个地区或国家在增长要素累积的基础上所形成的配置能力、学习能力、技术能力、开放能力等结构性能力。根据我国所处的阶段,遵循上述能力结构设计原则,本书研究中设计了一套三层四个要素多指标的评价指标体系对中国各地区能力结构进行比较分析研究。

1. 总体层:综合表达区域的总体能力,代表着区域能力结构的基本状况。

2. 要素层:将能力结构解析为内部具有逻辑关系的四大要素,其中包括:

资源配置能力:即占有并支配处置资源的能力。即使在市场经济条件下,政府资源配置能力也是不可缺少的。政府资源配置能力低下会造成社会资源流向和布局不合理,影响社会整体功能的发挥和均衡发展。我们用国内生产总值、人均 GDP、固定资本形成总额、全社会固定资产投资、人均社会消费品零售总额、人均储蓄、财政收入/GDP、财政支出/GDP 来反映一个地区的经济实力、发展水平、投资消费和政府的财政状况,用市场化进程相对指数来表示市场化程度。用综合生产率、资本形成率、企业全员劳动生产率资源表示配置效率。

经济开放能力:用反映经济外向程度的对外开放度表示,包括国际直接投资开放度、国际旅游开放度、国际贸易开放度。

学习能力:借鉴了(胡鞍钢 2000)《我国知识发展的地区差距分析》中关于知识发展的指标,认为一个地区的学习能力与该地区获取知识、吸收知识、交流知识的能力有关。因而使用反映知识发展的指标来代表区域学习能力。

技术发展能力:主要反映技术的创新与吸收。包括:人均 R&D 经费支出、企业 R&D 经费支出、固定资产更新改造比例、科研机构数、专业技术人员数、专利授权量;以及科技转化效果:技术市场成交额、技术市场成交额与本地生产总值之比、新产品产值率等。

3. 变量层:针对四大要素,选择若干变量(指标)从本质上反映、揭示能力结构状况。指标选择着重考虑主成分分析法对数据的全面性的要求。实证分析所采用的评价指标体系见表13-1。

表 13-1 能力结构评价的指标体系

能力要素	评价指标	指标度量
资源配置能力	经济实力	GDP
	发展水平	人均 GDP
	投资水平	固定资本形成总额、全社会固定资产投资
	消费水平	人均社会消费品零售总额
	储蓄水平	人均储蓄
	财政水平	财政收入/GDP、财政支出/GDP
	市场化程度	市场化进程相对指数
	配置效率	总资产贡献率
经济开放能力	国际直接投资开放度	(外来直接投资+对外直接投资)/GDP
	国际旅游开放度	国际旅游外汇收入/GDP
	国际贸易开放度	(进口额+出口额)/GDP
学习能力	吸收知识的能力	人均教育经费、人力资源能力系数、高中及中专以上人数、人才比例、文盲人口比例(逆向)、少年儿童读物类图书和课本、高等学校数、高校教职工数、全国图书版权引进数
	引进知识的能力	人均 FDI
	生产知识的能力	百万人口专利数
	交流知识的能力	万人口互联网用户数
技术发展能力	技术创新能力	人均 R&D 经费支出、企业 R&D 经费支出、科研机构数、专业技术人员数、专利授权量
	技术吸收转化能力	技术市场成交额、技术市场成交额占本地 GDP 比例、新产品产值率

(二)我国西部欠发达地区能力结构评价及与东部的比较

中国各地区能力结构评价指标体系中,市场化进程相对指数指标值来源于《中国市场化指数——各地区市场化相对进程报告》(樊纲 2000 年、2006年),知识发展指标来源于《我国知识发展的地区差距分析》(胡鞍钢 2000),万人互联网数数据来源于《第十五次中国互联网络发展状况统计报告》,对外直接投资额数据来源于国家商务部对外经济合作司网站,R&D 支出和高新技术产品增加值数据均来源于国家科技部《中国科技统计数据》(2005)、

(2007),其余指标值来源于《中国统计年鉴》(2005)、(2009)或根据其数据整理而来。

1. 西部欠发达地区的资源配置能力评价

从资源配置能力方面来看,西部欠发达地区中,内蒙古自治区的资源配置能力发展最快,其能力得分排名从 2004 年的第 22 位上升至 2008 年的第 11 位,广西从 24 位提升到 23 位;但云南、新疆和西藏的资源配置能力都有所下降,云南从 12 位下降到 26 位,新疆从 13 位下降至第 25 位,西藏从 30 位下降到 31 位。见表 13-2、13-3。

表 13-2　2004 年各省、市、自治区资源配置能力得分

东　部			中　部			西部欠发达地区五省区		
城市	能力得分	能力排名	城市	能力得分	能力排名	城市	能力得分	能力排名
北京	1.653	2	山西	-0.235	14	内蒙古	-0.304	22
天津	0.655	5	吉林	-0.248	16	广西	-0.365	24
河北	-0.084	11	黑龙江	0.205	8	云南	-0.129	12
辽宁	0.190	9	安徽	-0.386	25	新疆	-0.154	13
上海	1.850	1	江西	-0.419	26	西藏	-0.529	30
江苏	0.447	6	河南	-0.257	18			
浙江	0.738	4	湖北	-0.289	21			
福建	0.139	10	湖南	-0.254	17			
山东	0.307	7						
广东	0.792	3						
海南	-0.285	20						

数据来源:樊纲:《中国市场化指数——各地区市场化相对进程报告》,经济科学出版社 2006 版。

注:由于对原始数据进行了标准化处理,因此能力得分可能出现负数,负数表示低于平均水平。(以下表同)

表 13-3　2008 年各省、市、自治区资源配置能力得分

东　部			中　部			西部欠发达地区五省区		
城市	能力得分	能力排名	城市	能力得分	能力排名	城市	能力得分	能力排名
北京	1.454	2	山西	-0.114	14	内蒙古	-0.034	11

续表

东　部			中　部			西部欠发达地区五省区		
城市	能力得分	能力排名	城市	能力得分	能力排名	城市	能力得分	能力排名
天津	0.651	6	吉林	-0.160	17	广西	-0.380	23
河北	-0.009	10	黑龙江	-0.239	19	云南	-0.398	26
辽宁	0.407	8	安徽	-0.250	20	新疆	-0.390	25
上海	1.538	1	江西	-0.335	22	西藏	-1.173	31
江苏	0.765	4	河南	-0.071	13			
浙江	0.740	5	湖北	-0.129	15			
福建	0.201	9	湖南	-0.204	18			
山东	0.510	7						
广东	0.836	3						
海南	-0.380	24						

数据来源:樊纲:《中国市场化指数——各地区市场化相对进程报告》,经济科学出版社 2010 版。

2. 西部欠发达地区开放能力评价

从经济开放能力方面看,西部欠发达地区中,新疆的开放能力发展最快,开放能力得分由 2004 年的 26 位上升至 2008 年的第 12 位,上升了 14 位;其次是云南,能力得分由 2004 年的 17 位上升至 2008 年的第 9 位,上升了 8 位;广西、内蒙古、西藏的开放能力略有下降,2008 年与 2004 年相比,位次分别下降了一位,如广西从 14 位下降至 15 位。见表 13-4,13-5。

表 13-4　2004 年各省、市、自治区开放能力得分

东　部			中　部			西部欠发达地区五省区		
城市	能力得分	能力排名	城市	能力得分	能力排名	城市	能力得分	能力排名
北京	2.470	1	山西	-0.517	23	内蒙古	-0.450	19
天津	0.900	4	吉林	-0.487	20	广西	-0.351	14
河北	-0.489	21	黑龙江	-0.493	22	云南	-0.362	17
辽宁	0.194	9	安徽	-0.518	24	新疆	-0.528	26
上海	2.052	2	江西	-0.074	11	西藏	-0.353	15
江苏	0.890	5	河南	-0.596	30			

续表

东　部			中　部			西部欠发达地区五省区		
城市	能力得分	能力排名	城市	能力得分	能力排名	城市	能力得分	能力排名
浙江	0.415	7	湖北	-0.321	13			
福建	0.532	6	湖南	-0.360	16			
山东	0.007	10						
广东	1.637	3						
海南	0.370	8						

数据来源:樊纲:《中国市场化指数——各地区市场化相对进程报告》,经济科学出版社 2006 版。

表 13-5　2008 年各省、市、自治区开放能力得分

东　部			中　部			西部欠发达地区五省区		
城市	能力得分	能力排名	城市	能力得分	能力排名	城市	能力得分	能力排名
北京	2.617	1	山西	-0.444	20	内蒙古	-0.367	18
天津	0.536	4	吉林	-0.505	26	广西	-0.240	15
河北	-0.492	24	黑龙江	-0.133	11	云南	0.120	9
辽宁	-0.058	10	安徽	-0.400	19	新疆	-0.211	12
上海	2.173	2	江西	-0.496	25	西藏	-0.236	14
江苏	0.512	6	河南	-0.575	30			
浙江	0.436	7	湖北	-0.454	21			
福建	0.533	5	湖南	-0.458	22			
山东	-0.216	13						
广东	1.502	3						
海南	0.215	8						

数据来源:樊纲:《中国市场化指数——各地区市场化相对进程报告》,经济科学出版社 2020 版。

3. 西部欠发达地区学习能力评价

从学习能力方面看,在过去的四年中,西部欠发达地区的学习能力水平基本没有提高,广西的学习能力从 15 位下降至 21 位,内蒙古学习在全国的排名没有变化,新疆、云南的学习能力都略有下降,新疆从 23 位下降至 25 位,云南从 22 位下降至 23 位,只有西藏从 31 位提升至 30 位。整体来看,四区一省与

东部地区的差距仍然较大。见表 13-6、表 13-7。

表 13-6　2004 年各省、市、自治区学习能力得分

东　部			中　部			西部欠发达地区五省区		
城市	能力得分	能力排名	城市	能力得分	能力排名	城市	能力得分	能力排名
北京	1.955	1	山西	-0.125	19	内蒙古	-0.408	24
天津	0.082	13	吉林	-0.106	18	广西	0.022	15
河北	0.008	16	黑龙江	-0.139	20	云南	-0.232	22
辽宁	0.154	9	安徽	0.002	17	新疆	-0.350	23
上海	1.115	2	江西	0.080	14	西藏	-0.907	31
江苏	0.596	3	河南	0.125	10			
浙江	0.472	5	湖北	0.199	7			
福建	-0.315	21	湖南	0.084	12			
山东	0.485	4						
广东	0.419	6						
海南	-0.590	28						

数据来源：根据《2009 年中国统计年鉴》整理计算。

表 13-7　2008 年各省、市、自治区学习能力得分①

东　部			中　部			西　部		
城市	能力得分	能力排名	城市	能力得分	能力排名	城市	能力得分	能力排名
北京	1.026	4	山西	-0.239	20	内蒙古	-0.584	24
天津	0.253	10	吉林	-0.228	19	广西	-0.265	21
河北	0.133	13	黑龙江	-0.227	18	云南	-0.506	23
辽宁	0.312	8	安徽	0.111	14	新疆	-0.635	25
上海	1.100	2	江西	-0.128	17	西藏	-0.894	30
江苏	1.306	1	河南	0.304	9			
浙江	0.788	5	湖北	0.390	7			

---

①　由于资料的不可获得性，2008 年评价学习能力水平中仅采用人均教育经费、高中及中专以上人数、少年儿童读物类图书和课本、高等学校数、高校教职工数 5 项指标衡量吸收知识的能力。

续表

东　部			中　部			西　部		
城市	能力得分	能力排名	城市	能力得分	能力排名	城市	能力得分	能力排名
福建	0.066	15	湖南	0.250	11			
山东	0.678	6						
广东	1.081	3						
海南	−0.736	28						

数据来源:根据《2009 年中国统计年鉴》整理计算。

4. 西部欠发达地区技术能力评价

从技术能力方面看,在过去的四年中,除内蒙古外,西部欠发达地区的技术能力不仅没有提高反而有下降的趋势。内蒙古的技术能力从 24 位提升至 20 位,广西则从 17 位下降至 25 位,云南的位次没有变化,新疆从 26 位下降到 28 位。整体来看,西部欠发达地区的技术发展能力与东部地区的差距较大。见表 13-8,13-9。

表 13-8　2004 年技术能力得分

东　部			中　部			西部欠发达地区五省区		
城市	能力得分	能力排名	城市	能力得分	能力排名	城市	能力得分	能力排名
北京	1.914	1	山西	−0.218	19	内蒙古	−0.419	24
天津	−0.122	16	吉林	−0.230	20	广西	−0.168	17
河北	−0.075	13	黑龙江	−0.082	14	云南	−0.356	22
辽宁	0.346	7	安徽	−0.284	21	新疆	−0.469	26
上海	0.622	5	江西	−0.173	18	西藏	−0.852	30
江苏	0.744	4	河南	0.254	10			
浙江	0.470	6	湖北	0.316	9			
福建	−0.067	12	湖南	0.068	11			
山东	0.755	3						
广东	1.518	2						
海南	−0.724	28						

表 13-9 2008 年技术能力得分

东部			中部			西部欠发达地区五省区		
城市	能力得分	能力排名	城市	能力得分	能力排名	城市	能力得分	能力排名
北京	1.365	3	山西	-0.312	19	内蒙古	-0.389	20
天津	-0.075	12	吉林	-0.456	23	广西	-0.507	25
河北	-0.097	13	黑龙江	-0.198	15	云南	-0.447	22
辽宁	0.268	7	安徽	-0.208	17	新疆	-0.523	28
上海	0.887	6	江西	-0.297	18	西藏	-0.624	31
江苏	1.465	2	河南	0.010	9			
浙江	0.988	4	湖北	-0.073	11			
福建	-0.151	14	湖南	-0.198	16			
山东	0.921	5						
广东	1.733	1						
海南	-0.610	30						

数据来源:根据《中国科技统计数据》和《中国统计年鉴》整理计算。

5. 西部欠发达地区能力结构评价

与 2004 年相比,2008 年西部欠发达地区的四项能力有升有降,资源配置能力和开放能力得到发展,但学习能力与技术能力没有提高,甚至有所下降。西部欠发达地区的能力结构比例顺序由 2004 年的"学习能力、技术发展能力、资源配置能力、经济开放能力"变化为 2008 年的"资源配置能力、经济开放能力、学习能力、技术发展能力",资源配置能力在整个能力结构中的影响显著提升,并且四种能力的平衡性有所提升。见表 13-10、13-11、13-12。

表 13-10 2004 年西部欠发达地区能力的结构分析

地区	配置能力	开放能力	学习能力	技术能力	结构比例			
					资源	开放	学习	技术
东部平均	0.4862	0.4639	0.4561	0.4849	1.07	1.02	1.00	1.06
中部平均	0.1550	0.0630	0.3222	0.2923	2.46	1.00	5.11	4.64
西部平均	0.0991	0.0478	0.1850	0.1565	2.07	1.00	3.87	3.27
内蒙古	0.1272	0.0535	0.1744	0.1565	2.38	1.00	3.26	2.93

地区	配置能力	开放能力	学习能力	技术能力	结构比例			
					资源	开放	学习	技术
广西	0.1025	0.0856	0.3246	0.2473	1.20	1.00	3.79	2.89
云南	0.1981	0.0820	0.2358	0.1793	2.42	1.00	2.88	2.19
新疆	0.1880	0.0282	0.1946	0.1385	6.67	1.00	6.90	4.91
西藏	0.0361	0.0849	0.0100	0.0100	3.61	8.49	1.00	1.00

表 13-11　2008 年西部欠发达地区能力的结构分析

地区	配置能力	开放能力	学习能力	技术能力	结构比例			
					资源	开放	学习	技术
东部平均	0.6578	0.4149	0.6617	0.5230	1.59	1.00	1.59	1.26
东部平均	0.6578	0.4149	0.6617	0.5230	1.59	1.00	1.59	1.26
西部平均	0.2726	0.0894	0.1870	0.0894	3.05	1.00	2.09	1.00
内蒙古	0.4202	0.0867	0.1586	0.1000	4.85	1.00	1.83	1.15
广西	0.2926	0.1255	0.3006	0.0498	5.88	2.52	6.04	1.00
云南	0.2860	0.2356	0.1930	0.0752	3.80	3.13	2.57	1.00
新疆	0.2889	0.1343	0.1359	0.0429	6.73	3.13	3.16	1.00
西藏	0.0000	0.1266	0.0202	0.0000	0.00	126.61	20.23	0.00

表 13-12　西部欠发达地区能力结构变化

地区	年份	配置能力	开放能力	学习能力	技术能力	结构比例			
						资源	开放	学习	技术
内蒙古	2004 年	0.1272	0.0535	0.1744	0.1565	2.38	1.00	3.26	2.93
	2008 年	0.4202	0.0867	0.1586	0.1000	4.85	1.00	1.83	1.15
广西	2004 年	0.1025	0.0856	0.3246	0.2473	1.20	1.00	3.79	2.89
	2008 年	0.2926	0.1255	0.3006	0.0498	5.88	2.52	6.04	1.00
云南	2004 年	0.1981	0.0820	0.2358	0.1793	2.42	1.00	2.88	2.19
	2008 年	0.2860	0.2356	0.1930	0.0752	3.80	3.13	2.57	1.00
新疆	2004 年	0.1880	0.0282	0.1946	0.1385	6.67	1.00	6.90	4.91
	2008 年	0.2889	0.1343	0.1359	0.0429	6.73	3.13	3.16	1.00

续表

地区	年份	配置能力	开放能力	学习能力	技术能力	结构比例			
						资源	开放	学习	技术
西藏	2004 年	0.0361	0.0849	0.0100	0.0100	3.61	8.49	1.00	1.00
	2008 年	0.0000	0.1266	0.0202	0.0000	0.00	126.61	20.23	0.00
平均	2004 年	0.1304	0.0668	0.1878	0.1463				
	2008 年	0.2575	0.1417	0.1616	0.0539				

数据来源:根据作者整理计算。

观察表 13-13,我们发现,虽然西部欠发达地区的各种能力水平都有所提高,但是与东部的差距依然存在。我们用差异系数来衡量东西部的能力差异,与 2004 年相比,2008 年西部欠发达地区的资源配置能力和经济开放能力的差距大幅度减小,尤其是开放能力差距缩小的趋势明显,从 6.94 缩小到 2.93。这说明在过去的四年中,与东部相比,西部欠发达地区的资源配置能力和经济开放能力水平提高较快。但是必须注意到,西部欠发达地区的学习能力与技术发展能力与东部地区的差距越来越大,特别是技术发展能力的差异系数由 3.31 增加到了 9.70。从前面的单项能力比较来看也能得到相同的结果。

表 13-13　西部欠发达地区与东部地区平均能力的差异系数变化

		平均配置能力	平均开放能力	平均学习能力	平均技术能力
差异系数	2004 年	3.72	6.94	2.43	3.31
	2008 年	2.55	2.93	4.09	9.70

数据来源:根据作者整理计算。

根据产业转移理论,东部与西部欠发达地区现在较为明显的生产要素价格差异应该导致东部产业向西部欠发达地区的转移。而根据能力结构的相关研究内容,两个地区的能力结构越相近和能力结构耦合性指数越大,两个地区开展经济合作的可能性越大。两个地区开展经济合作,能力结构较强一方获得的效益较多。合作能持续稳定开展的可能性决定于合作所获得的利益和分配比例。若当分配比例不变时,地区经济合作所获得的利益越大,合作能持续稳定开展的可能性越大。这样,由于东部与西部欠发达地区之间能力结构差异,阻碍了东部产业向西部欠发达地区的转移。

地区经济一体化理论除了建立在空间经济理论、贸易创造及转移理论、大市场及规模效应理论的基础上,还必须建立在相互依赖理论的基础上,合作的双方只有形成相互的依赖,而不是单方面的依存,才可能实现地区经济较为完全的一体化。而能力结构相近的国家或地区开展自由贸易等经济合作,有利于避免"普雷维什—辛格"假说的出现,有利于地区经济合作利益的合理分配,就能形成较好的相互依赖。针对东部与西部欠发达地区的能力结构差异特点,开展东部与西部欠发达地区以产业转移为主要内容的经济合作,能够避免影响区域合作中市场狭小、贸易创造及转移少、分工联系差、规模效应不明显等不利条件;开展与能力结构较强的"东西"合作能够突出利用东部地区的投资、引进东部地区的先进技术、学习东部地区的管理制度等有利条件。

三、西部欠发达地区承接东部产业转移的重点领域

西部欠发达地区在与东部区域合作和产业转移中,应采用两个标准选择合作产业:一是基于能力结构的有承接能力的产业。但是由于从能力结构只能大致的判断区域可合作的范围,可能带有一定的主观判断,故本研究选择的第二个判断标准是西部欠发达地区与东部在优势产业方面的融合程度,由此观察西部欠发达地区能否在那些具有一定产业基础的领域扩大承接东部产业转移的规模。

(一)基于能力结构的区域合作的产业选择

根据本章第二节的研究成果,与 2004 年相比,2008 年西部欠发达地区与东部的资源配置能力和经济开放能力差距大幅度减小,西部欠发达地区的资源配置能力和经济开放能力水平提高较快。但是西部欠发达地区的学习能力与技术发展能力与东部地区的差距越来越大。

资源配置能力指数主要由反映地区的经济发展水平、投资消费、政府财政状况、市场化程度以及配置效率等几方面的指标构成。西部欠发达地区资源配置能力的提高,资源配置机制变得灵活,这意味着西部地区逐步能够依照市场化的规律,使市场机制对资源配置起基础性作用。这一能力的提高有利于

西部地区技术、资本和人力资源集聚,较快实现能力结构优化和升级。市场机制在资源配置中的作用提高推动了这五个地区按其要素供给结构进行资源配置。未来西部欠发达地区与东部的产业合作应充分利用各自的要素禀赋,取长补短,实现合作的互惠共赢。东部地区的要素结构特点是自然资源贫乏、资金充裕、技术充裕;而西部地区的要素结构特点是自然资源较丰富、资金缺乏、技术缺乏。因此,西部欠发达地区与东部产业合作应以资源密集型产业、资源与其他要素结合型产业为主如食品、纺织、服装、采掘、石油、化纤、冶金、金属制品、机械等产业等。

表 13-14 西部欠发达地区与东部合作产业选择——基于资源配置能力

食品制造业	石油和天然气开采业
纺织服装	化学纤维制造业
黑色金属矿采选业	机械制造业
有色金属矿采选业	金属制品业
非金属矿采选业	

经济开放能力由国际直接投资开放度、国际旅游开放度和国际贸易开放度三个指标构成。开放能力的提高有助于西部地区获得更多的外来资金、产品和先进的技术,从而提高西部地区企业的综合竞争能力。由于 FDI 的特殊的一揽子资源转移的性质,其在较短的时期内可以较快地影响、改变不同地区的工业配置能力和对外贸易能力,因此在对外开放能力中 FDI 的影响很大。西部地区 FDI 增长速度较快,FDI 份额由 2003 年的 3.25% 提高到 2008 年的8.34%。从历年 FDI 分布的产业来看,FDI 进入的首选产业以机械、电子、服装、化工等为主。因此,在西部欠发达地区吸引外资能力不断增强的前提下,西部欠发达地区与东部的产业合作可以选择机械、电子、服装、化工等领域。

表 13-15 西部欠发达地区与东部合作产业选择——基于开放能力

机械制造业
纺织服装、鞋、帽制造业
电子设备制造业
化学原料及化学制品制造业

(二)基于西部欠发达地区与东部地区产业基础的产业选择

西部欠发达地区与东部产业合作究竟会在哪个层面实现？日本学者小岛清(Kiyoshi Kojima)提出的边际产业转移论或许能给我们一定的启示。小岛清的边际产业转移论认为,"对外直接投资应该从本国(投资国)已经处于或即将陷于比较劣势的产业(即边际产业,这也是对方国家具有显性或潜在比较优势的产业)依次进行。"如果将边际产业的概念扩大,更一般地可称之为边际性生产,包括边际性产业、边际性企业和边际性部门。按照这一思想,产业转移是按照比较成本及其变动依次进行,并从技术差距小、容易转移的技术开始,按次序地进行转移。

但是产业承接地与产业转出地之间的边际产业上的生产函数差距不能过大,否则承接地由于缺乏承接能力产业转移难以发生。在产业承接地具有潜在比较优势的产业与产业转出地区转移出来的产业的重合度较高的时候,两个地区之间进行产业转移才有可能实现,否则,产业转移就存在较大的困难。因此,在产业转移的过程,不仅要强调两地之间的产业级差,也要考虑两地产业级差的程度,只有两地之间产业级差较小时,产业转移的可能性较大。

由于我们需要从产业层面来考虑西部地区承接东部地区的具体产业选择问题,所以在这里,我们从西部欠发达地区与东部地区的优势产业的比较中发现西部欠发达地区与东部产业级差较小,具有一定相似度的产业。表 12-16和表 12-17 是根据 2008 年《中国工业经济统计年鉴》计算的西部欠发达地区与东部主要省市制造业产业的区位商,对比表 12-16 和表 12-17 可以看到我国西部欠发达地区与东部地区的优势产业结构存在着明显的差距以及东西部可实现产业合作的领域。

表 13-16　2007 年西部欠发达地区市区优势产业区位商

省区	优势产业	区位商
广西	农副食品加工业电气机械及器材制造业	1.73
	有色金属矿采选业	1.73
	有色金属冶炼及压延加工业	1.17

续表

省区	优势产业	区位商
内蒙古	煤炭开采和洗选业	4.19
	有色金属矿采选业	3.63
	黑色金属矿采选业	2.91
	食品制造业	2.85
	非金属矿采选业	2.27
	有色金属冶炼及压延加工业	1.89
	黑色金属冶炼及压延加工业	1.57
	电力电热的生产和供应业	1.50
	农副食品加工业电气机械及器材制造业	1.25
	交通运输设备制造业	1.12
云南	烟草制品业	10.48
	有色金属矿采选业	3.4
	有色金属冶炼及压延加工业	2.52
	非金属矿采选业	1.66
	黑色金属矿采选业	1.24
	电力电热的生产和供应业	1.05
西藏	有色金属矿采选业	3.72
	黑色金属矿采选业	2.32
	医药制造业	1.14
	饮料制造业	1.08
新疆	石油和天然气开采业	9.86
	有色金属矿采选业	2.53
	石油加工及炼焦加工业	1.14
	黑色金属矿采选业	1.01

数据来源:《中国工业经济统计年鉴2008》计算获得。

表13-17 2007年东部省市优势产业区位商

东部地区	优势产业	区位商
上海	化学原料及化学制品制造业	1.14
	烟草制品业	1.86
	纺织服装鞋帽制造业	1.42
	食品制造业	1.01
	仪表仪器及文化办公机械制造业	1.90

续表

东部地区	优势产业	区位商
上海	通信设备计算机及其他电子设备制造业	1.82
	通用设备制造业	2.06
	专用设备制造业	1.25
	交通运输设备制造业	1.85
	黑色金属冶炼及压延加工业	1.03
	金属制品业	1.52
江苏	造纸及纸制品工业	1.08
	纺织业	1.65
	纺织服装鞋帽制造业	2.09
	仪表仪器及文化办公机械制造业	1.97
	通信设备计算机及其他电子设备制造业	1.59
	化学原料及化学制品制造业	2.05
	通用设备制造业	1.55
	专用设备制造业	1.22
	黑色金属冶炼及压延加工业	1.23
	金属制品业	1.63
	化学纤维制造业	3.43
浙江	造纸及纸制品工业	1.11
	纺织业	2.25
	纺织服装鞋帽制造业	2.07
	仪表仪器及文化办公机械制造业	1.43
	通用设备制造业	1.55
	金属制品业	1.32
	化学纤维制造业	3.55
山东	医药制造业	1.17
	造纸及纸制品工业	2.12
	石油加工及炼焦加工业	1.60
	化学原料及化学制品制造业	1.70
	饮料制造业	1.03
	纺织业	2.10
	纺织服装鞋帽制造业	1.11
	食品制造业	1.70
	非金属矿采选业	1.83
	农副食品加工业电气机械及器材制造业	2.58

续表

东部地区	优势产业	区位商
山东	有色金属矿采选业	1.11
	煤炭开采和洗选业	1.42
	通用设备制造业	1.61
	专用设备制造业	1.50
	金属制品业	1.21
	非金属矿物制品业	1.64
福建	造纸及纸制品工业	1.25
	纺织业	1.11
	纺织服装鞋帽制造业	2.67
	食品制造业	1.11
	非金属矿采选业	1.06
	通信设备计算机及其他电子设备制造业	1.24
	化学纤维制造业	1.63
	非金属矿物制品业	1.47
广东	造纸及纸制品工业	1.16
	纺织服装鞋帽制造业	1.47
	仪表仪器及文化办公机械制造业	1.93
	金属制品业	1.71

数据来源：根据《中国工业统计年鉴2008》计算获得。

从表13-16和表13-17中可以看出，作为西部欠发达地区，其省区平均拥有5—6个左右优势产业，而东部省份则大约平均有9个优势产业。从西部欠发达地区的优势产业的分布来看，主要集中于有色金属、黑色金属采选和冶炼业、煤炭采掘业、烟草、电力电热等以资源消耗为主的资本密集型产业。例如：云南以烟草业和有色金属为优势产业，烟草业的区位商达到了10以上；内蒙古以煤炭产业为主；新疆以石油和天然气相关产业为主；西藏则以有色金属和黑色金属产业为主。而与之相反，东部地区的优势产业集中于纺织、造纸、化纤以及食品制造等轻工业和计算机通信、交通运输设备（汽车制造业）以及专用设备制造业等技术密集型产业。例如：上海市的计算机通信产业、汽车制造业等非常发达；浙江和江苏的化工纤维和轻纺区位优势特别明显；福建、广东以及山东的纺织业、农副产品加工以及造纸业表现非常突出。

根据西部欠发达地区与东部地区的优势产业的比较，寻找西部欠发达地区与东部具有一定相似度的产业,选择东部地区向西部欠发达地区转移的产业,可以发现,西部欠发达地区与东部地区在食品制造、仪表仪器及文化办公机械制造业、交通运输设备制造业、医药制造业、黑色金属冶炼及压延加工业、农副食品加工业电气机械及器材制造业等产业有相近的比较优势。另外在部分东部省市,有色金属矿采选业、煤炭开采和洗选业、石油加工及炼焦加工业、化学原料及化学制品制造业等产业与西部地区的部分省区有较接近的比较优势。

东部地区优势明显的造纸及纸制品工业、纺织业、纺织服装鞋帽制造业、通信设备计算机及其他电子设备制造业、通用设备制造业等产业,西部地区几乎没有比较优势,产业的差距较大,产业转移的难度较大。

(三)西部欠发达地区对不同产业的承接能力

把通过能力结构比较选出来的可供西部欠发达地区与东部合作的产业与通过比较东部产业的比较优势选出来的具有东部向西部欠发达地区进行产业转移的基础产业进行比较,可以发现,东部向西部欠发达地区进行的产业转移,有些产业具有相应的产业基础,并且符合能力结构的建设要求。这些产业包括食品制造、有色金属矿采选产业、石油加工及炼焦加工业(向部分省区转移)、化学原料及化学制品制造业等,这些产业在西部地区具有一定的产业基础,是东部产业转移与西部产业承接较容易的结合点。

纺织服装、黑色金属矿采选业、化学纤维制造业、机械制造业、金属制品业等产业,虽然西部欠发达地区缺乏相应的产业基础,若这类的产业转移到西部欠发达地区来,会在产业配套、技术和熟练工人等方面产生一定的障碍,但随着西部欠发达地区资源配置能力和开放能力的进一步提高,这类产业将会在西部欠发达地区获得发展的空间。

从能力结构的角度看,由于这几个省区的学习能力与技术能力较弱,技术密集型的产业转移存在一定难度,但是由于仪表仪器及文化办公机械制造业、交通运输设备制造业、医药制造业,在西部欠发达地区具有比较优势,并已形成一定的产业基础,若这些产业能够转移到西部欠发达地区来,可以与该地区的产业实现融合,从而促进西部欠发达地区这几个产业的发展壮大。因此,西部欠发达地区也要努力促成这几类产业的转移。

表 13-18　西部欠发达地区承接东部地区部分产业转移的难易度分析

能力结构标准选择的产业	比较优势选择的产业	产业转移的难易度
食品制造业	食品制造	易
有色金属矿采选业	有色金属矿采选业	易
石油和天然气开采业	石油加工及炼焦加工业	易
化学原料及化学制品制造业	化学原料及化学制品制造业	易
纺织服装		较易
黑色金属矿采选业		较易
非金属矿采选业		较易
化学纤维制造业		较易
机械制造业		较易
金属制品业		较易
纺织服装、鞋、帽制造业		不易
电子设备制造业		不易
	仪表仪器及文化办公机械制造业	较易
	交通运输设备制造业	较易
	医药制造业	较易

数据来源：根据作者整理。

四、案例研究：云南承接东部地区产业转移分析

作为西部欠发达地区，无论在总量还是结构上，云南产业都存在着提高和发展的要求。近年来，云南大力引进国内外资金，在承接产业转移上做了大量工作，产业转移对促进云南产业发展和结构优化起到了一定的作用。

（一）云南承接产业转移的情况

东部向云南进行产业转移的主要形式是通过项目，将资金直接注入云南进行投资。2003~2005 年，云南与东部各省签订的总合同数为 1710 个，合同总投资额约为 4495 亿元，东部各省合同投资额达到 4249 亿元，实际投资总额为 403 亿元，其中东部各省实际到位资金额为 373.56 亿元。2006~2009 年，云南省与省外各省签订的总合同数为 10015 个，合同总投资额约为 16117.95 亿元，实际投资总额为 2415.54 亿元，其中东部各省实际到位资金额为

1185.42亿元。2006~2009年度与2003~2005年度相比,无论是数量还是项目都有较大幅度提高。见表13-19。

表13-19　2006~2009年6月年云南省接受其他省区投资情况(分省区统计)

地区	项目数（个）	项目总投资（万元）	各省协议投资额（万元）	各省实际到位资金额（万元）
安徽	117	180498	165603	86711
北京	826	88147114	85195377	10151480
福建	895	8230796	8034936	1579583
甘肃	39	221599	209079	77202
广东	917	12881969	12111985	2247841
广西	247	2010781	1912408	435976
贵州	300	1031237	1011676	351797
海南	49	212384	204304	27004
河北	110	229732	216922	91641
河南	168	501976	492828	113728
黑龙江	68	420332	411060	109088
湖北	225	5243363	5125489	473339
湖南	610	2629700	2571522	597718
吉林	68	239628	234915	62974
江苏	307	1934085	1828149	450317
江西	272	1317890	1306837	353700
辽宁	106	1036849	1034347	136672
内蒙古	42	134665	133155	34661
宁夏	4	2800	2181	1697
青海	9	2211	2211	2111
山东	178	1193809	1152537	197917
山西	52	103564	98111	32644
陕西	88	293420	284757	98133
上海	524	3749726	3429720	585151
四川	1646	13955234	12957456	1962777
天津	45	2449140	2446610	79893
西藏	8	27531	27476	6720

续表

地区	项目数 （个）	项目总投资 （万元）	各省协议投资额 （万元）	各省实际到位资金额 （万元）
新疆	17	88342	84286	16386
浙江	1604	14365024	12796245	3086796
重庆	356	1806905	1781841	401652
其他地区	118	4026831	3915518	302048
合计	10015	168669135	161179541	24155357

数据来源：云南省经合办。

　　从东部地区在云南投资的三次产业结构看，第二产业所占的比重最大，2006~2009 年度达到了 79.9%，第三产业其次，比重为 18.9%，第一产业所占的比重很小，只有 1.4%。在第二产业中，电力占到了第二产业的 57.9%，远远超过其他行业。这与云南产业的资源性特点有很大关系，云南的水能资源极其丰富，可开发量位居全国第二位，近年来，水能资源开发已成为云南产业发展的重点，由此也吸引了大量外来资本参与云南的水电产业开发。在第二产业投资中，比重相对较大的产业，主要有轻工、钢铁、化工、医药、有色金属、建材等，一方面，云南有这些产业发展所需的丰富资源并有一定的产业基础，另一方面，在云南建立加工点，就地生产、就地销售，扩大市场销售额，占领云南市场也是投资者的主要目的。在第三产业中，以商贸设施、旅游产业为主，其分别占到第三产业的 14.4%、27.3%。见表 13-20。

表 13-20　2006~2008 年其他省区在云南投资产业构成

各产业比重		有关行业占各产业的比重	
第一产业	1.4%	农业、养殖、种植	97.1%
第二产业	79.7%	基础设施建设	2.3%
		电力	57.9%
		化工	4.7%
		建材	3.5%
		钢铁	3.1%
		有色金属	2.5%
		轻工	4.4%
		医药	0.7%

续表

各产业比重		有关行业占各产业的比重	
第三产业	18.9%	商贸设施	14.4%
		旅游	27.3%
		通信	5.0%
		信息	0.4%
合计	100%		

数据来源:云南省经合办。

但是从云南投资的省外资金来源看,来云南投资主要以资金寻找出路为主,企业规模偏小,如在云南的浙江企业普遍为中小企业,投资规模在100万元以上的占50%,投资规模在3000万元以上的只占5%。而从投资的产业看,仍然以商贸及其设施建设、房地产行业为重点。以浙江在滇企业为例,到目前为止,商贸及房地产业的投资占全部投资的约70%,真正制造业、加工业向云南产业转移的还很少,云南的自然资源和劳动力资源的优势没能在东部向云南进行产业的过程中反映和体现出来。大规模的产业转移没有出现。

(二)产业转移难的原因分析

云南承接东部产业转移的规模效应并不明显,其原因主要有两个方面,一是从能力结构上看,云南的资源配置能力、开放能力均有较大的提高,但学习能力和技术能力却呈下降的趋势(表13-12)。表明云南在承接产业转移时,基础性的和有自然资源基础的产业具有较强的接受产业转移的可能性,而技术密集型的产业转移的可能性较少。云南近几年来大规模引进水电投资即是很好的说明。另一方面,由于云南与东部发展地区的产业重合度较低,承接相关产业的能力较弱,产业也难以大规模的转移。我们对云南与上海、江苏、广东三省区的产业相似系数进行了比较,可以看出:

1. 云南与东部省市资本密集型产业的相似度较高,劳动密集其次,技术密集性最低(见表13-21)。云南与东部省市资本密集型产业的产业相似度较高,说明云南与东部省市之间的这类产业的产业转移具有一定的优势,其次是劳动密集型产业,最后是技术密集型产业。

资本密集型产业相似系数较高,主要是由于云南存在丰富的矿产、水电等资源,而且这类资源的开发成本相对于东部地区成本更低、效益更高,这也提供了这类产业从东部向西部转移的动力。

　　尽管云南与东部省市在资本密集型产业上有相对较高的产业相似度,但仍然没有超过 70%,表明云南承接东部资本密集型产业有一定的优势,但优势并不明显。

表 13-21　云南与东部三省市在三种不同产业类型下的产业相似度

相似系数	劳动密集型产业	资本密集型产业	技术密集型产业
云南与上海	0.37	0.57	0.30
云南与江苏	0.29	0.64	0.14
云南与广东	0.48	0.59	0.07

备注:劳动密集型产业大致包括:纺织业、纺织服装鞋帽制造业、农副产品加工业、饮料制造业、食品制造业和仪器仪表及文化办公用品制造业;资本密集型产业大致包括:石油、天然气、煤炭相关产业、有色金属和黑色金属产业以及化学原料;技术密集型产业大致包括:医药制造业、烟草制造业、通信设备计算机、专用设备制造业和交通运输设备制造业。

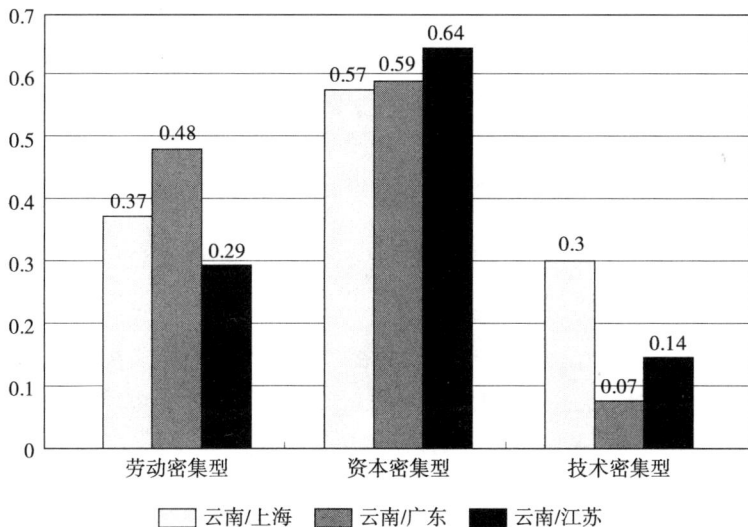

图 13-1　不同类型产业的比重

　　2. 进一步从东部省市优势产业与云南产业的相似度可以发现,云南与东部地区优势产业的相似度较低,东部地区优势产业向云南进行产业转移的产业基础较弱。从而导致产业转移难以实现。

通过数据分析得出,对于上海、江苏、广东三个具有代表性的东部省市的优势产业,云南与江苏优势产业的相似程度最高,云南与广东次之,云南与上海产业相似程度最低。整体来看,东部省市优势产业与云南省产业相似度都很低,都低于70%。可以说明,东部省市的优势产业与云南省的产业重合度不够,从而产业转移的效果不是很明显。

表 13-22　云南与上海、江苏、浙江三省市优势产业的相似度系数

	上海的优势产业	江苏的优势产业	浙江的优势产业
	化学原料及化学制品制造业	化学纤维制造业	造纸及纸制品工业
	烟草制品业	纺织服装鞋帽制造业	纺织服装鞋帽制造业
	纺织服装鞋帽制造业	化学原料及化学制品制造业	仪表仪器及文化办公机械制造业
	仪表仪器及文化办公机械制造业	仪表仪器及文化办公机械制造业	金属制品业
	通信设备计算机及其他电子设备制造业	纺织业	造纸及纸制品工业
	通用设备制造业	金属制品业	
	专用设备制造业	通信设备计算机及其他电子设备制造业	
	交通运输设备制造业	通用设备制造业	
黑色金属冶炼及压延加工业	黑色金属冶炼及压延加工业		
	金属制品业	专用设备制造业	
云南与各省10大优势产业的相似度系数	0.32	0.66	0.56

数据来源:根据作者整理计算

(三)提高云南能力结构,促进云南产业发展的思路

制定加快东部向云南产业转移的对策和建议,应该从四个方面加以考虑,一是从云南的角度看,目前切实可行的,可以促进承接产业转移的对策;二是从长远看,通过软环境建设,可以对外部资本和技术流入产生吸引力的对策;三是向国家申请或提出建议,通过国家层面的政策调整,可以促进产业梯度转移的政策;四是云南和西部其他省区如何营造协调一致的投资环境的对策。

相似系数

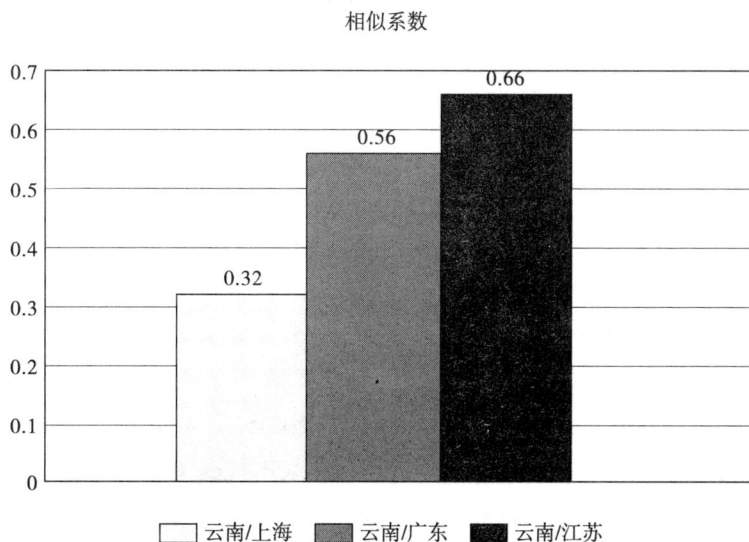

图 13-2　云南与三省市的产业相似系数

数据来源:数据来源于《中国工业经济统计年鉴 2008》,工业总产值使用的是各地区规模以上工业企业的数据。

1. 制定促进承接东部产业转移的规划。将承接东部地区产业转移与云南省产业结构调整结合起来,结合云南产业发展和产业结构调整的要求,制定承接东部产业转移的规划,明确引进东部产业的目标。

2. 强化云南与东部省市合作机制的作用。在目前已有的滇沪合作、滇浙合作机制的基础上,进一步探索建立云南与上海、云南与浙江合作、双赢的长效合作机制。扩大云南与江苏、广东等省市的合作,建立云南与东部省市全面合作的工作机制。

3. 加强承接产业转移的载体建设。要着力搞好工业园区建设,把工业园区建设成为承接东部地区产业转移的有效载体。要加强园区规划,科学决策工业园区的建设,加大工业园区的基础设施的投入,在集中园区建设的基础上,建设一些非集中性的园区。

4. 引导东部企业合作参与中国—东盟贸易区建设,联手开拓东盟市场。发挥东部各省市的资本、技术、市场开拓能力等方面的优势,引导东部省市有实力的企业开展强强合作和强优合作,共同利用两种资源和两个市场,积极参与中国—东盟贸易区建设,合作开拓东盟市场。

5. 进一步改善投资硬环境和软环境,要通过加强基础设施建设,进一步改善云南的投资硬环境。同时要完善服务体系建设,要通过改善投资软环境提高对东部企业的吸引力。

五、结论与对策思路

欠发达地区的产业发展与产业结构升级,需要基于已有的产业基础,加强与发达地区与国家的经济合作。从现有经济发展和产业发展水平看,西部欠发达地区促进本地区产业发展和产业结构升级的最有效途径,是加强与东部发达省市的区域合作,吸引东部地区的产业转入本地区。

产业级差的存在是实现产业转移的前提,但是仅有产业级差是不够的。本章的研究表明,由于地区能力结构的差异和改进程度的差异,导致各地区承接发达地区的产业转移的能力和效果均呈现出较大的差异。我国西部欠发达地区的资源配置能力和开放能力呈现出上升和改进的趋势,而学习能力和技术发展能力却在近几年出现下降的趋势。这种变化,无论对西部欠发达地区发展新兴产业,还是对其承接东部产业转移,都将产生一定的影响。因此,西部欠发达地区要根据本地区能力结构的变化和与东部地区产业重合的程度,科学选择承接东部产业转移的范围和领域。

对于西部欠发达地区的产业发展和产业选择,本研究的主要建议是:第一,西部欠发达地区产业的发展,应在发挥当地资源型产业优势的基础上,利用国内发达地区的产业转移与国际直接投资,促进本地区的产业结构的升级和技术换代。第二,西部欠发达地区的产业选择,要在立足做大本地资源型产业、发挥本地资源型产业的比较优势的基础上,发展那些能够吸收东部产业转移、劳动密集型、特色型的产业,矿产和能源资源开发、劳动密集型产业、旅游文化产业、生物资源创新产业、与当地原有的高新技术关联的高新技术产业,都是西部欠发达地区产业发展的必然选择。

促进西部欠发达地区产业发展和产业结构升级,要注重改善当地的能力结构,尤其需要提高学习能力和技术发展能力。

第十四章 地方政府执政能力与西部 欠发达地区社会稳定

西部欠发达地区的社会稳定对国家统一边疆安定、实现共同富裕及中华民族的伟大复兴都具有重大意义。由于历史与现实的原因,西部欠发达地区存在着许多影响社会稳定的因素,其中,政府执政能力不仅是西部欠发达地区社会稳定的重要影响因素,同时又是维护社会稳定的重要力量;此外,我国各项改革的不断推进、国内外出现的新形势、新变化要求西部欠发达地区政府转变政府职能,提升政府执政能力,以适应维护西部欠发达地区社会稳定的需要。因此,如何定位西部欠发达地区政府职能,强化并采取切实有效的对策提高政府执政能力,以促进这一地区的社会稳定就具有非同寻常的意义。

为此,本部分主要围绕政府职能和政府执政能力,首先对西部欠发达地区政府职能和角色进行定位,继而对西部欠发达地区政府执政能力进行评估,再针对政府执政能力对西部欠发达地区社会稳定的影响进行分析,最后,基于社会稳定提出西部欠发达地区政府执政能力建设的对策建议。

一、西部欠发达地区政府职能定位

完整意义的地方政府由三个要素构成,即相对稳定的地域、相对集中的人口和相对稳定的地方治理机构。在本书中,西部欠发达地区政府是指中国西部的云南、内蒙古、西藏、广西、新疆共四区一省的各层级政府。

(一)西部欠发达地区政府一般职能

所谓政府职能是指政府根据社会经济发展需要而应履行的职责及其所应起的作用与能力。它规定了政府组织机构、政府权力、政府利益和政府管理的实际运行。因此,西部欠发达地区职能的配置是西部欠发达地区为了实现对经济、社会的有效治理而设置的政府职能分配体系和权力分配机制,是对该地区的经济、社会发展需要的一种制度供给。

地方政府职能是随着该地区社会需求的发展而不断进行变迁的,政府职能变迁的涵义包括两个方面:其一,随着时空的流变,政府职能结构的重心从某个职能转向另一个职能。其二,在政府职能结构的重心位移的同时,政府职能结构中各职能的内涵会发生或多或少的变动。这是为了适应不同时期社会环境系统对政府行为方向和基本任务之重心的不同要求,而做出的整体性结构调整。

政府职能的变迁反映着政府、市场、社会各种利益主体的力量博弈变化的过程,是市场、社会等主体向政府索取应有权力的过程和结果,是社会、市场等组织发育到一定程度和发展到一定阶段的必然选择。

从新中国成立初期至改革开放前期,由于我国社会主义国家建设的指导思想长期坚持"以阶级斗争为纲",并实行计划经济体制,同时,国家与社会组织间存在着国家至上的"一元结构"形式,此阶段,我国的政府职能主要体现为政治统治和社会管理两大职能上,这就是我国政府职能的"两职能说"。政治统治职能是政府职能的核心,社会管理职能是政府存在的基础和前提条件。

随着我国社会主义建设指导思想从"以阶级斗争为纲"向"以经济建设为中心"的转变和改革开放政策的实施,政府职能配置就随着社会环境的变化而发生着制度的变迁。这次制度变迁的路径选择首先从国家宏观经济政策的转变入手,提出了改革开放政策,进行了经济体制的改革,逐步建立市场经济体制;其次,改变管理方式,着眼于市场经济主体的建设,进行政企分开的改革,进行放权让利搞活微观经济;再次,合理进行中央与地方的权力配置,中央下放部分权力,使地方政府成为了一级地方的利益主体,促进了地方经济、社会的发展。通过一系列制度的创新,地方政府的职能也发生了变化,从原来的以政治统治职能为核心展开的职能配置体系向以经济管理职能为核心的职能配置体系的转变。

随着我国进入21世纪,非均衡的社会经济发展战略也带来了许多新的社会矛盾和社会问题,如社会公正的缺失、发展不平衡、贫困差距加大、自然资源破坏以及环境污染、市场失灵等等,特别是2003年的SARS病毒带来了社会公共管理的危机。温家宝总理在"深化行政管理体制改革加快实现政府管理创新"的讲话中指出:经济调节、市场监管、社会管理和公共服务,是社会主义市场经济条件下政府的四项主要职能。

为此,作为我国地方政府的西部欠发达地区政府也应该具有这四项基本职能。就地方政府而言,政治职能逐渐减弱而公共管理职能不断增长是大势所趋,而经济职能则是欠发达地区政府的核心职能,这种职能表现为对社会经济进行宏观调控,保持地方国民经济的协调发展,遏制市场不正当竞争和垄断,纠正和补偿经济外在效应组织和实现公共产品的供给,调节社会财富分配和收入分配界定产权,实现经济秩序等。

经济调节、市场监管是西部欠发达地区经济管理职能的具体体现,经济调节的方式要做到从以前的行政调节为主向行政调节、法律调节和市场调节并重的转变;经济调节的内容要把以前重国有经济、集体经济向重多种经济成分的转变;经济调节的目标价值要由以前只关心经济数量增长向关注质量、数量和效益增长的转变。市场监管不仅要在市场的制度、政策和秩序的建设上下功夫,而且要在市场环境建设的基础上加大市场组织的建设,培育市场主体和建设要素市场。同时,西部欠发达地区经济管理的职能配置要始终把有利于实现经济发展的战略作为政府职能配置的第一需要来看待。

在社会管理的职能配置中,西部欠发达地区要承担起管理和规范社会组织、协调社会矛盾、保证社会公正、维护社会秩序、保障人民群众生命财产安全等方面职能。在民族地区则要突出化解民族间的各种社会、经济、文化中的矛盾,积极引导各民族团结,设立社会矛盾处理预案,加强对突发事件和自然灾害的管理能力。

公共服务职能,要求西部欠发达地区承担发展各项社会事业,实施公共政策,扩大就业,提供社会保障,建设公共基础设施,健全政务、办事和信息等公共服务方面的职能。在民族地区推进教育、卫生、科技、文化等各项社会事业,加快农村社会事业的发展尤其重要,同时,加大基础设施建设对民族地区经济的发展将起着基础性作用。

从运行角度,政府职能可划分为计划职能、组织职能、协调职能、监督职能、控制职能等职能。政府职能需要在政府系统内的各级政府间进行配置,而政府职能配置的主要影响因素是管理对象(事务)的性质和政府实现管理目标的能力。政府职能的实施手段，主要有服务手段、协调手段、控制手段、政策手段、行政手段等。

（二）西部欠发达地区政府特殊职能

西部欠发达地区同时是我国的一个特殊区域，因此，承担着特殊职能或者较其他地区更为突出的政府职能。要准确定位西部欠发达地区的政府职能必须立足于这一特定地区的历史和现实背景，从民族、贫困和边疆等因素的分析入手，准确把握政府与市场的现实关系，并结合该地区社会经济发展对政府职能的需求。

西部欠发达地区民族关系复杂，呈大杂居小聚居分布状态，同时有着鲜明的民族文化和民族意识，民族发展问题是民族问题的核心；贫困因素主要表现为西部欠发达地区与汉族地区、东部地区的贫困差距增大、城乡差别加大；边疆因素指西部欠发达地区大多处于我国的沿边地区。这三大因素造成了西部欠发达地区的经济发展差距、人类发展差距和社会发展差距，其中，其最大的发展差距是社会发展差距，也决定了该地区社会经济发展对政府职能的特殊需求。

一是市场部分替代的职能。政府与市场是推进地区社会经济发展的"两个轮子"，是资源配置的两种方式。市场能够自发地进行资源的配置，但是，受到市场主体的经济信息不对称以及经济主体的不完全理性等因素影响，导致了"市场失灵"，从而需要政府的有力干预。正是市场存在失灵现象以及政府解决市场失灵的优势决定了政府干预经济以弥补市场缺陷的必然性。但是政府并不能替代市场的运作，政府过多干预市场也会造成"政府失灵"。由于存在着政府的政策偏差、政策的低效率、政府机构的低效率、政府部门的规模扩张、政府寻租等因素影响，导致了"政府失灵"的出现。

市场失灵是西部欠发达地区政府职能发挥与存在的基本理由。市场失灵的表现为市场不能提供有效的公共品和公共服务。由于公共品消费所特有的"非排他性"、"非对抗性"、"非拒绝性"，国防、治安安全、基础设施、防洪排涝等公共品就难以形成市场价格，也就难以通过市场机制引导必要数量和质量的社会资源配置于公共品的供给；此外，外部经济和外部不经济、自然垄断、信息不对称、风险和不确定性都可能会形成市场失灵。

市场失灵在西部欠发达地区社会经济发展中表现为不断拉大了东西部地

区社会经济发展的差距。这首先是由于"市场回波效应"明显,"市场的回波效应"使劳动力、资本等生产要素从社会经济发展滞后的西部欠发达地区向东部或其他发达地区流动。由于西部欠发达地区改革开放政策实施晚,市场发育程度低,生产要素使用效率底,在趋利的市场机制作用下,西部欠发达地区的人才、资金、劳动力、技术等生产要素集外流;其次是由于"市场扩散效应"不明显,东西部经济联系减弱。由于西部欠发达地区尚处于工业化初期或前工业化阶段,"回波效应"远大于"扩散效应";最后是由于西部欠发达地区的"后发劣势"明显,大部分市场被相对发达的地区企业分割完毕,后发的西部欠发达地区产品进入市场所支付的交易成本较高,使西部欠发达地区具有不利的竞争地位。因此,在此阶段,市场自发的力量不利于西部欠发达地区社会经济的发展,客观上需要政府必须发挥"逆市场"的调节职能。

所谓政府的市场部分替代职能,是指通过政府强制性的行政、经济、法律等手段直接或间接地干预市场,替代一部分尚不发育的残缺的或运行失效的市场机制,自觉地组织市场,实现资源的合理配置和有效运用。政府替代的前提条件是市场发育的滞后,市场结构残缺或市场配置资源的功能失效,政府替代的实质在于加强政府干预。政府替代职能对欠发达地区实现经济起飞的重大作用已被战后东南亚国家和地区的经济奇迹所证明。

西部欠发达地区由于政治、经济、文化以及自然地理条件等方面的原因,市场远远没有达到可以正常运作的程度,资源配置效率低。在这样的市场条件下,要缩小西部欠发达地区与发达地区的差距,只有发挥政府的市场部分替代职能,谋求构建启动市场运行的规则和制度框架,实现局部替代发育残缺的市场机制。这种替代职能与改革开放前的中央集权的计划经济体制有着本质上的差别。中央集权式的计划经济体制是国家政府行为对市场机制的一种完全的、彻底的替代,目的在于彻底取消市场,完全由政府的行政手段来配置资源。而这里的替代职能只是对目前西部欠发达地区残缺市场的一种部分的或局部的替代,其目的在于促进生产要素的合理流动和优化配置,加快市场的发育和扩张,建立和完善市场体系和市场机制,而且这种替代职能将随着西部欠发达地区市场经济体制的建立和完善而逐渐弱化。

二是维护社会公平的职能。政府首先是一个政治组织,因而最显著的职能是维护社会正义。阿玛蒂亚·森(Amartya Kumar Sen)曾指出,市场和企业以效率为目标,而政府理应以共同富裕为目标。市场遵循"效率优先"原则,可以促进经济增长,为社会公平和公共服务奠定物质基础,而在收入分配和社会发展方面,政府应遵循"公平优先"原则,促进社会公平和社会稳定,保证国民经济健康发展。我国是社会主义国家,维护西部欠发达地区与其他地区之间的社会公平,是西部欠发达地区政府的特殊职能。

社会发展差距过大,首先与社会主义的本质要求不相适应。社会主义创造的财富有益于增进全体人民的共同致富。依靠市场效率原则解放和发展生产力,依靠社会公平原则使大多数人共同富裕,这是社会主义优越性的重要特征之一。因此,西部欠发达地区发展滞后所产生的区际贫富两极分化不符合共同富裕的社会主义本质要求,有悖于所追求的平等目标,要求政府必须时时关注差距并努力发挥政府维护公平的职能以扼制或缩小差距,在尽可能做到不牺牲或少牺牲效率的前提下,加大协调区域社会经济发展的政策力度,逐步实现区域经济协调发展。其次,西部欠发达地区脱离现代化发展的轨道,陷入了"贫困恶性循环",地区差距使西部欠发达地区的干部和群众在发展问题上逐渐丧失信心,容易产生矛盾与隔阂,容易造成政局不稳,引发政治危机。

为此,较其他地区而言,客观上要求西部欠发达地区政府具有的"初始条件创造"的职能。哈罗德—多马模型和钱纳里等人的两缺口模型指出,资本在工业化和经济增长中有着极为重要的地位和作用。政府可在工业化初期,凭借强大的行政力量集中大量资本,直接投资,并采取多种政策措施改善投资环境,引导国内外民间投资,从而为经济起飞奠定了基础。西部欠发达地区,由于经济发展水平低,交通运输条件、通讯设施也相对落后,投资环境较差。此时,政府可通过集中各种行政力量,向西部欠发达地区进行倾斜性投资,提高国家政策性贷款和国际金融组织、外国政府贷款用于西部欠发达地区的比重。同时,加快西部欠发达地区的基础设施建设,改善投资环境,引导国外民间资本和东部地区的资本投向西部,为西部大开发创造初始条件和发展机会。

此外,较其他地区,政策扶持特别是来自中央政府的政策倾斜成为西部欠发达地区更为突出的政府职能。政府各项职能的发挥是依靠各项政策推动的,这些政策包括投资政策、财税政策、金融政策、土地开发、人才引进,以及市场经济经营范围和方式等方面的政策。核心是在西部欠发达地区实施比东部其他发达地区更为开放、更为宽松的政策。另一方面,西部欠发达地区政府应在国家政策的框架下制定有利于本地区社会经济发展的各项优惠政策。通过中央政策和地方政策的优惠和倾斜，进一步促进西部欠发达地区的改革开放，优化投资环境、市场环境、人文环境、社会环境和生态环境，吸引更多的国内外资金、技术、人才投入到西部欠发达地区。

三是维护自身社会稳定的职能。西部欠发达地区大多长期处于不发达和贫困状态，不但会危及边疆的稳定，而且威胁到国家的统一和安全。西部欠发达地区居住着 49 个少数民族，占全国少数民族人口的 80％左右，中国少数民族中人口最多的民族，绝大多数均分布在西部欠发达地区。91.4％的壮族人口集中在广西；45.7％的回族人口集中在宁夏、甘肃、新疆和青海；75％的苗族人口集中在贵州、云南、四川和广西；99.7％的维吾尔族人口集中在新疆；99.6％的彝族人口集中在云南、四川和贵州；73.6％的蒙古族人口集中在内蒙古和新疆；99.5％的藏族人口集中在西藏、四川、青海、甘肃和云南。

改革开放以前，我国实行指令性计划经济，地区之间政治上平等，经济上实行平均主义，在相当程度上削弱了经济差距对西部欠发达地区收入状况和生活水平的影响。在改革开放以后，"非均衡"发展战略下，国家经济重心东移，国家工作重点的转移不仅激发了各民族群众追求自身经济利益的强烈欲望，而且对民族间存在的巨大差距产生了心理上的不平衡。特别是在体制转型过程中经济的无序现象使欠发达地区的经济利益大量流失，最后导致利益分配上的不平衡，这会造成民族失落感，或民族心理的割裂，导致民族利益的矛盾和冲突，不同民族间的排斥力和离心力增强。在民族经济利益的驱使下，民族间的矛盾会越发突出，易于滋生和泛滥民族分离主义，影响我国边疆的安全和国家的稳定。实践证明，贫穷落后和民族间差距过大是引发民族问题的最主要的根源。

为此，较其他地区而言，客观上要求西部欠发达地区政府具有更为突出的"社会保障"职能。由于全国 7000 万农村贫困人口集中分布在山区、荒漠区等生产生活条件恶劣的西部欠发达地区，因此，需要西部欠发达地区承担繁重的扶贫工作，加快养老、失业、医疗、社会救济、社会福利等社会保障体系的建立，引导社会各界和发达地区以多种方式支援西部少数民族贫困地区的发展。

四是生态环境保护的职能。西部欠发达地区生态环境的好坏，不仅关系到西部欠发达地区自身的经济发展与社会进步，而且，还在很大程度上影响着整个国民经济的发展。西部欠发达地区大多数位于大型河流的上游地区以及生态脆弱地区,这些地区的经济发展状况不仅直接影响自身的生态环境,对下游即经济发达地区的生态环境亦产生重要的影响。西部欠发达地区为了加速发展,往往急于求成,急功近利,对矿产资源、森林资源泛滥开采,造成生态环境的严重破坏。为避免西部欠发达地区生态环境继续恶化,就应该充分发挥政府转移支付等功能,解决西部欠发达地区的良性增长问题。

五是固守边疆、维护国家安全的职能。西部欠发达地区较其他地区的一个显著区别在于它是与邻国接壤的特殊区域,承担着其他地区所没有的国家事务。如战时的参战,和平时期则承担繁重和艰巨的维护民族团结、保持边境稳定和边防巩固、致力安邦睦邻的国家重任,还要参与通道、口岸、界河等的建设、烈士安置及其家属接待、移民安置及缉毒防艾等国家事务。因此,兴边富民、维护国家安全和国家形象是西部欠发达地区政府的一项特殊职能。

六是制度创新职能。西部欠发达地区市场发育和经济体制改革滞后的现状决定了西部欠发达地区市场经济所要求的制度有效供给不足,加快体制变迁和制度创新,建立和完善市场经济体制成为西部欠发达地区较其他地区更为突出的政府职能。迫切需要西部欠发达地区政府在积极推进市场经济体制改革中加快发展和完善市场体系,建立健全市场机制,在发展和完善商品市场的基础上,积极培育和规范金融市场以及土地、劳动力、技术、信息等生产要素市场。迫切需要政府发挥制定和完善市场运行规则维护市场秩序,加强市场管理和监督,规范流通秩序,打破地区封锁和部门分割,反对垄断,制止不正当竞争,需要政府加强价格、质量、计量、监督,打击制售假冒伪劣商品的违法行为,保护生产者和消费者的合法权益。这些都是西部欠发达地区社会经济健康发展的重要制度保障。

然而,在现实的西部欠发达地区职能配置中,普遍存在着职能配置的"错位"现象,全能政府意识和无限政府责任导致的"越位"现象,利用对社会资源的控制权,使政府权力部门化和利益化,造成利益调控的"缺位"现象,财政收入最大化导致西部欠发达地区行为短期化,片面追求政绩的"进位"现象。这些现象造成西部欠发达地区政府职能不能满足社会经济发展的需求,迫切需要西部欠发达地区政府持续进行政府职能转变和提升政府执政能力。

二、西部欠发达地区政府执政能力评估

西部欠发达地区政府职能及其发挥能否适应西部欠发达地区社会经济发展特别是社会稳定的需求，可通过考察西部欠发达地区政府执政能力实现，政府执政能力的评估是一个复杂、系统、科学、严密的过程，本书首先通过对地方政府执政能力内涵进行分析，在此基础上建立地方政府执政能力指标体系，继而利用 AHP 法对西部欠发达地区四区一省的政府执政能力进行评估。

（一）地方政府执政能力指标体系建立

地方政府执政能力的评价对象是地方政府，评价内容是地方政府的执政能力。所谓地方政府执政能力即地方政府治理能力的外在表现，是指地方政府在中央政府的领导下，依法履行政府职能，服务公众，维护社会秩序，促进社会经济发展的潜在的和现实的能力。

为此，结合政府职能，地方政府执政能力可从以下四个方面体现：一是社会管理能力。国家作为政治实体，其职能是通过政府来实施的，地方政府依法实施的社会管理活动就成为政府执政能力的重要方面。政府的社会管理活动范围宽广，包含政治、经济、文化、科技等等。政府依法进行社会管理所体现出的管理能力和管理绩效直接体现着政府执政能力的强弱。二是公共服务能力。政府管理的目标就是为了满足社会公众的需要，尽可能提供令公众满意的公共产品和公共服务，因此，政府为公众提供优质服务的能力是政府执政能力的重要表现。三是社会平衡能力。社会进步与发展是政府职能的出发点和最终落脚点，而社会稳定是实现这一目标的重要基础和保障。政府执政能力强则政通人和，社会和谐发展；执政能力弱则社会动荡不稳，即使制定了科学、合理的发展规划也无力执行，难以实施。四是潜在发展能力。执政能力包含现实能力和潜在能力两个层面，政府执政能力的现实表现通常可以通过其执政结果来评价，坎贝尔认为："绩效是行为的同义词，它是实际的行为表现并是能观察得到的。"从这个意义上讲，可以通过政府绩效来评价政府执政能力的现实表现。而潜在能力是政府为地区社会经济长远发展所提供的潜在能量，包括为地区社会经济长远发展所储备的人力、物力、财力、信息、技术、环境等生产要素，这些要素的发挥大多具有隐性、长周期的特点，短期内很难转化

为生产力，但从长远发展看，意义重大。

由此，所建立的地方政府执政能力指标体系如下：

潜在发展能力。包括大专以上学历人口占总人口的比重、环境质量指数、自然资源保护状况、信息化水平、技术与知识产权增长率、政府发展规划水平共 6 个指标，这些指标体现了政府为地区未来发展所营造的潜在能力。其中，大专以上学历人口占总人口的比重 C1：该指标反映地方政府辖区内公民接受高等教育的状况；环境质量指数 C2：该指标反映地方政府辖区内的生态环境状况，采用工业废水排放量占水资源的比重加以间接反映；自然资源保护状况 C3：该指标反映地方政府辖区的自然资源保护状况，采用自然保护区占辖区面积的比重反映；信息化水平 C4：该指标反映地方政府辖区的信息化水平，由于数据收集的限制，采用万人拥有图书杂志数量加以间接反映；技术与知识产权增长率 C5：该指标反映地方政府辖区的技术和知识产权的发展速度；政府发展规划水平 C6：该指标反映地方政府对社会经济发展的规划水平，可通过地方政府历史年度发展规划与现实年度实际发展水平的契合程度反映。

社会管理能力。包括地方政府 GDP 增长率、依法行政状况、公众满意度、教育投入占 GDP 比重、治安案件发生率、政府危机管理能力、城镇失业率、基本社会保障覆盖率共 8 个指标。其中，GDP 增长率 C7：该指标反映地方政府在一定时期内生产活动最终成果的增长状况，是地方政府执政能力水平的综合反映；依法行政状况 C8：该指标反映地方政府根据有关法律法规，对所辖地区内市场主体的活动进行规范、约束，维护当地市场有序运行的状况；通过调查可获得该指标的估值；公众满意度 C9：该指标反映公民对政府执政过程和政府绩效的满意程度，可使用居民全年可支配收入占当年 GDP 的比重加以间接反映；教育投入占 GDP 比重 C10：该指标反映地方政府对教育活动的投入水平；万人治安案件发生率 C11：该指标反映地方政府辖区内的社会治安状况，是社会发展和人民安居乐业的基本前提；危机管理能力 C12：该指标反映地方政府处理危机事件的能力，是地方政府处理危机事件的整套机制包括危机预警、处理、善后等工作的评价，可通过调查和设置专门指标获得其估值；城镇失业率 C13：该指标反映地方政府解决城镇就业问题的能力；基本社会保障覆盖率 C14：该指标反映地方政府保障和救济社会弱势群体的能力，其计算公式为，基本社会保障覆盖率＝享受基本社会保障的人口总数/应享受基本社会保障的人口总数×100%。

社会平衡能力。社会平衡能力指标包括基尼系数、物价指数变动率、群众信访数量增长率共 3 个指标。基尼系数 C15：该指标反映地方政府辖区内居民社会收入分配的公平程度,是衡量社会公平的最重要指标;物价指数变动率 C16：该指标反映地方政府对地区物价水平的影响、协调和控制的能力;群众信访数量增长率 C17：该指标反映地方政府辖区内信访工作量的增长状况,其计算公式为,群众信访数量增长率=本年度群众信访数量-上年度群众信访数量/上年度群众信访数量×100%。

公共服务能力。包括万人公交拥有量、公共医疗发展状况、公共食品卫生安全状况、公共信息服务水平、万人公共娱乐设施拥有量、公共基础设施建设投入占 GDP 的比重共 6 个指标。其中,万人公交拥有量 C18：该指标反映地方政府促进本地区公共交通发展的能力;公共医疗发展状况 C19 反映地方政府促进本地区基本医疗服务发展的能力,本书中该指标使用万人拥有医疗机构数;公共食品卫生安全状况 C20：反映地方政府为公民所提供的基本食品卫生安全保障的能力;公共信息服务水平 C21：该指标反映地方政府为公民所提供的公共信息服务的能力;万人公共娱乐设施拥有量 C22：该指标反映地方政府促进本地区公共娱乐事业发展的能力,本书使用万人拥有公园数加以间接反映;公共基础设施建设投入占 GDP 的比重 C23：从投入水平角度反映地方政府对本地区公共基础设施建设投入的状况。

（二）西部欠发达地区政府执政能力评价

根据评价对象特点,以所建立的地方政府执政能力评价指标体系为基础,使用采用层次分析法（AHP）对西部欠发达地区云南、广西、西藏、新疆、内蒙古四区一省的政府执政能力进行评估,为提供一个分析比较的基础,对中国政府执政能力也相应进行了评估。

层次分析法（Analytic Hierarchy Process 简称 AHP）是一种定性和定量相结合、系统化、层次化的分析方法,被广泛应用于处理社会、政治、经济、技术等复杂问题的评价与决策。AHP 法的基本原理是根据人的思维规律,面对复杂的选择问题,将问题分解成若干组成因素,再将这些因素按支配关系分组形成递阶层次结构,通过两两比较的方式确定层次中诸因素的相对重要性,然后综合决策者的意见,确定决策方案的相对重要性总排序,从而作出选择和判断。

使用 AHP 法的关键是层次划分、权重确定和排序规则。

1. 西部欠发达地区政府执政能力评价指标体系权重的确定

建立递阶层次结构。地方政府执政能力评价指标体系分三层，第一层（A）为地方政府执政能力总目标层，第二层（B）包括潜在发展能力 B1、社会管理能力 B2、社会平衡能力 B3 和公共服务能力 B4 共四项分目标，第三层（C）为第二层每项分目标下的若干子目标项。

构造两两比较判断矩阵。为获得每一层各因素的相对重要性即指标权重，本书通过设置指标判断矩阵调查表，经 8 位经济、社会、法律、公共管理专家及民族地区政府公务员进行判断，取调查结果的平均数形成执政能力判断矩阵。判断因素间的重要性使用的是 1，2，…，9 及它们的倒数标度体系。标度 1 表示两指标相比，具有同等重要程度；标度 3 表示一个指标比另一个指标稍微重要；标度 5 表示一个指标比另一个指标明显重要；标度 7 表示一个指标比另一个指标非常重要；标度 9 表示一个指标比另一个指标极端重要；标度 2，4，6，8 取上述两相邻判断的中值。显然，若 B_{ij} 表示相对于目标而言，指标 i 对 j 的相对重要性，那么，任何判断矩阵都满足 $B_{ii}=1$；$B_{ij}=1/B_{ji}$。

所获得的总目标 A 下四个分目标的判断矩阵见表 14-1 所示。

表 14-1　总目标 A 的判断矩阵及最大特征根向量

A	B1	B2	B3	B4
B1	1	1/5	1/7	4
B2	5	1	1/3	6
B3	7	3	1	8
B4	1/4	1/6	1/8	1

所获得的分目标 B1 下 6 个方案层指标的判断矩阵见表 14-2 所示。

表 14-2　分目标地区潜在发展能力 B_1 的判断矩阵及最大特征根向量

B1	C1	C2	C3	C4	C5	C6
C1	1	1/2	1/2	1/3	1/2	1/2
C2	2	1	2	1	2	2

续表

B1	C1	C2	C3	C4	C5	C6
C3	2	1/2	1	1/2	1/2	1
C4	3	1	2	1	3	1/2
C5	2	1/2	2	1/3	1	1/2
C6	2	1/2	1	2	2	1

所获得的分目标 B2 下 8 个方案层指标的判断矩阵见表 14-3 所示。

表 14-3　分目标社会管理能力 B_2 的判断矩阵及最大特征根向量

B2	C7	C8	C9	C10	C11	C12	C13	C14
C7	1	3	4	2	5	4	3	1
C8	1/3	1	2	1/2	3	1/2	1	1/3
C9	1/4	1/2	1	1/3	3	1/2	1/2	1/4
C10	1/2	2	3	1	4	2	2	1/2
C11	1/5	1/3	1/3	1/4	1	1/3	1/3	1/5
C12	1/4	2	2	1/2	3	1	2	1/4
C13	1/3	1	2	1/2	3	1/2	1	1/3
C14	1	3	4	2	5	4	3	1

所获得的分目标 B3 下 3 个方案层指标的判断矩阵见表 14-4 所示。

表 14-4　分目标社会平衡能力 B_3 的判断矩阵及最大特征根向量

B2	C15	C16	C17
C15	1	1/5	1/3
C16	5	1	3
C17	3	1/3	1

所获得的分目标 B4 下 6 个方案层指标的判断矩阵见表 5 所示。

表14-5　分目标公共服务能力 B_4 的判断矩阵及最大特征根向量

B3	C18	C19	C20	C21	C22	C23
C18	1	5	4	6	2	9
C19	1/5	1	1/3	2	1/5	5
C20	1/4	3	1	4	1/4	5
C21	1/6	1/3	1/4	1	1/7	3
C22	1/2	5	4	7	1	8
C23	1/9	1/5	1/5	1/3	1/8	1

先解出判断矩阵 A 的最大特征值 λ_{max} ,再利用 $AW = \lambda_{max}W$,解出 λ_{max} 所对应的特征向量 W ,经过标准化处理后, W 即为同一层次相应元素对于上一层次中某个因素相对重要性的排序权值。为此,采用方根法求矩阵最大特征根 λ_{max} 及其对应的特征向量 W 。首先,计算判断矩阵每一行元素的乘积:
$M_i = \prod_{i=1}^{n} a_{ij}(i = 1,2,3,\cdots,n)$;其次,计算 M_i 的 n 次方根: $\overline{W} = \sqrt[n]{M_i}$;再次,对 $\overline{W}$ 标准化:

$$W_i = \frac{\overline{W_i}}{\sum_{i=1}^{n} \overline{W_i}} \quad (i = 1,2,3,\cdots,n)$$

最后,计算最大特征根:

$$\lambda_{max} = \sum_{i=1}^{n} \frac{(AW)_i}{nw_i}$$,式中 $(AW)_i$ 表示向量 AW 的第 i 个元素。

一致性检验。虽然不可能要求所有判断都完全一致,但应该使判断有大体上的一致性。为此,需要对判断矩阵进行一致性检验。一致性指标 $C.I$ 为:

$$C.I = \frac{\lambda max - n}{n - 1}$$

式中,n 为判断矩阵的阶数。当判断矩阵具有完全一致性时, $C.I = 0$ 。 λ_{max} 愈大, $C.I$ 愈大,判断矩阵的一致性愈差。判断矩阵是否具有满意的一致性,需将 $C.I$ 与平均随机一致性指数 $R.I$ 进行比较。对于1~9阶判断矩阵,T. L.Saaty 给出了相应的 $R.I$ 值(见表14-6)。

表 14-6　随机一致性指标 R.I 值

阶数 n	1	2	3	4	5	6	7	8	9
$R.I$	0	0	0.58	0.90	1.12	1.24	1.32	1.14	1.45

当 $C.R = \dfrac{C.I}{R.I} < 0.1$ 时,就可认为判断矩阵具有满意的一致性,否则将对判断矩阵重新调整,直到具有满意的一致性为止。

依据计算步骤,层次 B 的特征向量、最大特征值和 $C.R$ 计算结果分别见表 14-7 所示。

表 14-7　层次 B 下的特征向量、最大特征值和 C.R

层次 B	层次 C	特征向量 W	最大特征值 λ_{max}	一致性检验 C.R
B1	C1	0.082	6.268	0.043<0.1
	C2	0.242		
	C3	0.153		
	C4	0.277		
	C5	0.127		
	C6	0.119		
B2	C7	0.248	8.270	0.0276<0.1
	C8	0.082		
	C9	0.057		
	C10	0.147		
	C11	0.034		
	C12	0.101		
	C13	0.082		
	C14	0.249		
B3	C15	0.105	3.037	0.032<0.1
	C16	0.637		
	C17	0.258		
B4	C18	0.393	6.420	0.068<0.1
	C19	0.084		
	C20	0.136		
	C21	0.047		
	C22	0.314		
	C23	0.026		

层次 A 的特征向量、最大特征值和 $C.R$ 计算结果分别见表 14-8 所示。

表 14-8　层次 A 下的特征向量、最大特征值和 $C.R$

层次 A	层次 B	特征向量 W	最大特征值 λ_{max}	一致性检验 $C.R$
A	B1	0.094	4.152	0.056<0.1
	B2	0.285		
	B3	0.578		
	B4	0.043		

利用同一层次中所有层次单排序的结果，就可以计算出针对上一层次而言的本层次所有指标的重要性权值。如果总目标 A 隶属的 n 个分目标 B_1，B_2，$\cdots B_n$，对 A 的排序向量为 $W(a_1, a_2, \cdots a_n)$，分目标 B 隶属的 m 个指标 C_1，C_2，$\cdots C_m$，对 B 的排序向量为 $W(b_1, b_2, \cdots b_m)$，则此时，C_m 相对于 A 的排序向量为 $W(c_1, c_2, .. c_m)$，其计算公式如下：

$$W_{cm} = W_{bm} \times W_{am}$$

分别将分目标 B_n 相对于总目标 A 的权重向量 $W(a_1, a_2, \cdots a_n)$ 和指标 C_m 相对于分目标 B 的权重向量代入上式，便可计算出总排序，即指标 C_m 相对于总目标 A 的权重向量。各指标相对于总目标的权重计算结果见表 14-9 所示。

表 14-9　各指标相对于总目标的权重

指　标	B1	B2	B3	B4	各指标相对于总目标的权重
	0.094	0.285	0.578	0.043	
C1	0.082				0.007
C2	0.242				0.023
C3	0.153				0.014
C4	0.277				0.026
C5	0.127				0.012
C6	0.119				0.011
C7		0.248			0.070
C8		0.082			0.023

续表

指　标	B1	B2	B3	B4	各指标相对于总目标的权重
	0.094	0.285	0.578	0.043	
C9		0.057			0.016
C10		0.147			0.042
C11		0.034			0.010
C12		0.101			0.029
C13		0.082			0.023
C14		0.249			0.071
C15			0.105		0.061
C16			0.637		0.368
C17			0.258		0.149
C18				0.393	0.017
C19				0.084	0.004
C20				0.136	0.006
C21				0.047	0.003
C22				0.314	0.014
C23				0.026	0.001

一致性检验计算结果为：$C.R = 0.048 < 0.1$

表明总排序具有满意的一致性，意味着为形成判断矩阵而对因素进行两两判断时，所有判断出现自相矛盾的情况均在可接受的范围内。

2. 西部欠发达地区政府执政能力评价样本选择及数据来源

分别选取云南、广西、西藏、新疆、内蒙古以及全国作为评价样本，选取指标 C1、C2、C3、C4、C5、C7、C9、C10、C11、C13、C14、C15、C16、C18、C19、C21、C22、C23 作为指标层。由于政府发展规划水平、依法行政状况、危机管理能力、群众信访数量增长率、公共食品卫生安全状况这几项指标难以确定，故将这几项指标舍去。

评价样本指标数据主要来源于《中国统计年鉴 2007》，《城市统计年鉴 2007》，《云南省统计年鉴 2007》，《广西统计年鉴 2007》，《西藏统计年鉴

2007》,《新疆统计年鉴 2007》,《内蒙古统计年鉴 2007》,中华人民共和国国家统计数据库网站。经整理得到的数据见表 14-10 所示。在评价中对负向指标作了反向处理。

表 14-10　西部欠发达地区政府执政能力评价基本数据表(2006 年)

	中国	云南	广西	西藏	新疆	内蒙古
C1	6.22%	0.63%	0.82%	0.83%	0.97%	1.06%
C2	0.95%	0.200%	0.685%	0.002%	0.216%	0.676%
C3	15.80%	10.70%	5.90%	34.10%	13.60%	11.40%
C4	0.83	10.34	4.86	3.59	4.58	3.99
C5	25.23%	18.53%	17.71%	84.09%	28.88%	15.74%
C7	15.18%	15.37%	18.47%	16.31%	16.94%	23.00%
C9	0.07	3.07	2.62	39.09	3.81	2.86
C10	3.99%	4.95%	3.80%	10.37%	5.02%	2.70%
C11	0.06%	0.25%	0.19%	0.27%	0.62%	0.10%
C13	4.20%	4.30%	4.20%	3.10%	3.90%	4.10%
C14	1.41%	7.39%	6.40%	5.87%	16.38%	13.19%
C15	0.496	0.466	0.437	0.453	0.374	0.439
C16	-0.29%	0.49%	-1.07%	0.49%	0.59%	-0.88%
C18	248.31	9.69	7.41	15.47	13.41	6.08
C19	2.37	2.24	2.11	4.8	3.99	3.32
C21	32.65	11.84	12.8	12.24	18.63	10.43
C22	0.053	0.03	0.02	0.06	0.06	0.04
C23	1.38%	2.14%	1.28%	20.12%	2.69%	2.61%

数据来源:根据《中国统计年鉴 2007》,《城市统计年鉴 2007》,《云南省统计年鉴 2007》,《广西统计年鉴 2007》,《西藏统计年鉴 2007》,《新疆统计年鉴 2007》,《内蒙古统计年鉴 2007》,中华人民共和国国家统计数据库网站整理计算。

3. 计算结果及评价总体结论

最终获得的全国及云南、广西、西藏、新疆、内蒙古的政府执政能力综合评估值见表 14-11 所示。

表14-11　西部欠发达地区政府执政能力评价综合值(2006年)

省份	中国	云南	广西	西藏	新疆	内蒙古
综合值	6.40	3.03	3.09	4.84	3.93	3.79

数据来源:根据作者整理计算。

表14-11表明,以2006年的基础数据为基础,可以就西部欠发达地区政府执政能力形成如下总体评价结论:一是西部欠发达地区的政府执政能力水平均远低于全国平均水平(6.4),说明西部欠发达地区政府执政能力有待加强;二是西部欠发达地区各省区的政府执政能力比较接近,综合值位置于3.03~4.84之间;三是在西部欠发达地区中,西藏的政府执政能力好于其他省区,综合值达到4.84,新疆和内蒙古的综合值较为接近,处于中间位置,广西和云南的综合值也较为接近,但处于末位水平。其原因分析于下:

1. 在社会发展潜在能力方面。一是西部欠发达地区的人才储备能力有待加强。西部五省区"大专以上学历人口占总人口的比重"均低于全国水平的6.22%,且差距很大。在西部欠发达地区四区一省中,内蒙古的"大专以上学历人口占总人口的比重"最高,为1.06%,新疆其次为0.97%,广西、西藏比较接近,而云南最低为0.63%。社会发展离不开人才的储备,西部欠发达地区应千方百计提高人口素质,以增强社会发展潜力。二是从环境质量与自然资源保护看,各省区的工业废水排放量占水资源比重均低于全国水平(0.948%),说明西部各省区的环境质量好于全国。西藏的工业废水排放量占水资源比重仅为0.002%,自然保护区占辖区面积比重远超过全国水平(15.80%),这和西藏的原生态环境和经济发展滞后有关;广西、内蒙古的工业废水排放量占水资源比重分别为0.685%和0.676%,说明两个省区的环境质量接近;此外,内蒙古的气候环境相对于其他省区来说相对恶劣,沙尘暴比较频繁,虽有大片的草原植被,但由于多年沙漠侵蚀和人为破坏,生态环境较差,这就需要当地政府部门下大力气整治生态环境,在经济上支持,在政策上落实好各项保护环境措施。三是信息化水平和技术与知识产权增长看,西部欠发达地区整体均落后于全国平均水平,在西部欠发达地区中,云南省的信息化程度最高,而处于落后的是西藏。但西藏的技术与知识产权数量增长率最高,这一方面表明西藏的技术与知识产权基数低,也与近年来国家扩大对西藏的科技投入转移支付不无关系。从绝对量的增长上看,云南、广西的科技专利申请数量最多,体现出云南和广西在西部欠发达地区中科技发展水平处于前列。

2. 在社会管理能力方面。GDP 增长率是地方政府执政能力的综合体现,由于内蒙古临近北京,近几年来经济发展势头一直良好,2006 年内蒙古 GDP 增长率快于全国平均水平;西藏的教育投入占 GDP 的比重最高到达 10.37%,远高于全国平均水平(3.99%),这说明中央和西藏当地政府对教育投入的重视;从社会秩序的维护看,万人治安案件发生率反映了地方政府所辖地区的社会治安状况,是社会发展和人民安居乐业的基本前提。西部欠发达地区的治安案件发生率均高于全国平均水平(0.06%),其中,新疆的治安案件发生率最高(0.62%),西藏次之(0.27%),在一定程度上反映了新疆和西藏在社会稳定方面存在着很大隐患,对当地政府执政能力形成挑战;从城镇失业率看,除西藏的失业率低于全国外,其余各省区的失业率基本接近全国平均水平(4.2%);从基本社会保障覆盖率来看,基本医疗参保率处于前列的是新疆(16.38%)和内蒙古(13.19%),而西藏最低(5.87%)。

3. 在社会平衡能力方面。基尼系数是反映社会收入分配公平程度的指标,也在一定程度上反映了政府执政的平衡能力。基尼系数越大,反映社会收入分配就越不公平。西部欠发达地区的基尼系数与全国平均水平基本接近;从物价指数变动率看,云南、西藏、新疆 2006 年的物价变动率呈现正增长,而广西、内蒙古呈负增长,不管正增长还是负增长,基本符合当地经济发展和人民生活水平的实际。

在公共服务能力方面。与西藏和新疆人口较少有关,西藏和新疆的万人公交拥有量处于前列,分别为 15.47 辆和 13.41 辆,而内蒙古最少为 6.08 辆;公民基本医疗保障能力也呈现类似情况,万人医疗机构数西藏(4.80 个)和新疆(3.99 个),高于全国平均(2.37 个),这也从另一方面说明了这两个地区人口的分散性;从公共信息服务水平看,万人拥有报纸份数各省区基本接近(平均为 13 份),而且远低于全国平均水平(32 份);从万人公共娱乐设施拥有量看,新疆和西藏的万人公园数均为 0.06 个,略高于全国平均水平(0.053 个),但广西和云南均低于全国平均水平;从公共基础设施建设投入占 GDP 的比重看,西部欠发达地区五省区的公共基础设施建设投入占 GDP 比重均高于全国平均水平(1.38%),其中西藏最高为20.12%,远远高于其他省区,这反映了国家和地方政府对西藏公共基础设施建设投入的倾斜和重视。西藏和新疆在公共服务能力整体处于前列主要是由于这两个地区人口规模小和国家对这两个地区所进行的转移支付相对规模有关。

三、西部欠发达地区政府执政能力对社会稳定的影响

体现地区社会稳定的因素很多,下面结合西部欠发达地区的实际,分析政府执政能力对西部欠发达地区经济支撑、协调发展、生存保障、社会分配、社会冲突、社会政治心理、外部环境等方面的影响。

1. 对经济发展的影响。西部欠发达地区政府执政能力整体低于全国平均水平,不能适应缩小该地区与东部或其他发达地区间发展差距的要求,也不利于从根本上维护西部欠发达地区的社会稳定。西部人口2.85亿人,占全国总人口的22.8%,城镇居民人均可支配收入比全国平均水平约低20%,农民人均纯收入比全国平均水平约低40%,城乡购买力比全国平均水平低47%,居民支付能力大大低于全国平均水平。如前所述,依靠市场力量发展经济西部欠发达地区处于劣势,客观上需要西部欠发达地区政府通过"逆市场调节"争取外部资源,而在目前我国现行管理体制下,这取决于中央政府对西部欠发达地区政府的转移支付和倾斜政策的力度。

2. 对居民生存保障的影响。受政府执政能力及其他因素的影响,西部欠发达地区普遍存在社会保障水平低、居民保障意识落后、城市低保压力大、社会保障覆盖面窄等问题。其主要原因,一方面是由于西部欠发达地区经济发展水平整体落后,社会保障基金的主要负担者——企业的经济效益不佳,很难负担起沉重的保障费用;另一方面,区域性贫困导致西部欠发达地区政府各级财政空虚,财政自给水平低,弱化了地区财政对社会保障基金应有的补贴和地区调剂功能;此外,受制于经济发展水平,居民个人收入增长缓慢,造成个人账户中的社会保障基金筹集困难。为此,西部欠发达地区政府要持续改进和完善西部欠发达地区社会保障制度,大力发展地区经济,推进就业工程,扩大社会保障覆盖面,提高社会覆盖保障率,增强社会保障执政能力。

3. 对社会分配的影响。西部欠发达地区中,2006年云南基尼系数是

0.466,广西基尼系数是 0.437,西藏的基尼系数是 0.453,新疆基尼系数是 0.374,内蒙古的基尼系数是 0.439,除了新疆以外,其他省区的基尼系数均已超过收入分配差距的警戒线 0.4 的水平,说明西部欠发达地区的收入分配差距过大,社会分配已经失衡。收入分配差距过大现象很容易引致这些地区居民的不满情绪,动摇对改革开放的信心,波及社会稳定。从政府执政能力看,造成西部欠发达地区社会分配不均、贫富差距扩大与政府职能转变滞后和缺乏对资源配置权力的监督与制约机制不无关系。

4. 对社会冲突的影响。西部欠发达地区历史背景、宗教文化错综复杂,加之经济不发达,思想落后,利益分化严重,由此引发的社会冲突已成为社会稳定中不容忽视的问题。分析近些年来在西部欠发达地区所发生的社会冲突,我们不难发现这些冲突越来越多的是因利益诉求而起,而且诉求的基本目标大多是有限的利益诉求,理性化程度越来越高。如近年城市中的拆迁、农村中的农民负担、用工单位拖欠工资、失业下岗等是引发社会矛盾和社会冲突比较多的社会问题。如果这些诉求能够得到及时合理地处置,就可以避免事态的升级;此外,西藏和新疆由于宗教及意识形态引发的恐怖事件也不容忽视,如拉萨"3.14"事件、新疆的"7.5"事件给我们敲响了警钟。社会冲突的化解对西部欠发达地区政府公务员素质、应对各类诉求的能力,各项规章制度和危机预警机制的建立等执政能力提出了严重的挑战。

5. 对政治心理的影响。面对当前"保增长、保民生、保稳定"的繁重任务,在政治建设领域,民众对西部欠发达地区政府的期望是加快政府职能和作风的双转变,严格依法行政、清廉行政,使政府真正成为当地投资兴业、宜居、宜学环境建设的组织者,基本公共服务产品的提供者,正常市场秩序的维护者,从根本上防止类似 2008 年"瓮安事件"、"孟连事件"的发生。

6. 对环境的影响。西部欠发达地区地域辽阔,人烟稀少,拥有丰富的矿产资源,广阔的草场,丰富的水能资源和野生动物资源。由于生态环境的脆弱性、不合理开发和保护能力不能满足需要等原因,目前西部欠发达地区面临着一系列严重的环境问题,如河流断流、冰川融化与雪线上升、水环境污染等资源危机,大面积草场退化、盐碱化和沙漠化,森林资源破坏严重,森林生态功能的不断衰退,水土流失严重,土地荒漠加剧,野生动植物数量锐减,部分物种濒临消亡。这些问题成为困扰我国和西部欠发达地区发展的"瓶颈"。因此,西部欠发达地区政府要落实政策和采取措施,加强群众的环境保护意识,控制高消耗、高排放的工业企业数量,走循环经济的道路,化解经济发展与资源、环境之间的矛盾。

总体上,西部欠发达地区社会经济发展是稳定与和谐的,但是,政府执政能力还不能适应维护这一地区社会稳定的要求,需要西部欠发达地区各级政府予以高度重视,不断提升西部欠发达地区政府执政能力。

四、基于社会稳定的西部欠发达地区政府执政能力建设对策建议

西部欠发达地区是一个具有特殊历史和现实背景的特殊区域,"民族"、"贫困"和"边疆"因素交织于这一地区,市场发育不全,西部欠发达地区政府因而承担着独有的政府职能和较其他地区更为突出的政府职能,迫切需要西部欠发达地区转变政府职能,提升执政能力,以满足社会经济发展对政府职能的需求。下面针对西部欠发达地区建设什么样的政府,如何提升执政能力提出对策建议。

(一)西部欠发达地区政府定位

西部欠发达地区除了承担一般政府所应有的经济协调、市场监管、社会管理和公共服务基本职能外,还要承担市场部分替代、维护社会公平、维护社会稳定、生态环境保护、固守边疆、维护国家安全等特殊职能,并通过制度创新、初始条件创造、社会保障、政策扶持等手段,以政府职能转型推进社会转型,以政府价值理念、制度机制与政策行为的变迁优化政府治理、促进社会稳定。基于西部欠发达地区长期社会稳定,西部欠发达地区政府应定位于:

一是民主型政府。广泛听取、回应、处置民众的各种诉求是提升西部欠发达地区执政能力,维护社会稳定的重要举措。为此,建设充分体现民主立法、民主决策、民主执政、民主管理、民主监督的民主型政府是西部欠发达地区政府的基本定位。民主型政府意味着政府的规模有限、权力有限、职能有限、责任有限,其要旨是扩大公民对政府决策的参与并接受公民的监督和制约。

二是法治政府。在逐步完善法制的基础上,形成法治的公共生活方式和行政管理体系,造就敢于承担责任、善于承担责任的法治政府。削减过多的行

政自由裁量权、增强制度化和程序化水平,规范行政领导,去除过多的人治色彩,增加权责的平衡性,强化行政审批的科学性与公正性,提升政府采购的规范性与效能性,加强行政问责、行政监察,造就以人为本的法治政府。

三是效能型政府。面对西部欠发达地区社会结构日益复杂化,繁重的传统公共事务和不断涌现的新增公共事务,迫切需要西部欠发达地区政府应该是一个专业化政府,公务员素质进一步得以提高,要求公务员不仅道德素质高,而且业务素质、管理技能精,方能适应复杂社会环境对公务员的发展要求;大力开展电子政府的建设,提升政府的应变能力和管理效能。

四是管理、服务型政府。为维护西部欠发达地区社会稳定,政府应该持续提高社会管理和服务能力,依法巩固政治统治、发展社会管理、拓展社会服务,以适应西部欠发达地区对政府在社会管理、社会服务与社会平衡等方面的需求。

五是廉洁型政府。政府腐化是滋生和激化社会冲突的原因之一。因此,遏制政府腐化蔓延的趋势,超越地方资本、特殊利益的直接诱惑,推进和规范政企、政资、政社与政事的有效分离,缩减非生产性的财政支出,适度控制行政管理费的增长,建设高效廉洁的政府对维护西部欠发达地区社会稳定至关重要。

六是透明型政府。增强地方政府执政过程的透明度和开放性,实现执政的公平、公开、公正;进一步提高政府诚信度,及时化解民众的各种猜忌,增强政府的公共信任度,将西部欠发达地区政府建设成为透明型、信用型政府。

七是创新型政府。制度创新是西部欠发达地区政府实现市场部分替代职能、适应复杂多变环境的重要手段,在有利于维护祖国统一社会稳定和促进西部欠发达地区发展的前提下,不断总结经验,锐意进取,建立和完善适应市场经济体制的行政管理体制,持续为西部欠发达地区营造良好的社会经济发展环境。

总之,西部欠发达地区的政府定位是,通过持续的政府执政体系改革,不断提升执政能力,把西部欠发达地区政府建设成为民主执政、效能执政、公平、透明、廉洁的管理、服务型政府。

(二)西部欠发达地区政府执政能力建设对策建议

1. 全方位转变执政理念

西部欠发达地区政府需要树立"公民政府"、"公共政府"理念,提供优质、高效、公正的行政管理和公共服务。为此在执政理念上要实现以下转变：一是在资源配置方式上，实现由行政主导走向市场配置；二是在工作重心上，实现由招商引资转向公共服务体系建设，政府治理由主要依靠利益推动转向政府与社会互动机制推动；三是在政府权责认知上，实现由全能、全责型政府转向有限权能、有限责任型政府转变；四是在民主观念上，实现由权力本位的民本政府转向权利本位的民主政府转变；五是在行政管理理念上，实现由强力管制、动员和控制转向管理服务、回应合作与协作治理，由行政区政治转向区域公共管理，由人力行政向知识管理、效能行政转变；六是在法治观念上，实现由强人治理转向法制健全、程序完善的法治治理；七是在专业化观念上，实现由经验型领导、政策性推动转向知识化、专业化、政策与体制共同推动并重；八是在行政开放观念上，实现由封闭、半封闭逐步转向开放、透明；九是在行政成本观念上，实现由粗放型成本观念向成本效益型、廉政廉价型转变；十是在政府治理工具上，实现由主要依靠行政手段转向行政手段、市场化工具、工商管理工具和社会化工具综合使用。

2. 完善执政机制

首先是发展和完善公共参与机制，如公民选举、公民投票、利益诉求机制等，同时增加制度化的容纳能力，整合社会发展过程中新出现的阶层和团体的参政要求，扩大执政基础；其次是完善民主竞争机制，进一步完善公务员的考选、晋职晋级制度，实现公平竞争、民主管理，增强公务员队伍的素质；最后是完善法治保障机制，健全监督制约机制，对政府机构和人员进行全方位的体系内行政监察和权力监督、司法监督和社会监督，完善执政的责任追究制，确保政府规范执政；通过健全法制、完善规章制度，减少执政的随意性。

3. 优化执政方式，提高政府的综合执政能力

首先在行政方式上要确保政府行政命令的通畅，增强地方政府的部门行政和整体行政之间的协调性，提高政府的宏观指导能力；其次在法律方式上，提高以法律方式解决公共问题的素质和能力，在行政立法、执法监督等方面，凸显政策法规服务大众的效率，使法治成为一种常态生活方式；再次在经济方式上，熟练、灵活、高效地使用税收、金融、信贷、利率等方式调节经济、管理市场，强化政府的市场管理能力、规制能力、提升调控能力，更加有效地导控产业结构和经济运行，提高经济质量；最后在思想道德教育方式上，改进公共教育

理念和社会教化方式,增强政治社会化教育和梳导的针对性和有效性,增强凝聚力、向心力,为西部欠发达地区政府执政寻求厚实的道德支持和民众舆论支持。

此外,在能力建设上要打破条块分割的管理体制,进一步增强政府综合执政能力,以适应社会经济发展对政府职能的需求。如目前西部欠发达地区政府应急管理主要采用"分兵把口"的管理模式,即主要依赖于各级政府的现有行政设置,对各种突发事件的防、测、报、处置、救援等实行分部门、分地区、分类别应急管理。这种管理模式是针对事件的日常管理而设置的,比较适应于事件的日常管理。但突发事件最显著的特点是影响面广,特别是重大突发事件的影响面及其管理往往是跨行业、跨部门、跨地区、跨类别的,该模式的不适应性就比较突出。为此,需要建立一个高效的职能部门之间和上下级政府之间的协调机制,以增强政府综合应对复合型突发事件的能力。

4. 提高政府整合执政资源的能力

西部欠发达地区政府执政需要有大量的执政资源支撑,政治性、经济性、文化性和社会性各种资源的持续供给是政府执政的基础性条件,这些资源的形式包括物质资源、制度资源、心理资源、人力资源、技术资源等,从来源上有内部资源和外部资源,有来自政府部门的资源,有来自企业或个人的资源。为此,中央和西部欠发达地区政府的制度设计、政策规定都要有利于政府形成强有力的资源获取能力。这方面,中央政府增加对西部欠发达地区的转移支付和政策扶持极为重要。

值得注意的是,西部欠发达地区在政府资源有限的情况下,政府资源的使用效率普遍较低。例如,在西部欠发达地区水电路基础设施建设中,财政性质的资金有实施"通畅"和"通达"工程项目资金、饮水安全工程资金、新农村建设整村推进工程项目资金、异地搬迁补助资金、人口较少民族扶持资金、支农资金、农业发展资金、扶贫开发资金、以工代赈资金、农业综合开发资金、民族发展资金等,有些地区还有战后恢复补助资金、革命老区专项转移支付补助资金等。这些资金体现了中央和地方政府的对边境民族地区基础设施建设的支持,但到乡或到村一级,数额就很小,而且分别归口在不同的主管部门,都有各自不同的申报、审批、使用、监督、检查制度,这种建设资金"撒胡椒面"的管理模式,造成西部欠发达地区基础设施低等级重复建设。如果通过责任主体——县级政府的有效整合,在保证资金使用性质不变的前提下,以规划和项目为平台,统筹规划,就能集中财力办大事,促进西部欠发达地区基础设施更好更快地建设。

5. 强化政府提供公共基础设施的能力

西部欠发达地区特别是西部欠发达地区社会经济发展总体上处于工业化之前阶段,城镇化水平低,与全国总体上处于工业化初期或中期阶段尚有较大差距。此阶段的基本特征是公共品建设投资与社会经济发展之间并没有显著的正相关关系。在目前分税制财政管理体制下,西部欠发达地区"事权"与"财权"不匹配的矛盾十分突出,当地政府提供公共品的能力极为有限,而广大民族群众由于贫困也不具备大规模进行基础设施建设的能力,也不具备发达地区多元化投资的条件,各类民间资本投资于公共品建设的难度极大。为此,在目前阶段,依然应强化政府在公共品建设中的主体地位,使西部欠发达地区各级政府成为公共品建设的投资主体,义不容辞地承担起为西部欠发达地区提供优质的包括科、教、文、卫及基础设施等公共品建设的责任,并实施"低配套"或"零配套"政策。

6. 增强政府应急管理能力

应急管理是政府的重要管理职能,一是由于应急管理是在社会非正常状态下保障人民生命财产安全、维护社会稳定的一种不可或缺的制度安排,是政府义不容辞的责任;二是应急管理提供的是非盈利性公共品,这一性质使应急管理系统的建设和运行无法全面通过市场配置资源的方式来实现,多数突发事件仅靠企业、公众力量很难抵御和处置,需要具有较强协调和整合能力的主体来整合各方面的应急管理资源,这一主体只能是政府。政府通过配置、协调、组织政府各行业日常管理部门、企业、社区组织、村民委员会、各种基金会、慈善机构、公众等共同参与应对危机。因此,不能将应急管理仅仅理解为一种救助行为,而是政府的一项重要的管理责任。政府可以充分利用社会各种应急资源,但不能改变政府是应急管理系统的建设者、组织者这一主体性质。

然而,在西部欠发达地区政府职能目标从单一的优先发展经济逐步转向社会经济协调发展的过程中,政府应急管理职能普遍存在落实不到位的现象,主要体现为政府职能在非应急处置环节上的不到位。如在组织体系上,西部欠发达地区各省区普遍成立了"省(区)政府办公厅应急管理办公室",但这样一个挂靠在省(区)政府办公厅总值班室,编制仅几人的部门在性质上应该说仅为应急信息通报部门,虽具有一定的协调能力,但总体上还很难将分散的各种应急管理资源进行有效整合并形成较强的应急处置能力;在投入体系上,没有明确的用于应急管理预防、应急管理平台建设和应急处置的专项财政资金,对重大突发事件的处置和事后拨付的资金其性质仅属于救助性质。

政府应急管理应该是全方位的,应急预案体系建设和应急处置环节只是政府应急管理中的一个环节,因此要将各省区应急管理工作的推进提升到应急管理系统建设的高度,在应急管理的各环节上全方位落实政府应急管理职能。

总之,通过不断提高政府的自我治理能力、社会治理能力、综合治理能力,使西部欠发达地区政府真正成为各项事业的领导者、组织者和管理者,是社会公平公正义的促进者、制度变迁的推动者、行为规范的制定者、社会稳定的维护者。

第十五章　中国西部欠发达地区社会 事业发展支出及效率

党的十七大报告提出"缩小区域发展差异必须注重实现基本公共服务均等化",同时强调加大对欠发达地区的扶持力度,促进民族团结和社会的和谐发展。然而,由于我国西部欠发达地区社会事业发展的财政投入难以得到充分保障,社会事业发展资金使用效率较低,导致我国区域间,尤其是西部欠发达地区社会事业发展失衡情况较为严重。如果缺乏对我国区域间社会事业发展资金投入的深入了解,将难以建立和健全我国西部欠发达地区社会事业发展资金的配置机制,导致目前的社会事业发展失衡状况进一步加剧。为此,课题以支出结构分析和使用效率评价为突破口,对西部欠发达地区的社会事业发展财政支出情况进行专题研究的目的是:第一,通过对区域间社会事业发展支出的现状分析,揭示我国区域间社会事业发展投入在规模和结构上的差异,突出体现西部欠发达地区社会事业发展财政投入失衡状况;第二,通过构建社会事业发展支出效率评价体系和分析模型,评价我国区域间各项社会事业发展支出的使用效率,突出体现西部欠发达地区社会事业发展财政支出效率的差异情况。

一、文献评述与概念界定

(一)公共支出理论及启示

1. 主要代表人物及观点[1]

(1)社会政策学派的财政支出理论

社会政策学派认为国家不仅有维持国内法律秩序和防御外敌的任务,同

---

[1]　主要参考[美]A.普雷姆詹德:《公共支出管理》,王卫星等译,中国金融出版社1995年版。

时还必须使日益增多的人口有享受文化财富的机会,并提出了三条重要的财政经费原则:一是应有正当自主的财政监督组织;二是应遵守节约的原则;三是应兼顾国民所得与财政需要的原则。德国经济学家阿道夫·瓦格纳提出的"瓦格纳法则",即一国工业化经济的发展与该国的财政支出规模之间存在着一种函数的因果关系,在工业化经济中,社会进步是财政支出规模迅速扩大的基本原因。他认为财政经济就是为筹集完成国家总体经济机能的任务所必需的物质辅助手段而不能不进行的活动。由此可见,财政经济范围必须随各时期的国家任务、国家活动的范围以及种类而决定。

(2)马斯格雷夫和罗斯托的"经济成长阶段说"

马斯格雷夫和罗斯托均赞成公共支出不断增长趋势的一般规律,然而,他们更进一步地用经济发展不同阶段所产生的对公共支出的不同要求来解释和论证政府财政支出增长的具体原因。根据马斯格雷夫和罗斯托的经济成长阶段理论,公共支出不断增长的原因和增长结构表现为如下三个阶段和三种不同的特点。早期阶段,政府要大力增加投资,以便通过改善投资环境和基础设施,为私人投资的跟进创造基本条件;中期阶段,政府仍要加大投资以弥补市场缺陷,保持经济持续稳定的增长;发达阶段,公共投资的比重会有所下降,但政府财政支出的总额不会减少,此时投资重点投向医疗教育、环保卫生等"软件项目",以提高国民素质和福利水平。

(3)萨缪尔逊的"混合经济理论"

萨缪尔逊主张政府应扩大有益于社会的耐久性的公共工程投资,这种支出比政府一般开支对促进经济增长有更大的作用。应增加福利开支,福利开支既是"内在稳定因素",可自动调节,又可利用它作为稳定经济的手段;又要重视基础理论和应用科学的研究和开发,扩大这方面的直接投资或给予补助金;同时,政府还应增加旨在教育和培训劳动力的公共开支。

(4)供给学派的财政支出理论

供给学派与萨缪尔逊主张的增加福利开支观点正好相反,他们认为政府应减少社会福利支出,以促进社会供给的增长,因为政府庞大的社会福利支出,不仅不能使穷人摆脱贫困,反而会使失业增加,有损劳动力的供给,又因为在庞大的失业队伍中,有很大一部分是因失业成本太低而"自愿失业"的。同时庞大的社会福利支出,需有相应的社会福利机构和众多的管理人员,繁琐的管理制度,这些不仅会造成社会财富的巨大浪费,而且会助长官僚主义弊端。由于我国的福利水平还不能适应我国经济发展水平,难以满足人民的基本需求,我国目前仍致力于不断提高全民的福利水平。

2. 相关理论的启示

由上述公共支出增长理论可看出公共支出增长理论发展的路径为"规模——结构"。瓦格纳法则说明的是随着工业化经济的发展,财政支出规模不断地扩大。然而,马斯格雷夫和罗斯托的"经济成长阶段说"不但说明了经济发展的三个不同阶段财政支出规模的不断扩大,而且说明了这三个阶段财政支出结构的变化,即由以基础设施为重点到以社会事业投资为重点。萨缪尔逊的"混合经济理论"和供给学派的财政支出理论均是针对财政支出内部结构进行分析。

基于我国基本国情,我国政府还要不断加大财政支出规模,加强基础设施建设(特别是西部贫困地区),弥补市场失灵,提高居民福利水平,这一现实需求与马斯格雷夫和斯托洛的"经济成长阶段说"是不谋而合的。因此,结合我国的实际情况,研究我国西部欠发达地区社会事业发展支出的现状,应从社会事业发展支出规模及社会事业发展支出结构两个方面入手。

(二)社会事业发展支出研究文献评述

1. 社会事业发展支出规模文献评述

瓦格纳定律认为随着经济的进步和增长,财政支出的份额会随之增大,而且财政支出增长的幅度要大于经济增长幅度。当前学术界对我国财政支出结构做了大量研究,认为我国财政支出结构处于失衡状态,资本化支出侵蚀了大量财政资源,社会发展支出规模与经济发展不相适应,成为经济发展的瓶颈。杜方、朱军(2009)认为财政支出竞争导致地方政府民生财政的主动性支出不足。李凤飞(2009)分析了中国财政支出结构的现状,认为财政支出在市场失灵的社会公共支出领域介入不足,政府没有完全承担应有的职能,造成财政职能的弱化和缺位。周晶石(2009)主张财政支出要逐步退出市场性、竞争性领域,解决越位、缺位和错位问题,建立以加强基础科学、文化教育、社会保障等为重点,以基础设施和基础产业建设为补充的、适合中国具体国情和时代特征的财政支出结构。张国亭(2009)认为经济建设支出比重偏高,"越位"与"缺位"问题同时并存,建议控制行政经费增长,强化社会公共事业发展支出。以上学者都认为中国的财政职能范围应当严格限定在资源配置市场失灵的领域,逐步收缩经济建设支出,退出一般竞争性领域,把投资重点转到真正制约中国经济发展的基础设施、公益事业、公共工程等社会发展支出方面,实现公共资源配置的高效率。

对于社会发展支出规模不能与经济发展相适应的根源,当前许多学者认为我国财政支出资本化偏向主要是经济分权同垂直的政治管理体制紧密结合的政治体制、现行的干部考核机制、财政支出结构扭曲等几方面原因造成的。张恒龙、陈宪(2006)认为地方政府为了吸引外商直接投资,仍然把税收优惠作为吸引投资的重要手段,因此减少地方政府的税收收入,从而导致地方政府压缩公共服务支出。郑磊(2008)认为以经济效率为考核标准的官员晋升机制导致地方政府之间展开标尺竞争,这种竞争和财政分权制度结合在一起,共同对地方政府的教育支出比重产生显著的负影响。李婉(2007)认为在上级政府对下级政府拥有人事任免权,并以 GDP 的增长作为考核标准的政治体制下,财政支出分权导致地方政府偏好于经济建设支出和其他事业费的支出,而最能反映一个地区居民需求的科教文卫支出则被忽视,甚至被其他支出所挤占。傅勇、张晏(2007)认为经济增长的竞争导致各级地方政府间的支出结构扭曲,这种结构扭曲甚至还有持续加剧的趋势。中国经济增长与宏观经济稳定课题组认为出于增长考虑的财政支出结构扭曲是导致我国政府部门的社会性支出不足、经济发展的失衡、政府责任缺失的主要原因。刘俊英(2009)认为经济总量水平是影响公共支出转型程度的最主要因素,市场化程度在内的体制因素也对公共服务支出比例的变化影响显著。

2. 社会事业发展支出结构文献评述

对于社会发展支出内部项目,不少学者认为也存在结构失衡问题。贺汉湘(2008)从财政支出职能结构出发,认为在现行支出结构的基础上,经济建设支出要科学界定、分清主次、严格控制,行政管理费支出比重要降中趋稳,社会文教费支出要逐步增加,要逐步降低政府购买性支出占财政支出的比重,提高转移性支出所占比重;宋立根(2008)认为财政支出应更多地向长期"短腿"的社会事业倾斜,以义务教育、基础医疗和公共卫生、基本社会保障、公共就业服务、廉租房建设、环境保护等财政支出为主体,推进基本公共服务均等化。

孙建春(2009)从公共投资支出的构成来看,认为我国社会基础投资比重最低,基本建设支出的比重下降,教育、科技、社会保障等支出增长相对缓慢,从我国经济发展的现实需要来看,特别是从我国经济市场化的进程要求来看,这样的公共投资支出行业结构都是很不合理的。李丽(2009)通过对我国财政支农支出的结构分析,认为两类资金(即农业生产支出和农林水利气象部分支出)不仅占全部支农支出的比重大,而且其内部比例也失调(事业费占据了近80%的比例)。温辉(2009)从构建资源节约型、环境友好型社会出发,认为财政支出优化体制要成为"两型社会"建设的一道"防火墙",加大财政对资源节约和环境保护的投资力度。杜方、朱军(2009)以教育经费为考察对象,发现随着GDP的增长,教育事业支出占全部财政支出的比重并没有发生很大的变化,而且在中央提出构建和谐社会之前,地方政府民生财政的主动性不高。

以上学者分别从农业、环保、教育、科技、医疗卫生、社会保障、公共就业等事业分析了财政对其投入不足的问题,尤其是事业费挤占社会发展支出的现象在各事业单位极为普遍,在我国现行体制下我们认为应该大幅度压缩行政费用,注重社会保障等支出的落实,适度提高农业和教科文卫方面的财政支出,加强财政管理,提高财政支出效率。

3. 社会事业发展支出效率文献评述

普雷姆詹德(2002)在《公共支出管理》一书中对效率做出如下定义:效率包含了产品与服务质量及数量、机构所作的贡献与质量,包括节约、效益和效率三方面因素。

针对社会发展支出效率评价,国际上有许多可借鉴的方法:美国公共投资项目的"过程评价、效益评价、影响评价和持续性评价"的评价方法;英国的因素量化法,按照"3E原则"——经济性(Economy)、效率性(Efficiency)和有效性(Effectiveness),针对不同的财政支出项目,在充分考虑项目的有关量化指标的基础上,把与项目相关的一些非计量的因素进行量化,按其影响和重要程度进行排列并与有关标准进行比较,进而得出综合评价结论;德国的成本比较法,对财政支出项目中发生的各种正常开支、额外开支和特殊费用等可进行比较,成本越低越优;德国等国的利润率比较法,利用利润率计算法计算年盈余与平均构成成本的比例关系;摊提计算法,主要是用于研究某一项目支出通过年盈余得以回收的时限,即计算投资回收期或投资风险,摊提时间越短,投资风险越小;社会评价法即主要是评价支出的社会效益,对支出活动的有关社会指标或因素做出必要的评价。

我国许多学者对财政支出的效率评价也做出了大量自己的探索。王振亚(2009)从财务角度评价事业单位的公共服务效率,以人员支出比率和公用支出比率的高低作为评价其资金使用效率的标准,主张尽可能提高公用支出占总支出的比重。刘治松、潘敏文(2009)通过财政收入评价、财政支出总量评价、财政支出结构评价、财政支出效果评价四个因素来评价财政支出的综合效率,指出我国政府供养人员消费系数过大,用于社会事业发展支出、经济建设支出的份额相对减少。柴永宁(2009)主张在评价财政支出效率时,应采用 AHP 法计算指标权重值,以避免权重赋值的主观性。林大茂、李勇(2005)通过分析英国公共支出效率考核的特点,指出我国迫切需要建立自己的效率考核数据库来完善效率考核体系,实行多元化的考核主体制度。洪喜、雷良海(2009)主张公共支出效率评价指标体系应包含四类初始指标(即投入类指标、过程类指标、产出类指标和结果类指标)和三类终极指标(即经济类指标、效率类指标和效果类指标)。初始指标与终极指标共同构成对公共支出效率进行评价的指标体系。

对于社会事业发展支出的效率评价,本研究主张按时间维度对 8 个社会事业发展部门构建指标体系,进行地区横向比较,分析各地区社会发展事业支出的效率差异。

(三)社会事业发展支出概念界定

从政府职能角度看,我国财政支出结构可以分为经济建设支出、社会事业发展支出、行政管理支出及其他支出,本研究主要针对社会事业发展支出进行分析。

就社会事业发展具体涵盖对象而言,政府相关文件将其定义为中央和各级地方政府领导的社会建设和社会服务事业。具体而言,社会事业是指国家为了社会公益目的,由国家机关或其他组织举办的从事教育、科技、文化、卫生等活动的社会服务,包括教育事业、医疗卫生、劳动就业、社会保障、科技事业、文化事业、体育事业、社区建设、旅游事业、人口与计划生育等方面。

为此,课题借鉴实践领域的定义,同时结合中共十七大报告中所提到的民

生重点行业,以及《2008 年政府收支分类科目》(中华人民共和国财政部,
2007)中的支出功能分类科目,将课题研究的社会事业发展支出的范畴确定
为:教育事务、农林水事务、医疗卫生事务、城乡社区事务、社会保障事务、环境
保护事务、文体传媒事务和公共安全事务等八个部门的支出。因此,研究主要
从以上八个部门选取相应的投入产出指标,分析我国西部欠发达地区的社会
事业发展现状及资金使用效率情况。

二、西部欠发达地区社会事业发展支出现状分析

20 世纪 90 年代以来,随着我国社会主义市场经济制度和公共财政体制
改革的推进,各级政府不断加大对基础设施和公共服务体系建设的投入,尤其
是加大了对欠发达地区的财力扶持。但是,由于我国西部欠发达地区经济发
展水平较为落后,地方政府财力薄弱,各项社会事业发展仍然难以得到保障。
本章主要从规模和结构上分析我国东中西区域间社会事业发展支出现状,重
点突出我国西部欠发达地区社会事业发展支出水平的失衡。

(一)社会事业发展支出规模

社会事业发展支出规模分析主要反映区域间社会事业发展的总体情况,
通过比较东部、中部和西部地区,以及西部 8 个欠发达地区的社会事业发展人
均支出以及社会事业发展支出占财政总支出的比重,揭示我国区域间社会事
业发展支出的总体失衡情况。

1. 社会事业发展人均支出

(1)东、中、西部地区社会事业发展人均支出比较

第一,动态趋势情况

从总体情况看,1997 年到 2006 年间,我国各地区社会事业发展人均支出
呈现上升趋势,其中:东部地区社会事业发展人均支出的年均增幅为
17.15%,中部地区社会事业发展人均支出的年均增幅为 19.67%,西部地区社
会事业发展人均支出的年均增幅为 19.32%,西部欠发达地区社会事业发展
人均支出的年均增幅为 17.03%。并且,各区域社会事业发展的差异呈现出
逐年扩大的趋势,其中:东部地区和西部欠发达地区的差距由 1997 年的 100
元/人扩大到 2006 年的 423 元/人,如图 15-1 所示。

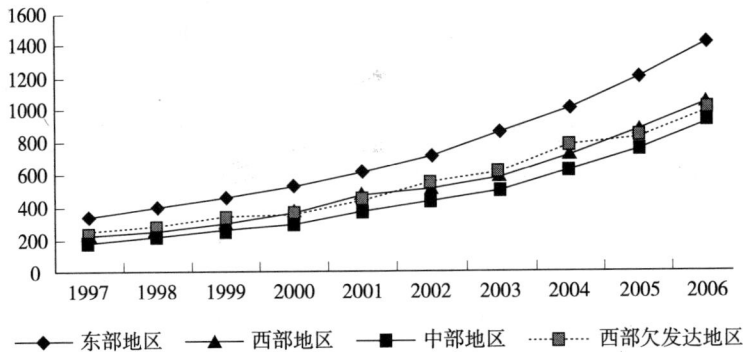

图 15-1　1997~2006 年区域间社会事业发展人均支出增长趋势

数据来源:根据 1998~2007《中国统计年鉴》、《中国财政统计年鉴》、《中国教育经费统计年鉴》、《中国卫生统计年鉴》和中国经济信息网数据库整理计算。

第二,静态结构情况

从区域情况看,东部地区社会事业发展人均支出水平最高,西部及西部欠发达地区社会事业发展人均支出水平居中,中部地区社会事业发展人均支出水平最低,如图 15-2 所示。

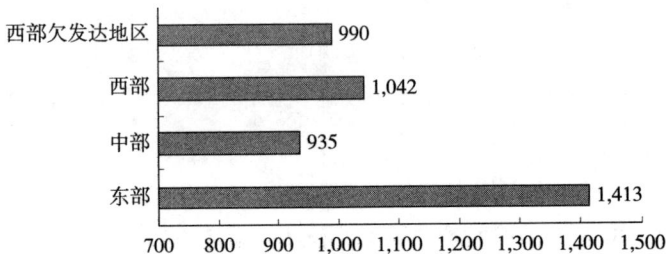

图 15-2　2006 年区域间社会事业发展人均支出水平比较

数据来源:根据 1998~2007《中国统计年鉴》、《中国财政统计年鉴》、《中国教育经费统计年鉴》、《中国卫生统计年鉴》和中国经济信息网数据库整理计算。

(2)西部欠发达地区社会事业发展人均支出比较

从西部 8 个欠发达地区情况看,贵州和广西社会事业发展人均支出水平较低,分别为 867 元/人和 792 元/人,西藏最高,其社会事业发展人均支出达到 2290 元/人,其余地区均处于居中水平,如图 15-3 所示。

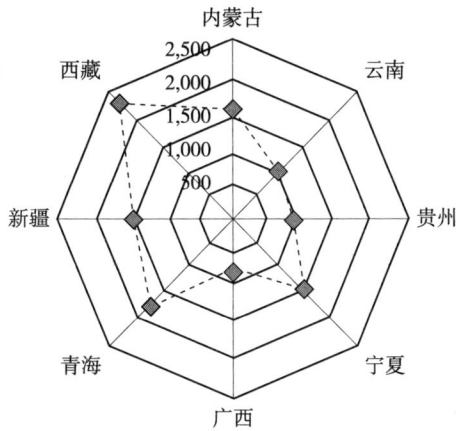

图 15-3　2006 年西部欠发达地区社会事业发展人均支出水平比较

数据来源:根据 1998~2007《中国统计年鉴》、《中国财政统计年鉴》、《中国教育经费统计年鉴》、《中国卫生统计年鉴》和中国经济信息网数据库整理计算。

2. 社会事业发展支出占财政支出比重

（1）东、中、西部地区社会事业发展支出占财政支出比重比较

第一,动态趋势情况

从总体情况看,1997 年到 2006 年间,我国各地区社会事业发展支出占财政支出的比重呈现波动上升趋势,其中:在 2002 年和 2006 年出现上升与下降拐点,如图 15-4 所示。

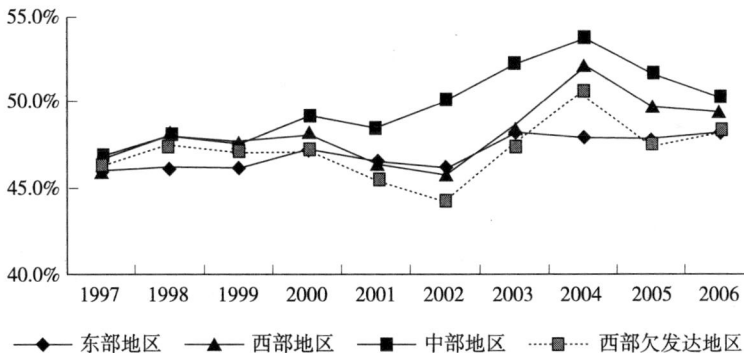

图 15-4　1997~2006 年区域间社会事业发展支出占财政支出比重增长趋势

数据来源:根据 1998~2007《中国统计年鉴》、《中国财政统计年鉴》、《中国教育经费统计年鉴》、《中国卫生统计年鉴》和中国经济信息网数据库整理计算。

第二,静态结构情况

从区域情况看,2006年我国各区域社会事业发展支出占财政支出的比重基本维持在50%左右,区域间差异较小,西部欠发达地区社会事业发展支出占财政支出的比重略低于中西部地区,与东部地区持平,如图15-5所示。

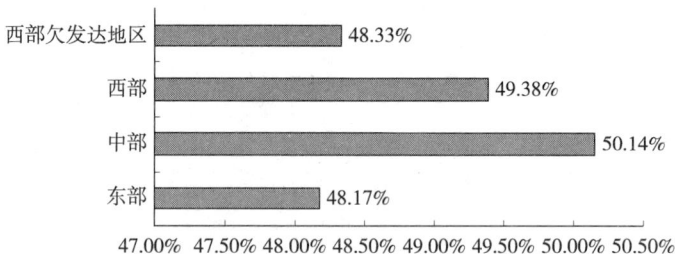

图15-5　2006年区域间社会事业发展支出占财政支出比重

数据来源:根据2007年《中国统计年鉴》、《中国财政统计年鉴》、《中国教育经费统计年鉴》、《中国卫生统计年鉴》和中国经济信息网数据库整理计算。

(2)西部欠发达地区社会事业发展支出占财政支出比重比较

从西部8个欠发达地区情况看,西藏社会事业发展支出占财政支出的比重最低,仅为32.15%,贵州社会事业发展支出占财政支出的比重最高,高达53.34%,两者的极差为21.19%,如图15-6所示。

(二)社会事业发展支出结构

社会事业发展支出结构反映了各区域政府支出的范围及方向,同时反映了政府对社会事业发展的政策倾向。以下分析教育事务、医疗卫生事务、社会保障事务、文体传媒事务、城乡社区事务、农林水事务、公共安全事务及环境保护事务人均支出的情况

1.东、中、西地区各部门社会事业发展支出

(1)教育事务支出

1997年到2006年间,各区域的人均教育事务支出均呈现逐年上涨趋势,东部地区人均教育事务支出最高,西部及西部欠发达地区人均教育事务支出居中,中部地区人均教育事务支出最低,如图15-7和图15-8所示。

(2)医疗卫生事务支出

1997年到2006年间,各区域的人均医疗卫生事务支出均呈现逐年上涨

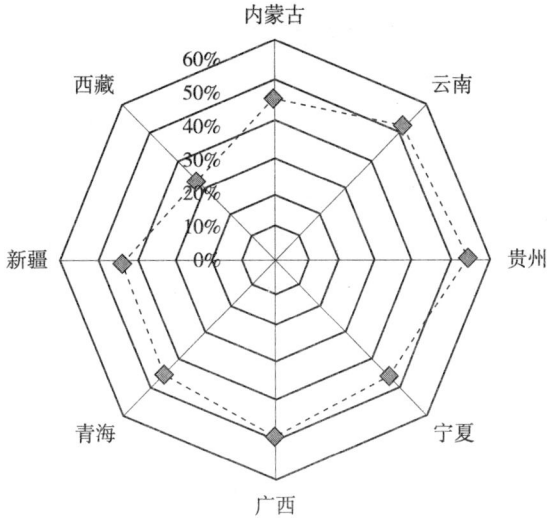

图 15-6　2006 年西部欠发达地区社会事业发展支出占财政支出比重

数据来源:根据 2007 年《中国统计年鉴》、《中国财政统计年鉴》、《中国教育经费统计年鉴》、《中国卫生统计年鉴》和中国经济信息网数据库整理计算。

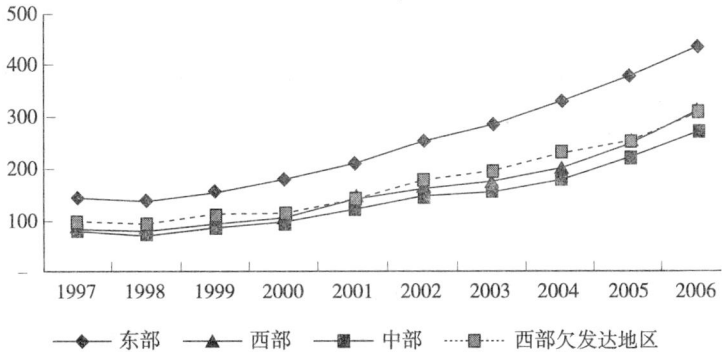

图 15-7　1997~2006 年区域间人均教育事务支出

数据来源:根据 1998~2007 年《中国统计年鉴》、《中国教育统计年鉴》和《中国教育经费统计年鉴》整理计算。

趋势,东部地区人均医疗卫生事务支出最高,西部及西部欠发达地区人均医疗卫生事务支出居中,中部地区人均医疗卫生事务支出最低,如图 15-9 和图 15-10 所示。

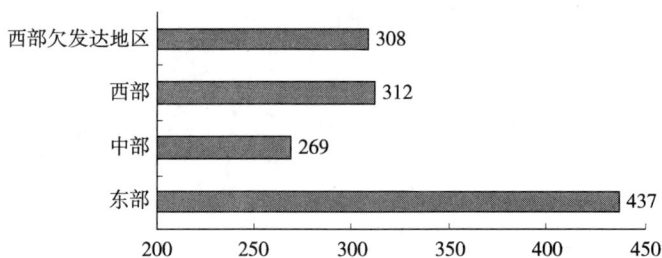

图 15-8   2006 年区域间人均教育事务支出比较

数据来源:根据 2007 年《中国统计年鉴》、《中国教育统计年鉴》和《中国教育经费统计年鉴》整理
计算。

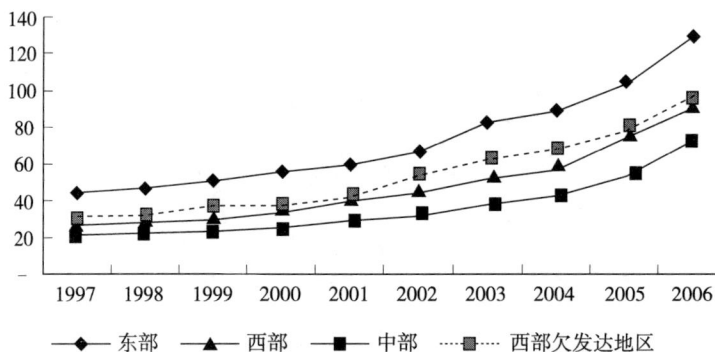

图 15-9   1997~2006 年区域间人均医疗卫生事务支出

数据来源:根据 1998~2007 年《中国统计年鉴》和《中国卫生统计年鉴》整理计算。

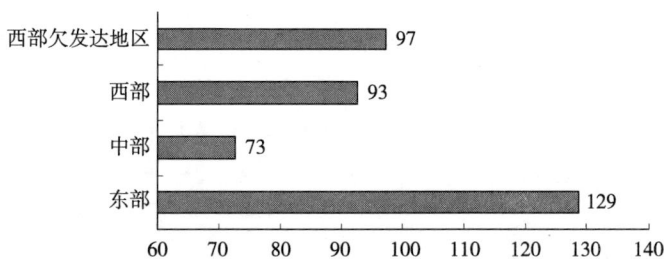

图 15-10   2006 年区域间人均医疗卫生事务支出比较

数据来源:根据 2007 年《中国统计年鉴》和《中国卫生统计年鉴》整理计算。

（3）社会保障事务支出

1997 年到 2006 年间,各区域的人均社会保障事务支出均呈现逐年上涨趋势,中部地区人均社会保障事务支出最高,东部地区人均社会保障事务支出居中,西部及西部欠发达地区人均社会保障事务支出最低,如图 15-11 和图 15-12 所示。

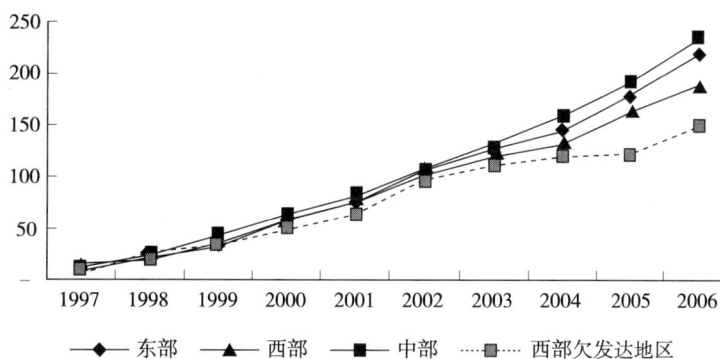

图 1-11　1997～2006 年区域间社会保障事务支出

数据来源:根据 1998～2007 年《中国统计年鉴》和中国经济信息网数据库整理计算。

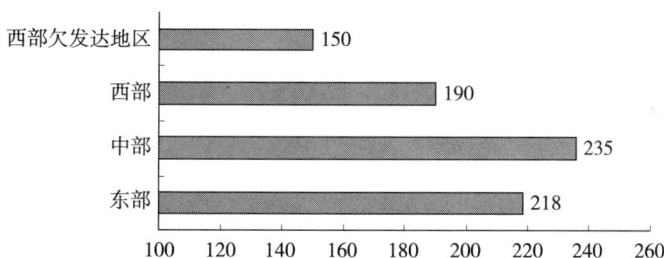

图 15-12　2006 年区域间人均社会保障事务支出比较

数据来源:根据 2007 年《中国统计年鉴》和中国经济信息网数据库整理计算。

（4）文体传媒事务支出

1998 年到 2006 年间,各区域的人均文体传媒事务支出均呈现逐年上涨趋势,东部地区人均文体传媒事务支出最高,西部及西部欠发达地区人均文体传媒事务支出居中,中部地区人均文体传媒事务支出最低,如图 15-13 和图 15-14 所示。

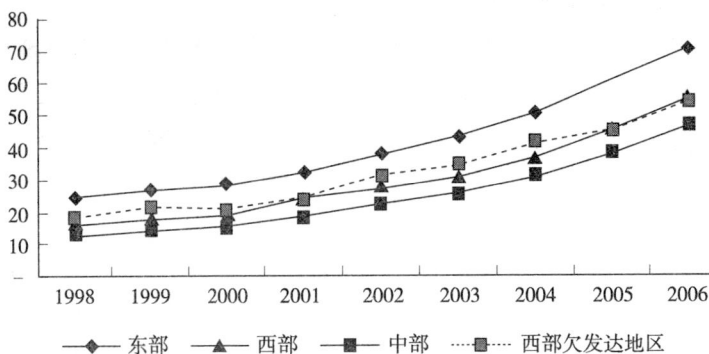

图 15-13　1998~2006 年区域间人均文体传媒事务支出

数据来源：根据 1998~2007 年《中国统计年鉴》和中国经济信息网数据库整理计算。

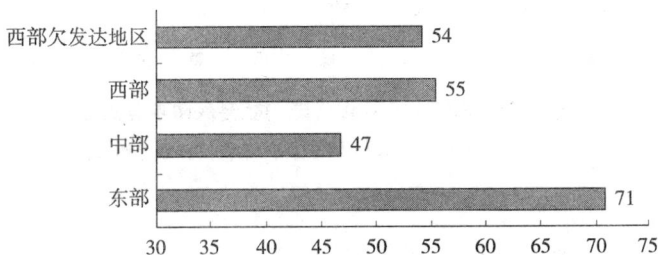

图 15-14　2006 年区域间人均文体传媒事务支出比较

数据来源：根据 2007 年《中国统计年鉴》和中国经济信息网数据库整理计算。

（5）城乡社区事务支出

1997 年到 2006 年间，东部区域的人均城乡社区事务支出均呈现逐年上涨趋势，且人均城乡社区事务支出最高。中、西部及西部欠发达地区城乡社区事务支出较低，并且从 2002 年开始才表现出明显上升的趋势，如图 15-15 和图 15-16 所示。

（6）农林水事务支出

1997 年到 2006 年间，各区域的人均农林水事务支出总体上呈现上升趋势，2003 年以来，西部及西部欠发达地区人均农林水事务支出高于东、中部地区，尤其是在 2004 年实现较快增长，如图 15-17 和图 15-18 所示。

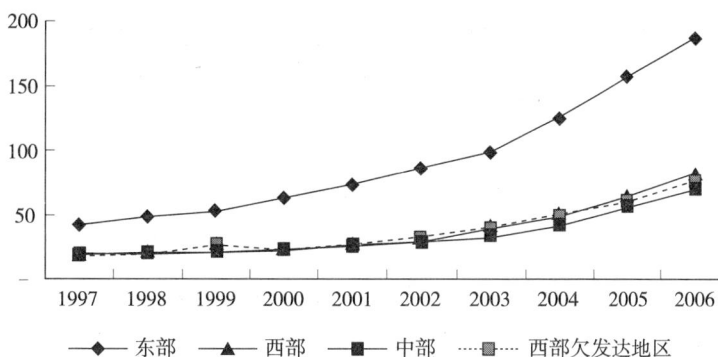

图 15-15　1997~2006 年区域间人均城乡社区事务支出

数据来源：根据 1998~2007 年《中国统计年鉴》和中国经济信息网数据库整理计算。

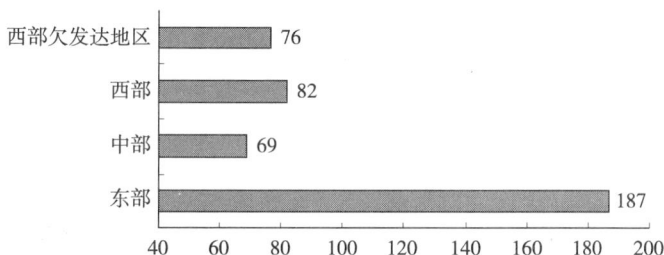

图 15-16　2006 年区域间人均城乡社区事务支出比较

数据来源：根据 2007 年《中国统计年鉴》和中国经济信息网数据库整理计算。

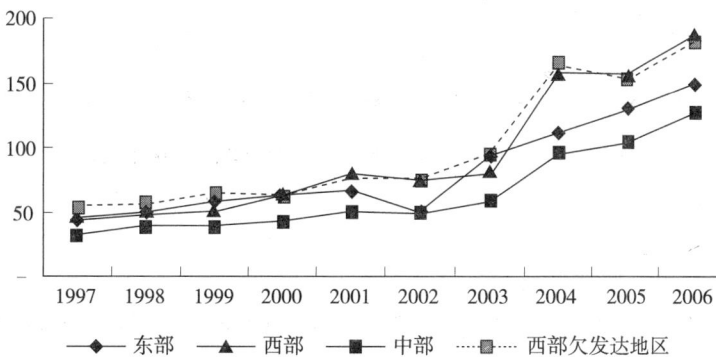

图 15-17　1997~2006 年区域间人均农林水事务支出

数据来源：根据 1998~2007 年《中国统计年鉴》和中国经济信息网数据库整理计算。

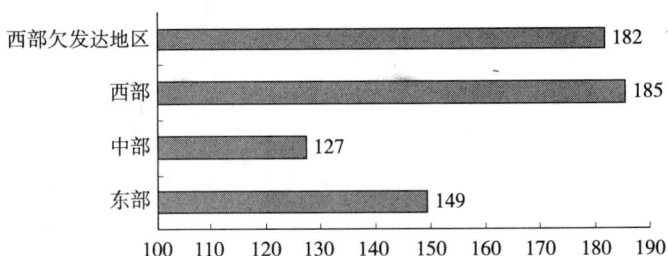

图15-18　2006年区域间人均农林水事务支出比较

数据来源:根据2007年《中国统计年鉴》和中国经济信息网数据库整理计算。

(7)公共安全事务支出

1997年到2006年间,各区域的人均公共安全事务支出均呈现逐年上涨趋势,东部地区人均公共安全事务支出最高,西部及西部欠发达地区人均公共安全事务支出居中,中部地区人均公共安全事务支出较低,如图15-19和图15-20所示。

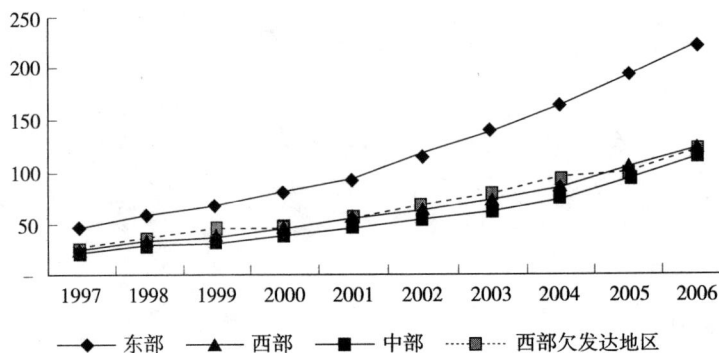

图15-19　1997~2006年区域间人均公共安全事务支出

数据来源:根据1998~2007年《中国统计年鉴》和《中国财政统计年鉴》整理计算。

(8)环境保护事务支出

由于统计年鉴口径的变更,本研究仅对2008年环境保护事务的数据进行了分析,东部地区人均环境保护事务支出最高,中部、西部及西部欠发达地区人均环境保护事务支出较低,且基本相当,如图15-21所示。

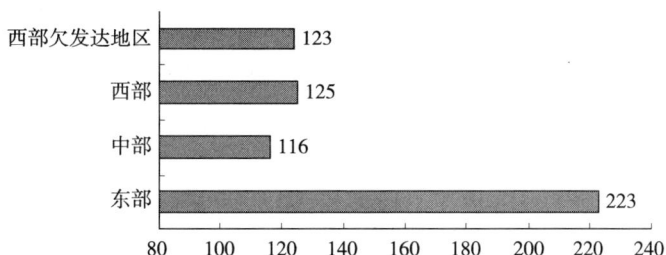

图 15-20 2006 年区域间人均公共安全事务支出比较

数据来源:根据 2007 年《中国统计年鉴》和《中国财政统计年鉴》整理计算。

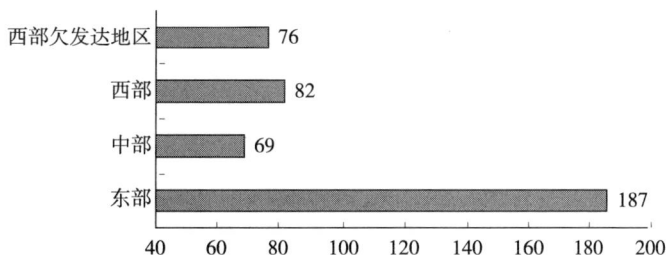

图 15-21 2008 年区域间人均环境保护事务支出

数据来源:根据 2009 年《中国统计年鉴》和中国经济信息网数据库整理计算。

2. 西部欠发达地区各部门社会事业发展支出

(1)教育事务支出

2006 年,西部 8 个欠发达地区中人均教育事务支出存在较大的差异,其中西藏人均教育事务支出相对最高,如图 15-22 所示。

(2)医疗卫生事务支出

2006 年,西部 8 个欠发达地区中人均医疗卫生事务支出存在较大的差异,其中西藏和青海人均医疗卫生事务支出相对较高,如图 15-23 所示。

(3)社会保障事务支出

2006 年,西部 8 个欠发达地区中人均社会保障事务支出存在较大的差异,其中青海和宁夏人均社会保障事务支出相对较高,如图 15-24 所示。

(4)文体传媒事务支出

2006 年,西部 8 个欠发达地区中人均文体传媒事务支出存在较大的差

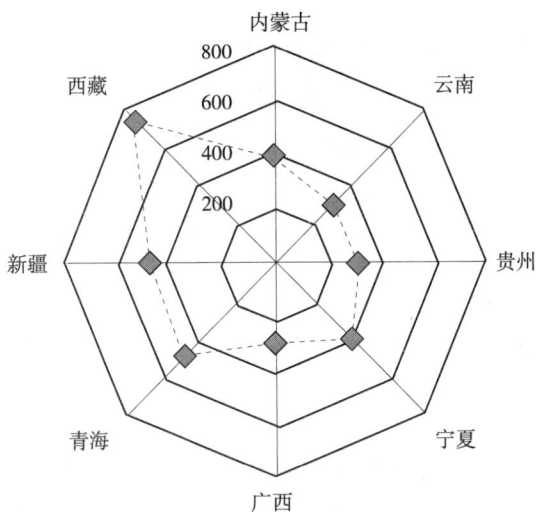

图 15-22　2006 年西部欠发达地区人均教育事务支出

数据来源:根据 2007 年《中国统计年鉴》、《中国教育统计年鉴》和《中国教育经费统计年鉴》整理
计算。

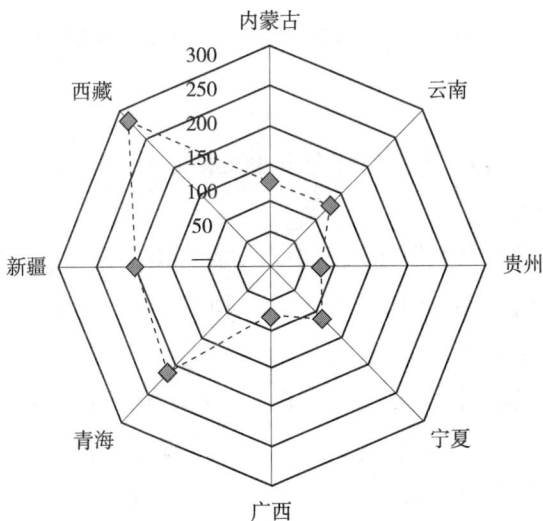

图 15-23　2006 年西部欠发达地区人均医疗卫生事务支出

数据来源:根据 2007 年《中国统计年鉴》和《中国卫生统计年鉴》整理计算。

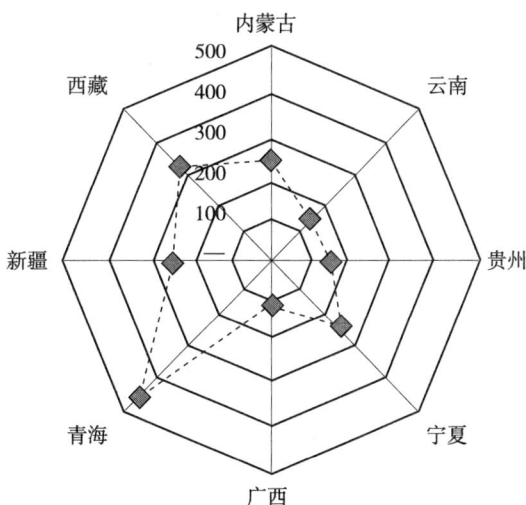

图 15-24　2006 年西部欠发达地区人均社会保障事务支出

数据来源：根据 2007 年《中国统计年鉴》和中国经济信息网数据库整理计算。

异，其中西藏人均文体传媒事务支出相对最高，如图 15-25 所示。

（5）城乡社区事务支出

2006 年，西部 8 个欠发达地区中人均城乡社区事务支出存在较大的差异，其中内蒙古、宁夏和新疆人均城乡社区事务支出相对较高，如图 15-26 所示。

（6）农林水事务支出

2006 年，西部 8 个欠发达地区中人均农林水事务支出存在较大的差异，其中西藏、内蒙古和宁夏人均农林水事务支出较高，如图 15-27 所示。

（7）公共安全事务支出

2006 年，西部 8 个欠发达地区中人均公共安全事务支出存在较大的差异，其中西藏公共安全事务支出相对最高，如图 15-28 所示。

（8）环境保护事务支出

2007 年，西部 8 个欠发达地区中人均环境保护事务支出存在较大的差异，其中青海和新疆人均环境保护支出相对较高，如图 15-29 所示。

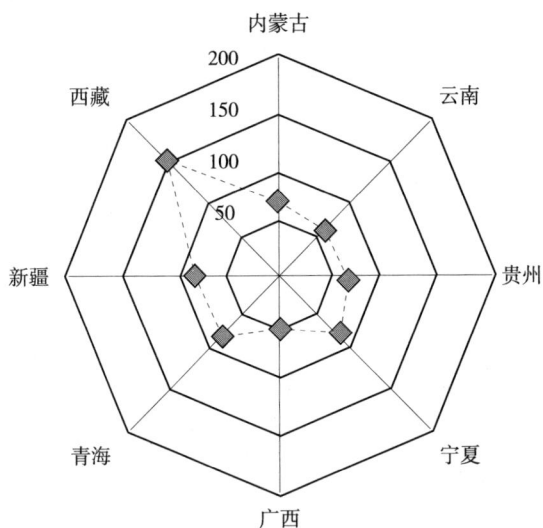

图 15-25　2006 年西部欠发达地区人均文体传媒事务支出

数据来源:根据 2007 年《中国统计年鉴》和中国经济信息网数据库整理计算。

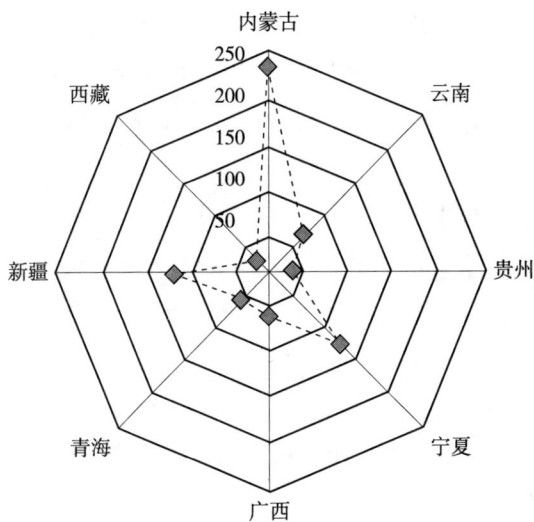

图 15-26　2006 年西部欠发达地区人均城乡社区事务支出

数据来源:根据 2007 年《中国统计年鉴》和中国经济信息网数据库整理计算。

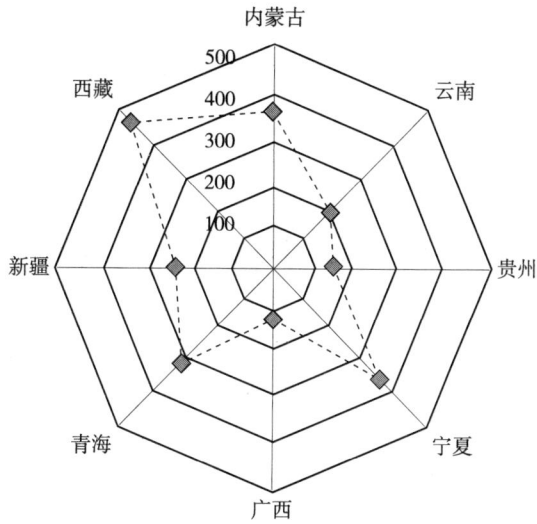

图 15-27　2006 年西部欠发达地区人均农林水事务支出

数据来源:根据 2007 年《中国统计年鉴》和中国经济信息网数据库整理计算。

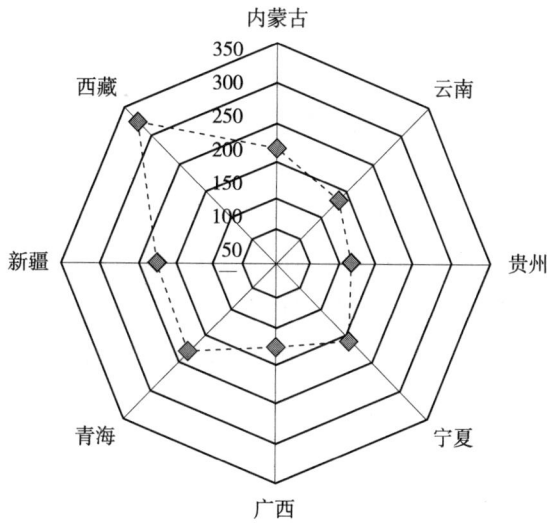

图 15-28　2006 年西部欠发达地区人均公共安全事务支出

数据来源:根据 2007 年《中国统计年鉴》和《中国财政统计年鉴》整理计算。

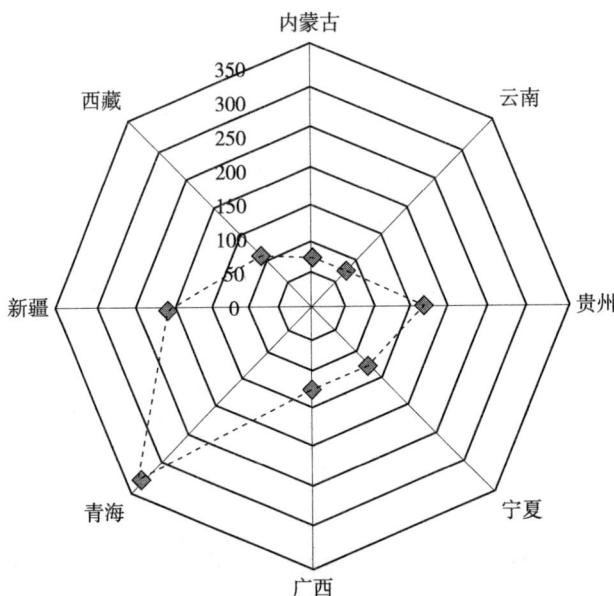

图 15-29　2007 年西部欠发达地区人均环境保护事务支出

数据来源：根据 2007 年《中国统计年鉴》和中国经济信息网数据库整理计算。

三、西部欠发达地区社会事业发展支出效率评价

如前文所述，区域间社会事业发展支出差异较大，西部欠发达地区各项社会事业发展人均支出远远低于东部地区，部分社会事业也低于中部或西部地区人均支出水平。本章进一步通过指标体系的构建和评价方法的选择，以全国 31 个省（市、自治区）为样本，分别测算各行业社会事业发展支出资金使用效率，尤其是突出西部欠发达地区与东、中、西部地区，以及西部欠发达地区内部的社会事业发展支出效率水平差异。

（一）社会事业发展支出效率评价体系

社会事业发展支出效率评价体系是科学、合理测算我国区域间，以及西部欠发达地区间社会事业发展财政支出效率水平的基础。所以，社会事业发展支出效率评价体系的构建要在坚持一定的原则下选择相应的指标体系，同时

合理确定科学、可行的评价方法①。

1. 指标体系构建

（1）基本原则

第一，相关性和客观性

基本公共服务资金配置和提升状况的测度是效率评价的核心内容，因此，指标筛选应该属于最基本的公共服务内容，并与社会事业发展支出投入具有显著的相关性；同时，为了客观的评价基本公共服务的资金配置和提升状况，指标选择要体现其客观性，避免人为因素和主观判断对指标数据的干扰。

第二，完整性和重要性

一方面，所构建的指标体系应该涵盖基本公共服务支出的各个领域；另一方面，每一项具体的指标应该是该项基本公共服务中的重要指标，尽可能避免重大指标的遗漏。

第三，独立性和可比性

指标之间应尽可能相互独立，不同的指标对应于支出效率的不同方面，避免重复评价；同时，各评价指标的数据信息，必须具有横向的可比性。

第四，精确性和经济性

所选指标在评价内容的度量上要具有精确性，同时，指标的选取要考虑现实中的可操作性，数据的获得应符合成本效益原则。

（2）指标选取

根据上述原则，结合课题界定的社会事业发展内涵，以及《2008 年政府收支分类科目》（中华人民共和国财政部，2007）中的支出功能分类科目，将社会事业发展覆盖的部门确定为：教育事务、医疗卫生事务、社会保障事务、文体传媒事务、城乡社区事务、农林水事务和环境保护事务②，分别选取相应指标。其中：投入指标选取各部门的一般预算支出，考虑到区域人口基数的差异，选取各部门人均一般预算支出进行分析；产出指标反映各部门社会事业服务供给状况，如表 15-1 所示。

---

① 该部分内容参考伏润民等发表的论文《我国省对县（市）一般性转移支付效率评价——基于 DEA 二次相对效益模型》，《经济研究》2008 年第 11 期。

② 由于公共安全事务的产出指标属于机密内容并无法取得，本研究未对该项社会事业发展支出进行效率评价。

表 15-1　社会事业发展支出效率评价指标体系表

部门类别	投入指标	产出指标
教育事务	生均教育经费支出	小学师生比;中学师生比;文盲率;中考升学率
医疗卫生事务	人均医疗卫生事务支出	万人实有床位数;万人拥有卫生技术人员数
社会保障事务	人均社会保障事务支出	医疗保险参保率;养老保险参保率;失业保险参保率
文体传媒事务	人均文体传媒事务支出	电视;电话;电脑百户拥有量
城乡社区事务	人均城乡社区事务支出	排水管覆盖密度;建成区绿化覆盖率;城市用水普及率;城市燃气普及率;城镇化率
农林水事务	人均农林水事务支出	有效灌溉率;病虫害防治率;农民人均纯收入;农村人均用电量;单位面积农机作业量;
环境保护事务	人均环境保护事务支出	工业废水排放达标率;工业固体废弃物综合利用率;工业废气排放达标率

数据来源:根据作者整理。

第一,教育事务

Z11 小学师生比:指一个地区小学教育阶段学生人数与专任教师人数的比重,反映一个地区基础教育师资力量的状况,与教育事务发展水平呈正向关系。

Z12 中学师生比:指一个地区中学教育阶段学生人数与专任教师人数的比重。

Z13 文盲率:指各地区文盲人口占 15 岁以上人口的比重,反映一个地区教育普及程度,与教育事务发展水平呈反向关系,属于负向指标。

Z14 中考升学率:指升入高中的学生数占初中生学生总人数的比重,反映一个地区义务教育阶段的办学和教学水平。

第二,医疗卫生事务

Z21 万人实有床位数:指各地区每万人平均拥有的床位数量,采用各省拥有的总床位数除以各省当年的人口总数的方法合成,反映了一个地区医疗卫生硬件方面的现状。

　　Z22 万人拥有卫生技术人员数：该指标是各地区每万人平均拥有的卫生技术人员数量，采用各省拥有的总的卫生技术人员数除以各省当年的人口总数的方法合成，反映了一个地区医疗卫生水平在软件方面的发展程度。

　　第三，社会保障事务

　　Z31 医疗保险参保率：指该地区按国家有关规定参加基本医疗保险的人数占总人口的比重，反映社会保障事务在医疗救助方面的保障水平。

　　Z32 养老保险参保率：指该地区按照国家法律、法规和有关政策规定参加基本养老保险并在社保经办机构已建立缴费记录档案的职工人数占总人口的比重，反映社会保障事务在养老安置方面的保障水平。

　　Z33 失业保险参保率：指该地区按照国家法律、法规和有关政策规定参加了失业保险的城镇企业事业单位的职工及地方政府规定参加失业保险的人数占总人口的比重，反映社会保障事务在失业补助方面的保障水平。

　　第四，文体传媒事务

　　Z41 电视覆盖率：指每百户拥有的电视机台数，考虑到电视作为一种完全融入人们日常生活的媒介，选取该指标反映传媒事务的发展状况。

　　Z42 电脑覆盖率：指一个地区每百户居民拥有的电脑台数，考虑到网络已经越来越普及，成为最主要的传播媒介，故选取该指标作为衡量地区传媒事业发展的重要指标。

　　Z43 电话覆盖率：指一个地区居民每百户拥有的电话的平均数，其中电话总部数采用居民拥有的固定电话部数与移动电话部数加总合成。

　　第五，城乡社区事务

　　Z51 排水管覆盖密度：指各地区拥有的所有排水管道长度之和与建成区面积的比率，是关于各地区城市排水设施的指标，反映了该地区城市设施建设的水平。

　　Z52 建成区绿化覆盖率：指各地区建成区内绿化面积的比重，是通过各地区园林绿化面积除以建成区的总面积得来，反映了一个地区城市建设的发展质量。

　　Z53 城市用水普及率：指城市用水人口数与城市人口总数的比率，是关于城市基本生活公用设施水平的直接体现，反映了该地区城市生活设施的服务水平。

Z54 城市燃气普及率：指年末使用燃气的城市人口数与城市人口总数的比率，也是城市基本公用设施水平的体现，可以反映出该地区城市生活设施的服务水平。

Z55 城镇化率：指一个地区市人口和镇人口占全部人口的百分比，用于反映人口向城市聚集的过程和聚集程度，是一个地区经济社会发展进步的重要标志。

第六，农林水事务

Z61 农村人均用电量：指农村总用电量与农村总人口的比值，从侧面反映一个地区农民的生活水平。

Z62 农村人均可比生活支出：指各地区居民生活消费支出剔除各地价格差异的人均值。

Z63 有效灌溉率：指各地区有效灌溉面积占耕地总面积的比率，是关于农林水事务硬件方面发展水平的重要体现。

Z64 病虫害防治率：指一个地区森林的病虫害保护面积与林业总面积的比值，反映一个地区林业的保护程度。

Z65 单位面积农机作业量：指一个地区农机作业量与耕地总面积的比值，反映地区农业机械化程度与农业现代化的进程，是农业生产力发展水平和农村社会进步的重要标志。

Z66 农民人均纯收入：指一个地区农村居民平均的收入水平，反映农民生活水平的高低，是衡量农村经济发展、农民生活宽裕的一个很重要的指标。

第七，环境保护事务

Z71 工业废水排放达标率：指各地区工业废水排放达标量占工业废水排放量的百分率，通过各地区工业废水排放达标量除以工业废水排放总量合成，是反映各地区环境保护水平的指标之一。

Z72 工业固体废弃物综合利用率：指各地区工业固体废弃物综合利用量占工业固体废弃物产生量（包括综合利用往年贮存量）的百分率，通过各地区工业固体废弃物综合利用量除以产生的工业固体废弃物总量合成，也是反映该地区环境保护水平的另一项指标。

Z73 工业废气排放达标率：指各地工业主要废气处理量（包括工业二氧化硫的处理量，工业粉尘的处理量，工业烟尘的处理量）占工业主要废气排放总量(包括工业二氧化硫的排放量,工业粉尘的排放量,工业烟尘的排放量)的比重,反映了各地对大气的保护力度和水平。

2. 评价方法选择

(1)评价方法的确定

数据包络分析(DEA)是数学、运筹学、数理经济学和管理学的一个新的交叉领域,它由 A.Charnes 和 W.W.Cooper 等人于 1978 年开始创建,是使用数学规划模型评价具有多个"输入"和多个"输出"的"部门"或"单位"(称为决策单元,简称为 DMU)间的相对有效性(简称 DEA 有效),其本质是判断 DMU 是否位于生产可能集的"生产前沿面"上。其中二次相对效益评价是冯英俊,李成红(1995)在费莱尔测度方法和数据包络分析(DEA)方法的基础上所提出的,主要是把各决策单元以往的相对效益作为决策单元基础条件的一种衡量,称为"参考效益"(看做输入),而将各决策单元当前的相对效益称为"当前效益"(看做输出),再采用数据包络分析模型中的 BC^2 模型构造出效益指数状态前沿面,测算当前和以往之间的二次相对效益,这样就有效地消除了各决策单元客观基础条件差别的影响。

区域间社会事业发展支出效率考评有以下两方面的特点:一方面,区域间社会事业发展支出效率评价体系覆盖范围较广,不同评价项目其评价机制及指标的选择具有差异;另一方面,单一采用评价"生产有效性"的方法不能够反映自身主观努力程度。综上所述,将二次相对效益评价方法应用于区域间社会事业发展支出效率评价,能有效消除客观基础条件的差异,真实反映各地区在社会事业发展方面的主观努力程度。

(2)评价方法与步骤

构建的区域间社会事业发展支出效率评价体系,其基本思路为:首先,基于各部门投入产出指标体系,采用数据包络分析的 C^2R 模型确定"参考效益"和"当前效益",以此分别反映基期和当期的社会事业发展投入产出效率;其次,在确定"参考效益"和"当前效益"的基础上,分别从静态和动态两个角度进行二次相对效率评价,即从静态的角度合成基期和当期部门投入产出效率,实现社会事业发展资金配置效率评价,从动态的角度测算基期到当期部门投入产出效率的相对提升程度,实现社会事业发展提升状况效率评价;最后,采用客观赋权法将社会事业发展资金配置效率和提升状况效率合成,实现社会事业发展支出效率评价,即可同时反映各地区社会事业发展的"生产有效性"和"管理有效性"。如图 15-30 所示。

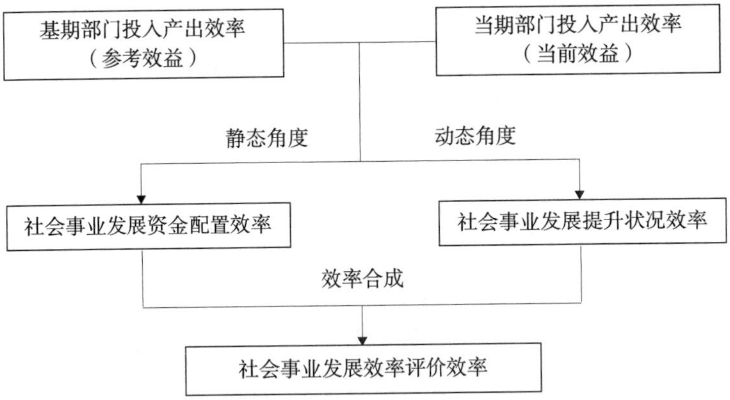

图 15-30　区域间社会事业发展支出效率评价体系结构图

第一,"参考效益"和"当前效益"的确定

假设对 n 个省(市)的 m 个部门进行社会事业发展投入产出效率评价,其中:$i=1,2,\cdots,m$ 表示社会事业发展部门个数,$j=1,2\cdots,n$ 表示省(市)(决策单元 DMU)个数。针对于第 i 个部门,每一个省(市)j 均对应一组一维投入向量 $X_j^i=[x_{1j}^i]$ 和 S 维产出向量 $Y_j^i=[y_{1j}^i,y_{2j}^i,\cdots y_{sj}^i]^T$,其中:$x_{1j}^i$ 表示第 j 个省(市)(决策单元 DMU)第 i 个部门的人(生)均部门财政支出,$x_{1j}^i>0$;$y_{kj}^i(k=1,2\cdots,s)$ 表示第 j 个省(市)(决策单元 DMU)第 i 个部门的 k 项社会事业发展的产出量,$y_{kj}^i>0$①。根据 1978 年 $A.Charnes,W.W.Cooper \& E.Rhodes$ 所提出的 C^2R 模型②,测算出第 j 个省(市)(决策单元 DMU)第 i 个部门的基本公共服务投入产出效率,该线性规划表述为:

---

①　如表 4-1 所示,各部门的基本公共服务产出存在逆向指标,将逆向指标取其倒数将其正向化,y_{kj}^i 所表示的均为正向化后的指标值。

②　C^2R 模型是假设规模报酬不变时,计算每一个决策单元 DMU 的投入产出总效率,包含纯技术效率和规模效率。

$Minimise\theta^i$

$Subject\ to\ \sum_{j=1}^{n} X_j^i \lambda_j^i \leqslant \theta^i X_{j_0}^i$

$$\sum_{j=1}^{n} Y_j^i \lambda_j^i \geqslant Y_{j_0}^i \tag{15.1}$$

$\lambda_j^i \geqslant 0, j = 1, 2, \cdots, n, \theta^i\ 无约束$

其中 $X_{j_0}^i$、$Y_{j_0}^i$ 和 θ^i 分别表示被评价的第 jo 个决策单元 DMU 的投入向量、产出向量和投入产出效率值,λ_j^i 表示重新构造一个有效决策单元 DMU 组合中第 j 个决策单元 DMU 的组合比例。

由此,分别计算出第 i 个部门第 j 个省(市)(决策单元 DMU)的社会事业发展投入产出效率为 θ_j^i,设所有省(市)第 i 个部门的一般预算支出比重为 q^i,其中 $\sum_{i=1}^{m} q^i = 1$。一般预算支出所占比重的大小能够反映各部门社会事业发展供给在资金配置方面的贡献度,由此以一般预算支出所占比重为权重,将各部门基本公共服务投入产出效率进行合成:

$$\theta_j = q^1 \theta_j^1 + q^2 \theta_j^2 + \cdots + q^m \theta_j^m \tag{15.2}$$

设 $t = P, C$ 分别表示基期和当期,将社会事业发展投入产出相对效率称为该省(市)的"参考效益",以 θ_j^p 表示;将当期社会事业发展投入产出相对效率称为该省(市)的"当前效益",以 θ_j^c 表示。

第二,二次相对效益的测算

基于第 j 个省(市)(决策单元 DMU)的"参考效益"和"当前效益",分别从社会事业发展静态资金配置和动态提升状况两个角度进行二次相对效益测算。

a.社会事业发展资金配置效率模型

社会事业发展资金配置效率主要从静态角度反映各省(市)人均财政一般预算支出与社会事业发展状况间的投入产出关系。由此,第 j 个省(市)社会事业发展资金配置效率由相应的"参考效益"和"当前效益"平均数合成确定:

$$Z_j^1 = (\theta_j^p + \theta_j^c)/2 \tag{15.3}$$

b.社会事业发展提升状况效率模型

社会事业发展提升状况效率是在消除客观基础条件的情况下,动态地反映各省(市)提供基本公共服务的努力程度。由此,第 j 个省(市)社会事业发展提升状况效率表示为每个省(市)的"当前效益"在同样"参考效益"条件下可达到最大"当前效益"中所占的百分比。

基于公式(15.3),称 θ_j^p 为第 j 个省(市)的"参考效益", θ_j^c 为第 j 个省(市)的"当前效益",由此得到数组 (θ_j^p, θ_j^c) 为第 j 个省(市)的社会事业发展投入产出"效益状态",公式(15.4)是由该"效益状态"组成的效益状态可能集,其中 (θ_0^p, θ_0^c) ,效益状态可能集 T 满足"凸性公理"。

$$T = \left\{ (\theta_j^p, \theta_j^c) \mid \sum_{j=0}^{n} \lambda_j \theta_j^p \leqslant \theta^p, \sum_{j=0}^{n} \lambda_j \theta_j^c \geqslant \theta^c, \sum_{j=0}^{n} \lambda_j = 1, \lambda_j \geqslant 0, \right.$$
$$\left. j = 1, 1, 2, \cdots n \right\} \tag{15.4}$$

基于第 j 个省(市)的社会事业发展投入产出"效益状态",可以构建线性规划模型对第 j 个省(市)的基本公共服务提升状况效率进行评价:

Maximisev

$$\textit{Subject to } \sum_{j=0}^{n} \theta_j^P \lambda_j \leqslant \theta_{j_0}^P$$

$$\sum_{j=1}^{n} \theta_j^C \lambda_j \geqslant v\theta_{j_0}^C \tag{15.5}$$

$$\sum_{j=0}^{n} \lambda_j = 1, \lambda_j \geqslant 0, j = 1, 2, \cdots, n$$

$\theta_{j_0}^p$ 和 $\theta_{j_0}^c$ 分别表示被评价的第 j_0 个决策单元 DMU 的"参考效益"和"当前效益", λ_j 表示重新构造一个有效决策单元 DMU 组合中第 j 个决策单元 DMU 的组合比例。设 v_j 是线性规划(15.5)所求出的第 j 个省(市)的最优值,则称 $z_j^2 = 1/v^j$ 为第 j 个省(市)社会事业发展提升状况效率。

c.社会事业发展效率评价效率的合成

社会事业发展的目标是促进各地区社会事业健康和谐发展,如果某项社会事业发展供给评价效率差异较大,说明该项评价的均等化水平有待提高,应该赋予较大的权重,反之赋予较小的权重,而变异系数正好是反映某项指标在各决策单元上的离散程度。由此,采用变异系数法对社会事业发展资金配置和提升状况效率进行赋权,进而合成社会事业发展效率评价效率。

基于社会事业发展资金配置效率 z_j^1 和提升状况效率 z_j^2 ,通过计算其平均数 μ^ω 和标准差 s^ω 得到社会事业发展资金配置效率和提升状况效率的变异系数,其中:$\omega=1,2$ 分别表示资金配置效率和提升状况效率。

$$\sigma^\omega = \frac{s^\omega}{\mu^\omega} = \frac{\sum_{j=1}^{n}(z_j^\omega - \mu^\omega)^2/(n-1)}{\sum_{j=1}^{n} z_j^\omega/n} \tag{15.6}$$

采用变异系数法,得到社会事业发展的资金配置效率评价和提升状况效率评价的权重:

$$\alpha^1 = \frac{\sigma^2}{\sigma^1 + \alpha^2}, \alpha^2 = \frac{\sigma^2}{\sigma^2 + \sigma^2} \tag{15.7}$$

进一步,得到第 j 个省(市)的社会事业发展效率评价效率:

$$\theta_j = \alpha^1\theta_j^1 + \alpha^2\theta_j^2 \tag{15.8}$$

(二)社会事业发展支出效率实证测算

基于以上构建的指标体系和模型,本书从《中国统计年鉴》、《中国卫生统计年鉴》、《中国教育统计年鉴》、国家统计局等等上面收集到的 2003 年和 2008 年我国 31 个省(自治区、市)数据构成了社会事业发展投入产出的面板数据,运用 EMS 软件模拟了全国 31 个省(自治区、市)的社会事业发展支出的资金配置效率、提升状况和总体效率。

1. 支出效率部门情况

课题分别选取教育、农林水、医疗卫生、城乡社区、社会保障、文体传媒和环境保护 7 个部门的投入产出指标体系,进行资金使用效率评价。从各部门评价结果情况来看,西部欠发达地区社会事业发展支出效率总体较低,如图 15-31 所示。

(1)教育事务

教育事务分别选取 2007 年和 2008 年的义务教育师生比、文盲率、中考升学率指标作为产出指标,对区域间以及西部欠发达地区教育事务支出效率进行评价。评价结果显示:东部地区教育事务支出效率最低,最高的是中部地区,其次是西部及西部欠发达地区。其中:西部欠发达地区教育事务支出效率基本相当,如图 15-32 和图 15-33 所示。

(2)医疗卫生事务

医疗卫生事务分别选取 2007 年、2008 年的万人实有床位数、万人拥有卫生技术人员数作为产出指标,对区域间以及西部欠发达地区医疗卫生事

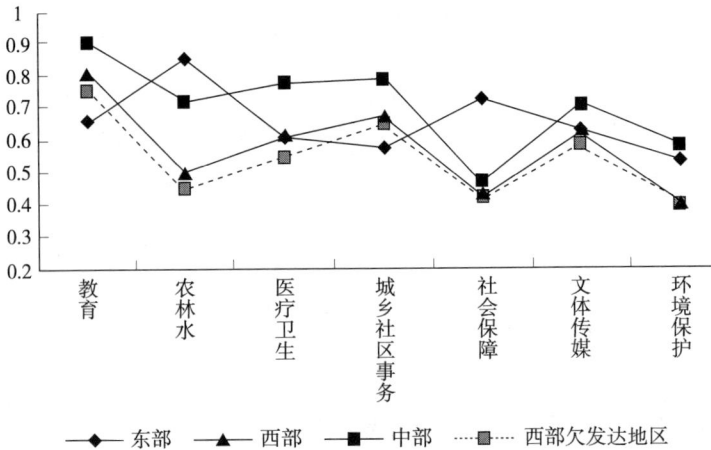

图 15-31　区域间各项社会事业发展支出效率比较图

数据来源:根据《中国统计年鉴》、《中国卫生统计年鉴》、《中国教育统计年鉴》和国家统计局整理
　　　　计算。

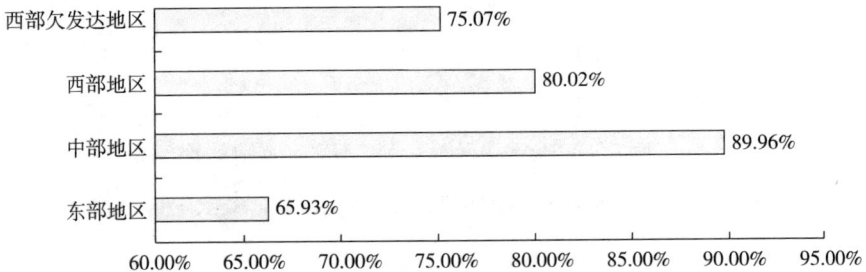

图 15-32　区域间教育事务支出效率比较

数据来源:根据《中国统计年鉴》、《中国教育统计年鉴》和国家统计局整理计算。

务支出效率进行评价。评价结果显示:中部地区医疗卫生事务支出效率最高,其次是东部和西部地区,西部欠发达地区最差。在西部欠发达地区中,新疆和广西的医疗卫生事务支出效率相对较高,如图 15-34 和图 15-35所示。

(3)文体传媒事务

文体传媒事务分别选取 2007、2008 年的电视覆盖率、电脑覆盖率和电话

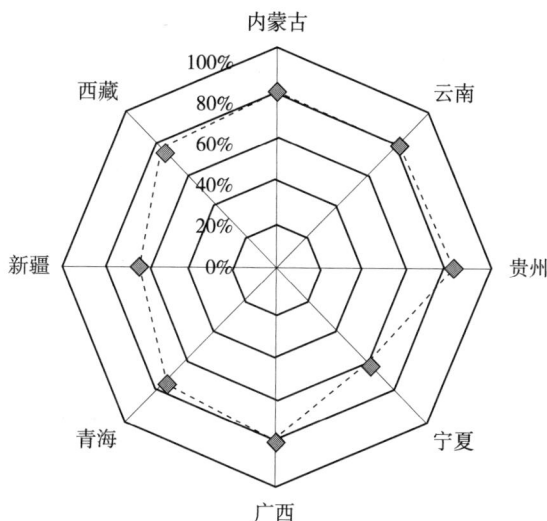

图 15-33 西部欠发达地区教育事务支出效率

数据来源:根据《中国统计年鉴》、《中国教育统计年鉴》和国家统计局整理计算。

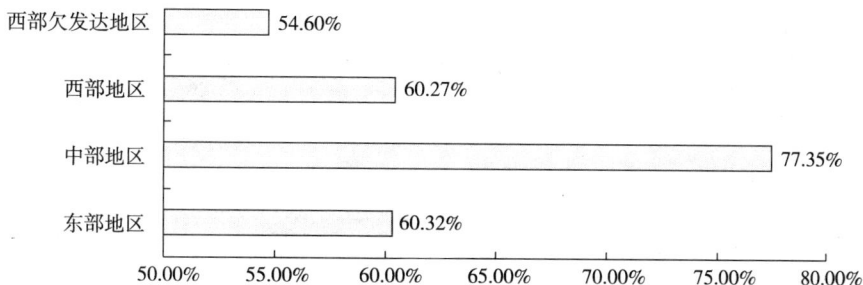

图 15-34 区域间医疗卫生事务支出效率比较

数据来源:根据《中国统计年鉴》、《中国卫生统计年鉴》和国家统计局整理计算。

覆盖率作为产出指标,对区域间以及西部欠发达地区文体传媒事务支出效率进行评价。评价结果显示:中部地区文体传媒事务支出效率最高,其次是东部地区,西部及西部欠发达地区文体传媒事务支出效率最低。在西部欠发达地区中,广西和贵州文体传媒事务支出效率相对较高,如图 15-36 和图 15-37所示。

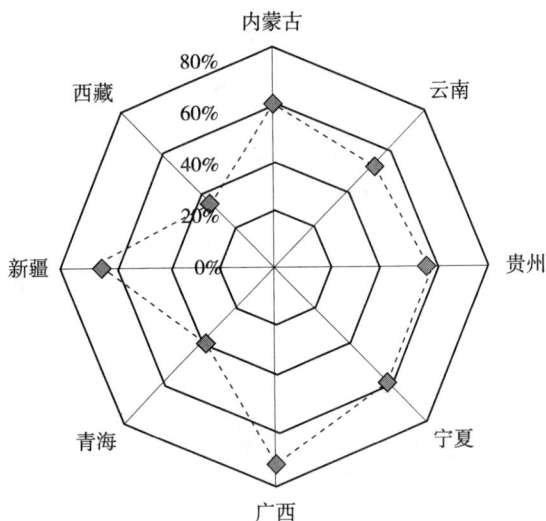

图15-35 西部欠发达地区医疗卫生事务支出效率

数据来源:根据《中国统计年鉴》、《中国卫生统计年鉴》和国家统计局整理计算。

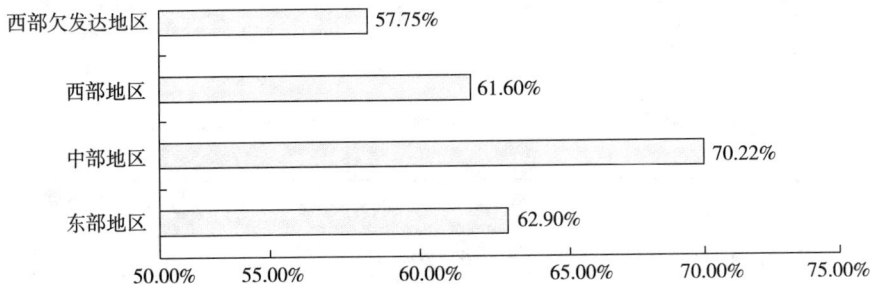

图15-36 区域间文体传媒事务支出效率比较图

数据来源:根据《中国统计年鉴》和国家统计局整理计算。

(4)社会保障事务

社会保障事务分别选取2007、2008年的医疗保险参保率、养老保险参保率、失业保险参保率作为产出指标,对区域间以及西部欠发达地区社会保障事务支出效率进行评价。评价结果显示:东部地区社会保障事务支出效率最高,中、西部及西部欠发达地区社会保障事务支出效率基本相当。在西部欠发达地区中,新疆、广西和宁夏社会保障事务支出效率相对较高,如图15-38和

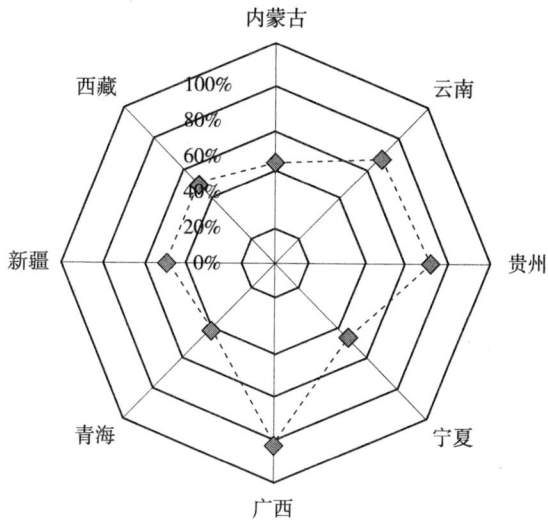

图 15-37　西部欠发达地区文体传媒事务支出效率

数据来源：根据《中国统计年鉴》和国家统计局整理计算。

15-39 所示。

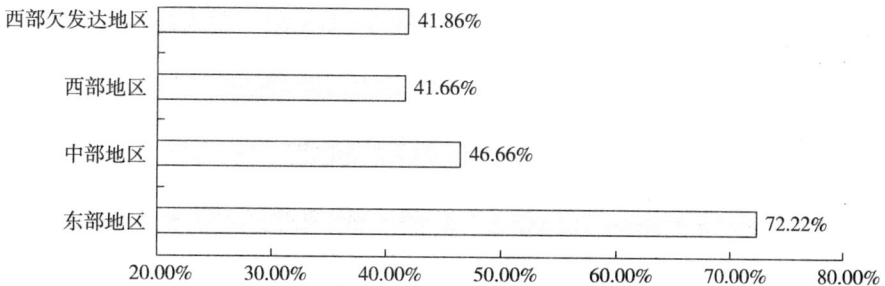

图 15-38　区域间社会保障事务支出效率比较

数据来源：根据《中国统计年鉴》和国家统计局整理计算。

（5）城乡社区事务

根据城乡社区事务选取排水管覆盖密度、建成区绿化覆盖率、城市用水普及率、城市燃气普及率、城镇化率作为产出指标，对区域间以及西部欠发达地区城乡社区事务支出效率进行评价。评价结果显示：中部地区城乡社区事务支出效率最高，其次是西部及西部欠发达地区，东部地区最差。在西部欠发达

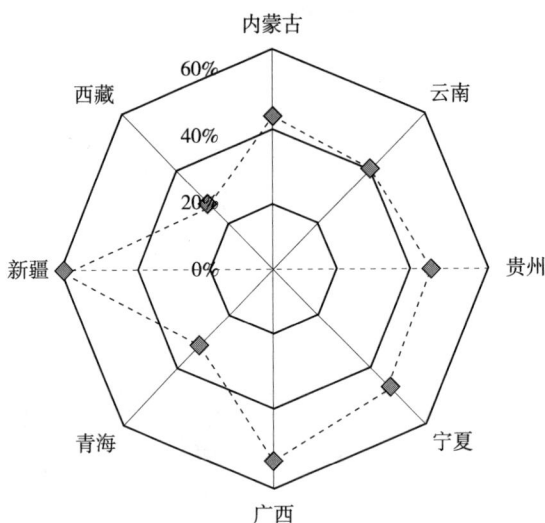

图 15-39　西部欠发达地区社会保障事务支出效率

数据来源:根据《中国统计年鉴》和国家统计局整理计算。

地区中贵州、云南和广西城乡社区事务支出效率相对较高,如图 15-40 和图 15-41 所示。

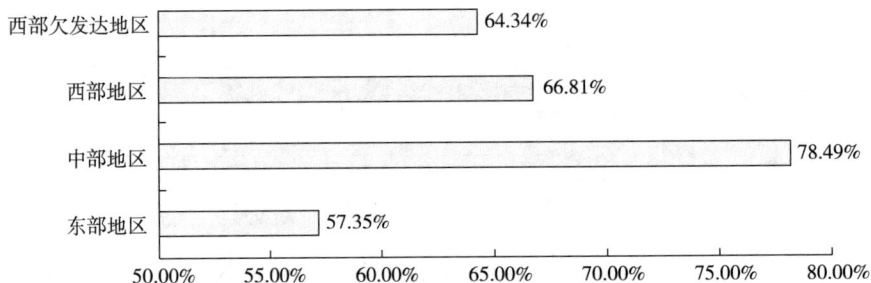

图 15-40　区域间城乡社区事务支出效率比较

数据来源:根据《中国统计年鉴》和国家统计局整理计算。

(6)农林水事务

农林水事务分别选取 2007 年和 2008 年的农村人均用电量、农村人均可比生活支出、有效灌溉率、病虫害防治率、单位面积农机作业量、单位面积农业

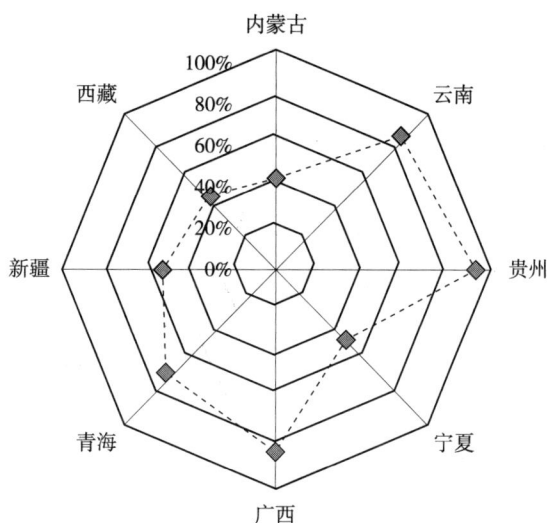

图 15-41　西部欠发达地区社城乡社区事务支出效率

数据来源：根据《中国统计年鉴》和国家统计局整理计算。

技术人员数、农民人均纯收入作为产出指标，对区域间以及西部欠发达地区农林水事务支出效率进行评价。评价结果显示：东部地区农林水事务支出效率最高，其次是中部地区，效率最低的是西部及西部欠发达地区。在西部欠发达地区中，云南、贵州、广西和新疆的农林水事务支出效率相对较高，如图 15-42和图 15-43 所示。

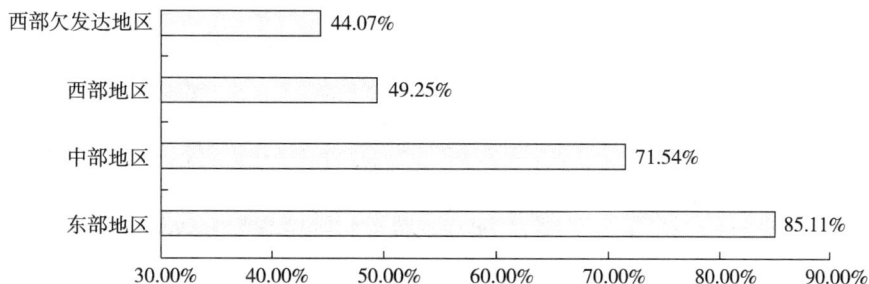

图 15-42　区域间农林水事务支出效率比较

数据来源：根据《中国统计年鉴》和国家统计局整理计算。

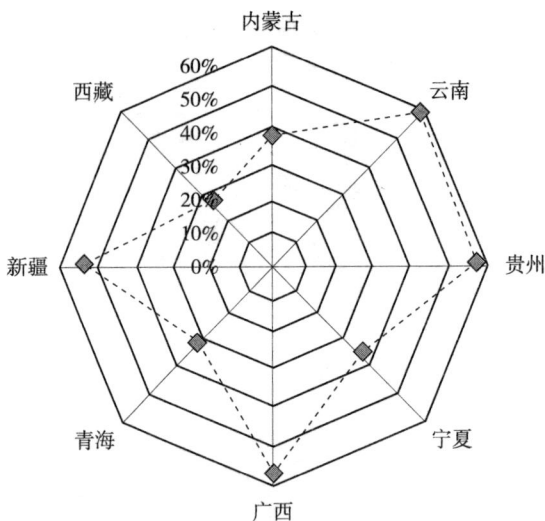

图 15-43　西部欠发达地区农林水事务支出效率

数据来源:根据《中国统计年鉴》和国家统计局整理计算。

（7）环境保护事务

环境保护事务选取的指标有工业废水排放达标率、工业固体废弃物综合利用率、工业废弃排放达标率作为产出指标,对区域间以及西部欠发达地区环境保护事务支出效率进行评价。评价结果显示:中部地区环境保护事务支出效率最高,其次是中部地区,效率最低的是西部及西部欠发达地区。在西部欠发达地区中,广西、贵州和云南的环境保护事务支出效率相对较高,如图15-44 和图 15-45 所示。

2. 支出效率总体情况

为了综合评价我国西部欠发达地区社会事业发展支出效率的状况,课题运用 DEA 二次相对效益模型对全国 31 个省（自治区、市）各部门的社会事业发展支出进行投入产出效率评估,测算出各部门的资金配置效率、提升状况以及总效率。在此基础上,将各部门的效率值进行加权平均,得到各地区社会事业发展支出的资金配置效率、提升状况以及总效率。

（1）社会事业发展资金配置效率

从我国区域情况来看,中部地区社会事业发展资金配置效率较高,东部地

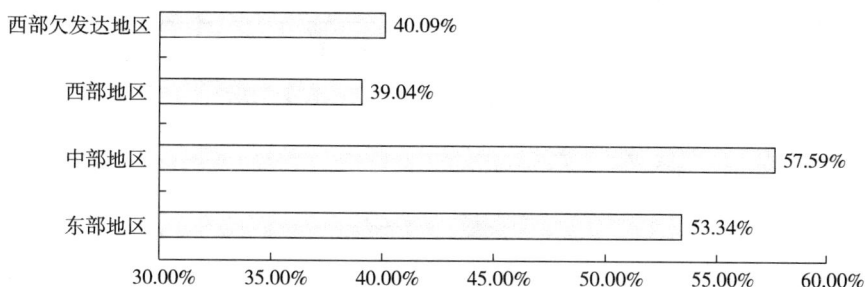

图 15-44 区域间环境保护事务支出效率比较图

数据来源:根据《中国统计年鉴》和国家统计局整理计算。

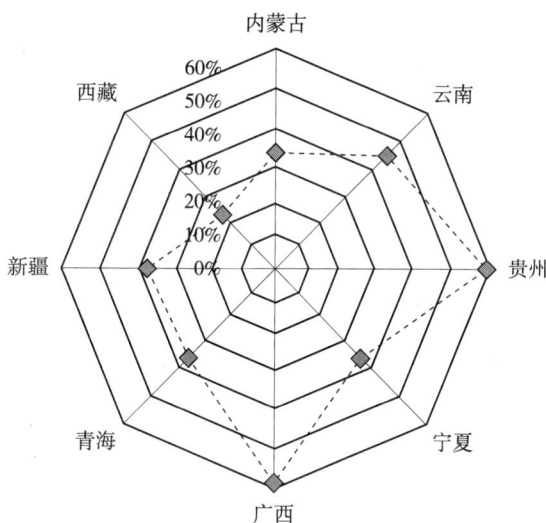

图 15-45 西部欠发达地区环境保护事务支出效率图

数据来源:根据《中国统计年鉴》和国家统计局整理计算。

区居中,西部地区最低,东、中、西地区的社会事业发展资金配置效率分别为 0.5570、0.7798 和 0.5481。在西部 8 个欠发达地区中,社会事业发展资金的配置效率也具有较大差异,广西、宁夏、云南和内蒙古的社会事业发展资金的配置效率相对较高,如表 15-2 及图 15-46 所示。

表 15-2　我国各地区社会事业发展资金配置效率评价比较

区域		资金配置效率情况		
		配置效率	排名	平均配置效率
东部	北　京	0.4081	29	0.5570
	天　津	0.4374	27	
	河　北	0.7614	7	
	辽　宁	0.5040	24	
	上　海	0.4408	26	
	江　苏	0.5359	22	
	浙　江	0.6217	16	
	福　建	0.6509	14	
	山　东	0.4414	25	
	广　东	0.6628	11	
	海　南	0.6626	12	
中部	山　西	0.8114	1	0.7798
	吉　林	0.8047	2	
	黑龙江	0.7443	8	
	安　徽	0.7960	4	
	江　西	0.7698	6	
	河　南	0.7327	9	
	湖　北	0.7961	3	
	湖　南	0.7833	5	
西部	重　庆	0.6612	13	0.5481
	四　川	0.5647	19	
	陕　西	0.6126	18	
	甘　肃	0.6917	10	
	内蒙古*	0.6480	15	
	云　南*	0.5538	21	
	贵　州*	0.3702	30	
	宁　夏*	0.5578	20	
	广　西*	0.6169	17	
	青　海*	0.3629	31	
	新　疆*	0.4269	28	
	西　藏*	0.5104	23	

注:＊为本研究界定的 8 个西部欠发达地区。

数据来源:根据《中国统计年鉴》、《中国财政统计年鉴》、《中国教育经费统计年鉴》、《中国卫生统计年鉴》和中国经济信息网数据库整理计算。

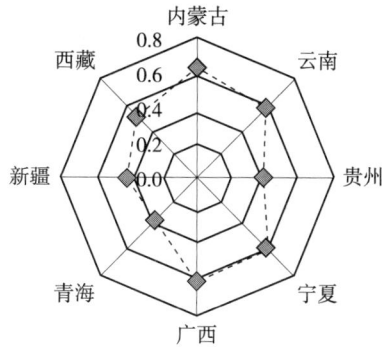

图 15-46　西部欠发达地区社会事业发展资金配置效率比较

数据来源：根据《中国统计年鉴》、《中国财政统计年鉴》、《中国教育经费统计年鉴》、《中国卫生统计年鉴》和中国经济信息网数据库整理计算。

（2）社会事业发展提升状况效率

从我国区域情况来看，中部地区社会事业发展提升状况效率较高，其次是西部地区，效率最低是东部，东、中、西地区社会事业发展提升状况效率分别为0.5742、0.5859 和 0.5797，西部 8 个欠发达地区的社会事业发展提升状况效率基本相当，如表 15-3 及图 15-47 所示。

表 15-3　我国各地区社会事业发展提升状况评价比较

区域		提升状况效率情况		
		提升状况	排名	平均提升状况
东部	北　京	0.5303	26	0.5742
	天　津	0.5944	18	
	河　北	0.5392	24	
	辽　宁	0.5963	14	
	上　海	0.6037	11	
	江　苏	0.6132	5	
	浙　江	0.5955	17	
	福　建	0.6476	2	
	山　东	0.4724	31	
	广　东	0.5172	27	
	海　南	0.6068	9	

续表

区域		提升状况效率情况		
		提升状况	排名	平均提升状况
中部	山　西	0.4966	30	0.5859
	吉　林	0.6120	6	
	黑龙江	0.5692	20	
	安　徽	0.5886	19	
	江　西	0.6259	4	
	河　南	0.6011	12	
	湖　北	0.5149	28	
	湖　南	0.6792	1	
西部	重　庆	0.6068	10	0.5797
	四　川	0.5993	13	
	陕　西	0.5649	22	
	甘　肃	0.5664	21	
	内蒙古*	0.6272	3	
	云　南*	0.6084	7	
	贵　州*	0.5011	29	
	宁　夏*	0.5957	16	
	广　西*	0.5381	25	
	青　海*	0.5958	15	
	新　疆*	0.5452	23	
	西　藏*	0.6076	8	

注:＊为本研究界定的8个西部欠发达地区。

数据来源:根据《中国统计年鉴》、《中国财政统计年鉴》、《中国教育经费统计年鉴》、《中国卫生统计年鉴》和中国经济信息网数据库整理计算。

(3)社会事业发展支出总效率

从我国区域情况来看,中部地区社会事业发展支出总效率较高,其次是东部地区,西部地区的社会事业发展支出总效率相对最低,东、中、西部地区的社会事业发展支出总效率分别为0.5615、0.7290和0.5564。在西部8个欠发达地区中,广西、宁夏、内蒙古和云南的社会事业发展支出总效率相对较高,如表15-4及图15-48所示。

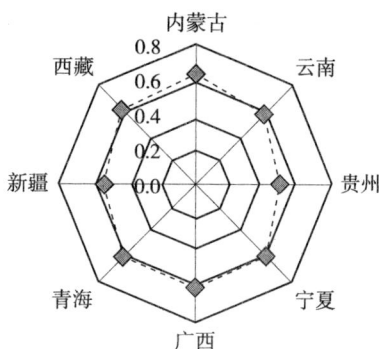

图 15-47　西部欠发达地区社会事业发展提升状况效率比较

数据来源：根据《中国统计年鉴》、《中国财政统计年鉴》、《中国教育经费统计年鉴》、《中国卫生统计年鉴》和中国经济信息网数据库整理计算。

表 15-4　我国各地区社会事业发展支出总效率评价比较表

区域		总效率情况		
		总效率	排名	平均总效率
东部	北　京	0.4401	29	0.5615
	天　津	0.4786	26	
	河　北	0.7031	7	
	辽　宁	0.5282	24	
	上　海	0.4835	25	
	江　苏	0.5562	22	
	浙　江	0.6148	16	
	福　建	0.6500	11	
	山　东	0.4495	28	
	广　东	0.6246	15	
	海　南	0.6480	12	
中部	山　西	0.7289	5	0.7290
	吉　林	0.7542	2	
	黑龙江	0.6984	8	
	安　徽	0.7416	3	
	江　西	0.7321	4	
	河　南	0.6982	9	
	湖　北	0.7224	6	
	湖　南	0.7560	1	

续表

区域		总效率情况		
		总效率	排名	平均总效率
西部	重　庆	0.6470	13	0.5564
	四　川	0.5737	19	
	陕　西	0.6001	17	
	甘　肃	0.6589	10	
	内蒙古*	0.6425	14	
	云　南*	0.5681	20	
	贵　州*	0.4045	31	
	宁　夏*	0.5678	21	
	广　西*	0.5963	18	
	青　海*	0.4239	30	
	新　疆*	0.4579	27	
	西　藏*	0.5359	23	

注:*为本研究界定的8个西部欠发达地区。

数据来源:根据《中国统计年鉴》、《中国财政统计年鉴》、《中国教育经费统计年鉴》、《中国卫生统计年鉴》和中国经济信息网数据库整理计算。

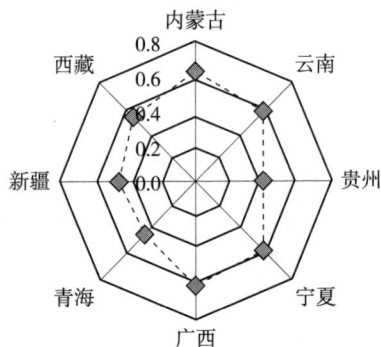

图 15-48　西部欠发达地区社会事业发展支出总效率比较

数据来源:根据《中国统计年鉴》、《中国财政统计年鉴》、《中国教育经费统计年鉴》、《中国卫生统计年鉴》和中国经济信息网数据库整理计算。

四、结论与对策思路

(一)结论

1. 从社会事业发展人均支出静态情况来看

我国西部欠发达地区社会事业发展人均支出明显低于东部及西部平均水平,主要表现于教育、医疗卫生、社会保障、文体传媒、城乡社区、公共安全和环境保护事务人均支出较低,仅有农林水事务人均支出水平高于东部和中部地区。并且,在西部8个欠发达地区间社会事业发展人均支出也具有较大差异,西藏、青海和内蒙古人均支出水平较高,贵州和广西人均支出水平较低。

2. 从社会事业发展人均支出动态情况来看

1997至2006年间我国各地区社会事业发展人均支出均呈现上升趋势。然而,我国西部欠发达地区社会事业发展人均支出的年均增幅最低为17.03%,远低于东、中、西部地区社会事业发展人均支出的年均增幅。

3. 从社会事业发展支出占财政支出比重来看

1997到2006年间,我国各地区社会事业发展支出占财政支出的比重呈现波段上升趋势,2000年以来,西部欠发达地区社会事业发展支出占财政支出的比重远低于中部地区和西部地区,除2004年以来,也略低于东部地区,到2006年,各地区社会事业发展支出占财政支出的比重趋于相当。同时,西部8个欠发达地区的社会事业发展支出占财政支出的比重也存在一定差异,其中:贵州最高,高达53.34%;西藏最低,仅为32.15%。

4. 从社会事业发展支出效率总体情况来看

我国西部欠发达地区社会事业发展支出总效率最低,为0.5564,远低于东部和中部的平均效率水平,主要表现为社会事业发展资金配置效率和提升状况效率均处于低位水平。同时,西部8个欠发达地区社会事业发展支出总效率也存在一定的差异,其中:内蒙古和广西最高,分别为0.6425和0.5963;贵州、青海和新疆最低,分别为0.4045、0.4239和0.4579。

5. 从社会事业发展支出效率部门情况来看

我国西部欠发达地区仅在教育和城乡社区事务两个方面高于东部地区的平均水平,其余部门均低于东中西部地区平均水平。同时,西部8个欠发达地区在不同部门呈现出不同的差异。

(二)对策思路

1. 加大西部欠发达地区社会事业发展支出规模的投入

根据"瓦格纳法则",随着西部欠发达地区政府的职能不论在内涵和外延上不断地扩大,相应的财政支出,特别是社会事业发展支出在不断地增加。由于西部欠发达地区自身发展的相对落后,因此需要中央政府加大对西部欠发达地区社会事业发展支出规模的投入,增加对西部欠发达地区的均衡性转移支付。这样一方面,有助于保障西部欠发达地区社会事业的发展;另一方面,有助于逐步缩小西部欠发达地区与东、中部地区的差距,促进区域间协调发展。

2. 调整西部欠发达地区社会事业发展支出的结构

根据萨缪尔逊的"混合经济理论"的主张,西部欠发达地区应该加大对教育、医疗卫生、文体传媒事务部门支出比重,这有助提高西部少数民族的素质、改善西部少数民族医疗卫生条件较差的状况和保护西部少数民族丰富的特有文化。同时,随着西部大开发的实施,环境保护事务取得了显著的成效,比重应逐渐下降。对于社会保障、城乡社区、农林水、公共安全事务支出应维持这一比重。不同发展阶段社会事业发展支出结构的不断完善,既能发挥"内在稳定因素"自动调节的作用,又可利用它作为稳定经济的手段。通过社会事业发展支出的结构调整避免西部欠发达地区出现结构性失衡。

3. 提高西部欠发达地区社会事业发展支出使用效率

进一步扩大西部欠发达地区"省直管县"政策的实施范围,缩小政府预算级次,解决西部欠发达地区县级财力困难问题,提升县域经济和社会事业的发展水平。加强政府预算管理制度和资金监管措施,明确资金使用方向,落实政府资金使用效率考核,以便在资金预算、拨付、使用和监管的全部过程中做到资金使用效率最大化。

第十六章　实现西部欠发达地区和谐社会的思路与要点

实现社会均衡发展是国家战略的重大任务,更是边疆各民族共同期待和地方政府发展诉求。面对社会失衡以及引发的各方面问题,各界及政府都力求探索出实现长治久安、共同繁荣的治国方略。在改革开放以来的发展实践中,通过反思计划经济下低效率均衡的弊端,国家主导推行了梯度发展战略以求突破发展瓶颈,但非均衡发展战略并未带来预期带动效应,为纠正区域发展失衡问题,区域均衡发展成为国家的基本战略选择,构建和谐社会成为最具有战略前瞻性、社会动员性与发展资源整合力的社会理想。

一、主要研究结论

1. 中国西部欠发达地区五省区由于经济与社会长期发展失衡,其社会稳定程度弱于全国平均水平,"问题地区"的发生频率高于其他地区,与中部东部地区社会稳定状况有一定差距,是我国区域治理中需要高度关注的地区。研究表明,中国西部欠发达地区五省区现代化的历史与环境条件较差,发展失衡导致社会经济中的深层次矛盾难以顺利缓解;发展失衡与现代化、市场化和区域国际化产生的文化冲击与宗教问题交织,是引发地区性社会冲突的根本原因之一。跨境民族问题与境外势力渗透并存,使西部欠发达地区五省区的社会稳定问题复杂化,加上该区域人口资源与环境关系相对紧张,毒品、艾滋病问题突出,地方政府执政能力相对较弱,进一步影响了该区域的社会稳定程度。如何统筹兼顾西部欠发达地区五省区的社会经济运行中的开放与稳定,发展与公平,开发与保护等关系,推进该地区与周边国家在共同增长中促进合作,通过常规性预警机制的建设和长期可持续区域发展战略的执行,大幅度降低该地区的社会冲突风险,是我国政府面临的巨大挑战与任务,且具有历史的必然性和现实的紧迫性。

2. 中国西部欠发达地区五省区由于经济发展的初始条件较弱,工业化基础是全国最为薄弱的地区;在转型时期缺乏进入市场经济的竞争能力和融入国际经济的有利的区位优势,产业结构转换的社会与经济成本巨大,发展水平长期低于全国平均水平,经济发展失衡导致西部欠发达地区五省区实现社会稳定难有坚实的基础。研究表明,西部欠发达地区五省区产业长期持续地以能源、原材料等基础工业初级产品为主,与沿海地区的加工工业制成品形成了不合理的比价,在区际经济关系中处于出让价值的地位,当前及未来数年内其发展阶段还处于低级化状态,基础设施薄弱严重制约着这些地区经济增长方式的转变,缺乏资源深加工型、精加工、高附加值的主导工业群,产业极差比较大,自我发展能力差,与东部地区之间能力结构偏差大,承接东部地区产业转移的难度大,市场发育程度低,对外商直接投资吸引力弱,所有制结构不合理等原因,经济失衡明显。因此,加快中国西部欠发达地区五省区经济发展,加快该区域的增长方式转型,将有利于社会长期稳定目标的实现。

3. 社会发展一直是西部地区严重滞后的领域。由于受制于经济发展水平,中国西部欠发达地区五省区有限的财政资源不足以弥补该区域在社会发展方面的历史欠账,西部地区特殊自然环境和社会公共事业积累不足,导致推动社会发展的成本高于其他地区,社会公共服务的供给与需求之间存在明显的差距,人均享有的公共服务低于全国平均水平,西部欠发达地区五省区是离公共服务均等化目标最远的地区。研究表明,在关系到人民群众切身利益的教育、医疗卫生、社会保障、文体传媒、城乡社区、公共安全和环境保护等社会事业方面,中国西部欠发达地区五省区与其他西部省区一样,存在政府投入不足,财力支出增速低,支出不均衡等问题,同时市场化程度低也导致社会事业的市场化供给困难,进一步加剧了公共服务方面缺欠的格局。公共服务不足或享有基本公共服务的代价太高,与社会保障缺失一样,将强化或扩大人们对收入差距、地区差异、社会阶层利益冲突等社会矛盾心理感受,降低人们对社会共识的认同,削弱人们对贫富差距和社会不公现象的承受能力,因此,社会发展状况与西部欠发达地区五省区的社会长期稳定直接相关。长期不懈地推进公共服务均等化战略,加强政府间转移支付与该地区的社会事业需求更有效地对接,纠正地区社会发展失衡,将有利于西部欠发达地区五省区长期的社会稳定。

4. 中国西部欠发达地区五省区具有特殊的历史条件和人文环境,多民族聚居集中,文化具有最丰富的多样性,各民族原有社会历史形态演化层次差异大,导致传统文化与外来文化、现代文化的冲突既表现得相对突出,又比较脆弱,遭遇现代化时会发生传统文化解构,内在均衡不稳定等现象,并在一定范围内演化为社会危机。研究表明:在现代化进程中,中国西部欠发达地区五省区应对社会变化的能力弱,易于发生本土文化与外来文化的冲突,容易导致社会控制机制的约束力下降,产生比其他地区更强的社会不稳定;地方政府公信力不足、民族个体和群体及民族之间的经济利益矛盾、民族人口流动在边疆和内地所发生的利益纠纷、境外"三股势力"蓄意破坏和反华势力推波助澜等共同作用,使这些地区各民族的民族认同强化,国家认同弱化,并由此引发社会矛盾,造成社会不稳定,导致这些地区发展失衡引起社会不稳定的反应机制与内地有很大差异。因此,预警管理机制要特别关注西部欠发达地区的历史条件与文化环境的特殊性,纠正失衡的国家管理要既体现战略高度的统筹,又要推行差异化的策略,针对不同民族地区社会失衡产生的具体环境,将会表现出差异性的特点和不同的演化趋势,分类实施社会危机预警管理,实现社会稳定。

5. 人口资源环境关系的协调发展,是一个地区或国家实现社会长期稳定的初始条件。中国西部欠发达地区五省区基本都处于生态环境相对脆弱、人口资源与环境关系相对紧张的地区,现存的增长方式不是缓解而是加剧这一矛盾,这将从根本上影响该地区的社会长期稳定。研究表明,西部欠发达地区五省区生态环境脆弱是一基本常态,部分地区的人口压力大,人地矛盾突出,存在以生态换生存、生态恶化进一步导致贫困的现象;资源型经济特征导致的"资源诅咒"所产生的收入分配不公、就业困难、产业结构不合理等现象普遍存在;资源的不合理开采加剧了生态修复的难度。由于西部欠发达地区五省区经济发展水平的制约,由该地区生态环境保护产生的内部不经济和外部经济的矛盾而产生的生态补偿问题日益突出,生态保护与经济补偿的偏差导致人口资源环境关系协调问题向经济利益关系冲突转化,退耕还林、城市化引致的农民口粮替代、收入替代、生产与就业替代等系列问题直接关系到社会的长期稳定。因此,从历史和现实负责的态度出发,把推行可持续战略与降低该地区贫困面、优化产业结构目标有机结合起来,是关系到该地区社会长期稳定的基础工程。

6. 预警机制是现代国家管理的必备功能,它的主要功能是通过对社会安全隐患的识别、应急处置与善后等一整套预警机制实施社会危机管理,达到防范安全隐患、化解社会矛盾、稳定社会的目的。预警机制的构建与运作效率体现了现代国家体制在社会治理上的成熟程度,更是转型社会实现西部欠发达地区社会稳定、防范社会冲突,化解社会矛盾的必备手段。研究表明,在转型社会,社会危机预警机制防范社会安全隐患,进行危机处置与预警管理,采用实现社会稳定的有效手段;构建由政治失衡预警、经济失衡预警、社会发展失衡预警、生态与自然失衡预警、国际环境预警综合而成的中国西部欠发达地区五省区发展失衡预警机制,可以对中国西部欠发达地区五省区的发展失衡具有较好的预见作用、监测作用和防范作用;实证研究表明,西部欠发达地区五省区在很多方面的社会失衡状态已经处在预警范围之内,构建预警机制,进行社会危机的预警监测、进行日常的预警管理已成为国家边疆治理的急迫要务,事不宜迟。因此,要将西部欠发达地区防范社会危机、纠正社会失衡任务纳入国家管理的日常工作要务,尽快建立社会危机预警管理机制,将西部欠发达五省区的社会危机预警管理纳入边疆治理的目标与工作体系中,培养和提升西部欠发达五省区政府预警管理的能力,确实保障边疆安全与稳定。

7. 由于区位劣势、地缘经济的局限与陆地边境环境限制性,中国西部欠发达地区五省区对外开放步子缓慢,对外经济交往对象与领域的选择受到周边国家经济、政治与社会条件的严格限制,交通运输、对外贸易、技术引进、要素流动的经济成本与非经济成本都大大高于东部沿海地区,弱化了纠正社会失衡的经济基础。通过研究发现,中国西部欠发达地区五省区沿边开放水平仍然处于较低层次,在“点对点”的对外经济交往中,继续扩大对外开放的地域空间,拓展合作领域的难度很大,局限于外部经济与市场环境,西部欠发达地区五省区可利用的比较优势难以取得应有的实效,外部政治、社会稳定乃至于国家政权的动荡性导致西部欠发达地区五省区沿边开放存在较高的国际经济风险,五省区难以在次区域国际经济合作中实现预期效益,沿边国际产业合作带未成雏形。因此，国家应在对外开放整体战略中重点关注西部欠发达地区五省区的沿边开放的特殊性问题，从国家层面分担西部欠发达地区五省区对外开放的高成本和经济损失，利用外交手段防范和规避沿边地区国际合作与交往的经济风险，为沿边国际经济关系的通畅性、便利性、低成本与稳定性提供国家政策支持。

8. 中国西部欠发达地区五省区发展失衡的主要根源是内生因素长期积累与演化的结果，国家边疆治理的预警管理重在治标，外部调控手段难以转化为内在均衡力，根治边疆社会问题，要从标本兼治的内生性发展中实现边疆社会的长治久安。研究表明，要使西部欠发达地区五省区形成长期社会稳定机制，需要通过构建全面覆盖的社会预警机制，纳入日常预警管理，在常设专门组织结构的社会危机管理中才能有效监测危机信号，发布预警，防范社会冲突；研究还认为，西部欠发达地区的长治久安需要超越预警，基于提高内生发展能力，自主回应外部挑战，具有有效的保持与环境变化与社会发展态势，有效抗击外部压力，在竞争环境动态变化中具备敏捷的自我调适能力，在现代化中持续保持提升国家认同，并在国家战略体系全力支持的基础上，内在于西部欠发达地区发展体系中的长期社会均衡就会实现。因此，在边疆治理上，国家要推行以发展求稳定的战略，通盘考虑西部西部欠发达地区的发展诉求，通过制定并实施中长期的区域发展政策，纠正发展失衡的问题，形成基于现代性构造的内源性均衡结构，以保障欠发达地区的可持续发展。

二、深入推进西部大开发，实现区域均衡发展

总结 10 年西部大开发实践的经验，我们认为未来 10 年的西部大开发必须转变战略思路，国家必须把政策倾斜转移到以特色优势产业发展为中心的轨道上，加大西部欠发达地区现代产业体系建设，形成长效的保障机制，不断增强西部欠发达地区自生发展能力，确保西部大开发深入推进。

（一）加强产业发展与自主发展能力

制定和实施《推进西部大开发的少数民族产业发展总体规划》，对西部欠发达地区战略性产业发展目标与任务、内容与重点、战略与步骤、布局与空间集聚、政策与措施等重大问题进行设计。力争用 10 年时间，产业发展取得突

破性进展,自生发展能力得到显著提升,基本扭转西部欠发达地区发展失衡的局面。制定《西部欠发达地区特色优势产业发展规划》和实施专项规划,形成西部欠发达地区与现代产业规划体系;加大对特色优势产业的扶持力度,着力培育西部欠发达地区产业增长极,建议国家设立《西部欠发达地区优势产业发展专项资金》,对成长性好、有发展潜力的特色产业项目给予必要的资金引导和政策扶持;建设一批具有国际国内影响的特色资源加工和优势产业发展基地,通过特色优势产业的发展提高西部欠发达地区自我发展能力;培育主导产业群,带动工业化进程的提升。从西部欠发达地区实际出发,确定主导产业专业化部门,科学谋划,统筹规划主导产业、支柱产业和先导产业的发展战略,发展目标、主要布局和政策配套等问题,积极做好劣势产业退出与重组工作,优化配置资源,把重点放在特色深加工和精加工高端产业上;制定产业结构政策,促进产业结构升级。推进工业优化升级,积极发展技术引领型产业,优化发展资源利用型产业;大力提高自主创新能力,发展产业链条长、产品附加值高的工业;建议加快建立和完善西部欠发达地区产业结构调整的退出补偿机制,引导和支持西部西部欠发达地区发展精深加工产品,延伸产业链;国家通过制定科学的产业结构政策,并以相应的财政政策和金融政策相配合,够使西部欠发达地区经济发展产业化和产业政策区域化;按新型工业化方式提升西部欠发达地区工业化进程;制定节能减排政策,加大资源节约和污染治理力度,切实转变经济增长方式;坚持依靠科技创新,实现科学发展,大力发展循环经济,促进资源综合利用,促进特色优势产业快速健康发展,建设西部欠发达地区以低碳排放为特征的工业现代工业体系。

(二)扩大沿边开放推动边疆发展

鼓励和支持西部地区全面参与中国—东盟自由贸易区、上海合作组织、东盟—湄公河流域开发、两廊一圈等区域合作,加快推进泛北部湾经济合作区建设步伐,在多边区域合作框架下,以项目带动投资,吸引国际产业向西部沿边欠发达地区转移;共同推进跨境基础设施和物流体系建设,加快"亚欧大陆桥"、"西南大通道"建设,以重点边境口岸为桥头堡,形成优势互补、共同发展的国际走廊,推进形成陆港联运的国际通关机制;实施"走出去"战略,鼓励西部欠发达地区沿边地区的企业以多种形式在境外投资,参与对外贸易、资源开发、产业合作、科技人才和文化交流、工程承包、劳务合作等国际经济技术合作;加快各类口岸建设,形成边境地区多功能综合口岸体系,建立一批边境自由贸易区或经济特区,进一步扩大经贸往来和边民互市,推进国际合作中心和沿边开发区建设;依托重点边境口岸,改造一批以集散能源、原材料、特色农产品等资源型产品为主的商品市场和物流园区,促进优势产品出口;加快建设边境经济合作区、互市贸易区和出口加工区;加快建设和完善边境口岸设施,完善边境贸易政策,提高通关效率,便于人货往来,逐步完善、规范边境加工贸易体系。

（三）促进要素集聚搭建科技与人才基础

鼓励和支持外商参与基础设施建设和生态环境保护,重点投向现代服务业、高技术产业、资源节约和综合利用、环保产业、特色农业生产及加工等领域;鼓励跨国公司在有条件的西部欠发达地区城市设立地区总部、研发中心、采购中心、培训中心。建议制定《西部欠发达地区外商投资优势产业目录》,在市场准入资格、准入程序、业务范围、税收、土地供应等方面依法实行优惠政策;加大研究与开发(R&D)投入,提高自主知识产权和自主品牌产品;国家各项科技基金、科技计划经费等向西部欠发达地区倾斜,加大对高新技术产业的支持力度,加大高科技成果转化的支持力度;鼓励西部地区加快传统产业技术改造和科技进步;完善企业创新环境,促进企业技术开发和技术创新;加大西部欠发达地区政策支持,制定以产业为导向的税收等优惠政策;加大科技型企业的支持力度,优先安排创业板上市融资;对于西部欠发达地区资源型产品实行价格补贴;继续保持中央财政支持西部大开发优惠政策的稳定性和连续性,增加财力转移支付和专项转移支付规模;国家投资和重点产业项目,同等条件下优先安排在西部欠发达地区;建立健全区域生态补偿机制;加大西部欠发达地区人才队伍建设力度,着力创新人才开发机制与方式,重点抓好人才队伍建设,优化人才开发体制,加强人才培训,不断创新人才开发方式,运用现代通信手段和网络技术开展远程服务,支持建立留学人员创业园,充分利用其技术密集、设施完备、政策优惠的有利条件,吸引留学人员创办高新技术企业或从事高新技术研究与开发工作,对外籍高科技人才、高层次管理人才和投资者提供出入境便利。

（四）推进产业转移构建产业基础

加快建立健全区域协调互动机制,抓紧研究制定承接产业转移的具体政策,提高承接产业转移的能力,引导东部地区产业向西部欠发达地区有序转移;拓展招商引资渠道,规范市场秩序,发挥西部在资源、劳动力等方面的优势;国家建立产业转移的专项基金,完善各跨行政区的区域经济协作组织和行业性组织,引导东部向西部地区的产业转移,推动优势产业和特色资源加工基地的建设;严格控制"两高一低"淘汰产业转移到西部欠发达地区;大力支持西部欠发达地区实施城市群和产业集群战略,发挥城市的聚集效应和产业的规模经济,以优势产业为依托,形成产业配套能力,吸引资源向欠发达地区转移;国家支持西部打造精品投资环境,降低产业转移成本,为承接产业转移创造有利条件;引导东中部参与西部国有企业改组改造,参与西部特色优势产业和特色资源加工基地的建设;政府发挥引导、协调、服务的作用,搭建产业转移的平台,营造良好的产业转移环境。

(五)加大所有制改革造就有活力经济主体

要始终抓住非公企业这一主体,促进非公企业发展,大力改变西部欠发达地区国有经济占主导,民资和外资进入不足的被动局面,为西部欠发达地区产业发展提供持续动力。国有企业改革取得积极进展,非公有制经济加快发展。

积极引导西部欠发达地区个体、私营等非公有制经济加快发展,促进非公有制经济上档次、上规模,引导其开展创新活动,建立现代企业制度,提高企业自身水平;鼓励东、中部企业和个人到西部欠发达地区投资,鼓励个体、私营等非公有制经济主体以独资、合资、合作、特许权等多种方式投资西部欠发达地区产业;支持国有企业改革、改组、改造政策措施向西部倾斜,进一步放宽非公有制经济投资准入领域,鼓励社会资本参与基础设施和生态环境建设、优势产业发展,参股、兼并和重组国有企业,加快非公有制经济发展,深化国有企业改革,积极培育大企业、大集团;要发挥政府服务、引导、协调、监督的职能,建立高效、快捷的服务体系,促进西部欠发达地区非公经济健康发展。

(六)提升西部欠发达地区城市化水平

通过西部欠发达地区城市化推进培育产业发展的各种要素和环境,孕育和发展产业集群,加强西部欠发达地区资源整合与相关产业链优化,提升西部欠发达地区特色优势产业集群的竞争力,将区域资源优势通过集群化转变成市场竞争优势,带动城市配套产业的发展。

以西部欠发达地区中心城市为重点,率先发展为增长极,发挥中心城市的辐射带动作用,形成区域性的经济、交通、物流、金融、信息、技术和人才中心,带动周围地区和广大农村发展;努力改造第三产业所占比重太小,第二产业就业能力不足的低级产业结构,切实推进农业富余劳动力转移,促进城市化水平提高;制订区域规划,加大交通、通信、市政等基础设施的建设力度,加速立体大通道建设,逐步建成泛亚骨干交通网络、快速便捷的通信网络和生产要素集聚的沿边城镇体系;大力支持西部欠发达地区进一步完善各类开发区基础设施,进一步发挥基础设施的先导效应,提高各类开发区发展高科技产业,产业转移项目的吸纳和承载能力,更好地发挥产业的聚集效应,加速西部欠发达地区工业化和城镇化;国家应大力支持西部地区建设一批承接国际和东部产业转移的专门开发区,努力使各开发区成为承接产业转移、带动本地工业快速发展的基地和龙头。

三、促进区域公共服务均等化,加快西部欠发达地区欠发达地区社会发展

　　公共服务均等化是指政府为社会公众提供大致均等的公共物品和公共服务。公共服务均等化既是公共财政"公共性"的重要体现,也是"以人为本"发展理念的具体体现,对促进社会公正,维护社会稳定,具有十分重要的意义。长期以来,我国西部欠发达地区欠发达地区社会经济发展的失衡既是区域内部经济发展水平低于东部沿海地区的结果,又是我国区域公共服务非均等化的结果。这种区域公共服务非均等化使得西部欠发达地区欠发达地区在基础设施、基础教育、公共医疗、社会保障等基本公共服务方面与其他地区存在较大差异,并成为社会公平、公正的焦点问题。

(一)加强区域公共服务均等化

　　由强调控制区域之间经济总量的差距,转向强调缩小不同区域之间的公共服务和居民收入水平的差距,这是重塑区域政策框架的一个重要指导原则,在当前具有十分重要的意义。首先,实现区域公共服务均等化是削弱地区性发展差距的需要。从我国实际出发,缩小地区性发展差距,重要的是缩小区域之间的公共服务的过大差距。为西部欠发达地区欠发达地区提供更广泛意义上的基础设施、基础教育、公共医疗等基本公共服务,这不但有利于趋同区域

人文发展,突破贫困与人文发展的恶性循环,而且有利于培养西部欠发达地区欠发达地区的内生发展能力,实现区域经济社会的均衡和谐发展。其次,实现区域公共服务均等化是"成本—收益"原则选择的需要。在边际效用递减规律的作用下,均等化的资金安排有利于节约公共支出成本与实现整个社会福利最大化,从而提升资金的使用效率。向财政资源不足的西部欠发达地区欠发达地区转移财力,增加公共物品供给,所产生的全社会福利效应要大于投向财力充裕的区域所产生的社会福利效应。同时,增加西部边疆欠发达地区欠发达地区公共物品的供给能力,促进区域的内生发展,也有利于减轻国家的远期负担。第三,实现区域公共服务均等化是构建和谐社会的需要。和谐社会不但强调社会结构均衡、社会系统良性运行,而且强调人与人之间的相互友爱、相互帮助,还强调人与自然的协调发展。我国西部边疆欠发达地区欠发达地区不但具有狭长的边界,而且具有多样性的民族宗教,还是我国大江、大河的源头。实现西部欠发达地区欠发达地区与内陆地区、沿海地区公共服务均等化,不但有利于边疆稳定、国家统一,而且有利于社会包容与和谐,还有利于生态环境的保护与改善。

(二)提高公共服务管理效率

由于政府在公共产品供给中的主体地位与主导作用,优化政府公共服务职责,加快建设公共服务型政府是实现区域公共服务均等化的关键。这首先可以考虑建立全国性的公共服务均等化战略规划,制定全国基本公共服务的最低标准,明确基本公共服务均等化的保证措施与制度安排,保证西部边疆欠发达地区欠发达地区能够享受全国最低标准的基本公共服务。其次需要整合、优化公共行政资源,要合理界定中央政府与省际政府在区域公共服务均等化中的职责分工、提高同级政府职能的横向协调水平、加快建立中央政府对地方公共服务的问责制,从而提升西部边疆欠发达地区欠发达地区政府的公共服务能力。第三要建立以公共服务业绩为导向的干部人事制度,把公共服务指标体系纳入干部考核体系,避免牺牲公共服务为代价专注发展经济等。

(三)调整中央财政转移支付结构

在地区性发展差距客观存在、人口与要素尚不能完全自由流动的背景下,西部边疆欠发达地区欠发达地区既没有足够的财政实力实现公共服务均等化,居民也无法通过自由流动实现公共服务均等化。这种困境又因为区域内部地广人稀,公共服务供给的边际成本过高而进一步恶化。因此,对于西部边疆欠发达地区欠发达地区而言,实现区域公共服务均等化的核心困境就在于区域政府公共服务供给能力严重不足。从根本上讲,区域公共服务均等化的实现取决于区域经济的发展,地方政府的财政实力与公共财政的制度安排。由于在短的时间内无法大幅度削弱区域经济与地方财政的地区性差距,因此有效的财政转移支付制度是推进区域公共服务均等化的重要手段。这首先需要加大对西部边疆欠发达地区欠发达地区转移支付的力度,建立转移支付规模稳定增长机制,提升区域政府公共服务的供给能力。在现行的转移支付制度内,税收返还所占份额最大,而且东部地区税收返还份额最大。这种制度安排恶化了区域间的财政均等化,削弱了西部边疆欠发达地区欠发达地区公共服务的供给能力。因此有必要基于区域公共服务均等化的需要,调整中央财政转移支付的地区分配结构,增加西部欠发达地区欠发达地区的所得份额。在这个基础上,还可以考虑在东部发达省区支援西部不发达省区的基础上,推动东部发达地区对西部欠发达地区,尤其是西部边疆欠发达地区欠发达地区的横向转移支付。其次需要调整转移支付的类型结构,增加区域公共服务均等化的补助比重。由于财政专项转移支付制度不健全,项目繁杂且分散,加上缺乏有效的管理与监督,很容易产生"寻租",因此要逐步提高一般性转移支付比例,并使其成为财政转移支付的主要形式。在这个基础上,还要逐步调整一般性转移支付的内部结构,不但要逐步增加公共服务的转移支付比重,还要增加区域公共服务均等化的补助比重,确立以区域公共服务均等化的转移支付为主体的转移结构。

(四)探索实现公共服务供给均等化有效途径

随着市场经济体制的不断完善,在保证有效财政转移的同时,要加快建立区域公共服务均等化的多元参与机制。首先需要根据西部欠发达地区欠发达地区公共服务供给的具体经济社会环境,以及政府、市场与社会的比较优势,形成公共服务供给过程中政府、市场、公众和社会组织之间的合理分工。其次,在明确政府公共服务供给最终责任的前提下,打破公共产品生产模式的垄断状态,探索公共服务市场供给的有效模式,缓解西部边疆欠发达地区欠发达地区基本公共服务供给短缺的状况。第三需要诱导民间组织广泛参与西部边疆欠发达地区欠发达地区的公共服务供给,尽快将某些公益性、服务性、社会性等公共职能转移给具备相应条件的非营利性民间组织，在政府与民间组织间建立起基于比较优势、取长补短的平衡关系和合作伙伴关系。

（五）优先保障欠发达地区公共服务供给

在区域公共服务水平差异过大、区域政府公共服务供给能力缺口过大的背景下，实现西部边疆欠发达地区欠发达地区与其他地区的公共服务均等化还需要充分考虑公共服务供给能力与公共服务需求层次的匹配，尽力而为、量力而行，分层次、分阶段动态实现。在有限财政资金的约束下，首先需要重点保障西部欠发达地区欠发达地区的基本公共服务均等化。优先供给并完善区域内部最迫切需要的基础实施、义务教育、公共卫生、反贫困等最典型的公共服务项目，这不但能够最大限度地发挥公共服务的社会福利效应，实现边疆社会的稳定，而且有利于西部边疆欠发达地区欠发达地区的内生发展，提升公共服务在未来的供给能力。其次才能侧重区域内部城乡之间、居民个人之间公共服务水平的均等，如区域内部城乡就业的统筹、城乡养老的统筹、城乡医疗统筹以及社会保障的统筹等。最后才能是更广泛意义上、更大公平程度上的全国居民个人之间公共服务的均等化。

四、构建西部欠发达地区边疆
治理的国家安全战略

中国边疆问题产生并存在于边疆，但是影响的不只是限于边疆，很可能波及整个国家。对于国家来说，边疆问题是全局性、根本性和战略性问题。这些问题的解决有赖于国家力量，国家必须运用政权力量，动员其他社会力量，运用国家和社会资源，去解决边疆问题，即边疆治理。因此，从本质上看，边疆治理是一个运用国家权力并动员社会力量解决边疆问题的过程。

（一）提升认同整合

中国是由多个民族组成的国家政治共同体，是典型的多元一体政治结构。国家为各个民族提供利益保障，维护各民族利益，各民族对国家的统一与繁荣负有责任和义务。各民族对国家政治体系的支持，是国家稳定、巩固和发展的基本条件。然而，各民族对国家政治体系的支持，又以各个民族对多民族国家的认同为前提。在没有国家认同的情况下来确立多民族国家的统一和稳定就会受到威胁,其至面临瓦解危险。国家认同作为极其重要的社会资源和政治资源,必须在平等发展、共同繁荣的目标模式下维护和提升民族认同和国家认同,阻止和防范民族认同和国家认同可能的弱化和消解。边疆治理的目标在于消除认同危机发生的可能与隐患,保障国家认同与民族认同之间保持一个恰当关系,促成国家认同高于民族认同,保证和促成民族认同和国家认同的同向变化,并在民族认同中强化国家意识和国家认同。边疆管理要着力防范将民族认同置于国家认同之上的可能性,防范以民族利益反对国家利益的可能性。在国家边疆治理战略上,要避免或消除认同危机,就必须协调好民族认同与国家认同之间的关系,促使相关民族保持一个合理的认同结构,将国家认同维持在较高水平上,保持国家认同的高水平和优先地位,巩固国家权威,避免出现以民族认同对抗国家认同甚至否定国家认同的情况,从而形成有利于多民族国家统一和稳定的社会心理状态。

(二)推进边疆发展战略

边疆治理滞后或存在问题,就会埋下隐患,演化危机爆发,影响全局发展。为维护地区社会稳定与安全,除了进行边疆治理重构、主体治理重构、进行民族认同与认同整合以外,还需要把边疆治理战略提高到国家战略的高度,在国家战略高度上进行边疆治理。研究表明,在地方利益和地方政府间竞争日趋激烈的情况下,发达地区对落后地区进行发展资源的争夺、挤压导致区域发展严重失衡。因此,必须从国家全面治理角度考虑边疆治理问题,把边疆治理纳入治国方略,加大治理力度,以实现国家长治久安。大国治理,边疆为重。因此必须高度重视边疆治理,把边疆治理纳入治国方略。边疆问题是全局性问题,必须运用国家力量,动员全国资源,坚持长期有效治理。边疆治理战略应统一在国家规划内,由中央政府牵头,动员全国力量,协调各个省级地方政府,持续进行边疆治理,方能取得良好效果。边疆治理要转变我国长期采用的族际治理解决边疆问题的传统方式,以解决多样化边疆问题为最高取向,注重解决区域性问题,区域内涉及的民族问题也按区域问题解决,采用区域治理的边疆治理方式,有利于边疆问题的全面解决。

(三)统筹规划边疆治理

以国家全局利益高度,统筹规划边疆治理:确定边疆治理的长期目标、阶段性目标和总任务;突出重点任务,提出分步实施的具体目标和任务;形成边疆治理的总体政策框架,明确各级地方政府以及边疆地方政府责任;处理好相关各方利益与地区的利益关系,形成利益分配合理格局,明确相关各方的责任和义务,以充分调动各方积极性。建立由中央政府专门机构进行统筹和协调的边疆治理机制:组织专门力量,全面研究边疆治理的重大问题,探寻解决问题的基本思路,为中央政府提供政策咨询;建立专门机构,制订边疆治理的具体措施,协调和统筹各方关系,以保证边疆治理战略实施。充分利用中央集权来调动和动员社会资源的效率,通过国家战略来推进边疆快速发展,由中央政府主导边疆发展与边疆治理,实施与西部边境邻国的非传统安全合作,加强对跨境民族的国家安全与国家认同教育,建立有效的边境安全管理机制,彻底净化我国西部欠发达地区安全环境,使边疆治理取得长期成效,实现中国西部欠发达地区问题的彻底改变和根本性治理。

五、构建政府预警体系

国家负有保障社会稳定,防范社会隐患,预警和处置社会危机的第一责任。在中央集权体制下,依据政府行政职能部门的管理与服务权限,构建贯通中央与各级政府的"自上而下"与"自下而上"的社会预警系统,对实施西部欠发达地区社会的预警管理有重大意义。

(一)建构预警管理组织

预警管理需要实行一个由上而下的级别指挥,横向协调,确定重大决策与规划,以及危情发布、信息收集与反馈等日常预警工作的中心组织机构。国家应在国家社会预警体系的整体框架中重点考虑西部欠发达地区社会预警机制与管理系统的构建问题,并提出由国家相关职能部门为组织中心的机构建设。为应对危机管理的需要,政府需要建立起常设性的危机管理机构,将社会预警管理纳入政府的常态管理,进行危机的监测、预报和防危管理,危机发生过程中的救危和危机发生后的善后工作。根据公共危机的突发性、影响广泛性和严重危害性的性质,要以常设性社会预警管理组织机构的运作方式实施"预防为主,常备不懈",突出体现预警功能。根据现代社会危机多属复合型危机事件的特征,政府需要建立综合性社会预警管理组织,负责在社会预警管理的领导、指挥、协调政府各部门和社会团体的日常防范与应急行为,将社会预警管理纳入统一有序的危机管理中,强化各部门之间的协作,提高政府社会预警管理的能力和效率。基于危机环境中对社会预警管理的反应速度、弹性和协作性的要求较高的需求,构建扁平化的社会预警管理组织结构已经成为社会预警管理组织的发展趋势,以保证危机信息和危机决策的准确上传下达,大大提高危机管理的效率。公共危机往往是在点上爆发,地方政府必然直接面对危机事件,掌握危情,如果只依赖单一的中央集权式社会预警管理,将大大降低管理效率与时效性。因此必须构建以属地为原则、集权和分权相结合的社会预警管理组织机构。政府对社会预警管理机构的设计应该具有开放性,不仅有政府部门的参与,还应设立专门通道吸引社会组织和公众积极参与,共同参加公共危机的管理,以提高管理效率。

(二)构建地区社会预警系统

针对西部欠发达地区社会稳定的重要性,建议构建基于政府相关职能部门组织系统的西部欠发达地区预警体系,具体组织和承担地区与民族关系的预警管理,通过互联网络信息系统,使各级危机预警管理组织能够同步得到原始信息,获得更多的信息评价,进行多渠道的信息对比,为准确的危机决策或为决策咨询提供保证,且对可能出现的危机进行实时监控并迅速做出反应。

基于互联网络技术基础上的西部欠发达地区社会危机预警信息管理系统,主要包括以下主要内容:第一,外网的应用。在西部欠发达地区社会危机预警信息管理系统的构建过程中,可以利用互联网络技术对外部环境信息进行收集、整理和分析,集中精力分析处理那些对我国西部欠发达地区社会关系有重大影响的外部环境信息,获得危机的先兆信息。部门危机管理人员能够充分利用电子政务的海量数据进行分析,并找出各种问题和可能引起危机的先兆,及时做出正确的决策。利用互联网络技术对搜集的资料进行整理、分析和评估,列出风险、威胁和危险,制定风险目录清单,进行危机信息诊断,共同分析和挖掘可能的危机源。最后,根据危机预警指标对信息进行分类,估计出危机发生的概率及危害程度,然后决定每一种危机预警范围和预警对象,启动相应的应急机制。

(三)强化社会预警管理组织职责

制定国家或地方层面的应急预案,预备职责包括培训、负责实施对紧急事务管理人员、专业技术人员、民间应急机构人员以及志愿者的与紧急应对行动有关的各种知识和技能的培训,还包括制订应急计划的程序,演习的设计,灾难的评估等方面的指示。危机预警是社会预警管理机构的重要职责,通过搜集各类与突发事件有关的信息并组织专家人员对信息进行加工和分析,作出判断,发出预警信息。突发事件出现后的紧急应对职责是社会预警管理组织的核心职责,在突发事件发生时,负责启动紧急应对行动计划,指挥和协调应对行动。公共社会预警管理组织在突发事件后的恢复阶段的职责包括组织各项恢复工作,为恢复工作提供人力、物力和财力上的资金支持,确保各系统和部门在恢复工作中的良好协作和配合。为履行其职责,社会预警管理组织被明确赋予在紧急状态下和非紧急状态下的权力。紧急状态下的权力包括对人员、资金、物质、设备的征用和调动权力以及限制权力,突发事件预警信息发布权力等;非紧急状态下的权力主要包括信息获得权力,各种应急预案的制定、监督及审批权力,对各类减灾和应急预备计划实施的指导、监督和验收的权力,监督和组织实施各类应急培训、演习的权力,对各类民间应急组织及志愿者进行管理和指导的权力等。

调研报告之一 退耕还林、生态服务 付费机制与农民增收

——以云南省退耕还林工程为例

为了保护环境,探索增加资源方法是各国长期关注的问题。生态补偿(eco-compensation)机制在中国很普遍,是与传统的政府付款不同的一种模式。西部少数民族边疆地区的自然资源丰富,生态系统多样,为中华民族的繁衍、休养生息和繁荣富强提供着重要的资源和生态服务。作为一种有别于传统生态补偿的生态管理模式,生态付费机制的实行将通过市场的作用有效地促进西部欠发达地区的发展和生态保护,同时也能缩小东西部地区的经济差距,有利于实现国家的共同繁荣富强。

一、背景介绍

在中国,由于土地沙化和水土流失造成的土地流失大约是 1.74 亿和 3.6 亿公顷,分别占中国土地总面积的 18.2% 和 37.5%。这些土地大多数位于中国西部,据统计,中国西部地区因水土流失而造成的土地流失面积占全国土地流失总量的 80%。这都是过去几十年过度开垦所导致的恶果,虽然其目的是积极的——为了增加农业产量。过度开垦给我们带来的问题就是大量水土流失和土地荒漠化,由于土地沙漠化,坡耕地上每年大约有 13 亿吨的土壤遗憾地被冲进长江和黄河的上游和中游。当然还有那些不计其数的因缺水或洪涝导致的土地流失。

为了能够恢复生态脆弱区的初始面貌,缓解因过度开垦坡地而导致的一系列恶果,2000 年中央政府实施了一项旨在让坡耕地退耕还林的规划,即退

耕还林工程(UCP)。随着 1999 年试点项目的开展,规划进一步扩大范围,要求坡度大于 25°的坡耕地退耕还林,由于退耕还林而丧失土地的农民将会得到补偿。例如,长江上游的失地农民,国家将以每公顷 2250 千克的稻谷和每公顷 300 元人民币的标准进行补偿,以每公顷 750 元来补贴购买树苗。2004年 4 月 13 日,国务院通过并颁布了政令,把稻谷补贴以每公斤 1.4 元的平均价格折算成现金来补贴因退耕还林而失地的农民。坡耕地将被改造成生态林和经济林(果树种植),不过政令要求,生态林的规划面积不得少于总面积的80%。对于退耕还林试点的农民,国家给予的优惠政策是:种植经济林,将可享受 5 年补贴;种植生态林,将可享受 8 年补贴。这个工程旨在将 1470 万公顷农田和 1730 万公顷退化土地改造为森林。工程的总预算达到 3370 亿人民币(超过 400 亿美元),工程区域涉及 8000 万家庭。

　　到 2006 或 2007 年,退耕还林工程补贴期满,为了使工程效果能够得到延续,中央政府决定再延长对经济林种植 5 年的补贴,对生态林种植 8 年的补贴。对于长江流域规划区域中的农民,将提供每亩 105 元的补贴;对于黄河流域和中国北部规划区中的农民给予每亩 70 元的补贴,并且之前每公顷 300 元的补贴依然延续。然而,现有的补贴方案在补偿期和补偿率方面缺乏理论和实践基础。一些特定的问题尚未得到解决。

　　第一,在第二期补偿期满之后,如何保持退耕还林工程所取得成果? 只有种植经济林的收入不小于种植农作物所得收入,农民才不会将已经改造的人工林再改回农田,可是,在没有补偿的前提下,并不能保证农民就不会将改造的经济林再次改回农田。原因是:在树木尚未成熟的 16 年期间,人工林是不能盈利的,因为未成熟的木材的产量和价格都很低。以成长相对较快的云南松为例,彭鉴(1984)和卢昌泰(1992)等人研究发现,10 岁的松树的直径才3.4 厘米,15—20 岁时达到 9.6—11.3 厘米,20—25 岁也不过是 8.4—13.6 厘米。杨永祥和张裕农(2001)的研究发现,14 岁树的半径大约是 7.7—10.6 厘米;20 岁的大约是 10.4—18.6 厘米。人工林大约每 5 年可以有 15%的树木成材,而且只有 20%—50%的成材树木是具有商业用途。很显然,当第二期补偿期满之后,农民很难依靠种植人工林获得足够的收入来保证工程的成果能够得以延续。

　　一些学者认为农民可以有其他渠道获得收入。然而,这种可能性也不大。

黄文清和张俊飚(2001)基于灰色模型的预测的结论是,相对成熟的农业体系将在2017年初步建立,他们建议把补贴期延长至10年。但是他们的模型中的数据是总量数据,而现实中有很多退耕还林工程区域是偏远落后地区,当地的农民几乎没有其他收入渠道,他们的结论太乐观。例如,秦建明等(2006)人提出希望能够把经济林补偿期延长至8—9年,生态林补偿期延长至30年。因此,一些专家认为在补偿延长期期满之后,生态林的补偿应该按照它们的生态服务功能来加以补偿。

第二,自从退耕还林工程实施以来,现有的补偿方案没有对农民产生激励效果,并且在2007年,中央政府决定给农民延长8年的补偿之后,这个问题也没有解决。即,只要是退耕还林的面积相同,退耕者就可以得到相同的补偿份额,而不管森林植被质量和土地生产力的差异。由于土地的生产率不同,有些农民所得补偿太低,而有些则太高。由于没有考虑到不同土地的不同生产率,所以现有补偿率是低效率的。

为了解决上述问题,这篇论文旨在通过建立中国国内碳汇市场,即基于碳交易的生态服务付费机制,寻求一种更加有效的补偿方法。基本原理如下:

首先,对于退耕还林工程中的任何可能受益的个体均采取市场选择的手段,从而提高补偿的成本有效性。在碳汇市场中,在退耕还林工程中建立起来的森林可以被看做是一个碳源,而那些被森林所固定的碳储量可以作为支付工具。这样,当国家补贴期满之后,退耕者可以从那些因退耕还林工程而获益的一方获取报酬。从退耕还林工程中获益的群体很多,如温室气体的排放者。第二,退耕林的固碳量可以用于衡量不同地区的森林的生产率和经营管理水平。第三,在国家补偿期满之后,即使改变了退耕还林工程中森林的管理目标,把森林看做是碳源,也不会和最初的目标——保护水土相悖。

在《京都议定书》中提出的清洁发展机制中,国际碳交易有着充分的依据,即发达国家可以去发展中国家进行造林和再造林的投资项目,从而实现他们在议定书中的减排承诺。中国在国际碳交易市场中扮演着非常重要的角色。世界银行2007年的报告指出,在2005和2006年,中国分别控制了全球碳交易73%和61%的市场份额。由于目前中国的碳汇项目主要来自附录1中国家的企业,已经种植的人造林可能不符合清洁发展机制的额外性标准。不过,如果能够建立和清洁发展机制相似的国内碳排放交易机制,将使退耕还林工程中的碳交易合理化。中国在国际碳交易市场中的经验为国内碳交易市场的建立提供了坚实的基础。碳排放许可证可以作为商品在买卖双方进行交易。卖方是能够使自己排放量低于标准的企业或机构,而买方则是那些超标排放的企业,例如钢铁生产或者石油石化企业等。

这种机制的一个关键问题就是,以现在的碳交易市场价格来交易所积累的碳是否可行? 基本原则是碳排量减少的补偿成本应该低于从排放源减排的成本。在退耕还林工程中,碳排放许可证的收益至少应等于在坡耕地进行农业种植的机会成本和维护人造林的直接成本之和。在第二轮政府补贴期满之后,退耕还林工程转化为碳补偿计划,那么森林的种植成本就已经由政府买单。

为了评估把退耕还林工程转变成碳排放补偿计划的可行性,本研究通过比较碳汇的收益和农业种植的机会成本来计算净现值。由于中国尚未形成国内碳排放交易市场,在此以参考国际上通用的碳交易价格为依据。

二、研究方法

1. 研究区域和范围

研究区域为中国西南边疆省份——云南省。云南省是长江上游的一个多山地的省份,地形复杂多变,气候条件也很多样,土地的生产率也千变万化。云南省也是一个农民高度依靠耕地的典型贫困省份。

本研究只考虑农业和碳减排的价值。农业种植的价值是农民从坡耕地上得到的净收益,即农民的种植收益减去生产成本。虽然退耕还林工程可以提供很多其他的生态产品和服务,但是本文重点研究通过建立碳交易市场实现生态服务付费的可行性,所以只考虑固碳价值。正如 Sterner(2003)所说,就政策制定的复杂程度而言,碳减排补偿是一种有建设性的政策手段,并且它不会带来其他问题,如与生物多样性保护相冲突。

本文利用云南松来评估退耕地上森林的固碳能力。云南松覆盖了全省的大部分地区,这种树是进行造林和再造林的首选树木,因为它生长周期相对较短,而且可以在贫瘠的土壤上成活。尽管可能会受其他因素的影响,如经营管理投入等,不过我们仍可以将树木生物质的生长看做是树龄和立地指数的函数。

研究只以生态林为对象,原因有二:第一,由于难以找到关于经济林木的数量和种植面积的相关数据,无法准确估算经济林的产量;第二,按照退耕还林工程的条例,生态林面积要占总退耕地面积的 80% 以上。事实上,云南省大约 95% 的坡耕地都被改造成为生态林。

2. 数据搜集

本研究的立地指数是以 YDF(1990)中 387 个样本点的调查数据为基础。为了构造立地指数,先把每公顷达到砍伐年龄 41 年的木材产量计算出来,再进行排序。然后,以最小的木材产量为基数,并且把这个地方的立地指数设定为 1.0,其他地方的立地指数分别为该木材产量与基数相比得到。例如,假设某地的木材产量是基数的 1.3 倍,那么该地的立地指数为 1.3。

不同研究点的农作物的产量数据源于赵俊臣等(2001)的调研报告,立地指数数据源于 YDF(1990)中的森林土壤数据。根据当前的农作物价格,不同坡耕地的农业产出如表 17-1 所示:

表 17-1 云南省坡耕地的农业产出

	地区	农业产出[1](元/公顷)	立地指数[2]
1	德庆县拖顶乡上得通村	2,118.2	1.34
2	维本县塔城乡各洛村	3,780.3	1.76
3	永仁县万马乡进化村	1,759.1	1.22
4	巧家县巧家营乡九营村	3,061.8	1.60

数据来源:赵俊臣等(2001)[1];2. YDF(1990)。

有关农业生产的平均成本、中间投入、碳和农产品价格源于最近的有关文献和统计资料。

3. 分析方法

只有当森林的净现值 NPV_F 不小于农业净现值 NPV_A 时,期望收益最大化和风险中立的退耕者才会持续种植和养护森林。农户决策的标准是退耕还林

---

① 赵俊臣、许建初、齐康:《中国云南省天然林资源保护与退耕还林还草工程社区调研报告》,云南科技出版社 2001 年版。

的净现值(NPV_{AF}),其关系式为:

$$NPV_{AF} = NPV_F - NPV_A \tag{1}$$

根据2003年联合国气候变化框架公约(UNFCCC),在2008-2012第一个承诺期里,有两种可行的途径来计算森林固碳量:短期信贷(credit)和长期信贷。根据碳排放的短期认证和长期认证标准下的碳减排支付,我们可以假设:只要农民们获得的收益是一样的,这两种方式对他们来说是一样的。

(1)坡耕地的农业价值

农民在坡耕地上的年种植收入是一年中每一期作物的净收益之和,可以表示为:

$$V_a = \sum_{m=1}^{M} (q_m p_m - c_m) \qquad (1 \leqslant m \leqslant M) \tag{2}$$

其中,M表示农民一年耕作的作物的总次数,q_m为第m期作物的产量,p_m为产品的价格,c_m是作物的生产成本,包括劳动力成本、化肥、农药等等费用。

假定农业种植的投入和产出是不变的,那么农业的净现值NPV_A可以用下式来计算:

$$NPV_A = \sum_{t=0}^{T_p} \frac{V_a}{(1+r)^t} \qquad (0 \leqslant t \leqslant T_p) \tag{3}$$

其中,T_p表示退耕还林工程的持续时间;t是时间,r是贴现率。

(2)森林固碳的增长

森林的生长与立地指数和树龄有着紧密的联系。云南松的生物产量可以假设为包含两个变量的函数,即:

$$X(A) = f(SI, A) \tag{4}$$

其中,$X(A)$是每公顷树龄为A年的生物量储量;SI是立地指数,它是某一地块森林生产能力的替代变量。

生物量产量函数利用《云南森林立地分类及其应用》(1990)中数据通过回归方法得到。单位面积的森林固碳存量$V_c(A)$是与生物质产量成正比例,即

$$V_c(A) = \sigma X(A) \tag{5}$$

其中,σ是每立方米生物质的固碳量。

由于$V_C(A)$是由地块生产率所决定的,同时也受到经营管理的影响,所

以森林的固碳价值包含了土地生产力和农民在种植和维护森林过程中的投入。

邓坤枚等(2005)研究中指出,云南松人工林的基础生物量随着树木的生长而变化:15 到 17 年的幼龄林的根系生物量是每公顷 8.5 吨;30 到 32 年的人工林的根系生物量为每公顷 11.7 吨;而大于 62 年的成熟人工林的根系生物量每公顷可以达到 18.91 吨。研究中假定平均根系生物量在树木 17 岁以前按每公顷 0.5 吨/年的速率增加,之后无论是何种地理环境都是按每公顷 0.2 吨增加。尽管人工林的根系生物量可能由于地区不同而不同,这样假设是由于缺乏特定地块的根系生物量的数据。X(A)中已经包含了根系生物量。

(3)可行性的标准

设计补偿机制的标准是:给定一块农地,农民种植林地的净收益至少要等于种植农作物的净收益,即为:

$$NPV_F = NPV_A \tag{6}$$

森林的经营成本比农作物经营成本要小,尤其是在森林种植 16 年以后。因此我们假定森林经营管理的成本可以忽略。

固碳量按短期信贷(temporary credits)方法核算。假设短期信贷将在 T 年后到期,再造林工程的时间是 nT 年。首期碳信用将在 T 年后获得,其数量与 T 年内的净固碳量相等。即:

$$\sigma Y_T (= \sigma (X_{i+T} - X_i)) \tag{7}$$

其中,Y_T 表示在第一个 T 年内的生物质增量;X_{i+T} 表示在 i+T 这一年的碳生物积累量,i 表示政府补贴的最后一年,X_i 表示这最后一年的碳存量。在本研究中,政府补贴的最后一年是第十六年。

σY_T 是用来计量二氧化碳的固定量,指的是净碳积累量。这些碳信用可将第 2T 年到期,但是能与第 T 至 2T 年间新增的固碳量一起重新发行。因此,在第 2T 年,总的碳信用量为 $\sigma Y_{2T} (= \sigma (X_{2T+i} - X_i))$。对接下来的几 T 年来说,核算方法相同。

短期碳信用的现值(B_c^T)按下式计算:

$$B_c^T = \frac{p_c \sigma Y_T}{(1+r)^T} + \frac{p_c \sigma Y_{2T}}{(1+r)^{2T}} + \cdots + \frac{p_c \sigma Y_{(n-1)T}}{(1+r)^{(n-1)T}} = p_c \sigma \sum_{j=1}^{n-1} \frac{Y_{jT}}{(1+r)^{jT}} \tag{8}$$

碳交易将在政府补偿期满后（人工林种植16年之后）开始实行，再造林的成本已经由政府补偿弥补，所以 B_c^T 就是碳汇的净价值。

三、计算结果

1. 森林生长模型

根据方程4，利用 YDF（1990年）的数据，用回归的方法可得到云南松人工林的生物量增长模型为：

$$lgX = 4.356 + 0.802SI - 18.618/A \tag{9}$$
$$(61.799)(16.572) \quad (-42.304) \quad R^2 = 0.960$$

其中，lgX 表示的是生物产量的对数形式，括号里的数据是 t 统计量。

根据 CCCNI（n，d），云南松的生物密度是 0.484 吨/m3，碳所占比例大约是 0.5。因此，生物质所固碳的密度为（σ）0.242 吨/m3。

根据方程（9），就 X 对 A 求二次偏导（d^2X/dA^2），算得生长量最大化的树龄是 9.3 年。要得到最大平均年增量（MAI），用生物量生长函数除以年龄，得到 MAI 的函数。用年龄对 MAI 进行一阶求导，算得最大年均增量所对应的树龄为 18.6 年。这就是说，在原有耕地上种植云南松人工林，生物质生长最快的时候出现在第一轮国家补偿期后，而最大年平均增量则出现在第二轮国家补偿期后。

根据方程（9），对于16—21年的人工林来说，立地指数为1.22至1.76的间伐材产量大约为3—7立方米。这个树龄段的木材直径大约是9.58—11.26厘米。这个直径范围内的树木价格是每立方米300元，所以在每个间伐周期内（如5年）的收益大约是每公顷1020—2145元。可见，16年人工林所产生的收益小于农民种植农作物所得收益。

2. 净现值

假设短期碳信用每5年发行一次，贴现率为7%。通过方程（9），可以得到不同立地条件和不同龄级树木的固碳价值（表5-4）。根据"额外性"标准，碳量计算将从第17年开始，即国家补贴期满后的第一年。

从2005年到2006年，国际平均碳价从7.6美元/吨涨到了10.9美元/吨。2006年，中国最低碳价在10.4美元/吨到11.7美元/吨之间，折合人民币 83.2 元/吨至 93.6 元/吨[1]。碳点（Carbon point）研究报道[2]，中国风力发电项目的碳价为 13.5 欧元/吨，折合人民币 147.2 元/吨。研究中，碳价按 147.2 元/吨计算。

表 17-2　不同地区不同树龄退耕还林的净现值（NPV_{AF}）

时期 （T=5 年）		（元/公顷），r=7%				
		T	2T	3T	4T	5T
立地指数	1.76	−832.4	−496.5	−17.0	467.5	899.5
	1.60	−602.7	−205.6	291.8	774.2	1196.0
	1.34	−308.3	157.5	668.6	1140.4	1542.5
	1.22	−198.3	289.9	803.1	1268.3	1661.0

表 17-2 表明，在立定指数给定时，净现值随着树龄的增加而增加。这是碳汇积累增加的结果。此外，在给定的树龄条件下，NPV 随着土地生产力的增加而减少，原因是：当土地生产力提高时，农作物产量增加，固碳的机会成本也更高。虽然固碳量也随着土地生产力的增加而增加，但没有农作物产量增加得明显。

根据 YDF（1990）的数据和赵俊臣等（2001）的研究，几乎没有坡耕地的立地指数可以达到 1.76，或者说，立地指数为 1.76 的耕地是肥沃的。如果碳价 147.2 元/吨可以保持，当退耕还林工程持续时间超过 20 年时，这个工程可以转变为碳补偿项目。如果立地指数低于 1.34，工程持续时间超过 10 年，转变也是可行的。但是，如果工程只实施 5 年则无论如何是不可行的。不过，考虑到绝大多数碳汇林的树龄都大于 20 年，那么只要国内碳减排机制可以建立和实施，在国内市场交易来自退耕还林的碳具有高度可行性。

---

[1]　World Bank. 2007. State and Trends of the Carbon Market 2007. http://carbonfinance. org/docs/Carbon_Trends_2007-_FINAL_-_May_2. pdf.

[2]　Anon. CDM & JI Monitor, vol 6（4）. Feb. 20, 2008. http://www. pointcarbon. com/getfile. php/fileelement_133451/22022008. pdf.

四、敏感性分析

为了评估一些主要变量发生变化时对可行性的影响,进行了敏感性分析。所考虑的主要变量包括贴现率、森林固碳量、碳的价格和农业产量。当贴现率从7%改变到9%,或者是5%时,产生的影响见表17-3。在表17-3 中,可以看出:当给定地块生产力水平时,净现值会随着贴现率的上升而下降。原因是,在给定的立地条件下,农作物产量被近似看做是一个常量,农业产值的贴现值在高贴现率下相对较小。因此,当贴现率较低时,将退耕地上所造森林转变为以固碳为目的的森林可行,而且贴现率越低,可行性越高。

表 17-3　NPV$_{AF}$在不同贴现率情况下的变化

贴现率	立地指数	净现值（元/公顷）				
		T	2T	3T	4T	5T
r＝9%	1.76	−824.1	−930.0	−776.1	−558.0	−352.2
	1.60	−602.3	−611.8	−419.7	−189.3	17.7
	1.34	−317.6	−208.1	28.0	269.6	474.8
	1.22	−211.2	−58.5	192.3	436.6	640.0
r＝5%	1.76	−41.8	423.3	1106.1	1849.1	2570.1
	1.60	107.4	635.0	1332.7	2065.9	2765.0
	1.34	289.8	885.5	1589.9	2298.4	2958.9
	1.22	355.1	972.3	1675.0	2370.5	3013.1

另外,贴现率对 NPV 的影响会随着项目期的延长而变小。例如,当贴现率从7%下降至5%,立地指数为 1.34 时,净现值将增加到原来的 4.62 倍(10年期),1.38 倍(15 年期),1.02 倍(20 年期)和 0.92 倍(30 年期)。这说明,随着碳补偿项目的延长,贴现率对 NPV 的影响越来越小。

因为政府已经补偿了再造林的成本,所以在政府补贴期满之后,退耕还林工程才能转变为固碳项目,森林碳汇的成本只有农业种植机会成本和经营管理成本。如果对人工林进行大范围管理,那么单位面积的经营管理成本可以忽略不计。表 17-4 表明,如果需要保持可行性,农业种植收益的增加会延长固碳项目的时期。反之,若减少则将缩短项目期。此外,在给定立地条件和贴现率的前提下,农业种植收益的变化所造成的影响会因固碳项目期的延长而变小。如果是给定贴现率和项目期,农业种植收益变化的影响会随着立地指数的减小而变小。

表 17-4 NPV$_{AF}$ 随农业产品价格变化的变化

农产品价格	立地指数	净现值(元/公顷),r=7%				
		T	2T	3T	4T	5T
+10%	1.76	−1008.5	−798.1	−408.2	12.5	399.0
	1.60	−745.3	−449.8	−24.9	405.9	790.8
	1.34	−407.0	−11.5	449.4	885.4	1262.1
	1.22	−280.3	149.6	621.1	1056.6	1428.1
−10%	1.76	−656.4	−194.8	374.1	922.4	1399.9
	1.60	−460.1	38.7	608.5	1142.6	1601.2
	1.34	−209.6	326.5	887.7	1395.3	1822.9
	1.22	−116.4	430.3	985.1	1480.0	1893.8

假定其他因素不变,NPV 将随固碳量的增加或碳价的上升而增加,反之亦然。在给定立地条件下,固碳量的增加或碳价的上升所带来的影响会因项目期的延长而变小。若项目期固定,固碳量的增加或碳价的上升所带来的影响会随着土地生产力的增加而上升。特别是,在原先条件下一些可行的固碳项目会因固碳量减少或碳价下降而被舍弃。当固碳量减少 10%,立地指数为1.76 时,20 年期的固碳项目将不具有可行性。

表 17-5 固碳量或碳价变化对 NPV$_{AF}$ 的影响

固碳量或者碳价格	立地指数	净现值(元/公顷),r=7%				
		T	2T	3T	4T	5T
+10%	1.76	−739.6	−244.5	372.4	969.2	1489.9
	1.60	−520.4	18.1	637.7	1220.1	1720.8
	1.34	−240.5	342.2	954.6	1509.3	1977.2
	1.22	−136.2	459.3	1065.4	1606.8	2059.9

续表

固碳量或者碳价格	立地指数	净现值(元/公顷),r=7%				
		T	2T	3T	4T	5T
-10%	1.76	-925.3	-748.4	-406.5	-34.2	309.1
	1.60	-685.0	-429.3	-54.1	328.4	671.2
	1.34	-376.1	-27.3	382.5	771.4	1107.8
	1.22	-260.4	120.6	540.8	929.8	1262.0

五、结　论

虽然中国政府延长了退耕还林工程的补偿期,可是这个工程在国家补贴期满之后,它的可持续性依然是一个迫切需要解决的问题。原因是,人工林的收益太低,而且农户的收入渠道单一,尤其在偏远落后的地区更为明显。本研究针对这个问题,就工程的补偿问题提出了一种替代方案,对于能否将退耕还林工程转变成以固碳为目的的项目进行了可行性研究。基于短期碳信用的核算方法,根据农田种植的机会成本与现在国际市场中的碳价,计算了净现值。最后,对碳价等不确定性因素变化的影响进行了敏感性分析。

结果表明,在给定的立地条件下,人工林相对农业种植的净现值 NPV_{AF} 会随着树龄的增大而增加;在给定树龄的条件下,NPV_{AF} 会随着土地条件的恶化而减少。贴现率的降低、碳价的上升或者项目期的增加将有利于固碳项目。若其他因素不变,也可以通过选择种植速生树种增加碳汇,或通过提高森林的经营管理水平来提高 NPV_{AF}。

按碳点所报道碳价[①],把退耕还林工程转变为项目期大于 20 年的固碳项目是可行的。项目期越长,将退耕还林工程转变为固碳项目的可行性越高。对于种在贫瘠退耕地上森林来说,农业机会成本更低,转变的可行性更高。此外,不断上涨的国际碳价也会增加可行性。

如果国内碳交易市场可以建立,那么农民将变成国内碳减排的供给方,即

[①]　Anon.CDM & JI Monitor, vol 6(4). Feb. 20, 2008. http://www.pointcarbon.com/getfile. php/fileelement_133451/22022008. pdf.

使国家补偿期满,也可以保证退耕还林工程的延续。此外,若以固碳量为基础对退耕者进行补偿,森林的质量将得到保证,也更易于监测所造人工林的质量。研究结果为改进退耕还林的补偿政策提供了一个依据。

国内碳交易市场的建立不仅可以保证退耕还林工程的持续发展,更重要的是它还能用于实现其他目标。正如中国人民银行行长周小川先生所说,现在很有必要将市场机制应用于环保中,建立国内碳交易市场可以平衡我国发达和落后地区的发展。然而,要利用碳交易市场机制来延续退耕还林工程还需要政府的力量,包括建立碳排放上限,交易许可系统以及其他的相关支持机制。根据西部欠发达地区的发展现状及国际上的经验,建立生态服务付费机制将是促进中国生态建设的有效途径,值得推进。

调研报告之二 跨境人口流动、艾滋扩散风险与区域发展安全

——对云南边境口岸调研问卷的初步分析

一、调研的背景及概况

(一)调研缘由与方法

伴随我国社会经济的快速发展和对外开放力度的不断加大,以往沉寂、闭塞的边境沿线开始活跃起来,在一些交通便利的通关口岸,过境货物及跨境人口流动都越来越频繁,这一方面促进了国家之间的商品贸易,改善了边境地区的社会经济发展条件,扩展了跨国文化的交流;另一方面也面临着一些发展风险,其中最突出的莫过于毒品的流入和艾滋病的传播。

如所周知,云南位处中国西南边陲,东南亚地区是世界重要毒品产区及输出区,著名的金三角就在此区域内;其次,东南亚部分国家是世界艾滋病感染的重灾区,据世界卫生组织(WHO)所做的评估,2007年南亚与东南亚地区成人与儿童感染艾滋病病毒(HIV)的人数在330万~510万人之间,占到世界艾滋病感染者总人数的十分之一,而流动人口是艾滋病传播的主体人群。伴随国门开放和人口跨境流动的增加,地区面临着毒品流入和艾滋病传播的巨大威胁,若不采取及时有效的防范措施,势必影响经济发展与社会稳定,使已经取得的发展成效得不偿失、甚至有可能使对外开放的成果毁于一旦。

在对外开放的大背景下,面对跨境人口流动的增加,我们有必要搞清楚,是哪些人在流动? 他们为什么跨境流动? 流动到哪里? 以及他们对艾滋(HIV/AIDS)的认知程度和所面对的艾滋感染风险等。本着边疆稳定,民族繁荣,走和平发展之路的基本方针,本调研在艾滋病传播最严重的云南省内选

取了四个国家级边境口岸,就中国公民跨境流动面临的艾滋风险与防范,及其相关的社会经济影响设计问卷,在 2008 年春深入实地进行专项问卷调研。本次调研将跨境流动人口分为"出境"、"入境"和"境外"三类:"出境"人口指从云南口岸出境去往老挝、越南和缅甸的中国公民;"入境"人口指从毗邻国经云南口岸返回国内的中国公民;"境外"人口指调研时已经待在毗邻国的中国公民。本次调研问卷作为一次大规模的随机样本,采取口岸和境外定点发放问卷,当面填答的形式完成。按预定计划拟在每个口岸进行 2000 份问卷调查,四个口岸合计共发放问卷 8000 份,实际共完成 7892 份,剔除 373 份无效问卷,共收回有效问卷 7519 份,其中出境样本 3406 份,入境样本 3644 份,境外样本 469 份。

本报告拟在对问卷汇总结果进行统计分析的基础上,结合现场观察感受作论,尽可能揭示中国公民跨境流动的特征、面临的艾滋风险以及对边疆稳定与区域发展带来的影响,继而探讨应采取的防范措施,并提出相关建议。

(二)调研口岸概况

磨憨口岸:磨憨口岸位于云南省最南端,地处东经 101°,北纬 21°,与老挝国家级口岸磨丁相连接,是我国通往老挝唯一的国家级陆路口岸和通向东南亚的便捷陆路通道。该口岸于 1992 年 3 月 3 日被国务院批准为国家一类口岸,1993 年 12 月 22 日中老两国宣布正式开通。1994 年 8 月国务院批准磨憨向第三国人员开放;2001 年 5 月 22 日,磨憨边境贸易区正式设立;2002 年 5 月 1 日开通昆明—思茅—景洪经磨憨至老挝万象的国际班车。随着中国—东盟自由贸易区的加快建设和澜沧江—湄公河次区域经济合作的进一步深化,尤其是伴随昆曼国际大通道的全线贯通和泛亚太铁路中线的开建,位于"国际大通道"上的磨憨口岸正在显现出其特有的地位和作用,在中国东盟自由贸易区合作中扮演重要角色。

按照云南省委省政府的统一部署,西双版纳州和勐腊县决心加快磨憨国家级口岸的开发建设,现已完成新的总体规划,规划面积 172 亩,供水、供电、通讯、饮食服务、旅馆等基础设施已较为完善,发展前景极为广阔。综合交易市场 21000 平方米,投资 840 万元;公共设施 7000 平方米,投资 1263 万元;房地产开发面积为 130.5 亩,基础设施投资 238 万元。2007 年 1~10 月,磨憨口岸边境贸易已突破 2 亿美元,同比增长 33%,出入境人数达 35.3 万人次,比

1999年增长了一倍。2007年磨憨边境口岸出入境人数达61万人次,同比增长73%,随着中老两国传统友谊和对外关系的不断发展,经磨憨口岸出入境的人流物流将越来越繁忙。

姐告口岸:姐告口岸位于德宏州瑞丽市4公里的瑞丽江东南岸,东、南、北三面与缅甸对外贸易主要口岸——木姐市相连。"姐告"在傣语中是旧城的意思,相传元末明初,麓川王思氏曾在此建都,因而得名。早在口岸设置之前,姐告的边民互市开展很早,但真正的边贸经济是伴随改革开放发展起来的。尤其是自2000年起,瑞丽海关、出入境检验检疫局、边防检查站根据省政府姐告现场办公会精神,从边境一线退到联检中心集中办公,姐告成为全国唯一实行"境内关外"特殊监管模式和优惠政策的边境贸易口岸。这种特殊的监管模式实行7年来,进出口贸易分别保持年均23.3%和29.6%的高增长率,边贸区管委会成功引进93个开发建设项目,协议资金达10多亿元,姐告边贸经济正在从过去吃"过桥米线"的物资"中转站",向面向东南亚、南亚的物流中心转变;从过去简单的易货贸易方式,向开展以一般贸易方式为主、多种贸易方式并举转变;从边境贸易区向完全的自由贸易区、外向型经济区转变。姐告已经成为中缅两国的物流中心,从姐告进出口的货物有80%销往云南省外,从姐告出口的商品有80%来自云南省以外的全国各省市。2004年,姐告口岸日均出入境车辆3000多辆,出入境人次2万多人次,车辆出入境流量居全国陆路口岸第一,姐告大桥日均车流量达1万多辆。同时,瑞丽市也是云南省艾滋病感染的"重灾区",云南第一例艾滋感染者就出自瑞丽。因此针对姐告口岸的跨境流动人口观察是本研究的一个重点。

河口口岸:河口口岸位于云南红河州河口瑶族自治县的河口镇,该县与越南老街省隔红河相望,有长达848公里的边境线。自古以来,河口就是出入祖国南大门的重镇。自汉唐以来,"南方丝绸之路"中的"马援古道"、"步头道"都是从河口出入国境。1895年,河口被清政府辟为商埠;1910年,云南省第一条铁路——滇越铁路——建成通车,河口成为当时云南与东南亚经贸往来的重要商品集散地,店号林立,商贾云集。在上世纪70~80年代,由于中越关系恶化,河口口岸曾一度萧条。但随着中越关系的正常化,口岸再次繁荣起来,尤其是进入本世纪以来,口岸建设加强,配套实施完善,重修的河口大桥焕然一新,口岸功能进一步强化。河口现在为国家级一类口岸,是云南省通往越南、老挝等东南亚国家进而出海的最短陆上通道。随着中国与东盟经贸合作的不断深入,通过河口口岸的进出口货物和跨境流动人口也将更为频繁。

猴桥口岸:猴桥边境口岸位于滇西重镇腾冲县西北端,距缅甸甘拜迪县城仅30公里,距缅甸北部重镇密支那约150公里。2006年"禁伐"以来,口岸人流量明显减少,现在每天出入境人员不过100人。腾冲县隶属保山市,位于滇西保山市境内西端,北接怒江(州),南连德宏(州),西与缅甸接壤,著名的史迪威公路纵贯全境,与320国道相连,经猴桥国家级边境口岸出境,可直抵缅北重镇密支那。腾冲是一座开发历史悠久、人文底蕴深厚的历史文化名城,拥有享誉中外的著名侨乡——和顺,经济社会发展基础较为厚实。但由于紧靠毒品和艾滋病流行的缅甸北部和德宏州,不可避免地受到毒品和艾滋病的威胁,"防艾"形势十分严峻。以往由国家、地方政府和国际组织在腾冲开展了一系列相关的项目,通过这些项目的实施与干预,促使当地艾滋病知识普及率或知晓率上升,HIV/AIDS传播或感染得到较为有效的控制。然而,伴随商品经济的深入、对外开放的拓展以及流动人口的增加,基层"防艾"形势依然十分严峻,同时,有关监测数据表明,当地艾滋病传染途径有从血液传播向性(行为)传播转变的趋势①。

二、跨境流动人口的基本状况

(一)性别及年龄状况

据表18-1显示,本次调查的跨境流动人口中,赴境外中国公民以男性青壮年为主。跨境流动人口的性别年龄构成,在所调查的7519人中,男性有4619人,占总样本的61.43%(有效百分比69.87%),女性1992人,占26.5%(有效百分比30.13%),表明赴境外中国公民以男性为主。从年龄分布看,最大年龄88岁,最小年龄10岁,平均年龄32~39岁。由此反映出跨境中国公民以青壮年男性为主。

---

① 2007年口岸共检测1056人,检出HIV阳性18例,查看"艾滋病个案调查纪录表"发现,几乎所有感染者都有"性乱史",以年轻男性为主。

表 18-1　跨境流动人口的性别年龄构成

	男性 （人）	女性 （人）	数据不详 （人）	最大年龄 （岁）	最小年龄 （岁）	平均年龄 （岁）
出境	2223	779	404	84	10	39
入境	2066	1088	490	88	10	32
境外	330	125	14	72	18	34
合计	4619	1992	908	—	—	—
比例(%)	61.43	26.50	12.07	—	—	—
有效百分比(%)	69.87	30.13	0	—	—	—

（二）原住地状况

表 18-2 显示出入境的人员原居住地,在出入境人员中,以云南省籍公民为主,共计 5384 人,占调查总人数的 71.61%。究其原因,或许是由于调查口岸均在云南省境内,由此云南省籍人员占出入境人员的绝大多数的状况是不难理解的。其次为四川人,占 4.22%,第三为湖南人,占 2.94%。除此以外,来自其他省份的跨境流动人员所占比例都很小,而且分散于贵州、重庆、广西、浙江等省市,但出入境人数均少于 100 人。

表 18-2　跨境流动人口来源地

	云南	四川	湖南	其他省份	数据不详	合计
出境（人）	2095	244	158	862	47	3406
入境（人）	2959	56	27	354	248	3644
境外（人）	330	17	36	72	14	469
合计（人）	5384	317	221	1288	309	7519
比例(%)	71.61	4.22	2.94	17.13	4.1	100

（三）受教育状况

据表 18-3 可见,无论是出境、入境还是境外的跨境中国公民,接受过高中或中专教育程度的人员最多,共计 1797 人,占总调查人口数的 23.9%;其次是初中教育层次的,占总调查总人口数的 20.91%;第三的是大专以上的教育程度人员,共 1404 人,占总调查人数的 18.67%:受过初小和高小教育程度的人口所占比重都较低,处于文盲状况的跨境流动人口所占比重最小。这表明,人口的流动性与受教育程度之间存在较强的正相关关系,受教育程度较高的人群,相对受教育程度低的人群更具流动性。这或许是因为已经具有了一定的文化素质,所以敢于参与跨境流动,走出国门"闯世界"。

表 18-3　跨境流动人口受教育状况

	文盲	初小	高小	初中	高中、中专	大专以上	数据不详
出境(人)	158	501	427	793	893	303	331
入境(人)	194	435	377	631	815	1008	184
境外(人)	33	46	50	148	89	93	10
合计(人)	385	982	854	1572	1797	1404	525
比例(%)	5.12	13.06	11.36	20.91	23.90	18.67	6.98

(四)跨境流动目的

表 18-4 显示,在所调查的跨境人员中,以旅游观光为目的的出入境人员最多,接近 30%,其次为经商和务工人员,分别占跨境流动人口的 27.42% 和 24.19%。这表明随着经济条件的改善和生活水平的提高,中国公民出国旅游观光已经成为现实,但这种形式的跨境流动人口素质相对较高,在邻国逗留的时间也比较短。以经商和务工为目的的跨境流动,是仅次于旅游跨境人口的两大人群,这一方面表明改革开放后人们为了寻求更多的谋生机会和更大的发展空间,勇于走出国门到邻国从事二三产业的事实;另一方面,又由于相邻国特殊的毒品、艾滋病形势,使这部分跨境人口在邻国成为 HIV/AIDS 的易感染人群。因此务工经商的跨境流动人口也是本调研关注的重点人群。

表 18-4　跨境流动人口赴境外目的

	务农	务工	经商	公务	探亲访友	旅游	其他	不详
出境(人)	215	969	965	100	142	915	28	72
入境(人)	265	609	1001	137	199	1277	37	119
境外(人)	20	241	96	25	35	—	37	15

续表

	务农	务工	经商	公务	探亲访友	旅游	其他	不详
合计(人)	500	1819	2062	262	376	2192	102	206
比例(%)	6.64	24.19	27.42	3.48	5.00	29.15	1.36	2.74

(五)婚姻状况

表18-5显示,在跨境中国公民的婚姻状况问卷统计中,"有配偶"人员比重接近50%。表明跨境流动人口中已婚人口占一半。未婚者1808人,也占了约四分之一(24.05%),离婚者455人,仅占6.05%。值得强调指出的是,"有配偶"虽然表明了既定的婚姻状况,但并不一定反映婚姻现实。进一步的观察发现,大部分跨境流动人员都是单身一人或与老乡朋友一起跨境流动,形成的是夫妻分居两地的婚姻现实,再加上绝大部分跨境流动人口的平均年龄在32~39岁之间,处在婚育活动的高峰期,客观上存在较强的非婚性行为需求。另外,在跨境流动人群中,有近四分之一处于未婚状况,这同样是一个需要重点关注的群体。问卷中另有1352人的婚姻状况不详,主要是信息缺失所致。

表18-5 跨境流动人口婚姻状况

	未婚	有配偶	离婚	丧偶	其他	数据不详
出境(人)	752	1561	243	46	15	789
入境(人)	928	1864	193	89	43	527
境外(人)	128	266	19	10	10	36
合计(人)	1808	3691	455	145	68	1352
比例(%)	24.05	49.09	6.05	1.93	0.90	17.98

(六)出行状况

本调研显示,在出行方式选择上,"单独一人"出行的跨境流动人口最多,所占比重超过三分之一。其次是"老乡或朋友"一同出行,占总调查人数的29.34%。这两种出行方式已经超过本调查总人数的大半。在出行方式选择"夫妻"、"全家人"和"兄弟姐妹"同行的人数较少,所占比例较小,三项合计仅为四分之一。这预示着,在没有家人陪伴的情况下跨境流动,客观上降低了流动过程中自身行为的约束性,加之身处异国他乡,不可避免地要面对这种诱惑与影响。

表 18-6　跨境流动人口出行状况

	单独一人	夫妻同行	兄弟姐妹	全家人	其他亲戚	老乡朋友	其他	数据不详
出境(人)	1104	493	235	131	191	1070	49	133
入境(人)	1269	500	223	172	191	1014	119	156
境外(人)	199	54	24	15	40	122	9	6
合计(人)	2572	1047	482	318	422	2206	177	295
比例(%)	34.21	13.92	6.41	4.23	5.61	29.34	2.35	3.93

(七)跨境出行次数

表 18-7 显示,在所调查的人员中,第一次出入境的最多,占到总调查样本的 52.24%,其次是有过 2~5 次跨境出行的人员,占到 28.55%,出入境 6 次以上的人数很少,所占比例非常低,仅 5.07%。这或许是因为被调查人员中大约近 30%的跨境流动目的是旅游观光,因此不过是"到此一游"罢了,一次出境足矣。多次跨境流动的人员主要是为了经商和务工,虽然只占调查样本的小半,但可以预见这部分跨境流动人员数量将会随着经济活动频繁而不断增长。

表 18-7　跨境流动人口出(入)境次数统计

	1 次	2~5 次	6 次以上	数据不详
出境(人)	1782	722	52	850
入境(人)	1906	1253	288	197
境外(人)	240	172	41	16
合计(人)	3928	2147	381	1063
比例(%)	52.24	28.55	5.07	14.14

通过以上各表对跨境流动人员基本状况的初步分析,可以总结如下 7 个特征:

一是跨境流动人口以 32~39 岁的中青年男性为主。二是跨境流动人口主要来自云南省,这可能是因为在地缘关系上,从云南省跨境前往越南、老挝、缅甸等邻国与跨省前往贵州、四川、广西等邻省区的空间差距不大。另外,跨境流动人口中有相当一部分是边境沿线的少数民族,他们在语言、文化、生产生活习惯上都与邻国有诸多共同点,因此更容易产生跨境流动行为。三是大部分跨境流动人口都接受过初中以上学校教育。四是除了以旅游观光为目的的跨境流动人口以外,跨国务工与经商成为跨境流动人口的两大主体人群。五是接近一半的跨境流动人口属于已婚者,另有近四分之一的跨境流动人口处在未婚状况。六是有超过三分之一的跨境流动人口选择"单独一人"出行,其次是与老乡或朋友一起出行,选择"夫妻"、"全家人"和"兄弟姐妹"同行的人数最少。七是跨境流动人口以第一次出入境为主,出入境6次以上的人数比例很小。

三、跨境流动人口对艾滋病的认识及所面临的艾滋风险

有关研究认为,流动人口比常住人口面临着较大的 HIV/AIDS 感染风险①,尤其对于向艾滋病高发地区流动的人群来讲,这种感染风险就有可能成倍放大。当然,高风险并不必然带来高感染,因为一个人是否会感染艾滋病,其所处的环境只是外在的,最终还取决于本人对艾滋病的认知程度,以及自身持有的态度和采取的行为。正如流行病学常用的"知识(Knowledge)、态度(Attitude)、行为或实践(Behavior or Practice)"调研方法所强调的,具备相关知识只是预防感染的第一步,如果在态度上轻视甚至无视艾滋,即便知道艾滋的传播及其危害,仍然有可能导致行动上的不设防,将自己置于易感染艾滋的高危境地。唯有做到"知行统一",才可能远离艾滋,避免感染。

本次调查试图遵循流行病学的 KABP 观察范式,从了解跨境流动人口对艾滋知识的认知程度入手,进而了解他们对艾滋所持有的态度,最后观察跨境流动人口的日常行为。总之,我们希望借助本次调研,深入了解跨境流动人员对艾滋病的认识及他们有可能面临的艾滋风险,以便于更有效地为"防艾"工

---

① 参阅徐缓、何景琳:《中国流动人口的艾滋病预防和控制综述》,《中国性病艾滋病防治杂志》2001 年第 6 期。

作提供理论依据。

（一）艾滋病知识的认知

1. 知识认知一

表 18-8　您知道艾滋病的危害吗？

	不知道	知道	不详
出境（人）	912	1946	548
入境（人）	685	2694	265
境外（人）	141	298	30
合计（人）	1738	4938	843
比例（%）	23.11	65.67	11.22

调查结果（表18-8）显示，大部分跨境流动人口对于艾滋病的危害还是有所认识的，只有不到四分之一（23.11%）的人回答不知道艾滋病的危害。另有接近三分之二（65.67%）的跨境流动人口都表示知道艾滋病的危害，不过这种认知更多地还停留在一种本能的惧怕层面。譬如在进一步的补充追问中，有超过一半的人对艾滋病的危害认识是"会死人"。这反映出人们对艾滋病持一种恐惧的态度。

2. 知识认知二

表 18-9　你通过什么途径获知艾滋知识？

		出境（人）	入境（人）	境外（人）	合计（人）	比例
电视广播	人数	1998	2559	361	4918	—
	%	58.9	70.7	77.5	—	65.41
亲属	人数	342	474	64	880	—
	%	10.1	13.1	13.7	—	11.70
老乡朋友	人数	844	657	104	1605	—
	%	24.9	18.1	22.3	—	21.35
医院	人数	1612	2031	261	3904	—
	%	47.5	56.1	56.0	—	51.92
书报	人数	1198	1870	297	3365	—
	%	35.3	51.7	63.7	—	44.75

续表

		出境(人)	入境(人)	境外(人)	合计(人)	比例
宣传栏	人数	1297	1883	259	3439	—
	%	38.2	52.0	55.6	—	45.74
网络	人数	1357	1508	153	3018	—
	%	40.0	41.7	32.8	—	40.14
其他	人数	186	352	21	559	—
	%	5.5	9.7	4.5	—	7.43

近年来国家不断加强对艾滋病基本知识的宣传力度。在这方面,医院等卫生单位以及电视广播等大众公众媒介起到了主力军的作用。表18-9是一个复式问答选项,其中可以清晰地看出多条宣传渠道所起到的作用。但值得注意的是,在国际组织将"同伴教育"(Peer Education)视为预防艾滋感染的有效方式而大力倡导的情形下[1],跨境流动人口中通过老乡、朋友了解艾滋病的人数所占比例却并不高(21.35%),尤其是通过亲属渠道得知艾滋病的人数更少,只占到总调查人数的11.70%。这或许折射出在中国传统文化影响下,人们对了解艾滋病知识持有的某种"羞耻感",不好意思主动了解艾滋病知识,更回避与亲人或熟人讨论艾滋病。

3. 知识认知三

表18-10　您知道艾滋病是怎样传播的吗?

	知道	不知道	数据不详
出境(人)	2675	695	36
入境(人)	3022	517	105
境外(人)	373	67	29
合计(人)	6070	1279	170
比例(%)	80.72	17.01	2.27

根据问卷调研,在对艾滋病传播途径的认知方面,虽然大部分出入境人员

---

[1]　参见李晓亮:《同伴教育——艾滋病预防中的有效方法》,郑凡主编:《以社区为基础的生育健康》,中国社会科学出版社1996年版。

都回答知道艾滋病的传播途径,但回答"不知道"和数据不详的样本量合计仍然接近20%(见表18-10)。调查中我们感到,其中一部分人可能是出于对艾滋病的本能惧怕而回避,因而干脆回答"不知道"或者不填答,还有一个值得深究的原因,即对一些回答"不知道"或拒绝填答问卷者,并不能简单地理解为"不知道",很有可能是因为缺乏接受艾滋病知识的基本能力,诸如看不懂宣传材料,听不懂广播,或因语言交流障碍,无法获取相关信息等。由此提示我们,对艾滋病知识的宣传工作还需要进一步做细,采取更为贴近基层的"个性化"的做法。

4. 知识认知四

表 18-11　您认为下列哪些行为会传染艾滋病?

		出境(人)	入境(人)	境外(人)	合计(人)	比例
握手	人数	69	166	9	244	—
	%	2.0	4.6	1.9	—	3.25
蚊虫叮咬	人数	412	594	34	1040	—
	%	12.1	16.4	7.3	—	13.83
同桌吃饭	人数	468	296	22	786	—
	%	13.8	8.2	4.7	—	10.45
共用针头	人数	2505	2992	411	5908	—
	%	73.8	82.6	88.2	—	78.57
输血	人数	2137	2737	368	5242	—
	%	62.9	75.5	79.0	—	69.72
母婴传播	人数	1772	2788	336	7896	—
	%	52.2	77.0	72.1	—	65.16
纹身、纹眉	人数	1008	1556	118	2682	—
	%	29.7	42.9	25.3	—	35.67
不安全性行为	人数	2375	3025	393	5793	—
	%	70.0	83.5	84.3	—	77.04

表 18-11 是一个复式问答选项,其中显示,在回答对艾滋病传播途径的知识认知方面,选择"共用针头"、"不安全性行为"、"输血"和"母婴传播"四项的人数占绝大多数;认为"握手"会感染艾滋病的人数很少,仅占2.72%。这反映在知道艾滋病的跨境流动人员中,对艾滋病传播途径认知

的正确率是比较高的。在此调查设问中值得注意的是"蚊虫叮咬"、"同桌吃饭"、"纹身、纹眉"三个选项。实际上，从专业的医学角度来看，"蚊虫叮咬"、"同桌吃饭"是不会传染艾滋病的，但认为这两项会传染艾滋病的分别达到了13.85%、10.45%；一般认为，"纹身、纹眉"是不会感染艾滋病的，但在此问题中，选择纹身、纹眉是感染艾滋病途径的比例却超过三分之一（35.67%）。这说明许多人对正确把握艾滋病感染途径方面仍然存在一些误区和盲点。

5. 知识认知五

表18-12　感染艾滋病的妇女会通过母乳将艾滋病毒传给孩子吗？

	会	不会	不清楚	数据不详
出境（人）	1130	576	1552	148
入境（人）	2067	669	808	100
境外（人）	264	60	123	22
合计（人）	3461	1309	2483	270
比例（%）	46.03	17.41	33.02	3.54

母婴传播是艾滋病传播的一个直接途径，但在知识理解上还需要多做解释。本调研发现，知道艾滋病会通过母亲传播给婴孩这一途径的跨境流动人口不到一半人（46.03%），另而有17.41%的人回答"不会"，有33.02%的人回答"不清楚"，两项合计占到了50.16%。这表明，对母婴途径传播艾滋病的知识认知度还大有提高的必要，同时宣传中要注意将大众常识与医学专业知识结合起来，因为"母婴传播"艾滋病毕竟是个医学专业概念。调查过程中，我们发现，大多数人虽然知道母婴传播是艾滋病传染的一个途径，但并不能解释为什么。

6. 知识认知六

表18-13　您认为争取使用安全套对预防艾滋病有帮助吗？

	有	没有	不清楚	数据不详
出境（人）	2446	338	545	77
入境（人）	2734	407	419	84

续表

	有	没有	不清楚	数据不详
境外(人)	373	29	58	9
合计(人)	5553	774	1022	170
比例(%)	73.85	10.29	13.59	2.27

安全套的正确使用不仅能够起到避孕的效果,而且已被证明是预防艾滋病传播的最有效、最便捷的方法,但这一廉价而又简便的"防艾"知识并不是尽人皆知,尤其对于那些受教育程度不高,来自农村落后地区的流动人口,这一"防艾"知识的知晓率还有待提高。在本次问卷调查中,就有10.29%的人回答不知道,有13.59%的人回答不清楚,两项合计超过样本总数的五分之一(见表18-13)。在HIV/AIDS的性传播途径成为主导的态势下,这一知识的缺失,无疑使他们成为易感染艾滋病的脆弱群体。

(二)对待艾滋的态度

1. 态度一

表18-14　您是否担心自己被感染艾滋病?

	不担心	担心	数据不详
出境(人)	777	1892	737
入境(人)	1088	2247	309
境外(人)	123	313	33
合计(人)	1988	4452	1079
比例(%)	26.44	59.21	14.35

随着中国与东盟经贸交流的不断增多以及对外开放政策的持续实施,在偌大的跨境流动人口中,无论是出境还是入境,抑或呆在境外的中国公民,都不可避免地要面对艾滋病感染的风险,据表18-14显示,担心会被感染的比例高达59.21%。而在表示担心的人员中,相当一部分人担心的缘由是"会死人",也有人表示是因为"怕被别人看不起"等原因。这反映出人们对艾滋病的认识还带有某种莫名感和耻辱感,同时反映出人们对艾滋病传播相关知识的认识还有待

深化。在调研中发现，许多人知道艾滋病是通过吸毒和性行为传播的，因此只要自己"不吸'四号'"，"不在外面玩婆娘"，就没什么可担心的，只有那些"不干净的人"才会感染艾滋病。因此有超过四分之一（26.44%）的人表示"不担心"。这反映出跨境流动人口对预防艾滋感染的基本态度。

2. 态度二

表18-15　如果您的朋友感染了 HIV，您会怎样？

	害怕、回避	更加关心	和以前一样	不知道	数据不详
出境（人）	579	1053	1181	515	81
入境（人）	567	1205	1190	597	85
境外（人）	79	180	147	55	8
合计（人）	1225	2438	2518	1167	174
比例（%）	16.29	32.42	33.49	15.52	2.28

据表18-15显示，人们对于身边的 HIV 感染者的态度，持"更加关心"与"和以前一样"态度的占到65.91%，采取"害怕或回避"态度的答卷者只占16.29。这似乎说明跨境流动人员对艾滋病感染者和艾滋病患者的态度具有较少歧视，更多亲近的倾向。但这与前述大多数人对艾滋病持有的恐惧感及羞耻感相悖，实地调查中发现，2007年某乡一从事运输的青年人，经常跑缅甸，感染了艾滋病毒，出现口腔溃疡，返乡后一周就死在家里。这在村民中引起很大恐慌，周围邻居都回避与他家来往，甚至他家的猪肉都没人吃，邻居住户还纷纷在自家周围撒石灰，以防"传染"。这虽然只是一个典型案例，但还是折射出当地村民对待艾滋的基本心态。本问卷的统计结果之所以与现实相矛盾，很可能是被调查者为了迎合社会道德标准，体现自己的人文情怀或哥儿们意气。但在面对实际情况时则很可能采取另一种态度。

3. 态度三

表18-16　您认为是否应该公开艾滋病病人/感染者的实情？

	应该保密	应当公开	无所谓	尊重意愿	不清楚	数据不详
出境（人）	742	449	538	1284	158	235
入境（人）	959	448	386	1490	173	188

续表

	应该保密	应当公开	无所谓	尊重意愿	不清楚	数据不详
境外(人)	114	168	41	82	33	31
合计(人)	1815	1065	965	2858	364	454
比例(%)	24.13	14.16	12.83	38.01	4.84	6.03

　　面对日益开放的世界和强调个人私权的现代社会,隐私权理应受到尊重。但面对 HIV/AIDS 这种潜伏期长、致死率高的传染病,如果 HIV 监测为阳性,却可以隐瞒结果,这势必使不知情的周围人群面临被感染的高风险中。因此,国家极力倡导 HIV 监测结果的实名制,并实施跟踪检测。但在具体实施中困难重重。从表 18-16 对是否应该公开艾滋病病人/感染者的实情的调查中可见,选择"尊重意愿"的比例最高,超过三分之一(38.01%),选择"应该保密"的人也接近四分之一(24.13%),还有 12.83% 的人表示"无所谓"。只有14.16% 的人对艾滋病病人/感染者的实情表示"应当公开"。由此看来,跨境流动人员对于艾滋病感染者所持的态度很不利于建构有效的全民"防艾"体系,也是对 HIV 病毒的传播掉以轻心。客观讲,对艾滋病毒感染者的跟踪服务、个人隐私保护确实还是个难题,感染者流动性较大,面对面的上门服务又容易暴露身份,现在能做的主要是通过电话咨询的形式保持联系。

(三)防范艾滋的行为

1. 行为一

表 18-17　你是否做过艾滋病毒(HIV)检测?

	做过	没做过	其他	数据不详
出境(人)	1158	2081	89	78
入境(人)	1311	2169	85	79
境外(人)	154	288	12	15
合计(人)	2623	4538	186	172
比例(%)	34.88	60.35	2.46	2.31

　　按照国家"防艾办"规定,所有入境的外籍人员都必须接受艾滋病毒(HIV)检测,每人每年检测一次,对于从边境口岸出入境的中国公民则以抽样

与自愿相结合的形式为主，但很少有主动接受检测的。根据本调查数据显示，跨境流动人口实际接受过艾滋病毒（HIV）检测的很少，做过相关检测的跨境流动人口只有三分之一强（34.88%），其余有超过六成的跨境流动人口都不曾做过相关检测。其原因比较复杂，一是怕麻烦，二是怕交费，三是可以绕开口岸从"小路"出入境。

2. 行为二

表 18-18　不安全性行为中是否采取一些预防艾滋病的措施？

	采取措施	不采取措施	不清楚	数据不详
出境（人）	294	1130	1755	227
入境（人）	384	1710	1361	189
境外（人）	31	207	214	17
合计（人）	709	3047	3330	433
比例（%）	9.43	40.52	44.29	5.76

如所周知，不安全性行为是导致艾滋感染的一个主要途径，但只要采取一些有效的防护措施（譬如带避孕套），就能够避免感染。表 21-18 的数据表明，在不安全性行为中，只有不到 10% 的跨境流动人员采取防范措施，而不采取措施的比例高达 40.52%。如果将数据不详的答卷者都视为"不清楚"，那么足有一半（44.29%+5.76%）的跨境流动人员不清楚该采取什么措施。由此看来，在不安全的性行为中，大多数人或是选择不采取措施，或是不知道该采取什么措施。

通过以上的分析，我们大致可得出如下结论：

首先，在对艾滋知识的认识方面，接近三分之二（65.67%）的跨境流动人口都知道艾滋病的危害，而且对艾滋知识的认知主要来自于广播电视等大众媒体及医院，而不是通过亲朋好友的"同伴教育"获得的；问卷显示，尽管有超过 80% 的跨境流动人口知道艾滋的传播途径，而且大部分人都能够从多个选项中指出"共用针头"、"不安全性行为"、"输血"和"母婴传播"这些具体的传播途径，但在单列回答"感染艾滋病的妇女是否会通过母乳将艾滋病毒传给孩子"时，却只有不到一半的人能正确回答；接近三分之二的跨境流动人口知道避孕套能够预防艾滋感染，但这种认识并未能在实际行动中得到同等的贯彻。

其次,在对待艾滋的态度方面,接近 60%的跨境流动人口都表示担心被感染艾滋病,只是这种态度更多的是建立在对艾滋病的恐惧感和羞耻感基础上的,还缺乏科学的态度;人们对身边的 HIV 感染者的态度,似乎颇能保持"平常心",表现出较少歧视,更多亲近的态度,但实际调研的感受并不支持上述结论,甚至相悖;在是否应该公开艾滋感染者实情方面,只有不足四分之一的人持"应该公开"态度,其余的答卷者,倾向于"尊重意愿"及"应该保密"。

最后,在防范艾滋的行为取向方面,跨境流动人口虽然自知身处艾滋传播的"重灾区",但主动、自觉地"防艾"意识仍然不容乐观,一是在不安全性行为中采取防范措施的比重有待提高,二是出入境人员主动接受 HIV 检测的自觉性有待强化。

四、艾滋流行对边疆稳定与区域发展的影响

发展需要安定团结的社会环境,艾滋病作为一种潜伏期长、病死率极高的慢性传染病,是当今人类面临的一大威胁。其在世界范围内的广泛传播,已经直接影响到人类社会的稳定与发展。

云南是全国艾滋病感染人数和患病人数最多的省区之一,特别是在一些边疆欠发达地区,艾滋病已经严重地影响到地区的稳定和族群的发展,自 1989 年在云南德宏州检测出首例 HIV 阳性感染者以来,艾滋就在云南全省迅速扩散。据 2007 年调查显示,云南省报告艾滋病病例将近 1800 人,云南 16 个地级市州中,艾滋病高度感染区为 3 个市州,中度感染区有 12 个市州。另外在本次调查中,云南省艾滋病感染主要表现为两大发展态势:(1)从农村到城市,从少数民族到汉族,从低龄人群向高龄人群蔓延,从男性为主向女性扩散,从注射吸毒为主向性行为传播途径转变。(2)呈现出由吸毒、卖淫嫖娼等高危人群向一般人群传播的趋势:有资料显示,云南一般人群中,孕产妇感染艾滋病的比率从 1995 年的平均 0.07%上升到 2007 年的 0.50%,义务献血人群的感染率从 2002 年的平均 0.04%上升到 2007 年的 0.08%[①]。理论认为,

---

① 数据来自云南省急病预防控制中心陆林教授的学术报告《云南艾滋病——流行与应对》,2008 年 11 月。

一旦艾滋病由高危人群向一般人群蔓延之时,就预示着艾滋病传播形势已经相当严峻。今天的云南就正处于这种严峻态势之下。在本次的调查中,由于70%以上的跨境流动人口都是云南省籍,所以本调查结果在相当程度上可看做是对云南省内艾滋感染或流行现状的一次反映。

云南地处我国西南边疆,与东南亚诸国有绵延数千公里的边境线,少数民族众多,并且由于历史、地理等诸多方面的原因,边境少数民族与境外民族有着不可分割的自然联系。近几年来,随着我国改革开放的深入以及与周边国家贸易往来的增多,经过云南边境进出国界的流动人口呈现出迅猛增长的趋势。学术研究表明,人口流动在艾滋病的传播上扮演了重要的"载体"角色,流动人口被视为 HIV 传播的高危人群和 HIV 感染的脆弱人群,在 HIV 从高危人群到普通人群的传播过程中起到桥梁的作用。在此调查报告中我们可以清晰地了解到这些跨境流动人员又主要以青壮年为主(平均年龄 35 岁左右),而且多是没有固定性伴侣的单独出行(34.21%),陌生异国他乡的环境、寂寞的心理、加上对艾滋病传播及预防知识的缺乏,为艾滋病毒的侵袭提供了良好的土壤;另外,东南亚作为世界艾滋病重感染区,对出入该区域的流动人口来讲,本身就面临极高的艾滋病感染风险,这些经过云南边境口岸出入境的人员很可能就成为艾滋病的感染者,尤其是占大多数的云南省籍流动的人员。

我们认为,对艾滋病预防最简单有效的方法就是通过大众媒介等渠道向群众尤其是流动人口加强对艾滋病基本知识的宣传,力求以最小的成本换来社会对艾滋病最大的认知度。前面已经说道,流动人口是艾滋高风险人群。高风险并不必然带来高感染,因为一个人是否会感染艾滋病,其所处的环境只是外在的,最终还取决于本人对艾滋病的认知程度,以及自身持有的态度和采取的行为。由此可见,认知是态度与行为的基础:认知影响态度,态度指导行为。艾滋认知上的不足,势必会造成态度上的偏差,最终导向不良的易感染行为。只有对艾滋病有了科学、全面的认识,才可能对艾滋病持有正确态度,从而采取行之有效的行为。

通过此次对跨境流动人员的 KABP(知识、态度、行为)调查分析,我们能够看到出入境人员对艾滋病的认知率并不尽如人意。虽然有 80%以上的人对艾滋病的三大传播途径有了解,但能够认识到艾滋病危害的仅占到六成多一点,而且深入到具体问题时,科学认识程度就更低或者说存在错误的认识,例如:仍有一定数量的人坚信同桌吃饭(10.45%)、蚊虫叮咬(13.86%)等不会传染艾滋病的行为会传染艾滋病;性生活后清洗阴道并不会对艾滋病起到预防作用,但有高达60%左右的人对此缺乏正确的认识;母乳喂养会传染艾滋病的行为仅有46.03%的人知道;使用安全套这一最行之有效的预防艾滋病的办法仍有30%左右的人不知道或不清楚。对此,我们能够得出结论:作为高危人群的云南边境流动人口,在对艾滋病的科学认知上并不理想,存在传播艾滋病的高危因素:有多少人由于不知道母乳喂养会传染艾滋病毒而无意间将病毒传染给下一代? 又有多少人是由于知识的缺乏而导致在性生活中没有采取相应的预防措施或者采取错误的预防措施而最终感染上艾滋病毒? 总而言之,流动人口对艾滋病的这种低度认知在很大程度提高了流动人口感染艾滋的风险性,而这种高危风险又由于知识的缺乏可能转而导致高度的感染率,而一旦真的被感染,又将被社会所抛弃,造成社会隔离。社会的隔离将使得他们感到无助、不满、憎恨甚至绝望,一些人可能会采取吸毒、卖淫等消极态度来面对余生,更有甚者可能会产生报复社会的心理。不管是消极的面对还是报复性的行为都有可能更进一步增加普通群众艾滋病感染风险和造成社会恐慌,最终不利于边疆社会的稳定。

此外,云南作为毗邻东南亚地区的边疆省份,还存在比其他内陆省份高得多的风险。东南亚作为世界重要的毒品发源地,流向中国大陆甚至香港、台湾的毒品很大一部分是途经云南,云南成为中国重要的毒品贸易的必经之站,不可避免地导致感染相关疾病的概率也相对较高。艾滋病的风险已经威胁到了西南边疆人民的生活以及社会稳定。之前我们也提到,由于云南特殊的地理位置,边境少数民族与境外民族的天然联系,它备受境外黄、赌、毒等危害的侵袭,这些欠发达地区不可避免的就成为境外毒品的集散地,进而也导致少数民族涉毒人员众多。云南的欠发达地区一般地处偏远山区,这些地方的交通、经济等发展都较为的缓慢,少数民族吸毒人员多采用静脉注射方法,这也使得他们成为艾滋病最直接的受害者。据资料显示,云南50%以上的艾滋病感染者感染途径都是通过共用针管注射毒品。人们一旦感染了艾滋病,就会被标上异样的标签,脱离社会的正常渠道,不被社会接纳和理解,而受感染者一般都会丧失对生活的希望,破罐子破摔的心态会促使他们选择一些极端的行为来谋生,例如以偷盗、抢劫、贩毒、卖淫等,这些极端的行为势必会造成一定的社会问题。同时又由于这个群体的高流动性，不免自觉陷入一种从某一社区向另一社区或是从某一特定人群向一般人群扩散的恶性循环之中，最终直接导致整个地区艾滋病感染率上升，进而影响到社会稳定。

艾滋病不仅只是对社会稳定有所影响，而且对社会发展也会带来影响：高度的艾滋感染率将严重影响一个地区甚至国家的发展。艾滋病作为一种流行性疾病，它严重摧残人的身体，诱发多种并发症，使人丧失劳动能力，并最终会导致人的死亡，其一旦大规模流行，势必会缩短成年人的寿命，给整个社会的劳动力的供给造成一定的压力。而正处于社会主义建设的重要发展阶段，我们的社会发展需要大量的劳动力，其中年轻力壮的青壮年更是劳动力中顶梁柱。青壮年感染艾滋病的比率上升势必会影响到劳动力的构成，最终将不利于整个社会的发展。本次调查显示，流动人口多是以男性为主，占到61.43%，其中又以青壮年为主，平均年龄在35岁左右。他们正是社会建设的主力军与顶梁柱。但作为高危人群的他们对艾滋病的预防显然还缺乏科学的认识，这就在很大程度上提高了他们的艾滋感染风险，又由于他们大多是有家室的人员，有配偶者占到总样本的50%左右，这在很大程度上又提高了其配偶乃至家庭的感染风险，使艾滋病传染从高危人群向一般人群蔓延的趋势有可能加速显现。若不即时阻断，一旦蔓延到一般人群，艾滋传播途径将变得更加复杂化，其预防与遏制就更加难上加难，这势必将我们本可以收获的"人口红利"大打折扣，最终将直接影响到区域发展与社会稳定。

五、思考与建议

艾滋病（AIDS）无疑是当代人类社会面临的世纪恶魔，其传播速度和破坏力度都大大超出了人们的预期。自20世纪80年代初发现艾滋病以来，这种无法治愈、潜伏期长、病死率极高、被称为"真正大规模杀伤性武器"（原联合国秘书长安南语）的传染病就在全球迅速蔓延开来，在短短的20年间，艾滋病病毒几乎遍布世界各国，导致全球艾滋病病毒（HIV）感染者累计超过6000万人，其中已死亡人数达到2480万。联合国艾滋病规划署（UNAIDS）和世界卫生组织（WHO）公布的数据显示，2005年底，全球现存艾滋病病毒感染者超过4000万（3670~4530万），仅2005年当年新感染者就有约500万（430~660

万），当年死于艾滋病的人口达到310(280~360)万①，这样一种艾滋病流行态势跟以往比较，显然超出了人们的预期（见表18-19）。艾滋病正在从高危人群向一般人群传播。

表18-19 1994年和2003年全球艾滋病流行情况对比

	艾滋病病毒感染者总计（万人）	当年新增成人感染者（万人）	成人感染率（%）	当年死亡人数（万人）
1994年	1720	240	0.4	94
2003年	3780	420	1.1	290

数据来源：UNAIDS and WHO, *AIDS Epidemic Update*：*December 1995. UNDESA, Population and HIV/AIDS*,2005.

与云南毗邻的东南亚国家是毒品、艾滋病流行的"重灾区"，由于云南省与这些国家有长达四千多公里的边境线，山水相连，通道众多，边民交往由来已久，因而直接面对艾滋病跨境传播的风险，伴随跨境流动人口的显著增加，跨境流动中国人员无疑成为易感染艾滋病的脆弱人群，再加上这些跨国流动人口以男性青壮年为主，在流动方式上大多选择只身一人外出，同时对艾滋病知识的了解也并不十分清楚，这就很容易通过毒品及性行为感染艾滋病，继而影响到边疆稳定、区域安全和民族繁荣与发展。为此，我们提出下列建议：

1. 加强对跨境流动人口的艾滋病知识普及与宣传教育工作。不仅需要继续开展深入持久的宣传教育普及活动，而且应考虑针对不同人群开展不同层次的宣传教育。其一，对在校青少年人口，建议将"防艾"知识宣传教育引入学校，开设相关课程，让广大青少年在走出校门前就知道艾滋病的危害及其预防措施；其二，对于即将外出打工、而且文化素质较低的流动人员，建议政府其在外出流动前，组织专门的集中宣传教育，包括免费开展一些如何远离艾滋病的实用知识或技能培训。

2. 开展对跨境流动人口的艾滋病疫情监测工作。这需要各级政府和不同部门形成共识、通力合作，形成制度化的艾滋病疫情监测网络。对此，首先必须改变"自愿性"的HIV检测制度，建立对所有跨境流动人口的"强制性"

① 中国人口与发展研究中心：《2005年艾滋病流行最新报告》，《人口与发展动态》2005年第11期。

检测机制。即只要有跨境流动行为发生，县乡卫生院、口岸检验检疫等职能部门就有责对他们进行检测，尤其在他们每次出国返回时，应提供免费的 HIV 检测。其次，需要改变 HIV 检测结果"匿名化"的规定，以便于对已知的 HIV 感染者进行有针对性的服务与监测，在为其提供尽可能便利的早期治疗以外，也能够做好跟踪监测工作，无论他流动到什么地方，都能够得到医疗关怀，同时也接受行为监测。这样才可能有效地抑制艾滋病病毒传播源的继续扩散。

3. 大力倡导"洁身自好"的行为美德，本着对己负责、对家人负责的态度自觉远离艾滋。如前所述，人们是否易感染艾滋病可从两方面来看，一方面是人们所处的环境，即是否身处艾滋病传播的高发地区，或是否成为感染艾滋病的脆弱人群；另一方面是本人对艾滋病的认知程度，以及自身持有的态度和采取的行为。前者属于易感染艾滋病的"外在诱因"，身处其中与远离其外比较，受感染的概率会有较显著差异；后者则成为是否感染艾滋病的"内在致因"。根据内外因的辩证关系分析，一个人是否会感染艾滋病，并不在于其所处的环境，关键在于其所持有的知识、态度及行为。这就是说，你无法改变环境，但却可以约束自己。换言之，你可以被列入易感染艾滋病的脆弱人群，但却完全有可能不成为感染艾滋病的高危人群，关键就在于本人对待艾滋病的认知程度及行为取向。

4. 如果可以把家庭比喻为"防艾"的基本单位，那么，夫妻则构成了"防艾"的联合阵线。伴随艾滋病经性传播途径比例的上升，夫妻分离的只身流动比家人结伴同行面临着更大的艾滋病感染风险。在当今中国亿万流动大军中，大部分人仍然选择"单独一人"流动，这种抛妻别舍的流动，在很大程度上是他们不得已的选择。这样的流动模式不利于人们的身心健康，并且由于脱离了家庭或伴侣，有可能降低流动者的约束能力，成为感染艾滋病的脆弱人群。为此，政府应该鼓励夫妻携手、家人结伴的外出流动模式。在这方面，可考虑在土地、住宅、税收、用工等诸方面做相应的政策调整，制订有利于夫妻携手、家人结伴的人口流动政策。

5. 应该建立多部门合作，建立健全的督导、考核机制，统筹安排，整合各部门间艾滋病防治的相关工作。艾滋病防治工作是一项系统性的工程，不是一两个部门就可以完成的。但在现实中，由于统筹性不高，许多部门对艾滋病防治职责认识不到位，参与积极性不高，定位不正确；同时，有些政策法规不健全、不统一,造成各部门间相互推诿的现象。这就要求我们要着眼于全局,建立健全的督导考核机制,统筹安排各部门间的合作、工作、经费、职责等,整合、优化各部门间的资源和力量,按照"政府组织领导、部门各负其责、全社会共同参与"这一重要指导原则全面推进"防艾"工作,为民族繁荣、边疆稳定和区域发展创造没有艾滋的社会环境而努力。

参 考 文 献

《马克思恩格斯全集》,人民出版社 1972 年版。

阿林·杨格、贾根良:《报酬递增与经济进步》,《经济社会体制比较》1996 年第 2 期。

阿刘时布:《西部生态环境保护与建设研究》,《理论与改革》2002 年第 5 期。

鲍宗豪、李振:《社会预警与社会稳定的深化》,《社会学》2001 年第 10 期。

鲍宗豪、李振:《社会预警与社会稳定关系的深化——对国内外社会预警理论的讨论》,《浙江社会科学》2001 年第 4 期。

财政部办公厅:《财政支出结构优化与支出效率》,经济科学出版社 2001 年版。

蔡保兴:《中国社会发展失衡的政治经济学分析》,《当代世界与社会主义》2007 年第 2 期。

蔡昉:《制度、趋同与人文发展》,中国人民大学出版社 2002 年版。

蔡昉、都阳:《中国地区经济增长的趋同与差异——对西部开发战略的启示》,《经济研究》2000 年第 10 期。

蔡昉、王德文、都阳:《劳动力市场扭曲时对区域差距的影响》,《中国社会科学》2001 年第 2 期。

蔡林、高速进:《区域可持续发展系统动力学综合协调模型研究》,《环境保护》2009 年第 4 期。

曹莹、贾希亮:《区域经济和谐发展机制的构建——一个山东案例》,《工业技术经济》2009 年第 6 期。

柴俊勇:《对建立健全社会稳定机制的几点想法》,《体制改革》1997 年第 17 期。

柴永宁:《浅析 AHP 法在公共支出效率评价中的应用》,《现代商业》2009 年第 2 期。

陈本良、陈万灵:《区域经济发展差异的制度经济分析》,《中国软科学》2000 年第 12 期。

陈娟丽、张炳淳:《关于建立我国西部生态林补偿制度的思考》,《西北农林科技大学学报》2007 年第 2 期。

陈林霞、何绍明:《退耕还林效果调查——以贵州省黔西南为例》,《林业经济》2008 年第 6 期。

陈奇:《群体性事件的基本特征及预防处置策略》,《中共福建省委党校学报》2007 年第 9 期。

陈顺祥:《社会转型期中国社会发展失衡问题探讨》,《中山大学研究生学刊》2007 年第 1 期。

陈孝胜:《西部地区人口、资源、环境与经济可持续发展对策》,《经济论坛》2004 年第 19 期。

陈秀山、徐瑛:《环渤海经济圈的产业优势与结构劣势》,《战略思维》2004 年第 6 期。

迟福林:《公共服务均等化:《构建新型中央地方关系》,《廉政嘹望》2006 年第 12 期。

丛树海、周炜、于宁:《公共支出效率评价指标体系的构建》,《财贸经济》2005 年第 3 期。

丛树海:《财政支出学》,中国人民大学出版社 2002 年版。

崔万田、曾勇、马吉吉:《区域经济发展绩效:一个基于社会资本的分析视角》,《教学与研究》2009 年第 6 期。

邓坤枚、罗天祥、张林、王学云、李长会:《云南松林的根系生物量及其分布规律的研究》,《应用生态学报》2005 年第 1 期。

邓子基、王开国、张馨:《财政支出经济学》,经济科学出版社 1993 年版。

丁桂茹:《基于基尼系数角度分析我国收入分配问题》,《技术与市场》2009 年第 5 期。

丁水木:《我国社会稳定机制的构架》,《探索与研究》1996 年第 12 期。

杜方、朱军:《地方政府间财政支出竞争与民生财政的主动性——基于公共教育支出的实证研究》,《安徽大学学报》2009 年第 3 期。

杜莉:《中国经济与社会发展的失衡及其矫正》,《四川大学学报》2004 年第 1 期。

杜鹰等编:《区域发展与政策——2006 年中国—欧盟区域经济发展研讨会文集》,中央编译出版社 2007 年版。

段茂盛、刘德顺:《清洁发展机制中的额外性问题探讨》,《上海环境科学》2003 年第 4 期。

樊刚:《论公共收支的新规范——我国乡镇"非规范收入"的个案研究》,《经济研究》1995 年第 6 期。

樊纲、张曙光:《公有制宏观经济理论大纲》,上海人民出版社 1994 年版。

范剑勇、朱国林:《中国地区差距的演变及其结构分解》,《管理世界》2002 年第 7 期。

范剑勇:《产业结构失衡、空间集聚与中国地区差距变化》,《上海经济研究》2008 年第 2 期。

方盛举、陈立春:《影响边疆民族地区社会政治稳定的主要因素分析》,《云南大学人文社会科学学报》1999 年第 5 期。

方维慰:《区域一体化趋势下国家的边界功能》,《西安联合大学学报》1999 年第 2 期。

伏润民、陈志龙、杨汝万:《中国西部开发与周边国家》,云南大学出版社 2003 年版。

傅勇、张晏:《国式分权与财政支出结构偏向:为增长而竞争的代价》,《管理世界》2007

年第 3 期。

高彬彬:《财政支出结构与城乡收入差距关系的实证研究》,《山东大学学报》2008 年第 4 期。

高峰、孙成权:《西部资源型城市经济转型面临的挑战与机遇》,《中国人口.资源与环境》2004 年第 4 期。

高同彪、刘力臻:《中国经济市场化区域差异的成因及对策分析》,《东北师大学报》2007 年第 6 期。

高永久:《对民族地区社会稳定的思考》,《兰州大学学报(社会科学版)》2003 年第 5 期。

高永久:《论民族社会稳定的预警系统》,《中南民族大学学报(人文社会科学版)》2003 年第 3 期。

高志刚:《构建新疆与中亚次区域经济合作平台》,《开放导报》2006 年第 3 期。

高志刚:《区域经济差异预警:理论、应用和调控》,《中国软科学》2002 年第 11 期。

高志刚:《中国新疆参与中亚次区域经济集团的条件模式与对策》,《国际贸易问题》2005 年第 7 期。

顾海兵:《宏观经济预警研究:《理论、方法、历史》,《经济理论与经济管理》1997 年第 4 期。

官锡强:国外资源型城市经济转型思路,改革与战略》2005 年第 12 期。

郭安军、屠梅曾:《水资源安全预警机制探讨》,《生产力研究》2002 年第 1 期。

郭明:《财政支出规模及结构与中国经济增长关系研究》,《东北财经大学学报》2007 年第 12 期。

郭平、廖群锋:《完善地方财政体制相关问题思考》,《云南财贸学院学报》2005 年第 6 期。

郭太平:《试析西北地区的资源优势、人口问题与环境形势》,《山西师范大学学报(自然科学版)》2000 年第 2 期。

郭玉清:《地方财政风险预警机制研究》,《改革纵横》2003 年第 5 期。

国家统计局、环境保护部:《2008 年中国环境统计年鉴》,中国统计出版社 2008 年版。

国家统计局:《中国工业普查年鉴 1996(第二产业卷)》,中国统计出版社 1996 年版。

国家统计局:《中国经济普查年鉴 2004(第二产业卷)》,中国统计出版社 2006 年版。

国家统计局:《中国统计年鉴 2008》,中国统计出版社 2009 年版。

1996—2008 年各省市区《统计年鉴》、《科技统计年鉴》、《卫生统计年鉴》及部分行业统计年鉴。

国务院人口普查办公室:《中国人口普查资料 2000》,中国统计出版社 2002 年版。

韩祥纯:《试论涉及民族宗教因素突发事件成因、特点及处置对策》,《武汉公安干部学院学报》2008 年第 3 期。

何丹、刁承泰、李养兵、许婧婧、孙秀峰:《我国三大地区城市发展现状及差异》,《资源开发与市场》2005 年第 5 期。

何明、王越平:《全球化背景下边疆社会稳定研究的几个问题》,《云南师范大学学报(哲学社会科学版)》2009 年第 3 期。

何云玲、张一平:《云南省生态环境脆弱性评价研究》,《地域研究与开发》2009 年第 2 期。

贺汉湘:《公共财政框架下的财政支出结构与支出效率》,《十堰职业技术学院学报》2008 年第 6 期。

洪大用、刘树成:《经济周期与预警系统》,科学出版社 1990 年版。

洪大用:《关于加快社会事业发展若干问题的思考》,《教学与研究》2006 年第 12 期。

洪喜、雷良海:《公共支出效率评价指标体系构建的理论思考》,《经济研究导刊》2009 年第 4 期。

洪银兴:《发展经济学与中国经济发展》,高等教育出版社 2001 年版。

洪银兴主编:《可持续发展经济学》,商务印书馆 2002 年版。

胡霞:《日本边远后进地区开发模式的反省和发展的新方向》,《经济研究参考[J]》,2005 年第 27 期。

胡霞:《日本过疏地区开发方式及政策演变》,《日本学刊》2007 年第 5 期。

胡援成、肖德勇:《经济发展门槛与自然资源诅咒——基于我国省际层面的面板数据实证研究》,《管理世界》2007 年第 4 期。

黄典剑、蒋仲安、邓云峰等:《从 SARS 爆发看中国城市应急预警机制》,《城市规划》2003 年第 7 期。

黄建洪:《现代化进程中的中国地方政府能力建设》,《理论与现代化》2009 年第 5 期。

黄文清、张俊飚:《西部地区延长退耕还林补偿最适期限的灰色预测》,《林业科学》2008 年第 14 期。

惠树鹏:《技术创新与我国区域经济增长的差异性研究》,《甘肃社会科学》2009 年第 3 期。

纪竹荪:《关于党的执政能力建设的内涵及评价指标体系初探》,《湖北经济学院学报》2005 年第 2 期。

季铸:《中国结构性增长的经济选择》,《财贸经济》2003 年第 5 期。

贾东海、米娟婷:《新世纪西部欠发达地区宗教问题对中国民族关系的影响》,《社科纵横》2007 年第 3 期。

江林茜:《论国土资源管理的社会预警系统研究》,《国土资源科技管理》2001 年第 5 期。

江小涓:《中国对外开放进入新阶段:更均衡合理地融入全球经济》,《经济研究》2006 年第 3 期。

蒋晓泉:《主导产业规划政策研究》,《经济研究》1994 年第 5 期。

金钟范:《韩国区域发展政策》,上海财经大学出版社 2005 年版。

雷维运、张玉龙：《云南省生态环境脆弱性评价探索》，《环境科学导刊》2008 年第 2 期。

李大茂、李勇：《英国公共支出效率考评及对我国的启示》，《中国财政》2005 年第 7 期。

李德伟、范松海：《西部欠发达地区经济社会发展失衡分析》，《内蒙古社会科学》2007 年第 7 期。

李殿伟、赵黎明：《社会稳定与风险预警机制研究》，《经济体制改革》2006 年第 2 期。

李凤飞：《中国财政支出结构优化分析》，《经济研究导刊》2009 年第 1 期。

李广舜：《我国城乡经济社会发展失衡的政策、制度原因分析》，《实事求是》2008 年第 2 期。

李经涛、李文华、郭海涛：《基于数量模型的资源型城市可持续发展预警系统框架研究》，《中国矿业》2007 年第 8 期。

李丽：《我国财政支农支出的规模和结构分析及启示》，《技术与市场》2009 年第 5 期。

李闽榕：《中国省域经济综合竞争力研究报告（1998—2004）》，社会科学文献出版社 2006 年版。

李荣杰：《在基本公共服务均等化的理论下透视我国公共服务体制建设》，《今日南国》2008 年第 2 期。

李睿：《浅议基本公共服务均等化》，《中共太原市党委校学报》2008 年第 4 期。

李世东：《中国退耕还林研究》，科学出版社 2004 年版。

李铁立：《边界效应与跨边界次区域经济合作研究》，中国金融出版社 2005 年版。

李曦辉、徐蒙生：《民族地区经济社会发展失衡与预警系统》，《北方经济》2004 年第 7 期。

厉以宁：《非均衡的中国经济》，广东经济出版社 1998 年版。

栗献忠：《跨境民族问题与边疆安全刍议》，《学术论坛》2009 年第 3 期。

梁双陆：《国际区域经济一体化进程中的边界效应研究综述》，《思想战线》2008 年第 2 期。

梁双陆：《中国边境地区的一体化效应与边缘经济增长中心的形成——基于空间经济理论的解释》，《经济问题探索》2008 年第 1 期。

梁欣然：《区域资源禀赋与经济发展差异的相关性研究》，《经济问题探索》2007 年第 10 期。

廖国民、王永钦：《论比较优势与自生能力的关系》，《经济研究》2003 年第 9 期。

林南：《社会资本》，上海世纪出版集团、上海人民出版社 2006 年版。

林毅夫、蔡昉、李周：《中国的奇迹：发展战略和经济改革》，上海人民出版社和上海三联书店 1999 年版。

林毅夫、刘培林：《自生能力和国企改革》，《经济研究》2001 年第 9 期。

林毅夫、谭国富：《自生能力、政策性负担、责任归属和预算软约束》，《经济社会体制比较》2000 年第 4 期。

　　林毅夫:《自生能力与改革的深层次问题》,《经济社会体制比较》2002 年第 2 期。

　　刘弘:《财政支出评价指标体系的构建》,《财政与发展》2003 年第 22 期。

　　刘纪远、岳天祥、鞠洪波、王桥、李秀彬主编:《中国西部生态系统综合评估》,气象出版社 2005 年版。

　　刘建国:《基于区域差异特征的区域发展政策选择》,《经济经纬》2007 年第 6 期。

　　刘俊英:《公共支出转型及其影响因素分析》,《经济问题探索》2009 年第 6 期。

　　刘亮:《中国地区间财力差异的度量及分解》,《经济体制改革》2006 年第 2 期。

　　刘溶沧、焦国华:《地区间财政能力差异与转移支付制度创新》,《财贸经济》2002 年第 6 期。

　　刘少杰:《社会矛盾冲突的制度分析》,《人民论坛》2009 年第 8 期。

　　刘生龙、王亚华、胡鞍钢:《西部大开发成效与中国区域经济收敛》,《经济研究》2009 年第 9 期。

　　刘思华主编:《可持续发展经济学》,湖北人民出版社 1997 年版。

　　刘学军:《新时期我国群体事件不断发生的成因及其对策》,《华北水利水电学院学报(社科版)》2008 年第 4 期。

　　刘云彤、王哲:《新疆与中亚次区域经济合作发展探析》,《新疆师范大学学报(自然科学版)》2009 年第 2 期。

　　刘治松、潘敏:《辽宁老工业基地财政支出效率研究》,《辽宁经济》2009 年第 5 期。

　　陇兴:《全面建设小康社会过程中影响民族地区稳定的几个不利因素》,《黑龙江民族丛刊》2004 年第 4 期。

　　娄峥嵘:《我国公共服务财政支出效率研究》,中国矿业大学 2008 年博士学位论文。

　　卢昌泰、黄山如、马明东:《云南松人工林分材积生长率预测模型初步研究》,《四川林业科技》1992 年第 2 期。

　　卢中原:《西部地区产业结构变动趋势、环境变化和调整思路》,《经济研究》2002 年第 3 期。

　　路卓铭、于蕾、沈桂龙:《我国资源型城市经济转型的理论时机选择和现实操作模式》,《财经理论与实践》2007 年第 9 期。

　　吕铁、周叔莲:《中国的产业结构升级与经济增长方式转变》,《管理世界》1999 年第 1 期。

　　罗传秀、潘安定、千怀遂:《气候变化下的新疆生态环境脆弱性评价》,《干旱环境监测》2006 年第 1 期。

　　马凯:《2007 国家西部开发报告》,中国水利水电出版社 2007 年版。

　　马雪娟:《西部少数民族文化建设与构建社会主义和谐社会》,《社科纵横》2006 年第 6 期。

　　马志荣、朱玲:《西部民族地区人口、资源、环境与社会协调发展》,《西部论坛》2004 年第 8 期。

苗润生：《中国地区综合经济实力评价方法研究》，中国人民大学出版社 2005 年版。

纳麒、张劲松：《论我国民族地区县级政府职能配置》，《思想战线》2004 年第 6 期。

牛仁亮、张复明：《资源型经济现象及其主要症结》，《管理世界》2006 年第 12 期。

潘新华：《论西部地区人口、资源、环境与经济的协调发展》，《开发研究》2003 年第 15 期。

彭国甫：《地方政府公共事业管理绩效评价研究》，湖南人民出版社 2004 年版。

彭国甫：《地方政府绩效评估研究》，湖南人民出版社 2004 年版。

彭鉴：《昆明附近云南松人工林的研究》，《云南大学学报》1984 年第 1 期。

普雷姆詹德：《公共支出管理》，中国金融出版社 1995 年版。

秦建明、安志美、史春风、杨珩：《对退耕还林补偿标准和补偿年限的思考》，《内蒙古林业调查设计》2006 年第 1 期。

饶文军：《经济增长与自然资源关系理论综述》，《商场现代化》2007 年第 29 期。

荣金凤、闵庆文、郑林：《云南主要生态环境问题及其人口因素与对策》，《生态经济》2006 年第 2 期。

上海财经大学课题组：《公共支出评价》，经济科学出版社 2006 年版。

邵帅、齐中英：《西部地区的能源开发与经济增长——基于"资源诅咒"假说的实证分析》，《经济研究》2008 年第 4 期。

沈镭、程静：《论矿业城市经济发展中优势转换战略》，《经济地理》1998 年第 2 期。

沈远新：《危机性认同：一个社会预警信号》，《岭南学刊》1998 年第 5 期。

施雪华：《政府权能理论》，浙江人民出版社 1998 年版。

宋立根：《强化公共财政政策调整和优化财政支出结构》，《中国发展观察》2008 年第 10 期。

宋林飞：《少数人闹事与早期警报系统》，《青年学者》1989 年第 1 期。

宋林飞：《社会风险指标与社会波动机制》，《社会学研究》1995 年第 6 期。

宋林飞：《中国社会风险预警系统的设计与运行》，《东南大学学报》1999 年第 1 期。

宋亚军、赵天忠、孔庆云：《内蒙古大兴安岭东南麓生态脆弱性评价》，《中南林业调查规划》2006 年第 2 期。

苏东水：《产业经济学》，高等教育出版社 2005 年版。

孙筱铖：《对资源型城市经济转型的政策思考》，《理论学刊》2006 年第 9 期。

孙玉军、邱丽敏：《试论财政支出效率评价指标体系的构建》，《财政与税务》2009 年第 1 期。

孙早：《西部开发中的政府意志与市场制度变迁》，《战略与管理》2001 年第 6 期。

覃小群、梁茂珍、陈阵：《基于 GIS 的广西岩溶生态环境脆弱性评价》，《广西师范大学学报（自然科学版）》2005 年第 4 期。

谭崇台：《发展经济学》，山西经济出版社 2001 年版。

谭顺福：《中国产业结构的现状及其调整》，《管理世界》2007 年第 6 期。

汤建中、张兵、陈瑛：《边界效应与跨国界经济合作的地域模式——以东亚为例》，《人文地理》2002 年第 5 期。

陶和平、高攀、钟祥浩：《区域生态环境脆弱性评价——以西藏"一江两河"地区为例》，《山地学报》2006 年第 6 期。

童玉芬：《国外人口与环境关系研究的理论与方法综述》，《中国人口·资源与环境》2004 年第 5 期。

童玉芬：《人口对干旱区生态环境演变的作用机制与问题分析——以新疆为例》，《人口与经济》2003 年第 6 期。

童玉芬：《中国西部地区人口与自然资源的相互作用和影响》，《西北人口》2006 年第 3 期。

万广华、陆铭、陈钊：《全球化与地区间的收入差距：来自中国的证据》，《中国社会科学》2005 年第 3 期。

万广华：《经济发展与收入不平等：方法和证据》，上海人民出版社 2006 年版。

汪应洛、田军：《西北地区人口、资源、环境与经济可持续发展的战略思考》，《中国机械工程》2001 年第 1 期。

王二平、张本波、陈毅文等：《社会预警系统与心理学》，《心理学进展》2003 年第 4 期。

王关义：《中国区域经济发展中的失衡与协调》，《北京印刷学院学报》2006 年第 2 期。

王洪伦：《我国区域经济发展失衡及其优化》，《中国商贸》2009 年第 7 期。

王慧、阎耀军：《信息技术在民族地区社会预警管理中的应用》，《延边大学学报（社会科学版）》2009 年第 5 期。

王磊、左停：《中国县域经济发展现状差异分析》，《安徽农业科学》2008 年第 6 期。

王洛林、魏后凯：《我国西部大开发的进展及效果评价》，《财贸经济》2003 年第 10 期。

王衾：《财政支出效率评价国际比较与借鉴》，《合作经济与科技》2009 年第 1 期。

王平：《论武陵地区民族关系与社会稳定机制的构建》，《中南民族大学学报（人文社会科学版）》2006 年第 6 期。

王振亚：《如何对事业单位进行财务分析》，《中小企业管理与科技》2009 年第 6 期。

王志钢、黄棋：《内生发展模式的演化过程》，《教学与研究》2009 年第 3 期。

魏后凯：《区域经济发展的新格局》，云南人民出版社 1995 年版。

魏后凯：《外商直接投资对中国区域经济增长的影响》，《经济研究》2002 年第 4 期。

魏永忠、吴绍忠：《浅谈我国社会安全与稳定预警等级模型的建立》，《公安研究》2007 年第 1 期。

魏永忠：《论我国城市社会安全指数的预警等级与指标体系》，《中国行政管理》2007 年第 2 期。

温辉：《"两型社会"建设中财政支持研究》，《求索》2009 年第 5 期。

文军：《社会分化、社会整合与转型期中国社会稳定》，《中国人民大学报刊复印资料

(社会学)》2000 年第 8 期。

　　翁君弈等:《非均衡增长与协调发展》,中国发展出版社 1996 年版。

　　吴家骧:《科学发展观视野下的群体性突发事件研究》,《云南社会科学》2009 年第 3 期。

　　吴永刚、范香立:《对维护我国西部民族地区社会稳定的思考》,《长春工程学院学报(社会科学版)》2007 年第 8 期。

　　吴忠民:《社会问题预警系统研究》,《东岳论丛》1996 年第 4 期。

　　吴转颖:《试论实施退耕还林还草的必要性及对策措施》,《林业资源管理》2001 年第 1 期。

　　武洁:《中国西部地区的人口和人口素质》,《人口与计划生育》2000 年第 4 期。

　　向德平、陈琦:《社会转型时期群体性事件研究》,《社会科学研究》2003 年第 4 期。

　　徐康宁、王剑:《中国区域经济的"资源诅咒"效应:地区差距的另一种解释》,《经济学家》2005 年第 6 期。

　　徐康宁、王剑:《自然资源丰裕程度与经济发展水平关系的研究》,《经济研究》2006 年第 1 期。

　　徐瑞:《欠发达地区发展失衡预警模型研究》,《统计与决策》2009 年第 11 期。

　　徐嵩龄:《中国环境破坏的经济损失计量:实例与理论研究》,中国环境科学出版社 1998 年版。

　　许安拓:《公共支出管理安全与比较》,中国市场出版社 2007 年版。

　　许改玲:《论西部少数民族人口经济与资源、环境的均衡发展新思路》,《经济体制改革》2007 年第 6 期。

　　严励:《正确认识群体性突发事件的特点,建立健全预防和处置机制》,《上海市政法管理干部学院学报》1999 年第 6 期。

　　阎耀军、陈乐齐、朴永日:《建立我国民族关系评估指标体系的总体构想》,《中南民族大学学报(人文社会科学版)》2009 年第 3 期。

　　阎耀军、雷鸣:《对我国社会和谐稳定度的实证研究与模拟预警》,《中南民族大学学报(人文社会科学版)》2006 年第 3 期。

　　阎耀军、薛岩松:《风险社会中的管理时滞与前馈控制——试论基于前馈控制的公共危机管理创新》,《天津大学学报(社会科学版)》2009 年第 4 期。

　　阎耀军、周长林、赵树明:《天津生态城市建设指标体系研究》,《天津行政学院学报》2007 年第 1 期。

　　阎耀军:《超越危机——构建新的社会预警指标体系及其运行平台的设想》,《甘肃社会科学》2005 年第 3 期。

　　阎耀军:《城市社会预警基本原理刍议——从城市社会学视角对城市社会问题爆发的预警机理探索》,《天津社会科学》2003 年第 3 期。

　　阎耀军:《对社会稳定施行前馈控制的可能性探索》,《学术研究》2006 年第 9 期。

阎耀军:《加强社会管理的前馈控制研究》,《国家行政学院学报》2006 年第 4 期。

阎耀军:《建立社会管理前馈—反馈复合控制机制的思考》,《北京工业大学学报(社会科学版)》2007 年第 3 期。

阎耀军:《民族关系和谐的逻辑结构和系统分析模型——兼及测度民族关系和谐状况的指标体系设置》,《中南民族大学学报(人文社会科学版)》2008 年第 6 期。

阎耀军:《社会稳定的计量及预警预控管理系统的构建》,《社会学研究》2004 年第 3 期。

阎耀军:《社会稳定的系统动态分析及其定量化研究》,《天津行政学院学报》2004 年第 2 期。

阎耀军:《现代社会预警系统的结构模式及操作要略》,《未来与发展》2005 年第 4 期。

阎耀军:《中国大城市社会发展综合评价指标体系的建构》,《天津行政学院学报》2003 年第 1 期。

杨丹芳:《财政支出经济分析》,上海三联书店 2000 年版。

杨敬宇:《经济一体化与西部地区区域政府的构建》,《西北师大学报》2009 年第 2 期。

杨开忠:《一般持续发展论》,《中国人口.资源与环境》1994 年第 3 期。

杨林等:《西部欠发达地区人力资源评价及开发研究》,《经济研究》2009 年第 10 期。

杨先明:《论构建面向东南亚南亚的沿边国际产业带》,《东南亚南亚研究》2009 年第 1 期。

杨艳昭、张晶、张蓬涛:《基于 GIS 的内蒙古土地资源生产潜力与未来人口承载力》,《干旱区资源与环境》2008 年第 4 期。

杨永祥、张裕农:《从存在到演变——"林分生长过程的再认识"》,云南科技出版社 2001 年版。

姚慧琴:《试论西部大开发中政府的特殊职能》,《管理世界》2000 年第 5 期。

姚慧琴等编:《中国西部经济发展报告(2009)》,社会科学文献出版社 2009 年版。

叶舜赞等:《一国两制模式的区域一体化研究》,科学出版社 1999 年版。

尤陈俊:《当代中国基层政治研究的若干新趋向》,《中国农业大学学报》2008 年第 4 期。

余可:《中国分税制下的地方财政支出结构与地区经济增长》,《西南交通大学学报》2008 年第 6 期。

余瑞祥:《中国西部自然资源竞争力评估研究》,中国地质大学出版社 2006 年版。

袁志刚:《非瓦尔拉均衡理论及其在中国经济中的应用》,上海人民出版社 2006 年版。

曾加芹:《1985~2005 年西藏资源人口承载力探析》,《西南农业学报》2007 年第 4 期。

曾嵘、魏一鸣、范英、李之杰、徐伟宣:《人口、资源、环境与经济协调发展系统分析》,《系统工程理论与实践》2000 年第 12 期。

张春曙:《大城市社会发展预警研究及应用初探》,《预测》1995 年第 1 期。

张复明、景普秋:《资源型经济的形成:自强机制与个案研究》,《中国社会科学》2008

年第 5 期。

张复明、景普秋:《资源型经济及其转型研究述评》,《中国社会科学》2006 年第 6 期。

张复明:《资源的优势陷阱和资源型经济转型的途径》,《中国人口·资源与环境》2002 年第 4 期。

张国亭:《优化我国财政支出结构探讨》,《技术和产业》2009 年第 2 期。

张韩:《建立和完善执政能力的评价体系》,《学习导报》2004 年第 12 期。

张恒龙、陈宪:《我国财政均等化现状研究:1994—2004》,《中央财经大学学报》2006 年第 12 期。

张鸿文:《退耕还林指导与实践》,中国农业科技出版社 2003 年版。

张鸿文:《新时期退耕还林工程建设的总体思路》,《林业经济》2002,(140):18-22。

张环宇等:《内生发展模式研究综述》,《浙江大学学报(人文社会科学版)》2007 年第 2 期。

张继良:《中国区域竞争力研究》,东南大学出版社 2008 年版。

张米尔:《西部资源型城市的产业转型研究》,《中国软科学》2001 年第 8 期。

张青:《煤炭企业价值链延伸与升级的案例研究》,《管理世界》2007 年第 4 期。

张善余:《中国人口地理》,商务印书馆 1997 年版。

张唯实:《自生能力、比较优势与西部制造业的发展》,《发展》2006 年第 8 期。

张新春:《我国东中西部经济差距及其成因分析》,《南京财经大学学报》2008 年第 1 期。

张燕:《西方区域经济理论综述》,《当代财经》2003 年第 12 期。

张志良、张涛、张潜:《中国西北地区人口、资源、环境问题及可持续发展》,《干旱区资源与环境》1997 年第 2 期。

张志良主编:《人口承载力与人口迁移》,甘肃人民出版社 1992 年版。

章奇:《中国地区经济发展差距分析》,《管理世界》2001 年第 1 期。

赵奉军:《关于"资源诅咒"的文献综述》,《重庆工商大学学报·西部论坛》2006 年第 1 期。

赵果庆:《跨国公司对我国工业结构竞争力影响》,《财贸经济》2006 年第 6 期。

赵果庆:《我国产业部门群结构与战略性调整研究》,《财经问题研究》2006 年第 1 期。

赵果庆:《中国西部国际直接投资吸引能力研究》,中国社会科学出版社 2004 年版。

赵蕾:《比较优势理论与竞争优势理论的比较及对产业发展的启示》,《经济论坛》2007 年第 15 期。

赵敏、周广胜:《中国森林生态系统的植物碳贮量及其影响因子分析》,《地理科学》2004 年第 1 期。

赵永亮、徐勇:《制度因素与贸易的边界效应》,《国际贸易问题》2007 年第 9 期。

赵玉香:《战略转型——资源型地区经济发展的必由之路》,《经济学前沿》2007 年第 4 期。

赵志立：《加强危机管理与提高党和政府执政能力》，《社会科学研究》2005 年第 5 期。

郑长德：《自然资源的"诅咒"与西部地区的经济发展》，《西南民族大学学报》2006 年第 6 期。

郑磊：《财政分权、政府竞争与公共支出结构——政府教育支出比重的影响因素分析》，《经济科学》2008 年第 3 期。

郑迎春：《服务型政府：《和谐社会的政府角色定位》，《理论与现代化》2006 年第 6 期。

支玲、李怒云、王娟、孔繁斌：《西部退耕还林经济补偿机制研究》，《林业科学》2004 年第 2 期。

中国经济改革研究基金会、中国经济体制研究会联合专家组：《收入分配与公共政策》，上海远东出版社 2005 年版。

中国统计局：《中国统计年鉴》，中国统计出版社 1996—2008 年版。

钟有林、李霁友：《区域经济非均衡发展理论的演变与创新》，《求索》2009 年第 1 期。

周长庆：《浅论资源型城市属性、结构及成长中的协调发展》，《经济体制改革》1994 年第 5 期。

周佃：《试论我国公共财政支出结构优化问题》，《经营管理者》2009 年第 8 期。

周晶石：《财政政策在促进区域经济协调发展中的功能》，《中国新技术新产品》2009 年第 12 期。

周晶石：《浅谈财政支出结构的优化思路与措施分析》，《现代商业》2009 年第 5 期。

周民良：《中国区域发展格局的变化与西部大开发》，《改革》2000 年第 3 期。

周庆智：《关于加强基层政权建设的思考》，《学习与探索》2007 年第 6 期。

周小川：《利用金融市场支持节能减排》，2007 年 7 月 31 日，http://invest.eefoo.com/jd/zfzs/200707/31-178814.html。

周毅、凌云志、莫小莎：《广西参与大湄公河次区域合作的战略构想与对策》，《经济研究参考》2006 年第 25 期。

朱敦军：《涉及民族宗教因素群体性事件的预防与处置》，《民族大家庭》2008 年第 3 期。

朱晔、叶民强：《区域可持续发展预警系统研究》，《华侨大学学报》2002 年第 1 期。

［法］弗朗索瓦·佩鲁：《经济空间：理论与应用》，《经济学季刊》1950 年第 1 期。

［美］艾伯特·赫希曼：《经济发展战略》，曹征海、潘照东译，经济科学出版社 1991 年版。

［美］丹尼尔·W.布罗姆利：《经济利益与经济制度》，陈郁、郭宇峰译，上海三联书店、上海人民出版社 2006 年版。

［美］罗斯托：《经济增长的阶段》，郭熙保等译，中国社会科学出版社 2001 年版。

［美］迈克尔·波特：《国家竞争优势》，李明轩、邱如美译，华夏出版社 2002 年版。

［美］西奥多·W.舒尔茨：《报酬递增的源泉》，姚志勇等译，北京大学出版社 2004 年版。

［美］詹姆斯·M.布坎南：《公共物品的需求与供给》，马珺译，上海人民出版社 2009年版。

［日］藤田昌久、［比］雅克—弗朗科斯·蒂斯：《聚集经济学》，刘峰译，西南财经大学出版社 2004 年版。

［日］藤田昌久、［美］保罗·克鲁格曼、安东尼·J.维纳布尔斯：《空间经济学——城市、区域与国际贸易》，梁琦主译，中国人民大学出版社 2005 年版。

［瑞典］冈纳·缪尔达尔：《世界贫困的挑战》，顾朝阳等译，北京经济学院出版社 1989年版。

［英］彼得·罗布森：《国际一体化经济学》，戴炳然等译，上海译文出版社 2001 年版。

［英］哈维·阿姆斯特朗、吉姆·泰勒：《区域经济学与区域政策》，刘乃全、贾彦利、张学良等译，上海世纪出版集团、上海人民出版社 2007 年版。

［英］桑德林·卡则斯大、伊莲娜·妫斯波洛娃：《转型中的劳动力市场：平衡灵活性和安全性》，劳动和社会保障部劳动科学研究所译，中国劳动社会保障出版社 2005 年版。

［英］托马斯·罗伯特·马尔萨斯：《人口原理》，人民出版社 1973 年版。

Agel，l Jonas，Thomas Lindh and Henry Ohlsson，"Growth and the Public Sector：A Critical Review Essay"，European Journal of Political Economy，1997，13(1).

Agel，l Jonas，Thomas Lindh and Henry Ohlsson，"Growth and the Public Sector：A Reply"，European Journal of Political Economy，1999，15(2).

Agel，l Jonas，Henry Ohlsson and Peter Skogman Thoursie，"Growth Effects of Government Expenditure and Taxation in Rich Countries：A Comment"，European Economic Review，2006，50(1).

Alessandro Olper and Valentina Raimondi：Access to OECD agricultural market：A gravity border effect approach。Paper prepared for presentation at the 99th seminar of the EAAE(European Association of Agricultural Economists)，'The Future of Rural Europe in the Global Agri-Food System' Copenhagen，Denmark，August 2005。

Alexander，W. Robert J.，"Growth：Some Combined Cross-Sectional and Time-Series Evidence from OECD Countries"，Applied Economics，1990，22(9)：.

Annekatrin Niebuhr，Silvia Stiller：Integration Effects in Border Regions-A Survey of Economic Theory and Empirical Studies，HWWA discussion paper 179，Hamburgisches Welt-Wirtschafts-Archiv(HWWA) Hamburg Institute of International Economics，2002，ISSN 1616-4814.

Aschauer，D.1989."Is Government Spending Productive?" Journal of Monetary Economics 23.

Auty，R.M.(ed.).2001. Resource Abundance and Economic Development.Oxford：Oxford University Press.

Auty，R.Resource-Based Industrialization：Sowing the Oil in Eight Developing Countries.New

York:Oxford University Press,1990.

Auty,R.Sustaining Development in the Mineral Economies:The Resource Curse Thesis. Routledge,1993.

Auty,R.M.,1993,Sustaining Development in Mineral Economies:The Resource Curse Thesis.London:Routledge.

Brakman,S.and Garretsen,H.and Marrewijk,Charles van.An Introduction to Geographical Economics-Trade,Location and Growth.New York:Cambridge University Press,2001.

CCCIN(China Climate Change Info-Net).n.d.Annual progress report of the compilation of GHG list based on forestry activitieshttp://www.ccchina.gov.cn/cn/NewsInfo.asp? NewsId = 4188.

Claus Steinle,Holger Schiele.When do Industries Cluster? a Aroposal on how to Aassess an Industry's Propensity to Concentrate at Single Region or Nation.Research Policy,2002,31.

Conning J.,2002,"Community-Based Targeting Mechanisms for Social Safety Nets:A Critical Review",World Development,30(3).

Davis,L.S.1987.Forest Management.McGraw-Hill Book Company,Inc.

Don Gunasekera,Plummer N.,Bannister T.et al,2004,"Natural disaster mitigation:role and value of warnings",ABARE OUTLOOK 04 Conference Disaster Management Workshop,1-13, www.abareconomics.com/outlook/program/Gunasekera.pdf.

Ellison,G.,Glaeser,E.Geographic concentration in U.S.Manufacturing Industries:a dartboard approach.Journal of Political Economy,1997,105(5).

Environmental and Societal Impacts Group,2004,"Early Warning Systems and Desertification",ESIG Alert #6,February,1-30.

FLEISHER,BELTON.M and JIAN CHEN,The Coast-Noncoast Income Gap,Productivity, and Regional Economic Policy in China.Journal of Comparative Economics,1997.

Francisco Requena and Carlos Llano:The border effects in Spain:an industry-level analysis, Paper to be presented in ETSG Annual Conference,Vienna,6-9 September Version:August 2006.

Gaffin,Stuart R,Brian C.O'neill.Population and Global Warming with and without CO2 Targets.Population and environment:A journal of Interdiscipinary Studies,1997,18(4).

Gylfason T.,T.T.Herbertsson and G.Zoega,G.1999.A Mixed Blessing:Natural Resources and Economic Growth.Macroeconomic Dynamics,3.

Gylfason,T.Natural Resources,Education and Economic Development.European Economic Review,2001,(45).

Hamilton,K.,and J.M.Hartwick.2005.Investing Exhaustible Resource Rents and thePath of Consumption.Canadian Journal of Economics 38(2).

James E.Anderson,Eric van Wincoop:Gravity with Gravitas:A Solution to the Border Puzzle,NBER Working Paper 8079.

　　Johnson W.C.,Sharpe D.M.1983. The ratio of total to merchantable forest biomass and its application to the global carbon budget.Canadian Journal of Forest Research,13.

　　Jotzo,F.,1999,The East Asian currency crises-lessons for an early waning system,Asia Pacific Press at the Australian National University,1-39.

　　Kahn H,W Brown,L Martel.The next 200 Years:A Scenario for America and the World. With the assistance of the staff of the Hudson Institute.New York:Morrow,1976.

　　Kei-MuYi:Vertical specialization and the border effect puzzle. Working paper No:05 - 24. www.philadelphiafed.org/econ/wps/index.html

　　Matsen,E.and R.Torvik.2005. Optimal Dutch Disease.Journal of Development Economics, vol.78.

　　Maurel,F.,Sédillot,B.Ameasure of the Geographic Concentration in French Manufacturing Industries.Regional Science and Urban Economics,1999,29(5).

　　Michael P.Devereux and Helen Simpson.The geographic Distribution of Product Activity in the UK.Regional Science and Urban Economics,2004,34.

　　Mink S D.Poverty Population and the Environment.World Bank Discussion Papers.Washington,D.C:The World Bank,1993.

　　National Statistical Bureau(2005).China's input-output table-2002. Statistical Bureau of China.Beijing,China.

　　North D C.Location Theory and Regional Economic Growth.Journal of Political Economy, 1995.

　　Obstfeld,Maurice and Ken Rogoff:The Six Major Puzzles in International Macroeconomics.Is There a Common Cause? NBER Working Paper 7777,July,2000.

　　Panayotou T.The Population,Environment,and Development Nexus.In Population and Development:Old Debates,New Conclusions,edited by R.Cassen.New Brunswick:Transaction Publishers,1994.

　　Philippe Martun,Ottaviano.Growth and agglomeration,International Economic Review,2001 (12).

　　Raleigh C,Urdal H.Climate change,environmental degradation and armed conflict.Political Geography,2007,(26).

　　Ravallion,M.,Walle,D. and Gautam,M.,1995,"Testing a social safety net",Journal of Public Economics,57.

　　Rusu,S.and Schmeidl,S.1998,"Framework on Information Systems",www.fewer.org/ intergov/igad/Information_Systems_Framework.pdf,1-8.

　　Sachs,J.and A.Warner.1995. Natural Resource Abundance and Economic Growth. NBER Working Paper No.5398.

Sachs, J. D. and Warner, A. M. Natural resources and economic development: the curse of natural resources. European Economic Review, 2000, (4-6):827-838.

Sachs, J. D. and Warner, A. M. Fundamental Sources of Long Run Growth. American Economic Review, 1997, (2).

Sachs, J. and A. Warner. 1997. Fundamental Sources of Long-run Growth. American Economic Review, 87.

Saxena A K, J C Nautiyal. Analyzing Deforestation: A Systems Dynamic Approach. Journal of Sustainable Forestry, 1996, (5).

Seibold, E., 2003, "Natural disasters and early warning", In: Zschau, J. and Kuppers, A. N. (eds), *Early warning systems for natural disaster reduction*, Springer-Verlag.

Shen, M. 2000. Investigation into the implementation status and impacts of the grain-for-green program at Gaodian Village. Proceedings of the Forum for the Development of Western China.

Shorrocks A. K., Inequality Decomposition by Factor Components, Econometrica, 1982.

Simon J. Theory of Population and Economic Growth. Oxford: Basil Blackwell, 1986.

Sterner, T. 2003. Policy instruments for environmental and natural resource management. RFF Press, USA.

Tambunan T., 2002, "Building 'An Early Warning System' for Indonesia With the Signal Approach", Final Report EADN Regional Project on Indicators and Analyses of Vulnerabilities to Economic Crises, Thailand Development Research Institute, 1-34.

The Partnership for Public Warning, 2002, "Developing A Unified All-Hazard Public Warning System", A Report by The Workshop on Effective Hazard Warnings, Emmitsburg, Maryland, 1-39.

Torvik, R. 2002. Natural Resources, Rent Seeking and Welfare. Journal of Development Economics, Vol.67.

UNFCCC. 2003. Modalities and procedures for afforestation and reforestation project activities under the clean development mechanism in the first commitment period of the Kyoto Protocol. Decion-/CP.9. http://www.unfccc.int.

Volker Nitsch, Border Effects and Border Regions: Lessons from the German Unification。 HWWA DISCUSSION PAPER 203, Hamburgisches Welt-Wirtschafts-Archiv(HWWA) Hamburg Institute of International Economics, 2002, ISSN 1616-4814.

Wang, Z., Calderon, M. and Carandang, M.. 2008. Assessment of the appropriateness of compensation for converted sloping farmland in Yunnan province, China. The Philippine Agricultural Scientists: Vol.91(1).

World Bank. 2007. State and Trends of the Carbon Market 2007. http://carbonfinance. org/docs/Carbon_Trends_2007-_FINAL_-_May_2.pdf

Yue T. X., Wang Y. A., Chen S. P., Liu D. S., Deng X. Z., Liu M. L., Tian Y. Z.

2003. Numerical simulation modeling of population distribution in China.Population and Enviornment.25(2).

　　Yue T.X.,Wang Y.A.,Liu J.Y.,Chen S.P.,Qiu D.S.,Deng X.Z.,Liu M.L.,Tian Y.Z.,Su B.P.2005. Surface modeling of human population distribution in China.Ecological Modelling.181(4).

后　记

　　"中国西部少数民族地区发展失衡、预警机制与社会稳定"是西部地区高校首个成功申报的国家重大哲学社会科学招标项目。从课题启动到最终结题,历时4年余。其间,课题组根据评审专家的建议,修改了研究的框架和技术路线,并对课题研究的内容、空间范围和调研重点进行了调整,精简了部分内容,突出了西部发展失衡条件下如何逐步实现长期发展与稳定的主线。课题组成员分别到西部省区进行了调研和访谈,新疆、西藏、内蒙、云南、广西的边境地区和贫困地区都留下了课题组成员的足迹。在课题进行过程中,得到许多学术界同仁的帮助和支持,很多课题组以外的研究机构、大学的专家学者无私地贡献了他们的资料和观点。课题形成近100万文字的研究报告,以及大量的数据和数据分析。在课题顺利结题以后,几经调整修改,最终形成近80万文字的书稿。

　　任何社会科学的学术成果,在很大程度上都是借鉴吸收的基础上完成的,本书也不例外。我们对在研究和写作过程中引用的许多学者的观点、数据和材料,对引用的学者和出处以脚下注的方式注明,并表示由衷的感谢。但挂一漏万,如不慎有遗漏没有标明,敬请谅解。

　　本书的出版得到了人民出版社陈光亚、李椒元先生大力支持,在此表示感谢。

杨先明

于云南大学科学馆